Procédure civile

9e édition

En France, la collection « Paradigme » accompagne l'étudiant en droit du début de ses études jusqu'à l'accès à sa profession.

Paradigme – Manuels

Rédigés dans un langage accessible, les « Manuels Paradigme » couvrent les différents concepts juridiques enseignés de la Licence 1 au Master 1 en France. Ils sont systématiquement mis à jour chaque année.

Conformes aux programmes de licence et de master, ils fournissent également une excellente préparation aux concours administratifs (catégories A et B) et aux examens professionnels (ENM, CRFPA, ENSP, EOGN, PJJ, SPIP...).

Sous la direction de François Fourment, *professeur de droit privé à l'Université de Tours* et Gilles Dumont, *professeur de droit public à l'Université de Nantes, directeur de l'Université numérique juridique francophone.*

Déjà parus :

Christophe Albiges, *Introduction au droit*, 5e éd., 2018

Christian Beaudet, *Introduction générale et historique à l'étude du Droit*, 2000

Christian Beaudet, *Institutions, vie politique et faits sociaux de 1789 à 1958*, 2000

Vincent Bonnet, *Droit de la famille*, 7e éd., 2018

Anne-Sophie Brun-Wauthier, *Régimes matrimoniaux et régimes patrimoniaux des couples non mariés*, 8e éd., 2018

Marjorie Brusorio Aillaud, *Droit des obligations*, 10e éd., 2019

Marjorie Brusorio Aillaud, *Droit des personnes et de la famille*, 9e éd., 2018

Olivier Cachard, *Droit international privé*, 7e éd., 2018

Cécile Dubernet et Michel Drain, *Relations internationales*, 23e éd., 2018

François Duquesne, *Droit des sociétés commerciales*, 5e éd., 2018

Philippe Foillard, *Finances publiques*, 15e éd., 2017

Philippe Foillard, *Droit administratif*, 4e éd., 2015

Philippe Foillard, *Droit constitutionnel et institutions politiques*, 24e éd., 2018

Thierry Fossier, *Droit pénal spécial – Affaires, entreprises et institutions publiques*, 3e éd., 2015

François Fourment, *Procédure pénale*, 14e éd., 2013

Thierry Garé, *Droit pénal spécial. Personnes et biens*, 5e éd., 2018

Franck Héas, *Droit du travail*, 7e éd., 2019

Philippe Hoonakker, *Procédures civiles d'exécution. Voies d'exécution, procédures de distribution*, 8e éd., 2018

Dimitri Houtcieff, *Droit des contrats*, 4e éd., 2018

Olivier Le Bot, *Contentieux administratif*, 5e éd., 2018

Christophe Lescot, *Organisations européennes. Union européenne, Conseil de l'Europe et autres organisations*, 20e éd., 2018

Gérard Mémeteau, *Droit des biens*, 11e éd., 2018

Harold Renout, *Droit pénal général*, 18e éd., 2013

Florent Roemer, *Contentieux fiscal*, 4e éd., 2018

Marie-Christine Rouault, *Droit administratif et institutions administratives*, 5e éd., 2018

Christophe Roux et Éric Savaresse, *Science politique*, 3e éd., 2019

Béatrice Thomas-Tual, *Droit de la fonction publique*, 2015

Procédure civile

Yves Strickler
Alexey Varnek

9e édition

BRUYLANT

Collection
Paradigme

Pour toute information sur nos fonds et nos nouveautés dans votre domaine de spécialisation, consultez nos sites web via www.larcier.com.

9e édition
Éditions Bruylant
Rue Haute, 139/6 - 1000 Bruxelles

Imprimé en Belgique

Dépôt légal :
Bibliothèque nationale, Paris : juin 2019
Bibliothèque royale de Belgique, Bruxelles : 2019/0031/243

ISSN 2294-3323
ISBN : 978-2-39013-237-0

LISTE DES PRINCIPALES ABRÉVIATIONS

al.	alinéa
art.	article
Bull. civ. / crim.	*Bulletin des arrêts de la Cour de cassation (chambres civiles / chambre criminelle)*
C. civ.	Code civil
C. com.	Code de commerce
C. envir.	Code de l'environnement
C. just. adm.	Code de justice administrative
C. mon. et financier	Code monétaire et financier
C. proc. pén.	Code de procédure pénale
C. sécu. soc.	Code de la Sécurité sociale
C. trav.	Code du travail
CA	(arrêt d'une) cour d'appel (suivi du ressort de la cour d'appel concernée)
Cass., avis	Avis de la Cour de cassation
ch.	chambre
chron.	chronique
COJ	Code de l'organisation judiciaire
Cour de cassation (arrêts de la) :	
— Cass. Ass. plén.	Assemblée plénière
— Cass. ch. mixte	chambre mixte
— Cass. civ.	chambre civile
— Cass. com.	chambre commerciale
— Cass. req.	chambre des requêtes
— Cass. soc.	chambre sociale
CPC	Code de procédure civile
CPI	Code de la propriété intellectuelle
crit.	critique
D.	*Recueil Dalloz* (Dalloz-Sirey depuis 1965)
éd.	édition

Gaz. Pal.	*Gazette du Palais*
ibid.	*ibidem*, au même endroit
JCP	*Jurisclasseur périodique (La Semaine juridique)*
JO	*Journal officiel de la République française*
Mél.	*Mélanges*
obs.	observations
op. cit.	ouvrage précité
ord.	Ordonnance
rappr.	à rapprocher de
RTD civ.	*Revue trimestrielle de droit civil*
S.	*Recueil Sirey*
spéc.	spécialement
TGI	(jugement d'un) tribunal de grande instance
TI	(jugement d'un) tribunal d'instance
Trib.	tribunal
voy.	voyez

SOMMAIRE

INTRODUCTION

1 **Pour que vive la procédure.** La procédure civile traîne derrière elle une mauvaise réputation ; ne parle-t-on pas parfois, avec un dédain mal dissimulé, des *procéduriers* qui, jouant de la forme, tiennent le fond – et donc ce qui paraît essentiel dans la recherche de la vérité judiciaire – en échec ? On montre du doigt la société *contentieuse*... et c'est à la procédure que l'on songe[1]. Ce qui n'arrange rien, c'est que la matière passe pour être technique... ce qui est vrai. La procédure civile passe aussi pour être une matière difficile... ce qui n'est pas faux. En outre, elle a longtemps tenu une place négligeable en quantité dans le cursus universitaire traditionnel et, s'agissant des avocats, il a longtemps été possible, par le jeu des options, d'être admis au Centre de formation professionnelle sans avoir jamais étudié la procédure !

Mais les choses ont évolué[2] et, spécialement depuis l'examen d'entrée au barreau de 2005, pour lequel la procédure est devenue matière d'admissibilité obligatoire. C'est là un signe, parmi d'autres, du changement opéré dans la perception de la discipline ; d'ailleurs, dans les Facultés, l'enseignement de la procédure civile se voit aujourd'hui de plus en plus souvent agrémenté de séances de travaux dirigés. Au mot *procédurier* vient progressivement se substituer dans la pensée si ce n'est dans la langue celui de *processualiste*. L'évolution constatée vers une plus grande reconnaissance de la procédure dans sa dimension humaine[3] est dans une logique d'évidence, pour peu que l'on accepte de se poser deux questions : premièrement, à quoi cela sert-il d'être titulaire d'un droit si l'on ignore *pouvoir* le faire reconnaître en justice ? Deuxièmement, à quoi bon être un spécialiste de droit de la famille, de droit commercial ou encore, de droit international, si l'on ne sait pas *comment* exercer un droit en justice ? Un droit qui n'est pas effectif est un droit inexistant. Les Romains l'avaient déjà perçu, eux pour qui le droit s'est construit au moyen des procédures[4].

L'histoire est sur ce point riche d'enseignements mais aussi d'appel à la vigilance. Car la procédure est aujourd'hui au centre d'un enjeu qui la dépasse assez largement : si l'on compare les pays au monde qui sont de famille dite « romano-germanique » et ceux de « common Law », on s'aperçoit que les

1. Voy. cep. L. Cadiet, « L'hypothèse de l'américanisation de la justice française. Mythe et réalité », in *L'américanisation du droit*, *Arch. philo. dr.*, t. 45, Paris, Dalloz, 2001, spéc. pp. 189 et s.
2. Voy. et rappr. *Les figures du procès au-delà des frontières*, W. Mastor et L. Miniato (dir.), Paris, Dalloz, 2013.
3. Voy. *Justices et droit du procès. Du légalisme procédural à l'humanisme processuel, Mél. S. Guinchard*, Paris, Dalloz, 2010.
4. J.-Ph. Lévy et A. Castaldo, *Histoire du droit civil*, coll. Précis, n° 11, Paris, Dalloz, 2002.

premiers sont majoritaires en nombre (de l'ordre de 60 %), et que les seconds ne représentent que 7 % de la population mondiale. Mais ce sont ces derniers qui réalisent plus de 25 % du PIB mondial...[5] La procédure participant de l'évolution du droit substantiel[6] et ce dernier matérialisant un modèle de développement économique, il est essentiel pour nos pays d'imposer leur droit, à la lumière des principes fondamentaux qui le structurent.

L'importance du système judiciaire est aussi d'ordre quantitatif, compte tenu du nombre de décisions rendues chaque année, qui se chiffre en plusieurs millions :

Chiffres de la Justice en France	**2014**	**2015**	**2016**
Pénal	1 203 339 décisions 11 424 492 amendes forf. majorées 4 366 266 aff. traitées par le MP	1 206 477 13 095 200 AFM 4 260 836 aff. MP Taux réponse pénale = 87,8 %	1 029 712 12 313 228 AFM 4 479 808 Taux réponse pénale = 86 %
Civil	2 618 374 dont 262 147 référés	2 674 878 dont 259 948 OR	2 630 085 dont 238 948 OR
Administratif	230 477 décisions	228 876	231 909

La Justice est au cœur de nombreux débats et divers rapports éclairent les enjeux récurrents qui éclairent les règles de procédure civile[7]. Parmi les idées dominantes, il faut remarquer parmi les rapports publics de ces dernières années :

- l'espoir, souhaitable, de voir apparaître un jour un tribunal unique, un « tribunal départemental » au premier degré (rapp. Nadal, proposition n° 7) ou un « tribunal de première instance », avec un système de guichet unique, de sorte que les questions de compétence pourraient être largement allégées (rapp. Marshall, propositions n° 4 et n°s 12 et s.) voire évacuées,
- la proposition de développement de l'échevinage (rapp. Marshall, proposition n° 19 en première instance et, en appel, n° 30),
- la volonté de recentrer le travail du juge, tant par une déjudiciarisation que par des délégations variées à des « assistants du ministère public » (rapp.

5. Ph. Naszályi, « Éditorial », *La Revue des Sciences de gestion, Direction et Gestion*, 2006, n°s 220-221.
6. L'expression « droit substantiel » vise l'ensemble des règles de fond (par exemple, les règles du droit des contrats) ; elle s'oppose à l'expression « droit procédural » qui regroupe les règles de procédure (dont la raison d'être est d'assurer la mise en œuvre des droits subjectifs).
7. Notamment : K. Haeri (*L'avenir de la profession d'avocat*, févr. 2017) ; A. Lacabarats (*L'avenir des juridictions du travail - Vers un tribunal prud'homal du XXIe siècle*), P. Delmas-Goyon (« *Le juge du XXIe siècle* ». *Un citoyen acteur, une équipe de justice*, déc. 2013) et D. Marshall (« *Les juridictions du XXIe siècle* ». *Une institution qui, en améliorant qualité et proximité, s'adapte à l'attente des citoyens, et aux métiers de la justice*, déc. 2013), desquels doit être rapproché le rapport J.-L. Nadal, car le rôle du ministère public en matière civile n'est pas négligeable (*Refonder le ministère public. Commission de modernisation de l'action publique*, novembre 2013, spéc. proposition n° 33).

Nadal, proposition n° 13), à des magistrats honoraires (dès qu'il est question, notamment, de commissions purement administratives – rapp. Delmas Goyon, propositions nos 1-2 ; rapp. Marshall, proposition n° 22), au notaire (rapp. Delmas Goyon, proposition n° 29), et même à un « greffier juridictionnel » créé pour l'occasion (rapp. Delmas Goyon, propositions nos 27-45 et s. ; mais avec la précision d'un recours possible devant le juge contre toute décision de nature juridictionnelle que ce greffier serait conduit à rendre : n° 51), comme à des juges en service extraordinaire (qui seraient des universitaires, équivalence – fort attendue – du statut déjà existant en sens inverse de professeur ou de maître de conférences associé à la Faculté de droit, ouvert aux magistrats – rapp. Delmas Goyon, proposition n° 44),

- à souhaiter un renforcement du recours aux modes alternatifs de règlement des différends (rapp. Nadal, proposition n° 30 pour la transaction pénale ; rapp. Delmas Goyon, propositions nos 15 et s. pour l'essor de la médiation ; rapp. Marshall, not. proposition n° 1.2) et à l'accès au droit (rapp. Marshall, proposition n° 1.1 ; nos 1.3 et s. ; n° 25), comme au juge, avec un greffe universel (rapp. Marshall, proposition n° 2.1). L'accès à la justice ne se limite pas en un accès au juge et à l'aide juridictionnelle ou au mode privé de compensation des limites inhérentes à un système d'aide publique, à l'assurance de protection juridique. Les modes alternatifs de règlement des différends, au même titre que les actions de groupe, et le développement des nouvelles technologies y participent également[8].

Parmi les récentes initiatives, il faut signaler, d'une part, la loi n° 2015-990 du 6 août 2015 *pour la croissance et l'activité* dit « loi Macron », qui a organisé la spécialisation de certains tribunaux de commerce pour les affaires les plus importantes et les plus sensibles, dans un souci de « sécurisation des relations commerciales, la pérennisation de l'activité des entreprises en difficulté et la sauvegarde de l'emploi ». Des compétences particulières ont ainsi été attribuées à certains tribunaux de commerce (voy. art. L. 721-8 C. com.).
D'autre part, la loi n° 2016-1547 du 18 novembre 2016 dite – de manière un peu trop emphatique – « *de modernisation de la justice du XXIe siècle* », réalise de nombreuses modifications qui seront présentées au fur et à mesure du présent manuel, mais qui se concentrent dans la volonté de rendre la justice plus accessible, avec pour illustration une plus grande ouverture des actions de groupe ou la mise en place d'un service d'accueil unique du justiciable (SAUJ) dans plus de trois cents juridictions, et qui doivent permettre aux justiciables d'obtenir une information générale ou sur une procédure les concernant partout en France[9]. Le service informe les personnes sur les procédures qui les concernent et reçoit de leur part des

8. L. Cadiet, « Réflexions sur la justice à l'épreuve des mutations contemporaines de l'accès à la justice », *D.* 2017, p. 522.

9. Décret n° 2017-897 du 9 mai 2017 *relatif au service d'accueil unique du justiciable et aux personnes autorisées à accéder au traitement de données à caractère personnel « Cassiopée »*, qui vient à la fois préciser le fonctionnement du *service d'accueil unique du justiciable* créé par la loi *J 21* et déterminer les compétences juridictionnelles des agents de greffe qui y sont affectés. Ce texte vient aussi étendre la liste des personnes habilitées à accéder au bureau d'ordre national automatisé des procédures judiciaires dit « Cassiopée ».

actes afférents à ces procédures » (art. L. 123-3 COJ). S'ajoute une ambition de simplification et de rapidité, avec la possibilité offerte aux époux qui souhaitent divorcer par consentement mutuel d'éviter une procédure judiciaire[10], l'enregistrement du Pacte civil de solidarité en mairie et non plus au tribunal[11], ainsi que l'allégement des procédures de changement de prénom, de nom et de sexe, sans oublier un nouveau développement des modes alternatifs de règlement des différends. Signalons pour terminer ce rapide panorama que les juridictions de la sécurité sociale, de l'incapacité au travail, de la *Couverture maladie universelle complémentaire* et des complémentaires santé relèvent depuis le 1er janvier 2019 d'un pôle unique du tribunal de grande instance départemental, ce qui opère une centralisation de ces contentieux.

Avec *les chantiers de la Justice*, en janvier 2018, Nicole Belloubet, garde des Sceaux, a reçu les rapports des cinq chantiers ouverts par la Chancellerie, et le 9 mars, le Premier ministre Edouard Philippe, et la garde des Sceaux en ont présenté les principaux axes. La loi n° 2019-222 du 23 mars 2019 *de programmation 2018-2022 et de réforme pour la justice* qui en est issue comporte, parmi les principales mesures, les points suivants :

- le budget de la Justice est désormais, avec celui de la Défense, l'un des rares à bénéficier d'une loi de programmation. La loi a ainsi prévu une augmentation des moyens de ce ministère de 24 % (+1,6 Md€) entre 2017 et 2022, sachant que le Gouvernement devra rendre compte, chaque année devant le Parlement, de l'exécution de cette programmation ;
- au regard de l'organisation juridictionnelle, interviendra le 1er janvier 2020 une fusion des tribunaux de grande instance et des tribunaux d'instance, la nouvelle structure étant baptisée « tribunal judiciaire » (on aurait toutefois préféré l'appellation de « tribunal civil » pour cette nouvelle juridiction unifiée, tant les tribunaux de commerce, conseil de prud'hommes et autres juridictions spécialisées, sont aussi des tribunaux de l'ordre judiciaire... !) ; est par ailleurs créé un « juge des contentieux de la protection » au sein du tribunal judiciaire, qui exercera à compter du 1er janvier 2020 les fonctions de juge des tutelles des majeurs ;
- une simplication de la saisine des juridictions, par la mise en place d'un acte unique de saisine en matière de divorce et, par ailleurs, une juridiction unique dématérialisée pour le traitement des demandes des injonctions de payer (au plus tard le 1er janvier 2021) ;
- un renforcement de la représentation obligatoire par ministère d'avocat. Le principe est que « Nul ne peut, s'il n'est avocat, assister ou représenter les parties, postuler et plaider devant les juridictions et les organismes juridictionnels ou disciplinaires de quelque nature que ce soit, sous réserve » de dispositions législatives ou réglementaires spéciales. C'est donc par dérogation, en considération de la valeur du litige, que les parties pourront se défendre elles-mêmes ou se faire assister ou représenter devant le tribunal

10. C'est le *divorce par consentement mutuel par acte sous signature privée contresigné par avocats, déposé au rang des minutes d'un notaire*, voy. art. 229-1 C. civ.
11. Voy. aussi décret n° 2017-889 du 6 mai 2017 *relatif au transfert aux officiers de l'état civil de l'enregistrement des déclarations, des modifications et des dissolutions des pactes civils de solidarité*.

de grande instance, outre par un avocat, par des personnes que les textes précisent (ex. leur conjoint). La loi de 2019 prévoit, à compter du 1er janvier 2020, la représentation obligatoire devant le juge de l'exécution au-delà d'un montant qui sera fixé à 10 000 € par décret en Conseil d'État. Les demandes relatives à l'expulsion resteront toutefois sans représentation obligatoire et ce, quel que soit leur montant ;

- une meilleure efficacité de l'exécution des décisions rendues en matière familiale, au travers d'une injonction à rencontrer un médiateur, du prononcé d'une astreinte judiciaire et même d'une amende civile, jusqu'au recours à la force publique qui peut être demandée au procureur de la République (entrée en vigueur immédiate) ;
- une accentuation du développement des MARL. Ainsi, les tentatives préalables de conciliation prescrites par la loi en matière de divorce et de séparation de corps qui auparavant ne pouvaient être confiées à un médiateur pourront désormais l'être et même contre le souhait des parties… (entrée en vigueur immédiate) ; et, pour les demandes en paiement d'une somme n'excédant pas un certain montant ou relative à un conflit de voisinage, la saisine du tribunal de grande instance devra, en principe, être précédée, au choix des parties, d'une tentative de conciliation menée par un conciliateur de justice, d'une tentative de médiation judiciaire, ou d'une tentative de procédure participative, ceci à peine d'irrecevabilité que le juge peut prononcer d'office (entrée en vigueur le 1er janvier 2020). La loi crée aussi une certification facultative des services de conciliation, de médiation et d'arbitrage en ligne, afin de permettre aux justiciables de mieux s'assurer de la qualité des services qui leurs sont proposés. Remarquons que la certification ne pourra pas être accordée à des plateformes qui fonctionneraient exclusivement par algorithmes ;
- la possibilité, à l'initiative des parties, de permettre au tribunal de grande instance de statuer sans audience dès que les parties en sont d'accord. La procédure se déroule alors sans audience et est exclusivement écrite (une procédure formulaire en quelque sorte… entrée en vigueur immédiate) ;
- un recentrage des activités, **tant du juge**, par une déjudiciarisation de certaines procédures (ex. l'établissement des actes de notoriété par notaire au lieu du juge d'instance, art. 317 C. civ., ou la limitation du contrôle du juge en matière de tutelle avec la suppression de l'autorisation préalable du juge des tutelles pour passer certains actes notamment en matière bancaire, et pour les actes médicaux en cas d'accord du tuteur et du majeur. Compte tenu de l'importance que peuvent avoir certains de ces actes, on peut néanmoins se demander s'il n'y aurait pas eu, ici, une place pour un maintien de l'office du juge) et une centralisation des demandes d'injonction de payer, à l'exception de celles relevant de la compétence d'attribution du tribunal de commerce, devant un tribunal unique spécialement désigné par décret, **que du greffe** sur son cœur de métier (entrée en vigueur immédiate), en transmettant la gestion des fonds provenant de saisies des rémunérations et des sommes versées par les parties à titre de provision à valoir sur la rémunération de l'expert (la consignation) à la Caisse des dépôts et consignation. Pour ce faire, une habilitation du Gouvernement à légiférer par ordonnance pendant une durée de 12 mois est prévue.

– L'ensemble des dispositions civiles a été validé par le Conseil constitutionnel (déc. n° 2019-778 DC du 21 mars 2019), sous réserve d'une disposition qui visait à confier aux organismes débiteurs des prestations familiales, à titre expérimental et pour une durée de trois ans, la possibilité de modifier le montant d'une contribution à l'entretien et à l'éducation des enfants, et donc, autoriser une personne privée en charge d'un service public à modifier des décisions judiciaires, ce que le Conseil a estimé assorti de garanties insuffisantes.

E1 Le regard comparatif de la CEPEJ

Tous les deux ans, la Commission européenne pour l'efficacité de la justice (Conseil de l'Europe) confronte les systèmes judiciaires des quarante-huit États membres qui participent au processus d'évaluation (pour le rapport 2016, seuls le Liechtenstein, pour la troisième fois de suite, et Saint-Marin pour la seconde fois sur deux rapports, n'ont pu fournir les données sollicitées ; l'Islande est exclue de certains chapitres de l'étude 2016 en raison « du nombre très limité de réponses fournies » ; en 2018, le Liechtenstein et Saint-Marin, de même que l'Irlande du Nord (comme entité du Royaume-Uni), n'ont pas été en mesure de fournir de données pour le rapport ; en revanche, Israël et, pour la première fois, le Maroc ont participé au cycle d'évaluation en tant qu'États observateurs). Les données recueillies le sont deux années avant le rapport, lui-même publié tous les deux ans. Pour accéder au dernier rapport publié, accessible sur l'Internet : http://www.coe.int/t/dghl/cooperation/cepej/evaluation/default_fr.asp

Il résulte de ce rapport, très détaillé, que la tendance européenne, au regard des budgets de la justice en général et du système judiciaire en particulier, reste une priorité pour les gouvernements en Europe, même si la « situation économique de certains pays a pu se dégrader depuis 2012 du fait de la crise, en ayant un impact sur le fonctionnement de la justice ». On relève qu'en France, le budget du système judiciaire par habitant en 2016 se situe juste au dessus de la moyenne européenne (point 2.2.1.1).

Au regard du budget de la justice, l'augmentation s'est poursuivie en France, mais la part du budget public annuel du système de justice dans son ensemble ne représente que 1,8 % du total des dépenses publiques en 2014, ce qui permet de constater que « les Pays- Bas effectuent un effort (...) 1,9 fois plus important que la France en faveur de leur système judiciaire » (p. 26 ; le rapport 2018 – chiffres 2016 – ne comporte pas les mêmes éléments et rend la comparaison complexe...). Quant au nombre d'implantations géographiques de tribunaux, il a été revu à la baisse depuis la conduite des réformes de 2008 (voy. décret n° 2008-1110 du 30 oct. 2008 ; décret n° 2008-146 du 15 févr. 2008 qui a supprimé 23 tribunaux de grande instance (sur 181), 178 tribunaux d'instance et juridictions de proximité pour sept créations, et 55 tribunaux de commerce pour six créations). Les requêtes portées devant le Conseil d'État (6e et 1re sous-sect. réunies, 19 févr. 2010, req. n° 322407, publié au *Lebon*) ont abouti pour le seul TGI de Moulins, finalement maintenu ; et concernant les décrets n° 2008-235 et n° 2008-236 du 6 mars 2008, quelques requêtes ont obtenu le maintien de tribunaux pour enfants que la réforme prévoyait de fermer. La grande part des suppressions a donc été entérinée. Les précédents rapports de la CEPEJ permettaient d'observer la faible implantation des juridictions en France, pour 100 000 habitants (tableau 20 [2004] ; tableau 27 [2006] : seuls sept pays faisaient alors moins bien) ; le rapport 2014 met en évidence l'évolution réductrice en pourcentage (p. 117) et le rapport 2016 montre les progrès réalisés en la matière (p. 169, 4.1., similaire dans le rapport 2018, p. 197, 4.1.). Ceci étant, le nombre d'implantations n'est qu'une donnée brute, qu'il faut adapter à l'accès aux tribunaux. La généralisation d'un guichet unique et l'implantation d'un tribunal par département (rejeté par la commission Guinchard, essentiellement pour des considérations d'effectivité d'une telle proposition), pourraient améliorer les choses : si l'obstacle majeur à un tribunal unique est la réaction des élus qui verraient d'un mauvais œil la perte d'un tribunal dans leur commune, un premier pas a été réalisé en 2019, avec la création des tribunaux judiciaires regroupant Tribunal de Grande Instance et tribunal d'instance (mais sans suppression d'aucune juridiction sur le terrain).

Il faut rapprocher de ce résultat en termes d'implantation des juridictions, le nombre, faible, de juges (très peu de pays font moins bien que la France au regard du nombre d'habitants, p. 46

et 103 du rapport 2018) comme de procureurs (un seul pays fait moins bien..., *cf.* p. 48 rapport 2018). De même, le nombre d'avocats apparaît faible (par exemple, pour 100 000 habitants, est indiquée pour la France la proportion de 86 avocats en l'an 2012 (98 pour l'année 2016, rapport 2018, point 3.52) ; 200 pour l'Allemagne ; 378 pour l'Italie et le record revenant à Israël (738) suivi de Chypre (425), du Luxembourg (403) et de la Grèce (390 avocats pour 100 000 habitants).

La France s'illustre sur d'autres points : la part importante du budget des tribunaux consacrés à la formation ; l'utilisation des systèmes de gestion automatisée de l'information et des outils informatiques ; le système d'aide juridique et le fait qu'elle accorde une aide judiciaire dans le cadre des modes alternatifs de résolution des litiges ; les délais d'exécution des décisions. Mais on remarquera une évolution, tant générale que spéciale, qui n'est pas neutre : en 2008, la France, l'Espagne, le Luxembourg, le Monténégro, Monaco et l'Ukraine, étaient les seuls pays d'Europe où l'accès à la justice civile était totalement libre, puisque les autres États exigent des justiciables d'engager des frais pour engager une procédure... (tableau 8, rapport 2008). Désormais, sur les pays européens étudiés, seuls deux maintenaient ce principe complet de gratuité (France et Luxembourg) et en Espagne, un décret royal (1/2015) a exempté les personnes physiques des frais, que seules les entreprises sont maintenant tenues de payer). Il faut rappeler qu'en France, depuis la réforme de 2011 ayant imposé une contribution à l'aide juridique pour agir, seul le Luxembourg restait dans cette logique louable (rapport, pp. 80 et 85). Une taxe de 35 euros avait en effet été instaurée en France, pour saisir le juge civil de première instance (et une autre, d'un montant de 150 euros en appel). La raison d'être de la réforme de 2011 était, pour la taxe de 35 euros, de compenser les coûts financiers engendrés par les réformes de la garde à vue et, pour celle prévue en appel, d'assurer la prise en charge du remboursement des charges des avoués, dont la profession a été supprimée. La garde des Sceaux, Mme Taubira, a annoncé le 22 juillet 2013, la suppression de la taxe de 35 euros, qui est effectivement intervenue le 1er janvier 2014 (loi n° 2013-1278 du 29 décembre 2013 de finances pour 2014). La loi n° 2014-1654 de finances pour 2015, du 29 décembre 2014 (*JO*, 30 décembre, p. 22828), a fait passer le droit perçu en appel à 225 euros (art. 1635*bis* P CGI). Il s'ensuit que la France rejoint à nouveau le Luxembourg pour marquer une exception en Europe : « Il est confirmé que les frais de justice sont désormais une caractéristique forte des systèmes judiciaires de beaucoup d'Etats en Europe : le contribuable n'est pas seul à financer le système, il est demandé à l'usager de contribuer également. Seuls la France et le Luxembourg prévoient la gratuité de l'action en justice. » (rapport 2016, p. 66, et l'Espagne désormais, p. 64 du rapport 2018, point 5.1).

La CEPEJ s'interroge aussi quant à l'avenir de la justice sous l'angle de l'interrogation désormais prégnante de l'impact de l'intelligence artificielle sur le système judiciaire. À cette fin, elle a posé cinq principes fondamentaux en matière de nouvelle technologie appliquée à la justice : respect des droits fondamentaux ; non-discrimination ; qualité et sécurité ; transparence, neutralité et intégrité intellectuelle ; enfin, le principe de maîtrise par l'utilisateur (*Charte éthique européenne sur l'utilisation de l'intelligence artificielle dans les systèmes judiciaires*, 4 décembre 2018).

---

2 **Modes alternatifs de résolution des différends (MARD ou *Alternative Resolution Dispute*)**. Les conflits entre individus peuvent certes trouver une solution amiable et il faut bien dire que le droit donne plus souvent lieu à application au-dehors des tribunaux qu'en leur sein. La multiplication des modes alternatifs de règlement des litiges (mission de conciliation donnée au juge, médiation, conciliateurs bénévoles) montre d'ailleurs l'attrait que suscite la volonté de rapprocher ceux qui s'opposent, plutôt que de les séparer par le tranchant de la règle de droit. Ce souci traditionnel lié à ce concept de notre devise nationale qu'est la *fraternité* explique la multiplicité des formes que peut aujourd'hui prendre la conciliation[12].

La vision idéalisée de règlements des différends et désormais bien installée dans les textes et les esprits. Il faut toutefois en rappeler les nécessaires limites.

12. F. Ferrand, « L'offre de médiation en Europe. Morceaux choisis », *RIDC*, 1-2015, p. 45.

Car le développement des modes alternatifs de résolution des différends risque de faire passer pour suspect celui qui est pourtant dans son bon droit et en demande l'application, chaque fois qu'il n'aurait pas, d'abord, tenté une voie amiable ! C'est là un risque de dévoiement qu'il ne faut pas négliger et dont il faut se garder. Il est des hypothèses où la situation de fait invite à l'usage du glaive plus que de la main tendue.

Dans le développement des MARD, les avocats voient leur rôle renforcé, ce qui est aussi une tendance à noter et dont le divorce par consentement mutuel passé par acte sous signature privée contresigné par avocats, et déposé au rang des minutes d'un notaire, déplace la résolution de différends traditionnellement confiés au juge vers eux.

Depuis le décret n° 2015-282 du 11 mars 2015, le justiciable doit préciser dans son assignation, sa requête ou sa déclaration qui saisit la juridiction de première instance, « les diligences entreprises en vue de parvenir à une résolution amiable du litige, sauf à justifier d'un motif légitime tenant à l'urgence ou à la matière considérée, en particulier lorsqu'elle intéresse l'ordre public » (art. 56 et 58 CPC). Est concernée la demande en matière contentieuse portée devant les juridictions de premier degré et, par renvoi à l'article 58, certaines requêtes[13]. En revanche, la matière gracieuse de l'article 60 n'est pas visée. De même, la requête de l'article 493.

Tous les schémas de conciliation, médiation et formes d'approches collaboratives, jusqu'à la procédure participative, mais sans omettre la négociation entreprise entre les litigants, pourront répondre à l'exigence du texte. Ainsi, un échange qui tourne court devrait, dans une lecture compréhensive du texte, répondre à la nouvelle obligation. Il est possible d'en proposer une « rédaction type » :

« Le requérant rappelle qu'il a proposé (- détail -). Cette proposition reste valable jusqu'à (- telle date -). À défaut de réponse positive ou sérieuse dans ce délai, il reviendra au juge de trancher le différend ».

Par exception, le plaideur qui se prévaut d'un motif légitime n'a pas à préciser les démarches en vue d'une résolution amiable du différend. Il peut s'agir d'un cas d'urgence ou d'un autre motif tenant à la matière considérée (art. 56 et 58 CPC). Le texte aurait utilement pu ajouter « le type de procédure engagée ». Ainsi, l'intérêt de l'exigence nouvelle alors que la procédure à suivre comporte déjà une tentative préalable de conciliation n'est guère perceptible…

Si le plaideur n'a pas précisé les démarches amiables entreprises, « le juge peut proposer aux parties une mesure de conciliation ou de médiation » (art. 127). Étonnante sanction, car le juge *peut* (et non *doit*), et non pas *impose* mais *propose*, une démarche amiable aux parties. Le texte ne va pas au-delà et en cela, son innovation est fort limitée.

Avec la loi du 18 novembre 2016, c'est une sanction plus brutale qui apparaît, celle de l'irrecevabilité, mais dans un domaine plus limité puisque le mécanisme vaut chaque fois qu'une tentative de conciliation menée par un conciliateur de justice n'aura pas précédé la saisine du juge d'instance saisi par voie

13. Art. 1136-3 : ordonnance de protection, art. 1407 : injonction de payer… mais on voit mal comment le juge pourrait proposer aux parties une mesure amiable en l'absence du débiteur…

de déclaration au greffe[14]. La sanction est donc limitée aux « petits litiges », qui sont les seuls concernés par la procédure de saisine du tribunal d'instance par déclaration au greffe. L'article 829 du Code de procédure civile permet en effet d'utiliser ce mécanisme, mais seulement dans l'hypothèse de l'article 843 du même code, c'est-à-dire lorsque le montant de la demande est inférieure ou égale à la valeur de 4 000 euros (étant rappelé qu'en droit local Alsacien-mosellan, l'article 36 de l'Annexe au Code de procédure civile maintient la règle selon laquelle la compétence du tribunal d'instance n'est pas limitée par le montant de la demande ; de sorte que devant les juridictions d'instance des trois départements de l'Est, le nouvel article aura une portée au-delà des litiges de faible valeur pécuniaire). Par dérogation à la sanction, rude, de l'irrecevabilité, la loi réserve trois domaines. D'abord quand un accord a déjà été obtenu et que l'une -ou plus- des parties en sollicite l'homologation ; ensuite, quand les « parties justifient d'autres diligences entreprises en vue de parvenir à une résolution amiable de leur litige » ; à cet égard, des échanges de courriers, des conversations téléphoniques, devraient illustrer des éléments pouvant être utilement invoquées, car il n'est pas sain en cas de blocage avéré de poursuivre à marche forcée une voie qui a de toute évidence atteint ses limites. Enfin, « l'absence de recours à la conciliation [peut être] justifiée par un motif légitime » qu'il appartiendra à la jurisprudence de préciser. La présence des exceptions qui sont apportées à l'obligation du passage devant un conciliateur de justice, alliée d'une part à la gratuité, prévue, de son intervention et, d'autre part, le fait que les délais sont suspendus, permettent de valider ce système. Sur le premier point, la comparaison avec la médiation, payante, qui serait imposée par une clause dans le cadre de contrats de consommation, révèle la nuance : de telles clauses sont frappées de nullité (art. L. 612-4 C. consom.). Sur le second point, l'article 2238 du Code civil prévoit depuis la loi n° 2008-561 du 17 juin 2008 que la prescription est suspendue à compter du jour où, après la survenance d'un litige, les parties conviennent de recourir, notamment, à la conciliation et que, en cas d'échec, le délai de prescription recommence à courir, pour une durée qui ne peut être inférieure à six mois. Si la nouveauté instaurée par la loi de 2016 se situe dans la ligne d'un mouvement récurrent de fond, il faut insister sur la nécessaire prudence dans le maniement de cette façon de « rendre justice », et éviter que ne se réalise le risque d'« acharnement, non pas thérapeutique mais conciliatoire, ré conciliatoire, unanimiste, qui voit le fin mot de la justice civile non plus dans un échange d'argumentations rationnelles et une pesée de ces argumentations, mais dans un échange de baisers de paix à tout prix »[15]. La légitime recherche de fraternité ne doit pas conduire à refuser

14. La Cour européenne des droits de l'homme, prenant sans doute en compte le fait que la conciliation se développe sans coût pour les justiciables, estime que la sanction de l'irrecevabilité n'est pas disproportionnée (Cour EDH, 26 mars 2015, *Momčilović c. Croatie*, req. n° 11239/11, *D.*, 2016. 449, obs. N. Fricero ; *RTD civ.*, 2015. 698, obs. Ph. Théry ; *Dr. et proc.*, 2015, p. 5, obs. N. Fricero.

15. J. Carbonnier, « Regard d'ensemble sur la codification de la procédure civile », in *Le (...) Code de Procédure Civile : 20 ans après*, La Documentation française, 1998, spéc. p. 16.

l'application du droit. Exagérer le mouvement serait risquer une forme de déni de justice[16].

Il faut encore ajouter que, dans la procédure contentieuse ordinaire devant le tribunal de grande instance, la remise au greffe d'une copie de l'assignation doit être réalisée dans un délai de quatre mois à compter de l'assignation, ce sous peine de caducité. Mais si une convention de procédure participative est conclue avant l'expiration de ce délai, ce dernier sera suspendu. Cette cause de suspension vaut « jusqu'à l'extinction de la procédure conventionnelle » (art. 757, al. 2, CPC)[17].

Ceci étant, si l'on ne trouve pas de solution amiable, il faut bien se résoudre à saisir les tribunaux pour qu'ils disent le droit : nul ne peut se faire justice à soi-même ! L'objet de la procédure civile est d'analyser cette démarche judiciaire. L'augmentation du contentieux impose de maîtriser cette technique particulière. Il a été écrit que la procédure est tout à la fois un droit politique (elle relève assez largement du pouvoir réglementaire), un droit de palais (droit du « troisième pouvoir » même si la Constitution préfère l'expression d'*autorité judiciaire*), un droit de faculté (un droit abstrait, qui a toujours suscité la réflexion) et au final, un droit servant, qui n'est pas un droit substantiel mais le droit qui permet la mise en œuvre de ce droit substantiel[18]. Il s'ensuit que la procédure impose un dialogue constant entre la théorie et la pratique, l'abstrait et le concret, le général et le particulier.

3 **Procédure civile ou Droit judiciaire privé ?** En utilisant l'expression de « procédure civile », on se conforme à la tradition qui retient une division inspirée des grands types de contentieux. Le triptyque est connu et se décline en *procédure civile*, *procédure pénale* et *procédure administrative*. L'avantage du choix de ces dénominations est de mettre l'accent sur l'un des aspects essentiels de la matière. Étymologiquement, le mot *procédure* trouve son origine dans le mot latin *procedere*, qui signifie « aller de l'avant ». La procédure est donc la marche à suivre. Et le chemin qui se dessine est celui qui conduit de l'acte qui déclenche les hostilités (et qui est normalement l'*assignation*) jusqu'au jugement sur le fond de l'affaire soumise au juge saisi.

Cette dénomination de *procédure civile* présente toutefois un inconvénient, qui réside dans son caractère restrictif. Car s'interroger sur la marche à suivre suppose une vision globale de la procédure et invite à envisager tant les autorités qui ont pour mission de rendre la justice, que l'étendue des pouvoirs

16. La Cour de Strasbourg estime en revanche que d'autres intérêts, légitimes, justifient cette évolution : « the Court can accept that this restriction on direct access to court pursued a legitimate aim of securing judicial economy and opened the possibility for the parties to efficiently settle their claims without the involvement of courts » (la Cour peut admettre que cette restriction à l'accès direct à un tribunal poursuivait un objectif légitime pour assurer une économie judiciaire et donnait aux parties la possibilité de régler efficacement leurs demandes sans intervention des tribunaux) : Cour EDH, *Momčilović c. Croatie*, req. n° 11239/11. La Cour de justice de l'Union européenne est dans une même vision : CJUE, 1re ch., 14 juin 2017, aff. C-75/16, *Menini et Rampanelli* : le droit de l'Union ne s'oppose pas à une réglementation nationale qui prévoit, dans les litiges impliquant des consommateurs, qu'une médiation obligatoire soit menée avant tout recours juridictionnel (arrêt rendu sur question préjudicielle).

17. Voy. cep. déjà art. 2062 et 2238, al. 1er, C. civ.

18. B. Beignier, « Avant-propos », in *Colloque sur la codification*, Paris, Dalloz, 1996.

juridictionnels des différentes juridictions au travers des règles de compétence, sans omettre l'étude des conditions dans lesquelles une personne peut obtenir la sanction de ses droits (c'est la théorie de l'action, qui répond à la question : quand peut-on agir en justice ?) ainsi que l'exécution effective de la sentence rendue (ce sont les voies d'exécution : comment mettre en œuvre la décision de justice obtenue en sa faveur ?). C'est en raison de ce contenu constaté plus large de la matière que certains préfèrent à la dénomination de *procédure civile* celle de *droit judiciaire privé*, sans pour autant l'évacuer[19].

Il est possible de conserver à l'idée, d'une part, que l'on a maintenu les dénominations « procédure administrative » et « procédure pénale » et, d'autre part, que l'on peut difficilement parler de procédure civile sans avoir à l'esprit les règles d'organisation judiciaire ou celles présidant à l'exécution. Aussi, qu'il soit question de « droit judiciaire privé » ou de « procédure civile », il n'est guère de risque de se tromper. On terminera cette promenade dans les choix terminologiques de la discipline en signalant qu'une nouvelle dénomination a fait son apparition dans le domaine d'étude concerné, avec le « Droit processuel ». Ce dernier vise à dégager les principes communs aux divers contentieux, tant internes (certains diplômes universitaires proposaient parfois des enseignements en ce sens, alors intitulés « droit juridictionnel général »), que comparés, dans la mesure où l'internationalisation du droit irrigue toute procédure interne. Son objet est, fondamentalement, de tracer la voie vers le concept de procès équitable[20].

4 **Définition.** Les principes qui gouvernent l'organisation judiciaire supposés connus, la procédure civile se manifeste comme l'ensemble des règles qui guident la marche d'un procès dans le but d'assurer aux particuliers la mise en œuvre de leurs droits subjectifs (entendus des prérogatives que reconnaît le droit objectif, la règle de droit, aux particuliers).

5 **Plan.** L'étude de la procédure civile passe par une vision chronologique du procès. Elle va du choix du tribunal aux diligences à accomplir jusqu'à l'obtention d'une décision de justice qui pourra être mise à exécution forcée en cas de réticence de l'adversaire. Cette démarche, courante dans les études processuelles[21], répond, en écho, à l'approche étymologique déjà observée.

Mais avant de s'engager dans l'action, il faut d'abord placer le décor dans lequel s'anime l'activité judiciaire. Celui-ci résulte des règles qui déterminent l'organisation judiciaire et la compétence des juridictions. C'est, dans la continuité de l'introduction, dans ce cadre qu'il convient d'abord de présenter ce droit particulier, *servant* du droit substantiel, qu'est la procédure, Section I.

Cette présentation réalisée, il faudra ensuite – mais à grands traits seulement car ce n'est pas l'objet de ce manuel – poser en guise de piqûre de rappel les aspects fondamentaux de l'organisation judiciaire civile (ce dernier mot étant entendu au sens large et par opposition à la matière administrative ou pénale), Section II.

---

19. Pour une critique de l'expression de « droit judiciaire privé », voy. notamment S. GUINCHARD, C. CHAINAIS et F. FERRAND, *Procédure civile*, 31e éd., coll. Précis, Paris, Dalloz, 2012, nos 13-14.

20. Voy. S. GUINCHARD *et alii*, *Droit processuel. Droit fondamentaux du procès*, 7e éd., coll. Précis, Paris, Dalloz, 2013.

21. Voy. pour la procédure pénale, F. FOURMENT, *Procédure pénale*, coll. Paradigme, Bruxelles, Larcier.

Enfin, pour savoir quelle juridiction saisir, quelques mots sur les principes qui commandent la compétence juridictionnelle seront incontournables, Section III.

Ensuite, puisqu'il s'agit de s'adresser à un juge pour qu'il reconnaisse et dise le droit, la procédure civile construit la théorie de l'action en justice et fonde des principes directeurs communs à toute instance. Il s'agit là des **piliers de la procédure** (Partie I). Le fait d'agir en justice en vue d'une affirmation ou d'une reconnaissance de son droit par le justiciable marque l'ouverture de l'instance. De la demande initiale, celle-ci va s'étendre jusqu'à l'issue définitive du procès. La route ainsi tracée marque le **déroulement de la procédure** (Partie II).

SECTION I
Présentation de la discipline

§1. Les caractères de la procédure civile

6 **La forme enserre ; la forme libère.** À l'image des caricatures des *gens de justice* d'Honoré Daumier, la procédure civile se manifeste fondamentalement comme un droit frappé de rigidité : c'est un droit formaliste ; c'est un droit impératif. Ces caractéristiques doivent être envisagées positivement, car elles sont la condition première de l'équilibre des armes entre les parties qui s'opposent et donc une garantie des droits des justiciables.

A) Le caractère formaliste de la procédure civile

7 **La procédure comme un rite.** Il faut voir, dans le formalisme qui caractérise la procédure civile, l'héritage du droit romain. Jusqu'au IIe siècle, l'ancien droit romain se caractérisait en effet par les actions de la loi (*legis actiones*) qui imposaient un strict respect des formes dans la phase qui se déroulait devant le préteur. L'oralité même était contrainte : il fallait prononcer les « bonnes phrases » au bon moment, sous peine de perdre son procès[22]. À bien des égards, la procédure apparaissait ainsi comme un rite. Et aujourd'hui encore, de nombreuses formalités matérielles doivent être accomplies dans un certain délai et, souvent, dans un certain ordre.

8 **La procédure comme une contrainte.** Le caractère formaliste qui affecte la procédure soulève des critiques qui tiennent à l'accès du justiciable à son juge. L'image de saint Louis rendant justice sous son chêne demeure vivace : un juge unique, facilement accessible, auquel on s'adresse avec ses mots à soi et dont on est compris. Les critiques généralement proférées à l'encontre du formalisme tiennent à deux aspects majeurs. D'abord, le fait qu'il rend la procédure complexe et coûteuse ; ensuite, la terrible conséquence qu'il peut entraîner pour un plaideur en ce que le procès risque d'être perdu pour une simple question de forme, sachant qu'il n'est rien de plus désastreux en terme d'image de la justice que de voir une personne qui a mille fois raison sur le fond, déboutée pour une raison de pure procédure.

22. Lire J.-Ph. Lévy et A. Castaldo, *Histoire du droit civil*, *op. cit.*, n° 14.

9 **Le formalisme comme une nécessité processuelle.** Malgré les critiques énoncées, le formalisme n'est pas dénué d'avantages. Sa présence répond à un triple souci :

- la justice, d'abord, ne saurait être laissée à la bonne volonté de chacun. Un cadre commun aux actions en justice est de ce point de vue incontournable. C'est une exigence d'intérêt public que soient déterminées des normes précises tant de saisine des juridictions que de discussion devant elles.
- Mais le formalisme poursuit aussi et ensuite la réalisation des intérêts privés de chacun des plaideurs. L'exigence se manifeste sous la forme d'une demande de réciprocité : chaque plaideur sait ce qu'il peut et doit attendre de l'autre. En outre, les prétentions de chacun seront présentées de manière claire et précise.
- Entre ces deux aspects se dévoile, enfin, un troisième souci qui tient à la fois des deux intérêts évoqués (public et privé) : le formalisme est en effet une garantie contre l'arbitraire du juge.

B) Le caractère impératif de la procédure civile

10 **Dispositions impératives et dispositions supplétives de volonté.** Il est de principe que les plaideurs ne peuvent déroger aux règles gouvernant la procédure civile. On ne peut en effet laisser à chacun une liberté entière de choisir tant la juridiction à saisir que les formalités à accomplir.

Mais à l'image des droits subjectifs dont le titulaire dispose librement, toutes les règles de procédure ne sont pas d'ordre public : seules le sont les règles relatives à l'organisation judiciaire. Et encore, à la lecture du Code de procédure civile, l'incompétence ne peut être prononcée d'office par le juge que si la règle de compétence d'attribution est d'ordre public ou que le défendeur ne comparaît pas (art. 76) et, s'agissant de la compétence territoriale, les hypothèses d'incompétence prononcée d'office par le juge en matière contentieuse sont limitées, puisque le juge n'a ce pouvoir que dans les litiges relatifs à l'état des personnes, dans les cas où la loi attribue compétence exclusive à une autre juridiction ou lorsque le défendeur ne comparaît pas (art. 77).

Pour le reste, il y a plus de souplesse. La conséquence pour le juge, c'est qu'il n'est pas toujours obligé de soulever telle règle d'office. Concrètement, dans le Code de procédure civile, il faut vérifier si le texte indique « le juge peut » ou « le juge doit ». C'est là une première indication sûre. Dans ce Code, l'indicatif présent a valeur d'impératif.

C) La langue du procès civil

11 **Un véhicule commun : la langue française.** Le justiciable qui se retrouve face à son juge attend de celui-ci qu'il réponde à ses demandes. L'échange qui va s'instaurer entre les parties en présence du juge, ainsi que les pièces proposées à l'appui d'une procédure, supposent une mutuelle compréhension et donc, une langue d'échange commune. Celle-ci est, légitimement pour notre pays, la langue française. Il y a cependant peu à ce sujet dans le Code de procédure civile. Certes quelques textes envisagent les langues étrangères, tels l'article 740 à propos des commissions rogatoires internationales qui prévoit la possibilité de poser des questions (et il est indiqué que « celles-ci doivent être formulées

ou traduites en langue française ; il en est de même des réponses qui leur sont faites ») ou encore l'article 1515 à propos de la preuve d'une sentence arbitrale qui, si elle n'est pas rédigée en langue française, doit être produite par la partie en une traduction certifiée par un traducteur inscrit sur la liste des experts. Mais c'est en définitive à l'article 2 de la Constitution qu'il faut se reporter pour affirmer que dès l'instant que « la langue de la République est le français », il est difficile de demander à un juge national de se prononcer sur des actes rédigés dans une langue étrangère, quand bien même celle-ci serait internationale (on pense évidemment à la langue anglaise).

Cela étant, tout ne dépend-il pas de la personne du juge ? Car l'article 23 du Code prévoit que : « Le juge n'est pas tenu de recourir à un interprète lorsqu'il connaît la langue dans laquelle s'expriment les parties ». Au vrai, comme le texte vise l'expression orale et elle seule, la Cour de cassation a tranché dans le sens contraire pour les écrits et demande au plaideur de faire traduire tout document rédigé en langue étrangère[23].

12 **Une décision de justice se construit comme l'on taille un diamant.** Outre la dimension linguistique du combat judiciaire, si le dialogue qui s'instaure entre tous doit répondre à une exigence de clarté, il en va évidemment de même de la décision à intervenir. C'est une condition essentielle à sa réception par chacun des plaideurs.

Dans son sens strict, la décision rendue apparaît dans le dispositif du jugement, qui en est la conclusion. C'est là qu'il faut chercher son caractère favorable ou contraire aux intérêts du demandeur ; mais ce qui est essentiel à la compréhension de la décision rendue reste la motivation de celle-ci. La motivation se trouve plus haut dans le jugement, dans ses motifs (que l'on appelle souvent, par raccourci et en s'inspirant de la présentation formelle souvent utilisée, des *attendus*).

E2 **Le *visa* des conclusions des parties**

L'article 455 du nouveau Code de procédure civile énonce que « Le jugement doit exposer succinctement les prétentions respectives des parties et leurs moyens »[24]. C'est la base sur laquelle se développera la réflexion du juge. Elle est donc fondamentale.

Et pourtant, la seconde phrase de l'article 455 permet à « Cet exposé [de ne] revêtir la forme [que] d'un visa des conclusions des parties avec l'indication de leur date ». Ainsi, le juge peut ne pas reproduire ces éléments pourtant premiers que sont les prétentions des parties et leurs moyens, alors que, depuis le décret n° 98-1231 du 28 décembre 1998, l'article 753 impose aux parties privées de « reprendre dans leurs dernières conclusions les prétentions et moyens présentés ou invoqués dans leurs conclusions antérieures. À défaut, elles sont réputées les avoir abandonnés et le tribunal ne statue que sur les dernières conclusions déposées » (et que le décret n° 2017-892 du 6 mai 2017 est encore allé plus loin dans l'exigence de formalisation de ses conclusions par l'avocat).

23. Cass. (2e civ.), 11 janvier 1989, *Bull. civ.*, II, n° 11 : les juges ne peuvent reproduire le texte de la clause litigieuse écrit dans une langue étrangère et s'en servir comme base de leur motivation ; *Adde* X. Labbée, « François Ier devant le juge de Lille », *JCP*, 2008, act. 144 (à propos d'une ordonnance d'un juge des libertés ayant annulé une procédure sur ce fondement) ; voy. C. Robin, *La langue du procès*, préf. J.-P. Delmas Saint-Hilaire, PU Clermont-Ferrand-LGDJ, 2000, spéc. p. 249.

24. Il n'est en revanche pas nécessaire, d'après la Cour de cassation, de mentionner l'existence de notes en délibéré : Cass. (2e civ.), 6 juin 2013, n° 11-27.198, *Bull. civ.*, II, n° 113.

Autrement dit... le juge peut se permettre de faire ce que l'on interdit sous peine de sanction aux parties à l'instance. Surtout, la préparation de l'exorde du jugement, contrairement à ce que l'on peut penser, n'est pas une perte de temps : le travail que représente cette formalisation des prétentions et moyens portés devant lui est déjà pour le juge une entrée dans sa réflexion et constituera, à l'arrivée et au contraire, un gain de temps, outre qu'elle clarifie de la manière la plus nette les éléments du débat qu'il a finalement pris en compte.
Il faut abroger la seconde phrase de l'article 455. Cependant, le visa des conclusions des parties avec l'indication de leur date, tel qu'envisagé par l'article 455, n'est « nécessaire que si le juge n'expose pas succinctement leurs prétentions respectives et leurs moyens »[25]. Le travail de rédaction rend donc inutile le visa des conclusions, puisqu'elles sont retracées par le juge. Il faut approuver la solution et féliciter le premier juge saisi de l'affaire d'avoir motivé sa décision, en rappelant et en exposant les prétentions et moyens des parties, alors qu'il aurait pu se contenter de viser les dernières conclusions avec mention de leur date.
Cela étant, il est important de rappeler que dans sa motivation, le juge ne peut se contenter de reproduire les conclusions de l'une des parties. En effet, il n'y a dans un tel procédé, selon la Cour de cassation, qu'« une apparence de motivation pouvant faire peser un doute légitime sur l'impartialité de la juridiction » au sens de l'article 6, § 1er, de la Convention de sauvegarde des droits de l'homme et des libertés fondamentales et des articles 455 et 458 CPC : Cass. com., 5 octobre 2010, n° 09-71.679. Le juge doit donc mentionner, dans sa décision, les éléments qui permettront à chaque plaideur de se convaincre qu'ils ont été, chacun, « entendu » au sens de l'exigence d'un procès équitable.

Précédant le dispositif, le jugement part de l'*exorde* (partie du jugement qui contient les faits constants, les prétentions et moyens des parties) et avance par ses *motifs*. On a de tout temps reproché à la justice son langage par trop technique. La technicité du droit n'est cependant pas dommageable à l'acte de juger, bien au contraire. S'il existe des notions dites floues qui sont précisément utiles par la marge de manœuvre qu'elles laissent au juge (par exemple le trouble manifestement illicite en référé qui, par ses frontières souples, permet d'adapter la règle aux perceptions sociales et aux mœurs de chaque époque), le droit ne vaut de manière générale que par la confiance qu'il permet d'instaurer. À la prévisibilité de la norme et par-delà, de la décision de justice, doit correspondre une communication efficace. Or pour s'entendre autrement que sur des malentendus, il faut d'abord définir. Ceci repose sur une terminologie rigoureuse voire technique, mais rassurante parce que précisément rigoureuse et technique. La précision du langage processuel est une garantie des droits des justiciables. Reproche-t-on au mécanicien automobile ou dans le domaine de la santé au chirurgien, l'utilisation de termes souvent obscurs pour le profane ? Non, car ils sont les moyens de leurs savoirs et savoir-faire. Il n'est pas davantage étonnant que le juriste dispose d'un langage utile à sa fonction.

§ 2. Les sources de la procédure civile

A) Les sources textuelles

13 **Les sources écrites antérieures à la Constitution du 4 octobre 1958.** Le droit processuel, formaliste et impératif, trouve légitimement ses sources, en

---

25. Cass. (2e civ.), 4 juillet 2007, n° 06-16.436, *Bull. civ.*, II, n° 193 ; *Procédures*, 2007, n° 239, comm. R. Perrot.

premier lieu, dans les textes. Historiquement et chronologiquement, les plus importants textes sont :

- l'Ordonnance de Villers-Cotterêts d'août 1539[26] par laquelle François 1er ordonne, en son article 111, « que tous arrests, ensemble toutes autres procédures, soient de nos cours souveraines et autres subalternes et inférieures, soient de registres, enquestes, contrats, commissions, sentences, testaments, et autres quelconques, actes et exploicts de justice, ou qui en dépendent, soient prononcés, enregistrés et délivrés aux parties en langage maternel françois et non autrement » (dans le prolongement de l'article 110 qui ordonne que les arrêts « soient faits et écrits si clairement, qu'il n'y ait ni puisse avoir aucune ambiguïté ou incertitude ni lieu à demander interprétation ») ;
- l'Ordonnance royale d'avril 1667 *touchant réformation de la justice* ou « ordonnance de Saint-Germain-en-Laye », quelquefois aussi surnommée *Code Louis* mais dont l'initiateur a été Colbert, contrôleur général des finances ;
- le Code de procédure civile de 1806 (loi du 14 avril), œuvre de praticiens (dont Pigeau, qui avait rédigé un ouvrage sur la procédure de l'ordonnance) ;
- le Décret-loi du 30 octobre 1935.

14 **Les sources écrites depuis la Constitution du 4 octobre 1958.** Antérieurement à la Constitution de la Ve République, le droit judiciaire privé relevait du domaine de la loi. Depuis cette date, le législateur de droit commun en droit judiciaire privé est le pouvoir réglementaire, sauf exceptions parmi lesquelles la création de nouveaux ordres de juridiction et le statut de la magistrature dont les règles de droit applicables sont fixées par la loi (art. 34 de la Constitution).

Ce choix opéré par la Constitution[27] présente *a priori* des inconvénients, mais on conviendra immédiatement qu'ils sont mineurs.

D'une part, du fait de la compétence réglementaire, certains textes sont privés de débat public. Ce manque n'est toutefois pas toujours déterminant ; ainsi et par exemple, lors de l'élaboration de la loi n° 91-650 du 9 juillet 1991 sur les voies d'exécution mobilières et les astreintes aujourd'hui intégrée dans le Code de procédures civiles d'exécution, c'est dans la discrétion d'une commission mixte paritaire entre le Sénat et l'Assemblée nationale que s'est réglé le point de savoir s'il fallait laisser l'astreinte dans son état de peine privée ou si, au contraire, une portion de son montant devrait être affectée à un fonds (par exemple, affecté au budget de la Justice… après tout, c'est bien à son autorité

26. Enregistrée au Parlement de Paris le 6 septembre 1539. Pour un accès au texte complet, voy. http://www.assemblee-nationale.fr/histoire/villers-cotterets.asp (Villiers-Cotterets dans le texte).

27. Sur la question de l'existence d'une constitutionnalisation de la procédure civile, lire N. Molfessis, « La procédure civile et le droit constitutionnel », in *Le nouveau Code de procédure civile : vingt ans après*, Paris, La Documentation française, 1998, pp. 245 et s. ; S. Guinchard, « Retour sur la constitutionnalisation de la procédure civile », in *Le juge entre deux millénaires, Mél. P. Drai*, Paris, Dalloz, 1999, p. 355. Voy. cep. B. Beignier, « Procédure civile et droit constitutionnel », in *Légitimité de la jurisprudence du Conseil constitutionnel*, Actes du colloque tenu à Rennes en 1996, Paris, Économica, 1999, p. 161 ; du même auteur, « Hiérarchie des normes et hiérarchie des valeurs. Les principes généraux du droit et la procédure civile », in *Le droit privé français à la fin du XXe siècle, Mél. P. Catala*, Paris, Litec, 2001, p. 153.

que l'inexécution volontaire d'une décision exécutoire porte atteinte !) : dans un échange de bons procédés entre les assemblées, l'astreinte est restée une peine privée et en contrepartie, les mesures d'expulsion n'ont pas été renforcées aussi énergiquement que cela avait été envisagé dans un premier temps. Il faut dire que l'époque était marquée par une particulière audience auprès de l'opinion publique de l'Abbé Pierre et que le renforcement du titre exécutoire supposait des compensations.

D'autre part, il n'est pas toujours facile de dire quand on est en présence d'un nouvel ordre de juridiction. À cet égard, on peut considérer que la modification de la composition d'un ordre de juridiction constitue un nouvel ordre de juridiction : tel a été le cas lorsqu'a été créé le juge aux affaires familiales (*JAF*) ou encore, lorsque le juge de l'exécution (*JEX*) est apparu.

Mais si le choix opéré par la Constitution présente quelques inconvénients, il s'accompagne surtout d'un important avantage. En effet, le Code de procédure civile de 1806 était imparfait. Or, les seules réformes qui sont intervenues sont venues du pouvoir réglementaire et non du pouvoir législatif[28].

Par ailleurs, diverses règles constitutionnelles intéressent la procédure civile. Il s'agit essentiellement des règles d'organisation judiciaire (comme la création de nouveaux ordres de juridiction et le statut des magistrats, art. 34 qui renvoie à la compétence législative en la matière, ou encore les principes d'indépendance qui gouvernent l'autorité judiciaire et le statut des magistrats, art. 64 et s.) et ce qui a trait à la qualité de « gardienne de la liberté individuelle » (art. 66) reconnue au juge judiciaire. Il en découle le droit au juge et le respect des droits de la défense.

15 **Du nouveau Code de procédure civile au Code de procédure civile.** Une commission de réforme du Code de procédure civile a été constituée en 1969 et ses travaux, présidés par Jean Foyer, ont abouti aux décrets n° 71-740 du 9 septembre 1971 (113 articles), n° 72-684 du 20 juillet et n° 72-788 du 28 août 1972 (deux fois 128 articles) et n° 73-1122 du 17 décembre 1973, qui ont été repris en grande partie dans ce qui est devenu le nouveau Code de procédure civile, applicable depuis le 1er janvier 1976.

La codification a été opérée par le décret n° 75-1123 du 5 décembre 1975 instituant un nouveau Code de procédure civile.

Le nouveau Code de procédure civile a par la suite subi de nombreux remaniements (1976, 1979 et, depuis 1981… quasiment tous les ans). Tout ceci sans parler des textes sur l'organisation judiciaire réunis dans le Code de l'organisation judiciaire, pour lequel, après l'ordonnance du 8 juin 2006 qui en avait réformé la partie législative, est paru le décret n° 2008-522 du 2 juin 2008 portant réforme de la partie réglementaire dudit Code. L'article 26 de la loi n° 2007-1787 du 20 décembre 2007 *relative à la simplification du droit* est venu abroger l'ancien Code de procédure civile et le « nouveau Code de procédure civile », est devenu le « **Code de procédure civile** ».

Les derniers changements de portée générale touchent d'une part, à la procédure d'appel avec représentation obligatoire en matière civile et, d'autre part, à la résolution amiable des différends. La nouvelle procédure d'appel résulte du décret n° 2009-1524 du 9 décembre 2009 *relatif à la procédure d'appel avec*

28. Voy. L. Cadiet et G. Canivet (dir.), *1806-1976-2006. De la commémoration d'un Code à l'autre : 200 ans de procédure civile en France*, Paris, Litec, 2006.

représentation obligatoire en matière civile qui encadre davantage la procédure devant la cour d'appel et prévoit la dématérialisation des actes de procédure qui sont désormais transmis par voie électronique en présence d'un appel avec représentation obligatoire et ceci, sous peine d'irrecevabilité relevée d'office[29]. Le système vaut aussi, mais par choix, devant toutes les autres juridictions (art. 748-1 CPC). La communication par voie électronique des actes de procédure suppose ainsi et alors, le consentement exprès du destinataire (art. 748-2 CPC). Lorsqu'un avocat est relié au réseau privé virtuel avocat (RPVA) ce consentement est présumé[30]. La résolution amiable des différends, outre les textes généraux en la matière (art. 21) ou ceux, spécifiques à la médiation judiciaire (art. 131-1 et s.), trouve une place dans le Livre V du Code.

Il faut, par ailleurs, avoir à l'esprit que les juridictions de proximité ont vécu : la loi n° 2011-1862 du 13 décembre 2011 abroge toutes les dispositions qui les concernent. Le réaménagement qui en résulte (disparition de la juridiction, mais maintien des juges au sein du TGI) devait être effectif en totalité en janvier 2015 ; mais l'article 99 de la loi n° 2014-1654 du 29 décembre 2014 *de finances pour 2015* a décidé de reporter la disparition de la juridiction de proximité au 1er janvier 2017[31]. Cette suppression mainte fois annoncée de la juridiction de proximité est désormais accomplie et les juges de proximité qui le souhaitaient ont pu demander leur intégration dans le statut des magistrats exerçant à titre temporaire[32]. Depuis le 1er juillet 2017, les procédures civiles en cours devant les juridictions de proximité sont transférées, en l'état, au tribunal d'instance.

16 **Présentation formelle du Code de procédure civile.** Le Code de procédure civile comporte formellement six Livres :

Livre Ier : dispositions communes à toutes les juridictions. Il existe un droit commun du procès qui guide toutes les procédures particulières.

Livre II : dispositions particulières à chaque juridiction. Il s'agit des adaptations de la procédure aux divers degrés juridictionnels – premier degré, de la juridiction de droit commun aux juridictions d'exception, cour d'appel, Cour de cassation.

Livre III : dispositions particulières à certaines matières, où il apparaît lisiblement que la procédure est au service du droit substantiel, puisque le Code reprend les divisions qui ont inspiré le Code civil avec en premier lieu les *personnes*, suivies des *biens*, puis des *régimes matrimoniaux*, *successions* et *libéralités*, et enfin, en un quatrième titre relatif aux *obligations* et *contrats*.

Livre IV : l'arbitrage. Ce livre comporte les dispositions applicables tant à l'arbitrage interne qu'international et montre que si le citoyen n'est pas obligé de saisir la justice d'État, la justice arbitrale n'en est pas pour autant livrée à elle-même, spécialement lorsqu'il est question de l'exécution des sentences rendues par les arbitres.

---

29. *Adde* décret n° 2010-1647 du 28 décembre 2010, *JO*, 29 décembre, p. 22919. Pour le détail, voy. Cl. Brenner et N. Fricero (dir.), *La nouvelle procédure d'appel*, 2e éd., coll. Axe droit, Paris, Lamy, 2012.
30. Cass., avis, 9 septembre 2013, *JCP*, 2013, I, 1225, n° 7, obs. S. Amrani Mekki.
31. *JO*, 30 décembre, p. 22828.
32. Loi organique n° 2016-1090 du 8 août 2016 ; Ord. n° 58-1270 du 22 décembre 1958, art. 41-10.

Livre V : les voies d'exécution. Initialement prévues pour rejoindre le Code de procédure civile, les dispositions qui traitent des voies d'exécution n'y figureront jamais[33]. Les voies d'exécution mobilières ont en effet fait l'objet d'une loi n° 2011-1899 du 19 décembre 2011, qui regroupe en un nouveau Code, le *Code des procédures civiles d'exécution* (CPCE), tous les textes relatifs à ce champ processuel. À la partie législative s'est ajouté le décret n° 2012-783 du 30 mai 2012 relatif à la partie réglementaire de ce nouveau Code, entré en vigueur le 1er juin 2012. La place ainsi disponible a été exploitée pour placer dans le Livre V les dispositions relatives à la **résolution amiable des différends**.

Livre VI : les dispositions relatives à l'outre-mer. Ce Livre du Code date des décrets n° 2004-1234 du 20 novembre 2004 et n° 2005-1302 du 14 octobre 2005, qui appliquent en l'adaptant sur quelques rares points le Code à Mayotte et aux îles Wallis et Futuna (par exemple en autorisant les parties à se défendre elles-mêmes sans recourir à un représentant : art. 1510 et 1514 CPC)[34].

Il existe donc, pour le processualiste, trois Codes essentiels :

- le Code de l'organisation judiciaire ;
- le Code de procédure civile ;
- le Code des procédures civiles d'exécution.

17 **Les sources internationales.** Depuis que la procédure est fortement envisagée sous l'angle du respect des droits fondamentaux, le regard se porte, au plus général, sur l'élaboration de normes de droit commun du procès. L'influence des conventions internationales est alors marquante, qu'il s'agisse pour ses principales illustrations, au plan mondial, du Pacte international relatif aux droits civils et politiques du 19 décembre 1966, doté d'un organe de contrôle (le Comité des droits de l'Homme de l'ONU) ou de la Convention de New York du 26 janvier 1990 relative aux droits de l'enfant, « d'application directe devant la juridiction française »[35], comme, au plan régional, des sources provenant du Conseil de l'Europe (et l'on songe spécialement à la Convention européenne de sauvegarde des droits de l'Homme et des libertés fondamentales, signée à Rome le 4 novembre 1950, ainsi qu'à son organe qu'est la Cour de Strasbourg, devant laquelle l'État français a admis le droit de recours individuel le 9 octobre 1981) et du droit communautaire[36] (sous l'influence de la jurisprudence de la Cour

---

33. R. Perrot, « Le nouveau Code de procédure civile et le Code de l'exécution », in *Le nouveau Code de procédure civile : vingt ans après*, *op. cit.*, p. 89 et Ph. Théry, « Le Code de procédure civile et le droit de l'exécution », in *Le nouveau Code de procédure civile (1975-2005)*, Paris, Économica, 2006, p. 361.

34. Sans oublier l'Annexe du nouveau Code relative à son application dans les départements du Bas-Rhin, du Haut-Rhin et de la Moselle.

35. Cass. (1re civ.), arrêt *Maumousseau*, 14 juin 2005, *JCP G*, 2005, act. 356.

36. Le traité de Lisbonne est entré en vigueur le 1er décembre 2009. L'Union européenne a, à cette occasion, repris les compétences qui appartenaient antérieurement à la Communauté européenne. De sorte que le droit « communautaire » est aujourd'hui devenu le droit « de l'Union » et la « Cour de justice des communautés européenne » prend l'appellation de « Cour de justice de l'Union européenne ».

de Justice des Communautés Européennes et, depuis le 18 décembre 2000, de la Charte des droits fondamentaux de l'Union européenne)[37].

Avec le Traité d'Amsterdam du 2 octobre 1997, la coopération judiciaire en matière civile a été « communautarisée ». La procédure est donc passée dans le domaine du « premier pilier », ce qui n'est pas sans conséquence : elle échappe désormais à la règle de l'unanimité. Dans la perspective d'une reconnaissance mutuelle des décisions de justice (Conseil européen de Tempere, des 15 et 16 octobre 1999), plusieurs modalités concrètes sont envisageables : soit une harmonisation du droit matériel (ce qui suppose de parvenir à dégager un même droit), soit une reconnaissance mutuelle des décisions rendues (ce qui est tout de même plus aisé à atteindre). L'espace judiciaire européen participe de la fédéralisation de l'Union et, de ce point de vue, un degré supérieur est recherché par une harmonisation des procédures ou, étape supplémentaire, une unification des procédures. À l'aube du XXIe siècle, l'un des défis majeurs pour l'Union européenne réside en effet dans la construction de l'espace judiciaire commun entre les États membres. L'article 3 (ex-article 2 TUE) du traité sur l'Union européenne (*JOUE*, 9 mai 2008, C 115) en est l'expression : l'objectif d'offrir aux citoyens européens « un espace de liberté, de sécurité et de justice sans frontières intérieures, au sein duquel est assurée la libre circulation des personnes, en liaison avec des mesures appropriées en matière de contrôle des frontières extérieures, d'asile, d'immigration ainsi que de prévention de la criminalité et de lutte contre ce phénomène » est placé juste après la volonté de l'Europe de « promouvoir la paix, ses valeurs et le bien-être de ses peuples » et avant même l'établissement d'« un marché intérieur ».

Sont intervenus pour ce qui nous intéresse, la directive 2008/52 CE relative à certains aspects de la médiation en matière civile et commerciale (transposée en droit français[38]) et, depuis, la directive 2013/11/UE du parlement européen et du conseil du 21 mai 2013 relative au règlement extrajudiciaire des litiges de consommation et modifiant le règlement (CE) n° 2006/2004 et la directive 2009/22/CE, *JOUE*, 18 juin 2013, p. 165/63 ; les règlements (CE) n° 1393/2007 relatif à la signification et à la notification des actes judiciaires et extrajudiciaires en matière civile ou commerciale (abrogeant le règlement [CE] n° 1348/2000 ; voy. aussi *infra*, encadré E30), n° 805/2004 portant création d'un titre exécutoire européen pour les créances incontestées, n° 2201/2003 relatif à la compétence, la reconnaissance et l'exécution des décisions en matière matrimoniale et en matière de responsabilité parentale (abrogeant le règlement [CE] n° 1347/2 000-Bruxelles II), n° 1206/2001 relatif à l'obtention des preuves en matière civile ou commerciale, n° 44/2001 sur la reconnaissance et l'exécution des décisions (Convention de Bruxelles du 22 décembre 2000), n° 1346/2 000 relatif aux procédures d'insolvabilité. Enfin, la nouvelle Convention de Lugano du 30 octobre 2007 relative à la compétence judiciaire, la reconnaissance et l'exécution des décisions en matière civile et commerciale, aligne ses dispositions sur celles de la Convention

37. Sur ces sources internationales, voy. S. Guinchard *et alii*, *Droit processuel. Droit commun et droit comparé du procès*, 7e éd., coll. Précis, Paris, Dalloz, 2013.

38. Ord. n° 2011-1540 du 16 novembre 2011 (ratifiée par la loi du 18 novembre 2016 « J21 », art. 5) ; décret n° 2012-66 du 20 janvier 2012.

de Bruxelles[39]. Le règlement n° 44/2001 du 22 décembre 2000 (Bruxelles I) a été modifié par le règlement n° 1215/2012 du 12 décembre 2012, entré en vigueur le 10 janvier 2015 ; cette annonce « de grande ampleur [matérialise en réalité une réforme qui] s'avère finalement réduite et ne bouleverse pas la pratique » puisque « les principaux choix politiques opérés l'[ont] été dans le sens de la conservation de l'existant » (L. D'Avout, « La refonte du règlement Bruxelles I (règlement UE n° 1215/2012 du 12 décembre 2012) », *D.*, 2013, p. 1014 – *Adde* G. Cuniberti, « La réforme du règlement Bruxelles I », *Dr. et proc.*, 2013, p. 26). Dans la logique de la construction européenne, un mouvement se dessinait vers la suppression totale de l'*exequatur*. Mais les oppositions au renoncement de tout contrôle par le pays requis ont été trop fortes. Le nouveau système est essentiellement l'œuvre du Parlement européen, qui reconnaît la force exécutoire aux décisions européennes relevant du domaine couvert par le règlement « sans qu'une déclaration constatant la force exécutoire soit nécessaire » (PE et Cons. UE, règl. (CE) n° 1215/2012, 12 décembre 2012, art. 39) ; des formalités d'exécution simplifiées sont prévues (par ex., il suffit de présenter à l'autorité compétente une expédition authentique de la décision rendue à l'étranger, même non traduite, sauf si sur ce dernier point la personne qui a été condamnée, pour peu qu'elle ne soit pas domiciliée dans l'État d'origine, demande l'établissement d'une traduction). C'est dans la phase suivante de la procédure que l'exécution peut être freinée, par une demande de refus d'exécution portée devant le juge ; de sorte que, par la suite, un contrôle juridictionnel peut intervenir. Pour les obligations alimentaires européennes, c'est le règlement CE n° 4/2009 du 18 décembre 2008 *relatif à la compétence, la loi applicable, la reconnaissance et l'exécution des décisions et la coopération en matière d'obligations alimentaires* (JOUE n° L7/66, 10 janvier 2009), qui s'applique[40].

Dans le prolongement du règlement UE n° 1215/2012 *relatif à la compétence judiciaire, à la reconnaissance et à l'exécution des décisions de justice en matière civile et commerciale* (PE et Cons. UE, règl. UE n° 1215/2012, 12 décembre 2012), le décret n° 2014-1633 du 26 décembre 2014 *relatif à la communication par voie électronique en matière de procédure civile et portant adaptation au droit de l'Union européenne*, crée un article 509-8 dans le CPC, prévoyant que les demandes formées en application des articles 11 et 13 du règlement (UE) n° 606/2013 du Parlement européen et du Conseil du 12 juin 2013 *relatif à la reconnaissance mutuelle des mesures de protection en matière civile* sont faites devant le président du tribunal de grande instance ou son délégué statuant en la forme des référés. La libre circulation des décisions de justice au sein de l'Union est un élément essentiel de cohésion de cette institution.

---

39. Voy. L. Cadiet (dir.), « Chron. de droit judiciaire privé », *JCP*, 2008, I, 138, n° 24. Voy. aussi art. 509 et suivants CPC (Chapitre II du code consacré à la reconnaissance transfrontalière).

40. Pour un exemple : Cass. (1re civ.), 25 mai 2016, n° 15-21.407, *Bull. civ.*

E3 La procédure européenne de règlement des petits litiges

Le règlement (CE) n° 861/2007 du 11 juillet 2007 *instituant une procédure européenne de règlement des petits litiges* s'ajoute aux procédures nationales, en vue de simplifier et d'accélérer le règlement des « petits litiges » (ainsi qualifiés lorsque le montant de la demande ne dépasse pas, selon le texte d'origine, 2 000 euros au moment de la réception du formulaire de demande par la juridiction compétente, hors intérêts, frais et débours) à caractère transfrontalier (c'est-à-dire que l'une des parties a son domicile ou sa résidence habituelle dans un État membre autre que celui de la juridiction saisie) en matière civile et commerciale. Le but du règlement est aussi de réduire les coûts de la procédure. Tous les États membres, à l'exception du Danemark, sont concernés par le texte européen entré en vigueur le 1er janvier 2009.

Le règlement ne couvre pas les matières fiscales, douanières ou administratives ni la responsabilité de l'État pour des actes ou des omissions commis dans l'exercice de la puissance publique (« *acta jure imperii* »). Sont également exclus de son application : l'état et la capacité des personnes physiques ; les régimes matrimoniaux, obligations alimentaires, testaments et successions ; les faillites, concordats et autres procédures analogues ; la sécurité sociale ; l'arbitrage ; le droit du travail ; les baux d'immeubles, exception faite des procédures relatives à des demandes pécuniaires ; les atteintes à la vie privée et aux droits de la personnalité, y compris la diffamation.

Le demandeur va utiliser un formulaire-type, présenté dans la ou l'une des langues de la juridiction (à défaut, la juridiction ne peut en demander une traduction que si cela lui semble nécessaire pour pouvoir rendre sa décision, art. 6). Ce document peut être envoyé par tout moyen, courrier postal et courrier électronique. La procédure se déroule ensuite de manière écrite. En effet, la juridiction ne tient une audience que « si elle le juge nécessaire ou si l'une des parties le demande ». Cependant, la juridiction peut rejeter la demande si elle lui apparaît irrecevable ou manifestement non fondée. Après réception du formulaire de demande par la juridiction, une copie est signifiée ou notifiée au défendeur dans un délai de quatorze jours à compter de la date de réception. Le défendeur a alors trente jours pour y répondre, soit en renvoyant à la juridiction un formulaire-type de réponse qu'il aura complété, accompagné le cas échéant de toutes pièces justificatives utiles, soit en répondant par tout autre moyen adapté. À compter de la réception de la réponse du défendeur, la juridiction dispose d'un délai de 14 jours pour la transmettre au demandeur. Lorsque le défendeur aura présenté une demande reconventionnelle, éventualité envisagée par le règlement, le demandeur dispose d'un délai de trente jours, à compter de la signification ou de la notification, pour répondre.

Dans un délai de trente jours à compter de la réception par la juridiction des divers échanges, la juridiction rend une décision, demande aux parties de fournir des renseignements complémentaires, obtient des preuves, ou convoque les parties à comparaître à une audience, qui doit se tenir dans un délai de trente jours à compter de la convocation. Le règlement prévoit qu'il est possible de recourir à la vidéo-conférence pour la tenue de l'éventuelle audience. La décision rendue est exécutoire nonobstant tout recours éventuel (l'article 17 prévoit que : « Les États membres font savoir à la Commission si leur droit procédural prévoit une voie de recours contre une décision rendue dans le cadre de la procédure européenne de règlement des petits litiges et dans quel délai le recours doit être formé. La Commission met ces informations à la disposition du public »).

Il était prévu que, le 1er janvier 2014 au plus tard, une évaluation de cette procédure serait effectuée, dans le but, spécialement, de s'interroger sur la limite de 2 000 euros, qui pourra être revue à la hausse (art. 28). Un montant de 10 000 euros était envisagé, mais c'est celui de 5 000 euros qui a finalement été retenu : Règlement (UE) 2015/2421 du Parlement et du Conseil du 16 décembre 2015, modifiant l'art. 4 du règlement (CE) 861/2007 qui avait institué la procédure européenne de règlement des petits litiges : http://eur-lex.europa.eu/legal-content/FR/TXT/HTML/?uri=CELEX :32015R2421&from=FR

Reste qu'une question se pose : cette procédure étant écrite et ostensiblement électronique, *quid* de la publicité des débats ?

Par ailleurs, et sous conditions, le Règlement (UE) 2015/2421 du Parlement européen et du Conseil du 16 décembre 2015 *modifiant le règlement (CE) n° 861/2007 instituant une procédure européenne de règlement des petits litiges et le règlement (CE) n° 1896/2006 instituant une procédure européenne d'injonction de payer* introduit la notification par voie électronique et confère à une transaction judiciaire la même autorité qu'une décision rendue dans le cadre de la procédure européenne. Ces modifications substantielles sont applicables depuis le 14 juillet 2017.

B) Les autres sources de la procédure civile

18 **Les principes généraux du droit.** On dit habituellement des principes généraux du droit qu'ils constituent une source non écrite, ayant valeur *supra*-décrétale et *infra*-législative[41]. Mais l'on remarquera que les normes constitutionnelles et internationales, qui se situent au plus haut niveau de la hiérarchie des normes, ont profondément modifié cette approche. À tel point d'ailleurs qu'à l'apparition d'un contrôle de constitutionnalité des lois en 1971 (Cons. const., déc. n° 71-44 DC du 16 juillet) et affirmé en 1974 (révision constitutionnelle du 29 oct.), a suivi l'admission par le juge judiciaire (par l'arrêt *Sté cafés Jacques Vabre* rendu par une chambre mixte de la Cour de cassation le 24 mai 1975) puis par le juge administratif (par l'arrêt d'Assemblée du Conseil d'État, *Nicolo*, 20 octobre 1989) d'un contrôle de la compatibilité des lois aux conventions internationales. Le Conseil d'État a même pu faire preuve d'audace, en admettant son pouvoir d'interprétation des traités et en vérifiant la conformité de ceux-ci à la Constitution : c'est ainsi que dans son arrêt d'Assemblée, *Koné*, du 3 juillet 1996, le Conseil d'État a créé un principe fondamental reconnu par les lois de la République (jusqu'alors seul le Conseil constitutionnel « découvrait » des principes de valeur constitutionnelle) et interprété un accord d'extradition en estimant que celui dont il était question dans l'affaire qui lui était soumise n'avait pas porté atteinte au principe fondamental reconnu par les lois de la République, que la Haute juridiction administrative consacre ce faisant, d'interdire de satisfaire aux demandes d'extradition formées dans un but politique. La Cour permanente de Justice internationale avait retenu, pour sa part, que le traité prime toute norme de droit interne, même constitutionnelle[42].

La Cour de cassation, de son côté, dégage elle aussi des principes généraux du droit[43] qui, tantôt, touchent au droit substantiel lui-même, comme le principe « à travail égal, salaire égal » (dont s'inspirent divers articles du Code du travail)[44], ou encore « le principe selon lequel nul ne doit causer à autrui un trouble anormal de voisinage »[45], tantôt, posent des règles de procédure, comme le principe « compétence-compétence » qui en matière d'arbitrage veut que l'arbitre statue par priorité sur sa propre compétence (et donc, sur l'existence, la validité et l'étendue de la convention d'arbitrage) en l'absence d'une cause de nullité ou d'inapplicabilité manifeste de la clause d'arbitrage[46],

---

41. R. Chapus, « De la soumission au droit des règlements autonomes », *D.*, 1960, chron., 119 ; « De la valeur juridique des principes généraux du droit et des autres règles jurisprudentielles », *D.*, 1966, chron., 99. Voy. aussi : *Droit administratif général*, t. 1, 15e éd., Paris, Montchrestien, 2001, n°s 139 et s.
42. CPJI, avis sur le traitement des nationaux polonais et des autres personnes d'origine ou de langue polonaise dans le territoire de Dantzig, 4 février 1932, série A/B, fasc. 44 et www.icj-cij.org
43. J.-P. Gridel, « La Cour de cassation française et les principes généraux du droit privé », *D.*, 2002, chron., 228.
44. Cass. soc., 31 octobre 2006, n° 03-42.641, *Bull. civ.*, V, n° 320. Ce principe impose à l'employeur de justifier par des raisons objectives et matériellement vérifiables la différence de rémunération entre des salariés effectuant un même travail ou un travail de valeur égale.
45. Cass. (2e civ.), 28 juin 1995, n° 93-12.681, *Bull. civ.*, II, n° 222. Pour d'autres décisions et leur analyse, voy. Y. Strickler, *Les biens*, coll. Thémis, Paris, PUF, 2006, n° 242 ; et *Droit des biens*, LGDJ, 2017, n°s 442 et s.
46. Cass. (1re civ.), 4 juillet 2006, n° 05-17.460, *Bull. civ.*, I, n° 338.

le principe de la séparation des pouvoirs[47], et même, à l'occasion, le principe de loyauté[48]. La Haute juridiction judiciaire s'est elle aussi tournée vers la Constitution pour appuyer les principes essentiels et spécialement, a affirmé au vu du « principe du respect des droits de la défense (...) que la défense constitue pour toute personne un droit fondamental à caractère constitutionnel ; que son exercice effectif exige que soit assuré l'accès de chacun, avec l'assistance d'un défenseur, au juge chargé de statuer sur sa prétention »[49]. Elle ajoute, depuis peu, le principe selon lequel il est interdit de se contredire au détriment d'autrui. Le principe de l'Estoppel n'est pas loin. La Cour le définit comme « le comportement procédural (...) constitutif d'un changement de position, en droit, de nature à induire (son adversaire) en erreur sur ses intentions »[50]. Cependant, « la seule circonstance qu'une partie se contredise au détriment d'autrui n'emporte pas nécessairement fin de non-recevoir »[51] et non seulement les défenses au fond pouvant être invoquée en tout état de cause, un bailleur qui a délivré un congé avec refus de renouvellement peut, au cours de l'instance en fixation de l'indemnité d'éviction, dénier l'application du statut des baux commerciaux, sans que puisse lui être opposé un estoppel[52], mais « pour justifier les prétentions qu'elles ont soumises au premier juge, les parties peuvent, en cause d'appel, invoquer des moyens nouveaux »[53].

19 **L'interprétation jurisprudentielle.** Concernant l'interprétation jurisprudentielle, les décisions de justice, spécialement quand elles émanent de la Cour de cassation, sont une source de la règle de droit. Qu'elle soit qualifiée de directe ou indirecte importe peu ; elle est, au même titre que la doctrine, mais différemment, une source du droit.

L'illustration la plus marquante de l'influence que la jurisprudence peut avoir sur la création du droit est celle de la pratique du référé provision : le juge des référés a le pouvoir d'accorder une provision au créancier lorsque l'obligation n'est pas sérieusement contestable (art. 809) ; la jurisprudence a admis que ce juge puisse accorder l'intégralité de la créance, c'est-à-dire une provision à 100 %[54].

20 **La pratique et les usages judiciaires.** C'est essentiellement lorsque les textes sont figés, que les nécessités pratiques l'imposent ou que l'imagination des praticiens le stimule, que leur rôle devient essentiel.

---

47. Par exemple Cass. (2e civ.), 30 juin 2004, n° 03-50.017, *Bull. civ.*, II, n° 339.

48. Approuvant les juges d'appel d'avoir « caractérisé un comportement contraire à la loyauté des débats », voy. Cass. (2e civ.), 23 octobre 2003, n° 01-00.242, *Bull. civ.*, II, n° 326 ; 4 mars 2004, précité, n° 91 ; 2 décembre 2004, précité, n° 514. *Contra*, voy. L. Miniato, « L'introuvable principe de loyauté en procédure civile », *D.*, 2007, chron., 1035. Sur la loyauté, voy. cep. *infra*, n° 326.

49. Cass. Ass. plén., 30 juin 1995, n° 94-20.302, *Bull. Ass. plén.*, n° 4.

50. Cass. (1re civ.), 3 février 2010, n° 08-21.288, *Bull. civ.*, I, n° 25.

51. Cass. Ass. plén., 27 février 2009, n° 07-19.841, *Bull. Ass. plén.*, n° 1.

52. Cass. (3e civ.), 3 novembre 2016, n° 15-25.427, *BICC*, 1er avril 2017, n° 379 ; *Rev. loyers* 2016, p. 478, note Ch. Quément. Rappr. Cass. (1re civ.), 28 octobre 2015, n° 14-22.207, *Bull. civ.*, I ; *Procédures*, 2016, 7.

53. Cass. com., 10 février 2015, n° 13-28.262, *Bull. civ.*, IV, n° 17.

54. Sur ce cas de référé, voy. *infra*, n° 429.

Ce rôle peut d'abord être créateur[55] : ce fut le cas pour le constat d'huissier, qui est une création de la pratique. Ce fut le cas également de la passerelle, qui est une création jurisprudentielle permettant de passer d'une procédure d'urgence (le référé) à une audience au fond : le juge des référés constate que l'affaire ne relève pas de ses pouvoirs (par exemple en raison d'une contestation qui est sérieuse et qui ne lui permet pas d'ordonner la mesure sollicitée en référé) ; pour éviter une perte de temps et l'obligation de reprendre toute la procédure au fond, ce juge des référés donne au demandeur l'autorisation d'assigner à jour fixe. Ce mécanisme de la passerelle a été consacré par le Code, à l'article 811 pour le tribunal de grande instance et à l'article 917, alinéa 2, en appel. Cette technique a été étendue au tribunal d'instance en 2004 (art. 849-1 CPC), et au tribunal de commerce comme au tribunal paritaire de baux ruraux en 2005 (art. 873-1 et 896[56]). Il serait peut-être temps de faire de la passerelle une règle générale et, au lieu de la décliner et de l'étendre dans les dispositions spécifiques à tel ou tel juge des référés, la prévoir à l'article 487 qui envisage le renvoi à la collégialité en état de référé ; il suffirait en effet d'ajouter en un second alinéa que le renvoi à la collégialité peut avoir pour objet qu'il soit statué au fond.

Mais parfois, le rôle de la pratique et des usages judiciaires se révèle destructeur : c'est ainsi qu'en 1935 a été institué le *juge chargé de suivre la procédure*. Or, les praticiens n'ont pas voulu collaborer avec ce magistrat. La réforme fut un échec. En 1965, le législateur en a tiré les leçons et a remplacé le *juge chargé de suivre la procédure* par le *juge de la mise en état des causes*. Cette fois-ci, la pratique a suivi.

21 **La doctrine.** Des ouvrages de plus en plus nombreux sont publiés et diffusés, ce qui montre le renouveau et la grande vitalité de la discipline. Certains, plus anciens ou dont la mise à jour date, doivent toutefois être signalés afin que le lecteur puisse utilement s'y reporter.

Bibliographie

- Amrani Mekki S. et Strickler Y., *Procédure civile*, coll. Thémis, Paris, PUF, 2014 ;
- Brenner Cl. et Fricero N. (dir.), *La nouvelle procédure d'appel*, 2e éd., coll. Axe droit, Paris, Lamy, 2012 ;
- Cadiet L. et Jeuland E., *Droit judiciaire privé*, 8e éd., Paris, Litec, 2013 ;
- Cadiet L., Normand J. et Amrani Mekki S., *Théorie générale du procès*, 2e éd., coll. Thémis, Paris, PUF, 2013 ;
- Cornu G. et Foyer J., *Procédure civile*, 3e éd., coll. Thémis, Paris, PUF, 1996 ;
- Couchez G. et Lagarde X., *Procédure civile*, 17e éd., Paris, Sirey, 2014 ;
- Croze H., Morel Ch. et Fradin O., *Procédure civile. Manuel pédagogique et pratique*, 4e éd., Paris, Litec, 2008 ;
- D'Ambra D., *Droit et pratique de l'appel*, coll. Dalloz référence, Paris, Dalloz, 2e éd., 2016.
- Douchy-Oudot M., *Procédure civile. L'action en justice. Le procès. Les voies de recours*, 5e éd., Paris, Gualino, 2012 ;
- Fricero N., *Procédure civile*, 15e éd., Paris, Gualino Mementos LMD, 2018 ; *L'essentiel de l'Espace judiciaire européen en matières civile et commerciale*, Paris, Gualino, 2011 ; et, avec Julien P., *Droit judiciaire privé*, 4e éd. par Fricero N., Paris, LGDJ, 2011 ;
- Garsonnet E. et Cézar-Bru Ch., *Précis de procédure civile contenant les matières*

55. Sur le rôle particulier que joue désormais la Cour de Strasbourg, lire : J.-F. Renucci, N. Fricero et Y. Strickler, « Les arrêts pilotes : le pragmatisme au service des droits humains », *D.*, 2013, chron., 201.

56. Sur la technique de la passerelle devant le tribunal de commerce, voy. Trib. com. Paris, réf., 3 janvier 1990, *Gaz. Pal.*, 1992, 1, 213, note Ph. Bénezra.

exigées pour l'examen de licence, 9e éd., Paris, Sirey, 1923 ; *Traité théorique et pratique de procédure civile et commerciale en justice de paix et devant les conseils de prud'hommes – Procédures spéciales*, t. VIII, 3e éd., Paris, Sirey, 1925 ;
- Gerbay Ph. et N., *Guide du procès civil en appel*, Paris, LexisNexis, 2013 ;
- Chainais C., Ferrand F., Mayer L. et Guinchard S., *Procédure civile. Droit interne et droit communautaire*, 34e éd., coll. Précis, Paris, Dalloz, 2018 ; et *Procédure civile*, 3e éd., coll. Hypercours, Paris, Dalloz, 2013 ;
- Guinchard S. *et alii*, *Droit et pratique de la procédure civile*, 9e éd., coll. Dalloz Action 2017/2018, Paris, Dalloz, 2016 ;
- Héron J. et Le Bars Th., *Droit judiciaire privé*, 5e éd., coll. Domat, Paris, Montchrestien, 2012 ;
- Julien P. et Fricero N., *Droit judiciaire privé*, 4e éd. par Fricero N., Paris, LGDJ, 2011 ;
- Morel R., *Traité élémentaire de procédure civile*, 2e éd., Paris, Sirey, 1949 ;
- Motulsky H., *Ecrits. Études et notes de procédure civile*, préf. G. Bolard, Paris, Dalloz, 1973, rééd. 2010 ;
- Moussa T. *et alii*, *Droit de l'expertise*, 3e éd., coll. Dalloz Action 2016/2017, Paris, Dalloz, 2015 ;
- Pierre-Maurice S., *Leçons de procédure civile*, Paris, Ellipses, 2011 ;
- Solus H. et Perrot R., *Traité de Droit judiciaire privé*, 4 tomes (dont trois publiés), Paris, Sirey :
  - t. I, *Introduction, Notions fondamentales, Organisation judiciaire*, 1961 ;
  - t. II, *La compétence*, 1973 ;
  - t. III, *Procédure de première instance*, 1991 ;
- Vizioz H., *Études de procédure*, préf. S. Guinchard, Paris, Bière 1956, Paris, Dalloz, rééd. 2011 ;
- Woog J.-Cl. *et alii*, *Pratique professionnelle de l'avocat*, 4e éd., Paris, Litec, 2001.
- Pour les revues, la matière apparaît certes dans les revues généralistes (*Dalloz*, *Gazette du Palais*, qui comporte des numéros spéciaux de procédure civile, JCP, etc.), mais viennent s'ajouter :
- le *Bulletin* des avoués près la cour d'appel de Paris,
- l'*Encyclopédie de procédure civile Dalloz*,
- le *Jurisclasseur procédure civile*, *LexisNexis*,
- le mensuel *Procédures*, *LexisNexis*,
- la revue *Droit et procédures*, revue des huissiers de justice,
- la revue *Justices*, revue générale de droit processuel, malheureusement aujourd'hui arrêtée.
- Émanant de la Cour de cassation, des fiches relatives à la procédure civile sont consultables via http://www.courdecassation.fr (rubrique Bulletin d'information de la Cour de cassation ; *v°* « Communication ») :
- « Respect de la vie privée et droit de la preuve devant le juge civil », par J.-P. Gridel (BICC n° 826 du 15 juillet 2015),
- « L'acte administratif sous le regard du juge judiciaire » (BICC n° 810 du 1er novembre 2014),
- *Rencontres de la chambre sociale 2014*, « Table ronde n° 1 : Prescription, conciliation, transaction » (BICC n° 807 du 15 septembre 2014),
- « La technique de cassation », Rencontre de la chambre sociale, 2e journée (BICC n° 787 du 15 septembre 2013),
- « La procédure d'élévation de conflit – Le conflit positif », par Jean-Louis Gallet (BICC n° 786 du 15 juillet 2013),
- « L'office du juge civil », par J.-P. Gridel (BICC n° 775 du 1er février 2013),
- « Question prioritaire de constitutionnalité » (BICC n° 762 du 1er mai 2012),
- « Le droit international privé dans le contentieux familial » (BICC n° 728 du 1er octobre 2010),
- « Le manque de base légale » (BICC n° 719 du 1er avril 2010),
- « Question prioritaire de constitutionnalité : la Cour de cassation au service des juridictions » (BICC n° 716 du 15 février 2010),
- « L'inscription de faux incidente devant la Cour de cassation » (BICC n° 713 du 15 décembre 2009),
- « Comprendre un arrêt de la Cour de cassation rendu en matière civile » ; « Le pouvoir souverain des juges du fond » ; « La souveraineté du juge du fond à l'épreuve de quelques faits » (3 documents, BICC n° 702 du 15 mai 2009),
- « La fonction constitutionnelle des juges non nationaux. De l'espace juridique global à l'ordre juridique global » (BICC n° 693 du 15 décembre 2008),
- « L'exigence d'impartialité du juge dans le procès civil... » (BICC n° 679 du 1er avril 2008),
- « La radiation des pourvois du rôle de la Cour de cassation » (BICC n° 678 du 15 mars 2008),
- « Le conseiller de la mise en état, Compétence et pouvoirs – Recours contre ses décisions » (BICC n° 677 du 1er mars 2008),

- « L'inscription de faux incidente devant la Cour de cassation » (BICC n° 713 du 15 décembre 2009),
- « La fonction constitutionnelle des juges non nationaux. De l'espace juridique global à l'ordre juridique global » (BICC n° 693 du 15 décembre 2008),
- « L'exigence d'impartialité du juge dans le procès civil et les procédures de récusation et de renvoi pour cause de suspicion légitime » (BICC n° 679 du 1er avril 2008),
- « La radiation des pourvois du rôle de la Cour de cassation » (BICC n° 678 du 15 mars 2008),
- « Le conseiller de la mise en état. Compétence et pouvoirs – recours contre ses décisions » (BICC n° 677 du 1er mars 2008),
- « L'autorité de la chose jugée des jugements civils » (BICC n° 676 du 15 février 2008),
- « La signification des actes de procédure par les huissiers de justice » (BICC n° 672 du 1er décembre 2007),
- « Interprétation et portée des arrêts de la Cour de cassation en matière civile » (BICC n° 661 du 15 mai 2007),
- « La recevabilité de l'appel » (BICC n° 660 du 1er mai 2007),
- « La juridiction du Premier président au regard de l'arrêt de l'exécution provisoire et du sursis à l'exécution » (BICC n° 655 du 15 février 2007),
- « Les incidents d'instance – les jonction et disjonction d'instance » (BICC n° 649 du 1er novembre 2006),
- « La procédure devant le juge de l'exécution en matière de traitement des situations de surendettement des particuliers » (BICC n° 642 du 15 juin 2006),
- « L'expertise » (BICC n° 632 du 15 janvier 2006),
- « La rémunération des avoués » (BICC n° 625 du 15 septembre 2005),
- « L'effet dévolutif de l'appel et l'évocation » (BICC n° 620 du 1er juin 2005),
- « Les pouvoirs d'office de la cour d'appel » ; « Le conseiller de la mise en état » ; « La procédure à jour fixe » (BICC n° 618 du 1er mai 2005).

§ 3. L'application des règles de procédure dans le temps et dans l'espace

22 **Règles temporelles et absence de difficulté.** Lorsque la loi nouvelle entre en vigueur avant le procès, ou après qu'une décision soit passée en force de chose jugée, la nouveauté du texte n'interfère en rien avec le procès à venir ou déjà jugé définitivement.

En effet, dans le premier cas, la loi nouvelle s'appliquera immédiatement (la loi étant antérieure à l'instance). Dans le second cas, la loi nouvelle ne trouvera pas à s'appliquer (la décision ayant force de chose jugée, le procès est terminé).

23 **Interférences.** Il se peut cependant et inversement que la loi nouvelle intervienne alors qu'un procès est en cours. Si le législateur a prévu des dispositions transitoires, il suffit de les appliquer.

À défaut de dispositions transitoires, il faut, pour résoudre le conflit de lois dans le temps, reprendre la distinction posée par l'article 2 du Code civil : « La loi ne dispose que pour l'avenir ; elle n'a point d'effet rétroactif ».

Ainsi, les lois de procédure, y compris les lois d'organisation judiciaire (qui fixent le statut des magistrats, leur indépendance, etc.), n'ont pas d'effet rétroactif et elles sont d'application immédiate.

23b **Règles de droit étranger.** En présence de droits indisponibles, le juge est tenu, d'office, de « mettre en œuvre la règle de conflit de lois et de rechercher le droit désigné par cette règle »[57]. Et de même, en présence de droits disponibles, le juge doit, dès qu'il reconnaît applicable un droit étranger, en rechercher la teneur, avec le concours des parties et personnellement s'il y a

57. Cass. (1re civ.), 25 mai 2016, n° 15-14.666. – 16 mars 2016, n° 15-14.365, *Bull. civ.* – 19 septembre 2007, n° 06-20.208, *Bull. civ.*, I, n° 281.

lieu, pour l'appliquer au litige[58]. La solution, pour les droits disponibles, n'a pas toujours été celle-ci : initialement, la Cour de cassation imposait aux parties privées le soin d'apporter la preuve du contenu de la loi étrangère[59]. Toutefois, « le moyen tiré de l'application du droit étranger ne peut être présenté pour la première fois devant la Cour de cassation » quand il est question de droits disponibles[60].

A) La loi de procédure nouvelle n'a pas d'effet rétroactif

24 **Principe de non-rétroactivité.** L'absence d'effet rétroactif de la loi nouvelle signifie que les actes valablement accomplis sous l'empire de la loi ancienne demeurent valables.

En revanche, les actes nuls en vertu de la loi ancienne resteront nuls et ne seront pas validés par une loi nouvelle différente.

E4 **La rétroactivité de la jurisprudence**

La rétroactivité ne concerne cependant pas seulement le législateur : lorsque la jurisprudence modifie sa position quant à l'interprétation d'un texte, ou crée une norme nouvelle (par exemple lorsqu'elle a découvert l'obligation de renseignement ou encore, la responsabilité générale du fait des personnes dont on doit répondre), le tournant qu'elle marque influe évidemment sur l'attente de ceux qui se sont fondés sur la jurisprudence antérieure pour construire leur argumentaire et décider de porter leur affaire en justice. Mais les exigences de sécurité juridique et la protection de la confiance légitime « ne sauraient consacrer un droit acquis à une jurisprudence constante, dont l'évolution relève de l'office du juge dans l'application du droit »[61] et les justiciables ne peuvent pas « se prévaloir d'un droit acquis à une jurisprudence figée » (Cass. (1re civ.), 9 octobre 2001, n° 00-14.564, *Bull. civ.*, I, n° 249 : « un médecin ne peut être dispensé de son devoir d'information vis-à-vis de son patient, qui trouve son fondement dans l'exigence du respect du principe constitutionnel de sauvegarde de la dignité de la personne humaine, par le seul fait qu'un risque grave ne se réalise qu'exceptionnellement ; que la responsabilité consécutive à la transgression de cette obligation peut être recherchée, aussi bien par la mère que par son enfant, alors même qu'à l'époque des faits la jurisprudence admettait qu'un médecin ne commettait pas de faute s'il ne révélait pas à son patient des risques exceptionnels ; qu'en effet, l'interprétation jurisprudentielle d'une même norme à un moment donné ne peut être différente selon l'époque des faits considérés et nul ne peut se prévaloir d'un droit acquis à une jurisprudence figée »).

Des décisions plus récentes laissent cependant entrevoir une limite au pouvoir du juge. Le rapport « Canivet-Molfessis » sur les revirements de jurisprudence a proposé que la Cour de cassation puisse « limiter dans le temps les effets de ses revirements dès lors qu'ils entraînent des conséquences néfastes ». Et c'est elle qui choisira « les critères justifiant au cas par cas qu'elle empêche l'effet rétroactif de se produire », de sorte qu'elle pourra affirmer une solution nouvelle mais ne pas l'appliquer au cas sur lequel elle se prononce. Si un juge peut décider qu'un revirement qu'il décide d'opérer ne vaudra que pour l'avenir et non pour le cas d'espèce qui lui est donné de trancher, c'est la prohibition des arrêts de règlement et l'article 5 du Code civil qui sont clairement méconnus. Comme l'écrit

---

58. Voy. déjà Cass. (1re civ.), 16 septembre 2015, n° 14-10.373, *Bull. civ.* - 11 février 2009, n° 07-13.088, *Bull. civ.* I, n° 28. - 27 janvier 1998, n° 95-20.600, *Bull. civ.*, I, n° 27.
59. Cass. (1re civ.), 11 juin 1996, n° 94-16.515, *Bull. civ.*, I, n° 243.
60. Cass. (1re civ.), 20 octobre 2010, n° 08-17.033, *Bull. civ.*, I, n° 207. - 28 novembre 2006, n° 05-19.838, *ibid.*, I, n° 522.
61. Cass. (2e civ.), 8 juillet 2004, n° 03-14.717, *Bull. civ.*, II, n° 361 ; 19 novembre 2009, n° 08-21.230.

Olivier Tournafond, « l'arbitraire sera total puisque l'on ne saura jamais *a priori* quelle sera la règle applicable »[62]. Dans un arrêt du 8 juillet 2004 (Cass. (2e civ.), n° 01-10.426, *Bull. civ.*, II, n° 387), la Cour de cassation a refusé d'appliquer une nouvelle interprétation jurisprudentielle à la période antérieure au revirement opéré pour éviter que ceci ne conduise « à priver la victime d'un procès équitable au sens de l'article 6 § 1 de la Convention EDH ». La même solution résulte d'un arrêt d'Assemblée plénière en date du 21 décembre 2006 (n° 00-20.493, *Bull. Ass. plén.*, n° 15, *JCP G*, 2007, II, 10111, note X. Lagarde)[63]. Devant le Conseil constitutionnel, la Question prioritaire de constitutionnalité qui aboutit à une déclaration d'inconstitutionnalité de la disposition jugée, a pour effet l'abrogation de cette dernière à compter de la publication de la décision « ou d'une date ultérieure fixée par » le Conseil constitutionnel (art. 62 Const.).

B) La loi de procédure nouvelle est d'application immédiate

25 **La distinction des lois de procédure et de celles qui ont trait au fond du droit.** On suppose logiquement que **les nouvelles lois de procédure** sont meilleures que celles qu'elles viennent remplacer. La solution de l'application immédiate de la loi de procédure nouvelle s'impose dans cette perspective. Appliquons cette logique au domaine de la preuve : si la loi nouvelle concerne les règles d'administration de la preuve en justice, par exemple la forme de l'enquête (c'est-à-dire du témoignage), il s'agit d'une loi de procédure, qui s'applique immédiatement.

En revanche, si **la loi nouvelle concerne le fond du droit**, la loi applicable est la loi du jour où s'est déroulé le fait. Si l'on prend l'exemple d'une loi nouvelle qui concernerait la preuve préconstituée, le principe est celui de la survie de la loi ancienne. C'est là la seule solution qui respecte les prévisions du justiciable.

Ainsi, en matière de voies de recours, si la loi nouvelle modifie la forme de l'acte d'appel, il y a application immédiate de la loi nouvelle ; mais si cette loi modifie les conditions de recevabilité de l'appel – par exemple, elle supprime l'appel ou modifie le délai pour exercer le recours –, c'est une règle de fond. Dans ce cas, la loi applicable est celle en vigueur le jour où le juge a rendu sa décision.

Au travers des exemples cités, on constate qu'il faut toujours commencer par qualifier la loi nouvelle, en se demandant si elle est « de procédure » ou « de fond », pour savoir, dans un second temps, si elle est ou non d'application immédiate.

26 **La spécificité des lois de compétence.** En matière de lois de compétence, le principe est également celui de l'application immédiate des lois de procédure. Par conséquent, la loi de compétence est normalement d'application immédiate… ce qui signifie que le plaideur qui a saisi une juridiction sous l'empire de la loi ancienne, doit recommencer son procès devant la juridiction nouvellement compétente.

62. « Considérations sur les nouveaux arrêts de règlement », in *Mél. Ph. Jestaz, Libres propos sur les sources du droit*, Paris, Dalloz, 2006, p. 547, spéc. p. 581. Rappr. Ch. Radé, « De la rétroactivité des revirements de jurisprudence », *D.*, 2005, chron., 988, n° 21.

63. Sur le revirement pour l'avenir, lire aussi : P. Morvan, « Le revirement de jurisprudence pour l'avenir : humble adresse aux magistrats ayant franchi le Rubicon », *D.*, 2005, chron., 247.

Cette conséquence est trop lourde. Aussi le principe est-il tempéré : chaque fois que la juridiction initialement compétente a déjà rendu une décision intéressant le fond, elle reste compétente pour trancher le litige. La jurisprudence se montre souple quant à cette exigence. Elle estime ainsi que la désignation d'un expert pour statuer sur le montant des dommages-intérêts (ce qui est un jugement avant dire droit) intéresse le fond puisque cette décision préjuge sur le fond du litige.

E5 **Le « droit au temps » en procédure civile**

« Il n'y a pas d'affaires urgentes mais que des clients pressés », disait-on plaisamment dans les Palais de justice. À cette époque révolue a succédé le temps de l'Homme pressé. Il n'est pas neutre de relever que la Cour européenne des Droits de l'Homme est principalement saisie de la durée excessive des procédures judiciaires.

Cependant, le *principe dispositif* consacre l'idée d'un procès civil – chose des parties – et montre par là même que l'État n'est pas seul en cause dans les lenteurs qui parfois caractérisent la justice. Certes l'État doit la justice et ce, dans un délai raisonnable, d'où le rôle majeur du juge en la matière, spécialement quant à la surveillance du bon déroulement de l'instance. Mais le plaideur, simple particulier, apporte aussi sa contribution à l'avancement de sa procédure. D'où, entre autres mesures, l'exigence plus forte d'une meilleure formalisation de la procédure par l'obligation faite aux parties de préciser le fondement juridique de la demande.

Du juge aux parties se dessine alors une ambiance de nécessaire collaboration, qui se révèle lors de la mise en état de l'affaire. C'est un moment durant lequel le juge dispose de moyens de contrôle et de direction importants, mais qui n'exclut pas la mise en œuvre d'une négociation entre juges et parties du temps de la procédure[64].

Le « droit au temps » est aussi entre les mains du législateur et la poursuite de ce louable objectif peut alors déboucher sur un réflexe de simplification des procédures. C'est dans l'effet mécanique donné aux règles de procédure que l'on cherche la clé de l'accélération du procès. Il faut alors se garder des excès possibles, car de la justice rapide à la justice par trop accélérée, il peut n'y avoir qu'un pas. Les extrêmes finissent alors par se rejoindre et la crainte de la lenteur laisse place à la frayeur d'une justice sommaire. Lorsque, dans un même souhait d'accélération, des voix s'élèvent parfois pour inviter à un allégement, une limitation dans certains cas, voire la suppression du contrôle de la motivation des décisions exercé par la Cour de cassation, il faut redire que le moins que l'on puisse exiger d'un juge, c'est qu'il indique les règles sur lesquelles il fonde la solution qu'il retient, et que tout contrôle réel de légalité passe par une motivation sérieuse. Tout cela, c'est du temps *pour* le procès.

SECTION II

Aspects fondamentaux de l'organisation judiciaire civile

27 **Pouvoir ou autorité judiciaire.** La loi des 16 et 24 août 1790 reconnaît un véritable pouvoir judiciaire. C'est la suite historique des Parlements de l'Ancien Régime. Mais le souvenir, douloureux pour le pouvoir central, du rôle joué par les Parlements de l'ancien droit a conduit à instaurer, à l'époque révolutionnaire, l'élection des juges et à proclamer le principe de la séparation des

64. S. AMRANI-MEKKI, *Le temps et le procès civil*, coll. Nouvelle Bibliothèque des thèses Paris, Dalloz, 2002, n°s 232 et s. – *Adde* J.-M. COULON et M.-A. FRISON-ROCHE (dir.), *Le temps dans la procédure*, coll. Thèmes et commentaires, Paris, Dalloz, 1996.

pouvoirs... Avec le temps va, tout s'en va... et ce souvenir s'est estompé. L'élection des juges a été supprimée par le Consulat (Constitution du 22 frimaire an VIII – 13 décembre 1799, loi du 27 ventôse an VII) et l'indépendance des juges est devenue une fin en soi.

La Constitution du 4 octobre 1958 a opté pour le terme d'*autorité* plutôt que de *pouvoir* judiciaire. Il faut remarquer que c'est toujours au sujet des tribunaux de l'ordre judiciaire que l'on discute traditionnellement le point de savoir s'il existe deux ou trois pouvoirs dans l'État, alors même que les tribunaux judiciaires ne sont pas les seuls organes investis d'une fonction juridictionnelle. Toutes ces discussions relatives à la réalité d'un pouvoir judiciaire autonome attestent de l'importance exceptionnelle que revêt l'exercice de la fonction juridictionnelle dans un État. Ceci n'est pas pour étonner : historiquement, le premier pouvoir de l'État a été celui de rendre la justice. Cela a même été un moyen de renforcer le pouvoir central.

§ 1. Aspects d'indépendance

28 **Protection des magistrats : leur statut.** La fonction de juger exige une indépendance, tant à l'égard des parties privées au procès, d'où une protection des magistrats dans l'exercice de leurs fonctions, concrétisée par l'ordonnance du 22 décembre 1958[65], qu'à l'égard de l'État et de ses représentants.

A) Magistrats et parties au procès

29 **L'exigence du prononcé d'une décision.** C'est une évidence : le juge saisi a l'obligation de statuer.

Article 4 du Code civil : « Le juge qui refusera de juger, sous prétexte du silence, de l'obscurité ou de l'insuffisance de la loi, pourra être poursuivi comme coupable de déni de justice. »

Le déni de justice est réprimé par l'article 434-7-1 du Code pénal. Cette incrimination a été conservée dans les textes en raison de son caractère symbolique car, en pratique, elle n'est jamais appliquée par les tribunaux (la peine prévue est une amende de 7 500 euros et l'interdiction d'exercer une fonction publique pour une durée de 5 à 20 ans).

Le déni de justice a trouvé une nouvelle application du fait de l'encombrement de la justice. Pour le tribunal de grande instance de Paris[66], statuer dans un délai anormal « équivaut à un déni de justice ». La sanction qui s'attache à la violation de l'obligation de se prononcer dans un délai raisonnable n'est pas l'annulation de la procédure mais la réparation du préjudice résultant éventuellement du délai subi[67].

---

65. Spéc. art. 11 ; *adde* art. 434-8 et spéc. art. 434-24 à 434-26 C. pén.
66. TGI Paris (1re ch.), 5 novembre 1997, *D.*, 1998, 9, note M.-A. Frison-Roche. *Adde Le temps dans la procédure*, Actes du colloque tenu le 5 décembre 1995, Paris, Dalloz, 1996.
67. Cass. (2e civ.), 24 mars 2005, n° 03-15.791, *Bull. civ.*, II, n° 78. Voy. aussi H. Kassoul, note sous Cass. crim., 24 avril 2013, *Gaz. Pal.*, 20-21 septembre 2013, p. 19.

30 L'exigence d'un procès équitable

Article 6 § 1er (al. 1er) de la Convention européenne de sauvegarde des Droits de l'Homme et des Libertés fondamentales : « Toute personne a droit à ce que sa cause soit entendue équitablement, publiquement et dans un délai raisonnable, par un tribunal indépendant et impartial, établi par la loi, qui décidera, soit des contestations sur ses droits et obligations de caractère civil, soit du bien-fondé de toute accusation en matière pénale dirigée contre elle. Le jugement doit être rendu publiquement, mais l'accès de la salle d'audience peut être interdit à la presse et au public pendant la totalité ou une partie du procès dans l'intérêt de la moralité, de l'ordre public ou de la sécurité nationale dans une société démocratique, lorsque les intérêts des mineurs ou la protection de la vie privée des parties au procès l'exigent, ou dans la mesure jugée strictement nécessaire par le tribunal, lorsque dans des circonstances spéciales la publicité serait de nature à porter atteinte aux intérêts de la justice. »

De manière assez générale (art. 43, ord. du 22 décembre 1958), tout manquement par le magistrat aux devoirs de son état, à l'honneur, à la délicatesse ou à la dignité, constitue une faute disciplinaire ; la fonction de magistrat est en outre incompatible avec l'exercice de toute fonction publique et de toute autre profession commerciale, civile ou salariée et les magistrats sont frappés de certaines incapacités. Ainsi, ils ne peuvent pas consulter ou plaider.

De manière plus conséquente, l'existence de liens de parenté ou d'alliance entre les parties et le magistrat entraîne l'incapacité pour ce dernier de siéger (art. L. 111-6 et s. et R. 111-4 COJ). L'absence de tels liens ne signifie pas que le juge est nécessairement impartial. Ainsi, le défaut de motivation peut être un signe révélateur d'une difficulté à cet égard : lorsqu'une juridiction se contente de reproduire sur tous les chefs de demande les conclusions de l'une des parties, les juges méconnaissent leur office car cette « apparence de motivation [peut] faire peser un doute sur l'impartialité de la juridiction »[68].

Pour renforcer l'impartialité des juges, certains mécanismes ont été mis en place. Il s'agit d'une part, de l'abstention, de la récusation ou du renvoi et, d'autre part, de la possibilité offerte aux plaideurs d'agir en responsabilité.

1. Abstention, récusation et renvoi

31 **Texte de référence.** L'article 341 du Code de procédure civile dispose que la récusation d'un juge n'est admise que dans les causes prévues par l'article L. 111-6 du Code de l'organisation judiciaire. Ce dernier texte énumère entre autres exemples l'hypothèse où le juge a un intérêt personnel à l'affaire, ou encore le cas d'amitié ou d'inimitié notoire entre le juge et l'une des parties[69].

32 **Extension des causes de récusation des juges aux techniciens.** L'article 234 du Code de procédure civile étend aux techniciens les causes de récusation qui valent pour les juges. L'une des parties, mais aussi le technicien lui-même, peut prendre l'initiative de la procédure en portant l'information au juge qui a commis ledit technicien ou au juge chargé du contrôle. Ainsi que l'indique le texte, la partie qui se plaint du défaut d'impartialité d'un expert doit, sous peine

68. Cass. com., 10 mai 2011, n° 10-30.634. En revanche, le fait d'être « ami » sur les réseaux sociaux n'est pas, en soi, un motif de partialité : Cass. (2e civ.), 5 janvier 2017, n° 16-12.394, *Bull. civ.* ; *Procédures* 2017, comm. 29, Y. Strickler.

69. En revanche, le seul fait qu'un juge ait rendu plusieurs décisions antérieures défavorables au demandeur et favorables à son adversaire n'est pas un motif de doute suffisant : Cass. (2e civ.), 21 janvier 2016, n° 15-01.541, *Bull. civ.* ; *Procédures*, 2016, 123.

d'irrecevabilité, récuser ce technicien avant le début des opérations d'expertise ou dès la révélation de la cause de la récusation, sans quoi elle renonce « sans équivoque à s'en prévaloir »[70].

a) L'abstention (art. 339-340 CPC)

33 **L'initiative vient du juge.** C'est le juge lui-même « qui suppose en sa personne une cause de récusation ou estime en conscience devoir s'abstenir ». Il se fait alors « remplacer par un autre juge » qui est désigné par « le président de la juridiction à laquelle il appartient ». On dit aussi que le juge *se déporte*. Cette règle résulte de l'article 339.

b) Récusation et renvoi (art. 341-350 CPC)

34 **Récusation.** La demande de récusation, qui était jusqu'à peu communiquée au juge visé par la récusation qui pouvait alors décider de s'abstenir ou de s'opposer à la récusation ou ne pas y répondre[71] est, depuis le décret n° 2017-897 du 6 mai 2017, portée devant le premier président de la cour d'appel (art. 344) et devant le premier président de la Cour de cassation quand la récusation vise le premier président de la cour d'appel ou la cour d'appel dans son ensemble (art. 350).

35 **Renvoi.** Le renvoi à une autre juridiction consiste à soustraire le procès à la juridiction normalement compétente territorialement pour le faire juger par une autre juridiction, du même ordre et du même degré (exemple : de la cour d'appel de Nancy – renvoi – à la cour d'appel de Colmar). Cet incident a pour objectif d'éviter que l'on puisse suspecter l'impartialité d'un tribunal ou la sérénité de la Justice. Il existe trois types de renvoi, les deux premiers répondant à l'exigence d'impartialité, le dernier, à la nécessaire sérénité qui doit accompagner l'acte de juger. C'est pourquoi le décret de 2017 aligne la procédure des deux premiers sur celle de la récusation.

L'idée directrice est que le **renvoi pour cause de suspicion légitime** équivaut à la récusation de chaque membre du tribunal.

Quant au **renvoi pour cause de récusation contre plusieurs juges**, ce renvoi a lieu en cas de récusation contre plusieurs juges d'une formation collégiale, la récusation pouvant même s'étendre à l'ensemble des juges.

C'est pourquoi ces demandes de renvoi sont désormais soumises au même régime procédural que la demande de récusation.

36 **L'initiative vient des parties.** La partie qui veut récuser un juge ou demander le renvoi, soit pour cause de suspicion légitime soit pour cause de récusation contre plusieurs juges[72], doit respecter trois conditions. Elle, ou son mandataire, ou obligatoirement son avocat devant les juridictions où lui seul peut représenter les parties (art. 343 et 1027, pour la Cour de cassation), doit 1°

---

70. Cass. (2e civ.), 4 juin 2009, n° 08-11.163, *Bull. civ.*, II, n° 140.

71. Auquel cas la demande était jugée sans délai par la cour d'appel ; et de même pour la demande de récusation formée contre un magistrat de la cour d'appel, qui était jugée par sa cour et non par le Premier président de la Cour de cassation : Cass. (2e civ.), 19 janvier 2017, n° 16-01.659, *Bull. civ.* ; *Procédures* 2017, comm. 29. Voy. aussi Cass. (2e civ.), 1er décembre 2016, n° 15-25.388.

72. Pour le renvoi pour cause de sûreté publique, voy. *infra*, n° 28.

former sa demande de récusation dès qu'elle a connaissance de la cause de récusation **et** 2° avant la clôture des débats. Elle doit aussi et ce, à peine d'irrecevabilité, 3° faire figurer dans sa demande les motifs qui expliquent la récusation ou le renvoi. S'ajoute une condition spécifique à la récusation contre plusieurs juges, en ce qu'elle doit être demandé dans un seul et même acte, sauf bien sûr si une cause devait se révéler postérieurement (art. 349, al. 1er). L'acte portant la demande doit être assorti d'un pouvoir spécial quand il est rédigé par le mandataire de la partie et, dans tous les cas, être remis au greffe de la cour d'appel ; ceci étant, si la cause de la demande apparaît à l'audience, il suffira d'une déclaration faite au greffier, qui en informera le premier président de la cour.

C'est à ce stade de la procédure que le président de la juridiction ou le juge visé par la demande en est averti, s'il ne l'a pas été lors de l'audience. Il peut alors formuler ses observations. Le magistrat concerné peut décider de s'abstenir. Dans le cas contraire, la présentation de la demande n'impose pas le sursis à statuer, et le juge (ou le tribunal) n'est pas dessaisi. Dans le dispositif précédent, le juge récusé devait surseoir à statuer ; ceci n'est plus aujourd'hui le cas. Ce sont les anciennes dispositions propres au renvoi qui n'imposaient quant à elle pas le sursis[73], qui ont ici été généralisées, avec la soupape de sûreté qui existait : le premier président, après avis du procureur général, peut ordonner le sursis « à toute décision juridictionnelle jusqu'à la décision sur la demande de récusation ou de renvoi pour cause de suspicion légitime » (dern. phrase de l'art. 345).

37 **Réponses possibles du premier président.** Le président statue dans le mois de sa saisine, après avis du procureur général, mais sans qu'il soit nécessaire d'appeler les parties. Il statue « à bref délai » quand la récusation vise le juge des libertés et de la détention chaque fois qu'il est saisi dans le cadre de ses compétences en matière non répressive (art. L. 213-8 COJ). Si la récusation est admise, le juge récusé est remplacé et, s'il s'agit d'une demande de renvoi, l'affaire est renvoyée devant une autre formation de la même juridiction ou devant une autre juridiction de même nature. Cette décision n'est susceptible d'aucun recours et s'impose tant aux parties qu'au juge de renvoi.

En outre, si les actes de procédure accomplis par le juge ou la juridiction avant que la décision accueillant la demande de récusation ou de renvoi pour cause de suspicion légitime n'ait été portée à sa connaissance ne peuvent être remis en cause, toute décision qui tranche tout ou partie du principal comme toute décision assortie de l'exécution provisoire qui aurait été rendue par le juge ou la juridiction, est toutefois non avenue et ce, quelle qu'en soit sa date (art. 347).

En revanche, si la demande est rejetée, l'ordonnance qui opte pour cette solution est susceptible de pourvoi dans les quinze jours de sa notification, réalisée par le greffe de la cour d'appel (art. 346).

En cas de rejet de la demande, l'auteur de celle-ci peut être condamné à une amende civile jusqu'à 10 000 euros, sans préjudice des dommages-intérêts qui pourraient être réclamés.

---

73. La Cour de cassation avait ainsi pu juger que le fait pour une juridiction remise en question de statuer sans attendre que la Cour de cassation se prononce sur les mérites de la requête ne rendait pas celle-ci sans objet : Cass. (2e civ.), 24 novembre 2016, n° 16-01.646, *BICC*, 15 avril 2017, n° 476.

c) Le renvoi à une autre juridiction (art. 351-353 CPC)

38 **Le renvoi vise alors à assurer la sérénité de la justice.** Plus que l'idée d'impartialité du tribunal, c'est l'idée de sérénité de la justice qui domine dans **le renvoi pour cause de sûreté publique**. Le renvoi peut avoir lieu lorsqu'il est à craindre que le jugement de l'affaire devant la juridiction saisie ne trouble l'ordre public du lieu où l'affaire est portée, en favorisant des manifestations, voire des émeutes ne permettant pas de juger l'affaire « tranquillement ».

Le renvoi est prononcé par la Cour de cassation sur réquisition du procureur général près ladite Cour. Là encore, l'instance n'est pas suspendue, sauf décision contraire du premier président de la Cour de cassation, qui peut « ordonner que l'instance soit suspendue jusqu'à la décision sur la demande de renvoi » (art. 353, al. 2).

Outre les mécanismes de l'abstention, de la récusation et du renvoi, l'impartialité des juges est renforcée par la possibilité offerte aux plaideurs d'agir en responsabilité.

2. La responsabilité des magistrats

39 **Évolution de la question.** L'État a une responsabilité directe pour fonctionnement défectueux du service de la justice. En dehors de cette responsabilité générale, l'État peut être tenu de garantir les conséquences des fautes personnelles du juge (par exemple un juge qui détournerait un dossier).

Anciennement, il existait un régime unique de mise en œuvre de la responsabilité du juge. C'était la « prise à partie », qui se présentait comme une voie de recours spéciale, dirigée non pas contre une décision, mais contre un juge ou un tribunal. En 1972 et 1979, le régime de la mise en jeu de la responsabilité du juge fut modifié et a débouché sur la coexistence de deux régimes : d'une part, le *nouveau* régime qui est celui des magistrats du corps judiciaire et, d'autre part, sauf loi spéciale (art. L. 141-2 COJ), l'ancienne prise à partie.

a) La responsabilité des magistrats du corps judiciaire

40 **La responsabilité de l'État.** Le point de départ est la mise en jeu de la responsabilité de l'État, tenu de réparer le dommage causé par le fonctionnement défectueux de la justice[74]. Cette responsabilité n'est engagée que par une faute lourde ou par un déni de justice (art. L. 141-1, al. 2, COJ). L'action en responsabilité n'est donc pas dirigée contre le magistrat lui-même, à raison de sa faute personnelle, mais contre l'État en tant que garant des condamnations susceptibles d'être prononcées. Dans cette action en responsabilité, l'État est représenté par l'agent judiciaire du Trésor.

41 **L'éventuelle action récursoire.** Si sa responsabilité a été admise, l'État pourra exercer une action récursoire contre le juge fautif[75].

---

74. Sur le droit des victimes par ricochet d'un fonctionnement défectueux du service public de la justice d'engager la responsabilité de l'État, sur le fondement de l'article L. 141-1 du COJ, voy. Cass. (1re civ.), 16 avril 2008, nos 07-16.286 & 07-16.504, *Bull. civ.*, I, nos 113 & 114.

75. Cette action récursoire n'a jamais été exercée depuis la Constitution de 1958.

Du point de vue de la compétence, à défaut de texte dérogatoire, il faut admettre la compétence de droit commun du tribunal de grande instance. Cette solution n'est pas satisfaisante. Elle n'est pas rationnelle et ceci à deux égards : elle peut aboutir à faire juger la responsabilité de l'État par la juridiction à laquelle est imputée un fonctionnement défectueux. Et si le fonctionnement défectueux concerne la cour d'appel, c'est une juridiction inférieure, le tribunal de grande instance, qui sera appelée à se prononcer.

E6 **La saisine directe du Conseil supérieur de la magistrature**

Le Conseil supérieur de la magistrature (CSM) a, pour l'une de ses missions, la discipline des magistrats de l'ordre judiciaire. L'idée d'une saisine directe du CSM par les justiciables, longtemps en gestation[76], a été concrétisée par la réforme constitutionnelle du 23 juillet 2008 qui a modifié l'article 65 de la Constitution ainsi que l'ordonnance du 22 décembre 1958 portant statut de la magistrature[77]. Désormais, il est possible pour tout justiciable qui souhaite se plaindre du comportement d'un magistrat judiciaire susceptible de constituer une faute disciplinaire[78], de saisir directement le CSM afin de voir engagée la responsabilité disciplinaire dudit magistrat. Cependant, cette saisine directement est strictement encadrée et ne constitue évidemment pas une voie de recours supplémentaire à l'encontre d'une décision juridictionnelle.

Les conditions de recevabilité sont en conséquence strictes : le comportement vise une faute disciplinaire ; est donc nécessairement en cause le comportement du magistrat concerné sur son lieu de travail et non dans le cadre de sa vie privée[79]. En outre, la saisine ne peut viser un magistrat encore saisi de la procédure, et la requête doit être déposée dans l'année qui suit l'achèvement de l'instance ou le prononcé de la décision. Elle est soumise à un premier examen par une commission d'admission des requêtes qui décide s'il y a lieu ou non de poursuivre la procédure. Si tel est le cas, la commission transmet à la formation disciplinaire idoine selon qu'il s'agisse d'un magistrat du siège ou du parquet. Dans tous les cas, et à la différence avec la responsabilité de l'État engagée du fait du fonctionnement défectueux du service public de la Justice, le requérant ne pourra se voir allouer une compensation financière, car la seule finalité de la requête est le prononcé d'une sanction disciplinaire contre le magistrat mis en cause[80].

b) La responsabilité des autres magistrats

42 **Lois spéciales ou prise à partie.** L'article L. 141-2 du COJ renvoie à des « lois spéciales » et à défaut, il faut revenir à l'ancien système de la prise à partie. Il fait l'objet de l'article L. 141-3 du Code de l'organisation judiciaire. Ce texte pose les conditions d'ouverture de l'action en énumérant les cas dans lesquels les juges peuvent être pris à partie. Diverses situations sont prévues : les cas de dol, fraude, concussion (perception illicite par un agent public de sommes qu'il sait ne pas être dues) ou de faute lourde qui sont commis, soit dans le cours de l'instruction, soit lors des jugements ; le déni de justice.

Les condamnations en dommages-intérêts prononcées contre les magistrats à raison de ces faits entraînent la responsabilité civile de l'État, sauf son recours contre ces juges. Les prises à partie sont rares et réussissent encore plus rarement.

76. L. Belfanti, Magistrat, *Rép. proc. civ. Dalloz*, n°s 958 et s.
77. Art. 50-3 du l'ordonnance n° 58-1270 du 22 décembre 1958 portant loi organique relative au statut de la magistrature.
78. Définie à l'article 43 de l'ordonnance n° 58-1270 du 22 décembre 1958.
79. Voy. CSM siège, 9 juin 2016, in *Rapport CSM 2016*, pp. 127 et s.
80. Sanctions énumérées à l'article 45 de l'ordonnance n° 58-1270 du 22 décembre 1958.

43 **Incertitude quant à l'effet de la prise à partie sur la décision qui a été rendue.** Lorsqu'il est question de paiement, il est généralement admis que le créancier trouvera davantage intérêt à un paiement en argent qu'en nature[81]. En revanche, lorsque c'est la compensation d'un préjudice qui est recherchée, la mesure la plus appropriée consiste en une réparation en nature. D'ailleurs, n'est-il pas naturellement espéré une *réparation* plutôt qu'une *compensation* ? Aussi faut-il considérer que l'annulation de la décision rendue par un juge condamné par la voie d'une prise à partie doit pouvoir être demandée et obtenue. La sanction de la nullité constitue en effet la meilleure réparation en nature, sans préjudice des dommages-intérêts comme complément d'indemnisation.

E7 **Après *Outreau*, quelle responsabilité pour les magistrats ?**

La Loi organique n° 2007-287 du 5 mars 2007 *relative au recrutement, à la formation et à la responsabilité des magistrats* s'est vue retrancher les deux principales dispositions qu'elle comprenait au regard de la responsabilité renforcée des magistrats qu'elle s'était proposée de dessiner. Le texte voté par l'Assemblée nationale proposait en effet d'ajouter un alinéa à l'article 43 de l'ordonnance n° 58-1270 du 22 décembre 1958 portant loi organique relative au statut de la magistrature pour ajouter aux illustrations des manquements aux devoirs de son état par un magistrat, notamment, « la violation grave et intentionnelle par un magistrat d'une ou plusieurs règles de procédure constituant des garanties essentielles des droits des parties ». On imagine fort bien un magistrat commettre une telle violation de manière intentionnelle... ! Quelle dérive que d'embrasser le courant d'une certaine opinion publique cherchant continuellement à remettre en cause toute autorité, quelle qu'elle soit et quelle que soit sa légitimité, et qui de fait et en l'occurrence en droit, apparaît fragilisée. Et quelle difficulté probatoire à démontrer une telle intention ! De toute manière, une telle disposition, si elle devait être appelée un jour à entrer dans le droit positif, ne répondrait qu'à des situations véritablement exceptionnelles et totalement à la marge. Le Sénat l'a, pour sa part, bien perçu, lui qui a proposé de remplacer l'expression « violation grave et intentionnelle » par celle de « violation grave et délibérée ». La différence, c'est le vouloir du comportement, pas nécessairement le vouloir du résultat. Cette violation grave et délibérée par un magistrat d'une règle de procédure constituant une garantie essentielle des droits des parties devait en outre avoir été « commise dans le cadre d'une instance close par une décision de justice devenue définitive ».

Le Conseil constitutionnel, par une décision n° 2007-251 DC du 1er mars 2007, a déclaré le texte contraire à la Constitution en considérant que si l'indépendance de l'autorité judiciaire et le principe de la séparation des pouvoirs « n'interdisent pas au législateur organique d'étendre la responsabilité disciplinaire des magistrats à leur activité juridictionnelle en prévoyant qu'une violation grave et délibérée d'une règle de procédure constituant une garantie essentielle des droits des parties puisse engager une telle responsabilité (...) toutefois, ces mêmes principes font obstacle à l'engagement de poursuites disciplinaires lorsque cette violation n'a pas été préalablement constatée par une décision de justice devenue définitive ».

L'article 48-2 nouveau, entendait pour sa part créer une fonction de veille et d'alerte dévolue, selon les vœux de l'Assemblée nationale au Médiateur de la République par l'intermédiaire des représentants de la Nation et, pour le Sénat, à une commission de transparence de la justice instituée auprès du ministre de la Justice. Dans les deux visions du projet, la main devait revenir au ministre de la Justice, déterminant la suite de la procédure, poursuites disciplinaires ou non (Assemblée nationale) ou saisine du Conseil Supérieur de la Magistrature (Sénat). Le texte définitif avait coupé la poire en deux et prévu de saisir directement le Médiateur de la République d'une réclamation examinée par le Médiateur assisté d'une commission dont lui était confiée la présidence et composée de cinq autres personnes dont quatre au moins devaient se situer hors de l'ordre judiciaire. Cette disposition n'a pas davantage que la précédente

---

81. R. M. Alston, J. R. Keal et M. B. Vaughan, « Is there a consensus among economists in the 1990s ? », *American Economic Review*, may 1992.

trouvé grâce aux yeux du Conseil constitutionnel qui lui a reproché d'avoir porté atteinte tant au principe de la séparation des pouvoirs qu'à celui de l'indépendance de l'autorité judiciaire en reconnaissant au Médiateur un ensemble de prérogatives (dont le droit de « solliciter tous éléments d'information utiles » auprès de hauts magistrats ou encore, de transmettre la réclamation « au garde des Sceaux, ministre de la Justice, aux fins de saisine du Conseil supérieur de la magistrature ») caractérisant un empiétement sur l'autorité judiciaire.

Depuis ce texte, il faut signaler la loi organique n° 2016-1090 du 8 août 2016 *relative aux garanties statutaires, aux obligations déontologiques et au recrutement des magistrats ainsi qu'au Conseil supérieur de la magistrature* qui est notamment venu prévenir et faire cesser les situations de conflit d'intérêts, et le décret n° 2017-894 du 6 mai 2017 *relatif à l'Ecole nationale de la magistrature.*

B) Magistrats et autres pouvoirs de l'État

1. À l'égard du pouvoir législatif

44 **Le législateur ne doit pas s'immiscer dans un procès.** Le principe est posé. Mais la meilleure façon d'apprécier l'ampleur de ce principe, c'est encore d'analyser les dérogations qu'il comporte.

Rappelons d'abord la dérogation ancienne qui consistait dans la pratique du référé législatif. En cas de doute sur l'interprétation d'une loi, le juge devait se tourner vers l'auteur du texte (c'est l'interprétation authentique). Cette pratique a été définitivement abandonnée par une loi du 1er avril 1837. Depuis cette date, c'est le juge qui dispose du pouvoir *herméneutique* (c'est-à-dire d'*interprétation*). L'article 4 du Code civil, déjà rencontré, ne dit pas autre chose.

Demeurent aujourd'hui, comme dérogations notables : d'une part, la pratique des lois rétroactives et interprétatives. Cette pratique constitue une ingérence législative dans le déroulement des procès. D'autre part, les réponses ministérielles : un ministre donne alors son avis sur la manière d'interpréter un texte et ceci, en réponse aux questions écrites de parlementaires[82]. La portée de cette dérogation doit être nuancée, ces réponses étant émises « sous réserve de l'appréciation souveraine des tribunaux ».

E8 **Limite apportée aux lois interprétatives**

Par un arrêt d'Assemblée plénière du 23 janvier 2004, la Cour de cassation a considéré que, pour avoir une portée rétroactive, une loi interprétative suppose que le législateur soit clairement guidé par un « impérieux motif d'intérêt général »[83].

On sait que l'article 2 du Code civil qui pose le principe de non-rétroactivité des lois a une portée législative et que par conséquent le législateur peut expressément déroger à la règle. La Cour de cassation le rappelle d'ailleurs dans sa décision en disant que le « législateur peut adopter, en matière civile, des dispositions rétroactives ».

Mais les exigences de prééminence du droit et d'équité de tout procès s'opposent à toute ingérence du pouvoir législatif dans l'exercice du pouvoir judiciaire. De sorte que l'Assemblée plénière retient qu'il doit résulter soit des termes de la loi, soit des travaux parlementaires, la volonté

---

82. Voy. B. Oppetit, « Les réponses ministérielles... », *D.*, 1974, chron., 107.

83. *JCP*, 2004, II, 10030, note M. Billiau ; *RTD civ.*, 2004, 598 et 603, obs. P. Deumier.

du législateur de donner une portée rétroactive au texte qu'il vote et, ce faisant, qu'il ait voulu répondre à un impérieux motif d'intérêt général. Elle a, dans l'espèce qui a permis d'affirmer cette solution, approuvé la cour d'appel d'avoir retenu que la loi du 11 décembre 2001 modifiant le Code de commerce sur les règles de révision du bail commercial, quand bien même elle visait à mettre fin à une jurisprudence qui déplaisait aux bailleurs, ne pouvait justifier une atteinte telle que représente la rétroactivité d'un texte, au bon déroulement des procès.

---

45 **Inversement, interdiction est faite aux juges d'empiéter sur le pouvoir législatif.** Cette interdiction avait été proclamée par la loi des 16 et 24 août 1790 et reprise dans l'article 127 de l'ancien Code pénal, qui déclarait « coupables de forfaiture » et punissait de « dégradation civique [les] juges (...) qui se seront immiscés dans l'exercice du pouvoir législatif ». Ce texte répressif n'a pas été repris dans le nouveau Code pénal, mais les conséquences qu'il emportait sur le plan des pouvoirs dévolus aux magistrats demeurent.

- La première conséquence reste inscrite dans l'article 5 du Code civil : « Il est défendu aux juges de prononcer par voie de disposition générale et réglementaire sur les causes qui leur seront soumises ». C'est la prohibition des arrêts de règlement, c'est-à-dire, des décisions par lesquelles les juges posent une règle de portée générale au lieu de se borner à trancher le cas d'espèce qui leur est soumis. Dans la pratique, lorsque des juges vont au-delà de l'argumentation nécessaire pour asseoir la solution qu'ils donnent au litige qui leur a été soumis, la Cour de cassation sanctionne pour violation de l'article 5 du Code civil[84].
- Seconde conséquence : les tribunaux ne peuvent s'opposer à l'application de la loi, même si elle paraît injuste ou néfaste. Il existe évidemment des pratiques qui sont à la limite, par exemple la réaction (favorable aux délinquants poursuivis) de certains magistrats après la loi d'autoamnistie votée par les parlementaires en 1988.
- Troisième conséquence : les tribunaux n'ont pas le pouvoir d'apprécier la constitutionnalité des textes de valeur législative. C'est le Conseil constitutionnel qui exerce le contrôle de la validité de la loi. Cette solution est contestable : car depuis 1958, ce n'est plus la loi mais la Constitution qui occupe le sommet de la hiérarchie des normes. Par conséquent, le juge devrait être habilité à vérifier la constitutionnalité de la loi, d'autant plus d'ailleurs que toutes les lois ne passent pas par le filtre du Conseil constitutionnel (voy. art. 61 Const.). En outre, bon nombre de principes constitutionnels figurent dans des textes internationaux ayant valeur supérieure à la loi (voy. art. 55 Const.). Il y a là un moyen détourné de contrôle de la constitutionnalité des lois[85].

La France a préféré laisser le dernier mot au Conseil constitutionnel par la loi constitutionnelle n° 2008-724 du 23 juillet 2008 de modernisation des

84. Par ex., Cass. crim., 20 janvier 1987, n° 86-90.934, *Bull. crim.*, n° 25 : les neveux et petits-neveux de la victime d'une infraction ont demandé la réparation du préjudice moral qu'ils éprouvaient. La cour d'appel a rejeté cette demande en réparation. Pour cela, la cour s'est référée à sa jurisprudence habituelle (c'est là son erreur), à savoir qu'elle n'accorde en pareil cas réparation qu'au conjoint, aux parents en ligne directe et aux frères et sœurs du défunt.

85. *Adde* et rappr. *supra*, n° 18.

institutions de la Ve République, qui ouvre depuis le 1er mars 2010 aux justiciables la faculté de contester par voie d'exception et donc à l'occasion d'une instance en cours devant une juridiction, la constitutionnalité de dispositions législatives qui porteraient atteinte à leurs droits et libertés garantis par la Constitution (art. 61-1 et 62). Le Conseil constitutionnel se prononce sur la question prioritaire de constitutionnalité, sur renvoi du Conseil d'État ou de la Cour de cassation, qui se prononcent ainsi et en quelque sorte de manière indirecte sur leur analyse de la constitutionnalité d'une loi. Les modalités de la procédure sont déterminées par l'ordonnance n° 58-1067 du 7 novembre 1958 portant loi organique sur le Conseil constitutionnel[86] et par les articles 126-1 à 126-15 du Code de procédure civile[87].

Le moyen tiré de l'inconstitutionnalité de la loi, qui est un cas de communication légale au ministère public, peut être invoqué pour la première fois devant les juges d'appel, mais aucun juge ne peut le soulever d'office : il doit être proposé par les parties au procès. La question prioritaire de constitutionnalité (QPC) peut être posée sous les conditions suivantes : la disposition contestée doit porter atteinte aux droits et libertés constitutionnels, s'appliquer à la procédure en cours, avoir un caractère sérieux et n'avoir pas déjà été tranchée dans un sens de validité par le Conseil constitutionnel. Ce moyen est, à peine d'irrecevabilité, présenté dans un écrit distinct et motivé (*adde* art. 126-2 CPC). Si la question posée l'est déjà dans une autre affaire et est pendante devant la Cour de cassation ou le Conseil constitutionnel, le juge saisi va surseoir à statuer en attendant le retour de cette première procédure.

La décision de transmission n'est susceptible d'aucun recours ; la décision inverse ne peut quant à elle être contestée qu'à l'occasion d'un recours formé contre une décision tranchant tout ou partie du litige.

Il faut toutefois signaler que la Cour de cassation, saisie d'une QPC avait décidé, le 16 avril 2010[88], de poser une question préjudicielle à la Cour de justice de l'Union européenne, au motif que les juridictions du fond se voient privées de la possibilité de poser une telle question à la Cour de justice avant de transmettre la question de constitutionnalité et « que si le Conseil constitutionnel juge la disposition attaquée conforme au droit de l'Union européenne, elles ne pourront plus, postérieurement à cette décision, saisir la Cour de justice de l'Union européenne d'une question préjudicielle ; [et] de même, [la Cour de cassation ne pourrait non plus] procéder à une telle saisine malgré les dispositions impératives de l'article 267 du Traité sur le fonctionnement de l'Union européenne, ni se prononcer sur la conformité du texte au droit de l'Union ». La Cour de justice répond, le 22 juin 2010, que l'article 267 ne s'oppose pas au mécanisme nouveau si les autres juridic-

86. Résultant de la loi organique n° 2009-1523 du 10 décembre 2009. *Adde* Cons. const., déc. 4 février 2010, *JO*, 18 février 2010, p. 2986. Voy. aussi, pour l'aide juridictionnelle, le décret n° 2010-149 du 16 février 2010 *relatif à la continuité de l'aide juridictionnelle en cas d'examen de la question prioritaire de constitutionnalité par le Conseil d'Etat, la Cour de cassation et le Conseil constitutionnel*.

87. Décret n° 2010-148 du 16 février 2010 *portant application de la loi organique n° 2009-1523 du 10 décembre 2009 relative à l'application de l'article 61-1 de la Constitution* et décret n° 2015-233 du 27 février 2015 *relatif au Tribunal des conflits et aux questions préjudicielles*.

88. *M. Abdeli et a.*, n° 10-40.002.

tions nationales restent libres, premièrement, de la saisir, à tout moment, de toute « question préjudicielle qu'elles jugent nécessaire », deuxièmement, « d'adopter toute mesure nécessaire afin d'assurer la protection juridictionnelle provisoire des droits conférés par l'ordre juridique de l'Union » et, troisièmement, « de laisser inappliquée, à l'issue d'une telle procédure incidente, la disposition législative nationale en cause si elles la jugent contraire au droit de l'Union »[89&90].

Le 12 mai 2010[91], le Conseil constitutionnel avait rappelé sa jurisprudence en expliquant que si le contrôle de conformité des lois à la Constitution relève de sa mission, le contrôle de compatibilité des lois avec les engagements internationaux ou européens de la France relève des juridictions administratives et judiciaires. Dès lors, « le moyen tiré du défaut de compatibilité d'une disposition législative aux engagements internationaux et européens de la France ne saurait être regardé comme un grief d'inconstitutionnalité » (consid. n° 11), y compris s'il est fondé sur une violation du traité ou du droit de l'Union européenne (consid. n° 12) et quand bien même le traité de Lisbonne est désormais mentionné dans la Constitution (consid. n° 16). Le Conseil explique aussi que l'autorité de ses décisions ne limite pas la compétence des juridictions nationales « pour faire prévaloir ces engagements sur une disposition législative incompatible avec eux ».

Le Conseil d'État est dans une même optique : « que, d'une part, ces dispositions ne font pas obstacle à ce que le juge administratif, juge de droit commun de l'application du droit de l'Union européenne, en assure l'effectivité, soit en l'absence de question prioritaire de constitutionnalité, soit au terme de la procédure d'examen d'une telle question, soit à tout moment de cette procédure, lorsque l'urgence le commande, pour faire cesser immédiatement tout effet éventuel de la loi contraire au droit de l'Union ; que, d'autre part, le juge administratif dispose de la possibilité de poser à tout instant [...] une question préjudicielle à la Cour de justice »[92].

La question a été posée de savoir si une QPC pouvait porter, non sur une disposition normative, mais sur l'interprétation qui en est faite par les juridictions. La Chambre commerciale de la Cour de cassation considérait que non[93] ; la Première chambre civile a répondu par l'affirmative, conformément à ce qu'annonçait d'ailleurs le Conseil constitutionnel[94], mais en posant une limite à cette affirmation : il faut que la jurisprudence contestée « ait été soumise à la cour suprême compétente ».

---

89. Aff. C-188/10 et C-189/10, *A. Melki et S. Abdeli.*

90. Sur la protection juridictionnelle provisoire, lire : C. Chainais, *La protection juridictionnelle provisoire dans le procès civil en droits français et italien*, coll. Nouv. bibl. th., Paris, Dalloz, 2007 ; Y. Strickler, *Le juge des référés, juge du provisoire*, th. Strasbourg, 1993 ; S. Pierre-Maurice, *Ordonnance sur requête et matière gracieuse*, coll. Nouv. bibl. th., Paris, Dalloz, 2003 ; A. Varnek, *Le juge des requêtes, juge du provisoire*, th. Strasbourg, 2013.

91. Décision n° 2010-605 DC.

92. C.E. (10e et 9e sous-sections réunies), 14 mai 2010, *M. Senad B*, n° 312305, *Rec. Lebon.*

93. Cass. com., 1er février 2011, n° 10-40.057.

94. Cass. (1re civ.), 27 septembre 2011, n° 11-13.488. - Cons. const., décision n° 2010-39 QPC du 6 octobre 2010.

E9 **Défenseur des droits**

La loi constitutionnelle de 2008 a aussi inséré un titre XI *bis* dans la Constitution (art. 71-1) pour permettre à toute personne qui s'estimerait lésée par le fonctionnement d'un service public, d'adresser une réclamation au « Défenseur des droits » dont une loi organique aura à définir les modalités d'intervention.
La loi organique n° 2011-333 et la loi n° 2011-334 du 29 mars 2011, viennent définir les attributions et les modalités d'intervention de cette nouvelle institution (présente sur Internet : defenseurdesdroits.fr.) Le Défenseur des droits est également expressément chargé de défendre et promouvoir les droits de l'enfant consacrés par la loi ou par un engagement international régulièrement ratifié ou approuvé par la France. Il peut encore être saisi en matière de déontologie dans le domaine de la sécurité. Enfin, il peut être saisi de toutes les discriminations, directes ou indirectes, prohibées par la loi ou par un engagement international régulièrement ratifié ou approuvé par la France ; mais le pouvoir de saisine appartient alors à toute association régulièrement déclarée depuis au moins cinq ans à la date des faits se proposant par ses statuts de combattre les discriminations ou d'assister les victimes de discriminations, qui ne peut cependant agir que conjointement et avec l'accord de la personne qui s'estime victime de discrimination. Le Défenseur des droits peut aussi se saisir d'office ou être saisi par les ayants droit de la personne dont les droits et libertés sont en cause. Cette saisine du Défenseur des droits ne produit ni d'effet suspensif ni d'effet interruptif de la prescription (administrative, civile et pénale) des actions éventuellement ouvertes.
Par ailleurs, la procédure met en place un système de filtre dans les hypothèses qui ne relèvent pas des droits de l'enfant, de la déontologie en matière de sécurité et des discriminations, puisque le demandeur doit, en dehors de ces domaines, s'adresser préalablement à un député ou à un sénateur qui décidera du mérite de la sollicitation pour transmettre ou non le dossier au Défenseur des droits.
Le Défenseur des droits dispose de divers pouvoirs d'investigation : il peut non seulement émettre toute recommandation de nature à régler les difficultés dont il est saisi, mais encore proposer aux parties en présence de régler leur litige par voie de transaction.

2. À l'égard du pouvoir exécutif

46 **L'indépendance de l'autorité judiciaire.** Les articles de l'ancien Code pénal qui comportaient la règle limitant le pouvoir de l'exécutif à l'égard du judiciaire ont disparu à l'occasion de la réforme de ce Code en 1994. Il n'en demeure pas moins que l'article 64 de la Constitution conserve le principe d'indépendance de l'autorité judiciaire. Le Titre VIII de la Constitution relatif à l'autorité judiciaire commence d'ailleurs par l'affirmation de cette garantie première de la magistrature.

47 **La portée concrète du principe d'indépendance.** L'indépendance de l'autorité judiciaire se traduit d'abord par son effet, qui est l'inamovibilité des magistrats du siège. Un magistrat du siège ne peut être révoqué, suspendu, déplacé ou mis à la retraite anticipée par un acte arbitraire du gouvernement. Quant aux magistrats du parquet, ils sont les agents de l'exécutif. Il s'agit d'un corps hiérarchisé, avec au sommet, un homme ou une femme politique, le garde des Sceaux. Ce dernier peut, à tout moment, ordonner le contenu des réquisitions du ministère public qui, en cas de refus, s'expose à des sanctions disciplinaires. Toutefois, l'adage qui a inspiré l'article 33 du Code de procédure pénale vaut aussi concernant l'intervention du ministère public en matière civile : « la plume est serve, mais la parole est libre ». Le refus de l'empiétement du pouvoir exécutif sur l'autorité judiciaire résulte ensuite de ce que le gouvernement ne peut s'opposer à l'exécution des jugements. L'absence d'obstacle mis à l'exécution

des jugements est un principe affirmé. Il n'est cependant pas toujours respecté en pratique : l'État peut refuser le concours de la force publique pour des raisons d'opportunité, notamment liées au risque de troubles à l'ordre public, par exemple, les expulsions de grévistes occupants les locaux de travail[95].

Inversement, l'autorité judiciaire ne doit pas empiéter sur le pouvoir exécutif : il est ainsi interdit aux magistrats toute manifestation d'hostilité au principe ou à la forme du gouvernement, de même que toute démonstration de nature politique incompatible avec la réserve que leur imposent leurs fonctions. C'est ce que l'on appelle l'obligation de réserve. L'article 10 de l'ordonnance n° 58-1270 du 22 décembre 1958 portant loi organique relative au statut de la magistrature énumère ces interdictions et y ajoute toute action concertée de nature à arrêter ou à entraver le fonctionnement des juridictions.

E 10 L'inspection générale de la justice

Le décret n° 2016-1675 du 5 décembre 2016 *portant création de l'inspection générale de la justice* a créé une nouvelle inspection et, dans le même temps, suscité un grand émoi dans le monde judiciaire puisqu'elle a notamment conduit le premier président de la Cour de cassation et le procureur général près cette même juridiction à écrire au garde des Sceaux pour dénoncer ce qu'ils analysaient comme une manière de placer la plus Haute juridiction judiciaire du pays « sous le contrôle direct du gouvernement par l'intermédiaire de l'inspection des services du ministre de la justice, en rupture avec la traduction républicaine » et, ce faisant, de porter atteinte au principe de séparation des pouvoirs. Jusqu'alors, seules les juridictions judiciaires du fond étaient soumises à la mission d'inspection de l'inspecteur général de la justice[95]. Le garde des Sceaux, par courrier du 7 décembre 2016, leur a répondu qu'il ne partageait pas leur analyse, dans la mesure où le garde des Sceaux disposait du pouvoir de « confier à l'inspecteur général toute mission d'information, d'évaluation ou d'expertise ainsi que toute mission d'enquête » y compris de la Cour de cassation et que l'exclusion de la Cour de « la seule mission d'inspection traditionnelle », portant sur des « contrôles de fonctionnement », ne lui semblait pas justifiable.

Pour apprécier la situation, il faut se demander quel sera précisément le rôle et les pouvoirs de l'inspection générale de la justice, et observer sa composition. Sur le premier point, son action se limite à apprécier « l'activité, le fonctionnement et la performance des juridictions » (décr., art. 2) et n'aura donc en rien la main sur une quelconque évaluation de l'activité juridictionnelle de la Cour de cassation, et si le texte poursuit en ajoutant « dans le cadre d'une mission d'enquête, la manière de servir des personnels », cela correspond à un pouvoir préexistant de l'administration. Par la suite, l'inspection générale de la justice présentera « toutes recommandations et observations utiles ». Que l'activité juridictionnelle en tant qu'administration de l'état et exercice d'un pouvoir régalien soit soumise à une évaluation de performance par le gouvernement ne paraît pas, de ce point de vue, illégitime.

Sur le second point, l'article 8 du décret précise que l'inspection générale est composée « d'inspecteurs généraux et d'inspecteurs recrutés parmi les magistrats de l'ordre judiciaire », mais aussi d'autres corps, par exemple des « membres des corps recrutés par la voie de l'école nationale de l'administration ou appartenant à des corps et cadres d'emplois de même niveau de recrutement », et « des auditeurs recrutés parmi les membres des corps mentionnés

95. La Cour de cassation considère que la décision d'ordonner le concours de la force publique à une mesure d'expulsion, qui n'a pas de caractère juridictionnel (ce qui est exact), n'est pas susceptible de recours (ce qui est critiquable : voy. R. Perrot, obs. in *RTD civ.*, 2013, 669) ; Cass. (3e civ.), 5 juin 2013, n° 11-22.958, *Bull. civ.*, II, n° 74.

96. Voy. aussi le dossier sur le site de la Cour de cassation : https://www.courdecassation.fr/venements_23/relations_institutionnelles_7113/gouvernement_7930/decembre_2016_7931/

à l'alinéa précédent ou des agents contractuels de niveau équivalent à la catégorie A ». Il est ainsi possible que l'inspecteur général nommé à la tête de l'institution et les magistrats inspecteurs chargés de mener les contrôles, soient issus de l'ordre judiciaire, mais la liste est fort ouverte et pourrait faire craindre une forme indirecte, mais très ténue, de contrôle.
À l'arrivée, la création réalisée est compréhensible sur le fond, mais peu respectueuse de la séparation des pouvoirs dans la composition de l'inspection générale créée, et de toute manière fort maladroite dans la façon dont elle a été mise en place, révélatrice d'une conception des rapports entre pouvoirs de l'état (même si la Constitution de 1958 ne parle que d'*autorité judiciaire*) que l'on espérait relever du passé.
Le Conseil d'État, par une décision du 23 mars 2018 (Cons. d'État, 23 mars 2018, n°s 406066, 406497, 406498 & 407474 : JurisData n° 2018-004101), valide la création de l'Inspection générale de la justice, sauf l'article 2 du décret, qui est annulé « en tant qu'il inclut la Cour de cassation dans le champ de la mission permanente, d'inspection, de contrôle, d'étude, de conseil et d'évaluation exercée par l'inspection générale de la justice » (sur les ambiguïtés de cette décision, voy. L. Cadiet, « De l'ambiguïté considérée comme un art : retour sur l'inspection générale de la justice », *Procédures* 2018, Repère 5).

C) Au regard de la place accordée au ministère public en matière civile

48 **Origine et histoire.** Le ministère public remonte à l'Ancien Régime. À l'origine, lorsque le roi avait à plaider, il faisait appel à des avocats ordinaires. Il existait aussi des procureurs du roi qui avaient particulièrement pour office de veiller à l'intérêt du domaine royal. Puis le roi eut ses propres avocats, et l'ensemble constitué des avocats du roi et de ses procureurs fut nommé « les gens du roi ».

Cette double origine explique les appellations encore employées aujourd'hui pour le ministère public : comme les avocats du roi n'étaient que des avocats, ils n'avaient pas droit à l'origine à une estrade et se tenaient donc sur le parquet, d'où le nom de parquet pour désigner le ministère public (actuellement ils se tiennent sur la même estrade que les juges du siège, mais le nom est resté). En tant qu'avocats, ils se levaient au moment de parler devant le tribunal. Les magistrats du parquet continuent à le faire, d'où le terme de « magistrature debout » par opposition aux juges du siège (« magistrature assise »). Comme ils veillaient aux intérêts du roi et de l'État, ils étaient investis d'un ministère public, d'où ce nom.

L'origine explique aussi les noms actuels des membres du ministère public dans la hiérarchie : le procureur de la République, chef du parquet du tribunal de grande instance, est sous la dépendance du procureur général près la cour d'appel, qui est lui-même sous l'autorité du garde des Sceaux. Ainsi, la hiérarchie ne passe pas par le procureur général près la Cour de cassation, mais directement du garde des Sceaux aux procureurs généraux près les cours d'appel. Ce trait caractéristique du ministère public français a conduit la Cour de Strasbourg à juger que : « Force est cependant de constater que le procureur de la République n'est pas une "autorité judiciaire" au sens que la jurisprudence de la Cour donne à cette notion : comme le soulignent les requérants, il lui manque en particulier l'indépendance à l'égard du pouvoir exécutif pour pouvoir être ainsi qualifié »[97]. Portée devant la Grande Chambre à la demande

97. Cour EDH (5e sect.), *Medvedyev et autres c. France*, 10 juillet 2008, req. n° 3394/03, § 61. La Cour de cassation a suivi (Cass. crim., 15 décembre 2010, n° 10-83.674, *Bull. crim.*, n° 207) au contraire du Conseil constitutionnel : Cons. const., 30 juillet 2010, déc. n° 2010-14/22 QPC, *JO*, 31 juillet, p. 14198, consid. n° 5.

du gouvernement, l'affaire a donné lieu à une décision du 29 mars 2010[98]. La question du statut du parquet n'a pas été tranchée, dans la mesure où il est apparu que les requérants avaient été présentés à un juge d'instruction. On y lit cependant (§ 124) que le « magistrat doit présenter les garanties requises d'indépendance à l'égard de l'exécutif et des parties, ce qui exclut notamment qu'il puisse agir par la suite contre le requérant dans la procédure pénale, à l'instar du ministère public »[99].

Outre la hiérarchie, une autre caractéristique du ministère public est son indivisibilité. L'indivisibilité du parquet signifie que chacun des membres d'un même parquet représente le parquet dans son ensemble. Ce n'est pas Monsieur X ou Madame Y, substitut, qui agit mais le parquet lui-même. De sorte que les membres du ministère public peuvent se remplacer au cours d'un même procès, alors que l'absence d'indivisibilité des magistrats du Siège fait que ce sont les mêmes juges qui doivent assister à une même affaire du début à la fin. Ainsi, le procureur de la République près le tribunal de grande instance peut, en toutes matières, exercer le ministère public devant toutes les juridictions du premier degré établies dans son ressort.

1. Le principe de distinction entre les deux rôles du ministère public

49 **Action comme partie principale ou intervention comme partie jointe.** Le Code de procédure civile pose la distinction traditionnelle de l'action du ministère public comme partie principale ou de l'intervention du ministère public comme partie jointe (art. 421). Cette séparation entre la voie d'action (le ministère public est partie principale) et la voie de réquisition (le ministère public est partie jointe), est fondamentale en droit judiciaire privé.

Lorsque le ministère public est **partie jointe**, « il intervient pour faire connaître son avis sur l'application de la loi dans une affaire dont il a communication » (art. 424). Dans ce cas, le ministère public reste étranger au procès, mais le greffe devra (au 1er septembre 2017, décr. n° 2017-891 complétant l'art. 424) informer « aussitôt » les parties de l'intervention du ministère public. Ce dernier se borne à donner son avis sur la solution à apporter au litige, au nom de l'intérêt général, par voie de réquisition. Malgré l'appellation de partie jointe, le ministère public d'une part, n'est pas véritablement une partie et d'autre part, ne se joint pas véritablement à l'une des parties.

Lorsque le ministère public procède comme **partie principale**, il est au contraire une véritable partie. Il est alors en effet soit demandeur, quand il exerce l'action et attrait son adversaire devant le tribunal, soit défendeur quand un plaideur forme une demande directement contre lui.

La distinction opérée présente des intérêts sur six points.

50 **Intérêt au regard de l'accomplissement des actes de procédure.** Lorsque le ministère public agit en tant que partie principale et bien qu'il ne soit pas tenu d'avoir recours à un avocat, il doit, comme n'importe quelle partie, accomplir les actes de procédure et procéder aux notifications dans les conditions, formes et délais requis par le Code.

98. Cour EDH (grde ch.), *Medvedyev et autres c. France*, 29 mars 2010, req. n° 3394/03.

99. Le rapport Nadal, sur le ministère public (novembre 2013) propose d'inscrire le principe de l'unité du corps judiciaire dans la Constitution (proposition n° 1).

Lorsque le ministère public agit en tant que partie jointe, l'accomplissement des actes de procédure incombe aux parties à l'instance.

51 **Intérêt au regard de la récusation.** Il y a là deux aspects, qui peuvent s'exprimer par deux interrogations. D'une part, le ministère public peut-il récuser un juge ? Lorsque le ministère public agit en tant que partie principale, la réponse à cette question est positive : il peut récuser un juge car il a le même droit que toute partie au procès ; à l'inverse, lorsque le ministère public agit en tant que partie jointe, il ne peut pas récuser un juge, car le droit de récuser un juge est réservé aux parties et le ministère public n'est pas alors véritablement partie au procès.

D'autre part, le ministère public peut-il être récusé ? Lorsque le ministère public agit comme partie principale, en tant que véritable partie, il ne peut pas être récusé car un plaideur ne peut pas récuser son adversaire ; à l'inverse, lorsque le ministère public agit en tant que partie jointe, il peut être récusé et ceci dans les mêmes cas que les juges (voy. art. 341 renvoyant pour l'énonciation des causes de récusation à l'article L. 111-6 du Code de l'organisation judiciaire). Une avancée vient d'apparaître avec la loi du 18 novembre 2016 : l'article L. 111-7 du COJ prévoit désormais que « Le magistrat du ministère public qui suppose en sa personne un conflit d'intérêts, au sens de l'article 7-1 de l'ordonnance n° 58-1270 du 22 décembre 1958 portant loi organique relative au statut de la magistrature, ou estime en conscience devoir s'abstenir se fait remplacer. »

52 **Intérêt au regard de la liberté des conclusions.** Lorsqu'il est partie principale, le ministère public a la même liberté dans ses conclusions qu'une partie ordinaire et s'il se trouve défendeur, il bénéficiera de la liberté de la défense.

Par contre, lorsque le ministère public est partie jointe, ses conclusions sont limitées par le cadre du débat fixé par les conclusions des plaideurs. En principe, il ne peut que donner son avis sur la valeur de l'argumentation des parties et le bien-fondé de leur demande. C'est pourquoi le ministère public ne peut pas soulever l'exception d'incompétence si les parties ne l'ont pas fait et ont conclu au fond. Néanmoins, le ministère public peut faire valoir des arguments, des moyens nouveaux et c'est même un devoir pour lui s'il s'agit de moyens d'ordre public. Enfin, le ministère public peut faire état de renseignements ou de documents ignorés des parties, à condition que le principe de la contradiction soit respecté.

53 **Intérêt au regard des débats à l'audience.** En premier lieu, le ministère public n'est tenu d'assister à l'audience que lorsqu'il est partie principale, lorsqu'il représente autrui ou lorsque sa présence est rendue obligatoire par la loi. La Cour de cassation exige que les mentions de la décision précisent cette présence lors de l'audience des débats[100]. Dans tous les autres cas, il peut certes prendre la parole à l'audience, mais il peut aussi procéder par voie de conclusions écrites mises à la disposition des parties. Dans ce cas, il faut préciser qu'aucun texte n'impose au ministère public de les communiquer aux parties ; la mise à disposition de ses conclusions écrites avant l'audience est suffisante[101]. Pour que la procédure soit régulière, il suffit donc que les conclusions soient

100. Voy. Cass. (1re civ.), 7 décembre 2016, n° 16-23.471, *Procédures*, 2017, 61.

101. Cass. com., 30 octobre 2007, n° 05-20.363, *Procédures,* 2007, comm. 277, R. Perrot.

mises à disposition des parties avant la clôture des débats. Comme l'écrivait le professeur Perrot, la solution est « discutable au regard d'une saine vision de la contradiction » et ce, bien que l'article 445 du Code permette de répondre aux conclusions du ministère public par note en délibéré. Ceci étant, la première chambre civile de la Cour de cassation a indiqué que le juge se doit de constater que les conclusions écrites du ministère public ont été communiquées dans un temps qui permette « d'être en mesure d'y répondre utilement »[102].

En matière gracieuse, le décret n° 2015-282 du 11 mars 2015 est venu dispenser le ministère public de présence à l'audience : s'il y a des débats, est tenu d'y assister **ou**, apport du texte, de simplement faire connaître son avis (art. 800).

En second lieu, lorsque le ministère public est présent, le tour de parole se répartit différemment selon le rôle qui est le sien : en tant que partie principale, le ministère public, comme tout autre plaideur, parlera le premier s'il est demandeur, le second s'il est défendeur. Mais lorsqu'il est partie jointe, le ministère public parle toujours le dernier. Le ministère public pouvant apparaître comme l'adversaire objectif de l'un des plaideurs, ne serait-il pas souhaitable que les parties ou leur représentant puissent présenter de brèves observations orales après que le parquetier eut requis ? Cette suggestion s'inspire du dernier alinéa de l'article R. 732-1 du Code de justice administrative, concernant le prononcé des conclusions du rapporteur public (rédaction issue du décret n° 2009-14 du 7 janvier 2009).

54 **Intérêt au regard des dépens.** Lorsque le ministère public est partie principale, même s'il succombe[103], il ne paie pas les dépens de son adversaire. Ce dernier supporte les frais qu'il a exposés[104].

Lorsque le ministère public est partie jointe, n'étant pas véritablement partie, il ne « succombe » pas. Peu importe que le tribunal ait statué dans le sens ou contre ses conclusions. Les frais d'intervention du ministère public sont mis à la charge du perdant.

55 **Intérêt au regard des voies de recours.** Lorsque le ministère public est partie principale il peut, comme toute partie, emprunter toutes les voies de recours ouvertes contre la décision rendue.

Lorsque le ministère public est partie jointe, n'étant pas véritablement partie, il ne devrait pas pouvoir interjeter appel ou former un pourvoi en cassation. Dans le cas d'un appel, la jurisprudence nuance cependant la réponse. Elle reconnaît au ministère public le droit d'agir, qu'il s'agisse d'appel principal ou incident, lorsqu'il n'était que partie jointe en première instance et ce, dès l'instant qu'il aurait pu agir comme partie principale. Il quitte en quelque sorte son rôle de partie jointe pour devenir alors partie principale. Le ministère public doit même pouvoir interjeter appel d'une décision bien qu'il n'ait été ni partie principale ni partie jointe en première instance, du moment où l'on se trouve dans un cas où il pouvait agir d'office. La solution offre moins de nuances quant au pourvoi en cassation : n'étant pas une véritable partie, le ministère public ne peut pas se pourvoir en cassation, même s'il avait pu se porter partie principale dans l'affaire, du moment qu'il ne l'a pas fait.

---

102. Cass. (1re civ.), 14 janvier 2010, n° 08-21.051, *Juris-data*, n° 051132.

103. Le mot « succombance » correspond à la perte du procès.

104. Voy. *infra*, n° 73, deuxième exception.

2. Le ministère public partie principale

56 **Trois hypothèses d'action d'office du ministère public.** C'est le Code de procédure civile, dans son chapitre premier du titre XIII portant cet intitulé : *Le ministère public partie principale*, qui prévoit l'action du ministère public dans les cas spécifiés par la loi, en cas d'atteinte à l'ordre public et en représentation de certaines personnes.

a) Le ministère public agit d'office dans les cas spécifiés par la loi (art. 422 CPC)

Les textes prévoyant cette action d'office étant nombreux, nous n'en conserverons que quelques illustrations.

57 ***L'action d'office du ministère public dans un but de protection***. L'article 117 du Code civil dispose que le ministère public est spécialement chargé de veiller aux intérêts des présumés absents. Il peut ainsi demander au tribunal de déclarer l'absence, ou au contraire, l'annulation du jugement déclaratif d'absence.

Dans le cas de personnes placées dans un établissement d'aliénés, le ministère public peut requérir du tribunal de grande instance la nomination d'un administrateur provisoire ou d'un curateur à la personne, ou demander la sortie de l'intéressé.

En ce qui concerne les incapables majeurs, il peut requérir toutes mesures conservatoires, demander l'ouverture de la tutelle ou de la curatelle.

En ce qui concerne les mineurs, il a un rôle considérable en matière d'autorité parentale (qu'il s'agisse de modifier les conditions d'exercice de cette autorité, de demander l'assistance éducative, ou la déchéance, le retrait partiel ou la délégation de l'autorité parentale, la transformation de l'administration légale en tutelle) et a communication des actions engagées au titre de déplacements illicites internationaux d'enfants. Il peut aussi interjeter appel contre un jugement d'adoption.

Enfin, en cas de décès, le ministère public peut requérir l'apposition ou la levée des scellés ainsi que la nomination d'un curateur à la succession vacante.

58 **L'action d'office à titre de renforcement d'une sanction.** Le ministère public peut agir dans certains cas en nullité d'un mariage, ou en dissolution d'un syndicat ou d'une association.

Le ministère public a par ailleurs de larges pouvoirs d'action en matière disciplinaire en ce qui concerne par exemple les notaires et officiers ministériels, les avocats, les experts, ou encore les administrateurs judiciaires.

59 **L'action en matière de nationalité.** Le Code civil et le Code de procédure civile font du ministère public le protagoniste dans les questions de nationalité.

Le Code civil prévoit que le ministère public est défendeur nécessaire à toute action déclaratoire de nationalité et qu'il doit être mis en cause toutes les fois qu'une question de nationalité est posée à titre incident devant un tribunal habilité à en connaître (art. 29-3, al. 2, C. civ.). Le Code de procédure civile pour sa part, énonce que « Toute action qui a pour objet principal de faire déclarer qu'une personne a ou n'a pas la qualité de Français est exercée par le ministère public ou contre lui sans préjudice du droit qui appartient à tout intéressé d'intervenir à l'instance » (art. 1040 CPC).

Lorsque la contestation de nationalité fait l'objet d'une question préjudicielle car une administration publique ou une tierce personne soulève l'exception de nationalité, celle-ci peut requérir le procureur de la République d'introduire l'instance en déclaration de nationalité et celui-ci est tenu d'agir (art. 1044 CPC).

60 **L'action en matière d'annulation des actes de l'état civil.** Depuis la loi du 18 novembre 2016 (J21), la rectification des actes de l'état civil est ordonnée par le président du tribunal. Mais l'annulation de ces actes est ordonnée par le tribunal lui-même. L'alinéa 2 de l'article 99 du Code civil vient permettre au procureur de la République de « faire procéder à l'annulation de l'acte (...) irrégulièrement dressé ».

61 **L'action en matière d'exécution des jugements et titres exécutoires.** C'est le procureur de la République qui veille à l'exécution des jugements et des autres titres exécutoires (voy. art. L. 121-5 et L. 121-6 CPCE). Il est vrai que l'efficacité des titres exécutoires touche au bon fonctionnement d'une société et que le concept d'*ordre public* est très présent dès qu'il est question du contentieux de l'exécution.

Non seulement le ministère public poursuit d'office l'exécution des décisions de justice dans les cas spécifiés par la loi, mais il peut enjoindre à tous les huissiers de justice de prêter leur ministère (le ministère public ne se substitue pas aux agents d'exécution, mais les aide, versant positif, et veille au respect des textes, versant répressif, dans l'exercice de leur mission).

62 **Le rôle du ministère public en matière de « faillite ».** Lorsqu'un débiteur est en situation délicate, il n'est pas évident qu'il prenne l'initiative de déclarer avec la diligence attendue sa cessation des paiements. Le risque d'inertie du débiteur, mais aussi de ses créanciers, explique que le ministère public se soit vu conférer, en matière d'entreprises en difficulté, des prérogatives étendues. Les dernières réformes ont d'ailleurs vu, à cet égard, un accroissement du rôle dévolu au parquet[105].

Ainsi, dans la procédure de sauvegarde des entreprises[106], le ministère public peut demander le renouvellement de la période d'observation (art. L. 621-3 C. com.), influer sur la désignation des mandataires de justice nommés ou à nommer (art. L. 621-4 C. com.)[107]. Il sert également de relais utile au juge commissaire en termes d'informations (art. L. 621-8 C. com.), agit en nullité d'actes passés en violation des effets induits par le jugement qui ouvre la procédure (art. L. 622-7) comme ceux résultant du jugement qui arrête le plan de sauvegarde (art. L. 622-14). Il peut encore demander la résolution du plan en cas d'inexécution de ses obligations par le débiteur (art. L. 626-27) et demander que soit ordonnée la cessation partielle d'activité (art. L. 622-10) ou encore la conversion de la procédure en redressement judiciaire lorsqu'il apparaît, après l'ouverture de la procédure de sauvegarde, que le débiteur était déjà en cessation des paiements au moment du prononcé du jugement (art. L. 621-12). Plus

105. Voy. par ex. F. PÉROCHON et R. BONHOMME, *Entreprises en difficulté. Instruments de crédit et de paiement*, 7e éd., Paris, LGDJ, 2006, spéc. n° 205.

106. Loi n° 2005-846 du 26 juillet 2005 ; E. HOULETTE, « Le rôle du ministère public dans la loi de sauvegarde », *JCP E*, 2005, n° 1514, p. 1772.

107. Rappr. art. L. 621-7 C. com. ; *adde*, sur le remplacement de dirigeant de l'entreprise, l'article L. 626-4.

loin, le ministère public peut être à l'origine de l'ouverture d'une procédure de redressement judiciaire (art. L. 631-5) comme de la procédure de liquidation judiciaire (art. L. 640-5).

Le tout explique que le ministère public doit avoir communication des procédures de sauvegarde, de redressement judiciaire et de liquidation judiciaire, des causes relatives à la responsabilité pécuniaire des dirigeants sociaux et des procédures de faillite personnelle ou relatives aux interdictions prévues par l'article L. 653-8 du Code de commerce (art. 425 CPC).

b) L'action d'office du ministère public à l'occasion de faits portant atteinte à l'ordre public (art. 423 CPC)

63 **Le ministère public « peut agir pour la défense de l'ordre public à l'occasion de faits qui portent atteinte à celui-ci ».** La portée de cette affirmation peut être condensée en une phrase : l'action d'office du ministère public est d'autant plus largement ouverte en la matière qu'actuellement, la notion d'ordre public connaît une inflation qui rend ses frontières de plus en plus imprécises.

c) Le ministère public représentant de certaines personnes (art. 421 CPC)

64 **« Le ministère public représente autrui dans les cas que la loi détermine ».** Le cas le plus net apparaît en matière de conflit positif d'attribution, lorsque le préfet estime que l'affaire portée devant la juridiction judiciaire relève de la compétence du juge administratif. Dans une telle occurrence, le préfet saisit le ministère public pour qu'il soumette le déclinatoire de compétence au tribunal ou à la cour.

Le ministère public est tenu de présenter le déclinatoire et de conclure. Il garde toutefois la liberté de conclure contre la prétention du préfet. L'article 6 de l'ordonnance du 1er juin 1828, qui régit la matière, précise en effet que le ministère public « requerra le renvoi, si la revendication lui paraît fondée ».

3. Le ministère public partie jointe

65 **Le ministère public intervient pour faire connaître son avis.** L'avis attendu porte « sur l'application de la loi dans une affaire dont il a communication » (art. 424). Il existe trois types de communication :

- la communication légale, qui a lieu lorsqu'un texte précise que telle affaire doit être communiquée au ministère public (tel est le cas, par exemple, pour les affaires gracieuses, art. 798 et les affaires relatives à la filiation, art. 425[108]) ;
- la communication facultative, lorsque le ministère public prend spontanément communication de certaines affaires dans lesquelles il estime devoir intervenir ;
- la communication judiciaire, lorsque le juge, en dehors des cas de communication légale, décide d'office la communication au ministère public.

108. Par ex. Cass. (1re civ.), 22 février 2017, n° 16-12.917, *Bull. civ.* La Cour de cassation juge que « cette règle d'ordre public est applicable à une action à fins de subsides » : Cass. (1re civ.), 17 octobre 2007, n° 06-16.923, *Bull. civ.*, I, n° 325.

Le rôle du ministère public comme partie jointe est traditionnellement présenté comme le mode normal de procéder en matière civile. Bien qu'il ait été critiqué, ce rôle se justifie par la possibilité qu'a le ministère public de donner un avis impartial dans l'affaire débattue, ou encore de faire valoir des éléments de fait ou de droit qui auraient été négligés par les parties.

§ 2. Aspects de service public

66 **Une question de budget.** L'autorité judiciaire est un service public et parmi les plus importants. Seulement, pendant trop longtemps, le budget du ministère de la Justice (la Chancellerie) a été dérisoire. Malgré le constat d'une amélioration[109] au cours des récentes années, il faut bien se souvenir des règles des finances publiques : ce qui est important, ce n'est pas tant la loi de finances que la loi de règlement qui intervient deux ans après !

E11 **Principe de lecture d'une loi de finances**

La loi organique n° 2001-692 du 1er août 2001 relative aux lois de finances (LOLF) montre les endroits sur lesquels il faut porter le regard pour avoir la réelle portée de l'action politique en matière de priorité accordée au service public de la justice.
À cet égard, c'est plus spécialement la loi de règlement qui donne la mesure, car c'est elle qui arrête le montant définitif des recettes et des dépenses du budget auquel elle se rapporte, ainsi que le résultat budgétaire qui en découle (art. 37).
Or, les articles 41 et 46 de la LOLF, montrent que le projet de loi de règlement (y compris les documents prévus à l'article 54 et aux 4° et 5° de l'article 58), doit être déposé et distribué avant le 1er juin de l'année suivant celle de l'exécution du budget auquel il se rapporte (art. 46). Pour s'assurer d'un minimum de réalisme économique, la loi a prévu en son article 41 que le projet de loi de finances de l'année ne peut être mis en discussion devant une assemblée avant le vote par celle-ci, en première lecture, sur le projet de loi de règlement afférent à l'année qui précède celle de la discussion dudit projet de loi de finances.
Autrement dit et concrètement, il faut d'abord voter la loi de règlement de 2016 pour pouvoir s'occuper du projet de loi de finances pour 2018.

A) L'égalité devant la justice

67 **La Justice est aveugle et ne distingue pas parmi les plaideurs.** La Révolution a entendu abolir les privilèges de l'Ancien Régime. Aussi les tribunaux doivent-ils être identiques et la procédure la même, pour tous les individus jugés devant les juridictions françaises. C'est ce qu'exprime la loi des 16 et 24 août 1790 (art. 16 du titre II) :

> « Tout privilège en matière de juridiction est aboli : tous les citoyens sans distinction plaideront en la même forme et devant les mêmes juges, dans les mêmes cas. »

Il existe certes des juridictions d'exception, mais c'est en raison de la nature particulière du litige et non de la personne mise en cause. Le fait que les commerçants relèvent de la juridiction consulaire ne déroge pas au

---

109. Sur le budget de la justice, voy. aussi *supra*, encadré E1.

principe, car tout commerçant relève de cette juridiction. En outre, devant tel juge, chacun bénéficie des mêmes droits : ainsi, lorsque le conseil de prud'hommes s'est vu reconnaître le pouvoir d'accorder une provision dès qu'une créance n'est pas contestable, certains ont avancé qu'une provision ne pouvait être accordée qu'aux salariés. Pourquoi au seul bénéfice des salariés ? Cette interprétation n'était pas fondée. Le principe d'égalité s'y opposait. C'est donc la solution conforme à ce dernier principe qui s'est finalement imposée.

68 **Des dérogations au principe d'égalité peuvent néanmoins être signalées.** Elles se réduisent comme peau de chagrin, sans que ce mouvement soit de nature à émouvoir. Il s'agit des immunités (irresponsabilité et inviolabilité) parlementaires et diplomatiques. D'un point de vue terminologique, précisons que l'irresponsabilité[110] signifie que les opinions et votes émis par un parlementaire dans l'exercice de ses fonctions sont couverts (art. 26 Const. ; voy. aussi art. 41 de la loi du 29 juillet 1881 *sur la presse*), ce qui vise à éviter que l'autorité judiciaire ne trouble l'exercice du pouvoir. L'irresponsabilité se complète d'un régime dit de l'inviolabilité parlementaire, modifié par la loi constitutionnelle n° 95-880 du 4 août 1995 dans le but de rapprocher le statut des parlementaires du droit commun. Le ministère public n'a pas toujours eu la liberté d'initiative pour engager les poursuites. En effet, il devait solliciter une autorisation pour pouvoir enclencher les poursuites contre les fonctionnaires. Depuis la loi de 1995, la nécessité d'une autorisation n'apparaît plus aujourd'hui pour l'exercice des poursuites. Il n'en va autrement (et c'est seulement alors que subsiste la nécessité d'une autorisation préalable) qu'en matière criminelle et délictuelle **pour les arrestations et toute autre mesure privative ou restrictive de liberté**. Dans ces hypothèses, l'exécution de la mesure sollicitée – mais il faut insister : non l'engagement de la poursuite – est soumise à l'autorisation du Bureau de l'assemblée dont le parlementaire fait partie. Par exception, cette autorisation n'est pas requise en cas de flagrance ou de condamnation définitive (art. 26, al. 2, Const.), mais « La détention, les mesures privatives de liberté ou restrictives de liberté ou la poursuite d'un membre du Parlement sont suspendues pour la durée de la session si l'assemblée dont il fait partie le requiert » (al. 3). Au total, ces dérogations sont donc relativement limitées.

L'inégalité risque toutefois d'être réintroduite en raison de différences de fortune entre les justiciables, d'où un principe de *gratuité* de la justice.

B) Le principe de « gratuité » de la justice

69 **Des épices à la recherche d'une péréquation tarifaire.** Sous l'Ancien Régime, les magistrats étaient payés par le roi (ils touchaient des gages). Mais ce traitement était assez faible. Il y avait deux raisons à cela : l'honneur et la vénalité des offices. Mais les magistrats ont rapidement trouvé un autre moyen de rémunération, à savoir les épices, qui étaient, à l'origine, des dons en nature fournis par les plaideurs. Par la suite, l'argent se substitua aux dons en nature et les sommes devinrent progressivement obligatoires et taxées.

110. D'origine anglaise (*Bill of Rights*, 1688), cette immunité met le parlementaire à l'abri de toute poursuite pour les actes qu'il a commis dans l'exercice de ses fonctions.

Dès cet instant, se distinguaient deux sortes de tâches pour le magistrat :

- rendre la justice, mais oralement. Cette tâche était payée par le roi. Elle était donc gratuite pour les plaideurs ;
- rédiger les décisions et les écrits. Cette tâche donnait lieu à une rémunération spéciale, au profit du rapporteur. Ultérieurement, cette rémunération fut versée au greffe et redistribuée aux magistrats. Progressivement et pour obtenir plus d'argent, les actes furent multipliés et le tout dégénéra en abus. En réaction, la Révolution française opta pour la gratuité de la justice. Désormais, les magistrats vont toucher un traitement. Néanmoins, il reste de nombreux frais au cours d'un procès. Ce sont ces frais et donc le coût de la justice, ainsi que son contrepoids, l'aide juridique, qu'il faut maintenant étudier.

1. Le coût de la justice

a) Les frais de justice (art. 695 à 725-1)

70 **Les dépens afférents aux instances, actes et procédure d'exécution (art. 695)**

Ils comprennent :

- d'abord, certaines taxes. L'article 695 vise dans un premier point « les droits, taxes, redevances ou émoluments perçus par les greffes des juridictions ou l'administration des impôts à l'exception des droits, taxes et pénalités éventuellement dus sur les actes et titres produits à l'appui des prétentions des parties ». Ces derniers restent donc à la charge des plaideurs. Dans un sens de plus grande gratuité, la loi n° 77-1468 du 30 décembre 1977 *instaurant la gratuité des actes de justice devant les juridictions civiles et administratives*[111] avait supprimé la fiscalité des actes judiciaires, ce qui a diminué le coût de la justice. Le texte de l'article 695 n'a cependant pas été modifié sur ce point. Cette générosité étatique est variable dans le temps ainsi qu'en atteste la loi de finances pour 1992 (loi n° 91-1322 du 30 décembre 1991) qui a réintroduit une perception fiscale forfaitaire (de 9,15 euros) pour tout acte d'huissier de justice, qui figure aujourd'hui à l'article 302*bis* Y du Code général des impôts (13,04 € pour les actes accomplis à compter du 1er janvier 2016 et 14,89 € pour les actes accomplis depuis le 1er janvier 2017). Le mouvement inverse semblait s'installer lorsque tout demandeur, sauf au pénal, s'était vu contraint de verser une somme de 35 euros en contribution pour l'aide juridique pour pouvoir agir, ceci à peine d'irrecevabilité de la demande[112]. A aussi été créé un droit de 150 euros (aujourd'hui 225 euros), à la charge des parties à l'instance d'appel dans les procédures avec représentation obligatoire. Cette somme est due par chacune des parties et pas uniquement par l'appelant ; la solution conduit donc à faire payer une personne pour qu'elle ait le droit de se défendre… ! Depuis le 1er janvier

111. Décret n° 78-62 du 20 janvier 1978, *RTD civ.*, 1978, 211, obs. Ph. Jestaz.

112. Loi n° 2011-900 du 29 juillet 2011 *de finances rectificative pour 2011*, art. 54, déclarée conforme à la Constitution : Cons. const., déc. n° 2012-231/234 QPC du 13 avril 2012, *JO*, 14 avril, p. 6884 ; décret n° 2011-1202 du 28 septembre 2011 *relatif au droit affecté au fonds d'indemnisation de la profession d'avoué près les cours d'appel et à la contribution à l'aide juridique* ; circulaire ministérielle CIV/04/11 du 30 septembre 2011.

2014, la taxe de 35 euros n'est cependant plus due (loi n° 2013-1278 et décret d'application n° 2013-1280, du 29 décembre 2013). Le droit relatif à l'appel est prorogé jusqu'au 31 décembre 2026 par la loi de finances pour 2015 qui, d'ailleurs, l'a porté à 225 euros (art. 1635 *bis* P CGI[113]).

- Ensuite, s'ajoutent les frais de traduction des actes lorsque celle-ci est rendue nécessaire par la loi ou un engagement international (2°) ou encore par application du droit européen (9°), comme ceux engendrés par l'exécution des mesures d'instruction, c'est-à-dire « les indemnités des témoins » (3°), « la rémunération des techniciens » (4°), ou encore la rémunération de la personne désignée par le juge dans le cadre de l'audition d'un mineur (10° ; voir art. 388-1 C. civ.). C'est avec la loi précitée de 1977 que, toujours dans la perspective d'amoindrir le coût de la justice pour le particulier, les frais de déplacement et de séjour des magistrats ont été mis à la charge de l'État[114] ;
- s'ajoutent enfin « les débours tarifés », qui consistent essentiellement dans les avances faites par les avocats (5°) en terme de frais de voyage, de papeterie, de correspondance (il faut compter avec les frais liés à un service postal important) ; « les émoluments des officiers publics ou ministériels » (6°), sans omettre les frais occasionnés par la notification d'un acte à l'étranger (8°) ; et « la rémunération des avocats dans la mesure où elle est réglementée y compris les droits de plaidoirie » (7°). Le travail réalisé par les auxiliaires de justice n'est pas gratuit.

Exemples concrets de frais compris dans les dépens : le coût d'une assignation réglée par le demandeur à l'huissier, la signification de conclusions ou de jugement, d'abord entre avocats, puis aux parties.

71 **Les autres frais.** Ces *autres* frais ne sont pas compris dans les dépens et comprennent essentiellement la rémunération des avocats lorsque leur ministère n'est pas obligatoire, les honoraires de consultation et les honoraires de plaidoirie (qu'il ne faut pas confondre avec les droits de plaidoirie, perçus au profit de la Caisse nationale des barreaux français).

Les honoraires ne sont pas tarifés et font l'objet d'une libre négociation entre l'avocat et son client. L'avocat, tenu par les principes essentiels qui régissent sa profession, a de ce point de vue une obligation de « délicatesse » ou de modération. Il faut signaler qu'en France, le pacte de *quota litis* est interdit. Ce pacte consiste à déterminer l'honoraire dû en fonction du résultat judiciaire obtenu. La loi tempère néanmoins cette interdiction en autorisant les conventions prévoyant un complément de rémunération en fonction du résultat obtenu et du service rendu (loi n° 71-1130 du 31 décembre 1971, art. 10).

b) La charge des frais de justice

1) *Les dépens*

72 **Le principe : les dépens sont à la charge du perdant.** C'est la règle qu'affirme l'article 696 du Code de procédure civile. Il faut remarquer que les

113. Loi n° 2014-1654 du 29 décembre 2014 *de finances pour 2015*, *JO*, 30 décembre, p. 22828.
114. Anc. le 2° de l'article 695, abrogé par le décret n° 78-62 du 20 janvier 1978, art. 19-I.

auxiliaires de justice peuvent être condamnés aux dépens pour les actes de procédure qui ont été accomplis en dehors de la limite de leur mandat. Des dispositions spécifiques aux auxiliaires de justice (avocats, avoués et huissiers de justice) permettent en effet de mettre à leur charge les frais exposés inutilement. Il s'agit des instances, actes et procédures d'exécution accomplis hors de leur mandat, injustifiés ou nuls par l'effet de leur faute (art. 697-698).

Il y a, dans la règle énoncée, une affirmation : la succombance est un élément nécessaire à la condamnation au titre des dépens. Et seule une partie au procès peut succomber (les dépens ne peuvent normalement pas être mis à la charge d'une personne qui n'a fait qu'assister ou représenter une partie, sous réserve d'une faute personnelle comme nous venons de le voir).

Quant au règlement des dépens (on parle de *liquidation* et de *recouvrement*), ils se font en principe dans le jugement qui les alloue. L'avocat de la partie gagnante peut, dans les matières où leur ministère est obligatoire, demander la « distraction » des dépens ; cette expression désigne la faculté qui leur est offerte de récupérer directement contre l'adversaire les dépens dont ils ont fait l'avance sans avoir reçu de provision.

73 **Les exceptions au principe posé.** D'abord, le juge peut, par décision motivée, mettre la totalité ou une fraction des dépens à la charge d'un plaideur autre que celui qui a succombé. Supposons qu'au moment de l'introduction de l'instance, l'action engagée par le demandeur était justifiée, mais qu'au jour où le juge statue, cette action n'est plus justifiée soit en raison d'un fait extérieur, soit en raison du comportement du défendeur : un débiteur doit X euros à son créancier – il n'honore sa dette qu'à la barre – le bon sens impose que ce débiteur supporte la charge des dépens.

Ensuite, deuxième exception, le ministère public, lorsqu'il succombe (ce qui suppose qu'il était partie principale au procès), ne peut être condamné aux dépens. C'est là une règle d'origine jurisprudentielle[115]. Le juge qui condamnerait l'État aux dépens commettrait un excès de pouvoir[116]. Toutefois, cette règle jurisprudentielle connaît elle-même des exceptions légales[117].

Enfin, troisième exception, lorsque la partie perdante a obtenu l'aide juridique, ses propres dépens ne lui incombent pas. Mais comme elle a perdu le procès, elle devra tout de même supporter les dépens de l'adversaire.

2) *Les autres frais*

74 ***Les autres frais sont en principe « irrépétibles[118] ».*** Les autres frais restent en effet normalement à la charge de chacun des plaideurs, qu'ils aient ou non gagné le procès. Cependant, l'article 700 du Code de procédure civile prévoit

115. Voy. Cass. civ., 10 décembre 1878, *DP*, 1981, 1, 141. *Adde* pour le préfet : Cass. req., 18 mars 1888, *DP*, 1988, 1, 266. CA Pau, 22 juin 1892, *DP*, 1993, 2, 48.

116. Cass. civ., 17 décembre 1913, *DP*, 1914, 1, 261, note P. Binet.

117. Par ex., l'article R. 93, 4° du Code de procédure pénale. Voy. Cass. (com.), 2 novembre 1994, *JCP*, 1994, II, 22337, obs. A. Perdriau.

118. Le mot « répétition » évoque la faculté offerte à un plaideur de réclamer à son adversaire le remboursement de sommes versées, dont la charge définitive doit revenir à ce dernier, parce qu'il a perdu le procès.

dans sa rédaction issue du décret n° 2013-1280 du 29 décembre 2013 que : « Le juge condamne la partie tenue aux dépens ou qui perd son procès à payer :

1° À l'autre partie la somme qu'il détermine, au titre des frais exposés et non compris dans les dépens ;

2° Et, le cas échéant, à l'avocat du bénéficiaire de l'aide juridictionnelle partielle ou totale une somme au titre des honoraires et frais, non compris dans les dépens, que le bénéficiaire de l'aide aurait exposés s'il n'avait pas eu cette aide. Dans ce cas, il est procédé comme il est dit aux alinéas 3 et 4 de l'article 37 de la loi n° 91-647 du 10 juillet 1991.

Dans tous les cas, le juge tient compte de l'équité ou de la situation économique de la partie condamnée. Il peut, même d'office, pour des raisons tirées des mêmes considérations, dire qu'il n'y a pas lieu à ces condamnations. Néanmoins, s'il alloue une somme au titre du 2° du présent article, celle-ci ne peut être inférieure à la part contributive de l'État ».

75 **L'article 700 assure plus complètement le gain du procès.** Ce texte règle la question du paiement des frais effectifs de la procédure. Ces frais visés par l'article 700 occupent une place intermédiaire entre les dépens et les dommages-intérêts pour abus de procédure : en effet, ils ne sont assimilables ni aux premiers (ce que dit expressément l'article 700 : les « frais exposés et non compris dans les dépens »), ni aux seconds, l'article 700 demandant au juge de tenir « compte de l'équité ou de la situation économique de la partie condamnée » et non de la faute du justiciable[119].

La jurisprudence a cependant toujours estimé que la condamnation au titre de l'article 700 était liée à la charge des dépens. Le texte conforte cette solution : la partie condamnée à payer ces autres frais est celle « tenue aux dépens ou qui perd son procès ». Le lien avec les dépens est clairement tracé ; mais il n'est pas un élément suffisant. Est exigé un élément complémentaire : l'équité, que visait déjà l'article 700 dans sa rédaction première (il devait paraître « inéquitable de laisser [ces frais] à la charge d'une partie »).

76 **De la recherche d'une faute à la primauté de l'équité.** Sous l'empire de l'ancien texte, la jurisprudence se référait souvent à la notion de faute. Elle faisait même parfois appel à la notion d'abus d'une voie de droit par l'adversaire. Cette attitude de la jurisprudence s'explique du fait qu'à l'origine, c'était le recours à la responsabilité civile qui avait permis d'assurer un remboursement effectif, mieux approprié, des frais de justice[120].

Mais l'équité, à laquelle le législateur a ajouté expressément « la situation économique de la partie condamnée »[121], dépasse largement la notion de faute. L'exigence d'équité n'impose aucune démonstration d'une faute de la part de l'adversaire.

---

119. S. Farhi, « Article 700 et équité », *Dr. et proc.*, 2014, p. 54. *Adde* Cass. (1re civ.), 11 mars 1980, n° 78-16.450, *Bull. civ.*, I, n° 80. – CA Paris (14e ch.), 12 juillet 1978, *Bull. ch. avoués*, 1978, 4, 18.

120. Voy. Ch. Loyer-Larher, « L'article 700 du nouveau Code de procédure civile et le remboursement des frais non compris dans les dépens », *D.*, 1977, chron., 205.

121. Ce dernier cas formulé par le législateur en 1991 avait déjà été mis en évidence par Monsieur B. Boccara, « La condamnation aux honoraires (article 700 du nouveau Code de procédure civile) », *JCP*, 1976, I, 2828, nos 34-35.

Il faut aussi relever dans le texte l'expression impérative « le juge condamne ». L'allocation d'une certaine somme en remboursement des frais de procédure se présente ainsi comme étant la norme. En parallèle, l'article 696 en matière de dépens dit que « La partie perdante est condamnée aux dépens (...) ». Cette similitude de rédaction entre les articles 696 et 700 peut être interprétée comme un appel au juge, une incitation à l'attribution du remboursement des frais réellement exposés.

77 **Nécessité d'une demande chiffrée.** Néanmoins, contrairement aux dépens qui sont « tarifés ou taxés » – et « donc faciles à déterminer avec précision » –, les frais de l'article 700 « sont variables et incertains dans leur montant »[122]. C'est pourquoi les sommes exposées par les parties ne peuvent être appréciées par le juge que si elles lui sont présentées. L'article 700 exige ainsi de celui qui souhaite obtenir le remboursement des frais non compris dans les dépens, de formuler une demande chiffrée à cette fin. Et selon une réponse ministérielle[123], il faut faire la demande de remboursement de ces frais et le juge ne doit statuer que sur ce qui est demandé ; ladite réponse ministérielle ajoute qu'il n'est pas possible de demander l'application de l'article 700 dans une instance autonome postérieure.

En l'absence d'une demande formée par un plaideur au titre de l'article 700 ou en présence d'une demande imprécise, la solution la plus logique est que le juge dise « qu'il n'y a pas lieu à cette condamnation ». L'équité commande cette conclusion.

Certains pourront malencontreusement prendre la suggestion suivante comme une provocation, voire une source d'immixtion de la magistrature dans la détermination des honoraires d'une profession libérale, ce qui en réalité n'est ni l'une, ni l'autre : ne pourrait-on songer, puisque l'article 700 vise à la rémunération de l'avocat, que soit imposée la présentation au juge de la facture que celui-ci a adressée à son client ? Ainsi averti de la réalité des sommes demandées, le juge pourrait assurer plus complètement pour le justiciable le gain du procès.

2. L'aide juridique

78 **Éviter que le plaideur peu fortuné ait à supporter des frais de justice qui le feraient renoncer au procès.** L'ensemble des frais de justice pourrait être en mesure de faire renoncer certaines personnes à engager un procès. D'autant plus d'ailleurs que le plaideur doit en principe en faire l'avance. C'est pourquoi, pour favoriser le droit naturel de chacun à l'accès à la justice[124], a été instaurée une aide juridique.

---

122. P. Julien, obs. sous neuf espèces, *D.*, 1981, IR 372 – c'est vraisemblablement ici que se trouve la raison d'être de l'exigence formulée par le texte, relative aux « frais exposés », même s'il n'est pas indispensable que les frais invoqués aient été préalablement payés, voy. Cass. com., 8 décembre 1992, n° 90-21.783, *Bull. civ.*, IV, n° 398.

123. Réponse du 27 juin 1994, *JCP*, 1994, V, p. 109.

124. Voy. déjà et rappr. Cass. civ., 7 mai 1828, *Jurisp. gén. Devilleneuve*, 1828-30, p. 93 : « La défense étant de droit naturel, personne ne doit être condamné sans avoir été interpellé et mis en demeure de se défendre ». *Adde* Ph. Waquet, « L'office du juge en matière d'aide juridictionnelle », *D.*, 2005, chron., 2827.

Son origine se trouve dans la loi du 22 janvier 1851, instituant l'assistance judiciaire en faveur des indigents. Mais comme il ne s'agit pas de faire la charité, mais d'aider ceux dont les ressources sont insuffisantes, la loi du 3 janvier 1972 remplaça cette assistance aux indigents par l'aide judiciaire. Par la suite, la loi du 31 décembre 1982 modifia encore le système avec l'aide judiciaire et l'indemnisation des commissions et désignations d'office en matière pénale et civile. Enfin, une loi n° 91-647 du 10 juillet 1991 *relative à l'aide juridique* (que l'on évitera de confondre avec celle du même jour relative aux écoutes téléphoniques) et son décret d'application n° 91-1266 du 19 décembre 1991 ont étendu le bénéfice de l'aide désormais dénommée l'aide juridique.

L'aide juridique se compose de l'aide juridictionnelle, d'une part, et de l'aide à l'accès au droit, d'autre part.

a) L'aide juridictionnelle

79 **Une aide généralisée, mais conditionnée.** Le demandeur à l'instance comme le défendeur peut bénéficier de l'aide juridictionnelle devant toutes les juridictions, civiles, pénales, administratives et même disciplinaires. Et ceci tant en matière gracieuse que contentieuse et qu'il s'agisse de plaider sur le fond, au provisoire ou pour l'exécution. Voyons successivement les conditions d'obtention de l'aide, la procédure à suivre, et les effets de l'aide juridictionnelle[125].

1) *Les conditions d'obtention de l'aide juridictionnelle*

80 **Les conditions quant à la personne du bénéficiaire.** L'aide juridictionnelle bénéficie à toute personne physique indépendamment de sa nationalité. La loi pose cependant une distinction en visant deux catégories d'étrangers : les ressortissants de l'Union européenne ont toujours droit à l'aide ; les autres ne peuvent y prétendre qu'à la condition d'avoir le statut de résident.

Concernant les personnes morales, le principe est inverse : elles ne bénéficient pas de l'aide juridictionnelle. Une exception profite aux personnes morales à but non lucratif qui ne disposent pas de ressources suffisantes pour supporter les frais du procès.

81 **Les conditions quant à la situation du bénéficiaire.** L'aide juridictionnelle est octroyée en fonction des ressources de la personne qui en forme la demande. Sont prises en considération les ressources de toute nature dont le demandeur à l'aide a directement ou indirectement la jouissance ou la libre disposition. Et à cet égard il est tenu compte des signes extérieurs de richesse, la loi du 10 juillet 1991 visant en son article 5 les « éléments extérieurs du train de vie ».

L'aide est partielle lorsque les ressources mensuelles sont inférieures à environ le SMIC brut (1 546 euros nets ; le SMIC étant, en 2018, à 1 521,22 euros brut sur la base de 35 heures par semaine et 151,67 heures par mois). Il y a aide totale lorsque ces ressources sont inférieures à la somme de 1 031 euros nets (environ 1 300 euros brut). La « part contributive de l'État versée à l'avocat ou à l'officier public ou ministériel qui prête son concours au bénéficiaire de l'aide juridictionnelle partielle » varie de 55 % à 25 % selon les ressources du bénéficiaire (voy. décret n° 91-1266 du 19 décembre 1991, art. 98).

---

125. Voy. aussi M. Foulon et Y. Strickler, « Les effets d'une demande d'aide juridictionnelle sur une instance », *Dr. et proc.*, 2013, p. 267.

Ces plafonds de ressource sont revalorisés annuellement en référence à l'évolution de la tranche la plus basse du barème de l'impôt sur le revenu. Ils sont toutefois affectés de correctifs. En effet, ces plafonds sont majorés pour charges de famille. Sur ce dernier point, le décret du 19 décembre 1991 prévoyait, très simplement, en son article 3, cinq cents francs par personne à charge. Mais pourquoi faire simple quand on peut faire un peu plus compliqué ? Le texte de l'article 3 du décret de 1991 dispose désormais que : « Les plafonds de ressources prévus pour l'octroi de l'aide juridictionnelle totale ou partielle sont majorés d'une somme équivalente à : a) 0,18 fois le montant du plafond de ressources pris en compte pour le bénéfice de l'aide juridictionnelle totale pour chacune des deux premières personnes à charge [conjoint, concubin, descendants ou ascendants] ; b) 0,1137 fois ce même montant pour la troisième personne à charge et chacune des suivantes ». Ce montant est de 183,06 euros pour chacune des deux premières personnes à charge et de 115,63 euros pour chacune des personnes suivantes.

À titre exceptionnel, l'aide juridictionnelle peut être accordée aux personnes qui ne remplissent pas les conditions de ressources prévues, « lorsque leur situation apparaît particulièrement digne d'intérêt au regard de l'objet du litige ou des charges prévisibles du procès ou, dans les litiges transfrontaliers mentionnés à l'article 3-1[126], si elles rapportent la preuve qu'elles ne pourraient faire face aux dépenses visées à l'article 24 en raison de la différence du coût de la vie entre la France et l'État membre où elles ont leur domicile ou leur résidence habituelle » (loi du 10 juillet 1991, art. 6).

82 **Les conditions quant à la demande.** L'aide juridictionnelle n'est accordée qu'à la condition que la demande sur le fond du litige n'apparaisse pas « manifestement irrecevable ou dénuée de fondement ». Et s'agissant d'un pourvoi en cassation, il doit être sérieux. Mais la condition n'est pas applicable au défendeur à l'action, à la personne civilement responsable, au témoin assisté, à la personne mise en examen, au prévenu, à l'accusé, au condamné et à la personne faisant l'objet de la procédure de comparution sur reconnaissance préalable de culpabilité (loi de 1991, art. 7).

L'appréciation de la qualité de la demande est portée par le bureau d'aide juridictionnelle. C'est une sorte de préjugement. L'intérêt de cette condition se comprend aisément. Mais tout de même, il s'agit en pratique de confier à un organe surchargé de dossiers, le soin de jeter un œil sur une affaire pour deviner plutôt qu'autre chose, si la demande sera fondée et le moyen sérieux. Normalement, c'est une juridiction qui a cette délicate mission. Des voix s'élèvent régulièrement pour affirmer qu'il faut éviter une justice à deux vitesses. Ici, le bureau d'aide juridictionnelle rend tous les matins justice sur un tambour[127] !

2) *La procédure d'admission à l'aide juridictionnelle*

82-1 Devant les juridictions du premier et second degré, le bureau est établi au siège de chaque tribunal de grande instance et peut être divisé en sections, par

126. Il s'agit de la matière civile ou commerciale, et des personnes qui, quelle que soit leur nationalité, sont en situation régulière de séjour et résident habituellement dans un État membre de l'Union européenne, à l'exception du Danemark, ou y ont leur domicile.

127. L'image est de B. Beignier, *Les droits fondamentaux dans le procès civil*, 2e éd., Paris, Montchrestien, 1997.

exemple : une section pour les demandes portées devant les cours d'assises, une autre pour les demandes portées devant les tribunaux administratifs. Il existe aussi un bureau auprès de la Cour de cassation.

Le bureau d'aide juridictionnelle est un organe différent du tribunal. Il est composé d'un magistrat, un avocat, un huissier, le directeur départemental des services fiscaux ou son représentant, le directeur départemental des affaires sanitaires et sociales ou son représentant et un membre désigné au titre des usagers.

Chaque bureau ou section de bureau d'aide juridictionnelle est présidé par un magistrat et comprend un directeur de greffe, vice-président. S'ajoutent deux fonctionnaires ainsi que deux auxiliaires de justice et une personne désignée au titre des usagers par le conseil départemental de l'aide juridique (voy. art. 13 de la loi de 1991).

L'aide juridictionnelle peut être demandée avant comme pendant l'instance au président du bureau d'aide juridictionnelle (ou de la section compétente du bureau). Elle peut aussi être présentée au président de la juridiction saisie. Cette demande est faite sans exigence particulière de forme (une lettre simple suffit). Le bureau à saisir est celui établi auprès du tribunal de grande instance du lieu où demeure le demandeur à l'aide.

Ajoutons que lorsque la procédure met en péril les conditions essentielles de la vie de l'intéressé, l'admission provisoire à l'aide juridictionnelle peut être accordée. Par exemple, lorsqu'une exécution forcée est demandée contre la personne et vise à obtenir son expulsion.

3) *Les effets de l'aide juridictionnelle*

83 **La demande d'aide juridictionnelle emporte effet interruptif de la prescription.** La prescription est donc interrompue[128], pour peu que la demande d'aide juridictionnelle ait été adressée au bureau avant l'expiration du délai prévu. Par conséquent, la date qui doit être prise en compte est celle de l'expédition de la demande.

La demande en justice doit alors être intentée « dans un nouveau délai de même durée ». Le point de départ de ce nouveau délai est, selon le cas, la notification de la décision d'admission provisoire, la date à laquelle la décision d'admission ou de rejet est devenue définitive, ou encore, lorsqu'un auxiliaire de justice a été désigné, la date de sa désignation (décret de 1991, art. 38[129]).

Lorsque la décision rendue est favorable au demandeur à l'aide (admission à l'aide juridictionnelle), cette décision est caduque si, dans l'année de sa notification, la juridiction n'a pas été saisie de l'instance en vue de laquelle l'admission a été prononcée (art. 54 du décret de 1991).

---

128. L'effet interruptif de la prescription vaut pour tous les délais pour agir et ce, même lorsque le juge qui a été saisi est incompétent : Cass. (ch. mixte), 24 novembre 2006, n° 04-18.610, *Bull. ch. mixte*, n° 11. Pour le délai de péremption : Cass. (2e civ.), 19 novembre 2009, n° 08-16.698, *Bull. civ.*, II, n° 276.

129. Ces règles valent quand la demande d'aide juridictionnelle est déposée au cours des délais impartis pour conclure ou former appel incident, mentionnés aux articles 909 et 910 du code de procédure civile (mod. décr. n° 2017-891 du 6 mai 2017).

Cependant, la demande d'aide n'interrompt pas le délai d'appel[130].

84 **L'aide juridictionnelle accordée et le bénéficiaire de l'aide.** Le bénéficiaire de l'aide a droit à l'assistance d'un avocat et à celle de tous officiers publics ou ministériels dont la procédure requiert le concours. Depuis une loi du 31 décembre 1982, il les choisit librement.

Le juge ne peut statuer sans s'assurer que la partie qui bénéfice de l'aide juridictionnelle, présente à l'audience, avait été mise en mesure d'être assistée effectivement par un avocat[131]. En effet, la demande d'aide juridictionnelle conduit à encadrer le pouvoir de statuer du juge qui ne peut statuer régulièrement, ni pendant que la demande d'aide est en cours ni lorsque l'aide a été accordée mais que le bénéficiaire n'a pas disposé du concours effectif de l'avocat[132].

L'aide juridictionnelle concerne tous les frais afférents aux instances, procédures et actes pour lesquels elle a été accordée. Ainsi si l'aide est totale, celui qui en bénéficie n'a en principe rien à payer. Si l'aide est partielle, celui qui en bénéficie devra verser à son avocat des honoraires librement négociés et aux autres auxiliaires de justice (huissier, avoué devant la cour) des honoraires fixés selon un tarif.

L'aide juridictionnelle demeure acquise à son bénéficiaire lorsqu'est engagée la procédure de la question prioritaire de constitutionnalité[133].

En réalité, l'issue du procès n'est pas sans incidence sur la répartition finale des frais : car si la charge des dépens incombe à l'adversaire, il y a en effet gratuité totale. Mais dans le cas contraire, l'aide ne permet au bénéficiaire d'échapper qu'à ses propres frais ; il devra supporter ceux de son adversaire, sauf dispense accordée par le tribunal.

Le bénéficiaire de l'aide peut néanmoins se la voir retirée. Ce retrait intervient de plein droit et totalement lorsque l'aide juridictionnelle a été obtenue par des déclarations ou des pièces inexactes. Ce retrait est une sanction. Mais l'aide peut également être retirée en dehors de toute idée de sanction, à la libre appréciation du juge, soit totalement, soit partiellement, lorsque le bénéficiaire de l'aide obtient depuis le dépôt de la demande (et même pendant l'instance), des ressources telles que si elles avaient existé au jour de la demande d'aide, celle-ci n'aurait pas été accordée, même partiellement. Dans le même ordre d'idée, lorsque le procès fait gagner au bénéficiaire de l'aide une somme telle que s'il l'avait eue au moment de sa demande d'aide cette dernière aurait été rejetée, l'avocat peut prétendre à des honoraires, avec l'autorisation préalable du bâtonnier.

---

130. Art. 38-1 du décret n° 91-1266 du 12 décembre 1991 ; Cass. (2e civ.), 7 janvier 2016, n° 14-26.983, *Procédures*, 2016, comm. 82, H. Croze.
Des hypothèses de report du point de départ de certains délais sont toutefois prévues. Ainsi, en cas d'admission, les délais pour signifier la déclaration d'appel et celui pour conclure courent, lorsqu'elle est plus tardive, de la date à laquelle un auxiliaire de justice a été désigné.

131. Cass. (2e civ.), 23 février 2017, n° 16-10.852, *Procédures* 2017, comm. n° 78.

132. Cass. (2e civ.), 17 novembre 2005, n° 03-04.186, *Bull. civ.*, II, n° 292.

133. Décret n° 2010-149 du 16 février 2010 insérant un article 53-1 dans le décret n° 91-1266 du 19 décembre 1991 *portant application de la loi n° 91-647 du 10 juillet 1991 relative à l'aide juridique*.

b) L'aide à l'accès au droit

85 **Une aide à l'information, l'assistance et la consultation.** Composante de l'aide juridique au même titre que l'aide juridictionnelle, l'aide à l'accès au droit vise prioritairement à faciliter l'obtention, tant d'informations sur les droits et obligations, que de conseils sur les moyens à utiliser[134]. Ceci peut prendre la forme de la mise en place d'une assistance en vue de l'établissement d'un acte juridique (par exemple, en créant un centre gratuit d'accueil et d'informations juridiques), suivant en cela la sagesse populaire selon laquelle il vaut mieux prévenir que guérir... Il ne faut jamais oublier qu'une convention (et de manière plus générale, le droit) est avant tout acte de prévision.

Quant aux moyens mis en œuvre, dans chaque département est créé un conseil départemental à l'aide juridique. C'est un Groupement d'Intérêt Public, qui évalue les besoins et détermine une politique d'accès au droit. Ce conseil reçoit et recherche des fonds pour financer sa politique (aide de l'État, département, organismes professionnels des professions judiciaires et juridiques) et répartit les fonds ainsi obtenus. Pour une plus grande efficacité de son action, le conseil départemental à l'aide juridique a la possibilité de conclure des conventions avec les Centres communaux d'action sociale ou tout autre organisme public ou privé. Avec la réforme dite « J21 », les conseils départementaux de l'accès au droit sont aussi chargés de participer « à la mise en œuvre d'une politique locale de résolution amiable des différends ». Ces conseils sont présidés par le président du tribunal de grande instance du chef-lieu du département, qui a voix prépondérante en cas de partage égal des voix, et le procureur de la République près ce tribunal en est vice-président.

E 12 **Assurance de protection juridique**

L'assurance de protection juridique, qui s'est beaucoup développée ces dernières années, permet, en cas de litige, de couvrir les frais de procédures que l'assuré doit engager et lui donne, dans des litiges que l'on peut nommer de proximité (le droit de la consommation occupe une bonne part des sinistres déclarés aux assureurs), une assistance par avocat.

Le législateur s'est décidé à intervenir afin de cadrer ce type de contrat pour, d'une part aménager le régime de l'assurance de protection juridique et, d'autre part, clarifier les relations entre les parties concernées (assureur, assuré et avocat).

La loi n° 2007-210 du 19 février 2007 *portant réforme de l'assurance de protection juridique* a modifié et complété le Code des assurances[134] et le Code de la mutualité, ainsi que la loi n° 91-647 du 10 juillet 1991 relative à l'aide juridique.

L'article L. 127-2-3 prévoit que « L'assuré doit être assisté ou représenté par un avocat lorsque son assureur ou lui-même est informé de ce que la partie adverse est défendue dans les mêmes conditions ». Ainsi, la représentation par avocat de l'assuré est obligatoire dès que son adversaire est lui-même défendu par un avocat. Les travaux préparatoires montrent que cette disposition a été animée par le souci de « rétablir l'égalité des armes en permettant à l'avocat d'intervenir dès la phase amiable, où interviennent le plus souvent les services juridiques de l'assureur ». Il est toutefois dommageable que le choix ne soit pas laissé à la libre appréciation de l'assuré et de son assureur, le premier pouvant avoir quelques compétences juridiques et souhaiter les exercer en accord avec le second. L'atteinte qui est ici portée au choix des armes l'est à la liberté de l'organisation de

---

134. Art. 53 et s. de la loi de 1991.

135. Voy. art. L. 127-1 et s. de ce Code pour l'ensemble de la réglementation de cette assurance particulière.

sa défense, qui *in fine* et en cas de désaccord, aurait pu revenir à celui qui court les risques financiers du procès, c'est-à-dire l'assureur. Il faut toutefois reconnaître que la loi pose de manière ferme une solution conforme à ce qui serait certainement un réflexe de l'assureur défendeur chaque fois que l'adversaire serait représenté par avocat, mais le caractère supplétif ou incitatif d'un texte de loi doit toujours et par principe être privilégié à sa portée impérative. Et d'ailleurs, compte tenu du coût que représente la systématisation du rôle de l'avocat dans la procédure, le coût de cette assurance risque fort de s'en trouver alourdi, sans doute de manière démesurée à son objet premier.

Les articles 2 et 3 de la loi (L. 127-3 et L. 127-5-1 C. assur.) indiquent que l'assureur ne peut proposer le nom d'un avocat à l'assuré sans demande écrite de sa part ; autrement dit, l'assuré détermine la personne de son avocat, et dans leurs relations, le principe demeure celui de la libre fixation des honoraires entre l'avocat et son client. L'assureur est ici hors-jeu.

Afin d'alléger le poste de l'aide juridictionnelle dans le budget de la justice, le législateur a pris le soin de préciser que « L'aide juridictionnelle n'est pas accordée lorsque les frais couverts par cette aide sont pris en charge au titre d'un contrat d'assurance de protection juridique ou d'un système de protection » (alinéa ajouté à l'article 2 de loi n° 91-647 du 10 juillet 1991 relative à l'aide juridique). Cette dimension subsidiaire de l'aide juridictionnelle par rapport à l'assurance est présente tant dans le rapport P. Delmas Goyon que dans celui de D. Marshall[136] ; le rapport Marshall insiste sur la liberté de choix de l'avocat par le client (proposition n° 1.4) qui, en pratique, est cependant assez illusoire. Le décret n° 2014-1502 du 12 décembre 2014 relatif aux demandes d'aide juridictionnelle en cas de prise en charge par un dispositif de protection juridique (*JO*, 14 décembre, p. 21039) vient modifier le point 9° de l'article 34 du décret du 19 décembre 1991 pour imposer au demandeur d'aide juridictionnelle qui dispose d'une assurance de protection juridique de transmettre les informations utiles à cet égard.

C) La continuité de la justice : le principe de permanence

86 **La permanence et la continuité des services demeurent toujours assurées (voy. art. L. 111-4 COJ).** La justice est rendue en France sans interruption et l'année judiciaire commence le 1er janvier pour se terminer le 31 décembre. À la période de congés correspondent les « audiences allégées ». Les jours fériés et les dimanches, il ne se tient certes pas d'audiences ; néanmoins, en cas d'urgence, il est possible de saisir le Président du tribunal de grande instance ou son délégataire – le magistrat de permanence (art. 485 CPC[137]).

Malgré le principe de continuité affirmé, il est, ici et là, quelques exceptions. Celles-ci sont tantôt spéciales, tantôt générales. Ainsi, parmi les exceptions spéciales, le fait que le tribunal paritaire des baux ruraux, juridiction d'exception, siège par sessions dont la durée et la fréquence dépendent du nombre d'affaires à juger.

L'exception générale, elle, est une ancienne exception spéciale qui avait été prévue à l'origine pour les seuls tribunaux d'instance (surtout pour des lieux où des tribunaux d'instance ont été supprimés en 1958) et qui a été

136. Les deux rapports datent de décembre 2013. *Adde* décret n° 91-1266 du 19 décembre 1991 *portant application de la loi n° 91-647 du 10 juillet 1991 relative à l'aide juridique*, art. 34 (modifié par décret n° 2014-1502 du 12 décembre 2014 *relatif aux demandes d'aide juridictionnelle en cas de prise en charge par un dispositif de protection juridique*).

137. La disposition qui permettait de saisir ce juge, « soit à l'audience, soit à son domicile portes ouvertes », a été supprimée par le décret n° 2012-66 du 20 janvier 2012 relatif à la résolution amiable des différends.

étendue[138]. Des « audiences foraines » peuvent être tenues dans des communes différentes de celle du siège normal de la juridiction saisie. Cette faculté peut concerner toutes les juridictions de l'ordre judiciaire relevant de son ressort, par décision du Premier président de la cour d'appel. La technique permet d'éviter de trop éloigner le juge de son justiciable[139].

D) Composition des juridictions civiles

1. Collégialité ou juge unique ?

87 **« Juge unique, juge inique ».** Le droit judiciaire français a d'abord préféré la collégialité. À l'origine, les juridictions étaient composées de trois à onze magistrats, avec comme règle de principe l'imparité. Cette faveur pour la collégialité trouvait son explication dans le célèbre adage « juge unique, juge inique ». La collégialité semblait offrir davantage de garanties qu'un juge statuant dans sa souveraine solitude : une garantie d'impartialité plus grande en ce que la collégialité limite l'influence des convictions personnelles et des préjugés éventuels d'un juge, une garantie d'indépendance aussi, spécialement à l'égard des justiciables puisque le délibéré étant secret, on ne sait pas quel juge a pu faire pencher la balance en faveur du « gagnant » et, enfin, une garantie de bonne justice. De la discussion entre les magistrats était censée jaillir une décision plus conforme au droit, spécialement lorsque le juge est en présence de notions-cadre où le législateur laisse place à l'appréciation du juge. Il suffit de songer à l'intérêt de l'enfant, au concept de bonnes mœurs, à l'ordre public ou encore à la notion de faute. La collégialité est en outre de nature à réduire les risques d'erreur judiciaire qui existent tant en matière civile que pénale. Sans compter que la collégialité est un bon lieu d'apprentissage pour le magistrat.

88 **Arguments qui s'affirment en faveur du juge unique.** Toutes les raisons avancées en faveur de la collégialité n'ont cependant rien de décisif[140]. D'abord, la réalité d'une discussion entre magistrats au cours du délibéré est parfois illusoire ; ensuite, un juge unique, parce que livré à lui-même, va développer un plus grand sens de sa responsabilité et, peut-être aussi, une attention renforcée quant au dialogue avec les plaideurs ; enfin, pourquoi demander à trois magistrats de siéger là où un seul, compte tenu bien évidemment de la nature ou du montant du litige, pourrait suffire ? Certains diront que l'on tire ici prétexte de l'encombrement de la justice et donc, qu'est avancé là le plus mauvais des arguments, l'argument économique. Pourtant ce n'est pas sur le plan économique qu'il faut se placer, car la collégialité en première instance, sauf bien sûr pour les juridictions composées sur le principe du paritarisme, est un gâchis en termes de compétences et de temps[141]. Un autre argument a pu être avancé[142] :

138. Par la loi n° 95-125 du 8 février 1995 (art. R. 124-2 COJ, décret n° 2008-522 du 2 juin 2008).

139. Voy. aussi rapport Marshall, décembre 2013, proposition n° 18.

140. J.-M. Baudoin, « La collégialité est-elle une garantie de la sûreté des jugements ? Réflexions sur un exercice d'école », *RTD civ.*, 1992, 532.

141. Sur ce point, S. Guinchard, « Les solutions d'organisation procédurale », in coll., *Le temps dans la procédure*, Paris, Dalloz, 1996, spéc. pp. 53-54.

142. H. Régoli, *Institutions judiciaires*, coll. Cours, Paris, Dalloz, 1996, n° 60.

généraliser le juge unique permettant de juger plus d'affaires, cela augmenterait le niveau de recrutement des juges.

89 **Un principe de collégialité en déclin.** Les divers éléments exposés mis en parallèle expliquent que le principe de collégialité soit en déclin. En réalité, c'est le juge unique qui occupe aujourd'hui le devant de la scène et ce, malgré le coup de chapeau donné (pour la forme ?) à la collégialité par l'article L. 212-1 COJ, propre au tribunal de grande instance : « Le tribunal de grande instance statue en formation collégiale, sous réserve des exceptions tenant à l'objet du litige ou à la nature des questions à juger ».

Parfois même, l'abondance de juges nuit : c'est ainsi que les arrêts de cour d'appel devant être rendus par des magistrats délibérant en nombre impair et ceci sous peine de nullité, a été annulé l'arrêt mentionnant que la cour d'appel était composée, lors du délibéré, par deux présidents de chambre et deux conseillers[143].

Ceci étant, lorsqu'une affaire est d'une particulière complexité ou est susceptible de recevoir devant différentes chambres de la même juridiction des solutions divergentes, le président du tribunal de grande instance ou le premier président de la cour d'appel peut renvoyer l'affaire devant une formation de deux chambres réunies (art. R. 212-9-1 et R. 312-11-1 COJ), qui est composée de sept juges. La décision de saisir la formation de deux chambres réunies est une mesure d'administration judiciaire (art. R. 212-9-1, al. 5, COJ).

90 **Le recul de la collégialité s'opère parfois ouvertement.** Tel est le cas lorsque le législateur crée un nouveau juge unique. Tel a été le cas lorsqu'a été confiée au tribunal de grande instance, statuant à juge unique, la connaissance des litiges auxquels peuvent donner lieu les accidents de la circulation terrestre (art. R. 212-8 COJ). Mais, une soupape de sûreté a été envisagée par le législateur, dans la mesure où le juge peut toujours renvoyer l'affaire en l'état à la formation collégiale. Les exemples pourraient être multipliés : juge des tutelles, juge de l'expropriation, sans oublier le développement du juge unique en matière pénale[144]. On peut toutefois craindre, s'agissant de la demande de renvoi devant la collégialité, que le plaideur qui la sollicite passe pour « l'empêcheur de tourner en rond ».

91 **Le recul de la collégialité s'opère aussi parfois de manière plus insidieuse.** Il en va ainsi lorsque le législateur augmente les pouvoirs d'un juge unique existant. L'illustration marquante est celle du rôle grandissant confié au juge du tribunal d'instance, magistrat siégeant seul. Cette augmentation de pouvoir peut consister en une augmentation du taux du ressort ; c'est l'exemple du tribunal d'instance, qui peu à peu est arrivé à une compétence d'attribution à hauteur de 10 000 euros. Mais la modification peut aussi prendre la forme d'une modification des dispositions prévoyant les pouvoirs du juge, par exemple lorsqu'en 1985, l'article 809, alinéa second du Code a été modifié pour permettre expressément au juge des référés, archétype du juge unique – même s'il ne statue qu'au provisoire –, d'ordonner l'exécution d'une obligation de faire.

Dans un même ordre d'idée, depuis une loi du 10 juillet 1970, le président du tribunal de grande instance peut décider d'attribuer une affaire à un juge

143. Cass. (1re civ.), 15 novembre 2005, n° 04-19.483, *Bull. civ.*, I, n° 414.

144. *Cf.* art. 398, al. 3, CPP, et ce, dès la loi n° 95-125 du 8 février 1995.

unique (art. 801 et s. CPC et art. L. 212-1 et s. COJ). En pratique, ce procédé s'est généralisé. Le renvoi devant la collégialité est néanmoins de droit sur la demande non motivée de l'une des parties[145] ou sur décision du président de la juridiction, soit à la demande du juge saisi, soit d'office. La collégialité devient donc « l'exception de l'exception ». Mais même demandée, dans la réalité concrète, la collégialité est difficile à obtenir ; car de moins en moins d'audiences collégiales sont planifiées et demander le renvoi devant la collégialité peut être de nature à pénaliser, en termes de temps et de délais d'obtention du jugement, les plaideurs de plus en plus soucieux de rapidité. Les dispositions citées à l'instant « ne sont [toutefois] pas applicables en matières disciplinaires ou relatives à l'état des personnes, sous réserve des dispositions particulières aux matières de la compétence du juge aux affaires familiales » (art. L. 212-2, al. 2, COJ).

92 **Tribunal statuant à juge unique et juge particulier du tribunal.** Il est, pour finir, des cas où c'est le tribunal qui statue à juge unique. Et il s'agit bien du *tribunal* lui-même. Tel est le cas en matière d'exequatur (art. R. 212-8).

Il ne faut donc pas confondre ce cas avec ceux où une compétence spéciale est donnée au président ou à un autre juge particulier du tribunal avec une compétence déterminée. Entre autres magistrats siégeant seuls : le Juge aux affaires familiales (JAF), le Juge de l'exécution (JEX), le Juge de la mise en état des causes (JME), le juge des enfants (qui a un rôle aussi bien en matière pénale que civile, en particulier, en ce qui concerne l'assistance éducative), mais encore, les présidents de juridiction lorsqu'ils exercent les pouvoirs qui leur sont reconnus en matière de requête ou de référé.

2. Magistrats de carrière ou juges occasionnels ?[146]

93 **Magistrats de carrière et juges élus.** Les magistrats de carrière, formés par l'École Nationale de la Magistrature, sont les personnes qui, par principe, siègent dans les juridictions civiles. Néanmoins, s'agissant des juridictions spécialisées, celles-ci font essentiellement appel à des juges élus[147] dont les fonctions sont temporaires. Le système de l'élection est ici préféré au recrutement par concours en raison du lien qui existe entre l'activité de ces juges et celle des parties, ou en raison de l'objet du litige.

Les justifications de l'élection des magistrats pour certaines juridictions tiennent à la considération que ces personnes sont censées être plus aptes à résoudre les problèmes techniques qui se posent dans des matières professionnelles, à favoriser la conciliation des plaideurs, sans oublier l'argument économique d'un moindre coût de fonctionnement de telles juridictions, longtemps avancé.

---

145. Voy. spéc. art. L. 212-2 COJ.

146. C. Ginestet (dir.), *La spécialisation des juges*, LGDJ/PU Toulouse-Capitole, 2012.

147. Et parfois nommés, comme c'est le cas pour les assesseurs du tribunal pour enfant, par arrêté du ministre de la Justice après avoir été choisis sur une liste de candidats présentée par le Premier président de la cour d'appel (art. R. 251-7 COJ), ou encore pour les assesseurs du tribunal paritaire des baux ruraux à l'avenir, voy. M. Reverchon-Billot, « La constitution du tribunal paritaire des baux ruraux revue et corrigée par la loi "J21" », *Procédures* avril 2017, n° 21.

Mais si l'on peut avancer ces arguments positifs, d'autres qui le sont moins méritent que l'on s'y arrête un instant : il se dit que ces juges élus n'ont pas de connaissances juridiques suffisantes. Or, ils sont amenés à appliquer la règle de droit (et notamment les règles de preuve telles qu'elles résultent du Code civil). Par ailleurs, devant juger leurs confrères, ne peut-on craindre quant à leur impartialité ? Enfin, s'agissant des conseils de prud'hommes, n'existe-t-il pas un risque de politisation ? Toutes les craintes précédemment exprimées ne sont cependant pas réelles en pratique et le Conseil constitutionnel a pu le dire clairement dans une réponse à QPC relative aux tribunaux de commerce[148]. Si ce n'est, peut-être, la première. Mais même ici, il est des remèdes possibles et ils sont mis en œuvre. Ces remèdes consistent d'abord dans la formation de ces magistrats occasionnels[149] et ensuite, dans le système de l'échevinage qui garantit des solutions plus juridiques. C'est le système adopté pour les chambres commerciales en Alsace-Moselle[150]. Ce système peut être rapproché de celui du juge départiteur, juge qui intervient lorsqu'un partage de voix s'opère devant le tribunal prud'homal et donc, quand aucune solution n'a été trouvée au litige par les magistrats occasionnels. Il se dit aussi, parfois, qu'il arrive que ces juges soit aidés par les greffiers de la juridiction ; mais cela –si les propos devaient être exacts– ne serait pas légal.

SECTION III
Principes de compétence juridictionnelle

94 **Définition.** La compétence juridictionnelle synthétise l'ensemble des règles qui déterminent la connaissance des divers types de litiges par chacune des juridictions. La distinction fondamentale à cet égard est celle de la compétence d'attribution et de la compétence territoriale. Le respect de l'ensemble de ces règles est assuré par diverses exceptions de procédure qui en encadrent la sanction.

---

148. Cons. const., décision n° 2012-241 du 4 mai 2012, consid. n° 27. Voy. aussi B. Rolland, « Où va la justice commerciale ? », *Procédures*, 2015, dossier 5, spéc. n°s 14 et 25. *Adde* Décret n° 2016-514 du 26 avril 2016 *relatif à l'organisation judiciaire, aux modes alternatifs de résolution des litiges et à la déontologie des juges consulaires*, spécialement ayant créé les art. R. 721-11-1 et R. 721-20 et s. C. com. (instances de déontologie des juges des tribunaux de commerce).

149. L'article L. 1442-1 du Code du travail précise ainsi que les conseillers prud'hommes suivent une formation initiale organisée par l'Etat en vue de l'exercice de leur fonction juridictionnelle, et une formation continue, et qu'un conseiller qui ne satisferait pas à son « obligation de formation initiale dans un délai fixé par décret est réputé démissionnaire. »

150. À la suite de plusieurs tentatives de réforme vaines, le rapport Marshall a aussi préconisé cette solution pour les tribunaux de commerce : proposition n° 10 et spéc. n° 10.1 et pour les juridictions sociales : proposition n° 11.6.9. Sur le fonctionnement de l'échevinage, voy. Y. Strickler, « La particularité de l'Alsace-Moselle », in C. Ginestet (dir.), *La spécialisation des juges*, LGDJ/PU Toulouse Capitole, 2012, p. 167.

§ 1. La compétence d'attribution

95 **La détermination du type de tribunal à saisir.** Les règles de compétence d'attribution déterminent la nature et le degré de la juridiction à saisir en fonction du litige en cause. Elles permettent de savoir, par exemple, s'il faut saisir un tribunal de grande instance ou un tribunal de commerce, ou encore la marche à suivre lorsqu'un litige est complexe, c'est-à-dire lorsqu'il porte sur des matières qui relèvent de la compétence de tribunaux de nature différente.

La compétence d'attribution dépend de deux données objectives : d'une part, de la nature (de la matière) du litige ; c'est son aspect « qualitatif ». D'autre part, la compétence d'attribution dépend de la valeur du litige. C'est son aspect « quantitatif ».

96 **Choix terminologiques.** Il résulte des deux critères rencontrés que lorsque l'on désigne la compétence d'attribution par l'expression de « compétence *ratione materiae* », une telle expression est insuffisante. Car dans certains cas, la compétence d'attribution ne dépend pas que de la matière, mais aussi de la valeur du litige. Un exemple nous est donné concernant la répartition de compétence entre le tribunal de grande instance et le tribunal d'instance et la juridiction de proximité en matière personnelle ou mobilière. Dans ce cas, le juge de proximité est compétent jusqu'à 4 000 euros, le juge d'instance jusqu'à la valeur de 10 000 euros, et le tribunal de grande instance au-delà de ce montant[151]. Il paraît donc raisonnable d'éviter les termes de compétence « *ratione materiae* », « *ratione personae* » et « *ratione loci* ».

Quant au terme de compétence « absolue », qui est parfois utilisé, il ne faut pas davantage l'employer pour désigner la compétence d'attribution. Car ce terme de compétence « absolue » vise une qualité de cette compétence ; or, la compétence d'attribution n'est pas toujours absolue. La meilleure preuve en est l'article 41 du Code, qui permet de déroger, par convention, à la compétence du tribunal de grande instance quand la valeur en litige devrait normalement conduire le litige vers lui.

A) La répartition des litiges selon la matière, première donnée dont dépend la compétence d'attribution

97 **Importance de la juridiction considérée.** En théorie, l'opération de répartition est simple. En effet, les juridictions d'exception ne connaissent que des litiges qui leur ont été attribués expressément par un texte, alors que les juridictions de droit commun ont vocation à connaître de tous les litiges dont la compétence n'a pas été expressément attribuée par un texte à une autre juridiction. Il suffit donc de voir si un texte détermine la compétence d'un tribunal en telle matière et, à défaut de texte, c'est la juridiction de droit commun qui est compétente pour connaître de l'affaire[152]. En pratique,

151. Voy. cependant la particularité du droit alsacien-mosellan où, en matière patrimoniale, le tribunal d'instance est doté d'une compétence exclusive pour les actions réelles et immobilières, et pour toutes les actions en matière commerciale, dans les deux cas, jusqu'à la valeur de 10 000 euros (lire art. L. 223-1 COJ).

152. Par exemple : Cass. soc., 5 décembre 2006, *Procédures,* 2007, comm. 59, R. Perrot.

l'opération est plus complexe, car il faut tenir compte des règles permettant la prorogation de compétence[153].

S'agissant du degré de juridiction (c'est-à-dire la répartition des affaires entre les juridictions du premier degré et la cour d'appel), la règle est qu'il faut d'abord passer par le premier degré de juridiction. Certes, cette règle est parfois méconnue, mais il ne s'agit pas véritablement alors d'un problème de compétence. En réalité, la question met en cause le principe du double degré de juridiction et la recevabilité des demandes nouvelles en appel, ce qui est différent[154]. Nous ne verrons donc ici que ce qui concerne les juridictions du premier degré.

Une redistribution des compétences va se réaliser au profit du « tribunal judiciaire ». La loi du 23 mars 2019 *de programmation 2018-2022 et de réforme pour la justice* crée en effet, en lieu et place des actuels tribunaux de grande instance, des tribunaux judiciaires, et ce à effet au 1er janvier 2020[155]. La dénomination ainsi choisie fait le parallèle avec les juridictions de l'ordre administratif : d'un côté le tribunal judiciaire, de l'autre le tribunal administratif. Mais l'avantage de la nouvelle dénomination est faible (et les coûts matériels associés importants) quand on voit que chaque tribunal judiciaire peut comprendre des chambres détachées, qui en pratique correspondront certainement aux tribunaux d'instance actuels, dès que ces derniers ne sont pas situés dans la même commune que le tribunal de grande instance. Toutefois, le périmètre de compétences desdites chambres est encore flou, car d'une part, leur siège, leur ressort ainsi que leur compétence matérielle seront fixés par un décret à intervenir[156]. D'autre part, le domaine de compétence matérielle des chambres de proximité pourra être élargi localement par sur décision du premier président et du procureur général près la cour d'appel du ressort[157].

Par ailleurs, dans une optique de concentration des moyens, un principe de spécialisation pourra être mis en œuvre, par l'attribution de compétences particulières à l'un des tribunaux judiciaires d'un département donné. En effet, « lorsqu'il existe plusieurs tribunaux judiciaires dans un même département, ils peuvent être spécialement désignés par décret pour connaître seuls, dans l'ensemble de ce département (...), de certaines des matières civiles dont la liste est déterminée par décret en Conseil d'État, en tenant compte du volume des affaires concernées et de la technicité de ces matières »[158]. Ici encore, la spécialisation annoncée demeure incertaine dans les contours des compétences ainsi centralisées : seuls apparaissent les critères de volume d'affaires et de technicité des dossiers. Enfin, une spécialisation pourra intervenir entre les tribunaux judiciaires de plusieurs départements, par décret et sur proposition du premier président de la cour

153. « Proroger la compétence d'un tribunal », c'est lui donner le pouvoir de juger une demande qui normalement excède les limites de sa compétence d'attribution.

154. Sur les exceptions au double degré de juridiction, voy. *infra*, n° 496.

155. Loi n° 2019-222 du 23 mars 2019 *de programmation 2018-2022 et de réforme pour la justice*, art. 95 et s.

156. Art. 95, I, 26°.

157. *Ibid.*

158. Art. 95, I, 17°.

d'appel et du procureur général près la cour, lorsque « leur proximité géographique et les spécificités territoriales le justifient »[159].

Plus généralement, la date rapprochée d'entrée en vigueur de l'ensemble de ces dispositions de la réforme tranche tant avec la nécessité de voir adoptés plusieurs décrets d'application, mais aussi avec l'imprécision des compétences d'attribution des nouvelles juridictions.

1. Le tribunal de grande instance

98 **Une compétence très étendue.** Le tribunal de grande instance a vocation à juger tout le contentieux de droit privé, à l'exclusion de ce qui relève de la compétence exclusive d'une autre juridiction. Ce dernier morceau de phrase révèle une gradation : les règles de compétence ordinaire sont en général d'ordre privé ; aussi, seul le défendeur peut-il les soulever. Les règles de compétence peuvent aussi être d'ordre public ; auquel cas le juge peut les relever d'office. Enfin, apparaissent les règles de compétence exclusive. Une partie de la doctrine pense qu'en cas de compétence exclusive, soulever l'incompétence est une obligation pour le juge et ce, à tout moment de l'instance, même après la clôture des débats. Cette position, si elle peut sembler légitime, n'apparaît pas forcément vraie.

Spécialement, la compétence exclusive du juge de l'exécution n'impose pas toujours aux autres juges de se dessaisir[160]. En outre, si le juge de l'exécution est bien le juge compétent tant pour autoriser une mesure conservatoire que pour donner la mainlevée d'une mesure conservatoire prise sans autorisation préalable du juge, il est aussi possible de saisir le président du tribunal de commerce lorsqu'il est question d'une créance relevant de la compétence d'une juridiction commerciale (art. R. 512-2 CPCE).

Plus généralement, la question est alors celle de la prorogation de compétence au profit du tribunal de grande instance[161].

a) La compétence générale, en tant que juridiction de droit commun

99 **Principe de compétence.** « Le tribunal de grande instance connaît de toutes les affaires civiles et commerciales pour lesquelles compétence n'est pas attribuée, en raison de leur nature ou du montant de la demande, à une autre juridiction » (art. L. 211-3 COJ). Ainsi, si une affaire échappe à la compétence générale du tribunal de grande instance, c'est soit en raison de la nature du litige, soit en raison du montant de la demande. Il faut savoir que ce tribunal n'est compétent en matière personnelle et mobilière qu'au-delà de 10 000 euros.

Le problème est alors de savoir dans quelle mesure le tribunal de grande instance pourrait connaître de questions relevant normalement d'une juridiction d'exception. Très concrètement, saisi pour le principal, pourrait-il se

159. *Ibid.*

160. D'ailleurs, jusqu'à l'Ordonnance n° 2006-461 du 21 avril 2006, l'article L. 311-12-1 du Code de l'organisation judiciaire posait en son troisième alinéa que tout juge autre que lui « doit relever d'office son incompétence » ; désormais, la règle résulte de l'article R. 121-1 CPCE (*adde* art. R. 511-3 – mesures conservatoires).

161. Sur laquelle, voy. *infra*, n° 103.

prononcer dans tous les cas sur les accessoires ? Et, deuxième question, les parties peuvent-elles, d'un commun accord, saisir le tribunal de grande instance d'une demande principale pour laquelle il n'est pas normalement compétent ? Il y a là deux aspects : le premier concerne l'étendue de la compétence du tribunal saisi et le second vise la prorogation de compétence.

1) *L'étendue de la compétence du tribunal saisi*

100 **Quant aux moyens de défense.** Par *moyen de défense* il faut entendre, soit une défense au fond par laquelle le défendeur nie le droit de son adversaire, soit une exception de procédure, soit encore une fin de non-recevoir[162]. La solution de principe résulte d'un adage : *le juge de l'action est juge de l'exception.* Cette règle est reprise par l'article 49 du Code de procédure civile : « Toute juridiction saisie d'une demande de sa compétence connaît, même s'ils exigent l'interprétation d'un contrat, de tous les moyens de défense à l'exception de ceux qui soulèvent une question relevant de la compétence exclusive d'une autre juridiction »[163&164].

101 **Quant aux demandes incidentes.** Les mots « demande incidente » visent une demande reconventionnelle, une demande additionnelle ou une demande en intervention.

Lorsque, pour sa défense, le défendeur introduit une demande incidente, il faut, pour connaître l'étendue de la compétence du tribunal de grande instance, se reporter à l'article 51, alinéa premier du Code. Ce texte prévoit que « Le tribunal de grande instance connaît de toutes les demandes incidentes qui ne relèvent pas de la compétence exclusive d'une autre juridiction ».

102 **Lecture combinée des articles 49 et 51.** Ainsi, l'étendue de la compétence du tribunal de grande instance dépend du caractère exclusif de la compétence des autres juridictions. Il y a là question préjudicielle, qui doit être tranchée préalablement par la juridiction bénéficiant de la compétence exclusive.

On distingue habituellement les questions préjudicielles générales des questions préjudicielles spéciales. Les premières se rencontrent lorsque la compétence appartient exclusivement à un tribunal qui relève d'un autre ordre de juridiction que l'ordre judiciaire. Tel est le cas dans les matières administratives, avec la réserve liée au caractère sérieux de la question soulevée (théorie de l'acte clair) ; il est possible d'ajouter les matières relevant de la Cour de justice de l'Union européenne, sans oublier au passage dans l'ordre interne, la matière pénale et l'adage que contient l'article 4, alinéa 2 CPP : *le criminel tient le civil en l'état.*

Les questions préjudicielles spéciales, quant à elles, existent au sein d'un même ordre de juridiction. Ainsi, le tribunal de grande instance doit-il surseoir à statuer chaque fois que la question relève de la compétence exclusive d'une autre juridiction.

---

162. Sur ces notions, voy. *infra*, n°s 240 et s.

163. Par ex. Cass. (1re civ.), 3 février 2016, n° 14-29.198, *Bull. civ.* ; *Procédures*, 2016, comm. 121.

164. Sur l'exception visée par le texte, imposant le sursis à statuer, voy. par ex. Cass. Ass. plén., 6 juillet 2001, n° 98-17.006, *Bull. ass. plén.*, n° 9. *Adde* G. Casu, « Qu'est-ce qu'une question préjudicielle ? », *Procédures*, 2016, étude, 8.

E13 Question préjudicielle à la Cour de justice de l'Union européenne

Le Tribunal des conflits[165] a décidé que, en présence d'un doute sur la conformité d'un acte administratif au droit de l'Union, le juge judiciaire peut saisir lui-même la Cour de justice de l'Union européenne d'une question préjudicielle : « si, en cas de contestation sérieuse portant sur la légalité d'un acte administratif, les tribunaux de l'ordre judiciaire statuant en matière civile doivent surseoir à statuer jusqu'à ce que la question préjudicielle de la légalité de cet acte soit tranchée par la juridiction administrative, il en va autrement lorsqu'il apparaît manifestement, au vu d'une jurisprudence établie, que la contestation peut être accueillie par le juge saisi au principal ; Considérant, d'autre part, que, s'agissant du cas particulier du droit de l'Union européenne, dont le respect constitue une obligation, tant en vertu du traité sur l'Union européenne et du traité sur le fonctionnement de l'Union européenne qu'en application de l'article 88-1 de la Constitution, il résulte du principe d'effectivité issu des dispositions de ces traités, telles qu'elles ont été interprétées par la Cour de justice de l'Union européenne, que le juge national chargé d'appliquer les dispositions du droit de l'Union a l'obligation d'en assurer le plein effet en laissant au besoin inappliquée, de sa propre autorité, toute disposition contraire ; qu'à cet effet, il doit pouvoir, en cas de difficulté d'interprétation de ces normes, en saisir lui-même la Cour de justice à titre préjudiciel ou, lorsqu'il s'estime en état de le faire, appliquer le droit de l'Union, sans être tenu de saisir au préalable la juridiction administrative d'une question préjudicielle, dans le cas où serait en cause devant lui, à titre incident, la conformité d'un acte administratif au droit de l'Union européenne » (Trib. conflits, 17 octobre 2011, n° 3828, *SCEA du Chéneau c. INAPORC*). Il s'agit là d'un revirement de jurisprudence (sol. contr. antérieure : Trib. conflits, 16 juin 1923, *Septfonds*, n° 0732, *Rec. Cons. d'État*, 1923, p. 498).

2) *La prorogation de compétence au profit du tribunal de grande instance*

103 **Saisine du tribunal d'une demande principale hors champ de compétence.** Il s'agit ici de donner au tribunal de grande instance le pouvoir de juger une demande qui normalement excède les limites de sa compétence d'attribution. Il existe un cas de prorogation légale de compétence, qui se rencontre en présence de demandes connexes. Le tribunal de grande instance, saisi de la demande principale, est ainsi compétent, en tant que juge du droit commun, pour juger de toute demande connexe (à condition que cette dernière ne relève pas de la compétence exclusive d'une autre juridiction).

En matière de prorogation conventionnelle de compétence, c'est-à-dire lorsque les plaideurs veulent faire juger toute l'affaire par le tribunal de grande instance, la distinction essentielle est celle qui reprend la gradation des compétences précédemment énoncée :

- en matière de compétence ordinaire, l'incompétence ne peut être relevée que par le défendeur, de sorte que si les parties sont d'accord entre elles, elles pourront proroger la compétence du tribunal (d'ailleurs, l'accord peut être tacite ; par exemple quand le défendeur ne soulève pas à temps l'exception d'incompétence) ;
- en revanche, les règles de compétence d'ordre public peuvent être relevées d'office par le juge. Dans ces cas (compétence d'ordre public, compétence exclusive), la prorogation ne sera pas normalement possible. L'article 92 du

165. Sur la réforme de cette juridiction, voy. art. 13 de la loi n° 2015-177 du 16 février 2015 *relative à la modernisation et à la simplification du droit et des procédures dans les domaines de la justice et des affaires intérieures* et le décret n° 2015-233 du 27 février 2015 *relatif au Tribunal des conflits et aux questions préjudicielles.*

Code de procédure civile, qui fixe les règles en la matière[166], permet encore au juge de soulever d'office les règles qui gouvernent la compétence d'attribution lorsque le défendeur ne comparaît pas.

b) La compétence spéciale du tribunal de grande instance

104 **Une compétence exclusive du tribunal de grande instance.** La compétence du tribunal de grande instance est exclusive dans la mesure où, dans telle matière, aucune autre juridiction ne peut intervenir ; il y aurait question préjudicielle imposant à cette autre juridiction de surseoir à statuer.

Ceci se vérifie en ce qui concerne notamment l'état des personnes (contestations sur la nationalité française ou étrangère des personnes physiques, mariage, divorce, filiation, absence, régimes matrimoniaux, succession, etc.). S'ajoutent les actions immobilières. Il faut cependant ici tenir compte de la dérogation apportée dans l'article R. 221-40, al. 2 COJ au profit du tribunal d'instance : « Si le moyen de défense implique l'examen d'une question de nature immobilière pétitoire, le tribunal d'instance se prononce à charge d'appel ». Les questions de nature immobilière ne constituent donc plus une question préjudicielle devant les tribunaux d'instance. Enfin, les saisies immobilières, la propriété incorporelle (brevet d'invention, marques de fabrique, appellation d'origine[167]), la liquidation des biens et la suspension des poursuites des personnes morales de droit privé non-commerçantes, l'exécution des jugements et autres titres exécutoires relèvent aussi de la compétence spéciale du tribunal de grande instance.

Mentionnons encore au titre de la compétence exclusive du tribunal de grande instance, par exemple, l'indivision et le partage, l'*exequatur* des sentences arbitrales et des décisions étrangères, la saisie immobilière, l'enregistrement, les procédures collectives concernant les personnes morales de droit privé non-commerçantes ou encore l'action en dissolution des associations (loi du 1er juillet 1901, art. 7).

Relevons enfin que, depuis la loi n° 57-1424 du 31 décembre 1957, le tribunal de grande instance a une compétence exclusive qu'il partage avec le tribunal d'instance en matière de dommages causés par un véhicule (art. R. 212-8 COJ) et que, par ailleurs, l'article 14 de la loi n° 2016-1547 du 18 novembre 2016 *de modernisation de la justice du XXIe siècle*, est venu créer un article L. 211-4-1 dans le Code de l'organisation judiciaire pour donner au tribunal de grande instance, et ce depuis le 1er mai 2017, compétence pour connaître des actions en réparation d'un dommage corporel, quel que soit le montant de la demande.

2. Les juridictions d'exception

105 **Une compétence spéciale.** Ne pouvant statuer que dans la limite de la compétence expressément attribuée par un texte particulier, les juridictions

166. L'alinéa second précise que la cour d'appel et la Cour de cassation ne peuvent relever d'office l'incompétence « que si l'affaire relève de la compétence d'une juridiction répressive ou administrative ou échappe à la connaissance de la juridiction française ».

167. Étant signalé que les textes donnent parfois compétence exclusive à certains TGI spécialement désignés : par ex., en matière de brevet d'invention, le tribunal de Paris, voy. art. D. 211-6 CPI.

d'exception sont radicalement incompétentes pour toutes les questions qui ne relèvent pas de cette compétence. Ceci joue aussi bien pour la demande principale que pour les demandes incidentes puisque l'article 51, alinéa 2 du Code de procédure civile déclare que les juridictions autres que le tribunal de grande instance « ne connaissent que des **demandes incidentes** qui entrent dans leur compétence d'attribution ». Ainsi, lorsque pour sa défense le défendeur introduit une demande incidente, il ne peut y avoir prorogation de compétence au profit d'une juridiction d'exception. Il n'en va autrement qu'en cas de texte contraire, tels l'article R. 221-40, qui énonce que le tribunal d'instance connaît des demandes incidentes ou moyens de défense qui ne soulèvent pas une question relevant de la compétence exclusive d'une autre juridiction.

E 14 **Trois remarques sur les matières dans lesquelles les juridictions d'exception sont compétentes**

Les deux premières remarques visent le tribunal d'instance. En premier lieu, cette juridiction dispose d'une compétence générale (art. L. 221-4 : toutes les « actions personnelles ou mobilières jusqu'à la valeur de 10 000 euros. Il connaît aussi des demandes indéterminées qui ont pour origine l'exécution d'une obligation dont le montant n'excède pas 10 000 euros »), à laquelle s'ajoute une compétence spéciale vaste et hétéroclite : on y trouve la juridiction gracieuse (par exemple, le juge des tutelles) et la juridiction contentieuse (entre autres exemples : les baux de locaux à usage d'habitation, une part de l'injonction de payer et l'injonction de faire, les conditions des funérailles, l'action en bornage, l'action relative aux constructions et travaux énumérés à l'article 674 C. civ., etc. Voy. R. 221-3 et s. COJ), les contestations relatives à la formation, à l'exécution ou à la rupture du contrat de travail entre l'employeur et le marin.

En second lieu, il est important de rappeler que la disparition du juge d'instance en tant que tel, et l'avènement du tribunal judiciaire, sont annoncés. La loi organique du 23 mars 2019 *relative au renforcement de l'organisation des juridictions* prévoit une double mutation du juge d'instance à compter du 1er janvier 2020[168]. D'une part, à cette date, les juges composant les tribunaux d'instance intégreront les effectifs des tribunaux de grande instance, qui deviendront à cette date les « tribunaux judiciaires ». D'autre part, les tribunaux d'instance prendront le nom de « juges des contentieux de la protection », en référence aux fonctions qu'ils exercent vis-à-vis des majeurs protégés et de leur gestion de la tutelle des mineurs[169].

La seconde remarque vise le tribunal de commerce, dont la compétence est fondée sur la nature commerciale du litige et non sur la valeur du litige. Cette dernière considération sert uniquement à déterminer si l'appel est ou non ouvert contre la décision rendue en première instance.

Il faut donc faire la différence entre l'article 51 alinéa second et l'article 49 du Code, déjà rencontré, qui déclare que : « Toute juridiction saisie d'une demande relevant de sa compétence connaît, même s'ils exigent l'interprétation d'un contrat, **de tous les moyens de défense** à l'exception de ceux qui soulèvent une question relevant de la compétence exclusive d'une autre juridiction ».

L'explication de cette différence de traitement réside dans ce que le moyen de défense ne modifie pas le lien juridique d'instance. Il est justifié alors que

168. L. organique n° 2019-221 du 23 mars 2019 relative au renforcement de l'organisation des juridictions, art. 13.

169. Voy., pour la liste complète des compétences d'attribution des juges des contentieux de la protection, le nouvel art. L. 213-4-1 COJ.

le juge de l'action soit le juge de l'exception. Au contraire, les demandes incidentes étendent l'objet de la demande. Il faut par conséquent éviter que le plaideur rende artificiellement compétente une juridiction qui normalement ne devrait pas connaître de cette question. C'est pourquoi ici le principe est inversé : le juge de l'action n'est pas juge de l'exception. L'article 51, alinéa 2 restreint l'étendue de la compétence des juridictions d'exception.

La règle ainsi exposée doit cependant être nuancée, car il est parfois difficile de qualifier la demande incidente, qui se confond aisément dans bien des cas avec une défense au fond[170].

106 **Aménagement propre au tribunal d'instance**. Selon l'article 41 du Code de procédure civile, « Le litige né, les parties pourront toujours convenir que le différend sera jugé par une juridiction bien que celle-ci soit incompétente en raison du montant de la demande ».

Cette disposition vise la matière personnelle mobilière qui se répartit entre le tribunal de grande instance et le tribunal d'instance. Il s'ensuit qu'ici, le tribunal d'instance peut être saisi à la place du tribunal de grande instance même si le montant du litige dépasse le taux de sa compétence. Cet article 41 a même été fait spécialement pour cela : afin de permettre, dans ce type de litige, de bénéficier d'une procédure plus simple et moins coûteuse.

B) La valeur du litige, seconde donnée dont dépend la compétence d'attribution

107 **Intérêt de la détermination de la valeur en litige.** Au stade de la première instance, la détermination de la valeur en litige intervient pour délimiter la compétence du tribunal de grande instance et du tribunal d'instance en matière d'actions personnelles ou mobilières.

Au stade de l'appel, la détermination de la valeur en litige permet de savoir si le jugement rendu en première instance est en premier et dernier ressort (dans ce cas l'appel n'est pas ouvert, seul l'étant le pourvoi en cassation), ou si ce jugement est en premier ressort seulement (auquel cas le jugement est susceptible d'appel).

108 **Mode de détermination de la valeur en litige.** La question est simple dans le cas de demande principale unique ; elle est un peu plus compliquée dans le cas de pluralité de demandes.

1. En cas de demande principale unique

a) La demande est déterminée

109 **L'évaluation monétaire.** Lorsque la demande est déterminée, c'est qu'elle est évaluable en argent. Tel est le cas, par exemple, lorsqu'on connaît la valeur du bien demandé[171], ou encore, lorsqu'on réclame une somme d'argent. La valeur

170. Pour une étude approfondie de ces notions, voy. *infra*, n°s 213 et s.

171. La demande en exécution d'une obligation de faire est par principe une demande indéterminée ; mais lorsque les plaideurs avaient antérieurement saisi un juge des référés pour qu'il nomme un expert chargé d'évaluer le coût des travaux à réaliser (évalués en l'espèce, à 341 euros), la demande est déterminée et, par voie de conséquence, la voie d'appel fermée : Cass. (2e civ.), 7 juin 2007, n° 06-12.188, *Bull. civ.*, II, n° 139.

du litige est alors fonction de la demande et non de la condamnation (qui, d'ailleurs, est souvent inférieure à ce qui a été demandé[172]). Ce montant est apprécié en se plaçant au moment de la demande.

L'évaluation tient compte du principal de la demande, c'est-à-dire du capital (représenté par le droit litigieux) auquel s'ajoutent les intérêts et les fruits[173] qui sont dus au jour de la demande. Ce *principal* comporte les éventuelles demandes subsidiaires que le demandeur aurait pu formuler[174]. *A contrario* les accessoires, c'est-à-dire les dépens et frais de l'article 700 qui peuvent être demandés ou encore, les fruits qui viendraient à échéance postérieurement à la demande, ne sont pas pris en compte.

b) La demande est indéterminée

110 **L'impossibilité de chiffrer la demande.** Lorsque la demande est indéterminée, c'est en raison de sa nature même. Par exemple, s'agissant d'une action d'état ou lorsque le montant définitif de la demande ne pourra être fixé que plus tard et notamment à la suite d'une expertise ou encore lorsque ce qui est demandé est une exécution sous astreinte.

Dans ces cas, en matière civile, c'est normalement le tribunal de grande instance qui est compétent et le litige est toujours susceptible d'appel (sauf disposition contraire, art. 40 CPC).

Il faut remarquer que le fait qu'un litige mette en jeu une question de principe n'a aucune incidence. Si par exemple le demandeur ne réclame que l'*euro symbolique* pour le préjudice moral qu'il a subi, l'affaire ne sera pas susceptible d'appel (sauf si la nature de l'affaire elle-même fait que l'appel est toujours ouvert).

2. En cas de pluralité de demandes (art. 35 à 39 CPC)

111 **Un demandeur agit contre un défendeur.** L'article 35 prévoit que « Lorsque plusieurs prétentions fondées sur des faits différents et non connexes sont émises par un demandeur contre le même adversaire et réunies en une même instance, la compétence et le taux du ressort sont déterminés par la nature et la valeur de chaque prétention considérée isolément ». En revanche, « Lorsque les prétentions réunies sont fondées sur les mêmes faits ou sont connexes, la compétence et le taux du ressort sont déterminés par la valeur totale de ces prétentions ». Dans ce second cas, il faut additionner. L'illustration type est celle d'un fournisseur qui produit plusieurs factures contre un même client.

Un arrêt en date du 24 mai 2007[175] fournit un exemple d'application de l'article 35 : la demande principale portait sur 3 000 euros, la demande incidente formée par l'adversaire portait sur 1 600 euros ; il faut signaler que le taux du ressort applicable était de 4 000 euros. De sorte que si l'on avait addi-

172. La condamnation ne peut pas être supérieure, sinon il y aurait *ultra petita*.

173. Produits que donne une chose à intervalles périodiques, sans pour autant qu'elle subisse une altération.

174. Cass. (1re civ.), 28 janvier 2016, n° 14-29.117, *Bull. civ.*

175. Cass. (2e civ.), 24 mai 2007, n° 06-12.741, *Bull. civ.*, II, n° 137 ; *Procédures*, 2007, comm. 183, R. Perrot.

tionné les divers montants, l'appel aurait été ouvert[176] ; dans le cas contraire, qui correspond au cas d'espèce, l'appel formé est irrecevable. Le cumul – et donc le fait d'additionner le montant des demandes – concerne seulement les demandes qui sont dirigées contre le même adversaire.

112 **Présence de plusieurs demandeurs ou plusieurs défendeurs.** « Lorsque les prétentions sont émises, dans une même instance et en vertu d'un titre commun, par plusieurs demandeurs ou contre plusieurs défendeurs (exemple : l'action des créanciers du défunt contre les différents héritiers, ou encore, l'action en responsabilité dirigée contre plusieurs coauteurs), la compétence et le taux du ressort sont déterminés, pour l'ensemble des prétentions, par la plus élevée d'entre elles » (art. 36).

L'article 36 ne prévoit pas le cas où les différentes demandes ne seraient pas fondées sur un titre commun. Dans une telle occurrence, il faut appliquer l'article 35 : chaque demande sera considérée isolément quant à la compétence et au taux du ressort.

113 **Les interventions, les demandes reconventionnelles et en compensation.** L'article 37 ajoute que : « Lorsque la compétence dépend du montant de la demande, la juridiction connaît de toutes interventions et demandes reconventionnelles et en compensation inférieures aux taux de sa compétence alors même que, réunies aux prétentions du demandeur, elles l'excéderaient ».

114 **L'éventualité d'une dissociation de compétence.** Lorsqu'une partie soulève l'incompétence du juge au motif qu'une demande incidente est supérieure au taux de sa compétence, ce juge peut décider de statuer sur la seule demande initiale, ou en revanche, de renvoyer, pour le tout, les parties à saisir la juridiction compétente au regard de cette demande incidente (art. 38, al. 1er).

« Toutefois, lorsqu'une demande reconventionnelle en dommages-intérêts est fondée exclusivement sur la demande initiale, le juge en connaît à quelque somme qu'elle s'élève » (art. 38, al. 2). Cette disposition a pour but d'éviter que le défendeur crée des conflits de compétence en « gonflant » artificiellement le montant des dommages-intérêts demandés, sous prétexte que la demande lui cause un très grand préjudice. Il en va de même concernant le taux du ressort : en effet, si la seule demande qui excède le taux du dernier ressort est une demande reconventionnelle en dommages-intérêts fondée exclusivement sur la demande initiale, le juge se prononce en dernier ressort (art. 39, *in fine*).

De façon comparable (en dehors de ce cas), « le jugement n'est pas susceptible d'appel lorsqu'aucune des demandes incidentes n'est supérieure au taux du dernier ressort » et « Si l'une d'elles est supérieure à ce taux, le juge statue en premier ressort sur toutes les demandes »[177]. Pourquoi une telle disposition ? Elle provient de la nécessité, pour la cour d'appel, de statuer sur un litige cohérent.

---

176. Voy. Cass. com., 27 novembre 2007, n° 06-10.099 : les deux demandes avaient été formées par un demandeur contre un seul et même adversaire – les sommes ont donc été additionnées.

177. Pour une application, voy. Cass. (2e civ.), 24 mars 2016, n° 15-16.363, *Bull. civ.* ; *Procédures*, 2016, comm. 193, Y. Strickler.

§ 2. La compétence territoriale

115 **Enjeu de la question.** Il ne s'agit plus de déterminer le type de tribunal mais, parmi les différents tribunaux d'une même catégorie, celui qui sera compétent en raison de l'endroit considéré.

A) Principe général de compétence

116 **Compétence de la juridiction du lieu où demeure le défendeur.** *Actor* (le demandeur) *sequitur* (suit) *forum* (le tribunal) *rei* (du défendeur). L'article 42 du Code de procédure civile qui exprime cette règle peut être mis en parallèle avec le principe dominant en droit de la preuve qui découle de l'article 1353 (anciennement 1315) du Code civil : *actor incumbit probatio*. Au départ, lorsque l'action est exercée, on ne sait pas qui a raison. Il est donc plus logique que ce soit le demandeur qui ait à supporter les frais d'un déplacement.

En cas de pluralité de défendeurs, le demandeur peut néanmoins choisir entre les juridictions des lieux où demeurent ceux-ci. Et lorsque le défendeur n'a pas d'adresse connue, le demandeur peut saisir la juridiction du lieu où il demeure (et, faveur faite au national, si le défendeur demeure à l'étranger, le demandeur peut saisir la juridiction de son domicile et même, s'il demeure lui-même à l'étranger, la juridiction de son choix : art. 42, al. 3).

117 **Détermination du lieu où demeure le défendeur.** L'article 43 du Code de procédure civile conduit à distinguer selon que ce défendeur est une personne physique ou une personne morale. Dans le premier cas, le lieu de référence s'entend « du lieu où celle-ci a son domicile ou, à défaut, sa résidence ». Le *domicile*, demeure légale et officielle, est défini par l'article 102 du Code civil comme le lieu où la personne a « son principal établissement » ; la *résidence*, c'est le lieu où se trouve, en fait, la personne.

S'il s'agit d'une personne morale, le lieu où demeure le défendeur s'entend « du lieu où celle-ci est établie ». C'est donc le lieu du siège social qui va déterminer la compétence. Mais la jurisprudence a également admis que l'on puisse agir devant le tribunal du lieu où se trouve une succursale, ceci sous deux conditions :

- premièrement, l'entreprise doit avoir sur les lieux un représentant qualifié, c'est-à-dire ayant le pouvoir d'engager la société envers les tiers (rappr. art. 692 CPC : « Les notifications destinées aux collectivités publiques et aux établissements publics sont faites au lieu où ils sont établis à toute personne habilitée à les recevoir » et, dans un même sens, art. 654 : « La signification à une personne morale est faite à personne lorsque l'acte est délivré à son représentant légal, à un fondé de pouvoir de ce dernier, ou à toute autre personne habilitée à cet effet »[178]. À défaut, ce n'est pas une signification à personne, mais à domicile, qui impose de respecter les prescriptions des articles 655 (à savoir relater que l'avis de passage a été laissé au domicile de l'intéressé) et 658 (doublement de l'avis de passage par une lettre simple adressée à l'intéressé, l'avisant de la signification), ceci sous peine de nullité de la signification opérée, voy. art. 693) ;

178. *Adde* CA Bordeaux, 19 mars 1992, *Gaz. Pal.*, 1992, 1, somm., 120 : l'huissier doit mentionner que la personne ayant reçu l'acte était habilitée à le recevoir.

– deuxièmement, le fait à l'origine du litige a dû se produire dans le rayon d'action de la succursale ; autrement dit, il est nécessaire qu'elle soit impliquée dans le litige.

C'est là **la jurisprudence dite « des gares principales »**, qui trouve son origine au XIXe siècle, lorsque des particuliers entendaient agir contre une compagnie de chemin de fer. Il faut y voir à la fois la volonté d'éviter l'engorgement des juridictions parisiennes et une faveur faite à la partie réputée faible au procès civil. Cette faculté offerte au demandeur n'empêche cependant pas de saisir le tribunal du siège social. Ainsi, le demandeur dispose-t-il d'une option et n'est soumis à aucune obligation à cet égard.

B) Dérogations au principe du lieu du tribunal du défendeur

1. Le législateur désigne un tribunal déterminé

118 **Un but de centralisation des intérêts litigieux auprès d'un même prétoire.** La volonté de centraliser les intérêts litigieux auprès d'un même prétoire est nette dans la loi du 23 mars 2019, avec notamment la création au plus tard le 1er janvier 2021 d'une juridiction nationale de traitement dématérialisé des injonctions de payer ; l'attribution d'une compétence exclusive au tribunal de grande instance de Paris pour connaître des litiges relatifs à la réparation des préjudices des victimes d'actes de terrorisme (ce qui a pour conséquence que l'action civile, en ce domaine, ne peut plus être portée devant la juridiction répressive) – un décret en Conseil d'État est attendu ; la création à partir du 1er janvier 2020, de pôles spécialisés pour certains contentieux techniques qui seront définis par décret en Conseil d'État dans les départements dans lequels il existe plusieurs tribunaux judiciaires ; ou encore, à titre expérimental, pour trois ans et dans deux régions françaises qui seront désignées par décret, la possibilité de spécialiser, pour les cours d'une même région, une cour d'appel dans certains contentieux civils.

Cette volonté de centralisation n'est cependant par récente.

Elle est manifeste, d'abord, en matière réelle immobilière. L'article 44 du Code de procédure civile affirme ici la compétence de la seule juridiction du lieu où est situé l'immeuble.

De manière comparable, en matière successorale, c'est la juridiction du lieu d'ouverture de la succession (qui est celui du dernier domicile du défunt selon l'article 720 du Code civil), qui connaît, jusqu'au partage inclusivement, des demandes entre héritiers, des demandes formées par les créanciers du défunt, ainsi que des demandes relatives à l'exécution des dispositions à cause de mort (art. 45 CPC).

Cette volonté de centraliser les intérêts litigieux auprès d'un même prétoire apparaît aussi en matière d'intervention (voy. art. 333 CPC), qui impose au tiers mis en cause « de procéder devant la juridiction saisie de la demande originaire, sans qu'il puisse décliner la compétence territoriale de cette juridiction, même en invoquant une clause attributive de compétence ».

En matière d'action de groupe prévues par le Code de la consommation, le tribunal de grande instance territorialement compétent est celui du lieu où demeure le défendeur, sauf quand le défendeur demeure à l'étranger ou n'a ni domicile ni résidence connus auquel cas c'est le tribunal de grande instance de Paris qui est compétent (art. R. 623-2 C. consom.). La règle a été généralisées à toutes les actions de groupe par la loi n° 2016-1547 du 18 novembre 2016 *de modernisation de la justice du XXIe siècle* (voy. art. 826-2 et s. CPC, spéc. 826-3).

Enfin, il en va de même en matière de difficultés des entreprises (Livre VI du Code de commerce), l'article R. 600-1 du Code de commerce disposant que le tribunal compétent est celui dans le ressort duquel le débiteur, personne morale, a son siège ou, personne physique, a déclaré l'adresse de son entreprise ou de son activité, ou encore, à défaut de siège en territoire français, a le centre principal de ses intérêts en France.

119 **Un but de protection des intérêts du demandeur.** La volonté de protéger les intérêts du demandeur se manifeste tant en matière d'assurances terrestres que de divorce et de séparation de corps. C'est ainsi qu'en matière d'assurances, c'est le tribunal du domicile de l'assuré qui est compétent, même lorsque cet assuré est le demandeur (art. R. 114-1 C. assur.). Cette compétence est d'ordre public. Mais elle ne vaut que pour les actions qui ont trait à la fixation ou au règlement des indemnités dues par l'assureur. Y échappe donc tout le contentieux des primes. Le texte ajoute cependant une exception à la règle qu'il fixe dès qu'il est question d'immeubles ou de meubles par nature, puisque, en ces cas, le défendeur est « assigné devant le tribunal de la situation des objets assurés ». En revanche, s'il s'agit « d'assurances contre les accidents de toute nature » (art. R. 114-1, al. 2), l'assuré peut assigner l'assureur devant le tribunal du lieu où s'est produit le fait dommageable.

Quant au divorce et à la séparation de corps[179], le juge aux affaires familiales territorialement compétent, sauf accord des conjoints ayant saisi le juge ensemble, est celui du lieu où se trouve la résidence de la famille ; si les parents vivent séparément, le lieu de résidence du parent avec lequel résident habituellement les enfants mineurs sert de critère de localisation ; et dans les autres cas, le juge du lieu où réside celui qui n'a pas pris l'initiative de la procédure est compétent. Toutefois, lorsque le litige porte seulement sur la pension alimentaire, la contribution à l'entretien et l'éducation de l'enfant, la contribution aux charges du mariage ou la prestation compensatoire, le juge compétent peut être celui du lieu où réside l'époux créancier ou le parent qui assume à titre principal la charge des enfants, même majeurs (art. 1070 CPC). La loi n° 2010-769 du 9 juillet 2010 *relative aux violences faites spécifiquement aux femmes, aux violences au sein des couples et aux incidences de ces dernières sur les enfants* et le décret n° 2010-1134 du 29 septembre 2010 *relatif à la procédure civile de protection des victimes de violences au sein des couples* mettent en place dans le Code civil (art. 519-5 et s.) et le Code de procédure civile (art. 1136-3 et s.) une procédure aux fins de mesures de protection des victimes de violences. C'est le juge aux affaires familiales qui reçoit le pouvoir de prendre, notamment, en urgence, une ordonnance de protection au bénéfice de la personne victime de violences exercées au sein du couple ou par un ancien conjoint, un ancien partenaire lié par un pacte civil de solidarité ou un ancien concubin.

179. Voy. L. Antonini-Cochin et C. Courtin (dir.), *Le prix de la rupture. Au cours des contentieux familiaux*, coll. Droit privé et sc. crim., Paris, L'Harmattan, 2012.

2. Le législateur ouvre une option de compétence

a) Les cas de l'article 46 du Code de procédure civile

120 **Lieu du défendeur et prise en considération de la matière en litige.** L'article 46 permet au demandeur de saisir à son choix, soit la juridiction du lieu où demeure le défendeur, soit une autre juridiction. La juridiction du lieu où demeure le défendeur est **toujours** une branche de l'option offerte au demandeur. Quant à l'autre juridiction, elle dépend de la matière en litige :

- en matière contractuelle, le demandeur à un choix qui se décline doublement : il peut, outre la juridiction du défendeur, saisir celle du lieu de la livraison effective[180] de la chose ou du lieu de l'exécution de la prestation de service. Le Code n'a pas repris une option admise antérieurement, à savoir celle du lieu de conclusion du contrat, qui favorisait les fournisseurs contre leurs clients de passage. Au contraire, le temps est à la protection du consommateur : l'article L. 141-5 du Code de la consommation (loi n° 2009-526 du 12 mai 2009), donne un choix complémentaire au consommateur qui peut, outre les options qui lui sont ouvertes par le Code de procédure civile, saisir à son choix « la juridiction du lieu où il demeurait au moment de la conclusion du contrat ou de la survenance du fait dommageable »[181] ;
- en matière délictuelle, la juridiction compétente est aussi celle du lieu du fait dommageable ou celle dans le ressort de laquelle le dommage a été subi. Le souci de précision du texte (lieu du fait dommageable *ou* lieu où le dommage a été subi) s'impose dans la mesure où, et bien qu'en règle générale ce soit souvent le cas, ces lieux ne sont pas nécessairement les mêmes. La dissociation entre les deux lieux se présente dans le cas d'une pollution d'un cours d'eau lorsque le fait dommageable (songeons au déversement d'une substance toxique dans une rivière) se situe au lieu d'implantation de l'usine, alors que le dommage (pour illustration, la destruction d'un élevage de poissons) est causé 60 kilomètres en aval ;
- en matière mixte (c'est-à-dire lorsque le demandeur dispose à la fois d'un droit personnel et d'un droit réel), outre la juridiction du lieu du défendeur, le demandeur peut saisir celle dans le ressort de laquelle est situé l'immeuble. En effet, malgré la formulation du texte, ce qui est visé, c'est la matière mixte immobilière ; d'ailleurs et de toute façon, en matière de meuble, le défendeur se situe généralement au même lieu que le meuble ;
- enfin, en matière d'aliments ou de contribution aux charges du mariage, peut être saisie la juridiction du lieu où demeure le créancier. Comme il demande des aliments, il est vraisemblablement dans le besoin, d'où cette option de compétence établie en sa faveur.

---

180. Ce qui vise le lieu où, matériellement, la chose doit être livrée : Cass. (1re civ.), 23 janvier 2007, *Procédures*, 2007, comm. 55, R. Perrot (« Livraison effectuée entre les mains d'un transitaire »).

181. Il existe cependant des exceptions au droit de la consommation, ainsi les règles de compétence en matière de contrats conclus par les consommateurs ne s'appliquent qu'aux contrats de transport qui, pour un prix forfaitaire, combinent voyage et hébergement, *cf.* Cass. (1re civ.), 22 février 2017, n° 15-27.809, *Bull. civ.*

b) Les autres options de compétence

121 **L'article R. 1412-1 du Code du travail.** Ce texte distingue deux hypothèses. Dans la première, le travail est effectué dans un établissement. Le tribunal compétent est alors celui dans le ressort duquel est situé ledit établissement.

Dans la seconde hypothèse, le travail est effectué en dehors de tout établissement ou à domicile. La demande doit alors être portée devant le conseil de prud'hommes du domicile du salarié, sauf au salarié de saisir, au choix, le tribunal « du lieu où l'engagement a été contracté ou celui du lieu où l'employeur est établi ».

Dans les deux cas, toute clause qui directement ou indirectement déroge aux règles de compétence prévues est réputée non écrite (art. R. 1412-4 C. trav.).

122 **L'article 47 du Code de procédure civile.** Est visée l'hypothèse où « un magistrat (de carrière ou non) ou un auxiliaire de justice est partie à un litige qui relève de la compétence d'une juridiction dans le ressort de laquelle celui-ci exerce ses fonctions ». Dans un tel cas, le demandeur, pour éviter toute suspicion, « peut saisir une juridiction située dans un ressort limitrophe ». Ce pouvoir appartient également au défendeur et, en appel, à toutes les parties en cause. Le texte, cependant, ne s'applique pas aux conflits entre avocats à l'occasion de leur exercice professionnel, pour lesquels la compétence appartient au bâtonnier du même barreau et ne saurait être dévolue à un ordre limitrophe[182].

123 **L'existence d'une option ouverte par la jurisprudence en matière de référé.** En théorie, le juge des référés normalement compétent territorialement est le président de la juridiction qui serait compétente pour connaître du litige au fond. Mais comme l'urgence commande souvent d'obtenir aussitôt l'intervention du juge, la jurisprudence admet la compétence du juge des référés du lieu où les mesures urgentes doivent être ordonnées.

C) L'étendue de la compétence du tribunal saisi et les prorogations de compétence

124 **L'exclusion de principe actuelle des prorogations de compétence territoriale.** La solution traditionnelle était favorable aux prorogations conventionnelles de compétence territoriale, dans la mesure où l'on considérait que les règles gouvernant cette compétence étaient seulement d'intérêt privé. On estimait en effet qu'elles ne mettaient pas en cause l'organisation de la justice, mais seulement la commodité des plaideurs. Par conséquent, les prorogations de compétence territoriale étaient largement admises. La pratique s'est alors engouffrée dans la brèche et l'attitude libérale du législateur a entraîné des abus. En particulier, la clause était devenue de style dans les contrats et les factures, le plus souvent au détriment des consommateurs.

Il ne faut donc pas s'étonner si un revirement du droit positif a eu lieu avec la réforme de la procédure civile. À cette occasion, le Code a posé le principe inverse, tout en ménageant des exceptions.

182. Cass. (1re civ.), 27 février 2013, n° 12-15.828, *Gaz. Pal.*, 6-7 décembre 2013, p. 13, note D. Landry et J. Villacèque.

L'article 48 du Code de procédure civile déclare désormais que : « Toute clause qui, directement ou indirectement, déroge aux règles de la compétence territoriale est réputée non écrite [l'acte reste par ailleurs valable] à moins qu'elle n'ait été convenue entre des personnes ayant toutes contracté en qualité de commerçant [ce qui exclut les actes mixtes] et qu'elle n'ait été spécifiée de façon très apparente dans l'engagement de la partie à qui elle est opposée [ce qui vise à éviter les mentions en caractères minuscules] ».

125 **Pouvoirs du juge de relever son incompétence d'office.** Ces pouvoirs sont enfermés dans le cadre de l'article 93 du Code de procédure civile disposant que le juge peut toujours relever d'office son incompétence territoriale en matière gracieuse. En revanche, en matière contentieuse, seuls les litiges relatifs à l'état des personnes, ceux pour lesquels la loi attribue compétence exclusive à une autre juridiction et les cas de défaut de comparution du défendeur, permettent au juge de prononcer d'office son incompétence.

Il semble résulter de ce dernier pan de texte que si le défendeur comparaît, mais ne soulève pas la nullité, le juge ne puisse pas soulever son incompétence d'office. La manière dont est rédigé l'article 93 appuie cette interprétation, puisque le texte affirme que le juge « ne le peut » (ne peut relever son incompétence territoriale) que dans les cas qu'il énonce. La forme limitative du texte est certes moins péremptoire que dans l'article 92, mais elle est présente. Ainsi, dans cette situation, l'article 48 ne trouverait sa sanction que si l'une des parties se décidait à soulever la nullité de la clause.

126 **Point de rencontre des règles de compétence d'attribution et de compétence territoriale.** Finalement, il apparaît que l'on retrouve en matière de compétence territoriale les mêmes distinctions qu'en matière de compétence d'attribution : les règles peuvent présenter soit un caractère d'ordre privé, soit un caractère d'ordre public, avec la notion de compétence exclusive. Ce constat ne doit pas étonner, car les articles 49 et 51 dont on a parlé à cette occasion figurent, non seulement dans le Livre I du Code de procédure civile, qui comprend les *Dispositions communes à toutes les juridictions*, mais encore – au sein de ce Livre I – dans le chapitre III du titre III du Code de procédure civile consacré à la compétence ; or, ce chapitre est lui-même intitulé « Dispositions communes ».

§ 3. La sanction des règles de compétence

127 **Application des règles de compétence.** Dans leur application, les règles de compétence sont de nature à déboucher sur deux situations distinctes. Dans la première situation, la juridiction saisie est incompétente. C'est là qu'intervient l'exception d'incompétence, que nous verrons dans un premier temps. Dans la seconde situation, deux juridictions également compétentes ont été saisies d'un même litige ou encore, de deux litiges distincts mais qui peuvent difficilement être tranchés indépendamment l'un de l'autre. Il y a alors litispendance ou connexité. Les exceptions de litispendance et de connexité seront étudiées dans un second temps.

A) L'exception d'incompétence (art. 75 à 91 CPC)

128 **L'initiative revient normalement aux parties.** L'incompétence peut certes être relevée d'office par le juge, mais cette possibilité est restreinte, de sorte qu'on a pu parler de régression de l'ordre public en matière de compétence. En dehors des cas limitativement énumérés par les articles 76 et 77 du Code[183], l'initiative appartient aux parties qui doivent suivre la procédure spéciale de l'exception d'incompétence. Celle-ci commence par le déclinatoire de compétence à la suite duquel il sera possible, le cas échéant, d'exercer un recours.

1. Le déclinatoire de compétence

129 **Le moment où il convient de soulever le déclinatoire de compétence.** Comme toute exception de procédure, le déclinatoire de compétence (c'est-à-dire l'exception d'incompétence) doit être soulevé *in limine litis*. Ce qui signifie qu'il faut penser à l'invoquer « avant toute défense au fond ou fin de non-recevoir » et simultanément avec les autres exceptions (art. 74 CPC).

Cette règle s'applique même si l'incompétence est d'ordre public. Faute de la respecter, l'exception serait couverte, sauf au juge à la soulever d'office dans les cas où il le peut.

130 **L'exigence de motivation et d'indication de la juridiction supposée compétente.** L'article 75 du Code impose à la partie qui soulève l'incompétence de la juridiction saisie de la motiver et donc, d'expliquer sa critique. Elle doit, en outre, faire connaître et ceci dans tous les cas[184], devant quelle juridiction elle demande que l'affaire soit portée. Elle doit par conséquent indiquer la juridiction qui, d'après elle, est compétente.

Ces deux indications sont prescrites par le texte à peine d'irrecevabilité.

131 **La réponse du tribunal : une réponse en deux temps, mais un mouvement.** Le tribunal saisi du déclinatoire doit d'abord examiner la recevabilité de celui-ci. S'il l'estime irrecevable, le tribunal n'en tient pas compte et aborde le fond de l'affaire. Si, en revanche, le déclinatoire est recevable, le juge passe à l'appréciation du bien-fondé de l'exception de procédure avancée. C'est au terme de cette vérification que le tribunal se déclare soit incompétent, soit compétent.

a) Le tribunal se déclare incompétent

132 **Le tribunal ne peut pas statuer sur le fond.** Dans la mesure où il se déclare incompétent, le tribunal est privé de tout pouvoir juridictionnel quant au fond de l'affaire qui a été à tort portée devant lui. Il va se contenter de désigner « la juridiction qu'il estime compétente », étant précisé que cette « désignation s'impose aux parties et au juge de renvoi » (art. 81, al. 2, CPC).

Il en va un peu autrement lorsque le juge estime que l'affaire relève de la compétence d'une juridiction répressive, administrative, arbitrale ou étrangère. Car dans cette hypothèse, « il renvoie seulement les parties à mieux se

183. Voy. *supra*, n°s 95 et s. (compétence d'attribution) et n°s 115 et s. (compétence territoriale).

184. Par ex., lorsqu'elle considère que la juridiction administrative est compétente : Cass. (1re civ.), 8 juillet 2009, n° 08-16.711, *Bull. civ.*, I, n° 156 ; *Procédures*, 2009, comm. 302, R. Perrot.

pourvoir » (art. 81, al. 1er). Pourquoi cette dérogation ? Elle s'explique par le fait que le renvoi à une autre juridiction, qui est obligée de statuer même si elle pense que le premier juge a eu tort, revient à ce qu'un juge donne à un autre l'ordre de statuer sur une affaire. Cette entorse à la hiérarchie judiciaire ne saurait se concevoir en dehors des juridictions étatiques civiles françaises.

133 **La nécessité, parfois, d'effleurer le fond pour régler la question de compétence.** Il arrive en effet que pour se prononcer sur la compétence, le juge soit obligé de trancher une question de fond. Ainsi et par exemple, la décision par laquelle un tribunal se déclare incompétent au motif que le bail est de nature commerciale impose de qualifier préalablement le bail dont il est question.

Dans ce cas, la décision rendue « a autorité de chose jugée sur cette question de fond » (art. 79). Dans l'exemple retenu, la décision a autorité de chose jugée quant à la nature du bail[185] ; et il en va de même – c'est un autre exemple – de la décision d'incompétence fondée sur le défaut de preuve de l'existence d'un contrat d'agent commercial : cette décision rend inapplicable, par la juridiction saisie du fond, le statut d'agent commercial[186].

L'intérêt de la règle posée par l'article 79 se révèle : si le juge de renvoi pouvait discuter de cette question de fond, par exemple si c'est le tribunal de commerce qui est juge de renvoi et qu'il déclare que l'acte en réalité n'est pas commercial mais civil, on arriverait à mettre en évidence la contradiction que le juge qui est pourtant obligé de statuer n'est pas, en réalité et à son avis, le juge compétent. La règle est donc fondée sur une raison purement pratique.

b) Le tribunal se déclare compétent

134 **Lorsque le tribunal se déclare compétent, il dispose d'une option**

Première branche de l'option : le juge se déclare compétent et sursoit à statuer sur le fond pendant le délai de la voie de recours ouverte aux parties contre sa décision sur la compétence. Ce sursis se poursuit lorsque la voie de recours est exercée.

Dans l'hypothèse où le juge a dû trancher une question de fond pour se prononcer sur la compétence (mais sans pour autant se prononcer sur le fond du litige), le dispositif de son jugement doit comporter des dispositions distinctes sur cette question de fond et sur la compétence (art. 79). Cette obligation, qui n'est pas prescrite à peine de nullité[187], ne s'impose qu'aux juges du premier degré[188].

Deuxième branche de l'option : le juge se déclare compétent et statue sur le fond sans attendre. Là encore, le jugement devra comporter des dispositions distinctes sur la compétence et sur le fond (art. 78 CPC).

Cette faculté de ne pas surseoir à statuer sur le fond résulte du texte même de l'article 78 qui prévoit que « Le juge peut, dans un même jugement,

---

185. Voy. Cass. (3e civ.), 16 février 1977, n° 76-10.281, *Bull. civ.*, III, n° 79 ; voy. aussi Cass. (3e civ.), 7 mai 1974, *Gaz. Pal.*, 1974. 2. 688.
186. Cass. (2e civ.), 8 février 1978, n° 76-14.049, *Bull. civ.*, II, n° 32.
187. Voy. Cass. (1re civ.), 27 novembre 1985, n° 84-10.899, *Bull. civ.*, I, n° 326.
188. Cass. com., 12 février 1985, nos 83-10.864 & 83-11.286, *Bull. civ.*, I, n° 59.

mais par des dispositions distinctes, se déclarer compétent et statuer sur le fond du litige, sauf à mettre préalablement les parties en demeure de conclure sur le fond »[189].

2. Les voies de recours ouvertes contre le jugement sur le déclinatoire

135 **Réorganisation des voies de recours en matière de compétence.** Les voies de recours ouvertes à l'encontre du jugement rendu sur le déclinatoire étaient le contredit et l'appel. Ces deux voies de recours étaient toutes deux portées devant la cour d'appel. Depuis le 1er septembre 2017, date d'entrée en vigueur du décret n° 2017-891 du 6 mai 2017 *relatif aux exceptions d'incompétence et à l'appel en matière civile*, le contredit a été supprimé et remplacé par un « appel sur la compétence ».

La suppression du contredit mais le maintien d'une voie de recours spécifique aux décisions qui se sont prononcées sur la compétence a entraîné une réorganisation complète, dans leur numérotation, des articles qui traitent de la compétence. Ainsi et par exemple, les textes qui encadraient du pouvoir d'office du juge en matière de compétence, les articles 92 (compétence d'attribution) et 93 (compétence territoriale) sont devenus respectivement les articles 76 et 77 du Code de procédure civile.

Deux hypothèses sont envisagées par le Code, selon que le jugement a statué exclusivement sur la compétence ou s'est aussi prononcé sur le fond du litige.

a) Le tribunal a statué exclusivement sur la compétence

136 **L'appel du jugement statuant exclusivement sur la compétence.** Dans le nouveau schéma mis en place, le contredit est donc remplacé par un appel, d'où la création, dans le code, d'un paragraphe consacré à « L'appel du jugement statuant exclusivement sur la compétence ». De la même manière, cette voie d'appel permet d'attaquer du chef de la compétence la décision par laquelle le juge s'est prononcé sur ce point et à ordonné une mesure d'instruction ou une mesure provisoire (art. 83).

Dans ces dispositions, il apparaît que les conditions de ce recours sont très largement inspirées du contredit, mais avec des changements notables.

137 **Délais pour exercer le recours.** Le délai d'appel du jugement qui a statué exclusivement sur la compétence est de 15 jours. Mais le point de départ n'est plus désormais et depuis l'entrée en vigueur du décret n° 2017-891 du 6 mai 2017 *relatif aux exceptions d'incompétence et à l'appel en matière civile* (soit le 1er septembre 2017) le jour du prononcé du jugement : le délai court de la notification de ce dernier, qui est réalisée par le greffe de la juridiction (art. 84 nouveau).

Afin que l'exercice de cette voie de recours n'aboutisse pas à rallonger par trop le temps de la procédure, l'appelant doit saisir, dans le délai d'appel (soit les 15 jours précités) le premier président pour être autorisé à assigner à jour

189. Ce qui, au regard de la contradiction, est une obligation pour le juge : Cass. (2e civ.), 8 janvier 2015, n° 13-25.423, *Bull. civ.* ; *Procédures*, 2015, comm. 68, Croze.

fixe ou bénéficier d'une fixation prioritaire de l'affaire. À défaut, le texte sanctionne rudement l'appelant, par la caducité de la déclaration d'appel.

138 **Motivation du recours (art. 85).** À peine d'irrecevabilité, l'appel doit être motivé (mais sans qu'il soit nécessaire d'indiquer la juridiction estimée compétente) soit dans la déclaration d'appel soit dans des conclusions postérieures.

139 **Jour fixe ou affaire fixée par priorité.** L'appel est alors organisé en fonction de la présence ou non d'un avocat obligatoire. Lorsque les règles applicables à l'appel de la décision imposent la constitution d'avocat, la procédure sera celle de la procédure à jour fixe (art. 917) ; dans le cas contraire, ce sera celle de la fixation prioritaire en matière de procédure sans représentation obligatoire (art. 948).

b) Le tribunal a statué sur la compétence et sur le fond

140 **Lorsque le jugement a statué sur la compétence et sur le fond du litige.** En ce cas, le recours relève des articles 90 et 91 du Code de procédure civile. L'appel porte alors, soit sur l'ensemble des dispositions du jugement si le fond est susceptible d'appel (art. 90), soit sur la compétence seulement dans le cas où la décision sur le fond est rendue en dernier ressort » (art. 91).

c) Les pouvoirs de la cour d'appel

141 **Des pouvoirs variables selon la voie de recours exercée.** Il faut en effet distinguer selon que l'on se trouve en présence d'un appel sur la seule compétence ou d'un appel sur la compétence et sur le fond.

1) *Les pouvoirs de la cour en cas d'appel sur la seule question de compétence*

La cour estime que le tribunal saisi était incompétent

142 **… et elle renvoie l'affaire à la juridiction qu'elle estime compétente.** Lorsque la cour déclare l'incompétence du tribunal saisi en première instance, elle dispose d'une **première possibilité**, qui est de renvoyer l'affaire à la juridiction qu'elle estime compétente (art. 86). Sur ce dernier point, il va sans dire que la cour n'est en rien liée par l'indication du tribunal compétent telle que proposée par le demandeur au déclinatoire.

La décision de la cour s'impose aux parties[190] et au juge de renvoi. On retrouve ici une règle déjà rencontrée à l'article 81 alinéa 2. Logiquement, celle qui figure au même texte en son alinéa premier, devrait avoir également vocation à s'appliquer : lorsque la juridiction compétente est une juridiction répressive, administrative, arbitrale ou étrangère, la cour se borne à renvoyer les parties à mieux se pourvoir (c'était l'affirmation de l'ancien art. 96, al. 1er) ;

190. Cass. (1re civ.), 22 février 2005, n° 02-14.758, *Bull. civ.*, I, n° 93 ; *Gaz. Pal.*, 2005, p. 2810 : la cour d'appel, après avoir constaté que le plaideur avait exercé son option de compétence en vertu de l'article 46 (compétence territoriale), a estimé qu'il ne pouvait plus revenir en arrière. Elle a donc, au vu de ses constatations, renvoyé l'affaire devant la juridiction qu'elle estimait compétente. La Haute juridiction rappelle que cette décision s'impose aux parties.

pourtant ce texte n'a pas été repris à l'occasion du décret de 2017... Or, quand la juridiction compétente échappe à l'autorité de la cour d'appel, cette dernière ne peut pas la désigner de façon impérative.

143 **... et elle évoque l'affaire.** C'est là, la **seconde possibilité** offerte à la cour. En effet la cour, par application de l'article 88 du Code, peut, plutôt que de renvoyer l'affaire à la connaissance du tribunal normalement compétent en première instance, préférer exercer son pouvoir d'évocation et retenir le litige pour le juger elle-même. Il faut cependant pour cela qu'elle soit territorialement la juridiction d'appel du tribunal qu'elle estime compétent.

Par exemple, si la cour d'appel de Nancy estime que le tribunal compétent est celui d'Épinal, elle pourra évoquer car elle est juge d'appel du tribunal d'Épinal. Par contre, elle ne pourra pas évoquer le fond si elle estime que la juridiction compétente est celle de Strasbourg, car la cour compétente est alors la cour d'appel de Colmar.

L'évocation est cependant bien une *possibilité* et non une obligation pour la cour : elle peut utiliser ce pouvoir « si elle estime de bonne justice de donner à l'affaire une solution définitive après avoir ordonné elle-même, le cas échéant, une mesure d'instruction » (art. 88).

En outre, quand elle fait usage de ce pouvoir, la cour invite les parties à constituer avocat dans le délai qu'elle fixe, chaque fois que les règles applicables à l'appel des décisions rendues par la juridiction dont émane le jugement frappé d'appel imposent cette constitution. Dans ce cas, si aucune des parties ne constitue avocat dans le délai retenu, la cour peut prononcer d'office la radiation de l'affaire par décision motivée non susceptible de recours. Copie de cette décision est portée à la connaissance de chacune des parties par lettre simple adressée à leur domicile ou à leur résidence (art. 89).

Se révèle, par ces dispositions, la volonté d'accélérer la procédure et de couper court aux manœuvres dilatoires. Il faut tout de même dire que ce louable objectif n'est réalisé qu'au prix d'une atteinte au principe du double degré de juridiction.

À l'inverse la cour estime que le tribunal saisi était compétent

144 **... et elle retrouve les deux possibilités déjà rencontrées.** La cour, après avoir tranché la question de compétence, peut d'abord décider de renvoyer l'affaire au premier tribunal et c'est devant celui-ci que la procédure sera reprise (art. 86, al. 2). La cour peut également, deuxième possibilité, décider d'évoquer l'affaire et statuer elle-même sur le fond.

Il faut remarquer que lorsque le premier tribunal est déclaré compétent par la cour, cela signifie que le recours n'était pas fondé. C'est pourquoi les frais éventuellement afférents au contredit doivent revenir à celui qui succombe sur la question de compétence. Quant à l'auteur du contredit rejeté, le texte ancien (art. 88) disait expressément qu'il pouvait, en outre, être condamné à une amende civile (d'un montant maximum de 10 000 euros) et à des dommages-intérêts. Cela reste possible au titre de la sanction générale de l'abus de procédure.

2) *Les pouvoirs de la cour en cas d'appel d'un jugement ayant statué sur la compétence et le fond du litige*

145 **Recevabilité de l'appel.** Si l'appel qui a été interjeté a été porté devant la « mauvaise » cour d'appel, cet appel doit être déclaré irrecevable et ceci, d'office. En effet, la cour est « tenue de vérifier la régularité de sa saisine »[191]. En revanche, lorsque la cour est régulièrement saisie, il lui appartient de se prononcer sur l'appel porté devant elle. Deux situations peuvent alors se rencontrer.

Lorsque le jugement a été rendu en premier et dernier ressort

146 **Le fond a été tranché par le premier juge.** Puisque le fond est en dernier ressort, les dispositions sur le fond ne sont pas susceptibles d'appel. L'appel ne peut donc porter que sur la compétence.

Si la cour d'appel déclare que le premier juge était compétent, l'affaire est définitivement tranchée (sauf exercice du pourvoi en cassation, mais ce recours en principe n'est pas suspensif).

Si au contraire la cour déclare que le premier juge était incompétent, la décision de première instance rendue sur le fond est sans valeur, puisqu'elle a été rendue par une juridiction incompétente. Mais le jugement est en dernier ressort ; ce qui signifie que l'affaire n'est pas susceptible d'appel. Par conséquent, la cour ne peut pas se saisir du fond pour le trancher (elle ne peut pas évoquer l'affaire). La cour d'appel doit donc désigner la juridiction du premier degré compétente et renvoyer l'affaire devant elle. Cette désignation s'impose aux parties et au juge de renvoi, conformément à l'article 91 du Code.

Lorsque le jugement a été rendu en premier ressort seulement

147 **L'appel porte sur la compétence et sur le fond.** Lorsque la cour confirme la compétence du premier juge, elle est saisie du fond par l'effet dévolutif[192] de l'appel. Elle doit donc examiner l'affaire au fond.

Lorsqu'en revanche la cour déclare l'incompétence du premier juge, s'il est évident que le jugement rendu par un juge incompétent est nul, il faut encore déterminer la juridiction qui va reprendre l'affaire au fond. Cette détermination dépend de la compétence territoriale de la cour d'appel par rapport au tribunal qu'elle estime compétent, car :

- si la cour « est juridiction d'appel relativement à la juridiction qu'elle estime compétente », elle est obligée de statuer au fond (art. 90, al. 2), étant saisie par l'effet dévolutif de l'appel ;
- si la cour n'est pas la juridiction d'appel par rapport au tribunal estimé compétent, elle doit renvoyer « l'affaire devant la cour qui est juridiction d'appel relativement à la juridiction qui eût été compétente en première instance » (art. 90, al. 3).

Le renvoi n'est donc pas opéré devant les premiers juges mais toujours devant une autre cour d'appel. Cette dernière a l'obligation de statuer sur le fond sans pouvoir discuter sa compétence.

---

191. Cass. (2e civ.), 9 juillet 2009, nos 06-46.220, 08-40.541 & 08-41.465, *Bull. civ.*, II, nos 186, 187 & 188.

192. Sur cet effet, voy. *infra*, n° 503.

E15 Le caractère strict de la procédure de l'exception d'incompétence

Au terme de cette analyse de la procédure de l'exception d'incompétence, il faut insister sur sa réglementation très stricte, destinée à couper court aux manœuvres dilatoires et à accélérer le règlement des incidents de compétence, conduisant même à malmener le principe du double degré de juridiction et celui de la hiérarchie judiciaire.

Il faut ajouter que cette rigueur est accrue par les restrictions au droit de former un pourvoi en cassation que posent les articles 606 à 608 du Code de procédure civile. En effet, ne sont susceptibles d'un pourvoi immédiat que les décisions en dernier ressort qui, statuant sur une exception de procédure, mettent fin à l'instance. Les jugements qui, statuant sur une exception de procédure, ne mettent pas fin à l'instance, ne peuvent être frappés d'un pourvoi en cassation qu'en même temps que le pourvoi sur le fond. Par conséquent, l'application de ces textes conduit à n'admettre un pourvoi contre la seule décision statuant sur la compétence que si cette décision met fin à l'instance. Or ceci n'a lieu que dans les cas où la cour, tout en infirmant du chef de la compétence, ne peut pas se saisir du fond ou renvoyer à une juridiction déterminée, c'est-à-dire dans les cas où la juridiction compétente serait répressive, administrative, arbitrale ou étrangère. Dans tous les autres cas, la décision de la cour sur la compétence ne peut être critiquée qu'en même temps que le pourvoi sur le fond, ce qui montre bien l'intention des auteurs du texte d'éviter tout ce qui pourrait retarder la décision sur le fond.

B) Les exceptions de litispendance et de connexité (art. 100 à 107 CPC)

1. Les situations visées par les exceptions de litispendance et de connexité

a) La litispendance

148 **Définition.** Un même litige est pendant devant deux juridictions également compétentes pour en connaître.

Cette situation peut résulter de l'exercice des options de compétence, particulièrement en cas de pluralité de demandeurs et de défendeurs. Par exemple, deux créanciers solidaires, A et B, ont prêté de l'argent à deux débiteurs solidaires, C (qui demeure à Paris) et D (qui demeure à Toulouse). Pour récupérer leurs fonds, A assigne C devant le tribunal de ce débiteur (à Paris) et B assigne D devant le tribunal de Toulouse. Il y a ici identité de litige, puisqu'il y a identité d'objet, de cause et, par la solidarité, identité de parties. Les deux juridictions sont également compétentes pour statuer.

149 **La solution retenue pour éviter la contrariété de décisions.** Le Code envisage deux situations :

1° Lorsque les **deux juridictions** sont **de même degré** (par exemple, deux tribunaux de commerce), la juridiction saisie en second lieu doit se dessaisir au profit de l'autre si l'une des parties le demande. Si aucune des parties ne le demande, la seconde juridiction peut se dessaisir d'office (art. 100) ;

2° Lorsque les **deux juridictions** sont **de degrés différents** (par exemple, tribunal de grande instance et cour d'appel), le déclinatoire de litispendance doit être formé devant la juridiction de degré inférieur (dans notre exemple, le tribunal de grande instance devra se dessaisir).

Comme pour l'exception d'incompétence (et parce qu'il est une exception de procédure), le déclinatoire de litispendance doit être soulevé *in limine litis*[193].

b) La connexité

150 **Définition.** L'article 101 du Code pose qu'il y a connexité lorsqu'il « existe entre des affaires portées devant deux juridictions distinctes un lien tel qu'il soit de l'intérêt d'une bonne justice de les faire instruire et juger ensemble ».

Supposons qu'un assureur demande la nomination d'un expert devant le tribunal de grande instance, alors que l'assuré, de son côté, saisit le tribunal de commerce aux fins de paiement de l'indemnité[194].

151 **La solution retenue pour centraliser les contentieux.** Dans cette situation de connexité, « il peut être demandé à l'une de ces juridictions de se dessaisir et de renvoyer en l'état la connaissance de l'affaire à l'autre juridiction ».

Comme dans l'exception de litispendance, si les juridictions sont de degré différent, le déclinatoire de connexité doit être présenté devant la juridiction de degré inférieur.

Par contre, dans le cas de juridictions de même degré, le Code n'impose pas de présenter le déclinatoire devant la juridiction saisie en dernier lieu. Un choix est donc possible. Il ne faut pas oublier la raison de la règle : la bonne administration de la justice. L'intérêt de cette option ouverte se présente ainsi lorsque devant la juridiction saisie en dernier, l'affaire est plus avancée que devant l'autre juridiction et pourra donc être plus rapidement réglée.

152 **Autres éléments de différences par rapport à l'exception de litispendance.** Contrairement à l'hypothèse de la litispendance, le juge a ici un pouvoir d'appréciation : il n'est pas obligé de se dessaisir quand il estime que son dessaisissement n'est pas nécessaire à l'intérêt d'une bonne justice. En revanche, le juge ne peut pas soulever la connexité d'office.

En outre, « L'exception de connexité peut être proposée en tout état de cause, sauf à être écartée si elle a été soulevée tardivement dans une intention dilatoire » (art. 103). Par conséquent, l'exception de connexité peut être proposée pour la première fois, par exemple, en appel.

Notons enfin qu'en matière de connexité, il faut tenir compte de la différence de nature du tribunal saisi : juridiction de droit commun ou juridiction d'exception. La connexité peut en effet avoir pour résultat de proroger la compétence du tribunal de droit commun au détriment de celle de la juridiction d'exception. Mais l'inverse, comme nous l'avons observé plus avant, n'est pas vrai[195].

---

193. Voy. *supra*, n° 129.

194. Cass. (2e civ.), 9 novembre 1971, n° 70-14.045, *Bull. civ.*, II, n° 305.

195. Voy. cep. Cass. (com.), 7 avril 2009, n° 08-16.884, *Bull. civ.*, IV, n° 51 ; *Procédures*, 2009, comm. 202, B. Rolland : deux litiges connexes pendants, l'un devant le tribunal de grande instance pour déterminer la validité ou non d'un acte qualifié de cession de créance, et l'autre devant le tribunal de commerce pour une action en nullité d'un acte conclu en période suspecte dans une procédure collective (compétence exclusive d'ordre public). La Cour a estimé que chacune de ces deux juridictions « doit » connaître de la demande qui l'a saisie.

2. Les règles communes

153 **Un même régime procédural de l'exception.** Bien que visant des situations différentes, les deux exceptions étudiées obéissent à certaines règles communes. Elles concernent le régime procédural de l'exception et résultent des articles 104 à 107 du Code de procédure civile :

- L'article 104 affirme que les recours suivent le régime de l'exception d'incompétence. Et, alinéa second, en cas de recours multiples, c'est la cour d'appel la première saisie qui, si elle fait droit à l'exception, attribue l'affaire à la juridiction la mieux placée pour en connaître.
- L'article 105 ajoute que la décision rendue sur l'exception s'impose à tous (spécialement à la juridiction de renvoi et à celle dont le dessaisissement est ordonné).
- Quant à l'article 106, il vise à éviter le déni de justice. Car dans l'hypothèse où « les deux juridictions se seraient dessaisies, la décision intervenue la dernière en date est considérée comme non avenue ».

E 16 **Juridiction et formations d'une juridiction**

Soulignons pour terminer que les diverses règles qui ont été exposées, particulièrement en ce qui concerne la connexité, ne s'appliquent que si deux juridictions distinctes et non pas deux chambres ou deux formations d'une même juridiction ont été saisies.

Car, selon l'article 107 du Code de procédure civile, « S'il s'élève sur la connexité des difficultés entre diverses formations d'une même juridiction, elles sont réglées sans formalité par le président. Sa décision est une mesure d'administration judiciaire ». Aux termes de l'article 537 (c'est là une règle générale), les mesures d'administration judiciaire ne sont sujettes à aucun recours.

PARTIE I

Les piliers de la procédure

154 **Point de recettes de cuisine… des principes fondateurs !** ***La procédure civile française se caractérise par une construction inspirée par un souci de définition et de mises en perspective***. Sans principes fondateurs, il n'y a pas de fondations solides à une procédure dont l'objet premier est d'assurer à la règle substantielle l'encadrement sans lequel il n'y aurait de légitimité à l'application de la norme. Aussi l'élaboration d'une théorie de l'action (chapitre I) s'accompagne-t-elle de principes directeurs du procès civil qui assurent la cohérence des règles posées (chapitre II).

CHAPITRE 1
Théorie de l'action

155 **L'action en justice, phase finale des droits subjectifs.** L'action en justice doit être approchée par diverses généralités qui seront autant de *clés* permettant d'entrer dans la compréhension de ce qu'est *l'action en justice* (section I). Il sera alors possible de procéder à la *classification des différentes actions en justice* (section II), et à l'*analyse concrète du droit d'action* ainsi présenté (section III), au travers de l'étude tant des demandes et des défenses, que des actes permettant à la procédure de progresser.

SECTION I
Les clés de l'action en justice

156 **Le droit d'être entendu par son juge.** L'action en justice est la potentialité de juridicité d'une situation, autrement dit une « *situation juridique* »[196] pouvant être portée devant un juge. Le Code de procédure civile la présente comme un droit, celui d'accéder à un juge pour qu'il entende les arguments de ceux qui se trouvent devant lui afin qu'il y apporte une réponse. Ce droit d'être entendu par le juge est assorti de conditions qu'il convient de respecter pour avoir accès au prétoire.

§ 1. Le droit d'être entendu par un juge

A) L'action en justice

157 **Définition de l'action en justice.** Le Code de procédure civile se caractérise par son souci de préciser les termes utiles à celui qui s'engage dans une procédure. Le décret du 20 juillet 1972, dans son article 2 devenu l'article 30 du Code de procédure civile, propose cette définition de l'action en justice : « L'action est le droit, pour l'auteur d'une prétention, d'être entendu sur le fond de celle-ci afin que le juge la dise bien ou mal fondée. [Et le second alinéa de

196. P. Roubier, *Droits subjectifs et situations juridiques*, préf. D. Deroussin, 1963, Paris, Dalloz, rééd. 2005.

poursuivre en visant l'autre partie :] Pour l'adversaire, l'action est le droit de discuter le bien-fondé de cette prétention ».

Dans cette définition l'emploi du mot droit a pu être source de confusions. Aussi faut-il dégager les concepts d'action et de droit, mais aussi d'action et de demande.

1. L'action et le droit

158 **La vision ancienne : confusion de l'action et du droit.** La doctrine classique du XIXe siècle a longtemps confondu les deux notions : l'action apparaissant avant tout comme un moyen de faire valoir le droit subjectif sur lequel le juge devait se prononcer, l'action se manifestait comme le droit pour un individu de poursuivre ce qui lui est dû. D'où la formule du « droit à l'état d'action, au lieu d'être à l'état de repos, le droit à l'état de guerre au lieu d'être à l'état de paix » ; c'est en somme l'image d'un droit armé et casqué sur le pied de guerre[197].

En droit romain, l'affirmation : « pas d'action, pas de droit » montrait cette liaison entre les deux aspects. Mais à cette époque, il existait une action spéciale pour chaque droit et non une procédure utilisable pour tout type de droit comme c'est aujourd'hui le cas. Il fallait une action pour chaque droit et réciproquement un droit pour qu'il y ait une action d'ouverte.

159 **La vision moderne : une indépendance des deux notions.** L'analyse classique a été contestée et ceci à juste titre, car les notions d'action et de droit se distinguent. Le texte lui-même montre que l'action, en ce qu'elle est le droit d'être entendu par le juge sur le fond du droit, se distingue de ce dernier. Deux points de vue se manifestent à cet égard.

D'abord, au regard de leurs conditions d'existence. L'action en justice a pour objectif d'assurer à celui qui l'exerce, l'efficacité de son droit : autrement dit, celui qui agit en justice invoque la violation d'un droit. Mais l'action peut exister sans qu'il y ait un droit et inversement.

L'action peut exister sans qu'il y ait de droit sous-jacent lorsque, par exemple, une personne intente une action fondée sur un droit imaginaire ou lorsque le ministère public agit au nom de l'intérêt général[198] ; inversement, un droit peut exister tout en étant démuni d'action ; si le cas est certes rare, il se rencontre et spécialement dans le cas de l'obligation naturelle, ou encore, lorsque les délais pour agir sont expirés[199]. L'obligation morale[200] alors subsistante n'est pas ici accompagnée de la force exécutoire[201].

Mais l'action et le droit se distinguent également et, **ensuite**, quant à leurs conditions d'exercice : le titulaire d'un droit n'est pas toujours le titulaire de l'action ; il suffit de songer aux incapables.

---

197. Que l'on attribue à Charles Demolombe.
198. Le ministère public agit au nom de la règle de droit (du droit objectif) et non en vertu d'un droit subjectif dont il serait le titulaire.
199. Voy. spéc. Cass. (2e civ.), 9 juillet 2009, n° 08-16.894, *Bull. civ.*, II, n° 194.
200. M. Gobert, *Essai sur le rôle de l'obligation naturelle*, préf. J. Flour, Paris, Sirey, 1957.
201. Par exemple, Cass. (1re civ.), 4 janvier 2005, *JCP*, 2005, II, 10159, note M. Mekki : c'est l'engagement « pris en connaissance de cause d'exécuter une obligation morale [qui transforme] celle-ci en obligation civile ».

Ces distinctions expliquent que, s'il existe indéniablement des rapports étroits entre l'action et le droit, les deux notions sont indépendantes l'une de l'autre. Ce sont les publicistes qui, les premiers, ont fait valoir que l'action n'était pas un droit, mais un pouvoir : le pouvoir de saisir le juge. Sans opter totalement pour une conception objective de l'action en justice, du fait de la référence au droit subjectif de saisir le juge, l'article 30 du Code de procédure civile cesse de poser l'existence d'un droit comme une condition de l'action.

2. L'action et la demande

160 **La réalisation de l'action.** Nous venons de voir que l'action est un **pouvoir** de saisine du juge et davantage encore, car saisir un juge ne sert à rien si cette saisine n'est pas guidée par un souci d'efficacité : l'existence de l'action et donc du **droit de saisir le juge**, est la condition d'efficacité de l'exercice du pouvoir dont il est question.

L'action en justice, en tant que droit procédural, peut être exercée ou non. Mais lorsque l'action est exercée, c'est en vertu d'une **demande** en justice qui est l'acte de procédure par lequel sont saisis les tribunaux. La demande, c'est l'acte d'ouverture des hostilités.

La doctrine classique a là aussi longtemps confondu les deux notions et la doctrine moderne, elle-même, s'y trompe parfois. Elle utilise de temps à autre le mot « action » là où le mot « demande » eût été plus adéquat. Il faut y voir une contagion de la langue commune, puisque dans son sens ordinaire l'action se manifeste par un acte. C'est ainsi que l'on rencontre quelquefois l'expression « recevabilité de l'action » dans l'étude du fond du droit (on parle habituellement des conditions de « recevabilité de l'action » en recherche de paternité ; l'expression figurait même expressément à l'ancien article 340-1 du Code civil abrogé par la loi du 8 janvier 1993 ; elle se trouve encore à l'article 310-3 du Code civil à propos de la preuve de la filiation). Or, l'action n'est pas recevable ou irrecevable. C'est la demande qui est recevable ou irrecevable et si elle est recevable, c'est elle qui est bien ou mal fondée. L'action, quant à elle, existe ou n'existe pas.

E17 **Éléments de controverse à propos de l'action en justice**

Une notion controversée : l'action en justice (G. Wiederkehr, in *Mél. Ph. Simler*, Paris, Dalloz-Litec, 2006, p. 903). La notion est effectivement discutée. L'article 30 du Code retrace la vision qu'avait Henri Motulsky de ce qu'est l'action[202], à savoir, un droit subjectif indépendant du fond du droit lui-même, et qui consiste dans le droit d'être entendu par un juge. Ce droit appartient à tout auteur d'une prétention émise ; ce droit appartient à tout titulaire ou prétendu titulaire d'un droit substantiel qui peut décider de saisir le juge par le biais d'une demande en justice.

Pour marquer la distinction entre ce droit au juge et le droit substantiel qu'il porte, des auteurs proposent de le nommer « droit subjectif processuel »[203], d'autres insistent sur le pouvoir que représente le droit d'action et donc, définissent l'action comme le pouvoir reconnu aux particuliers de s'adresser à la justice pour obtenir le respect de leurs droits et de leurs intérêts légitimes, voire comme l'exercice d'une

202. « Le droit subjectif et l'action en justice », *Arch. phil. dr.*, 1964, p. 215 ; publié in *Écrits*, t. I, p. 85.

203. L. Cadiet et E. Jeuland, *Droit judiciaire privé*, 7e éd., 2011, n° 327 ; rappr. M. Bandrac, « L'action en justice, droit fondamental », in *Nouveaux juges, nouveaux pouvoirs ?*, *Mél. R. Perrot*, Paris, Dalloz, 1996, p. 1.

prérogative légale[204], quand il n'est pas question de *prérogative*[205]. L'action en justice devient alors un « droit fondamental »[206] ; d'autres enfin, considèrent que la notion d'action *n'existe pas en soi* car elle se fond dans les conditions de recevabilité de la demande en justice, de sorte que l'action désignerait les demandes et les défenses procédurales[207].

Partant de ces diverses approches, il apparaît que le pouvoir de saisir le juge ne se confond ni dans la demande, ni dans l'action. Mais qu'elle soit qualifiée de droit, de pouvoir ou de liberté, l'action en justice exprime toujours, fondamentalement, la potentialité de juridicité de la situation. C'est pourquoi le rapprochement, qui a pu être réalisé, de l'action à la « situation juridique » est heureux[208], même si, au regard de l'article 30 et donc, en droit positif, elle apparaît comme constitutive d'un droit processuel. Le droit de saisir le juge suppose une action pour qu'il soit efficace, ce qui se vérifie dans les conditions de recevabilité de la demande. La demande, ainsi, est recevable car elle repose sur une action en justice que retracent les diverses conditions requises. Faut-il pour autant franchir un pas supplémentaire, en suivant les derniers auteurs cités, et déduire de ce constat que la notion d'action est inutile ? Pas vraiment. Car l'action et la demande comprennent des différences incontournables. C'est ainsi que lorsqu'une fin de non-recevoir est soulevée (par exemple, la chose jugée), l'action disparaît pour ne jamais plus pouvoir renaître. En revanche, lorsque l'on est en présence d'une exception de procédure, c'est bien la procédure qui a été engagée qui est contestée et non l'action en elle-même. Dans l'exception d'incompétence, une autre demande, pourra encore, pour peu que l'on soit dans les délais requis, être portée devant la juridiction adéquate et prospérer ; l'action est intacte.

B) Les caractères facultatif et libre de l'action en justice

1. Le caractère facultatif de l'action en justice

161 **« Toute personne a droit à ce que sa cause soit entendue ».** C'est ainsi que débute l'article 6, § 1er, de la Convention européenne de sauvegarde des droits de l'Homme. Tout citoyen se voit reconnaître la faculté de s'adresser aux tribunaux. L'accès à la justice est (et doit être) libre. Mais l'État n'oblige pas à saisir la justice et il n'oblige pas forcément à saisir la justice qu'il organise.

162 **Le titulaire de ce pouvoir ne saurait être contraint à l'exercer.** Aux États-Unis, ce principe est illustré par une métaphore sportive : *sporting theory of*

---

204. S. Guinchard, C. Chainais et F. Ferrand, *Procédure civile*, *op. cit.*, n° 93.

205. P. Roubier, « Les prérogatives juridiques », *Arch. philo. dr.*, 1960, 81 ; G. Cornu et J. Foyer, *Procédure civile*, 3e éd., *op. cit.*, p. 312. Voy. aussi S. Guinchard, C. Chainais et F. Ferrand, *Procédure civile*, *op. cit.*, n° 72 et nos 91-98.

206. Cass. (1re civ.), 3 juin 2010, n° 09-65.995, *Bull. civ.*, I, n° 125. Voy. M. Bandrac, « L'action en justice, droit fondamental », in *Mél. R. Perrot*, Paris, Dalloz, 1996, p. 1.

207. J. Héron et Th. Le Bars, *Droit judiciaire privé*, 5e éd., Paris, Montchrestien, nos 48 et s.

208. G. Wiederkehr, « Une notion controversée : l'action en justice », in *études Ph. Simler*, Paris, Dalloz-Litec, 2006, p. 903, spéc. pp. 910 et 912, parle de « droit de la situation » ; un ouvrage de Paul Roubier s'intitule : *Droits subjectifs et situations juridiques*, préf. D. Deroussin 1963, Paris, Dalloz, rééd. 2005.

justice. Le procès est un ring ; si on y monte, c'est à ses risques et périls... on a donc le choix. À l'opposé, selon certains, l'action serait obligatoire. C'est la théorie de Jhéring, orientée vers une « lutte pour le droit »[209], qui a les faveurs des pays de l'ancien bloc soviétique, mais dont l'histoire présente d'autres illustres exemples[210].

La question que soulève le choix de l'approche de l'action en justice n'est pas que théorique : imaginons une personne « A » qui est titulaire d'un brevet ; une personne « B » en acquiert la licence. Quelque temps après, « B » constate qu'un tiers « C » contrefait le brevet. La personne « B » peut-elle obliger « A » à agir contre « C » ? Le principe est rappelé : le caractère facultatif de l'action empêche « B » d'obliger « A » à saisir les tribunaux ; et il n'est pas question ici de faire jouer une action oblique, le Code de la propriété intellectuelle prévoyant que seul le titulaire du droit de brevet peut agir – c'est une action attitrée. Et pourtant « B » subit un préjudice. Comment peut-il réagir si « A » laisse faire ? La solution semblerait être de saisir le juge des référés en lui demandant, sous astreinte, d'obliger « A » à respecter ses engagements parmi lesquels celui de garantir son licencié dans l'usage du brevet. Il pourrait être opposé à cette solution que cela consiste en réalité à l'obliger à agir en justice, ce qui n'est pas faux... mais qui est contournable par un argument de pure logique : le breveté n'est pas en réalité contraint d'agir en justice ; il peut tout aussi bien envoyer un courrier poli au contrefacteur pour lui demander de cesser ses actes illicites en le menaçant, à défaut, d'agir en justice. L'aspect comminatoire de la démarche pourra le cas échéant suffire. L'action en justice n'apparaît ainsi pas comme le seul objet de la demande du licencié puisqu'il demande, non que le breveté agisse en justice, mais qu'il respecte ses engagements et le garantisse dans ses droits. Il apparaît alors une nuance qui peut servir au juge des référés pour condamner sous astreinte ledit breveté à prendre toute mesure utile à l'effectivité de ses engagements (sachant que dans cette expression il est évident que la réaction et la mesure attendue seront la saisine d'un tribunal et l'engagement de l'action en justice). Il faut cependant insister sur l'objet de sa demande qui est le respect de ses engagements par le breveté, et surtout pas l'imposition d'une action en justice au titulaire du droit.

En contrepoids au caractère facultatif reconnu à l'action en justice, une renonciation générale et absolue n'est pas admise. Seule une renonciation particulière, comme le désistement, est valable.

163 **Le titulaire de ce pouvoir ne saurait être contraint de saisir la justice d'État.** Il n'y a pas ici de monopole étatique. Chacun est libre de se tourner vers des arbitres sous certaines conditions, voire de préférer d'autres modes de résolution du litige. L'arbitrage renvoie à de simples personnes privées et le Code de procédure civile consacre son livre IVe à l'arbitrage en exposant les

209. R. VON JHERING, *Der Kampf um's Recht*, Wien, 1872.

210. Parlant de Solon (vers 640-558 av. J.-C.), Plutarque indique, dans *Les vies des hommes illustres*, Impr. P. Didot L'Aîné, trad. Amyot, t. I, 1818, XXXII, spéc. pp. 323-324 : « Mais estimant qu'il estoit besoing de pourvoir encore à la foiblesse du menu populaire, il permeit à qui voudroit de prendre et espouser la querelle de celuy que lon auroit oultragé : car s'il y avoit aucun qui eust esté blecé, battu, forcé, ou autrement endommagé, il estoit loisible à quiconque vouloit, d'appeler l'oultrageant en justice, et le poursuivre. Ce qui fut sagement ordonné à luy, pour accoustumer les citoyens à se ressentir et se douloir du mal les uns des autres, comme d'un membre de leur corps qui auroit esté offensé ».

moyens pour y recourir à savoir le compromis et la clause compromissoire. Le décret n° 2011-48 du 13 janvier 2011 est venu réformer le droit de l'arbitrage dans le but d'assurer le rôle important de la France en ce domaine[211]. Les modes alternatifs de résolution des litiges comprennent, comme nous l'avons vu[212] la conciliation, la médiation ou encore, la transaction de l'article 2044 du Code civil.

En revanche, pour tout ce qui concerne l'exécution, avec le recours à la force publique, le monopole étatique devient incontournable. Il faut solliciter du juge d'état l'*exequatur*. C'est pour éviter ce passage par une procédure de reconnaissance et d'exécution que le règlement du Parlement européen et du Conseil du 21 avril 2004[213] a instauré un titre exécutoire européen pour les créances incontestées[214]. C'est donc le contentieux de l'impayé qui est ici visé et encore, il faut constater que c'est de manière fort restrictive qu'est perçue cette qualité de créance « incontestée ». En effet l'article 3 du règlement prévoit en son premier paragraphe qu'une créance est réputée incontestée dans trois séries de situations, renvoyant toutes à l'attitude du débiteur qui ne s'est pas opposé au principe de la créance : soit ce débiteur l'a expressément reconnue en l'acceptant, ou encore, en la reconnaissant dans un acte authentique, soit ce débiteur ne s'y est jamais opposé conformément aux règles de procédure de l'État membre d'origine, au cours de la procédure judiciaire, soit enfin, ce débiteur n'a pas comparu ou ne s'est pas fait représenter lors d'une audience relative à cette créance après l'avoir initialement contestée au cours de la procédure judiciaire. Il faut en outre, pour que la décision soit reconnue comme valant titre exécutoire européen, qu'elle soit exécutoire dans l'État membre d'origine (mais il n'est pas exigé qu'elle soit passée en force de chose jugée).

a) Le compromis

164 **Une convention « par laquelle les parties à un litige né soumettent celui-ci à l'arbitrage d'une ou plusieurs personnes ».** Pour pouvoir compromettre, les parties doivent avoir non seulement la capacité d'ester en justice, mais encore la capacité de disposer du droit litigieux (art. 2059 C. civ.).

Quant à l'objet du compromis, il est soumis aux mêmes règles que tout autre contenu de contrat, à savoir aux articles 6 et 1128 du Code civil.

Mais à ce droit commun s'ajoute le texte de l'article 2060 du Code civil, qui interdit le compromis « sur les questions d'état et de capacité des personnes, sur celles relatives au divorce et la séparation de corps » ainsi que « sur les contestations intéressant les collectivités publiques et les établissements publics et plus généralement dans toutes les matières qui intéressent l'ordre public ».

Néanmoins, par dérogation, « des catégories d'établissements publics à caractère industriel et commercial peuvent être autorisées par décret à compromettre » (al. 2 du texte).

211. Y. Strickler et J.-B. Racine (dir.), *L'arbitrage. Questions contemporaines*, coll. Droit privé et sc. crim., Paris, L'Harmattan, 2012.
212. Voy. *supra*, n° 2.
213. Règlement (CE) n° 805/2004 portant création d'un titre exécutoire européen pour les créances incontestées.
214. A. Huet, *Rép. dr. internat*, Paris, Dalloz, fasc. 650, septembre 2008, « Titre exécutoire européen ».

b) La clause compromissoire

165 **Il ne faut pas confondre la clause compromissoire et le pacte commissoire.** Le pacte commissoire entraîne l'annulation d'un contrat, alors que la clause compromissoire est une clause insérée dans un contrat par laquelle les parties « s'engagent à soumettre à l'arbitrage les litiges qui pourraient naître relativement à ce contrat ». Les parties au contrat s'engagent ainsi à signer un compromis pour régler les litiges qui pourraient survenir entre eux à l'occasion de l'exécution de leur relation contractuelle.

Cette clause compromissoire a connu une remarquable évolution : traditionnellement, elle n'était pas admise en droit civil. Mais avec la loi n° 2001-420 du 15 mai 2001, l'article 2061 du Code civil est venue l'autoriser « dans les contrats conclus à raison d'une activité professionnelle ». Antérieurement à cette loi, seuls les commerçants pouvaient prévoir une clause compromissoire dans leurs contrats et en dehors de ce cas, le texte frappait systématiquement la clause de nullité, tout en réservant l'éventualité d'une loi contraire. Cette référence de la loi aux dispositions législatives particulières connaît en réponse le texte de l'article L. 721-3 du Code de commerce, toujours en vigueur, et dont le dernier alinéa offre aux parties, au moment où elles contractent, de convenir de soumettre à l'arbitrage les contestations relevant normalement de la compétence de la juridiction consulaire. De façon comparable, l'article 9 de la loi n° 86-972 du 19 août 1986 portant dispositions diverses relatives aux collectivités locales accorde une même liberté aux personnes morales de droit public (l'État, les collectivités territoriales et les établissements publics), dans les contrats qu'elles concluent avec des sociétés étrangères pour la réalisation d'opérations d'intérêt national[215].

Mais l'article 2061 a connu une dernière modification, par la loi n° 2016-1547 du 18 novembre 2016 qui marque une nouvelle extension du domaine de l'arbitrage. Dans sa nouvelle version, le texte indique désormais que : « La clause compromissoire doit avoir été acceptée par la partie à laquelle on l'oppose, à moins que celle-ci n'ait succédé aux droits et obligations de la partie qui l'a initialement acceptée » et, son second alinéa, prévoit que la partie qui « n'a pas contracté dans le cadre de son activité professionnelle » ne peut se voir opposer la clause compromissoire. D'une question de validité, on passe à une règle d'opposabilité de la clause compromissoire. Le consommateur ne peut donc se voir opposer ladite clause, mais il peut l'admettre.

Parmi les nouveaux champs possibles de l'arbitrage que la loi ouvre, se trouvent les domaines des règlements de copropriété, des conventions d'indivision, mais plus généralement, toutes les relations économiques entre particuliers dès qu'ils acceptent que le différend qui les oppose soit tranché par un arbitre, juge privé. En quelque sorte, l'arbitrage pour tous !

Par ailleurs, le nouvel article 2061 reçoit aussi le principe de la clause compromissoire par référence, puisque la convention d'arbitrage « peut résulter d'un échange d'écrits ou d'un document auquel il est fait référence dans la convention principale » (art. 1443 CPC).

---

215. Sur ce point, voy. J. Ribs, « Ombres et incertitudes de l'arbitrage pour les personnes morales de droit public français », *JCP*, 1990, I, 3465.

En l'absence de dispositions transitoire dans la loi relativement à son article 11, le nouvel article 2061 du Code civil qui en résulte régira les clauses compromissoires conclues après l'entrée en vigueur de la loi, conformément au principe classique de la survie de la loi du contrat pour les clauses compromissoires souscrites sous l'empire des textes anciens. Mais il faut relever que la précédente extension réalisée du champ de l'arbitrage avait été déclarée applicable aux contrats en cours au moment de l'entrée en application de la loi (du 15 mai 2001) quand une telle clause, stipulée dans de tels contrats, et donc nulle sous l'empire du texte antérieur, était invoquée à l'occasion d'un litige portant sur l'exécution de ces contrats, peu important à cet égard et selon la Haute juridiction, qu'ils aient ou non pris fin avant l'entrée en vigueur de la loi nouvelle[216].

La loi nouvelle relève toutefois du champ de l'arbitrage interne, et ne devrait donc pas influer sur les contrats internationaux, et spécialement ceux de consommation pour lesquels la jurisprudence française a reconnu depuis longtemps la validité de la clause compromissoire, l'article 2061 du Code civil n'ayant pas vocation à s'appliquer aux relations internationales : « Dans l'ordre international, la clause compromissoire est licite en tant que telle, en vertu du principe général d'autonomie de la convention d'arbitrage, règle matérielle qui lui assure une efficacité propre indépendamment de la loi applicable au contrat dans lequel elle est stipulée, ou des parties à ce contrat, sous la seule réserve de l'ordre public international »[217]. La Cour de cassation a confirmé l'approche retenue, en considérant que le contrat de commande d'une automobile à un constructeur étranger mettait en cause des intérêts du commerce international, peu important que l'achat fût destiné à l'usage personnel de l'acquéreur, la clause compromissoire devant alors « recevoir application en vertu de l'indépendance d'une telle clause en droit international sous la seule réserve des règles d'ordre public international, qu'il appartiendra à l'arbitre de mettre en œuvre, sous le contrôle du juge de l'annulation, pour vérifier sa propre compétence, spécialement en ce qui concerne l'arbitrabilité du litige »[218].

Ceci étant, alors même qu'il a été constaté que nuisent « à l'attractivité économique de la France » les « conflits de compétences entre la juridiction administrative et la juridiction judiciaire à propos de certains arbitrages internationaux », l'amendement qui visait à mettre un terme à ce brouillage n'a pas abouti. Il est dommage que le législateur, sans doute pressé par la fin de la mandature, n'ait trouvé les ressources pour aller au bout des exigences de la sécurité juridique[219].

Après avoir été valablement saisi, l'arbitre va trancher le litige qui lui a été soumis et la décision est rendue conformément aux règles de droit. Il n'en va autrement que si, dans la convention d'arbitrage, les parties lui ont conféré mission de statuer comme amiable compositeur, c'est-à-dire en équité. Dans ce

---

216. Cass. (1re civ.), 22 novembre 2005, n° 04-12.655, *Bull. civ.*, I, n° 423.

217. CA Paris, 13 décembre 1975, *Menicucci*, *AJDI* 1977, p. 107, note E. LOQUIN. – Cass. (1re civ.), 20 décembre 1993, *Dalico*, *AJDI* 1994, p. 432, note E. GAILLARD.

218. Cass. (1re civ.), 21 mai 1997, *Jaguar*, n° 95-11.427, *Bull. civ.*, I, n° 159. - 30 mars 2004, *Rado*, n° 02-12.259, *Bull. civ.*, I, n° 97.

219. Sur l'ensemble de cette thématique, voy. Th. CLAY, « L'arbitrage, les modes alternatifs de règlement des différends et la transaction dans la loi "Justice du XXIe siècle" », *JCP G*, 2016, doctr. 1295, nos 27 à 29 ; L. WEILLER, « L'arbitrage du XXIe siècle », *Procédures*, 2017, étude 9.

cas, l'arbitre statuant en équité, les seules règles de droit qui s'imposeront à lui seront celles d'ordre public[220].

Quant à la sentence arbitrale, elle « a, dès qu'elle est rendue, l'autorité de la chose jugée relativement à la contestation qu'elle tranche » (art. 1484 CPC). Mais pour être exécutoire, il faut encore qu'elle fasse l'objet d'une décision d'*exequatur*. Cette dernière émane du juge de l'*exequatur*, qui est un juge unique du tribunal de grande instance dans le ressort duquel la sentence a été rendue (art. 1487 CPC).

2. Le caractère libre de l'action en justice

166 **Le simple fait d'exercer une action en justice n'est pas constitutif d'une faute de la part de celui qui a agi.** C'est la conséquence attendue du caractère libre de l'action en justice : celui qui a tort ne doit pas être automatiquement et nécessairement condamné à payer une amende à l'État ou à verser des dommages-intérêts à son adversaire. Le but ici poursuivi est d'éviter que des gens peu fortunés et/ou mal informés hésitent à exercer une action en justice et que la crainte d'une sanction soit une entrave à l'action.

167 **Mais il demeure indispensable de sanctionner le mauvais plaideur.** Le « mauvais plaideur », c'est la personne qui aura tendance à user de toutes les ficelles de la procédure pour en ralentir le cours ou pour nuire à son adversaire. Bien sûr, l'habileté n'est pas condamnable ; ce qui l'est, c'est de détourner la procédure de ses fins légitimes.

Le Code de procédure civile sanctionne le mauvais plaideur au travers de deux mécanismes, que sont l'abus de droit et l'amende civile.

Les textes de référence sont, en la matière, les articles 32-1 (amende civile jusqu'à 10 000 euros pour celui qui agit de manière dilatoire ou abusive, montant augmenté par le décret n° 2017-892 du 6 mai 2017, sans préjudice des dommages-intérêts qui seraient réclamés), 559 (qui vise, en présence d'un appel principal, l'appelant – cette amende ne pouvant être réclamée aux intimés[221]), 581 et 628 du Code de procédure civile (applicables aux voies extraordinaires de recours et qui posent la même sanction pour l'auteur du recours dilatoire ou abusif).

a) L'abus de droit d'ester en justice

168 **La sanction d'un comportement répréhensible.** Si au cours d'un litige, l'un des plaideurs use de la procédure pour nuire à son adversaire, il commet un abus de droit. Cet abus de droit est susceptible d'entraîner une condamnation à réparation et à une amende civile, dont font état les articles 32-1, 559, et 581 du Code.

C'est ainsi la théorie générale de l'abus de droit qui fonde la sanction. L'abus de droit apparaît habituellement comme une extension de la responsabilité pour faute de l'article 1240 du Code civil (anc. art. 1382), souvent

220. En parallèle, « Le litige né, les parties peuvent aussi [en vertu d'un accord exprès et pour les droits dont elles ont la libre disposition] conférer au juge [étatique] mission de statuer comme amiable compositeur » (art. 12, al. 4, CPC).

221. Le mot « intimé » désigne la partie contre laquelle est engagée la procédure d'appel.

visée par les décisions rendues. L'abus embrasserait la nature de la faute, mais en élèverait le degré. Il n'est donc pas étonnant d'en rencontrer des applications dans les autres domaines du droit et, spécialement, en droit des biens avec l'abus du droit de propriété. Planiol voyait cependant dans l'abus la négation du droit, et non une faute. Il affirmait ainsi que « le droit cesse où l'abus commence »[222]. L'abus, c'est du non-droit ; la frontière est franchie. Entre la faute et l'abus, il n'est pas pour cet auteur une différence de degré, mais véritablement une divergence de nature. La vérité, comme souvent, est peut-être à mi-chemin des deux approches. Car s'il est moralement rassurant et juridiquement attendu de se référer à l'article 1240 du Code civil pour donner une assise textuelle à la sanction, il faut se persuader que l'analyse même du comportement en cause par le juge va au-delà. La Cour de cassation retient que « l'exercice d'une action en justice ne peut constituer un abus de droit que dans des circonstances particulières le rendant fautif[223] ».

La Haute juridiction tient pour constitutif d'un abus du droit d'ester en justice tant la faute délictuelle que la mauvaise foi[224], de même que l'erreur grossière équipollente au dol[225]. Sur ce dernier point, l'illustration du comportement répréhensible peut consister dans le fait d'agir dans un but purement vexatoire, ou encore, de chercher à retarder le moment de paiement de la dette lorsque celle-ci est certaine[226]. Deux textes (les articles 550, alinéa 2 et 560) mettent d'ailleurs très clairement l'accent sur le caractère dilatoire que peut présenter l'exercice de la voie de recours qu'est l'appel en permettant à la cour de condamner à des dommages-intérêts ceux qui se seraient abstenus, dans une intention dilatoire, de former suffisamment tôt leur appel incident ou provoqué (art. 550) ou qui auraient formé un appel principal après s'être abstenu, sans motif légitime, de comparaître en première instance (art. 560).

La témérité d'une plainte ou d'une dénonciation, qui est distincte de l'abus du droit d'ester en justice, est cependant elle aussi susceptible d'engager la responsabilité de son auteur[227]. La faute civile susceptible d'engager la responsabilité du plaideur n'est donc pas nécessairement, en pratique, la seule faute intentionnelle.

Ceci étant, une faute doit être caractérisée pour pouvoir emporter condamnation. Ainsi, « un défaut total d'argumentation juridique de la demande, mal fondée dans ses références juridiques et non rectifiée après les claires conclusions des parties » n'a pas été tenu pour être constitutif d'une procédure abusive, la Cour de cassation ayant estimé que « l'erreur

222. M. Planiol avec la collab. G. Ripert, *Traité élémentaire de droit civil*, t. II, Paris, LGDJ,1926, n° 871.

223. Cass. (2e civ.), 11 janv. 2018, n° 16-26.168, *Bull. civ.*

224. Par ex., Cass. (2e civ.), 14 février 1962, *Bull. civ.*, II, n° 188 : exercice d'une voie de recours que l'intéressée savait irrecevable.

225. Voy., très net, Cass. (2e civ.), 6 décembre 1962, *Bull. civ.*, II, n° 782.

226. Par ex., Cass. (2e civ.), 25 septembre 2014, n° 13-15.597, *Bull. civ.*, II, n° 192.

227. Cass. (2e civ.), 9 mars 2000, n° 98-50.050, *Bull. civ.*, II, n° 43 (en l'espèce, plainte téméraire pour un prétendu vol).

d'une partie sur le fondement juridique de la demande ne constitue pas, à elle seule, une faute »[228].

Il faut enfin préciser que celui qui gagne son procès, même partiellement, ne saurait être condamné au titre de l'abus de droit d'ester en justice[229]. Il en va de même, « sauf circonstances particulières, qu'il appartient alors au juge de spécifier », de celui dont la légitimité de l'action a été reconnue par la juridiction du premier degré, et ce quand bien même cette décision de premier degré aurait été infirmée en appel[230].

C'est ce fondement de l'abus de droit qui, actuellement, est une voie d'entrée pour canaliser ce que, outre Atlantique, certains nomment les « SLAPPs » (*Strategic Lawsuit Against Public Participation*) ou « poursuites baillons » [231]. Il s'agit, pour des personnes voulant éviter une publicité négative, d'user de la procédure pour amener une personne, particulier ou organisme prenant parti sur un enjeu public, et ce faisant parlant contre leurs intérêts, à se censurer par crainte de poursuites judiciaires à leur égard. Pour intimider ou accabler financièrement ceux qui les dérangent dans leur action nuisible, ces individus usent donc de la procédure à des fins illégitimes et, pour ce faire, poursuivent généralement les « chiens de garde » de la démocratie, en se fondant sur l'incrimination de complicité de diffamation publique envers particulier, et leur éditeur au titre d'auteur de l'infraction, chaque fois qu'ils publient un commentaire qui leur est défavorable. Les dangers que contient cette attitude ont connu des illustrations contre des universitaires, analysant des décisions de justice. La doctrine se mobilise pour y faire face, à l'occasion d'une nouvelle et récente affaire[232], en espérant que le législateur saura, à son tour, mieux assurer la nécessaire libre recherche scientifique[233]. La jurisprudence y parvient, malgré une législation archaïque et aujourd'hui inadaptée, grâce à la sanction, néanmoins insuffisante, de l'abus de procédure.

228. La Haute juridiction a d'ailleurs relevé dans l'espèce ici présentée, que le demandeur avait, malgré son erreur, présenté une argumentation : Cass. (2e civ.), 18 décembre 2003, n° 01-16.617, *Bull. civ.*, II, n° 402. Voy. aussi 2 juin 2016, n° 14-18.032. *Adde* Rép. min. n° 19142, *JO Sénat* Q 5 mai 2016, p. 1906.

229. Cass. (3e civ.), 12 février 1974, *Bull. civ.*, III, n° 74.

230. Cass. (1re civ.), 8 juillet 2009, n° 08-16.153, *Bull. civ.*, I, n° 162. Et déjà : 10 mars 1998, n° 95-21817, *Bull. civ.*, I, n° 100.

231. G. J. Martin, note sous TGI Paris, ch. correc., 13 janvier 2017, *RJE* juin 2017, 334.

232. Qui a débuté avec le commentaire de L. Neyret, « Trafic de déchets dangereux : quand les dépollueurs se font pollueurs », à propos de TGI Paris, 31-1e ch. correct., 18 décembre 2013, *Environnement et développement durable*, juin 2014, n° 6.

233. Voy. G. J. Martin, « Doctrine, vous avez dit doctrine ? Qu'elle se taise ! », site Internet de la SFDE & RJE 2017/1, p. 9, D. Mazeaud, « Doctrine, sois serve et tais toi ! », *Gaz. Pal.* 14 févr. 2017, n° 7 ; Ch. Jamin, « La doctrine bâillonnée », *D.*, 2017, p. 401 ; Y. Strickler, « Défendre la liberté académique », in *Annales de la Faculté de droit et science politique de Nice. Année 2016*, L'Harmattan, 2017, p. 11.

E18 **Des requérants d'habitude aux quérulents**

Le contentieux de droit public construit actuellement une théorie des requérants d'habitude[234], voire de ceux qui frisent la pathologie processuelle[235]. Si les magistrats de l'ordre judiciaire connaissent aussi ce genre d'énergumènes, il est revenu au Conseil d'État d'annoncer son intention de mettre un terme à de telles pratiques.
« Considérant que la présente requête [visant à revenir sur une amende prononcée pour procédure abusive] n'est qu'une illustration du comportement [du requérant], qui se distrait à encombrer le Conseil d'État de requêtes manifestement infondées ou irrecevables et l'a, à cet effet, saisi, en vain, d'au moins 298 requêtes depuis le mois d'août 1998, sans d'ailleurs que les multiples amendes dont ont été assorties les décisions rendues sur ces requêtes abusives aient freiné cette quérulence ; que dans ces conditions, la [présente requête] doit être regardée comme tendant uniquement à tester les limites de la patience des magistrats ; qu'un tel objet n'étant pas de nature à justifier la saisine d'une juridiction, cette requête [...] doit être rejetée » (C.E., réf., 24 avril 2006, n° 292742, inédit au *Rec. Lebon*).
Il s'en est suivi une simplification de la procédure de retrait de l'aide juridictionnelle, désormais automatique en cas de procédure abusive ou dilatoire (loi n° 2010-1657 du 29 déc. 2010, mod. par l'article 51 loi n° 91-647 relative à l'aide juridique).
La Chancellerie rejette, en revanche, le principe d'un livret qui permettrait de comptabiliser le nombre de procès engagés par une personne (Rép. min. n° 11040, *JOAN Q*, 15 avril 2008).
Des pays comme le Québec ou l'Australie admettent une restriction à l'accès au juge en le soumettant à l'accord du président de la juridiction saisie (voy. tribune P. Cassia, précité). Il serait véritablement dommage d'en arriver là. L'irresponsabilité d'une personne dans l'acte de saisine du juge doit pouvoir être réfrénée par l'endroit sensible qu'est le portefeuille, même si pour certains, cela peut mettre du temps... après tout, même un enfant paie son psychiatre !

b) L'amende civile

169 **Un bruit de frein.** Plus que le premier mécanisme qui par la caractérisation de l'abus suppose que la faute intentionnelle soit caractérisée, l'amende civile risque d'être un facteur de découragement du plaideur à saisir le juge. Le Code de procédure en maintient néanmoins le principe. Mais l'on observera que toute notion de faute n'est pas évacuée par le droit positif en la matière.

Avant 1935, l'amende civile portait le nom d'amende de *fol appel*. La condamnation à cette amende intervenait de façon automatique. Actuellement, le juge peut prononcer une amende civile de 10 000 euros maximum à l'encontre d'un plaideur, mais c'est sous réserve que celui-ci ait engagé une action en justice (art. 32-1, pour la première instance) ou exercé une voie de recours ordinaire (art. 559 pour l'appel) « de manière dilatoire ou abusive ». S'agissant d'une amende, cette condamnation profite à l'État et non à l'adversaire[236].

Bien que la possibilité offerte au juge d'entrer en voie de condamnation par l'article 32-1 apparaisse générale à la lecture du texte, la seconde chambre de la Cour de cassation a estimé que ses dispositions n'étaient pas applicables en matière électorale[237].

234. F. Lemaire, « Les requérants d'habitude », *RFDA*, 2004, p. 554.
235. P. Cassia, « Entre droit et psychiatrie : la quérulence processuelle », *AJDA*, 2006, tribune, p. 1185 : trouvant sa source dans le mot latin *querulus* « qui se plaint », la quérulence « est connue de longue date des psychiatres qui l'utilisent pour désigner celui qui a la manie des procès » en dirigeant d'ailleurs souvent l'action contre les magistrats ayant pu statuer dans un sens contraire aux convictions de l'intéressé...
236. *Cf.* Cass. (2e civ.), 16 mars 2017, n° 16-14.123.
237. Cass. (2e civ.), 4 mars 1983, n° 83-60.552, *Bull. civ.*, II, n° 70.

170 **Une voie à tracer.** Par principe, l'amende civile ne doit être prononcée qu'avec beaucoup de prudence et seulement en raison de circonstances particulières. Car il est indispensable que la justice soit accessible sans craindre une sanction financière quasi automatique. Après tout, de nombreuses décisions sont remises en cause en appel ou à la suite d'un pourvoi en cassation, ce qui montre que l'interprétation du droit est un art difficile, même pour ceux qui ont à l'appliquer. On ne saurait donc en faire une cause de sanction généralisée à l'encontre des justiciables, quand bien même ils sont le plus souvent épaulés par ces autres praticiens du droit que sont les avocats.

171 **Amende civile et voies extraordinaires de recours.** L'amende devient alors un peu plus fréquente, sans pour autant être automatique. L'article 581, applicable à toutes les voies extraordinaires de recours, fixe l'amende à un montant de 10 000 euros et l'article 628, applicable au seul pourvoi en cassation, formulé autrement mais dans un même but et selon le même critère du recours abusif, envisage à un montant identique l'amende. La tendance, dans la législation, est en effet d'aligner ce plafond d'amende civile quelle que soit la voie de recours empruntée.

L'article 628 prévoit en outre la possibilité d'allouer, dans les mêmes limites, une indemnité au défendeur. Il ne s'agit pas de dommages-intérêts destinés à réparer intégralement un préjudice causé par l'introduction d'un recours abusif (ils apparaissent quant à eux à l'article 581), mais « de dissuader les auteurs de pourvois téméraires portant atteinte de façon inconsidérée à l'autorité de la chose jugée »[238]. C'est la nuance entre la faute commise et le risque couru. Présentant par voie de conséquence le caractère de mesure de procédure civile, le montant de l'indemnité ne peut être laissé à l'entière discrétion du juge et c'est pourquoi il est borné en un plafond par le règlement qui l'institue[239].

§ 2. Les conditions d'existence de l'action en justice

172 **Une question de recevabilité de la demande.** Lorsqu'un juge est saisi d'une demande, deux questions se posent à lui : premièrement, la demande dont il est saisi est-elle recevable ? Il s'agit là de voir si la demande est régulière ou non ; c'est la vérification de l'existence du droit de se faire entendre par le juge. Deuxième interrogation : la demande est-elle bien fondée ? Il s'agit alors de trouver la solution qu'il convient d'apporter à l'affaire sur le fond du droit. Cette seconde question touche à l'analyse du droit substantiel ; ce n'est donc que le premier point qui nous retiendra.

173 **Détermination des conditions d'existence de l'action en justice.** En dehors des conditions négatives[240], les conditions d'existence de l'action seraient au nombre de quatre : un droit, un intérêt, une qualité et une capacité. En réalité,

---

238. Sur l'illusion que peut être l'affirmation d'un principe de réparation intégrale en l'état du droit positif, lire D. Boustani, « La réparation intégrale et les règles de procédure : principe prétendu ou droit effectif ? », *D.*, 2014, chron., 389.

239. C.E., Ass., 5 juillet 1985, *Gaz. Pal.*, 1985, 2, 742, note S. Guinchard et T. Moussa, *JCP G*, 1985, II, 20478, concl. P.-A. Jeanneney, *RTD civ.*, 1986, 169, obs. J. Normand.

240. L'action ne doit pas se heurter à une chose précédemment jugée (voy. *infra*, n° 454), ni au jeu d'une prescription (voy. sur ce point les manuels de droit des obligations et ceux des biens).

nous avons vu dans les développements précédents que l'exigence d'un droit n'est pas une condition nécessaire à l'action. La capacité n'est pas davantage une condition d'existence de l'action, mais une condition d'exercice de l'action[241].

En revanche, l'intérêt et la qualité pour agir sont deux conditions requises pour que la demande soit recevable. C'est toutefois à l'adversaire qui conteste la présence des conditions requises d'en démontrer l'absence, ceci au moyen de fins de non-recevoir (voy. art. 122 CPC). Voyons alors ce que sont ces deux conditions de l'intérêt pour agir et de la qualité pour agir.

A) L'intérêt pour agir

174 **L'intérêt pour agir, avantage moral ou pécuniaire que le demandeur entend retirer de son action devant le juge.** L'intérêt est une condition nécessaire, car sans lui, il n'y a pas d'action. L'article 31 du Code de procédure civile le dit clairement : « L'action est ouverte à tous ceux qui ont un intérêt légitime au succès ou au rejet d'une prétention ». Il faut écarter du prétoire tous ceux qui n'ont aucune raison à agir. L'appréciation de l'existence d'un intérêt à agir se fait au moment de l'introduction de la demande, car l'existence du droit invoqué au fond n'est pas une condition de recevabilité de l'action mais de son succès[242].

Le texte poursuit en réservant toutefois les « cas dans lesquels la loi attribue le droit d'agir aux seules personnes qu'elle qualifie pour élever ou combattre une prétention, ou pour défendre un intérêt déterminé ».

L'intérêt, qu'il soit patrimonial ou extrapatrimonial, se caractérise en trois points : il doit être légitime, né et actuel, direct et personnel.

1. Un intérêt légitime (art. 31 CPC)

175 **De l'intérêt légitime à l'intérêt existant.** Ce qui est illégitime est en général illicite ou immoral. C'est pourquoi, dans un premier temps, la jurisprudence avait considéré qu'en subordonnant expressément l'action à un intérêt légitime, le législateur exigeait un intérêt juridiquement protégé. Il en est résulté que la concubine, privée de l'appui de son concubin par un accident, était irrecevable en sa demande en dommages-intérêts. Pourtant, le 16 janvier 1962, la Cour de cassation a admis la réparation du préjudice moral causé à son propriétaire par la mort d'un cheval de course nommé *Lunus*[243] et le 30 octobre 1962, le tribunal de grande instance de Caen, de même, pour une chienne de race teckel inscrite au registre canin sous le nom de *Ieda Von Wandervogel* (que André Tunc rebaptise malicieusement *Myrsa* dans ses observations à la *Revue trimestrielle de droit civil*, 1963, p. 93) « mordue cruellement » par un (chien) berger allemand et qui en mourut[244].

---

241. C'est ainsi que la copropriété instituée pour l'exploitation des navires (par la loi n° 67-5 du 3 janvier 1967) dispose de la personnalité morale, ce qui lui donne la capacité d'ester en justice : Cass. com., 15 avril 2008, n° 07-12.487, *Bull. civ.*, IV, n° 89.

242. Cass. (3e civ.), 23 juin 2016, n° 15-12.158, *Procédures*, 2016, comm. 278, Y. Strickler.

243. Cass. (1re civ.) 16 janvier 1962, *Bull. civ.*, II, n° 33 ; *D.*, 1962, 199, note R. Rodière ; *JCP*, 1962, II, 12557, obs. P. Esmein.

244. TGI Caen, 30 octobre 1962, *D.*, 1963, 92 ; *JCP*, 1962, II, 12954.

L'arrêt *Dangereux* rendu par une chambre mixte le 27 février 1970[245] a mis fin à l'interprétation défavorable à la concubine, en suivant la position contraire défendue par la chambre criminelle et en accordant réparation à celle qui, pour être à l'époque *hors du droit* n'était pas pour autant *hors-la-loi*. Elle peut donc avoir un intérêt légitime à agir. Il suffit pour cela qu'elle ait subi un préjudice, ce qui suppose, comme l'ont écrit MM. Malaurie et Aynès dans leur manuel de droit des obligations, « d'une part, que le concubinage soit stable – une relation sexuelle passagère ne saurait justifier des dommages-intérêts – d'autre part, que le préjudice soit prouvé ».

Depuis l'arrêt *Dangereux*, mais plus généralement au-delà du cas de la concubine, l'intérêt légitime peut être défini comme étant un intérêt sérieux, qui ressort de l'avantage attendu, retracé par l'objet du litige tel qu'exprimé par les conclusions du plaideur. D'ailleurs, un arrêt d'une chambre mixte du 10 avril 1998 pose le principe que peut agir en justice « toute personne justifiant d'un intérêt à agir »[246]. Le mot légitime qui pourtant figure expressément à l'article 31 a ici été escamoté par la Haute juridiction, ce qui marque encore davantage l'évolution constatée du mot « légitime » vers l'exigence d'un simple intérêt existant et non plus d'un intérêt juridiquement protégé[247].

Encore faut-il élever une prétention à son profit. C'est ce qui a expliqué l'irrecevabilité de la demande d'une association de protection de l'enfance, qui était intervenue volontairement pour s'opposer à une demande d'adoption[248].

2. Un intérêt né et actuel

176 **Une condition imposée nonobstant le silence des textes.** La condition tenant à un intérêt né et actuel ne figure pas dans le Code de procédure civile, mais la formule est admise : l'intérêt au succès ou au rejet d'une prétention s'apprécie au jour de l'introduction de la demande en justice et donc, doit exister au moment où la demande est formée[249]. Un intérêt qui à cette date ne serait qu'éventuel ne suffirait pas.

Un intérêt est né et actuel chaque fois que la violation d'un droit est consommée.

177 **Est-il néanmoins envisageable d'agir préventivement ?** ***Une réponse positive à cette question reposerait sur la sagesse populaire qui nous apprend qu'il***

245. *Bull. ch. mixte*, n° 1 ; *D.*, 1970, 201 ; *JCP*, 1970, II, 16305.
246. *Bull. ch. mixte*, n° 1 ; *D.*, 1999, 389, note A. Jeammaud. Un autre arrêt de la même formation (*Bull. ch. mixte*, n° 2) rendu le même jour vise cependant l'intérêt « légitime » à agir.
247. Pour le Doyen G. Wiederkehr (« La légitimité de l'intérêt à agir », in *Mél. S. Guinchard*, Paris, Dalloz, 2010, spéc. p. 883), lorsque « la loi ne vise pas à protéger l'intérêt dont se prévaut une partie, on doit en déduire que l'intérêt n'est pas légitime ».
248. Cass. (1re civ.), 16 mars 2016, n° 15-10.577. La cour d'appel avait retenu l'absence d'intérêt légitime de l'association à intervenir dans une procédure de nature privée comme l'est l'adoption.
249. Voy. dern., Cass. (3e civ.), 27 janvier 2015, n° 13-27.703 et, antérieurement : Cass. (2e civ.), 13 juillet 2006, n° 05-11.389, *Bull. civ.*, II, n° 200 : « l'intérêt d'une partie à interjeter appel doit être apprécié au jour de l'appel dont la recevabilité ne peut dépendre de circonstances postérieures qui l'auraient rendu sans objet » (*idem* : Cass. (com.), 6 décembre 2005, n° 04-10.287, *Bull. civ.*, IV, n° 245) ; étant entendu que l'intérêt à agir n'est pas subordonné à la démonstration préalable du bien-fondé de la demande : Cass. (3e civ.), 16 avril 2008, n° 07-13.846, *Bull. civ.*, III, n° 71.

vaut mieux prévenir que guérir. Mais, dans le sens contraire, l'admission des actions préventives risque de développer l'esprit de chicane et de faire perdre du temps au juge. C'est pourquoi le Code de procédure civile admet certaines actions préventives tout en en rejetant d'autres.

a) Les actions préventives admises

1) *Les actions déclaratoires*

178 **Comme leur nom l'indique, les actions déclaratoires visent à obtenir du juge une déclaration.** De quelle déclaration est-il question ? Il s'agit de la déclaration d'un droit, mais aussi de l'existence ou de la non-existence d'une situation juridique, voire de la légalité ou de l'illégalité d'un acte.

Il apparaît alors qu'il existe, pour le demandeur, au minimum une certaine instabilité. Les actions déclaratoires ne supposent par conséquent pas la réalisation du dommage, mais qu'à la date à laquelle le plaideur saisit le juge, il existe déjà un intérêt pour lui.

C'est pourquoi le législateur autorise un certain nombre d'actions déclaratoires, par exemple l'article 1040 du Code de procédure civile en matière de nationalité. Et la jurisprudence admet également favorablement ces actions qui, faute d'adversaire actuel, sont dirigées contre le ministère public (voy. en ce sens un argument de texte, tiré de l'article 1040).

Art. 1040 : « Toute action qui a pour objet principal de faire déclarer qu'une personne a ou n'a pas la qualité de Français est exercée par le ministère public ou contre lui sans préjudice du droit qui appartient à tout intéressé d'intervenir à l'instance ».

Un autre exemple d'action déclaratoire apparaît dans le droit qu'a toute personne de saisir le juge pour faire préciser un élément incertain de son état, ainsi, pour faire déclarer la loi applicable à son régime matrimonial[250] ou successoral[251].

L'action interrogatoire de procédure civile a inspiré le droit subtantiel, puisque l'article 1158 du Code civil permet désormais au tiers qui doute de l'étendue du pouvoir du représentant conventionnel à l'occasion d'un acte qu'il s'apprête à conclure, de demander par écrit au représenté de lui confirmer, dans un délai qu'il fixe et qui doit être raisonnable, que le représentant est habilité à conclure cet acte. Cet écrit mentionne qu'à défaut de réponse dans ce délai, le représentant est réputé habilité à conclure cet acte ; mais une telle possibilité d'interrogation ne sert à rien si son destinataire n'est pas tenu de répondre et c'est l'originalité de la disposition nouvelle : la loi vient donner un sens au silence conservé par la personne interrogée, à condition que l'écrit mentionne bien qu'à défaut de réponse dans ce délai, le représentant est réputé habilité à conclure le contrat. C'est peut-être, tout de même, aller loin : le principe veut que le silence ne vaut pas acceptation ; or ici, alors qu'il n'y a normalement pas de lien actuel avec le « futur représenté », on oblige ce dernier à

---

250. TGI Paris, 21 janvier 1970, *Clunet*, 1971, 566, note KAHN, *Defrénois*, 1972, 46, note Ph. MALAURIE, *RTD civ.*, 1972, 433, obs. P. HÉBRAUD.
251. Cass. (1re civ.), 3 juin 2011, n° 10-10.348 (épouse qui recueille une dette dans la succession de son mari défunt – action contre le créancier recevable pour faire constater la prescription de la créance).

répondre et, s'il ne le fait pas, le voilà engagé dans les liens du contrat. Le risque de voir des finauds voire des fripons en profiter, par exemple en sollicitant une confirmation dans une période durant laquelle il a appris l'autre absent, n'est pas forcément négligeable. Et même si le délai de réponse donné au représenté doit être « raisonnable », et même si la fraude corrompt tout, il n'est pas sûr que le jeu en vaille la chandelle. Après tout, faute de réponse, il serait logique de penser qu'au contraire, le prétendu représenté n'est pas intéressé… Le texte ne va-t-il pas trop loin dans la représentation ?

2) *Les actions tendant à la sauvegarde d'une preuve*

179 **La levée des hésitations à l'admission de telles actions.** Il est ici question de demander au juge d'obtenir la constatation d'un fait qui, en cas de litige et donc, dans un procès futur, soit permettra au demandeur de mieux en connaître les contours et ainsi, de savoir s'il peut utilement agir au fond ou non, soit servira à étayer sa thèse s'il devait se retrouver en position de défendeur. La jurisprudence était, à l'origine, opposée à une telle démarche. Elle estimait en effet que le juge civil était avant tout un arbitre qui, en tant que tel, se devait à la neutralité. Cette vision du rôle du juge civil interdisait à ce dernier de venir en aide aux parties dans une perspective probatoire.

Néanmoins, malgré cette tendance restrictive, il existait des textes qui admettaient de telles actions, ainsi les vérifications d'écritures avant toute action. Finalement, à l'intérêt pratique d'une mesure d'instruction à futur s'est ajoutée l'idée que « l'un des traits du procès doit être de mettre le juge dans la meilleure situation possible pour appréhender la vérité »[252]. La jurisprudence a donc fini par admettre les actions tendant à la sauvegarde d'une preuve, mais en ouvrant la seule voie du référé[253]. Le décret du 17 décembre 1973 a consacré cette jurisprudence que matérialise aujourd'hui l'article 145 du Code de procédure civile. Ce sont les mesures d'instruction *in futurum*, qui peuvent emprunter la voie normale, car contradictoire, du référé ou exceptionnellement celle, unilatérale, de la requête[254].

3) *Les actions tendant à écarter un trouble imminent*

180 **Le référé-sauvegarde.** Le référé qui répond à cette visée est celui prévu par l'article 809, alinéa 1er et spécialement en ce qu'il vise à la prévention d'un *dommage imminent*[255]. Ce texte met ainsi en place une protection similaire à celle qu'autorisait la *dénonciation de nouvel œuvre*, action possessoire dont le but était d'éviter que n'advienne un trouble dans la possession ou dans la détention. L'ancien article 2279 du Code civil, qui posait l'existence des actions possessoires, a été abrogé par la loi n° 2015-177 du 16 février 2015 *relative à la modernisation et à la simplification du droit et des procédures dans les domaines de*

252. P. Hébraud, « La vérité dans le procès et les pouvoirs d'office du juge », *Ann. Université de Toulouse*, t. XXVI, 1978, spéc. p. 381.

253. Sur la nécessaire préservation des intérêts de la personne visée par la mesure, voy. M. Foulon et Y. Strickler, « Requête in futurum et protection du futur défendeur », *Gaz. Pal.*, 8-9 mars 2013, p. 17.

254. I. Després, *Les mesures d'instruction in futurum*, préf. G. Wiederkehr, coll. Nouvelle bibliothèque de thèses, Paris, Dalloz, 2004.

255. Pour le détail de ce référé, voy. *infra*, n° 424.

la justice et des affaires intérieures, et la mention des « actions possessoires » qui subsiste tant dans le Code de procédure civile que dans le Code de l'organisation judiciaire, a disparu avec le décret n° 2017-892 du 6 mai 2017 qui vient les abroger.

La lecture de la circulaire qui accompagnait la loi confirmait l'abrogation de « l'article 2279 du code civil, supprimant ainsi la mention dans la loi du recours possible aux actions possessoires ». La circulaire précisait que « L'abrogation de l'article 2279 du code civil emporte implicitement et nécessairement abrogation des dispositions réglementaires d'application de cet article, soit des articles 1264 à 1267 du code de procédure civile. En effet, la volonté expresse du législateur a été de supprimer les actions possessoires dont les articles 1264 à 1267 du code de procédure civile se bornent à préciser les conditions d'exercice [et qu'un] prochain décret d'application viendra abroger les articles 1264 et suivants du code de procédure civile »[256]. Comme ce qui va sans dire va toujours mieux en le disant et qu'une circulaire ne fixe pas le droit au contraire des dispositions des codes, il est heureux que les dispositions propres aux actions possessoires présentes dans le Code de procédure civile en aient été extraites. Il en est de même de celle résultant de l'article R. 211-4 du Code de l'organisation judiciaire, qui attribuait compétence au tribunal de grande instance pour les actions immobilières pétitoires et possessoires. Curieusement, le texte a supprimé la mention « et possessoires » et a maintenu le terme de pétitoire. Or, la protection de la possession étant toujours une réalité (*cf*. art. 2278 C. civ.), et la distinction du fait de possession et du droit réel aussi, de sorte que si une action *possessoire* entendue d'une action visant à protéger la possession sans trancher le fond du droit, devait être portée devant le tribunal de grande instance, il ne sera pas compétent au titre de ce texte, mais au titre de sa compétence générale…

Le référé fondé sur la volonté de prévenir un dommage imminent permet d'obtenir toute mesure de nature à contrarier la réalisation de ce dommage qui s'annonce. C'est l'exemple d'une personne qui constate l'annonce de travaux qui vont de toute évidence empiéter largement sur son terrain ; elle peut ainsi assurer la protection de sa situation.

b) Les actions préventives interdites

1) *Les actions interrogatoires*

181 **Des actions contraires à la liberté de choix octroyée au défendeur.** Une action interrogatoire, comme son nom le laisse entendre, vise à contraindre une personne à se prononcer immédiatement sur une option qui lui appartient.

On en trouve une illustration en matière de succession : la procédure d'« acceptation à concurrence de l'actif net » laisse à l'héritier un délai de quatre mois à compter du décès pour exercer son option successorale[257]. Passé ce

256. Circulaire du 19 février 2015 de présentation des dispositions de la loi n° 2015-177 du 16 février 2015 relative à la modernisation et à la simplification du droit et des procédures dans les domaines de la justice et des affaires intérieures.

257. Depuis la loi n° 2006-728 du 23 juin 2006 *portant réforme des successions et des libéralités*.

délai, il pourra être sommé de se prononcer (art. 771 C. civ.[258]), auquel cas il disposera d'un délai de deux mois – voire davantage, pour justes motifs qu'il lui incombe de présenter au juge – pour prendre parti (étant prévu que ce délai est suspendu dès la demande de prorogation : art. 772). En revanche, en l'absence de sommation, l'héritier taisant est tenu pour renonçant à l'expiration d'un délai de dix ans (art. 781). Bref, l'héritier bénéficie d'un délai de réflexion. La question des actions interrogatoires se limite à savoir si l'on peut ou non « contraindre » l'intéressé à se prononcer avant l'expiration du délai. L'illustration retenue n'est pas la seule envisageable : ainsi en cas de vice du consentement, le cocontractant peut-il contraindre la victime du vice à dire si elle compte agir avant l'expiration du délai ?

Le Code de procédure civile[259] n'admet pas ces actions interrogatoires et ce, parce qu'elles ruineraient le principe même de l'option pourtant accordée à la personne interrogée.

Par exception néanmoins, l'action interrogatoire est autorisée dans un domaine, qui est celui du droit des sociétés : en effet, lorsqu'un vice du consentement ou une incapacité vicie la société ou des actes et délibérations postérieurs, les articles 1844-12 du Code civil et L. 235-6 du Code de commerce prévoient que toute personne y ayant intérêt peut mettre en demeure celui qui est susceptible d'agir, soit de régulariser (étant entendu que la possibilité de régulariser la nullité est une condition d'application de ces textes), soit d'agir en nullité dans un délai de six mois et ceci à peine de forclusion[260].

2) *Les actions provocatoires (ou actions de jactance)*

182 **Des actions contraires au principe du caractère facultatif de l'action en justice.** Dans l'ancien droit, ces actions étaient largement admises. Une personne était troublée dans son honneur ou dans ses biens par les menaces ou *jactances* d'une autre personne. La victime pouvait contraindre cette dernière à saisir la justice afin qu'elle vienne établir le bien-fondé de ses allégations. Faute de le faire, elle se voyait imposer un silence perpétuel.

Ces actions étaient contraires au caractère facultatif de l'action en justice et constituaient une atteinte au libre choix de la personne. De sorte qu'elles ne sont plus admises aujourd'hui. D'autant que l'admission des actions provocatoires aboutissait à renverser le principe qui gouverne la charge de la preuve : normalement, c'est à celui qui forme une demande qu'il appartient de prouver sa prétention (*actori incumbit probatio ; onus probandi incumbit ei qui dicit*). Or l'action provocatoire impose à l'adversaire de saisir la justice pour apporter la preuve de ses allégations. L'admission des actions provocatoires avait donc pour conséquence d'inverser les rôles.

À titre exceptionnel, lorsque les prétentions alléguées constituent une menace sérieuse, il semble logique d'admettre la possibilité d'une telle action tendant à obliger celui qui prétend avoir un droit à l'établir. Le Code de la propriété intellectuelle semble s'inspirer de cette idée sans aller toutefois jusqu'à

258. L'initiative de cette action interrogatoire revenant à un créancier de la succession, un cohéritier, un héritier de rang subséquent ou à l'État.

259. Voy. et rappr. art. 2237 C. civ.

260. La forclusion, comme le mot l'indique, clôt la faculté d'agir. Elle manifeste la perte du droit d'agir en nullité.

contraindre celui dont on attend une réponse de saisir lui-même le juge, au travers de l'article L. 615-9. Ce texte permet à une personne « qui justifie d'une exploitation industrielle sur le territoire d'un État membre de la Communauté économique européenne ou de préparatifs effectifs et sérieux à cet effet », d'« inviter le titulaire d'un brevet à prendre parti sur l'opposabilité de son titre à l'égard de cette exploitation ». Si la réponse formulée par le breveté va à l'encontre de l'exploitation en cours ou envisagée, voire si la seule réponse a été un silence conservé pendant une durée de trois mois, l'auteur de l'interrogation peut assigner le titulaire du brevet devant le tribunal pour que ce dernier décide si le brevet en cause fait ou non obstacle à l'exploitation. L'esprit de l'action de jactance est présent, si ce n'est que celui qui agit demeure ici la victime du refus ou du silence qu'elle prétend infondés.

E19 Cas récréatif à partir de l'exception de vérité

L'exception de vérité est-elle une action provocatoire ? Pour pouvoir répondre à cette interrogation, il convient de partir des textes qui envisagent tant l'incrimination concernée que ladite exception.
S'agissant de l'infraction, elle est visée par l'article 29 de la loi du 29 juillet 1881, qui déclare :
« Toute allégation ou imputation d'un fait qui porte atteinte à l'honneur ou à la considération de la personne ou du corps auquel le fait est imputé est une diffamation. La publication directe ou par voie de reproduction de cette allégation ou de cette imputation est punissable, même si elle est faite sous forme dubitative ou si elle vise une personne ou un corps non expressément nommés, mais dont l'identification est rendue possible par les termes des discours, cris, menaces, écrits ou imprimés, placards ou affiches incriminés.
Toute expression outrageante, termes de mépris ou invective qui ne renferme l'imputation d'aucun fait est une injure ».
Il résulte de la lecture de l'article 29 que ce qui peut être éventuellement couvert par une démonstration révélant la vérité est la diffamation, non l'injure...
L'article 35 de la loi contient quant à lui l'ainsi nommée « exception de vérité » et permet de toujours apporter la preuve de la vérité des faits diffamatoires, sauf dans une hypothèse qui est celle de l'imputation touchant à la vie privée[261].
Par suite, si « la preuve du fait diffamatoire est rapportée, le prévenu sera renvoyé des fins de la plainte ».
Les éléments de droit sont posés. Il faut les remettre dans l'ordre : l'action fondée sur la diffamation portée contre une personne est intentée par celui qui s'estime diffamé ; c'est alors (et donc après) que l'exception de vérité pourra par principe être apportée. Ceci démontre que l'exception de vérité ne correspond pas à une action provocatoire, mais à un moyen de défense.

3) *Un intérêt direct et personnel*

183 **« À chacun suffit son intérêt ».** Seul celui dont l'intérêt personnel est lésé peut saisir les tribunaux. Un demandeur ne saurait se prévaloir de l'intérêt d'autrui. C'est ainsi qu'en présence d'une atteinte au droit de propriété résultant d'une voie de fait, la remise en état des lieux ne peut être demandée par le locataire de l'immeuble qui n'est pas le titulaire du droit réel d'appui et qui ne peut que demander à son bailleur de lui assurer la jouissance paisible du local loué. Dans

261. Les deux autres cas ont été abrogés à la suite d'arrêts du Conseil constitutionnel : l'un se référait à des faits constitutifs d'une infraction amnistiée, prescrite, ou effacée par la réhabilitation ou la révision - déc. n° 2013-319 QPC du 7 juin 2013, et l'autre visait des faits antérieurs à 10 ans - déc. n° 2011-131 QPC du 20 mai 2011.

l'espèce, il était prétendu par le locataire que des travaux entrepris par un tiers empiétaient sur le terrain dont il bénéficiait au titre du contrat de bail ; mais ce faisant, la voie de fait prétendument réalisée sanctionne une atteinte à la propriété immobilière et le locataire n'est pas le bénéficiaire direct de la règle qu'il a énoncée à l'appui de sa demande. Il invoquait, en réalité, l'intérêt d'autrui[262]. Il en va de même lorsque, sur un forum de discussion accessible par Internet, un message d'un internaute incite à « supprimer Raël, cette organisation qui veut à tout prix nous rendre idiots (à 250 000 dollars pièce...) » : le propos poursuivi ne vise pas alors l'intéressé lui-même, mais l'organisation qu'il dirige et par conséquent, le demandeur personne physique ne peut se prévaloir d'un « intérêt à agir en réparation d'un préjudice personnel »[263].

La règle est parfois autrement présentée, par le rappel du principe selon lequel « nul ne plaide par procureur ». Si, historiquement, la règle a d'abord signifié une obligation de présence personnelle des plaideurs, elle est désormais entendue comme une prohibition de la représentation par un mandataire qui serait seul dans l'instance et qui ne dévoilerait pas le nom de son mandant. Ce dernier doit être clairement dans la procédure[264]. Dans une affaire qui a donné lieu à un arrêt de 2001, le Fonds de garantie contre les accidents de circulation et de chasse avait demandé la condamnation de conducteurs impliqués dans un accident de la circulation aux lieu et place de la victime et au bénéfice direct de cette dernière. Mais en l'absence de toute prétention de cette victime contre les coresponsables de l'accident et leur assureur, le Fonds, dont l'obligation n'est que subsidiaire, ne pouvait agir de la sorte. Par application du principe rappelé, il a été déclaré irrecevable en sa demande[265].

184 **De l'intérêt indirect et collectif.** La question de l'exigence d'un intérêt direct et personnel a souvent été transposée à l'action en justice exercée par ou contre un groupement (ce qui nécessite que ce groupement ait la personnalité morale[266]). En réalité, deux cas sont à envisager ici, car une personne morale peut être amenée à vouloir exercer deux sortes d'action : soit elle agit pour la défense d'un intérêt direct et personnel et c'est son propre intérêt qui est alors en jeu. Par conséquent, elle peut agir. Soit le groupement décide d'agir pour la défense des intérêts de la collectivité qu'il est censé représenter et dans ce cas, il faut faire référence aux retombées des agissements contestés sur les intérêts collectifs des individus que représente le groupement.

Généralement, la question de cette action se pose devant les juridictions répressives. Mais elle apparaît également parfois devant les juridictions civiles. Quelle que soit l'action envisagée (action civile portée devant la juridiction répressive ou au civil uniquement), la difficulté réside dans le risque de concurrence créé avec le ministère public. C'est tout de même à lui que doit revenir de défendre les intérêts généraux de la société. C'est ce qui explique la réticence parfois rencontrée, spécialement s'agissant des associations. Les solutions du

262. Cass. (3ᵉ civ.), 12 juillet 2006, n° 05-16.107, *Bull. civ.*, III, n° 173.
263. Cass. (1ʳᵉ civ.), 9 juillet 2009, n° 08-12.720, *Bull. civ.*, I, n° 170.
264. H. ROLAND et L. BOYER, *Adages du Droit Français*, 4ᵉ éd., Paris, Litec, 1999.
265. Cass. (2ᵉ civ.), 29 novembre 2001, n° 00-10.549, *Bull. civ.*, II, n° 175.
266. Ainsi, une société créée de fait ne peut être attraite en justice : Cass. com., 4 juillet 2006, n° 04-16.578, *Bull. civ.*, IV, n° 168.

droit positif sont en effet à nuancer selon qu'il s'agit d'un syndicat ou d'une association.

Cependant, il faudra retenir ici que si l'on a reconnu aux syndicats un large pouvoir d'agir alors que l'on a souvent été restrictif pour les associations, ce n'est pas pour une question d'*intérêt*, mais pour une question d'attribution de la *qualité* pour agir : favoriser ou restreindre ce pouvoir d'agir qui se rapproche d'une « action publique », dépend en effet et avant tout d'une politique judiciaire. Lorsqu'une association se voit reconnaître par un texte le pouvoir d'agir en justice, alors que la veille elle ne l'avait pas, ce n'est pas son intérêt qui a changé, c'est simplement que le législateur lui a accordé qualité pour agir. Cette remarque explique et justifie que la question de l'action en justice des personnes morales impose au préalable de définir et de cerner la notion de qualité pour agir.

B) La qualité pour agir

185 **Un titre juridique permettant de saisir une juridiction.** La qualité est le titre juridique qui autorise une personne à prendre l'initiative d'une action en justice. La raison d'être de cette *qualité* est d'éviter les interventions intempestives dans le patrimoine d'autrui.

L'article 31 du Code de procédure civile fait de la qualité une condition autonome, qui apparaît tantôt mais de manière incorrecte comme une aptitude à agir, tantôt et de façon plus exacte comme un pouvoir à agir.

186 **La qualité, aptitude à agir ?** ***Il est traditionnel de dire que celui qui a un intérêt direct et personnel a en principe vocation à agir et donc, qualité pour agir***. La qualité semble alors découler de l'intérêt direct qu'a une personne de saisir la justice et, sous cet angle, la qualité et l'intérêt se confondent. La qualité ne se présente alors que comme un aspect particulier de l'intérêt.

Cette approche et ce rapprochement de l'intérêt et de la qualité sont en réalité contestables, car la qualité est un pouvoir.

187 **La qualité est un pouvoir !** ***En tant que pouvoir, la qualité peut être entendue, d'abord, comme une condition restrictive par rapport à l'intérêt***. En effet, tous ceux qui ont un intérêt n'ont pas forcément qualité pour agir. Ainsi, la loi réserve parfois le droit d'agir à une personne déterminée (on parle d'action attitrée) et par voie de conséquence, **la qualité pour agir n'est pas reconnue à tous ceux qui ont intérêt à agir**[267] :

- le désaveu de paternité est réservé au mari de la mère ; les héritiers, même s'ils y ont intérêt, ne peuvent agir à sa place[268] ;
- le créancier du mari pourrait avoir un intérêt direct et personnel à demander le divorce de son débiteur si c'est la femme qui gaspille l'argent (et

267. Il est à l'inverse arrivé que la loi soit venue attribuer qualité pour agir à une personne qui en était dépourvue : ainsi, il avait été jugé que si l'acquéreur d'un bail rural évincé par une SAFER qui avait exercé son droit de préemption avait intérêt à l'annulation de la préemption, il n'avait pas qualité pour la provoquer (Cass. (3e civ.), 28 janvier 1987, n° 85-14.406, *Bull. civ.*, III, n° 15) ; mais le législateur est venu lui accorder expressément cette qualité (voy. l'article L. 412-8, alinéa 4, du Code rural et de la pêche maritime).

268. Voy. en parallèle et dans un même sens les articles 325 et s. C. civ., à propos des actions aux fins d'établissement de la filiation.

inversement, le créancier de la femme, dans le cas du mari dépensier) ; mais ce créancier n'a pas qualité pour exercer l'action en divorce au lieu et place du conjoint. L'action en divorce est réservée aux époux ;
- en matière de procédures collectives, la défense des intérêts des créanciers dans une procédure de liquidation relève du liquidateur, de sorte que le créancier qui a introduit une action individuelle en vue d'obtenir « réparation d'un préjudice qui n'est pas distinct de celui causé aux autres créanciers, est irrecevable » en sa demande[269] ;
- lorsque les statuts d'une société prévoient un mécanisme de préemption au profit des parties à un accord de partenariat, le tiers qui entend acquérir une participation au capital social et qui est évincé du fait de l'exercice du droit de préemption, a intérêt à l'annulation de la préemption prévue par les statuts, mais il n'a pas qualité à agir à cette fin[270].

La qualité peut être entendue, ensuite et **à l'inverse**, de façon extensive par rapport à l'intérêt. Il s'ensuit que **l'on peut avoir qualité sans avoir intérêt** : l'article 1166 du Code civil donne qualité au créancier pour agir par voie oblique et exercer les droits de son débiteur. Mais s'il ne peut profiter de l'action, étant primé par un créancier privilégié, sa demande doit être tenue pour irrecevable faute d'intérêt[271].

Il apparaît en définitive que l'intérêt concerne le résultat de la demande, alors que la qualité est une question de titularité de l'action. Le fait que, bien souvent, la personne qui a intérêt à agir a aussi qualité pour agir, ne doit pas conduire à les confondre de manière générale.

188 **Hypothèse de la représentation.** Chaque fois qu'une personne peut justifier d'un pouvoir qui l'habilite à agir pour le compte d'autrui, sa demande sera recevable… Et nous retrouvons la question de l'action des personnes morales, pour lesquelles il y a lieu d'opérer une distinction selon que l'on est en présence d'un syndicat ou d'une association.

a) Les syndicats

189 **La reconnaissance du pouvoir d'agir.** Lorsque le syndicat, personne morale, entend agir pour la défense de ses intérêts personnels, il peut sans conteste ester en justice. Il est même admis que le syndicat puisse agir à la place d'un salarié pour la défense des intérêts propres de ce dernier : c'est l'action en substitution, dont peuvent bénéficier même les salariés non adhérents de l'organisation[272]. Quant à la défense des intérêts collectifs de la profession (appelée parfois *action syndicale*), l'attribution du pouvoir d'agir aux syndicats

269. Cass. com., 4 octobre 2005, n° 04-16.329, *Bull. civ.*, IV, n° 195 (irrecevabilité d'ordre public – soulevée d'office).

270. Cass. (com.), 2 février 2016, n° 14-20.747.

271. Voy. *contra*, Cass. (1re civ.), 6 février 2008, n° 06-20.267, *Bull. civ.*, I, n° 49 : « la circonstance que le créancier, demandeur à l'action en partage, peut être primé par d'autres créanciers disposant d'un privilège de rang meilleur n'est pas de nature à le priver de son intérêt à agir ».

272. Pour des illustrations, voy. art. L. 2262-9 (exercice de l'action au profit d'un de ses membres), L. 8255-1 (travailleur étranger), L. 1134-2 (discriminations), L. 1235-8 (en cas de licenciement économique du salarié) C. trav.

professionnels a été d'origine jurisprudentielle. C'est un arrêt des chambres réunies du 5 avril 1913 qui l'a affirmé[273]. La solution a été entérinée par une loi du 12 mars 1920 intégrée depuis au Code du travail (aujourd'hui art. L. 2132-3).

Les droits réservés à la partie civile peuvent être exercés devant toutes les juridictions par les syndicats, dès qu'a été causé un préjudice direct ou indirect aux intérêts collectifs de la profession qu'ils représentent. Et comme le syndicat représente la profession, il est habilité à agir, quand bien même le litige ne porterait que sur un préjudice d'ordre moral[274].

190 **Les limites à ce pouvoir.** Elles se déclinent en trois propositions :

- D'abord, l'intérêt allégué doit intéresser la collectivité de la profession. S'il est question de poursuivre le versement d'heures complémentaires à un salarié particulier, la demande sera irrecevable[275]. La lésion d'un intérêt individuel n'entre pas dans le pouvoir d'action général du syndicat[276]. Il se peut cependant que certains intérêts participent à la fois d'une dimension individuelle et collective. Ainsi, lorsque la méconnaissance de la réglementation de sécurité a entraîné un accident du travail, le syndicat est recevable à agir[277].
- Ensuite, l'intérêt allégué doit répondre aux objectifs poursuivis par le syndicat ; est donc attendue la démonstration d'un « préjudice indirect » aux intérêts du syndicat, c'est-à-dire que le fait qui a directement (et donc principalement) touché la victime se répercute sur les intérêts collectifs de la profession que le syndicat représente.
- Enfin, dans l'hypothèse où les faits allégués constituaient une infraction pénale, la chambre criminelle exigeait que l'intérêt ne se confonde pas avec l'intérêt général dont le ministère public a la charge. La chambre criminelle a cependant abandonné cette exigence, la tendance actuelle étant d'admettre les constitutions de partie civile des syndicats, tant en matière d'infractions à la législation économique[278], que pour veiller au respect de la législation du travail[279].

---

273. *D.*, 1914, 1, 65, rapport Falcimaigne, concl. Sarrut.

274. Cass. (1re civ.), 22 octobre 1985, n° 84-12.149, *Bull. civ.*, I, n° 270 (risque d'atteinte à la liberté des entrepreneurs de bâtiment d'adhérer à tel ou tel syndicat et de s'assurer, en fonction de la concurrence, au mieux de leurs intérêts).

275. Cass. soc., 6 février 1953, *S.*, 1954, 1, 157.

276. Voy. aussi à propos de l'action en contestation du transfert d'un contrat de travail, droit exclusivement attaché à la personne du salarié (Cass. soc., 11 septembre 2012, n° 11-22.014, *JCP S*, 2012, 1521, note G. Loiseau), de sorte que le syndicat qui entend agir en raison d'une fraude alléguée aux droits des salariés est irrecevable à le faire tant que le juge ne s'est pas prononcé sur la validité dudit transfert (Cass. soc., 9 mars 2016, nos 14-11.837 & 14-11.862).

277. Voy. Cass. crim., 26 octobre 1967, *Dr. soc.*, 1968, 239, obs. J. Savatier.

278. Et sous cet angle, l'action est également ouverte aux syndicats d'employeurs. C'est ainsi qu'a été admise la demande d'un syndicat d'employeur agissant contre des entreprises méconnaissant la réglementation relative au repos dominical : Cass. Ass. plén., 7 mai 1993, nos 91-12.611 & 91-12.704, *D.*, 1993. 437, concl. Jéol.

279. Par exemple, Cass. crim., 20 novembre 1980, n° 80-92.344, *Bull. crim.*, n° 309 (violation de la législation sur l'organisation de la presse – recevabilité de l'action d'un syndicat de journalistes).

b) Les associations

191 **Absence de texte général mais existence de dérogations particulières.** Comme les personnes physiques, les personnes morales ont capacité et pouvoir d'agir en justice. Et comme les personnes physiques, les personnes morales ne peuvent agir qu'à la condition de pouvoir invoquer un préjudice direct et personnel. Il s'ensuit que la personne morale peut se constituer partie civile lorsqu'elle réclame la réparation d'un dommage résultant d'un acte commis à son détriment. Par exemple, elle est victime de l'inexécution d'un contrat qu'elle a passé. La difficulté concerne l'hypothèse où une personne morale invoque la lésion d'un intérêt collectif dont elle a la charge. L'intérêt collectif est une notion difficile à saisir : ce n'est pas le préjudice individuel (exemple d'une diffamation commise à l'encontre d'un médecin pris individuellement *ès qualités*), ce n'est pas le préjudice social (par exemple un trouble à l'ordre public) ; c'est quelque chose entre les deux. Le préjudice collectif résulte d'une atteinte essentiellement morale à la situation de tous ceux qu'unit une même condition sociale, professionnelle ou encore un même idéal.

Cette question de la défense d'un intérêt collectif est importante, car rien n'est plus facile, juridiquement, que de constituer une association. En outre, les associations sont extrêmement nombreuses. Or, dès qu'il est question d'intérêts collectifs, c'est la figure du ministère public qui apparaît et, particulièrement sous l'angle pénal, l'idée que l'opportunité des poursuites doit rester son apanage. Toute action civile exercée devant le juge pénal déclenche le procès pénal et met en mouvement l'action publique. Aussi, en ouvrant largement aux personnes morales le droit d'agir, on risque de bafouer les prérogatives du ministère public, puisque c'est une personne privée (l'association) qui aura été à l'initiative des poursuites. Mais dans le même temps, il faut éviter de restreindre par trop ce droit d'agir des personnes morales, car non seulement le ministère public peut refuser de poursuivre, en vertu du principe d'opportunité des poursuites, mais encore, il ne peut veiller à tout. De sorte que les associations peuvent être utiles en ce sens et singulièrement en matière civile. C'est pourquoi, si aucun texte général ne donne aux associations le pouvoir d'agir pour la défense d'intérêts collectifs et indirects, le législateur a prévu certaines exceptions à l'exclusion de principe de l'action des associations et a investi certaines d'entre elles d'une mission particulière.

De nombreux textes sont spécifiques à l'action civile qu'entend engager une association alors que le fait contesté est constitutif d'une infraction pénale, entre autres exemples, les dispositions du Code de la santé publique ou la liste continuellement étendue des articles 2-1 et suivants du Code de procédure pénale. Ce n'est pas alors la voie civile qui est envisagée mais la mise en mouvement, indirecte, de l'action publique devant une juridiction répressive. Bien que la jurisprudence vérifie la conformité de l'intérêt allégué au but poursuivi par l'association – ce qui est bien la moindre des choses et renvoie au principe de spécialité statutaire, à savoir que le fait à l'origine de l'action soit en rapport avec l'objet de l'association tel qu'il ressort de ses statuts –, il faut reconnaître que cela ne constitue pas une limite insurmontable à leur action.

Parmi les exceptions légales propres à la matière civile, relevons entre autres le rôle admis des associations de consommateurs, lorsqu'elles ont été agréées aux fins de défense des intérêts de ces derniers (art. L. 421-1 du

Code de la consommation), mais aussi l'union nationale et les unions départementales des associations familiales, habilitées à exercer l'action civile relativement aux faits de nature à nuire aux intérêts moraux et matériels des familles (sans avoir à justifier d'un agrément ou d'une autorisation préalable de l'autorité publique, art. L. 211-3 du Code de l'action sociale et des familles), les associations de protection de l'environnement agréées, la fédération départementale des associations agréées de pêche et de protection du milieu aquatique et les associations agréées de pêcheurs professionnels (art. L. 142-1 et L. 433-2 du Code de l'environnement) ou encore les associations régulièrement déclarées ayant pour objet statutaire explicite la défense des investisseurs en titres financiers ou en produits financiers (art. L. 452-1 du Code monétaire et financier). S'agissant de l'action en justice des associations de consommateurs, une évolution jurisprudentielle est à relever : une association, ayant la qualité de professionnel, établissait un contrat-type de location saisonnière et le diffusait auprès de ses adhérents (bailleurs). Ce modèle comprenait une clause interdisant la détention d'animaux familiers dans les locaux donnés en location et *l'UFC Que Choisir* a agi en vue de la suppression de ladite clause. Pour la Cour de cassation : « l'action préventive en suppression de clauses abusives ouverte aux associations agréées de défense des consommateurs a vocation à s'appliquer aux modèles types de contrats destinés aux consommateurs et rédigés par des professionnels en vue d'une utilisation généralisée » et ceci alors en l'absence de relation directe entre les locataires (consommateurs) et l'association[280].

192 **Du mandat en représentation conjointe.** La loi n° 92-60 du 18 janvier 1992 renforçant la protection des consommateurs est venue permettre à des consommateurs identifiés qui ont subi des préjudices causés par le fait du même professionnel et ayant une origine commune, de donner mandat d'agir en réparation en leur nom, à une association agréée de consommateurs. Cette « action en représentation conjointe » des associations agréées de consommateurs aujourd'hui intégrée au Code de la consommation (art. L. 622-1 à L. 622-4), est une forme d'action de groupe.

L'action en représentation conjointe est réglementée dans le détail par les articles R. 622-1 à R. 622-10 du Code[281], qui organisent le régime de ce mandat dans la seule hypothèse où l'action est exercée devant les juridictions civiles.

Sont ainsi définis avec précision la forme (nécessairement écrite), le contenu et l'étendue du mandat, mais aussi la règle d'évaluation du montant du litige au regard des taux de compétence et de ressort (est adoptée la solution de l'article 36 du Code de procédure civile : la règle adoptée est la prise en compte de la plus élevée des prétentions). S'ajoute encore, notamment, la détermination du destinataire des convocations et notifications, à savoir, l'association.

---

280. Cass. (1re civ.), 3 février 2011, n° 08-14.402, *Bull. civ.*, I, n° 23. Revirement par rapport à la décision du 4 mai 1999, n° 97-14.187, *Bull. civ.*, I, n° 147, qui avait estimé que devait être déclarée irrecevable la demande d'associations de consommateurs en suppression de clause.

281. Le texte d'origine est le décret n° 92-1306 du 11 décembre 1992 portant application de l'article 8-1 de la loi n° 88-14 du 5 janvier 1988 modifiée relative aux actions en justice des associations nationales agréées de consommateurs et à l'information des consommateurs, *JO*, 17 décembre, p. 17252.

193 **De la protection du consommateur, au soutien apporté aux personnes isolées.** Le mandat en représentation conjointe a été étendu à d'autres associations, telles les associations de défense des investisseurs qui peuvent, à condition d'avoir été mandatées par au moins deux des investisseurs concernés, agir en réparation devant toute juridiction, au nom de ces investisseurs (art. L. 452-2 C. mon. et financier). Le mandat, nécessairement donné par écrit, ne peut être sollicité par voie d'appel public télévisé ou radiophonique, ni par voie d'affichage, de tract ou de lettre personnalisée (al. 2), sauf au président du tribunal de grande instance ou au président du tribunal de commerce selon le cas, saisi en référé, à autoriser une telle association mais agréée[282] à solliciter par ces moyens un mandat des actionnaires (al. 3).

L'article L. 142-3 du Code de l'environnement[283] prévoit que lorsque des personnes physiques identifiées ont subi des préjudices individuels causés par le fait d'une même personne et qui ont une origine commune, elles peuvent, si elles sont au moins deux des personnes physiques concernées, mandater une association agréée au titre de l'article L. 141-1[284], pour agir en réparation en leur nom. Il faut pour cela que l'on soit en présence (la liste résulte de l'article L. 142-2, et elle est étendue) d'une infraction aux textes visant à la protection de la nature et de l'environnement, à l'amélioration du cadre de vie, à la protection de l'eau, de l'air, des sols, des sites et paysages, à l'urbanisme, ou aux textes ayant pour objet la lutte contre les pollutions et les nuisances, la sûreté nucléaire et la radioprotection. Afin d'éviter que les associations ne voient dans cette législation une invitation au développement du contentieux, le mandat donné ne peut être sollicité par l'association et doit nécessairement être donné par écrit par chaque personne physique concernée.

La réglementation (art. R. 141-1 et s.) précise également le régime de la révocation du mandat, l'obligation d'information sur la procédure mise à la charge de l'association mandataire vers ses mandants (art. R. 141-9) et, au travers de son rapport financier et moral, l'information délivrée à l'autorité qui a accordé l'agrément (art. R. 141-19). Enfin, sont définies les mentions que doit contenir, à peine de nullité, l'acte introductif d'instance, la déclaration d'appel et de pourvoi en cassation. Ces diverses règles confirment que ce mandat d'agir doit s'analyser comme un pouvoir au sens de l'article 117 du Code de procédure civile.

194 **Absence de texte particulier et situation des associations dites « ordinaires ».** Pour les autres associations, les associations dites « ordinaires », la jurisprudence s'est montrée plus sévère et, à l'origine, n'admettait l'action de l'association qu'à la condition que soit apportée la preuve que chaque membre de l'association a été individuellement lésé. C'est la jurisprudence dite des *ligues de défense*, associations qui se constituent de personnes confrontées à une même situation ou à une même difficulté et qui décident de réunir leurs forces en se regroupant[285]. Il a été admis par la jurisprudence que la lésion de l'intérêt

282. Pour les conditions de l'agrément, voy. art. L. 452-1 C. mon. et financier.

283. Dispositions semblables pour l'outre-mer : art. L. 611-4, L. 621-4 et L. 631-4 C. envir.

284. L'agrément administratif suppose que l'association soit régulièrement déclarée et qu'elle exerce ses activités statutaires depuis au moins trois ans dans le domaine concerné.

285. Voy. récemment pour une association qui s'est donnée pour objet de protéger les sentiments religieux de ses membres : Cass. (1re civ.), 14 novembre 2000, *Bull. civ.*, I, n° 289 (recevabilité de l'action tendant à l'interdiction sous astreinte de la mise en vente d'un livre).

d'un seul des membres de l'association était suffisante à justifier l'action en justice de l'association[286].

Le débat trouve un prolongement dans l'analyse de cette action exercée par l'association : s'agit-il d'un pouvoir (délivré en vertu d'un mandat) ou d'une qualité à agir au nom d'autrui qui lui est reconnu (et donc, une action qui lui est propre) ? Dès l'instant qu'il suffit à l'association de défendre les intérêts individuels de la totalité ou d'une partie seulement de ses membres, pour être admise à agir en justice, se dégage l'idée d'une action de substitution nouvelle et donc, la création d'un intérêt personnel à l'association[287].

En doctrine, certains suggèrent une ligne de partage entre les diverses associations et souhaitent que, de façon générale, les associations de défense soient admises largement à agir pour la défense d'un intérêt indirect et collectif, alors que les autres associations resteraient soumises à la preuve d'un intérêt individuellement lésé. Toutefois, à partir du moment où le législateur est intervenu à plusieurs reprises dans un sens favorable à tel ou tel type d'association, il est possible de se montrer plus exigeant envers toutes les autres. D'autant que le législateur, périodiquement, montre des signes d'ouverture en faveur de telle ou telle association. Ainsi et par exemple, lorsque la loi n° 2001-1066 *relative à la lutte contre les discriminations* est venue permettre aux associations régulièrement constituées depuis cinq ans au moins, œuvrant pour la lutte contre les discriminations ou dans le domaine du handicap, d'exercer une action en justice en faveur d'un candidat à un emploi, à un stage ou une période de formation en entreprise ou d'un salarié, sous réserve de justifier d'un accord écrit de l'intéressé. Cette action ne retire pas à l'intéressé la possibilité d'intervenir personnellement à l'instance engagée par l'association et même, d'y mettre un terme à tout moment[288], à l'instar des hypothèses de procédure pénale où, dans certains cas (par ex. les diffamations ou les injures par voie de presse de l'article 48 de la loi du 29 juillet 1881), le ministère public ne peut rien faire quand la victime bloque les poursuites. Dans toutes ces situations, la solution est dirigée par l'idée qu'il se peut que le déclenchement d'une procédure, peut-être de manière intempestive, puisse causer plus de torts à la victime que l'inaction. C'est alors à la victime de décider s'il est de son intérêt que le procès soit ou non ouvert indépendamment de la dimension collective qu'il peut le cas échéant revêtir.

---

286. Un arrêt a néanmoins semblé de nature à relancer le débat sur cette question : Cass. (3e civ.), 4 novembre 2004, *Procédures*, 2005, comm. 1, R. Perrot, qui, avec J. Héron et Th. Le Bars (*Droit judiciaire privé*, 3e éd., Paris, Montchrestien, 2006, n° 92), considère qu'un intérêt ne peut devenir collectif que s'il réalise la convergence de plusieurs intérêts individuels. Un seul ne suffit pas à atteindre cet objet.

287. J. Héron et Th. Le Bars, *Droit judiciaire privé*, *op. cit.*, n° 92, spéc. p. 88 ; voy. aussi L. Cadiet et E. Jeuland, *Droit judiciaire privé*, *op. cit.*, n° 385, *in fine*, spéc. note 173.

288. Art. L. 1134-3 C. trav.

E 20 *Class action* américaine ou action de groupe à la française ?

Qu'il soit question de *recours collectifs* ou d'*actions de groupe*, il est toujours fait référence à ces procédures apparues au Royaume-Uni et développées tant en Amérique qu'au Québec sous la dénomination de *class actions*.

Selon la Cour suprême des États-Unis, par un arrêt du 24 juin 2010, les actions de groupe qui sont ouvertes par la loi américaine ne sont cependant recevables que si le demandeur, le défendeur ou les faits dommageables sont situés aux États-Unis[289].

Lorsqu'il était président de la République, Jacques Chirac avait souhaité que ces actions soient également ouvertes en France. Un rapport établi sous la coprésidence de MM. Cerutti et Guillaume, déposé le 16 décembre 2005, proposait deux sortes d'actions collectives. Définie comme « l'action introduite par un représentant pour le compte de toute une classe de personnes ayant des droits identiques ou similaires qui aboutit au prononcé d'un jugement ayant autorité de la chose jugée à l'égard de tous les membres de la classe », l'action de groupe pouvait, selon l'approche des auteurs de ce rapport, prendre deux formes. La première s'inspire de la *class action* américaine ou québécoise et vise à permettre à toute personne (physique comme morale, avocat ou association) d'agir au nom d'un groupe constitué soit par adhésion expresse (*opt-in*), soit par adhésion par défaut (*opt-out* : ne sont alors exclus de l'action engagée que ceux qui auront manifesté leur intention en ce sens). La seconde voie proposée est celle d'une action en déclaration de responsabilité pour préjudice de masse préconisée devant la Commission par le Recteur Serge Guinchard[290] : la procédure serait lancée par une personne (qui peut être une association) et viserait à la déclaration de responsabilité de l'auteur du fait dommageable. Mais le tribunal surseoirait à statuer sur la réparation pour donner aux victimes le temps et l'occasion de se manifester. Celles qui interviendraient seraient associées à l'autorité de la chose jugée et verraient le tribunal statuer sur leur demande de dommages et intérêts ; celles qui préféreraient agir de leur côté conserveraient la liberté de le faire (mais ne bénéficieraient évidemment pas en ce cas de la première phase judiciaire accomplie, celle de reconnaissance de la responsabilité de leur adversaire).

Après divers projets et péripéties législatives, l'action de groupe est née en France, par la loi n° 2014-344 du 17 mars 2014 relative à la consommation. L'action de groupe figure aux articles L. 623-1 et suivants du Code de la consommation. Cette réforme a cependant été réalisée *a minima* car initialement limitée au droit de la consommation ou aux préjudices de consommation qui résulteraient de pratiques anticoncurrentielles. Le texte réserve l'initiative de l'action aux associations de défense des consommateurs, mais uniquement celles représentatives au niveau national et agréées. La demande produit un effet suspensif des actions qui pourraient être engagées individuellement, mais aussi et en conséquence, une suspension de la prescription des demandes individuelles. Le délai recommencera à courir, au minimum pour six mois, à compter de la date où la décision rendue sur l'action collective n'est plus susceptible de recours ordinaire ou de pourvoi en cassation ou de l'homologation d'un éventuel accord qui aurait été obtenu à l'issue d'une médiation (prévue par l'art. L. 623-27).

La procédure, qui relève de la compétence du tribunal de grande instance, intervient en deux étapes. La première vise, pour le juge, à se prononcer sur la responsabilité du professionnel et à délimiter le groupe de consommateurs visés par le dommage. Si cette responsabilité est retenue, le juge ordonne, d'une part, des mesures d'information à l'adresse des consommateurs qui pourraient relever du groupe tel que retenu et, d'autre part, fixe le délai dont disposent les consommateurs pour adhérer au groupe. Il s'agit donc ici d'un système *d'opt-in*. Ce délai, qui court de l'achèvement des mesures de publicité, ne peut être inférieur à deux mois ni supérieur à six mois (art. L. 423-5).

Les textes prévoient aussi une procédure d'action de groupe simplifiée. Elle apparaît en cas d'identité et de nombre de consommateurs lésés connus, lorsque préjudice subi est évaluable à un même montant, par référence à une période ou à une durée de temps. Le juge peut ici condamner le professionnel à une indemnisation directe et individuelle, dans un délai et selon des modalités qu'il fixe (art. L. 423-10).

---

289. E. Gaillard, « États-Unis, coup d'arrêt aux class actions extraterritoriales », *JCP G*, 2010. 1381.

290. Voy. S. Guinchard, C. Chainais et F. Ferrand, *Procédure civile*, *op. cit.*, n° 154.

Dans tous les cas, la décision rendue sur l'action de groupe a autorité de chose jugée sur les membres du groupe, mais chacun conserve la possibilité d'agir individuellement pour obtenir réparation des dommages qui ne pourraient être pris en compte par la nouvelle procédure. L'action de groupe est en effet limitée à la vente de biens ou de la fourniture de services et aux préjudices résultant de pratiques anticoncurrentielles, et « ne peut porter que sur la réparation des préjudices patrimoniaux résultant des dommages matériels subis par les consommateurs » (art. L. 423-1). En revanche, il ne peut y avoir d'action de groupe à répétition : l'action quand elle se fonde sur les mêmes faits, les mêmes manquements et la réparation des mêmes préjudices que ceux ayant déjà fait l'objet du jugement, est irrecevable.
Il est à relever que la clause qui, dans un contrat de consommation, viendrait interdire à une personne de participer à une action de groupe est « abusive » (art. L. 423-25).

Le mécanisme de l'action de groupe a, depuis, été étendu au domaine des dommages corporels en matière de santé au travers de la loi n° 2016-41 du 26 janvier 2016 *de modernisation de notre système de santé* (art. L. 1143-1 et s. C. santé publ.), mais aussi aux discriminations, à la protection de l'environnement, ou encore, au traitement des données personnelles numériques. La loi n° 2016-1547 du 18 novembre 2016 *de modernisation de la justice du XXIe siècle* dite J21, l'a accompagné d'un régime de droit commun de l'action de groupe, dont l'article 60 marque l'entrée. Le dispositif se trouve désormais aux articles 826-2 et suivants du Code de procédure civile.
Le dernier texte en date est le décret n° 2017-888 du 6 mai 2017 *relatif à l'action de groupe et à l'action en reconnaissance de droits prévues aux titres V et VI de la loi n° 2016-1547 du 18 novembre 2016 de modernisation de la justice du XXe siècle.*

Loi n° 2016-1547 du 18 novembre 2016, art. 60 : « Sous réserve des dispositions particulières prévues pour chacune de ces actions, le présent chapitre est applicable aux actions suivantes devant le juge judiciaire :

1° L'action ouverte sur le fondement de la loi n° 2008-496 du 27 mai 2008 portant diverses dispositions d'adaptation au droit communautaire dans le domaine de la lutte contre les discriminations ;
2° L'action ouverte sur le fondement des articles L. 1134-6 à L. 1134-10 du code du travail ;
3° L'action ouverte sur le fondement de l'article L. 142-3-1 du code de l'environnement ;
4° L'action ouverte sur le fondement du chapitre III du titre IV du livre Ier de la première partie du code de la santé publique ;
5° L'action ouverte sur le fondement de l'article 43 ter de la loi n° 78-17 du 6 janvier 1978 relative à l'informatique, aux fichiers et aux libertés. »

SECTION II
Les principales classifications des actions

195 **Droits subjectifs et classifications des actions en justice.** Les actions en justice se distinguent des droits subjectifs dont elles tendent à assurer la protection. Néanmoins, le lien n'est pas rompu, dans la mesure où la qualification de l'action se fait en fonction du droit sous-jacent. Il s'ensuit que l'on va se référer, pour classer les diverses actions en justice, soit à la nature des droits (la distinction qui apparaît alors est celle des actions réelles et des actions personnelles, auxquelles s'ajoutent toutefois les actions mixtes – alors qu'il n'existe pas des droits mixtes, à la fois personnels et réels) soit à l'objet du droit (la distinction qui s'impose en ce cas repose sur l'opposition des actions mobilières et des actions immobilières), soit encore à la combinaison possible de la nature et de l'objet du droit (la distinction est alors celle des actions pétitoires et des actions possessoires, étant immédiatement précisé que ces dernières ont disparu de notre droit[291]).

291. Voy. *supra*, n° 180 et *infra*, nos 200 et s.

§ 1. Les actions personnelles, réelles et mixtes

196 **Une distinction qui intéresse prioritairement le droit du patrimoine.** L'**action réelle**, comme son nom l'indique, permet de sanctionner les droits réels. Elle est par conséquent exercée par le titulaire d'un droit réel contre tout détenteur de la chose. Le propriétaire exercera une action en revendication ou une action pétitoire, qui correspondent au droit de propriété qui la fonde. De son côté, le titulaire d'un droit démembré (servitude, usage ou usufruit) exercera selon le cas une action confessoire lorsqu'il entendra voir reconnaître le droit qu'il prétend détenir, ou une action négatoire lorsqu'il voudra que soit établie l'absence d'un droit sur le bien. Enfin, aux sûretés détenues par un créancier (par exemple, une hypothèque ou un droit de gage) répondent les actions du créancier hypothécaire, gagiste ou, de manière plus générale, privilégié.

L'**action personnelle** sanctionne pour sa part un droit personnel. L'exemple classique réside dans l'action en recouvrement d'une créance : le débiteur doit exécuter une prestation au profit de son créancier. Les droits personnels vont toutefois au-delà de l'hypothèse des créances, dans la mesure où des droits personnels n'ont pas de valeur pécuniaire ; les « actions d'état » (qui ont trait à l'état des personnes, comme une action relative à la filiation) sont aussi des actions personnelles.

L'**action mixte** : il n'existe pas de droit mixte, qui serait à mi-chemin entre le droit réel et le droit personnel ou tenant des deux. Mais il arrive parfois qu'une personne puisse s'appuyer à la fois sur un droit personnel et sur un droit réel alors que la situation à l'origine de ces droits est, quant à elle, unique. Il faut donc supposer qu'un acte juridique portant sur un bien a donné naissance à un droit réel tout en débouchant sur une obligation personnelle. La réalité est ainsi celle de deux actions distinctes mais réunies, puisqu'elles trouvent leur origine dans le même fait.

Imaginons que l'acte juridique passé entre deux personnes soit un contrat de vente. L'acheteur entend agir pour inexécution à l'encontre de son vendeur. Il va donc revendiquer sa propriété (action réelle fondée sur le transfert immédiat de la propriété, qui est intervenu) et dans le même temps, demander la délivrance du bien (action personnelle).

Mais l'action mixte apparaît aussi lorsqu'elle tend, non à la création ou transfert d'un droit immobilier, mais à la remise en cause d'un acte juridique créateur ou translatif d'un tel droit[292]. L'action en résolution du contrat anéanti, par exemple, est de nature incontestablement personnelle ; mais la remise en état dans la situation antérieure au contrat, qui impose une restitution est, elle, de nature réelle.

L'intérêt de cette catégorie particulière des actions mixtes se perçoit sous trois angles de vue. D'abord, le sujet de l'action s'apprécie différemment puisqu'il suppose un lien interpersonnel sous l'angle du droit personnel (une relation entre un créancier et un débiteur) et est déterminé, dans le droit réel, dans le rapport d'une personne titulaire du droit à la chose ; ensuite, le délai de prescription est différent en présence d'une action réelle immobilière (30 ans, art. 2227 C. civ.) alors qu'il est de cinq années, normalement, pour les actions

292. Par ex., TGI Metz, 25 mai 1962, *Gaz. Pal.*, 1962, 2, 218 (révocation d'une donation immobilière pour inexécution des charges ou pour ingratitude).

personnelles et réelles mobilières (art. 2224 C. civ.) ; enfin, l'article 46 du Code de procédure civile le présente en permettant au demandeur de porter l'affaire, « à son choix » soit devant « la juridiction du lieu où demeure le défendeur (...) soit la juridiction du lieu où est situé l'immeuble ».

§ 2. Les actions mobilières et les actions immobilières

197 **Un regard porté sur l'objet du droit exercé.** Puisqu'il est question de l'objet du droit exercé, il convient de s'interroger sur ce qui est demandé et donc, sur la nature de l'objet sur lequel porte le droit prétendu. Il s'agit par conséquent d'observer si le droit concerne un meuble (auquel cas l'action exercée est mobilière) ou un immeuble (auquel cas l'action exercée est immobilière).

À cet égard, tout ce qui ne relève pas des actions immobilières est de nature mobilière, à l'instar de la distinction des biens meubles et immeubles en droit civil. Mieux encore, toute action qui sanctionne une obligation de faire ou de ne pas faire est une action mobilière et ceci quand bien même elle serait relative à un bien immobilier. Tout droit de créance est par principe mobilier ; l'action suit la nature du bien de référence.

198 **Les intérêts de la distinction.** Les intérêts de la distinction des actions mobilières et des actions immobilières sont devenus assez réduits.

À l'origine, se calquant sur la suprématie annoncée des biens immobiliers, la **capacité** et le **pouvoir d'ester en justice** étaient envisagés de manière plus restrictive pour les immeubles. D'où des conditions d'exercice plus strictes et par exemple, un tuteur ne pouvait pas engager seul une action immobilière.

Cette exigence a nettement diminué et l'on conserve uniquement, comme marque de différence, le fait que les mandataires doivent encore produire un mandat spécial pour les immeubles. C'est là le premier intérêt à la distinction posée.

Un second intérêt à la distinction touche à la **compétence**. S'agissant d'abord de la compétence territoriale et, sous réserve de ce qui a été signalé lors de l'étude des actions mixtes, la matière immobilière se caractérise par le critère de la situation de l'immeuble, alors qu'en matière mobilière, le point d'attache est habituellement le lieu où demeure le défendeur. S'agissant ensuite de la compétence d'attribution, c'est normalement le tribunal de grande instance qui connaît, de façon exclusive, des actions immobilières. Il faut cependant remarquer que si la compétence exclusive est un obstacle à la connaissance d'une affaire immobilière par les juridictions d'exception, une exception profite au tribunal d'instance qui, en présence d'un « moyen de défense [qui] implique l'examen d'une question de nature immobilière pétitoire, se prononce à charge d'appel »[293]. Le tribunal d'instance pourra donc néanmoins se prononcer alors même que la matière immobilière est en cause. Il n'y a par conséquent pas de question préjudicielle tirée de la nature immobilière du litige devant les tribunaux d'instance.

Un troisième intérêt, qui a déjà été rencontré dans le paragraphe précédent touche aux règles de **prescription** : trentenaire pour l'action réelle immobilière

293. Art. R. 221-40 COJ.

(art. 2227 C. civ.), le délai n'est que de cinq années, normalement, en présence d'une action personnelle et celle, réelle mobilière (art. 2224 C. civ.).

199 **Combinaisons possibles.** À ce stade de la présentation des catégories d'actions existantes, il est possible de les associer. De sorte que peuvent apparaître des actions réelles et immobilières, réelles et personnelles, mais aussi et parallèlement, des actions personnelles et mobilières comme des actions personnelles et immobilières.

Les actions réelles...

- Les actions réelles **immobilières** recherchent la sanction d'un droit de nature réelle et qui porte sur un immeuble. L'action par laquelle une personne revendique un immeuble concentre ces deux caractéristiques : c'est le droit de propriété de l'immeuble, droit réel immobilier, qui est avancé.
- Les actions réelles **mobilières** visent elles aussi un droit de nature réelle, mais ce dernier porte sur un bien meuble. Ceci étant dit, une fois la définition de ces actions réelles mobilières posée, il convient d'ajouter qu'elles sont relativement rares. En effet, elles se heurtent fréquemment au jeu de l'article 2276 du Code civil qui affirme qu'en matière de meuble, possession vaut titre.

Les actions personnelles...

- Les actions personnelles **mobilières** ont pour finalité de sanctionner un droit de nature personnelle qui a pour objet un bien mobilier. L'illustration classique est ici celle du paiement d'une créance.
- Enfin, dernière association envisageable, les actions personnelles **immobilières**. Ces actions sont inhabituelles dès qu'il s'agit du droit de propriété. En effet, l'article 1196 du Code civil (anc. art. 1138) prévoit que le transfert de propriété s'opère lors de la conclusion du contrat et donc, par le seul consentement des parties contractantes. Il s'ensuit que seul naît un droit personnel. Il n'en va autrement que dans l'hypothèse, plus rare, où le transfert de la propriété est différé dans le temps (« par la volonté des parties, la nature des choses ou par l'effet de la loi » dit l'alinéa deuxième de l'art. 1196) : il naît alors aussi une obligation de transférer la propriété du bien, une obligation de donner, qui emprunte au bien sa nature réelle. En revanche, hors le droit de propriété, ces actions sont plus abondantes : elles se rencontrent dans le domaine du louage d'immeuble, du crédit immobilier, ou encore avec les demandes de cessation d'un trouble anormal de voisinage[294].

§ 3. Les actions pétitoires et les actions possessoires

A) Le domaine respectif des actions pétitoires et possessoires

200 **Une division désormais ancienne des actions réelles immobilières.** L'action pétitoire assure la protection du titulaire d'un droit réel immobilier en conduisant le juge à trancher la question de fond. C'est le droit substantiel qui est en débat, au contraire de l'action possessoire où il s'agit de mettre fin à un trouble

294. Rappr. *Droit et pratique de la procédure civile* (dir. S. Guinchard), coll. Dalloz Action, 2017-2018, 9e éd., 2016, nos 122.111 et s.

dont est victime un **possesseur** indépendamment du point de savoir s'il est ou non le véritable titulaire du droit attaché à la chose qui est l'objet du litige.

Il faut immédiatement rappeler que l'ancien article 2279 du Code civil, qui posait l'existence des actions possessoires, avait été abrogé par la loi n° 2015-177 du 16 février 2015[295], et que par voie implicite et nécessaire, ainsi que le formulait la circulaire ayant accompagné la parution de la loi de 2015, étaient abrogées les dispositions réglementaires d'application de cet article[296]. En revanche, a été omis le Code général des collectivités territoriales, qui maintient la possibilité donnée au maire, en cas d'urgence, d'intenter les actions possessoires, cela sans l'autorisation préalable du conseil municipal (art. L. 2541-25 C. gén. coll. territ.).

Il faut cependant reposer à plat la situation normative nouvelle : les actions possessoires visées par le Code civil et détaillées par le Code de procédure n'existent plus ; mais comme la protection de la possession demeure une réalité, les mots d'*action possessoire*, nécessairement détachée aujourd'hui des trois actions anciennes, auraient pu et pourraient être maintenue dans son expression chaque fois qu'une action en justice vise à la protection de la détention ou de la possession (et celle d'action pétitoire utilisée lorsque c'est le fond du droit qui est invoqué)[297]. Classiquement en effet, les actions possessoires s'opposaient à l'action pétitoire qui assure la protection des droits réels et qui a pour but de protéger le titulaire de ce droit. L'action pétitoire vise donc à sanctionner le fond du droit lui-même alors que les actions possessoires n'imposent la démonstration de l'existence d'aucun droit (art. 2278 C. civ.). Le fait est ici dominant, puisque le possesseur s'entend de celui qui exerce en fait des droits sur la chose, indépendamment de savoir s'il est ou non le véritable titulaire du droit. Une voie envisageable consisterait ainsi à permettre la conservation de l'appellation d'*action possessoire*, chaque fois que la protection de la possession est sollicitée en justice, puisque la distinction du fait de possession et du droit réel demeure ; et une action *possessoire* ainsi entendue d'une action visant à protéger la possession sans trancher le fond du droit, pourrait se substituer aux anciennes trois actions possessoires, dont il faut rappeler, mais uniquement pour mémoire, le régime.

Il faut aussi rappeler que, à l'instar du possesseur, le détenteur[298] bénéficie également de la protection possessoire. La différence entre les deux, c'est que le détenteur ne pourra jamais prétendre à la prescription acquisitive. Le législateur avait cependant apporté, par la loi n° 75-596 du 9 juillet 1975, une protection identique à ces deux catégories de personnes. Car face à un trouble porté à un droit réel exercé (peu importe à cet égard que ce droit existe ou non juridiquement, puisque la personne troublée est en détention du bien), la situa-

---

295. *Cf. supra*, n° 180.

296. La circulaire date du 19 février 2015 ; il a fallu attendre plus de deux ans pour l'abrogation de l'article 1964 du CPC ; est-ce bien raisonnable ?

297. Sauf à considérer que la protection de la possession passe de nos jours par le seul juge des référés, mais sur le fondement non de la possession mais des conditions propres à l'exercice de son pouvoir...

298. Tous les deux exercent, en fait, des droits sur la chose ; la différence est que le premier a la volonté d'être titulaire du droit (il a l'*animus domini*), alors que le second, au contraire, reconnaît le droit d'autrui sur la chose. Un entrepreneur auquel un client a confié un bien à réparer est *détenteur* du bien, et non pas *possesseur* de celui-ci.

tion est conflictuelle et l'intérêt de la paix publique impose d'y apporter une solution, au moins temporaire. La réponse apportée sur le terrain de la possession n'emporte évidemment pas le fond du droit, et c'est en cela qu'elle est temporaire. Le véritable titulaire du droit sur la chose peut en effet faire valoir celui-ci devant le juge du pétitoire. Saisi d'une question de possession, le juge ne se prononce pas sur le fond du droit ; il ne s'intéresse qu'au trouble, pour décider s'il convient ou non d'y mettre un terme. L'article 2278 du Code civil, placé sous un Chapitre III intitulé « De la protection possessoire », est très clair sur ce point : « La possession est protégée, sans avoir égard au fond du droit, contre le trouble qui l'affecte ou la menace ». Et si la protection possessoire « est pareillement accordée au détenteur », c'est « contre tout autre que celui de qui il tient ses droits » (al. 2) ; la précision est importante, puisque dans les relations du détenteur et celui de qui il détient ses droits, c'est la position du défendeur qui doit céder.

E 21 **Les origines de la protection possessoire**

La possession trouve son origine en droit romain. Celui-ci distinguait le fait du droit de propriété[299]. L'intérêt premier de la possession résidait dans son effet acquisitif : dès que la possession présentait une certaine permanence, le temps prévu par la loi, opérait l'usucapion pour les biens de grande valeur (les *res mancipi*, parmi lesquels les fonds de terre romains et italiques - immeubles - ou encore, les esclaves - meubles). Ce qui signifie que le fait de possession était consolidé et devenait droit. En matière mobilière, le délai de prescription acquisitive était d'une année, alors que pour les immeubles, le délai était de deux années. Hors *res mancipi* le préteur a fini par admettre un même effet acquisitif, mais au bout d'une période plus longue (dix ans *inter præsentes* et vingt ans *inter absentes*). Avec Justinien cette prescription de longue durée devient un droit d'usucapion. C'est de là que date la distinction de l'usucapion des meubles (trois années à l'époque) et celle des immeubles (dix ou vingt ans).

Deux auteurs allemands du XIXe siècle ont contribué à l'analyse du fait de possession. Il s'agit de Friedrich Karl von Savigny et Rudolf von Jhering. Le premier a mis l'accent sur la volonté de la personne de se comporter tel un véritable propriétaire. La protection possessoire doit donc être réservée à celui qui entend exercer un tel droit de propriété sur la chose et à nul autre. Le détenteur précaire, spécialement, est hors-jeu. La conception de la possession, car fondée sur la volonté du possesseur (qui a l'*animus domini*) est dite « subjective ». Le droit français de la possession s'en est inspiré. Le second auteur, Jhering, est parti de l'idée que la possession est « l'ouvrage avancé, le bastion de la propriété »[300] et a davantage mis l'accent sur l'idée d'utilité de la chose pour celui qui s'en sert. De sorte que le possesseur comme le détenteur, qui tous deux détiennent la chose, méritent protection. Tournée vers le *corpus* de la détention, cette conception est dite « objective ». Cette théorie est à la source des droits allemands (Allemagne, Suisse)[301].

201 **La détermination de la compétence juridictionnelle.** La compétence juridictionnelle était traditionnellement répartie, pour les actions pétitoires et possessoires, entre le tribunal de grande instance – qui connaissait des premières – et

299. *Nihil commune habet proprietas cum possessione*, Ulpien, Digeste, 41.2.12.1 ; voy. E. Vermond, *Théorie générale de la possession en droit romain*, Paris, éd. Larose, 1895 ; J. Duquesne, *Distinction de la possession et de la détention en droit romain*, th. Paris, 1898.

300. *Ueber den Grund des Besitzesschutzes*, Jena, Mauke, 2e éd., 1869, spéc. p. 45.

301. Nuançant les différences avancées entre les deux conceptions : P. Ortscheidt, *La possession en droit civil français et allemand*, th. Strasbourg, 1977.

le tribunal d'instance – dont relevaient les secondes-. Ainsi et jusqu'en 2005[302], était-il de coutume de proclamer : *au tribunal d'instance, le possessoire* (le fait) ; *au tribunal de grande instance, le pétitoire* (le droit). Les actions possessoires semblaient alors déboucher sur une procédure plus légère, plus rapide et moins coûteuse que celle du droit commun applicable devant le tribunal de grande instance. Une faveur était donc faite à celui qui prétendait subir un trouble, le demandeur à l'action.

Et pourtant, ce qui se constatait en pratique, c'était une complexité de la protection possessoire devant les tribunaux d'instance. Spécialement, les plaideurs peinent à distinguer ce qui devait relever de l'un ou de l'autre des domaines. C'est pourquoi la loi du 26 janvier 2005 avait opéré un regroupement de toutes les questions relatives à la propriété immobilière (sauf le droit de la copropriété) auprès du tribunal de grande instance, et attribué « compétence exclusive [au] tribunal de grande instance » pour connaître des actions possessoires par l'article L. 312-7 du Code de l'organisation judiciaire. Mais l'histoire ne s'arrête pas là. Car ce texte n'a guère vécu : l'ordonnance n° 2006-673 du 8 juin 2006 a en effet décidé de l'abroger avec effet immédiat !

Dans la première édition de ce manuel, nous avions émis l'hypothèse que l'attribution de la compétence exclusive au tribunal de grande instance en la matière pourrait réapparaître dans la nouvelle partie réglementaire. En effet, cette question ne relevait pas, selon l'article 34 de la Constitution, du législateur mais du pouvoir réglementaire ; or, l'un des objectifs de la refonte du Code de l'organisation judiciaire était de mieux respecter la répartition des compétences des deux pouvoirs, législatif et réglementaire. Un indice complémentaire en ce sens se découvrait à la lecture de l'ancien article R. 321-22, al. 2, COJ (voy. auj. art. R. 221-40) qui prévoit que si « le moyen de défense [soulevé devant le tribunal d'instance] implique l'examen d'une question de nature immobilière pétitoire ou possessoire, le tribunal d'instance se prononce à charge d'appel ». Si le texte de l'article L. 312-7 avait été maintenu, on aurait pu retenir que la compétence resterait bien au seul tribunal de grande instance, mais qu'à l'égard du tribunal d'instance, elle ne serait pas exclusive puisque les questions de nature immobilière ne constituent pas une question préjudicielle devant les tribunaux d'instance. Mais l'effet immédiat de l'abrogation de l'article L. 312-7 conduisait à l'analyse suivante : il n'y avait plus de compétence exclusive en matière d'actions possessoires ; par conséquent, la compétence devait être déterminée par référence aux règles ordinaires et conduire à la connaissance des actions possessoires par le tribunal de grande instance en sa qualité de juridiction de droit commun. Et avec le régime qui s'ensuit[303]. L'article R. 211-4 (5°) redonne expressément, dès 2008[304], compétence exclusive au tribunal de grande instance pour connaître des actions immobilières pétitoires (dans le texte, les mots « et possessoires » ont été abrogés par le décret n° 2017-892 du 6 mai 2017).

---

302. Loi n° 2005-47 du 26 janvier 2005 relative aux compétences du tribunal d'instance, de la juridiction de proximité et du tribunal de grande instance.

303. Sur la compétence en tant que juridiction du droit commun du tribunal de grande instance, voy. *supra*, n° 97.

304. Décret n° 2008-522 du 2 juin 2008.

B) Le régime juridique des anciennes actions possessoires

202 **Intérêt de la présentation.** Avec les actions possessoires, il était question de mettre fin à un trouble possessoire, de sorte que le dommage dont se plaignait le demandeur devait atteindre sa possession ou sa détention. Le trouble subi pouvait être de fait (par exemple, un empiétement) comme de droit (par exemple une sommation émanant d'une personne qui se serait prétendue propriétaire à verser des loyers). Des conditions aujourd'hui encore requises pour que la possession soit protégée se révèlent au travers des anciennes règles, ce qui en justifie la présentation. Certaines de ces règles étaient communes aux trois actions possessoires ; d'autres, plus spécifiques, permettaient de les distinguer.

1. Les règles communes

203 **La qualité de la possession et de la détention.** L'article 2261 du Code civil exige de la possession ou de la détention qu'elle soit **paisible**. Antérieurement à la loi de 1975, était exigée une possession « continue, publique et non équivoque ». Mais ces conditions s'associaient difficilement avec la détention que le législateur souhaitait désormais également protéger. D'où cette expression, adaptée aux deux situations que l'on entendait faire bénéficier de la protection possessoire.

Ce que l'exigence du caractère paisible vise est l'exclusion de toute violence exercée pour acquérir ou maintenir la possession ou la détention prétendue. L'article 2263 du Code civil en donne les contours en affirmant que les actes de violence ne peuvent fonder une possession capable d'opérer la prescription et que, par ailleurs, la possession n'est utile qu'à partir du moment où la violence exercée a cessé.

204 **L'action possessoire devait être exercée dans l'année du trouble.** Le Code de procédure civile posait cette durée en son article 1264 aujourd'hui abrogé (décr. 6 mai 2017). L'idée qui sous-tendait ce texte pourrait encore servir dans son esprit pour le futur, car un juge saisi par un possesseur bien après l'apparition du trouble qu'il invoque, aura à être attentif à la réalité du fait de possession ou à l'origine de la détention invoqués. L'exigence repose sur une appréciation raisonnée de la situation : si la prétendue victime du trouble n'a pas agi dans un délai raisonnable (dans l'ancien texte, dans l'année du trouble), c'est que ce trouble n'est pas suffisamment grave. Le droit retrace ici une règle de bon sens : celui qui réagit de manière tardive ne saurait affirmer que le trouble qui lui a été causé était important, et il devait alors quitter le terrain du possessoire pour se diriger sur celui du fond du droit. Désormais, le temps passé jettera uniquement une suspicion sur celui qui demande la protection de la détention ou de la possession, surtout si l'adversaire invoque en réponse la titularité du droit au fond !

205 **L'action possessoire était exclue dans les rapports contractuels.** Dans un souci de ne pas démultiplier les voies de droit, la norme privilégiait, dans le domaine des contrats, la voie normalement attendue : celle des actions prévues et nées en raison de l'inexécution du contrat[305]. La suppression des actions possessoires ne change donc rien de ce point de vue.

305. Sur la solution : Cass. req., 13 juin 1904, *DP*, 1906, 1, 173.

206 **Le non-cumul du possessoire et du pétitoire.** « La protection possessoire et le fond du droit ne sont jamais cumulés ». Cette affirmation désormais abrogée de l'article 1265, alinéa 1er, du Code de procédure civile, posait l'impossibilité d'invoquer dans une même instance tant l'action possessoire et la sanction du fond du droit[306]. Cette règle s'imposait au juge d'abord, car saisi d'une action possessoire, il devait concentrer son appréciation de la situation sur la seule question du trouble : il lui était interdit de vérifier qui du demandeur (possesseur ou détenteur) ou du défendeur (l'auteur du trouble) était le véritable titulaire du droit sous-jacent[307]. Le juge pouvait néanmoins (art. 1265, al. 2, CPC) « examiner les titres [qu'on lui présentait] à l'effet de vérifier si les conditions de la protection possessoire [étaient] réunies ». Mais la règle s'imposait aussi aux parties, selon une portée modulée pour chacun des plaideurs : ainsi, le demandeur qui avait agi au pétitoire ne pouvait plus faire machine arrière et abandonner cette voie pour saisir le juge du possessoire ; alors que dans l'autre sens, le choix qui avait été opéré était révocable. Ce n'est pas parce que l'on avait agi au possessoire pour obtenir la protection du fait, que l'on pouvait être tenu pour avoir renoncé à invoquer le fond du droit ! De son côté, le « défendeur au possessoire ne [pouvait] agir au fond qu'après avoir mis fin au trouble » (anc. art. 1267). Il faut comprendre qu'à partir de l'instant où le législateur protégeait le fait de possession, il eut été confortable à l'auteur du trouble de bloquer l'instance au possessoire, simplement en saisissant le juge du pétitoire... S'il avait eu des arguments de fond à faire valoir, il lui aurait été loisible de saisir la justice et non de se faire justice à soi-même.

De nos jours, il se peut qu'un détenteur ou un possesseur souhaite être protégé dans cette qualité ; puisque les actions possessoires n'existent plus, il le fera en précisant l'objet de sa demande dans sa demande initiale et c'est le contenu de ses conclusions qui déterminera, comme il se doit, cet objet.

2. Les règles propres à chaque action ancienne

a) La dénonciation de nouvel œuvre

207 **Une action préventive**[308]. Le trouble menace la possession ou la détention et donc, l'expression montrait que le risque est à venir, tout en étant actuel et assorti d'une menace sérieuse. C'est l'exemple de la construction annoncée – aspect préventif –, ou débutée – aspect conservatoire –. Dans les deux cas, l'édifice va, une fois réalisé, porter un préjudice illégitime au voisin.

À la démonstration de l'existence du trouble qui menace s'ajoutait une condition de durée : le possesseur ou le détenteur devait être en place depuis au moins un an. L'idée peut être conservée : la possession ou la détention de fraîche date est suspecte et ne mérite pas de protection particulière.

306. Cass. (3e civ.), 15 novembre 2005, *Procédures*, 2006, comm. 13, J. Junillon.

307. Cass. (3e civ.), 20 février 2007, n° 06-11.420, *Procédures*, 2007, comm. 116, J. Junillon : le juge du possessoire, appelé à se prononcer sur le seul trouble possessoire (semelle en béton coulée sur l'assiette d'un droit de passage), avait maladroitement constaté dans le dispositif de sa décision l'existence d'une servitude (alors même que la servitude était contestée), violant ainsi l'article 1265.

308. Sur la recevabilité mesurée de ces actions préventives, voy. *supra*, nos 177 et s.

b) La complainte

208 **Le trouble affectait dans l'instant la possession ou la détention.** Cette fois, le trouble était né et il était demandé au juge d'ordonner une remise en état.

Le trouble subi était ainsi actuel, ce qui marquait la spécificité de cette action par rapport à la précédente et, d'autre part, la durée de possession ou de détention exigée était d'une année, à l'instar de ce qui était exigé pour la dénonciation de nouvel œuvre.

c) La réintégrande

209 **La réalité d'une voie de fait.** La réintégrande, qui était nommée « action en réintégration » par le Code de procédure civile (anc. art. 1264) matérialisait un palier supplémentaire. Le possesseur ou le détenteur n'avait pas alors subi un trouble, mais a été évincé par violence ou voie de fait. La dépossession a été brutale ; elle impose une réaction aussi vive de la justice. C'est la raison pour laquelle, une détention minimale d'un an n'était pas ici exigée. D'ailleurs, avant la loi de 1975 et donc à une époque où seul le possesseur bénéficiait en droit français de la protection possessoire, la jurisprudence accordait déjà l'action au simple détenteur.

C) Acte de décès des actions possessoires

210 **Une simplicité des actions possessoires qui n'existait qu'en apparence.** Dans sa présentation théorique, la distinction entre le possessoire et le pétitoire, entre le fait et le droit, semble simple. Mais dès qu'il est question de sa mise en œuvre, les difficultés s'amoncellent : la portée du trouble invoqué peut en effet être source de difficulté, puisque seul un trouble affectant la possession ou la détention pouvait être invoqué devant le juge du possessoire[309]. En outre, il est malaisé pour les parties de se contenter d'invoquer les éléments de faits touchant à la possession lorsqu'elles ont des arguments de droit à faire valoir et ce, malgré le fait qu'elles entendaient s'appuyer uniquement sur la protection possessoire.

211 **La concurrence de la procédure de référé.** Le juge des référés est de nos jours la figure dominante de la justice. La simplicité et la rapidité sont de son côté… et donc, l'engouement des justiciables qui n'ont de cesse de le solliciter. Ajoutée à la révélation des complexités théoriquement absentes mais pratiquement vérifiées de la voie possessoire, l'habitude a été prise par les plaideurs de se tourner vers le juge du provisoire plutôt que de souffrir des lenteurs qui étaient inhérentes à l'exercice de l'action possessoire.

C'est alors le président du tribunal de grande instance qu'il convient de saisir, sur le fondement des articles 808 ou 809 du Code de procédure civile[310].

L'expansion du juge des référés conduit à l'abandon d'une règle qui ne répond plus aux besoins actuels. Lorsque l'on sait l'influence de la pratique sur

309. Par ex., TI Molsheim, 31 octobre 1990, n° 99500090, inédit : action en dénonciation de nouvel œuvre (construction d'un hangar) pour faire cesser un trouble de voisinage « et motif pris d'une volonté de nuire en altérant le caractère résidentiel de la zone »… où était ici le trouble possessoire ?

310. Voy. Cass. (3e civ.), 6 avril 2005, n° 02-21.518, *Bull. civ.*, III, n° 83.

le droit, spécialement dans le domaine des procédures, le constat permettait d'annoncer la mort des actions possessoires[311]. La loi n° 2015-177 du 16 février 2015, par son article 9, a supprimé les actions possessoires, abrogées au 18 février 2015, ce que le décret n° 2017-892 du 6 mai 2017 conforte en son article 30.

SECTION III
La concrétisation du droit d'action

212 **Débat contentieux et matière gracieuse.** Lorsqu'un conflit judiciaire prend naissance, la demande lancée, le défendeur ne reste pas en règle générale inactif ; il peut former à son tour une demande, ou opposer des moyens de défense à la prétention adverse. Il arrive aussi qu'un tiers vienne s'ajouter aux parties à l'instance et compliquer le schéma des demandes. L'ensemble des prétentions ainsi portées devant le juge permet de fixer l'objet du litige.

Tout ceci vaut dans le domaine contentieux et non dans la matière gracieuse où le juge n'est pas saisi d'un litige mais d'une demande pour laquelle la loi impose son contrôle, « en raison de la nature de l'affaire ou de la qualité du requérant » (art. 25 CPC). Ce contrôle exercé par le juge a une portée préventive, puisque la décision rendue bornera les droits en cause et ce faisant, évitera la naissance d'un différend. Relèvent ainsi et à la lecture du Code de procédure civile, de la matière gracieuse : l'homologation de l'accord obtenu après qu'ait été organisée une médiation (art. 131-12) ou une conciliation devant un conciliateur de justice (art. 131), les rectifications et annulations judiciaires des actes de l'état civil (art. 1050), comme les demandes relatives à la déclaration d'absence d'une personne (art. 1067), le divorce par consentement mutuel (art. 1088), l'action aux fins d'adoption (art. 1167), les demandes d'autorisation et d'habilitation prévues par la loi – par exemple, celles prévues aux articles 217 et 219 au profit du conjoint d'une personne hors d'état de manifester sa volonté – (art. 1287), l'homologation d'un changement de régime matrimonial (art. 1301), ou encore, la demande en reconstitution de l'original d'un acte authentique ou sous seing privé détruit, en tous lieux, par suite de faits de guerre ou de sinistres (art. 1430).

Certains des domaines qui relevait de la matière gracieuse sont sortis du périmètre immédiat du juge, pour être transférés à l'officier de l'état civil. Tel est le cas de la demande de changement de prénom, qui relève de l'officier de l'état civil du lieu de résidence ou du lieu où l'acte de naissance a été dressé (art. 60 C. civ.). C'est lui qui désormais apprécie le caractère légitime ou non de la demande, et s'il la rejette, il doit saisir sans délai le procureur de la République qui, à son tour, appréciera ; en cas de vision identique à celle de l'officier d'état civil, le demandeur, s'il maintient son souhait, peut saisir le juge aux affaires familiales. Avec ce changement, la procédure de changement de prénom, quand elle revient vers la justice, est modifiée en ce sens qu'elle n'est plus gracieuse mais relève des « règles de la procédure en matière contentieuse applicable

311. Y. Strickler, « La mort des actions possessoires », in *Études Ph. Simler*, Paris, Dalloz-Litec, 2006, p. 823.

devant le tribunal de grande instance » (art. 1055-3 CPC, mod. décret n° 2017-450 du 29 mars 2017).

Voyons comment est constituée la demande en justice, avant d'en apprécier le pendant chez le défendeur au travers des moyens de défense qui lui sont offerts pour répondre à son adversaire, qui a saisi le juge. Le détail des actes de la procédure pourra ensuite être envisagé.

§ 1. La demande en justice, acte juridique par lequel une personne soumet au juge sa prétention

A) Les demandes

213 **Le pluriel s'impose.** Il convient en effet de distinguer, d'une part, la demande principale de la demande accessoire ou incidente et, d'autre part, les diverses catégories de demandes accessoires.

1. Demande principale et demande incidente

214 **Un plaideur prend l'initiative du procès : la demande principale.** La demande principale est également dénommée « demande introductive d'instance » ou « demande initiale ». C'est cette dernière dénomination qu'adopte l'article 53 du Code de procédure civile. Le texte énonce expressément que la demande initiale correspond à l'initiative du procès et que celle-ci revient au plaideur. Ce n'est pas le juge qui s'*autosaisit* ; c'est le justiciable qui saisit le juge de ses prétentions. L'article 53 précise que cette demande introduit l'instance.

Le décret n° 98-1231 daté du 28 décembre 1998 a complété le Code de procédure civile en ses articles 56 (relatif à l'assignation, qui est, comme l'indique l'article 55, « l'acte d'huissier de justice par lequel le demandeur cite son adversaire à comparaître devant le juge ») et 753 (propre au tribunal de grande instance et qui précise le contenu que doivent présenter les conclusions des plaideurs) pour imposer aux parties d'énoncer dans leurs écritures les règles de droit sur lesquelles elles fondent leurs prétentions. Les prétentions des parties doivent ainsi, lorsque le mode introductif d'instance est l'assignation ou que la demande est portée devant le tribunal de grande instance, être fondées sur des moyens en fait et en droit clairement exprimés par les parties.

Les affirmations des parties quant à la règle de droit qu'elles estiment applicable ne s'imposent évidemment pas au juge. Mais si ce dernier entend invoquer une règle que les parties n'ont pas soulevée (étant entendu qu'il n'est en principe pas obligé de relever d'office la règle de droit qui n'a pas été invoquée par les parties[312]), il doit les en informer, conformément à ce qu'exige le respect du principe de la contradiction.

En 1998, l'avocat devait aussi annexer à ses conclusions un bordereau énumérant les pièces justifiant les prétentions et reprendre dans les dernières conclusions, sous peine d'être réputé les avoir abandonnées, les prétentions et

---

312. Il en va autrement tant en présence d'une nullité fondée sur l'inobservation des règles de fond relatives aux actes de procédure, lorsqu'elle a un caractère d'ordre public (art. 120), que d'une fin de non-recevoir qui présente ce même caractère d'ordre public (art. 125).

moyens présentés ou invoqués dans leurs conclusions antérieures, étant précisé que le tribunal ne statue que sur les dernières conclusions déposées.

Avec le décret n° 2015-282 du 11 mars 2015, s'est ajoutée l'obligation de préciser dans l'assignation, mais aussi dans la requête ou la déclaration qui saisit la juridiction de première instance, « les diligences entreprises en vue de parvenir à une résolution amiable du litige, sauf à justifier d'un motif légitime tenant à l'urgence ou à la matière considérée, en particulier lorsqu'elle intéresse l'ordre public » (art. 56 et 58 CPC). À défaut de cette mention, « le juge peut proposer aux parties une mesure de conciliation ou de médiation » (art. 127 CPC). Voulant inciter au développement des modes amiables de règlement des litiges, que nos amis québécois tendent à qualifier de *Modes Appropriés de Résolution des Différends*, le décret s'inscrit dans la logique selon laquelle le recours au juge ne doit pas être le *seul* recours en cas de différend, mais doit constituer l'*ultime* recours[313]. Avec la loi du 18 novembre 2016 (J21), est instauré, sous quelques dérogations, le passage préalable et obligatoire devant un conciliateur de justice, et ce sous peine d'irrecevabilité, du moins, chaque fois que le juge d'instance est saisi par voie de déclaration au greffe. Cette sanction est ainsi limitée aux litiges dont la valeur est inférieure ou égale à 4 000 euros[314]. En outre et par exception, la sanction est écartée dans trois hypothèses : d'abord quand un accord a déjà été obtenu et que l'une -ou plus- des parties en sollicite l'homologation ; ensuite, chaque fois qu'auront été justifiées « d'autres diligences entreprises en vue de parvenir à une résolution amiable de leur litige » (par ex., des échanges de courriers, de conversations téléphoniques) ; enfin, « l'absence de recours à la conciliation [peut être] justifiée par un motif légitime » qu'il appartiendra à la jurisprudence de préciser.

Il est important de relever que l'obligation du passage devant un conciliateur de justice ne pourra pas être observée comme une atteinte injustifiée au droit d'accès au juge, en raison de la gratuité, prévue, de l'intervention du conciliateur[315], et du fait que les délais sont suspendus durant cette phase[316]. Il faudra toutefois au juge rester attentif à ce que la période, qui sera comprise dans le calcul du délai de jugement, ne conduise pas à le rendre déraisonnable.

Enfin, dernier en date, le décret n° 2017-892 du 6 mai 2017 impose diverses obligations de structuration des conclusions. Il faut donc désormais poser les divers éléments de rédaction, en un ordre très formel. L'avocat devra veiller aux points suivants :

- les conclusions comprennent, matériellement, de manière clairement distincte : 1° un *exposé des faits et de la procédure*, 2° une *discussion des prétentions et des moyens*, 3° et un *dispositif* récapitulant les prétentions (il faut

313. M. Foulon et Y. Strickler, *Juris-classeur proc. civ.*, fasc. 1000, v° « Modes alternatifs de résolution des litiges », n° 6.

314. L'article 36 de l'Annexe au Code de procédure civile maintient en revanche la règle propre au droit local Alsacien-mosellan, selon laquelle la compétence du tribunal d'instance n'est pas limitée par le montant de la demande ; de sorte que devant les juridictions d'instance des trois départements de l'Est, le nouvel article aura une portée au-delà des litiges de faible valeur pécuniaire.

315. *Cf.* en comparaison, la médiation, payante, où la clause qui viendrait l'imposer dans un contrat de consommation serait frappée de nullité (C. consom., art. L. 612-4).

316. En cas d'échec, le délai de prescription recommence à courir, pour une durée qui ne peut être inférieure à six mois (art. 2238 C. civ.).

insister sur le fait que la juridiction ne va statuer que sur les prétentions énoncées au dispositif),

- en exposant les prétentions des parties, doivent être précisés les moyens en fait et en droit sur lesquels chacune de ces prétentions est fondée,
- doit aussi, pour chacune des prétentions, être indiquées les pièces invoquées à leur appui et le numéro qui leur aura été attribué par l'avocat (intérêt de l'acquisition, si ce n'est déjà fait, d'un tampon numéroteur),
- en cas de plusieurs jeux de conclusions :
  - il faut veiller à reprendre dans les dernières conclusions les prétentions et moyens présentés ou invoqués antérieurement (car à défaut, ils sont réputés avoir été abandonnés : « le tribunal ne statue que sur les dernières conclusions déposées »),
  - en cas de moyens nouveaux, c'est-à-dire des moyens qui n'ont pas été formulés dans les conclusions précédentes, ils doivent être présentés de manière formellement distincte,
- les textes de 2017 indiquent que le tribunal « n'examine les moyens au soutien de ces prétentions que s'ils sont invoqués dans la discussion ». Ces derniers mots font leur apparition dans le code. À nouveau mot, nouveau concept. Celui qui se dégage ici est assez confus, mais il découle du texte que la discussion en question résultera des conclusions. Ainsi, en procédure « orale », la *discussion* sera celle qui résultera des écrits… et les conclusions doivent veiller à articuler, dans leur présentation, les moyens conduisant à ce que les parties demandent dans le dispositif desdites conclusions,
- enfin, toujours du point de vue formel, il faut annexer un bordereau énumérant les pièces justifiant les prétentions émises.

215 **La demande initiale complétée ou étendue : la demande incidente.** La demande incidente intervient alors que l'instance est déjà engagée et se greffe sur la demande initiale. Il s'agira tantôt de compléter cette dernière et dans cette perspective, l'initiative peut émaner du défendeur qui va contre-attaquer puis éventuellement moduler ses prétentions, mais aussi du demandeur initial, qui va modifier ses prétentions originelles. Tantôt il sera question d'étendre la demande initiale et l'on songe à l'hypothèse d'un tiers qui deviendrait partie au procès engagé entre les parties originaires.

Une telle demande incidente n'est admise que si elle se rattache à la demande principale par un lien suffisant. Sa qualification exacte et sa dénomination, comme on le verra en exposant les trois catégories de demandes incidentes, dépendent de la personne dont elle émane.

a) L'intérêt de la distinction au regard de la compétence

216 **Détermination de la compétence ordinaire et admission ou non de son extension.** Pour la demande principale, la compétence se détermine par référence aux règles de compétence qui orientent les litiges vers les différentes juridictions.

Pour les demandes incidentes, le tribunal de grande instance, lorsqu'il est saisi de la demande principale, reste compétent pour en connaître sauf compétence exclusive d'une autre juridiction. Pour les juridictions d'exception, le principe est inverse : elles ne connaissent des demandes incidentes que si elles entrent dans leur compétence d'attribution.

b) L'intérêt de la distinction au regard du formalisme requis

217 **Exploit d'huissier ou simple acte du Palais ?** ***La demande principale est formée au moyen d'un exploit d'huissier.***

Pour la demande incidente, un simple acte du Palais, c'est-à-dire un échange entre avocats, suffira. Cependant, si la demande incidente est dirigée contre un tiers ou contre une partie défaillante, le Code de procédure civile exige la même forme que pour l'introduction de l'instance, autrement dit, un exploit d'huissier[317].

2. Les trois catégories de demandes incidentes (reconventionnelle, additionnelle, en intervention)

a) La demande reconventionnelle

218 **Le défendeur contre-attaque.** La demande reconventionnelle est, selon l'article 64 du Code de procédure civile, « la demande par laquelle le défendeur originaire prétend obtenir un avantage autre que le simple rejet de la prétention de son adversaire ». C'est donc une demande qui émane du défendeur et qu'il oppose à la demande introductive d'instance. Autrement dit, c'est une contre-attaque ; le défendeur inverse les rôles : il anéantit la demande principale et se porte à son tour demandeur.

Supposons que la demande initiale émane d'un entrepreneur qui demande à son client de lui verser le prix convenu. En défense à cette demande en exécution du contrat, le client, défendeur, ne se contente pas de contester la demande en versement du prix par exemple au motif que l'entrepreneur n'a pas pleinement respecté ses obligations et que le client estime donc partiellement réalisées ; il demande reconventionnellement des dommages et intérêts correspondant à l'inexécution et la compensation de cette somme avec ce qu'il estime dû. La prétention d'une partie tendant à obtenir la compensation de sa dette avec une créance de dommages-intérêts constitue une demande reconventionnelle[318].

Il n'est pas neutre de signaler que le texte vise le « défendeur originaire ». La formule, traditionnellement, empêchait le demandeur originaire de répondre à son tour à la demande reconventionnelle par une autre demande reconventionnelle. Selon un adage : « reconvention sur reconvention ne vaut »[319], le demandeur initial ne peut que se tenir sur la défensive par rapport à la demande reconventionnelle… ce qui ne lui a cependant jamais interdit de former une demande additionnelle. La Cour de cassation, le 10 janvier 2013, a renversé le brocard ancien et, désormais : « les demandes reconventionnelles, en première instance comme en appel, peuvent être formées tant par le défendeur sur la demande initiale que par

317. Comp. cep., Cass. (2e civ.), 19 mars 2015, n° 14-15.740, *Bull. civ.*, II, n° 71 ; *Procédures*, 2015, comm. (crit.) 148, Y. Strickler, à propos d'une procédure orale, lorsque le défendeur émet une demande reconventionnelle en l'absence du demandeur initial.

318. Cass. com., 26 mai 1998, n° 96-15.750, *Bull. civ.*, IV, n° 172. Il a été jugé qu'il va de même de la demande en nullité d'un acte et celle qui vise les conséquences de la nullité prononcée : Cass. Ass. plén., 22 avril 2011, n° 09-16.008, *Bull. Ass. plén.*, n° 4.

319. Sur cet adage, voy. CA Paris, 15 février 1968, *RTD civ.*, 1969, 373, obs. crit. P. Hébraud.

le demandeur initial en défense aux prétentions reconventionnelles de son adversaire »[320]. La référence au défendeur originaire emporte une seconde conséquence, puisque dans l'éventualité d'une pluralité de défendeurs, la demande reconventionnelle ne pourra pas être dirigée contre l'un d'entre eux : elle ne peut l'être que contre le demandeur initial. Il s'ensuit que si l'un des litisconsorts entend agir contre l'autre, il lui faudra engager une demande initiale, quitte à solliciter, dans un second temps, la jonction des diverses instances alors pendantes (art. 367). Le juge peut aussi ordonner cette dernière mesure d'office.

219 **Avantages et inconvénients de la catégorie des demandes reconventionnelles.** La demande reconventionnelle présente des avantages dans la mesure où elle permet une économie de temps et d'argent. De plus, elle donne au juge une vision plus complète de l'ensemble du litige, puisque le jugement des deux demandes intervient en même temps. Par exemple, en réaction à une demande en paiement de loyers, le locataire demande des dommages-intérêts pour trouble de jouissance et la compensation entre les loyers dus et les dommages-intérêts. En outre, dans certains cas, grâce à la compensation judiciaire, l'une des parties évitera de se heurter à l'insolvabilité de son adversaire ou d'être confrontée à des difficultés d'exécution.

Mais la demande reconventionnelle comporte aussi des inconvénients, dans la mesure où elle aboutit à une extension de l'objet du litige. Par suite, elle ralentit et complique le cours de la justice. Elle risque alors de constituer un moyen dilatoire entre les mains du défendeur qui, dans de nombreux cas, se contente de demander des dommages-intérêts fondés uniquement sur la demande principale, pour abus du droit d'ester en justice. Pour éviter cela, le Code de procédure civile exige en son article 70 que **toutes les demandes se rattachent aux prétentions** (aux demandes) **originaires par un lien suffisant**. C'est ainsi qu'il a été jugé que la demande de restitution sous astreinte de documents de travail présentait un lien suffisant avec la demande de débouté formée par une société qui avait été attraite en justice par l'un de ses agents commerciaux, pour rupture à ses torts exclusifs de son contrat[321].

Par exception, « la demande en compensation est recevable même en l'absence d'un tel lien, sauf au juge » à disjoindre la demande principale de la demande secondaire s'il y a risque de ralentissement du cours de la justice. Le texte parle du « risque de retarder à l'excès le jugement sur le tout ».

220 **Autonomie des demandes principale et incidente.** Face à une demande reconventionnelle, le juge peut statuer sur celle-ci tout en sursoyant à statuer sur la demande principale, chaque fois qu'il y a une autonomie réelle de la demande reconventionnelle (ce qui peut arriver notamment en matière de divorce). Par ailleurs, sous la même condition d'autonomie réelle, la demande reconventionnelle peut subsister si la demande principale vient à disparaître. Ce qui démontre, s'il fallait encore le faire, qu'on est bien en présence de demandes distinctes.

---

320. Cass. (2e civ.), 10 janvier 2013, n° 10-28.735, *Bull. civ.*, II, n° 3 ; *Procédures*, 2013, comm. 63, R. Perrot.

321. Cass. com., 23 janvier 2007, n° 05-10.264, *Bull. civ.*, IV, n° 5.

b) La demande additionnelle

221 **Une partie modifie ses prétentions antérieures.** C'est ainsi que l'article 65 du Code définit, très simplement, la demande additionnelle : « une partie modifie ses prétentions antérieures ». Cette partie peut donc, cette fois, être le demandeur originaire de sorte que la demande additionnelle peut émaner aussi bien de celui-ci que du défendeur. Par le biais de ces demandes additionnelles, les plaideurs disposent donc du pouvoir de modifier l'amplitude du litige dont est saisi le tribunal.

Généralement, la demande additionnelle étend l'objet de la demande initiale et le cas le plus évident est celui relatif au chiffrage des dommages-intérêts sollicités. Mais la demande additionnelle peut aussi avoir pour but de diminuer l'objet de la demande, auquel cas il sera plutôt question de conclusions modificatives, puisque rien n'est additionné – bien au contraire ! –.

Enfin, la demande additionnelle peut avoir pour visée d'ajouter à l'objet de la demande initiale un objet de nature différente. Tel sera le cas lorsque, par exemple, la demande initiale était une demande en paiement des sommes dues et que la demande additionnelle qui s'ajoute vise l'obtention de dommages-intérêts.

Pour que la demande additionnelle soit recevable, est exigé un lien suffisant avec la demande principale. Ainsi, une demande additionnelle à fins de subsides se rattache par un lien suffisant à la demande en recherche de paternité initialement engagée[322]. En outre, la demande additionnelle doit se rattacher à la situation de fait de la demande initiale, l'article 70 du Code de procédure civile, cité plus avant, visant aussi la demande additionnelle. Une telle identité de situations est présente lorsque, en complément de la demande initiale visant au paiement de sommes dues au titre de charges de copropriété échues, le syndicat de copropriétaires forme une demande additionnelle tendant au paiement d'un appel de provision sur charges[323]. L'identité de situations est aussi réalisée lorsque la demanderesse, qui avait assigné son adversaire en réparation des désordres constatés sur l'ouvrage édifié, modifie ses prétentions originaires et demande la résolution du marché en raison de la présence de défauts de l'ouvrage tels que de simples réparations auraient été inefficaces[324]. Il est important de relever qu'en cas d'absence du lien attendu entre la demande additionnelle et la demande initiale, les juges ne disposent pas du pouvoir de relever d'office la fin de non-recevoir[325], sauf pour défaut de qualité, d'intérêt ou en cas de chose jugée.

S'agissant des règles de compétence, la demande additionnelle ne peut les tenir en échec. Aussi, lorsqu'une autre juridiction est compétente (par exemple, le tribunal administratif), le tribunal (judiciaire dans l'exemple donné) ne pourra se prononcer et devra surseoir à statuer.

322. Cass. (1re civ.), 14 mars 1978, n° 76-13.113, *Bull. civ.*, I, n° 105.

323. Cass. (2e civ.), 18 mars 1992, n° 90-20457, *Bull. civ.*, II, n° 95.

324. Cass. (2e civ.), 25 juin 1981, n° 80-11.015, *Bull. civ.*, II, n° 142.

325. Cass. soc., 23 novembre 1995, n° 92-14.887, *Bull. civ.*, V, n° 314 ; *D.*, 1996, somm., p. 135, obs. P. Julien : hormis pour défaut d'intérêt (et aujourd'hui aussi pour défaut de qualité ou en raison de la chose jugée), le juge ne peut soulever d'office une fin de non-recevoir qui n'est pas d'ordre public.

c) La demande en intervention

222 **Un tiers entre dans le procès.** L'article 66 du Code de procédure civile déclare que « constitue une intervention la demande dont l'objet est de rendre un tiers partie au procès engagé entre les parties originaires ».

Cette intervention, qui n'est recevable que si elle se rattache aux prétentions des parties par un lien suffisant (art. 325), est présentée par l'article 327 comme étant soit volontaire (lorsque la demande émane du tiers), soit forcée (lorsque l'une des parties vient chercher le tiers).

Cette intervention d'un tiers est envisageable en cause d'appel, puisque l'article 554 du Code de procédure civile l'autorise, **à condition que le tiers y ait intérêt et que cette intervention se rattache aux prétentions des parties par un lien suffisant (art. 325 C. proc. civ.)**. Une divergence d'appréciation était apparue entre les chambres de la Cour de cassation à propos du pouvoir du juge sur cette seconde exigence. Certaines formations de la Haute juridiction exerçaient un contrôle de l'appréciation effectuée par les premiers juges sur le caractère suffisant du lien prétendu, alors que d'autres renvoyaient au pouvoir souverain d'appréciation des juges du fond. La réunion d'une chambre mixte était devenue incontournable[326]. Par un arrêt du 9 novembre 2007[327], la Haute juridiction décide que l'appréciation, tant de l'intérêt à agir de l'intervenant volontaire à une instance, que du lien suffisant qui doit exister entre sa demande et les prétentions originaires, relève du pouvoir souverain des juges du fond.

L'intervention d'un tiers dans le procès engagé initialement entre les parties ne doit cependant pas conduire à retarder démesurément le jugement du principal et c'est pourquoi le Code autorise le juge à statuer d'abord sur la cause principale dans le cas où « l'intervention risque de retarder à l'excès le jugement sur le tout (...), sauf à statuer ensuite sur l'intervention » (art. 326 CPC).

1) *L'intervention volontaire*

223 **L'intervention volontaire peut être accessoire ou principale.** Le but poursuivi par le tiers peut être conservatoire et dans ce cas l'intervention est accessoire, ou agressif et dans ce cas l'intervention est principale (voy. art. 328). Devant la Cour de cassation, seule est admise l'intervention volontaire formée à titre accessoire (art. 327, al. 2).

L'intervention accessoire (art. 330 CPC)

224 **« L'intervention est accessoire lorsqu'elle appuie les prétentions d'une partie ».** Le tiers veille en ce cas à la bonne marche du procès. Comme l'énonce le texte en son alinéa second, l'auteur de cette intervention « a intérêt, pour la conservation de ses droits, à soutenir cette partie ». C'est là une condition de recevabilité de l'intervention accessoire. L'assureur qui vient épauler son assuré remplit cette condition puisqu'il a un intérêt indirect à soutenir son assuré ; il en va de même du créancier chirographaire à l'égard de son débiteur sous le coup d'une procédure engagée par une autre personne.

---

326. Voy. *infra*, n° 523.

327. Cass. ch. mixte, 9 novembre 2007, n° 06-19.508, *Bull. ch. mixte*, n° 10 ; *JCP*, 2008, II, 10070, note Y.-M. SERINET.

L'intérêt visé par le Code étant relatif à la *conservation des droits* du tiers intervenant, la capacité requise est celle exigée pour les actes d'administration.

225 **Les effets de l'intervention accessoire sont triplement limités**

- D'abord, le tiers ne peut pas étendre le lien juridique d'instance, ce qui signifie qu'il ne peut rien demander à son profit. Si tel était son objectif, il lui reviendrait d'engager une demande principale ;
- Ensuite, si l'instance principale s'éteint (par désistement ou transaction), le tiers n'y peut rien ; son intervention étant accessoire, elle suit le sort de l'instance sur laquelle elle vient se greffer. En parallèle, ce tiers peut se désister unilatéralement de son intervention (art. 330, al. 3) ;
- Enfin, le tiers ne peut exercer de voie de recours, tout au moins au regard de la demande principale, ce qui démontre encore le caractère accessoire de cette *intervention accessoire*[328]. En revanche, si le tiers a été lui-même condamné à des dommages-intérêts (pour abus du droit d'ester en justice), il pourra exercer les voies de recours ouvertes à l'encontre de cette décision.

L'intervention principale (art. 329 CPC)

226 **L'intervention principale élève une prétention au profit de celui qui la forme.** Le tiers entend être partie au procès et ceci afin d'obtenir la reconnaissance d'un droit dont il se dit titulaire. C'est l'exemple du créancier hypothécaire qui intervient dans une instance pendante pour faire reconnaître son droit sur le bien hypothéqué.

Visant à la reconnaissance d'un droit, l'intervention principale « n'est recevable que si son auteur a le droit d'agir relativement à [cette] prétention » élevée (al. 2). Logiquement, sont exigées les mêmes conditions que celles requises pour exercer une action en justice (intérêt, qualité...).

227 **Les effets de l'intervention principale sont ceux d'une demande principale.** Si la demande principale disparaît, l'intervention subsiste. Le sort de l'intervention n'est en effet pas lié à celui de l'action principale, puisque l'intervenant principal se prévaut d'un droit propre qu'il est seul habilité à exercer. La conséquence est que si la demande initiale était irrégulière mais que la demande en intervention, elle, était régulière, cette dernière est recevable[329].

Par ailleurs, si le demandeur en intervention se désiste, dans la mesure où il est devenu partie à l'instance, il lui faudra obtenir l'accord des deux autres parties : l'article 395, alinéa premier du Code de procédure civile, applicable au désistement d'instance, reprend en effet ce principe traditionnel : « Le désistement n'est parfait que par l'acceptation du défendeur »[330]. La justification de cette exigence réside dans le fait que l'instance crée un rapport juridique entre les parties que le demandeur ne saurait rompre de par sa seule volonté. D'ailleurs, le désistement d'instance met fin à l'instance, mais n'empêche pas le demandeur de recommencer une nouvelle instance fondée sur le même droit s'il est encore dans les délais d'action. De sorte que le défendeur peut estimer

---

328. Cass. (2e civ.), 17 novembre 2005, n° 04-13.008, *Bull. civ.*, II, n° 294 (appel). - Cass. (1re civ.), 17 mars 1993, n° 91-16.353, *Bull. civ.*, I, n° 114 (pourvoi en cassation).

329. Cass. (2e civ.), 13 juillet 2006, n° 05-16.579, *Bull. civ.*, II, n° 213.

330. Cass. req., 21 mars 1939, *DH*, 1939, 291. La nécessaire acceptation du défendeur apparaît aussi, mais de façon plus limitée, pour le désistement de l'appel (art. 401), de l'opposition (art. 402) et du pourvoi en cassation (art. 1024).

préférable de régler la question et ainsi ne pas rester sous la menace d'un futur nouveau procès, d'autant qu'il peut lui-même avoir des demandes à formuler et donc, des prétentions à faire valoir. Le principe est inverse concernant le désistement d'action : il n'est pas ici besoin d'acceptation du défendeur, car l'on estime que ce dernier ne peut qu'avoir intérêt au désistement d'action. En effet ce à quoi renonce le demandeur originaire, ce n'est pas à l'instance engagée, mais à l'action elle-même. Il s'interdit donc, ce faisant, de se prévaloir du droit dont l'action est destinée à assurer la sanction.

Quant aux voies de recours, elles sont toujours ouvertes à ce demandeur en intervention agressive, dans la mesure où il est une véritable partie à l'instance.

2) *L'intervention forcée (art. 66 et 331 et s. CPC)*

228 **La mise en cause d'un tiers.** L'intervention forcée vise l'hypothèse où l'une des parties cherche un tiers absent à l'instance (peu importe qu'il soit d'accord ou non). L'expression consacrée est celle de *mise en cause* : « le tiers est mis en cause par une partie » (art. 66, al. 2). Le législateur a prévu deux modes d'intervention forcée à l'article 331 du Code de procédure civile, qui se déclinent en une voie préventive et une voie plus agressive.

La mise en cause à visée préventive

229 **Une assignation en déclaration de jugement commun.** Un tiers peut « être mis en cause par la partie qui y a intérêt afin de lui rendre commun le jugement » (art. 331, al. 2). Il s'agit alors d'une assignation en déclaration de jugement commun. Ce qui signifie que cette partie à l'instance cherche, en agissant ainsi, à associer le tiers à l'autorité de chose jugée[331]. L'intérêt est de l'empêcher de pouvoir former, ultérieurement, une tierce opposition.

La mise en cause à visée agressive

230 **Une assignation aux fins de condamnation.** L'intervention vise en effet la condamnation du tiers mis en cause (art. 331, al. 1er). Par exemple, un créancier assigne un débiteur solidaire, puis les autres.

On admet cette démarche assez largement, même en cause d'appel pour la première fois. L'effet négatif de cette admission de l'intervention forcée au stade de l'appel est de priver le tiers du premier degré de juridiction. Cette conséquence explique que des conditions plus strictes, tant au regard du fond que de la forme, soient alors requises.

231 **Les conditions de fond.** D'une part, seule une personne « qui est en droit d'agir contre [le tiers] à titre principal » peut demander la mise en cause de celui-ci aux fins de condamnation (art. 331, al. 1er). Il s'ensuit que sont exigés tant la capacité qu'un intérêt pour agir contre le tiers.

---

331. Si, à cette occasion, le tiers ne présente « aucune demande ou défense en première instance », il ne pourra, en hauteur d'appel, « prétendre expliciter, comme virtuellement incluse dans celles-ci, ou leur ajouter une demande qu'[il] n'avait pas formulée contre le responsable et son assureur » : Cass. (2e civ.), 12 juillet 2007, n° 05-21.309, *Bull. civ.*, II, n° 212. Une telle demande serait irrecevable, car elle viserait à instituer un litige nouveau en appel. En revanche, le tiers assigné en déclaration de jugement commun, partie en première instance, peut être intimé : Cass. (2e civ.), 26 février 1997, n° 93-12.647.

D'autre part, la faculté d'attirer un tiers à l'instance ouverte est aussi reconnue, mais en collaboration avec les parties, au juge, qui « peut inviter » les plaideurs « à mettre en cause tous les intéressés dont la présence lui paraît nécessaire à la solution du litige » (art. 332). Le juge retrouve une marge de manœuvre dès qu'il s'agit de matière gracieuse, puisqu'il pourra en ce cas ordonner la mise en cause des personnes dont les droits ou les charges risquent d'être affectés par la décision à prendre.

La jurisprudence des juges du fond avait estimé que le magistrat pouvait chercher lui-même les tiers concernés. La doctrine n'a pas partagé cet avis : il s'agit à la lecture du texte d'une simple invitation ; le juge peut *inviter* les parties à chercher le tiers mais non *le chercher* lui-même. La Cour de cassation s'est ralliée à l'opinion des auteurs[332].

232 **Les conditions de forme.** Il faut une assignation, et l'article 331, alinéa 3 insiste sur les droits de la défense en imposant que le tiers ait été appelé « en temps utile pour faire valoir sa défense ».

Dispositions spéciales relatives aux appels en garantie (art. 334 à 338)

233 **Un exemple concret : la vente.** Un vendeur doit la garantie contre les vices cachés de la chose, mais aussi contre toute menace d'éviction. Lorsqu'un acheteur est évincé par un tiers, il peut opter pour deux attitudes différentes :

- l'acheteur peut, lorsque le tiers l'assigne, appeler son vendeur au moyen de la garantie principale et demander sa mise hors de cause. L'acheteur attendra alors que le procès contre le tiers soit terminé et que le jugement lui soit notifié. L'acheteur peut cependant demeurer dans la cause « pour la conservation de ses droits ». Le tiers demandeur dispose de la même faculté (demander à ce que l'acheteur reste dans la cause) pour la conservation de ses propres droits ;
- l'acheteur peut également rester défendeur, en appelant le vendeur garant par la garantie incidente (il agit contre le vendeur en même temps) : si la revendication du tiers réussit, il abandonne le bien et le vendeur l'indemnisera.

B) Les effets de la demande en justice

1. Les effets à l'égard du juge

234 **Moment de la saisine du juge.** Dans certains cas, le juge est saisi immédiatement par la demande. Ainsi, peu importe que l'affaire soit enrôlée au greffe de la juridiction, ce qui compte, c'est que la citation en justice ait été notifiée à l'adversaire. Mais dans de nombreux autres cas, il faut « le placement de l'affaire », c'est-à-dire la saisine de la juridiction pour intégrer le juge à l'instance.

332. Voy. Cass. (2e civ.), 5 octobre 1983, n° 82-14.161, *Bull. civ.*, II, n° 159. - Cass. (3e civ.), 6 octobre 1993, n° 91-15.728, *Bull. civ.*, III, n° 118.

E22 Le procès naît-il de l'assignation ou de sa remise au greffe ?

Il arrive que le législateur lui-même offre la solution à l'interrogation posée. Ainsi, dans le domaine des litiges de copropriété, la loi de 1965 exige que l'action soit « introduite » dans le délai de deux mois, ce que réalise l'assignation[333] (art. 53 et 54 CPC). La naissance du lien d'instance coïncide ainsi avec la notification de l'assignation. Dans un sens inverse, le législateur a opté pour la date de la saisine de la juridiction en divers endroits : à l'article L. 145-10 du Code de commerce (« le locataire doit (...) saisir le tribunal avant l'expiration d'un délai de deux ans »), ou encore, en matière de litispendance (l'article 100 du CPC vise « la juridiction saisie en second lieu » - Cass. (3e civ.), 10 décembre 1985, n° 84-16.799, *Bull. civ.*, III, n° 167). Il en va de même dans le domaine du bail (art. 17 de la loi n° 89-462 du 9 juillet 1989 ; art. 21 de la loi n° 86-1290 du 23 décembre 1986)[334].

Dans le silence de la loi, il convient d'observer les diverses situations. Selon l'article 386 du Code de procédure civile, propre à la péremption de l'instance, cette dernière sanction intervient « lorsqu'aucune des parties n'accomplit de diligence pendant deux ans ». C'est la remise de l'assignation au greffe qui fait courir le délai car, à défaut de remise au greffe dans les quatre mois, l'assignation est caduque (art. 757, al. 2).

La réflexion est aussi ouverte dans l'hypothèse de l'article 2241 du Code civil. Le texte déclare : « Une citation en justice, même en référé, un commandement ou une saisie, signifiés à celui qu'on veut empêcher de prescrire, interrompent la prescription ainsi que les délais pour agir ». La citation en justice interrompt donc la prescription... mais si l'assignation n'est pas suivie par un enrôlement[335], elle ne produira pas d'effet juridique. C'est pourquoi le Recteur Guinchard en déduit que « le juge est saisi au jour où l'assignation est lancée, mais sous condition suspensive que l'enrôlement ait eu lieu ». Cette dernière qualification n'offre cependant guère d'intérêt pour ce qui est du tribunal de grande instance, puisque la non-remise de l'assignation au greffe dans les quatre mois entraîne la caducité de celle-ci (conséquence : elle ne peut interrompre la prescription[336]). En outre, l'assignation – contrairement à l'enrôlement – a une date certaine, qui est connue de tous. C'est donc elle qui, en l'absence de volonté contraire du législateur ou de raison spécifique (voy. les développements qui précèdent), doit faire naître le procès.

Il faut encore signaler que l'interruption de la prescription qui résulte de la demande en justice cesse de produire ses effets à compter du prononcé de la décision et non de sa signification[337].

235 **Effet de la saisine.** À partir du moment où le juge est saisi, deux effets s'imposent à lui :

- le juge ne peut plus refuser de juger sous peine de commettre un déni de justice (art. 4 C. civ.) ;
- la demande fixe l'objet du litige et le juge devra se prononcer sur tout ce qui est demandé, mais uniquement sur ce qui est demandé (art. 5 CPC).

333. Cass. (3e civ.), 15 mai 2002, n° 00-22.175, *Bull. civ.*, III, n° 101 ; *Procédures*, 2002, comm. 182, R. Perrot. Rappr. Cass. (3e civ.), 8 juillet 1998, n° 97-10.781, *Bull. civ.*, III, n° 160.

334. Voy. cep. crit., S. Guinchard *et alii*, *Droit processuel*, 2e éd., Paris, Dalloz, 2002, n° 793, spéc. p. 1119 et R. Perrot, obs. crit. in *RTD civ.*, 1993, 885, qui préconisent de prendre en compte l'assignation, mais sous condition suspensive de sa remise au greffe (voy. déjà S. Guinchard et T. Moussa, *Gaz. Pal.*, 1986, 2, somm., 328).

335. Sur la formalité de l'enrôlement, qui vise à saisir le tribunal, voy. *infra*, nos 360 et s.

336. Cass. Ass. plén., 3 avril 1987, n° 86-11.536, *Bull. Ass. plén.*, n° 2 ; *D.*, 1988, somm., 122, obs. P. Julien ; *JCP*, 1987, II, 20792, concl. Cabannes ; *RTD civ.*, 1987, 401, obs. R. Perrot.

337. Cass. (1re civ.), 8 février 2017, n° 15-27.124, *Bull. civ.* ; *Procédures*, 2017, comm. 59, Y. Strickler.

2. Les effets à l'égard des parties

236 **La demande en justice est source d'obligations et de droits.**

a) Les obligations nées de la création d'un lien juridique d'instance

237 **Le temps de la saisine de la juridiction.** Sauf dans le cas d'une requête conjointe, c'est l'une des parties et habituellement en pratique le demandeur qui doit saisir le tribunal de grande instance dans les quatre mois de l'assignation, et ceci par la remise au greffe d'une copie de l'assignation (art. 757 CPC).

Concernant le tribunal d'instance et le tribunal de commerce, « L'assignation doit être délivrée quinze jours au moins avant la date de l'audience » (art. 838 et 856) et le tribunal « est saisi, à la diligence de l'une ou l'autre des parties, par la remise au greffe, d'une copie de l'assignation ». « Cette remise doit avoir lieu au plus tard huit jours avant la date de l'audience » et ceci, sous peine de caducité de la demande. Les délais prévus peuvent être réduits en cas d'urgence (art. 840 et 858).

238 **Le temps de la comparution.** Le défendeur a l'obligation de comparaître, c'est-à-dire qu'il doit se présenter ou être représenté le jour de l'audience. Il doit alors fournir certains renseignements (identité, profession, etc.), sans quoi sa défense sera irrecevable.

Si le défendeur ne comparaît pas, il ne s'expose pas à une sanction ; simplement, il risque d'être jugé au vu des seuls éléments fournis par le demandeur. Ceci ne signifie pas que le juge fera automatiquement droit à celle-ci : il devra tout de même apprécier les mérites de la demande[338] !

b) Les droits du demandeur sont conservés, et même augmentés

239 **Le demandeur ne doit pas souffrir de la lenteur de la justice et des manœuvres dilatoires de son adversaire.** C'est la raison pour laquelle la demande en justice, premièrement, interrompt la prescription[339], et ceci aussi longtemps que dure le procès. Mais cette interruption de la prescription ne joue que si le procès se termine par un jugement. Ainsi, conformément à l'article 2243 du Code civil, l'interruption normalement attachée à la demande « est non avenue si le demandeur se désiste de sa demande ou laisse périmer l'instance, ou si sa demande est définitivement rejetée ». La jurisprudence a ajouté à ces cas, celui de la caducité de la demande[340]. Le juge qui entend retenir une de ces circonstances pour contrarier l'effet normalement interruptif de la prescription que produit toute demande en justice, doit en constater l'existence dans sa décision[341].

---

338. Pour un exemple, voy. Cass. (1re civ.), 20 septembre 2006, n° 05-20.001, *Bull. civ.*, I, n° 409 (intimé défaillant).

339. Étant entendu que l'envoi d'une lettre recommandée avec demande d'avis de réception à son adversaire ne produit pas d'effet interruptif de la prescription : Cass. (2e civ.), 14 mai 2009, n° 08-17.063, *Bull. civ.*, II, n° 124. De même, la requête visant à l'autorisation d'une mesure conservatoire n'est pas une décision de justice au sens de l'article 2244 du Code civil et ne produit donc pas cet effet : Cass. (2e civ.), 22 septembre 2016, n° 15-13.034, *Procédures*, 2016, comm. 321, Y. Strickler.

340. Cass. Ass. plén., 3 avril 1987, n° 86-11.536, *Bull. Ass. plén.*, n° 2. Craignant cependant pour la sécurité juridique des plaideurs, voy. J. Jourdan-Marques, « Faut-il abroger l'article 2243 du Code civil ? », *Procédures*, 2016, étude 7.

341. Cass. (2e civ.), 2 juin 2016, nos 15-19.618 & 15-19.619, *Bull. civ.*

Deuxièmement, la demande vaut mise en demeure et ceci au même titre que la sommation. Il en résulte deux conséquences : d'une part, la charge des risques va peser sur le défendeur lorsque le droit litigieux porte sur un corps certain et, d'autre part, les intérêts moratoires courent du jour de la demande en justice.

Troisièmement, la demande rend certains droits normalement intransmissibles, transmissibles aux héritiers ; mais cet effet ne se produit que pour peu que l'action ait déjà été engagée. Pour un exemple d'action normalement intransmissible aux héritiers, songeons aux actions relatives à l'état des personnes.

Quatrièmement, le principe (prétendu) de l'irrévocabilité de la saisine judiciaire : ce principe, dans son énoncé théorique, signifie que le juge devra se placer au jour de la demande pour apprécier le bien-fondé de celle-ci. Il ne s'agit en réalité que d'un principe prétendu car, pour se prononcer, le juge tiendra aussi compte de la situation au moment où il rend sa décision. Ainsi, dans le cas d'une demande d'expulsion d'un occupant sans droit ni titre, si le juge constate, au moment où il statue, que l'occupant a dans l'intervalle libéré les locaux, comment pourrait-il raisonnablement prononcer une expulsion ?

E 23 **Effets de la demande et incompétence du tribunal saisi**

La question a été récemment posée à propos d'une affaire où des personnes avaient acquis un lot de copropriété d'une superficie réelle inférieure de plus de 5 % à celle exprimée dans l'acte de vente. Or, depuis la loi n° 97-96-1107 du 18 décembre 1996 améliorant la protection des acquéreurs de lots de copropriété, lorsque « la superficie est inférieure de plus d'un vingtième à celle exprimée dans l'acte, le vendeur, à la demande de l'acquéreur, supporte une diminution du prix proportionnelle à la moindre mesure » (loi n° 65-557 du 10 juillet 1965 fixant le statut de la copropriété des immeubles bâtis, art. 46) à condition toutefois que les demandeurs agissent dans le délai d'une année à compter de l'acte authentique constatant la réalisation de la vente, à peine de déchéance. Dans l'espèce, les acheteurs ont attrait le vendeur devant le tribunal d'instance quelques jours avant l'expiration du délai annal. Mais le tribunal d'instance se déclare incompétent à raison de la valeur du litige et renvoie la cause devant le tribunal de grande instance. Cette décision d'incompétence est rendue à une date postérieure à l'expiration du délai d'un an et les défendeurs ont décidé de contester la recevabilité de la demande (et non de l'*action* comme le dit improprement la cour, alors même que le moyen annexé à l'arrêt faisait justement état de la recevabilité de la *demande*, voy. sur ce choix terminologique, *supra*, n° 7) au motif que les demandeurs n'ayant pas régularisé une nouvelle assignation en temps utile, l'action en diminution du prix était tardive. Cette démonstration ne pouvait prospérer. En effet et comme l'a rappelé la Cour de cassation, l'article 2246 (auj. art. 2241) du Code civil affirme que la demande en justice interrompt la prescription quand bien même elle aurait été portée devant un juge incompétent. Cette disposition, générale, vaut pour tous les délais pour agir et s'applique à tous les cas d'incompétence. La prescription est d'ailleurs interrompue même dans l'hypothèse où l'assignation serait nulle par l'effet d'un vice de procédure[342]. L'article 2241 du Code civil, alinéa 2, qui porte la règle, ne distingue pas, avec cette expression de « vice de procédure »[343], entre le vice de forme et l'irrégularité de fond, de sorte que l'assignation affectée de l'un quelconque de ces vice ou irrégularité, produit un effet interruptif[344]. Dans le dossier ici présenté, la demande était bien recevable[345].

---

342. Cass. (1re civ.), 25 novembre 2010, n° 09-69.124.

343. Sur ce concept, voy. D. Mas, *Le vice de procédure*, Paris, L'Harmattan, 2014.

344. Pour le vice de fond : Cass. (3e civ.), 11 mars 2015, n° 14-15.198.

345. Cass. ch. mixte, 24 novembre 2006, n° 04-18.610, *Bull. ch. mixte*, n° 11 ; *RTD civ.*, 2007, 169, obs. Ph. Théry et p. 175, obs. R. Perrot. *Adde* et rappr. depuis : Cass. (1re civ.), 9 juillet 2009, n° 08-16.847, *Bull. civ.*, I, n° 174.

§ 2. Les moyens de défense : la trilogie procédurale

A) La défense au fond (art. 71 CPC)

240 **Le défendeur conteste le bien-fondé de la prétention adverse.** « Constitue une défense au fond tout moyen qui tend à faire rejeter comme non justifiée, après examen au fond du droit, la prétention de l'adversaire ». La définition ainsi proposée par l'article 71 présente l'avantage de la clarté : le fond a été examiné et c'est cet examen qui a entraîné le rejet de la demande : le demandeur n'a pas droit à ce qu'il sollicitait.

Il se peut toutefois aussi que le plaideur se « rapporte à la justice ». Cette expression vise le cas où un plaideur se remet à la sagesse du juge pour statuer sur tout ou partie du litige[346]. Pour la Cour de cassation, le fait de s'en rapporter à la justice est une défense au fond. Il s'ensuit que le plaideur qui commence par conclure au fond en s'en rapportant à la justice est irrecevable, ensuite, à soulever une exception d'incompétence[347].

La défense au fond est l'antithèse de la demande. D'où son régime procédural souple : elle peut être proposée « en tout état de cause » (art. 72), c'est-à-dire en première instance et en appel, mais aussi en cassation, à condition que cette défense ne constitue pas un moyen nouveau.

B) Les exceptions de procédure (art. 73 et s. CPC)

241 **Une approche propre à la procédure civile.** Le mot exception est pris ici dans son sens procédural strict. Il se distingue du terme d'*exception* employé de manière très large par les civilistes et qui, pour eux, désigne tout moyen de défense. En procédure, l'exception n'est ni une défense au fond ni une fin de non-recevoir. La nuance est sérieuse : ce n'est pas le fond qui est ici contesté, mais la procédure qui a été engagée. « Constitue une exception de procédure tout moyen qui tend soit à faire déclarer la procédure irrégulière ou éteinte, soit à en suspendre le cours ». De ce texte de l'article 73 résultent trois sortes d'exceptions :

- l'exception qui tend à faire déclarer la procédure irrégulière : c'est l'exception de nullité. Un acte de procédure ne répond pas aux conditions de validité exigées, tout particulièrement quand il s'agit de l'acte introductif d'instance dont la nullité peut évidemment être lourde de conséquences ;
- l'exception qui tend à faire déclarer la procédure éteinte : c'est l'exception soulevant la péremption d'instance ;
- l'exception qui tend à suspendre le cours de l'instance. La suspension annoncée est obtenue par : les exceptions d'incompétence (qu'elle soit territoriale ou d'attribution), de litispendance (un même litige est pendant devant deux juridictions également compétentes pour en connaître) et de connexité (deux affaires ont été portées devant deux juridictions également compétentes pour en connaître alors qu'il existe des liens tels entre ces

346. Pour une illustration, voy. Cass. (2e civ.), 14 juin 2018, n° 17-18.718.

347. Cass. (2e civ.), 7 juin 2007, n° 06-15.920, *Bull. civ.*, II, n° 145 ; *Procédures*, 2007, comm. 218, R. Perrot. *Adde* et rappr. Cass. soc., 25 octobre 2007, n° 06-42.661, *Bull. civ.*, V, n° 176.

deux affaires, qu'il faut les juger en un même moment), ainsi que par les exceptions dilatoires. Les exceptions dilatoires sont régies par les articles 108 à 111 du Code : lorsqu'une partie dispose d'un délai, par exemple pour faire inventaire et délibérer, ou d'un bénéfice de discussion ou de division, voire de tout délai d'attente que lui offre la loi, elle peut demander au juge de suspendre l'instance. Ce que le juge est tenu de faire (l'article 108 affirme que **le juge doit alors suspendre l'instance**). Le juge peut aussi accorder un délai au défendeur pour appeler un garant (art. 109) ou suspendre l'instance lorsque l'une des parties invoque une décision frappée de tierce opposition, de recours en révision ou de pourvoi en cassation (art. 110).

E 24 **L'exception dilatoire en matière successorale**

Avec la loi n° 2006-728 du 23 juin 2006 portant réforme des successions et des libéralités (*JO, 24 juin, p. 9513*), la procédure d'acceptation sous bénéfice d'inventaire laisse depuis le 1er janvier 2007 place à une procédure d'« acceptation à concurrence de l'actif net ».
L'héritier dispose d'un délai de quatre mois à compter du décès pour exercer son option successorale et devra le faire, après expiration de ce délai, dans les deux mois (voire davantage, pour justes motifs qu'il lui incombe de présenter au juge) qui suivent la sommation faite par un créancier de la succession, un cohéritier, un héritier de rang subséquent ou l'État (art. 771 C. civ.).
Le silence conservé de l'héritier après la sommation réalisée vaut acceptation pure et simple de la succession (art. 772, al. 2) ; à l'inverse, s'il n'y a pas eu de sommation, l'héritier taisant est tenu pour avoir renoncé au bout d'un délai de dix ans (art. 780).

242 **Exceptions de procédure non reprises par le Code de procédure civile.** En 1975, le nouveau Code de procédure civile a supprimé deux exceptions de procédure admises sous l'empire de la précédente législation, à savoir l'exception de communication de pièces et l'exception *judicatum solvi*. La première avait pour objet de faire respecter le principe du contradictoire ; la seconde, également nommée « exception de la caution de l'étranger demandeur »[348], visait le cas de l'étranger qui intentait un procès en France et auquel le défendeur pouvait demander la constitution d'une sûreté réelle sous la forme du dépôt d'une caution, pour garantir l'exécution de la décision si elle devait être rendue en faveur du national (la crainte qu'exprimait cette exception était de voir l'étranger s'en retourner chez lui pour échapper à l'exécution). Par exception, la caution n'était pas due lorsque l'étranger demandeur possédait des immeubles de valeur suffisante en France. Mais l'on ajoutera qu'en pratique, de nombreuses conventions internationales excluaient le jeu de l'exception *judicatum solvi* de sorte qu'il n'est pas apparu utile de la maintenir.

243 **Un régime général des exceptions de procédure restrictif.** Le régime général des exceptions de procédure est posé par l'article 74 du Code de procédure civile. Il est plus sévère que pour les défenses au fond. Cette sévérité accrue s'explique dans la mesure où l'exception de procédure permet de gagner du temps.

348. Voy. P. CUCHE et J. VINCENT, *Procédure civile et commerciale*, coll. Précis, Paris, Dalloz, 1960, nos 489 et s.

Selon le texte de référence (art. 74, al. 1er) : « Les exceptions doivent, à peine d'irrecevabilité, être soulevées simultanément et avant toute défense au fond ou fin de non-recevoir. Il en est ainsi alors même que les règles invoquées au soutien de l'exception seraient d'ordre public »[349].

Il faut signaler que la demande de nullité d'une expertise, qui ne constitue pas une exception de procédure mais une défense au fond, demeure néanmoins soumise en application de l'article 175 du Code de procédure civile aux dispositions qui régissent la nullité des actes de procédure. Il s'ensuit qu'une telle demande doit être présentée avant toute défense au fond, faute de quoi la nullité est couverte[350].

Il faut aussi relever que de disposition expresse (al. 2) « La demande de communication de pièces ne constitue pas une cause d'irrecevabilité des exceptions ». Cette précision se justifie puisqu'il est parfois nécessaire d'avoir communication d'une pièce pour juger de l'opportunité de soulever une exception.

E 25 Quel ordre, dans les mêmes conclusions, entre une exception de procédure, une fin de non-recevoir et une défense au fond ?

L'ordre de présentation de l'exception de procédure et de la fin de non-recevoir dans les mêmes conclusions à l'occasion d'une procédure écrite est-il ou non indifférent ? La Cour de cassation a eu l'occasion de répondre à cette interrogation à plusieurs reprises... mais la solution qu'elle a retenue varie selon la chambre qui en connaît. La solution la plus récemment affirmée est celle de la deuxième chambre civile, qui opte pour une lecture stricte, littérale, de l'article 74. Une chose après l'autre ; le Code impose que les exceptions de procédure soient soulevées « simultanément et avant toute défense au fond ou fin de non-recevoir », l'ordre de présentation est donné par le Code et tout à la fois répond à une logique d'effets des différents moyens de défense et poursuit une facilité d'approche pour le juge dans l'appréhension des questions que lui posent les plaideurs. Dans l'arrêt rendu le 8 juillet 2004 (n° 02-19.694, *Bull. civ.*, II, n° 377), l'appelant avait, dans ses conclusions, soulevé la fin de non-recevoir avant l'exception de procédure et la Haute juridiction approuve la cour d'appel d'avoir retenu que l'exception n'était pas recevable en application de l'article 74 indépendamment de sa présence dans un seul et même jeu de conclusions. La même solution (mais qui dans l'espèce n'avait pas nui à l'auteur des conclusions) avait été adoptée par la troisième chambre civile le 8 mars 1977 (n° 75-14.834, *Bull. civ.*, III, n° 110) à propos d'une défense au fond, qui avait été matériellement présentée après l'exception de procédure, ce qui avait validé la démarche du plaideur.
En revanche, le 18 novembre 1986, la première chambre civile (n° 85-11.324, *Bull. civ.*, I, n° 269) avait affirmé que peu importe l'ordre dans lequel les moyens ont été invoqués, à partir du moment où ils apparaissent dans un seul et même acte. L'unicité des conclusions a ici gommé l'exigence de l'article 74. Le souhait de rapidité imprimé ces dernières années à la procédure et l'exigence de clarté dans la présentation formelle des moyens de défense conduisent à penser que la solution la plus récemment appuyée par la chambre de la procédure en 2004 a vocation à fixer le droit positif et par voie de conséquence à appeler les rédacteurs de conclusions à faire preuve de rigueur et de logique dans la présentation de leur argumentaire : à savoir, énoncer d'abord, conformément à la formulation de l'article 74, les exceptions de procédure !

349. Pour des applications, voy. Cass. (2e civ.), 16 mars 2017, deux arrêts, n° 15-18.805, *Bull. civ.*, et n° 15-28.167.
Rappel : l'exception d'incompétence impose à la partie qui la soulève de motiver l'exception soulevée et de faire connaître devant quelle juridiction elle demande que l'affaire soit portée (art. 75 CPC).

350. Cass. (1re civ.), 30 avril 2014, n° 12-21.484, *Bull. civ.*, I, n° 75.

244 **Les exceptions à la sévérité du régime général des exceptions de procédure.** Il existe cependant des exceptions à la sévérité du régime procédural des exceptions de procédure et ceci pour des raisons d'ordre pratique.

L'article 74 ajoute en effet dans son alinéa troisième, que les dispositions précédentes ne font pas « obstacle à l'application des articles 103, 111, 112 et 118 ».

- le texte réserve d'abord le cas de l'exception de connexité. Celle-ci peut être soulevée en tout état de cause, sauf au juge de l'écarter si elle est invoquée tardivement dans une intention dilatoire (art. 103) ;
- mais le texte réserve aussi l'exception de nullité des actes de procédure qui, et c'est la logique qui impose la solution, est invoquée au fur et à mesure de leur accomplissement (art. 112). Les exceptions de nullité pour vice de fond peuvent même être soulevées en tout état de cause (art. 118) ;
- quant à l'article 111, il précise que le bénéficiaire d'un délai pour faire inventaire et délibérer peut ne proposer ses autres exceptions qu'après l'expiration de ce délai.

C) Les fins de non-recevoir (art. 122 à 126 CPC)

245 **L'une des conditions de recevabilité de la demande fait défaut.** « Constitue une fin de non-recevoir tout moyen qui tend à faire déclarer l'adversaire irrecevable en sa demande, sans examen au fond, pour défaut du droit d'agir, tel le défaut de qualité, le défaut d'intérêt, la prescription, le délai préfix, la chose jugée ».

La notion de fin de non-recevoir est complexe, parce qu'il existe de nombreuses fins de non-recevoir et qu'elles se situent entre la défense au fond et l'exception de procédure : comme la défense au fond, elles tendent au rejet définitif de la demande dans la plupart des cas ; comme pour l'exception de procédure, le juge n'a pas à se livrer à un examen du fond de l'affaire.

Dans le silence du législateur, c'est au juge qu'il revient de qualifier les moyens de défense[351]. Par exemple, dans le droit du divorce antérieur à la réforme de 2004 (loi n° 2004-439), la procédure de divorce pour séparation de fait imposait au demandeur de dire dès le début du procès quels sont les moyens d'aide et de subsistance pour le conjoint et les enfants (art. 239 C. civ.) ; c'est la Cour de cassation qui a estimé, le 18 juin 1980, qu'il s'agit là d'une fin de non-recevoir[352]. Elle a ensuite estimé que cette fin de non-recevoir présentait la particularité de ne pas pouvoir être régularisée[353], avant d'adopter une vision plus souple de l'exigence : elle a ainsi admis qu'une requête complémentaire répondant aux exigences légales puisse être déposée avant l'ordonnance convoquant les époux à la tentative de conciliation[354].

---

351. Voire d'en créer, voy. Cass., 13 novembre 2014, n° 13-21.018, *JCP G*, 2015, 49, note M. Douchy-Oudot.

352. Cass. (2e civ.), 18 juin 1980, n° 78-16.538, *Bull. civ.*, II, n° 142.

353. Cass. (2e civ.), 5 janvier 1983, n° 81-13.639, *Bull. civ.*, II, n° 2 : cette irrégularité « n'est pas susceptible d'être réparée ».

354. Cass. (2e civ.), 22 janvier 1992, n° 90-19.315, *Bull. civ.*, II, n° 25. - Cass. (1re civ.), 22 février 2017, n° 16-10.692 (proposition de règlement formulée par conclusions « régularisant ainsi la situation ayant donné lieu à la fin de non-recevoir »).

L'article 257-2 du Code civil, créé en 2004 pour tirer les leçons de la jurisprudence, déclare que la demande introductive d'instance en divorce qui ne comporte pas une proposition de règlement des intérêts pécuniaires et patrimoniaux des époux est irrecevable[355].

Après avoir estimé que la clause d'un contrat instituant une procédure de conciliation obligatoire et préalable à la saisine du juge constitue une fin de non-recevoir qui s'impose au juge si les parties l'invoquent[356], la Cour de cassation a considéré qu'il en est de même de la « clause de médiation », qui empêche une partie à l'acte de « refuser une procédure de médiation qui n'avait pas encore été mise en œuvre »[357]. La Cour de cassation a même estimé que, dans la mesure où une telle clause de conciliation doit être mise en œuvre préalablement à la saisine du juge, sa méconnaissance « n'est pas susceptible d'être régularisée par la mise en œuvre de la clause en cours d'instance »[358]. Ceci étant, la clause contractuelle prévoyant une tentative de règlement amiable, doit être « assortie de conditions particulières de mise en œuvre, [faute de quoi elle] ne constitue pas une procédure de conciliation obligatoire préalable à la saisine du juge, dont le non-respect caractérise une fin de non-recevoir s'imposant à celui-ci »[359]. Il faut donc, en rédigeant une clause de conciliation préalable, préciser de façon claire les modalités du processus conventionnellement approuvé[360].

Un autre exemple, avec une solution déniant la qualification de fin de non-recevoir s'agissant de la règle « le criminel tient le civil en l'état », apparaît dans un arrêt de la chambre sociale du 4 octobre 1989[361], qui affirme que cet adage constitue une exception de procédure tendant à suspendre le cours de l'instance.

La question peut aussi être posée au regard des moyens de défense dont peut disposer l'époux défendeur pour s'opposer au succès d'une procédure

---

355. Lorsque le constat de la non-conciliation des époux était une formalité substantielle pour le juge, chaque fois qu'il ne rendait pas une ordonnance de non-conciliation, il ne pouvait pas prononcer le divorce : Cass. (1re civ.), 16 décembre 2015, n° 14-28.296, *Bull. civ.*

356. Cette fin de non-recevoir n'est pas régularisable : Cass. ch. mixte, 14 février 2003, nos 00-19.423 & 00-19.424, *Bull. ch. mixte*, n° 1 (irrecevabilité à agir sur le fondement du contrat avant que la procédure de conciliation ait été mise en œuvre) ; voy. aussi Cass. (1re civ.), 1er octobre 2014, n° 13-17.920, *Bull. civ.*, I, n° 157 ; Cass. (3e civ.), 16 novembre 2017, n° 16-24.642.
Pour la solution contraire quand existe « une procédure de conciliation préliminaire et obligatoire » : Cass. soc., 5 décembre 2012, n° 11-20.004, *Bull. civ.*, V, n° 326.

357. Cass. (1re civ.), 8 avril 2009, n° 08-10.866, *Bull. civ.*, I, n° 78.

358. Cass. ch. mixte, 12 décembre 2014, n° 13-19.684, *Bull. ch. mixte*, n° 3 ; Cass. (3e civ.), 6 octobre 2016, n° 15-17.989, *Bull. civ.* Voy. cep. Cass. (1re civ.), 12 mai 2016, n° 15-16.743, *D.*, 2016. 1083 ; *RTD civ.*, 2016. 923, obs. Ph. Théry) où, après le prononcé de l'irrecevabilité, le demandeur a porté une nouvelle demande devant le juge en vue de l'annulation de cette clause. La demande en nullité de la clause de conciliation préalable obligatoire étant nouvelle, elle était recevable et ne pouvait se heurter au principe de concentration des moyens.

359. Cass. com., 29 avril 2014, n° 12-27.004, *Bull. civ.*, IV, n° 76 ; *D.*, 2014, 1044 et 2541, obs. Th. Clay.

360. Cass. (1re civ.), 1er octobre 2014, n° 13-17.920, *Bull. civ.*, I, n° 157 : la clause prévoyait l'obligation de « soumettre leur différend à un conciliateur désigné qui sera missionné par le Président de la chambre des notaires ».

361. Cass. soc., 4 octobre 1989, n° 86-43.750, *Bull. civ.*, V, n° 565.

de divorce pour faute engagée : l'article 244 du Code civil pose que la réconciliation des époux en cours de procédure conduit le juge à déclarer la demande irrecevable. Il en va de même lorsque la faute du défendeur, qui lui est reprochée à l'appui de la demande en divorce, a été provoquée par un comportement délibéré du demandeur et effectivement, en ce cas, la discussion ne portera pas sur le fond mais sur cette forme d'excuse de provocation.

Quant à l'incident de faux, c'est la qualification de défense au fond qui a été retenue : le débat portait sur le choix de cette qualification ou de celle d'exception de procédure. Motif pris de ce que le but de l'incident de faux est de contester une preuve littérale invoquée au soutien d'une prétention, la Cour de cassation a considéré qu'il s'agissait là d'une défense au fond, pouvant être invoquée en tout état de la cause[362].

S'agissant du défaut d'habilitation du syndic à agir en justice pour le compte du syndicat des copropriétaires, il a été jugé qu'il constitue un défaut de pouvoir sanctionné par une nullité de fond, et non une fin de non-recevoir que le juge peut relever d'office[363].

En revanche, les choses sont *a priori* moins nettes concernant la « faute excusante » de l'article 245 du Code civil. Car ce texte indique que la faute de l'époux demandeur n'empêche pas d'examiner sa demande. Il n'y a donc pas d'obstacle mis à l'appréciation du fond par le juge. L'existence d'une telle faute permet, selon l'article 245, « d'enlever aux faits qu'il reproche à son conjoint le caractère de gravité qui en aurait fait une cause de divorce ». Il s'agira donc d'observer si la faute de celui qui a pris l'initiative du divorce est ou non de nature à disqualifier la cause de divorce. En cela, la disposition qui touche au débat de fond reste une fin de non-recevoir. Mais de l'alinéa second du texte ressort que les fautes de l'époux demandeur peuvent être invoquées reconventionnellement par l'époux défendeur, auquel cas le divorce sera prononcé aux torts partagés. C'est un débat de fond et non de procédure.

Il avait aussi été délicat de se prononcer concernant un moyen de défense qui existait dans l'ancien article L. 621-48, alinéa 2, du Code de commerce[364]. Ce texte énonçait que : « le jugement d'ouverture du redressement judiciaire suspend jusqu'au jugement suivant le plan de redressement ou prononçant la liquidation toute action contre les cautions personnelles personnes physiques ». S'agissait-il d'une exception de procédure (devant être invoquée avant toute défense au fond ou fin de non-recevoir) ou d'une fin de non-recevoir ? La Cour de cassation, en chambre mixte, a opté pour la seconde interprétation[365]. Dans son *avis*, M. Mellottée, Premier avocat général, proposait d'analyser ce texte comme posant une exception de procédure qui, en l'espèce, n'avait pas à être relevée d'office par le juge. D'ailleurs, par deux dé-

362. Cass. (1re civ.), 24 octobre 2006, n° 05-21.282, *Bull. civ.*, I, n° 434. - 9 décembre 2015, n° 14-28.216, *Bull. civ.* ; *Procédures*, 2016, comm. 43, Y. Strickler.

363. Cass. (3e civ.), 9 avril 2008, n° 07-13.236, *Bull. civ.*, III, n° 67.

364. Dans sa rédaction antérieure à la loi du 26 juillet 2005 de sauvegarde des entreprises. Sur cette règle protectrice de la caution, personne physique, voy. auj. art. L. 622-28 C. com.

365. Cass. ch. mixte, 16 novembre 2007, n° 03-14.409, *Bull. ch. mixte*, n° 11 ; *BICC*, 1er mars 2008, n° 677.

cisions du 10 mars 2004 et du 24 mai 2005[366], la chambre commerciale avait décidé que l'action engagée par le créancier contre la caution, suspendue par le jugement d'ouverture, pouvait être reprise après le jugement arrêtant le plan de redressement ou prononçant la liquidation, sans que le créancier soit tenu de délivrer une nouvelle assignation. Or, une fin de non-recevoir emporte normalement une irrecevabilité définitive (sauf régularisation en temps utile)… ce qui semblait éloigner la Cour de cassation de cette qualification de fin de non-recevoir. Mais, dans le même temps, la chambre commerciale se référait au texte de l'article 126 relatif aux fins de non-recevoir (et permettant une régularisation)… ce qui indiquait une orientation vers la qualification de fin de non-recevoir.

246 **Régime procédural.** Le régime procédural applicable aux fins de non-recevoir est à l'image de la complexité de la notion. Le décret-loi de 1935 avait opté pour un régime identique à celui des exceptions. Mais cette transposition n'est pas toujours possible, car il existe des fins de non-recevoir tirées du fond du droit et qui, par conséquent, ne peuvent être invoquées au début du procès (*in limine litis*). Ainsi une réconciliation des époux en cours d'instance de divorce…[367] C'est pourquoi, en 1972, la réforme de la procédure civile a tiré les conséquences du caractère mixte de la nature juridique de la fin de non-recevoir : comme l'exception, elle écarte tout débat sur le fond, mais comme la défense au fond, elle peut être proposée en tout état de cause (art. 123 CPC).

Toutefois, puisque la fin de non-recevoir peut être invoquée à tout moment, il a fallu prévoir des garde-fous pour limiter les risques de manœuvres dilatoires. Aussi :

- premièrement, le juge doit relever d'office les fins de non-recevoir d'ordre public. Le texte en propose des illustrations, à savoir les fins de non-recevoir qui « résultent de l'inobservation des délais dans lesquels doivent être exercées les voies de recours ou de l'absence d'ouverture d'une voie de recours »[368]. Il a été jugé que présente un caractère d'ordre public, la chose jugée en matière d'état des personnes[369], mais aussi l'absence de paiement de la contribution exigée au titre du fonds d'indemnisation de la profession d'avoués près les cours d'appel (art. 963 CPC)[370]. En revanche, lorsque la fin de non-recevoir est d'intérêt privé, les juges n'ont pas à la relever d'office[371] ;

366. Voy. n° 01-13.508, *Bull. civ.*, IV, n° 50 et n° 03-21.043, *Bull. civ.*, IV, n° 117.

367. Sur l'obligation pour le juge de respecter la phase obligatoire de conciliation en cette matière, voy. Cass. (1re civ.), 16 déc. 2015, n° 14-28.296, *Bull. civ.*

368. À ce dernier cas est assimilée l'hypothèse du recours exercé alors que l'action était réservée : Cass. (1re civ.), 15 juillet 1993, n° 91-18.461, *Bull. civ.*, I, n° 258.

369. Cass. (1re civ.), 19 mai 1976, n° 74-13.821, *Bull. civ.*, I, n° 184. *Adde* Cass. (1re civ.), 6 mars 2007, n° 05-14.693 (textes applicables aux recours contre les décisions relatives à l'organisation de la tutelle ou de la curatelle).

370. Cass. (2e civ.), 29 janvier 2015, n° 13-28.426.

371. Cass. ch. mixte, 16 novembre 2007, n° 03-14.409, précité.

- deuxièmement, le juge peut condamner à des dommages-intérêts ceux qui se sont abstenus, dans une intention dilatoire[372], de soulever les fins de non-recevoir plus tôt ;
- troisièmement, le juge « peut relever d'office la fin de non-recevoir tirée du défaut d'intérêt, du défaut de qualité ou de la chose jugée » (art. 125, al. 2). Cette précision textuelle évite d'avoir à s'interroger sur le point de savoir si ces questions sont ou non d'ordre public ;
- quatrièmement, chaque fois qu'il y a eu régularisation avant que le juge ne statue, l'irrecevabilité est écartée (art. 126). Cette règle évite d'avoir à recommencer le procès. Par exemple, le représentant d'une personne morale agit en vertu d'une autorisation irrégulière : l'irrecevabilité normalement encourue sera écartée à condition qu'une autorisation régulière soit donnée en cours d'instance. Ceci s'est produit dans une espèce où une partie avait agi en se déclarant syndic de la copropriété d'un immeuble, alors que la copropriété avait été constituée ultérieurement ; mais comme cette personne a été nommée syndic et régulièrement habilitée à poursuivre ou reprendre l'action par une décision de l'assemblée générale, et qu'elle l'avait effectivement reprise, la situation avait été régularisée avant le jugement sur le fond et hors de toute forclusion[373].

§ 3. Les actes de procédure

247 **Des actes écrits ayant pour objet de faire avancer l'instance.** Les actes de procédure sont l'œuvre des auxiliaires de justice et quelquefois des parties elles-mêmes, tout au moins devant certaines juridictions. Il s'agit d'actes juridiques, qui comportent un negotium (c'est un acte de volonté en vue de créer des effets de droit) et un instrumentum (régi en tant que tel par un certain formalisme et des délais).

Sont exclus des actes de procédure les actes des juges, qui constituent des actes de juridiction ou des actes d'administration judiciaire.

Les actes des juges ajoutés aux actes de procédure constituent les « actes de l'instance » qui, s'ils doivent préalablement être présentés, supposent que soient également envisagés leur sanction et les délais dans lesquels ces actes doivent être réalisés.

A) Présentation et auteurs des actes de procédure

248 **Place aux professionnels du droit !** ***Depuis que la procédure est devenue plus complexe et écrite, la représentation est devenue quasi indispensable.*** Dès le XIIIe siècle, les parties se font représenter par un « procureur », chargé

372. Ce qui est apprécié souverainement par les juges du fait : Cass. (2e civ.), 1er juillet 1981, n° 80-12.356, *Bull. civ.*, II, n° 144 (en cause d'appel, le défendeur a soulevé l'irrecevabilité de la demande en affirmant l'absence de lien de droit personnel avec le demandeur, ce qui était exact. La cour a déclaré la demande irrecevable mais a condamné le défendeur au paiement d'une somme sur le fondement de l'article 123, ce que la Haute juridiction a validé en renvoyant pour l'appréciation réalisée à la souveraineté des premiers juges).
373. Cass. (2e civ.), 15 décembre 1986, n° 85-16.398, *Bull. civ.*, II, n° 190.

de diriger la procédure et de conclure en leur nom. Le Code de procédure de 1806 maintient la représentation et parle désormais de l'avoué. En 1971, le législateur a fusionné les professions d'avoués et d'avocats, tout au moins devant les tribunaux de grande instance. Un communiqué de presse du garde des Sceaux en date du 10 juin 2008 a annoncé la volonté du gouvernement « de ne plus rendre obligatoire le recours à un avoué pour défendre les dossiers en appel et d'unifier les professions d'avoué et d'avocat ». L'objet annoncé de ce projet de réforme était de simplifier et de rendre moins coûteux l'accès au juge d'appel pour le justiciable. La fusion, et donc la disparition des avoués, a été opérée par une loi du 25 janvier 2011[374]. Pourtant, l'étude d'impact qui avait précédé cette réforme et qui a conduit à la suppression de la profession des avoués, indiquait que les avocats constitueront un filtre moins performant que les avoués... En outre, la spécificité de la procédure d'appel, qui bénéficiait d'un traitement par un spécialiste, est désormais entre les mains d'un avocat qui n'a forcément pas le même degré de spécialisation dans une procédure spécifique.

La loi *Macron* a entendu libéraliser les professions réglementées du droit et vient poser les conditions dans lesquelles des sociétés réunissant avocats, avocats aux Conseils, commissaires-priseurs judiciaires, huissiers de justice, notaires, etc., peuvent être constituées (*adde* décret n° 2017-895 du 6 mai 2017 *relatif aux notaires, aux commissaires-priseurs judiciaires et aux huissiers de justice* qui complète notamment les règles relatives aux sociétés titulaires de plusieurs offices). Elles devront être détenues en totalité par ces professionnels, tant au regard du capital que des droits de vote. Cette précaution, par le jeu de constitution de filiales et autres mécanismes connus du droit commercial, risque pourtant d'être aisément contournée... La libéralisation est, dans l'état du texte, la marque de ce dispositif.

La libéralisation avait déjà pris place dans d'autres législations : depuis la loi n° 2014-344 du 17 mars 2014 *relative à la consommation*, il est possible à un avocat de « recourir à la publicité ainsi qu'à la sollicitation personnalisée » (art. 3 *bis* de la loi n° 71-1130 du 31 décembre 1971). Le décret n° 2014-1251 du 28 octobre 2014 (*JO*, 29 octobre, p. 17894) et la décision du 13 novembre 2014 *portant réforme du règlement intérieur national et de la profession d'avocat* (*JO*, 5 décembre, p. 20294) viennent en préciser les conditions. Ainsi, l'information sur la nature des prestations de services proposées doit être « sincère » et les principes essentiels de la profession doivent être respectés dans la mise en œuvre de la publicité, qui ne peut comporter d'élément comparatif ou dénigrant.

374. *Adde* décret n° 2012-634 du 3 mai 2012 *relatif à la fusion des professions d'avocat et d'avoué près les cours d'appel* ; et décret n° 2011-1202 du 28 septembre 2011 *relatif au droit affecté au fonds d'indemnisation de la profession d'avoué près les cours d'appel et à la contribution pour l'aide juridique* qui prévoit l'indemnisation de la profession par l'instauration d'un droit de 150 euros (225 aujourd'hui) à la charge de toute partie à une instance d'appel à procédure avec représentation obligatoire, sanctionné par une irrecevabilité d'office. Ce texte a été validé par le Conseil constitutionnel (déc. n° 2010-624 DC du 20 janvier 2011), sauf le principe de l'indemnisation du préjudice de carrière, du préjudice économique et des préjudices accessoires, de sorte que seule la perte du droit de présentation est indemnisée.

E 26 Représentation obligatoire ou facultative ?

Des voix s'élèvent régulièrement pour solliciter une représentation obligatoire devant toutes ou partie des juridictions (est alors généralement visée la matière prud'homale)[375]. Le Rapport Lacabarats (*L'avenir des juridictions du travail – Vers un tribunal prud'homal du XXIe siècle*) avait d'ailleurs émis le vœu de « rendre obligatoire devant la cour d'appel la représentation par avocat ou par défenseur syndical » (proposition n° 39). http://www.justice.gouv.fr/publication/rap_lacabarats_2014.pdf

Cette disposition a fait son entrée dans le droit positif avec le décret n° 2016-660 du 20 mai 2016 : si, au premier degré, chacune des parties peut se faire assister ou représenter non seulement par un avocat, mais aussi par son conjoint, par un salarié ou employeur appartenant à la même branche d'activité, par un délégué syndical, ou encore par un membre de l'entreprise ou de l'établissement, en appel, l'article R. 1461-1 dans sa rédaction nouvelle pose en son alinéa deuxième que : « À défaut d'être représentées par la personne mentionnée au 2° de l'article R. 1453-2 [un défenseur syndical], les parties sont tenues de constituer avocat ». Le décret n° 2017-1008 du 10 mai 2017 *portant diverses dispositions procédurales relatives aux juridictions du travail* précise que le défenseur syndical n'est pas soumis à la communication électronique obligatoire en appel et qu'il peut adresser les actes de la procédure au greffe par lettre recommandée avec demande d'avis de réception, de même que les notifications entre avocat et lui (ici, lettre recommandée avec demande d'avis de réception ou signification).

Par ailleurs, les conseillers prud'homaux qui étaient jusqu'à présent élus pour une durée de cinq ans, renouvelable, ne sont plus désormais élus, mais désignés par les organisations syndicales et patronales représentatives. Le gouvernement a en effet souhaité modifier le mode de désignation des conseillers prud'hommes en mettant en avant plusieurs éléments : faible participation des salariés aux élections prud'homales (25 % au scrutin de l'année 2008), réduction du coût (la réforme proposée serait 15 fois moins chère que le système antérieur) et la possibilité de mesurer l'audience des syndicats. Les conseillers prud'homaux sont, alors, nommés par arrêté du garde des Sceaux et du ministre du Travail, sur la proposition des organisations syndicales et patronales représentatives. Leur mandat durera quatre ans, et non plus cinq, de manière à suivre cycle de mesure de l'audience des organisations en question (voy. art. L. 1441-2 C. trav.).

Sur les modes de calcul de la représentativité : voy. article L. 2121-1 du Code du travail, Chapitre Ier : Critères de représentativité :

« La représentativité des organisations syndicales est déterminée d'après les critères cumulatifs suivants :

1. Le respect des valeurs républicaines ;
2. L'indépendance ;
3. La transparence financière ;
4. Une ancienneté minimale de deux ans dans le champ professionnel et géographique couvrant le niveau de négociation. Cette ancienneté s'apprécie à compter de la date de dépôt légal des statuts ;
5. L'audience établie selon les niveaux de négociation conformément aux articles L. 2122-1, L. 2122-5, L. 2122-6 et L. 2122-9 ;
6. L'influence, prioritairement caractérisée par l'activité et l'expérience ;
7. Les effectifs d'adhérents et les cotisations.

L'organisation intéressée fournit les éléments d'appréciation dont elle dispose. »

Au niveau de l'entreprise, le syndicat doit avoir recueilli au moins 10 % des suffrages exprimés au premier tour des dernières élections des titulaires du comité d'entreprise, du regroupement des instances du personnel comprenant le comité d'entreprise, de la délégation unique du personnel ou, à défaut, des délégués du personnel, quel que soit le nombre de votants (article L. 2122-1 du Code du travail).

Il est tout de même possible de conserver l'idée que la mise en place d'un système d'aide juridictionnelle permet à chacun, lorsque la représentation par avocat est facultative, d'opérer son choix et qu'il n'appartient pas à l'État de choisir en tout et pour tout en lieu et place du citoyen, la façon dont il entend exercer sa défense. Dans l'affaire *Airey c. Irlande* (Cour EDH, 9 octobre 1979, série A, n° 32), la requérante avait allégué que l'absence d'aide judiciaire avait constitué une entrave à l'exercice de son droit d'accès à la High Court. Aucune norme légale ou décision administrative ne l'empêchait en réalité de se prévaloir des recours que pouvait offrir la High Court et, par conséquent, la question était bien

375. Par ex., B. Travier et R. Cros, « Les procédures orales à l'aune de la Convention européenne de sauvegarde des droits de l'Homme : mort ou résurrection ? », *Procédures*, 2007, étude 5, spéc. n° 9.

celle de l'accès au juge par la possibilité ou non d'obtenir une aide financière pour couvrir l'assistance et la représentation attendues d'un homme de droit. La Cour de Strasbourg a constaté que, devant la High Court, le niveau des honoraires à verser pour s'y faire représenter est très élevé, mais aussi que la procédure à suivre pour introduire une action, en particulier sur requête, est complexe. En outre, le différend portait sur un litige entre conjoints et spécialement de nature à susciter une forte passion (le demandeur devait, dans la procédure engagée devant le juge interne, démontrer que son conjoint avait commis un adultère, des actes contre nature ou de cruauté) « peu compatible avec le degré d'objectivité indispensable pour plaider en justice ». De sorte que la Cour a estimé « très improbable qu'une personne dans la situation de [l'épouse demanderesse ait pu] défendre utilement sa propre cause [et] n'offre pas à la requérante un droit effectif d'accès au tribunal » (§ 24)[376].
En outre, il est des juridictions pour lesquelles l'image du juge directement accessible devant lequel les justiciables viennent personnellement exposer leur différend, dans leurs mots que le tribunal saura le cas échéant convertir en langue savante, participe de la raison même de cette justice particulière. Qu'il s'agisse de la juridiction prud'homale, consulaire ou des baux ruraux et, plus loin, de la justice parfois et selon les époques et les lieux nommée « de proximité », d'autres fois « d'instance ». Selon les matières et, dans cette dernière occurrence, lorsque le litige est simple ou d'importance financière minime (ce qui ne signifie cependant pas qu'il soit négligeable pour les intéressés), le justiciable doit pouvoir conserver, en conscience, l'accès direct à son juge[377].

1. Les actes des avocats

249 **La nouvelle profession d'avocat.** Le régime de la profession d'avocat est issu de la loi n° 90-1259 du 31 décembre 1990 modifiant la loi du 31 décembre 1971 qui a, seconde fusion en vingt années, réuni les avocats et les conseils juridiques et de celle n° 2011-94 du 25 janvier portant réforme de la représentation en appel, fusionnant les avocats et les avoués. Selon l'article premier, une « nouvelle profession dont les membres portent le titre d'avocat est substituée aux professions d'avocat d'avoué près les cours d'appel et de conseil juridique » et les membres de la nouvelle profession exercent l'ensemble des fonctions antérieurement dévolues aux différentes professions.

Les avocats sont constitués en *barreau*, l'appellation venant du barreau qui, autrefois, fermait l'espace qui leur était réservé à l'audience. Chaque barreau est établi près le tribunal de grande instance et constitue un Ordre à lui tout seul, indépendant des autres. L'Ordre a la personnalité morale, gère son patrimoine, et a comme organe l'Assemblée générale, le Conseil de l'Ordre et le Bâtonnier.

250 **Les divers rôles de l'avocat.** L'avocat se voit confier trois rôles majeurs : l'assistance, la représentation et la consultation. Son **rôle d'assistance**, le conduit à aider le client et à plaider. Concrètement, à l'audience, l'avocat va exposer oralement les prétentions de son client et discuter les prétentions de l'adversaire ; en dehors de l'audience, il assiste son client lors des mesures d'instruction, par exemple lors d'une expertise. Il est à noter que dans son rôle d'assistance, l'avocat ne subit aucune limitation territoriale et qu'il n'a pas la qualité de mandataire de son client. Par suite, il n'engage pas son client par ses déclarations.

376. Sur l'accès au juge, voy. spéc. V. Donier et B. Lapérou-Scheneider (dir.), *L'accès au juge. Recherches sur l'effectivité d'un droit*, Bruxelles, Bruylant, 2013.

377. *Adde* I. Dehan-Chantrier, « Nouvelles modalités de représentation et d'assistance en justice », *JCP G*, 2008, « Aperçu rapide », n° 51.

Son second rôle est **une mission de représentation**. Ce rôle est différent du rôle d'assistance, bien que complémentaire. Sous cet angle, l'avocat postule et conclut. Il postule, c'est-à-dire qu'il représente le client[378]. Le mandat de postulation emporte le pouvoir et le devoir d'accomplir au nom du mandant les actes de procédure, et mission d'assistance sauf disposition ou convention contraire. L'avocat a le monopole de la représentation devant le tribunal de grande instance. Depuis le 1er août 2016, et l'entrée en vigueur de la loi n° 2015-990 du 6 août 2015 *pour la croissance, l'activité et l'égalité des chances économiques* – dite loi Macron –, sous réserve du régime local applicable en Alsace-Moselle qui a été maintenu, les avocats peuvent postuler devant tous les tribunaux de grande instance du ressort de cour d'appel dans lequel ils ont établi leur résidence professionnelle[379] et devant ladite cour d'appel[380]. Sont cependant exclues certaines procédures, comme celles de saisie immobilière, de partage et de licitation. Ainsi un avocat de Paris peut plaider à Toulouse (c'est la fonction d'assistance) mais il ne pourra pas représenter le plaideur devant le tribunal de Toulouse (la fonction de représentation sera exercée par un avocat du barreau de Toulouse). Il y aura alors partage des rôles.

La représentation par avocat est en principe obligatoire devant le tribunal de grande instance (art. 751 CPC) et la procédure, écrite, s'y organise par l'échange de conclusions. En revanche, la représentation n'est pas toujours obligatoire devant les autres juridictions, ainsi et par exemple devant le tribunal de commerce ou encore devant le tribunal d'instance. La représentation était même impossible devant les bureaux de conciliation des conseils de prud'hommes jusqu'au décret n° 2008-715 du 18 juillet 2008, qui est venu autoriser le mandat à ce stade de la procédure (art. R. 1454-12 C. trav.).

Enfin, l'avocat a, comme troisième mission essentielle, **un rôle de consultation**. Le terme est vaste et regroupe les avis donnés à propos des problèmes de droit, la rédaction d'actes sous seing privé, etc. Les avocats ici n'ont pas de monopole[381].

Dans l'exercice de ses missions l'avocat est investi d'un devoir de conseil, mais aussi d'un « devoir de compétence ». Il est à ce titre tenu d'accomplir, dans le respect des règles déontologiques, toutes les diligences utiles à la défense des intérêts de son client[382].

---

378. Selon la Cour de cassation, « la postulation consiste à assurer la représentation obligatoire d'une partie devant une juridiction et (...) un avocat ne postule pas lorsque la représentation n'est pas obligatoire » (il était ici question d'une décision du juge des référés) : Cass. (2e civ.), 28 janvier 2016, n° 14-29.185, *Bull. civ.*

379. Pour les règles applicables en cas de groupement, société ou association d'avocats, voy. article 8 de la loi n° 71-1130 du 31 décembre 1971 *portant réforme de certaines professions judiciaires et juridiques*.

380. En île-de-France, les avocats inscrits au barreau de l'un des tribunaux de grande instance de Paris, Bobigny, Créteil et Nanterre peuvent postuler auprès de chacune de ces juridictions. Ils peuvent postuler auprès de la cour d'appel de Paris quand ils ont postulé devant l'un des tribunaux de grande instance de Paris, Bobigny et Créteil, et auprès de la cour d'appel de Versailles quand ils ont postulé devant le tribunal de grande instance de Nanterre.

381. *Cf.* art. 54 de la loi n° 71-1130 du 31 décembre 1971 *portant réforme de certaines professions judiciaires et juridiques*.

382. *Cass.* (3e civ.), 25 octobre 2018, n° 17-16828 (FS-P+B+I) : responsabilité de l'avocat qui n'avait pas vérifié l'état des inscriptions que lui avait retourné l'huissier.

251 **Les avocats au Conseil d'État et à la Cour de cassation.** Ce sont ces avocats qui assurent la représentation des parties devant les hautes juridictions. Leur appellation est celle d'« avocats aux Conseils », car ils tirent leur origine des avocats aux Conseils du roi.

Ce sont des officiers ministériels, titulaires d'un office[383]. Ils ont le monopole de la représentation et de l'assistance devant la Cour de cassation, le Conseil d'État et le Tribunal des conflits.

Dans leur rôle d'avoué, ils bénéficient d'un mandat tacite et général de faire tous les actes nécessaires à la marche de la procédure ; ils engagent les plaideurs par leurs déclarations et ne peuvent pas refuser leur ministère. Dans leur rôle d'avocat, ils plaident comme ils l'entendent et leurs honoraires ne sont pas tarifés.

Les avocats aux Conseils sont groupés dans un Ordre autonome, avec à leur tête un Président, assisté d'un Conseil de l'Ordre.

2. Les actes de procédure qui émanent des huissiers ou des greffiers

252 **Actes émanant des huissiers.** Les huissiers sont des officiers publics et ministériels exerçant une profession libérale réglementée. Autrefois, leurs actes étaient nommés des « exploits ». La dénomination figure d'ailleurs encore aujourd'hui en certains textes, par exemple, à l'article 420-2 du Code de procédure pénale, ou encore, à l'article R. 142-31 du Code de la sécurité sociale.

La compétence territoriale des huissiers de justice est celle du ressort du tribunal de grande instance de leur résidence.

La qualification des actes d'huissiers dépend de leur objet. Retenons :

- la citation en justice qui, s'agissant d'un huissier, prend la forme de l'*assignation*, qui a pour but de faire comparaître l'adversaire devant le tribunal de grande instance, le tribunal de commerce, voire le tribunal d'instance ; cet acte est également appelé « citation à comparaître » (surtout devant le tribunal d'instance) et « acte d'appel » devant la cour d'appel ;
- les *commandements* ou *sommations*, qui visent les hypothèses où l'huissier, au nom du requérant, ordonne ou interdit quelque chose à quelqu'un. Lorsqu'on se fonde sur un titre exécutoire, il s'agit d'un commandement ; dans le cas contraire, c'est une sommation ;
- le *constat*, par lequel l'huissier décrit une situation matérielle qui doit servir de moyen de preuve ;
- le *procès-verbal*, lorsque l'huissier décrit les opérations matérielles auxquelles il a procédé (par exemple, le procès-verbal de saisie).

253 **Actes émanant des greffiers.** Les greffiers sont les auxiliaires du juge dont les principales missions tiennent à l'assistance des magistrats dans leurs missions, à l'authentification des actes juridictionnels, à une mission de renseignement d'orientation et d'accompagnement des justiciables dans l'accomplissement des formalités ou procédures judiciaires.

De manière plus détaillées, les greffiers ont ainsi pour rôle de consigner par écrit les actes des juges, ou de recueillir certaines déclarations faites devant eux

383. Sur les conditions d'accès à la profession, voy. décret n° 2016-652 du 20 mai 2016 *modifiant les conditions d'accès à la profession d'avocat au Conseil d'Etat et à la Cour de cassation.*

par les parties. C'est ainsi que l'inscription de faux est formée par acte remis au greffe (art. 306 CPC).

Ils ont aussi une mission d'information (par exemple, en matière d'appel contre un jugement qui s'est prononcé sur la compétence sans statuer sur le fond du litige – anciennement, un contredit –, le greffier de la cour d'appel doit informer les parties de la date de l'audience fixée par le Premier président, art. 84). À cet égard, les dispositions du décret n° 2015-282 du 11 mars 2015 relatif à la simplification de la procédure civile à la communication électronique et à la résolution amiable des différends sont venues simplifier les envois d'avis et convocations par les greffes. D'abord, vers certaines personnes morales, qui peuvent se voir adresser leur convocation à l'audience « par tous moyens auxquels [elles auront] préalablement consenti ». Il s'agit des personnes de droit privé, des administrations de l'État, des collectivités territoriales, des établissements publics à caractère administratif, des organismes de sécurité sociale et des autres organismes chargés de la gestion d'un service public administratif (art. 692-1 CPC). Les moyens autorisés comprennent le courrier électronique (art. 748-9 CPC), étant précisé que les conditions de son utilisation doivent garantir « la confidentialité des informations transmises ». Dans la suite de la démarche, si le destinataire accuse réception de la convocation, elle est réputée notifiée à personne et sinon, elle est faite à domicile (al. 2).

Ensuite, dans les cas où jusqu'à présent le demandeur et le défendeur étaient convoqués à l'audience par lettre recommandée avec demande d'avis de réception, le demandeur peut désormais être avisé par « tous moyens »[384] (le défendeur sera convoqué selon le procédé ancien). Cette expression – « tous moyens » – est large et comprend la convocation verbale contre émargement. Et l'allégement est opéré pour toutes les parties – et donc aussi le défendeur –, dans les cas anciens où l'avis de renvoi à l'audience était opéré par lettre simple[385].

Enfin, chaque fois que la loi prévoyait que le greffe devait doubler une notification de l'envoi d'une lettre simple, cette démarche qui reposait sur l'espoir que le destinataire, qui ne récupère pas toujours une lettre recommandée avec demande d'avis de réception, lirait au moins la lettre arrivée à son domicile, est supprimée[386].

---

384. Tribunal de grande instance saisi par requête en cas de représentation non obligatoire (matière contentieuse comme gracieuse ; art. 807 CPC), tribunal d'instance et du juge de proximité en cas de déclaration au greffe (art. 844, al. 1er), tribunal paritaire des baux ruraux (art. 886), cour d'appel : en procédure contentieuse (art. 937), pour la procédure à jour fixe (art. 948, al. 1er) et quand elle est saisie par requête dans les affaires dispensées du ministère d'avocat (art. 955-1 nouveau).
Le nouvel article 692-2 (créé par décr. n° 2017-892 du 6 mai 2017) permet la convocation des parties ou certaines d'entre elles par lettre simple. En cas de défaut de comparution qui s'ensuit, le greffe doit la (les) convoquer par lettre recommandée avec demande d'avis de réception.

385. Art. 936 et 947 : appel, 847 (et aussi art. 845, al. 2) : tribunal d'instance et juge de proximité, 861, alinéa 2 : tribunal de commerce, 1138 : requête devant le juge aux affaires familiales, 1259-3 : mandat de protection future, et enfin, les contestations de l'article R. 442-4 CPCE : mesure d'expulsion.

386. Voy. Y. Strickler, « Le décret n° 2015-282 du 11 mars 2015 relatif à la simplification de la procédure civile à la communication électronique et à la résolution amiable des différends », *Procédures,* 2015, Étude 6, p. 4.

Par ailleurs, et suivant la voie déjà tracée en procédure pénale[387], chaque fois qu'« un avis » (mais pas une convocation) « est adressé par le greffe à une partie *par tous moyens* », un courrier électronique comme un message écrit peut être transmis à l'intéressé, via une adresse électronique ou un numéro de téléphone (par sms). Il faut que le destinataire ait préalablement communiqué ces informations au greffe à cette fin, ce qui doit être matérialisé par un écrit, mentionnant aussi le consentement de l'intéressé. Ce consentement peut être révoqué à tout moment.

La question s'était posée de savoir si le fait d'avoir adhéré à un réseau de communication électronique valait consentement à l'utilisation de la voie électronique. La Cour de cassation l'a estimé pour l'avocat ayant adhéré au « réseau privé virtuel avocat » (RPVA)[388] et le Code généralise la solution (art. 748-2, al. 2).

Plus généralement encore, les greffiers ont une mission d'appui de l'activité juridictionnelle. Tel est le cas, par exemple, lorsqu'ils invitent les parties qui en ont la charge, à consigner au greffe la provision en vue de la réalisation d'une mesure d'expertise (art. 270).

La signature du greffier, enfin – mais ce n'est pas le moins important ! –, confère l'authenticité à l'acte du juge[389].

En dehors de l'audience, les greffiers sont chargés de conserver tous les actes réalisés au cours d'une instance et d'en délivrer copie[390].

B) Le formalisme des actes de procédure

254 **Indispensable formalisme.** En procédure, le formalisme est indispensable. Il garantit le respect des droits de la défense. Autrefois très strict, il a fait l'objet d'une évolution dans un sens de plus grande simplicité. Par ailleurs, le législateur a cherché à éviter qu'une nullité vienne systématiquement sanctionner le non-respect du formalisme, tant il est vrai qu'il n'y a rien de pire pour un justiciable de perdre son procès non à l'issue d'un débat sur le fond du droit mais sur une simple question de procédure.

La rédaction des actes est une chose ; leur communication à ceux à qui ils sont opposés en est une autre. Aussi la force d'une décision judiciaire suppose-t-elle une notification préalable de cette dernière[391].

1. Les conditions de validité des actes de procédure

255 **De la rédaction à la notification des actes de procédure.** Il existe un certain nombre de règles générales que le Code de procédure civile envisage à propos

387. Art. 803-1 CPP.

388. Cass., avis, 9 septembre 2013, n° 13-70.005, *Bull. avis*, n° 10.

389. Lorsque la signature du greffier est illisible, le greffier est celui dont le nom figure dans la décision, ceci jusqu'à inscription de faux : Cass. ch. mixte, 21 octobre 2005, *Bull. ch. mixte*, n° 6.

390. Par exemple, art. 983 : délivrance des extraits du procès-verbal de partage.

391. Cass. (2e civ.), 14 septembre 2006, n° 04-20.602, *Bull. civ.*, II, n° 220 : « La force de chose jugée attachée à une décision judiciaire dès son prononcé ne peut avoir pour effet de priver une partie d'un droit tant que cette décision ne lui a pas été notifiée ».

des actes d'huissier. Ces règles générales sont communes à l'ensemble des actes. Il s'ajoute des formalités particulières à chaque acte, mais nous ne verrons ici que les règles générales, plus particulièrement les règles de rédaction des actes d'huissier, ainsi que les modalités de notification des actes – c'est-à-dire l'étude des moyens utilisés pour porter les actes à la connaissance des intéressés –.

a) Les modalités de rédaction

256 **Recommandations rédactionnelles.** Au regard des formes obligatoires, tout acte de procédure doit être rédigé (mais il peut évidemment être dactylographié et bénéficier des techniques modernes qu'offre l'informatique) en langue française, sans blanc ni ratures, ni surcharges, ni interlignes.

Il faut deux originaux et une ou plusieurs photocopies. L'un des originaux reste entre les mains de l'huissier, l'autre est remis au requérant (pour les besoins de la preuve). Les copies, quant à elles, sont destinées aux différents destinataires. La copie doit être conforme à l'original, car elle « tient lieu d'original pour celui qui la reçoit ». Ainsi l'absence d'une mention obligatoire sur la copie remise au destinataire constitue une cause de nullité[392].

257 **Le contenu général des actes d'huissier.** Il est déterminé par l'article 648 du Code de procédure civile et se divise en mentions intrinsèques et en mentions extrinsèques.

1) *Les mentions intrinsèques*

258 **Quatre mentions prescrites à peine de nullité.** En premier lieu, doit figurer dans l'acte la **date** à laquelle il est rédigé, qui doit être indiquée en toutes lettres. Cette date fixe le point de départ des délais et permet en conséquence de s'assurer que le plaideur est bien dans les délais pour agir. Et en effet, si l'acte produit des effets, il est important de noter la date (par exemple, pour le point de départ des intérêts moratoires).

L'acte doit aussi **désigner le requérant** et permettre de la sorte de l'individualiser : pour les personnes physiques, sont requis ses nom, prénoms, profession, domicile, nationalité, date et lieu de naissance ; pour les personnes morales, il faut là encore mentionner les éléments d'individualisation de la personne morale, c'est-à-dire sa forme, sa dénomination, son siège social et l'organe qui la représente légalement.

S'ajoutent la **désignation et la signature de l'huissier**. La première permet d'identifier l'huissier et s'opère par la mention de ses nom, prénoms et demeure, la seconde vise à authentifier l'acte.

Enfin, doit être mentionnée la **désignation du destinataire de l'acte**, qui n'est cependant imposée que dans le cas où l'acte doit être signifié. Les nom et domicile de la personne physique et de la dénomination ainsi que du siège social pour la personne morale suffisent alors, car souvent, le reste est inconnu du requérant.

---

392. Par ex., Cass. com., 27 mars 1950, *Bull. civ.*, n° 119. - Cass. civ., 28 février 1957, *RTD civ.*, 1957, 579. - CA Rennes, 25 octobre 1984, *Gaz. Pal.*, 1984, 2, 793.

E 27 Conseils de méthode – recommandations rédactionnelles *bis*

Outre les mentions obligatoires que nous avons rencontrées plus avant, le premier conseil est celui qui insiste sur la nécessaire clarté de l'exposé. On dit aux étudiants qu'une très bonne copie sur le fond ne mérite pas plus de 11/20 lorsque la forme est défaillante... et à nos enfants de primaire qu'un « A » devient rapidement un « C » voire un « D » lorsque manque le soin. S'agissant de l'acte introductif d'instance où il est, déjà, question de convaincre un juge – et pas uniquement de le saisir, puisque l'assignation vaut conclusions –, la forme doit être intégralement tournée vers le service rendu à l'argumentaire développé par le rédacteur. Ceci est vrai, même si c'est le fond qui doit logiquement et dans l'idéal primer.

Un exposé des éléments de fait sachant faire montre de synthèse (et donc, en ne conservant que les faits constants, ceux qui permettront d'appuyer le raisonnement du juge) ; une mise à l'écart des développements ou affirmations inutiles ; des phrases courtes (un sujet, un verbe et un complément ; une phrase, une idée et une idée, une phrase) ; des références à bon escient aux preuves produites ; une séparation intelligemment menée de la motivation de la demande et de son dispositif. Ajoutez à cela les arguments et les références de fait et de droit dans les motifs ; l'objet de la demande dans le dispositif... La recette sera utile.

Précisément, outre la présentation complète et claire des prétentions exprimées par l'acte dans ses motifs, il convient de ne pas manquer l'objectif poursuivi dans le dispositif : présentant l'ensemble de ce qui est demandé, il comprend aussi et le cas échéant la demande :

- visant à ce que l'exécution provisoire soit ordonnée (lorsqu'elle est attachée de plein droit à la décision rendue, comme pour les ordonnances de référé, il suffira de demander qu'il soit rappelé que l'exécution provisoire est de droit) ;
- de condamnation de l'adversaire aux dépens (avec demande de distraction au profit de l'avocat, art. 699) ;
- de condamnation de l'adversaire au versement d'une indemnité en application de l'article 700 (au titre des frais dits ***irrépétibles***).

2) *Les mentions extrinsèques*

259 **Coût de l'acte et, éventuellement, modalités fiscales.** Le type de mentions dont il s'agit (coût de l'acte ou modalités fiscales) explique que dans l'hypothèse où ces mentions extrinsèques font défaut, il ne s'en suivra pas obligatoirement la nullité...

Mais ce qu'il faut remarquer, c'est qu'il en va en définitive de même pour les mentions intrinsèques ! En effet, grâce à la théorie des équipollents, il est possible de combler certaines lacunes. Ainsi, s'agissant de la date, qui est une mention intrinsèque requise à peine de nullité comme nous l'avons observé dans le développement précédent, il suffit, pour couvrir cette irrégularité, qu'il figure un élément de renseignement utile dans l'acte, permettant donc de combler l'absence *a priori* condamnable.

260 **Le contenu particulier de certains actes.** Selon l'article 680 du Code de procédure civile, l'acte « de notification d'un jugement à une partie doit indiquer de manière très apparente le délai » du recours ouvert contre la décision, « ainsi que les modalités selon lesquelles le recours peut être exercé (...) ». La mention du lieu où le recours doit être exercé est comprise dans l'expression de « modalités » employée par le texte. Aussi, en présence d'un acte qui n'indique pas devant quelle cour d'appel un recours pouvait être exercé, le délai de recours ne commence pas à courir[393].

393. Cass. (2e civ.), 16 mars 2017, n° 16-15.031. – 10 septembre 2009, n° 07-13.015, *Bull. civ.*, II, n° 210. Voy. cep. *contra* : Cass. (2e civ.), 17 décembre 1984, n° 82-16.250, *Bull. civ.*, II, n° 201.

b) La notification des actes de procédure

261 **Qui ? Quand ? Comment ?**

1) *L'auteur de la notification*

262 **Intérêt du recours à l'auxiliaire de justice qu'est l'huissier.** Lorsque la notification est faite par huissier, elle porte la dénomination de « signification ». C'est alors l'huissier qui y procède personnellement. Ceci étant, depuis une loi du 27 décembre 1923 *relative à la suppléance des huissiers blessés et à la création des clercs assermentés*[394], il est permis de recourir à un clerc d'huissier assermenté, sauf pour les procès-verbaux de constat et d'exécution pour lesquels seul l'huissier, personnellement, peut procéder à la signification.

À côté de la signification, est admise la notification en la forme ordinaire, qui n'est pas faite par huissier. Le Code de procédure civile autorise la remise directe au destinataire de l'acte contre récépissé (étymologie : recevoir) ou émargement, mais le Code autorise également l'utilisation de la voie postale (lettre recommandée simple ou avec demande d'avis de réception). Cette notification en la forme ordinaire offre moins de garanties que la signification. En effet, lorsqu'il procède à une signification, l'huissier doit faire toute diligence pour retrouver la personne. Un arrêt de la troisième chambre civile de la Cour de cassation rendu le 12 mai 1993[395] est extrêmement parlant à cet égard : un huissier devait procéder à une signification à un architecte. Ce dernier ayant changé d'adresse, l'huissier s'est renseigné auprès des voisins, du commissariat et de la mairie. La Cour de cassation a estimé que ces démarches n'étaient pas suffisantes : l'huissier, dit la Cour, devait se renseigner auprès de l'Ordre des architectes qui avait nécessairement été avisé du changement de domicile. Cet arrêt démontre que la garantie de trouver la personne est beaucoup plus grande que, par exemple, avec une lettre recommandée avec accusé de réception. C'est plus cher, mais c'est plus sûr ! L'huissier doit aujourd'hui expliquer toutes les démarches entreprises.

Une autre décision montre combien il est important de distinguer les deux expressions et de se souvenir que « le terme signification désigne, selon l'article 651 du Code de procédure civile, la notification d'un acte par un huissier de justice » : selon les termes de l'article 978 du Code de procédure civile, le demandeur en cassation doit, à peine de déchéance, au plus tard dans un délai de quatre mois (cinq à l'origine) à compter du pourvoi, remettre au greffe de la Cour de cassation un mémoire contenant les moyens de droit invoqués contre la décision attaquée et le signifier au défendeur. En l'espèce, un procureur général, demandeur au pourvoi, avait notifié son mémoire par lettre recommandée au lieu de procéder par signification… la déchéance du pourvoi a été prononcée[396].

2) *Le moment de la notification*

263 **Priorité à la réception… sous réserve de l'hypothèse de la notification par voie postale.** S'agissant d'une signification, **toute signification doit être faite**

394. *JO*, 29 décembre 1923, p. 12132.

395. *JCP*, 1994, II, 22230.

396. Cass. (1re civ.), 16 avril 2008, n° 07-11.828, *Bull. civ.*, I, n° 107.

entre six heures et vingt et une heure et un jour ouvrable (exclusion des dimanches, des jours fériés et chômés - art. 664 CPC). Toutefois, en cas de nécessité, le juge peut autoriser l'huissier à signifier un jour non ouvrable ou la nuit. Selon l'article 653, la signification est faite sur support papier ou par voie électronique. L'article 664-1 précise que la date de la signification, « sous réserve de l'article 647-1[397], est celle du jour où elle est faite à personne, à domicile, à résidence ou, dans le cas mentionné à l'article 659, celle de l'établissement du procès-verbal » – la dernière hypothèse vise le cas où la personne à qui l'acte doit être signifié n'a ni domicile, ni résidence, ni lieu de travail connus, et que l'huissier de justice dresse un procès-verbal dans lequel il relate les diligences qu'il a accomplies pour la retrouver –.

S'agissant de la notification par voie postale (art. 668, sous la même réserve à l'article 647-1), **la date de la notification est, à l'égard du requérant, celle de l'expédition de la lettre**[398], le cachet de la poste faisant foi. À l'égard du **destinataire**, la date de la notification est celle de la **réception de la lettre**, cette preuve pouvant être facile à rapporter en présence d'une lettre recommandée expédiée avec demande d'accusé de réception.

Il faut donc, pour savoir quelle date retenir, se placer du côté de celui qui doit agir. À partir de quand le délai d'action démarre-t-il ? À partir de la réception de l'événement qui le fait courir ; jusqu'à quel moment peut-il agir ? Le moment de l'expédition doit être compris dans le délai prescrit pour que l'acte soit utilement accompli. C'est ainsi que si une personne reçoit notification d'un jugement du conseil de prud'hommes le 15 mars, elle peut interjeter appel jusqu'au 15 avril (délai d'un mois) et envoyer sa lettre jusqu'à cette date. N'est pas en effet tardif l'appel formé par lettre expédiée le dernier jour du délai[399]. En parallèle et pour une même solution, pour annuler une assemblée générale, un arrêt avait retenu la date de la présentation et donc de la réception de la lettre, et que le délai de quinzaine prévu en l'espèce n'avait pas été respecté ; la Cour de cassation réaffirme nettement que le délai de convocation des associés court « à compter de la date d'expédition de la lettre recommandée »[400].

3) *Le destinataire de la notification*

264 **Modalités de remise de l'acte pour la notification en la forme ordinaire.** Pour la notification en la forme ordinaire, l'article 667 du Code de procédure civile prévoit sa remise au destinataire, et l'article 670 ajoute l'hypothèse dans laquelle une personne munie d'un pouvoir à cet effet récupère le pli. Dans le cas où la lettre de notification est parvenue au lieu d'établissement d'une société

397. Significations en Collectivité d'outre-mer, en Nouvelle-Calédonie ou à l'étranger, pour lesquelles la date de référence est – à l'égard de celui qui y procède – celle de l'« expédition de l'acte par l'huissier de justice ou le greffe, ou, à défaut, la date de réception par le parquet compétent ».

398. Pour un exemple où une personne a interjeté appel par lettre recommandée *expédiée* le dernier jour du délai et qui donc, devait *arriver* au-delà : Cass. (3e civ.), 9 décembre 1998, n° 97-70.227, *Bull. civ.*, III, n° 240 (appel recevable) ; pour la contestation d'un état de vérification des dépens : Cass. (2e civ.), 26 mars 2015, n° 14-50.006, *Bull. civ.*, II, n° 77.

399. Cass. (3e civ.), 9 décembre 1998, précité.

400. Cass. ch. mixte, 16 décembre 2005, n° 04-10.986, *Bull. ch. mixte*, n° 9 ; *RTD civ.*, 2006, 372, obs. R. Perrot. Voy. aussi et par exemple : Cass. (2e civ.), 2 décembre 2004, n° 03-12.466, *Bull. civ.*, II, n° 511. - 21 octobre 2004, n° 02-20.836, *ibid.*, II, n° 469.

(art. 690) et l'avis de réception signé par un préposé non habilité par la société à recevoir le courrier recommandé, mais au lieu du siège social de la personne morale, la notification est régulière[401].

En cas de défaut de retour du récépissé de la lettre recommandée à son expéditeur, le respect de la contradiction doit inviter à procéder selon la voie de la signification[402].

Que se passe-t-il alors, lorsque le destinataire ne va pas retirer la lettre à la poste ou, mieux, la refuse ? Logiquement, le non-retrait et plus encore, le refus démontré, ne devraient pas affecter la régularité de la notification : il ne saurait dépendre d'une partie que l'acte produise ses effets ou non. Par conséquent, la notification devrait être réputée avoir eu lieu[403]. Mais l'article 670-1 du Code visant le cas du retour au **greffe d'une juridiction**[404] d'une lettre de notification qui n'a pu être remise à son destinataire dans les conditions requises (signature du destinataire ou d'une personne munie d'un pouvoir à cet effet), impose au greffier de ladite juridiction d'inviter la partie de procéder par voie de signification. La Cour de cassation estime que cette obligation de procéder par voie de signification s'impose même lorsque le retour de la convocation à l'audience ne provient pas de l'impossibilité de la remise à son destinataire mais seulement du fait que ce dernier ne l'a pas réclamée[405]. Elle a adopté une même position en présence d'un refus de retrait de la lettre et de retour de celle-ci au greffe de la juridiction[406]. C'est donc une application stricte de l'article 670-1 qui prévaut en jurisprudence. Le texte de l'article 14 peut en être rapproché, qui énonce que « Nulle partie ne peut être jugée sans avoir été entendue ou appelée ». Mais il pourrait tout de même y avoir des limites, aisées à placer, et des gradations dans l'approche du mot « appelée » lorsque l'on constate la mauvaise foi du destinataire de l'envoi... !

---

401. Voy. Cass. (2e civ.), 22 janvier 1997, n° 95-11.877, *Bull. civ.*, II, n° 18 : en l'espèce, la notification a fait courir le délai d'appel. Dans un même sens, voy. déjà Cass. soc., 25 avril 1990, n° 87-40.635, *Bull. civ.*, V, n° 193.

402. Cass. (2e civ.), 18 décembre 1996, n° 94-19.940, *Bull. civ.*, II, n° 301 : cassation au visa de l'article 670-1 de l'arrêt qui, « après avoir constaté que le récépissé de la lettre recommandée adressée à l'appelant n'a pas été retourné, a statué sans s'être assuré de la régularité de la procédure ». La Haute juridiction précise qu'« en cas de retour au greffe de la juridiction d'une lettre de notification qui n'a pu être remise à son destinataire, les parties doivent être invitées à procéder par voie de signification ».

403. En ce sens : Cass. soc., 30 novembre 1972, n° 71-13.401, *Bull. civ.*, V, n° 665. Mais *contra* : CA Rouen (ch. soc.), 28 avril 1982, *Gaz. Pal.*, 1982. 2. 379, note J. Lachaud ; *adde* et rappr. R. Perrot, obs. in *RTD civ.*, 1975, 363, qui conclue sur le phénomène des notifications discrètes, au mois d'août ; la mauvaise foi est une chose bien partagée.

404. Pour l'évolution qui a eu lieu s'agissant des convocations et avis de dates d'audience effectuées par les greffes, voy. *supra*, n° 253.

405. Cass. (1re civ.), 12 décembre 2006, n° 04-17.822, *Bull. civ.*, I, n° 541. - Cass. (2e civ.), 9 juin 2005, n° 03-11.185, *Bull. civ.*, II, n° 149. - Cass. soc., 25 mars 2003, n° 00-22.002, *Bull. civ.*, V, n° 110. Voy. déjà : Cass. soc., 4 octobre 1989, nos 88-40.307 & 88-40.308, *Bull. civ.*, V, n° 566 ; *JCP*, 1989, IV, 386 ; *RTD civ.*, 1990, 140, obs. crit. R. Perrot et rappr. Cass. (2e civ.), 9 juin 2005, n° 03-11.185, *Bull. civ.*, II, n° 149.

406. Cass. soc., 31 mars 2003, n° 02-30.765, *Bull. civ.*, V, n° 123 ; *Procédures*, 2003, comm. 164, R. Perrot. Comp. la mise en demeure préalable délivrée par une Urssaf, pour laquelle seule compte l'expédition de la lettre indépendamment des modes de délivrance de celle-ci : Cass. Ass. plén., 7 avril 2006, n° 04-30.353, *Bull. Ass. plén.*, n° 4.

265 **Modalités de remise de l'acte pour la signification.** Pour la signification, les modalités de remise de l'acte figurent aux articles 653 à 664-1[407]. Certaines de ces prescriptions, celles des articles 654 à 659 et 663, sont sanctionnées, en cas de non-respect, par la nullité.

Art. 693 : « Ce qui est prescrit par les articles 654 à 659, 663 à 665-1, 672, 675, 678, 680, 683 à 684-1, 686, le premier alinéa de l'article 688 et les articles 689 à 692 est observé à peine de nullité.

Doivent être également observées, à peine de nullité, les dispositions des articles 4, 6, 7 et 8 paragraphe 1, 2, 4 et 5 du règlement (CE) n° 1393/2007 du Parlement européen et du Conseil du 13 novembre 2007 en cas d'expédition d'un acte vers un autre État membre de la Communauté européenne ».

Art. 694 : « La nullité des notifications est régie par les dispositions qui gouvernent la nullité des actes de procédure ».

Pour pouvoir vérifier que les prescriptions requises ont bien été respectées, l'huissier est tenu de rédiger un procès-verbal de remise qui décrit les formalités et les diligences qu'il accomplit. La preuve de l'accomplissement des diligences par l'huissier résulte des mentions qu'il porte dans l'acte de signification, qui valent jusqu'à inscription de faux.

Le principe premier, posé par l'article 654 du Code de procédure civile, est celui de la signification à personne. « La signification doit être faite à personne » ; l'huissier *doit* donc remettre la copie de l'acte au destinataire lui-même[408]. La **signification à personne** est la signification reine. Ce n'est en effet que s'il « s'avère impossible » d'avoir pu trouver la personne (ce qui suppose qu'aient été effectuées toutes les démarches utiles à cette fin[409]) que l'huissier peut signifier à domicile et « à défaut de domicile connu, à résidence » (art. 655, al. 1er).

Signifier à domicile ou à résidence, signifie que l'huissier peut (art. 655, al. 3) remettre l'acte à toute personne présente au domicile ou à la résidence (par exemple, une personne qui est au service du destinataire). Tout ceci **à condition que ces personnes acceptent de recevoir l'acte** et donnent récépissé (art. 655, al. 4). L'huissier laisse en plus au domicile ou à la résidence du destinataire (art. 655, al. 5) un avis de passage daté indiquant la personne à qui l'acte a été remis, mais aussi, la nature de l'acte et le nom du requérant.

Si personne ne peut ou ne veut recevoir la copie de l'acte alors qu'il résulte des vérifications faites par l'huissier de justice que le destinataire demeure bien à l'adresse indiquée, « la signification est faite à domicile » (art. 656). Dans ce cas, l'huissier laisse, là encore, un avis de passage avertissant le destinataire que l'acte peut être retiré, dans le plus bref délai, à son étude (art. 656 ; le décret n° 2005-1678 du 28 décembre 2005 a substitué l'étude de l'huissier à la mairie, pour la remise de la copie de l'acte). La copie de l'acte sera conservée à l'étude pendant trois mois. Le destinataire peut toutefois demander à l'huissier de transmettre la copie de l'acte à une autre étude où celui-ci pourra la retirer.

Dans toutes ces circonstances, **chaque fois que l'acte n'est pas délivré à personne**, l'huissier de justice doit, le jour même ou au plus tard le premier

407. Le premier de ces textes et les deux derniers articles concernent le moment, voy. *supra*, n° 263.

408. L'huissier qui procède à la signification d'un acte à une personne physique n'a cependant pas à vérifier l'identité de cette dernière si la personne déclare être le destinataire de l'acte : Cass. (2e civ.), 4 juillet 2007, n° 06-16.961, *Bull. civ.*, II, n° 199.

409. Voy. *supra*, n° 262.

jour ouvrable, adresser au destinataire de la signification une lettre simple, avec son cachet sur la lettre-enveloppe, qui contient les mêmes mentions que l'avis de passage (art. 658).

E 28 **Choix de la mention dans l'acte**

La nullité de la signification a pu être invoquée au motif que la date à laquelle la lettre avait été envoyée n'avait pas été expressément mentionnée et que, par conséquent, rien ne permet de vérifier que l'envoi de la lettre a bien eu lieu le jour même de la signification ou au plus tard le premier jour ouvrable conformément à l'exigence légale.
C'est la thèse de la validité d'un simple visa des délais légaux prévus par l'article 658, sans exigence de la date précise, qui l'a emporté. La mention que la lettre simple a été envoyée « dans les délais légaux prévus par l'article susvisé » n'est ainsi pas susceptible, à elle seule, d'ouvrir la voie de la nullité de la signification. Et en effet, comme le rappelle en approuvant les premiers juges sur ce point la Cour de cassation, les mentions portées par l'huissier sur l'acte font foi jusqu'à inscription de faux[410].
Reste que ce faisant, la Cour de cassation autorise celui à qui il incombe de respecter la lettre de la loi et d'expliquer concrètement ses démarches, à valider l'acte sans permettre à quiconque de vérifier la coïncidence des dates et à procéder par ce qui, désormais, pourra devenir une clause de style. Était-ce l'objectif voulu par le législateur ?[411]

Il se peut cependant aussi que **le destinataire n'ait ni domicile, ni résidence, ni lieu de travail connu**[412]. Dans cette occurrence, l'huissier dresse procès-verbal décrivant ses diligences pour rechercher la personne, puis envoie par lettre recommandée avec accusé de réception, à la dernière adresse connue du destinataire, une copie du procès-verbal avec l'acte objet de la signification. En plus de cette lettre recommandée, l'huissier expédie aussi une lettre simple (art. 659). Il a en effet été remarqué qu'en pratique, d'une part, certaines personnes n'allaient pas récupérer les lettres à la poste et, d'autre part, qu'en cas de changement d'adresse, le destinataire a pu faire suivre son courrier et ainsi être informé – grâce à l'envoi simple – de la signification opérée[413]. C'est le procès-verbal, qui doit mentionner l'envoi des lettres, qui vaut signification.

Cette modalité de remise de l'acte décrite par l'article 659 du Code de procédure civile s'est substituée en 1986[414] à la **signification au parquet**. Cependant, cette dernière peut subsister lorsque le destinataire demeure dans une collectivité d'outre-mer ou en Nouvelle-Calédonie (tout en rappelant et en insistant sur le fait que le principe premier reste la signification à personne, voy. art. 660, al. 1er). Le texte affirme que l'huissier de justice expédie l'acte à l'autorité compétente aux fins de sa remise à l'intéressé « selon les modalités applicables dans la collectivité où il demeure », mais souvent, en l'absence de telles modalités, la signification se fera au parquet. Le parquet concerné est celui de la juridiction devant laquelle l'affaire est portée ou celui de la juridiction qui a statué. Et lorsqu'il s'agit d'un acte extrajudiciaire, la signification est faite

410. Cass. ch. mixte, 6 octobre 2006, n° 04-17.070, *Bull. ch. mixte*, n° 8 ; *BICC*, 15 décembre 2006, n° 652, rapport Y. Breillat et avis P. Maynial.
411. Voy. aussi crit., R. Perrot, sous l'arrêt, *Procédures*, 2006, comm. 58.
412. Le texte précise qu'il s'applique au cas de la personne morale qui n'a plus d'établissement connu au lieu indiqué comme siège social par le registre du commerce et des sociétés.
413. Sur le problème du refus de La Poste de communiquer la nouvelle adresse au nom du service postal, voy. Rép. min. n° 15999, *JCP*, 1987, IV, 269.
414. Décret n° 86-585 du 14 mars 1986, art. 4.

au parquet du dernier domicile connu du destinataire. C'est alors le procureur qui fait procéder aux recherches par l'intermédiaire de la police.

Dans ces cas (ceux visés par les articles 659 et 660), le juge peut, s'il « n'est pas établi que le destinataire a été effectivement avisé (...) prescrire d'office toutes diligences complémentaires, sauf à ordonner les mesures provisoires ou conservatoires nécessaires à la sauvegarde des droits du demandeur » (art. 662).

Enfin, lorsque **le destinataire est domicilié à l'étranger**, en principe, l'huissier dépose deux copies de l'acte au parquet (art. 685) qui va en assurer la transmission par la voie diplomatique, sauf dans les cas où un règlement communautaire ou un traité international autorise l'huissier de justice ou le greffe à transmettre directement cet acte à son destinataire ou à une autorité compétente de l'État de destination (art. 684). Le décret n° 2017-892 du 6 mai 2017 crée la possibilité pour une personne demeurant à l'étranger d'élire domicile en France, par déclaration au greffe. Cette élection de domicile prend effet, pour tous les actes de la procédure (pour la liste, voir l'article 689-1, 1° CPC), à l'égard de la juridiction dès la déclaration faite au greffe et, à l'égard des autres parties, dès que la personne qui élit domicile leu en donne avis.

E 29

Notification des actes judiciaires et extrajudiciaires dans l'Union européenne

Le règlement (CE) n° 1393/2007 du 13 novembre 2007 relatif à la signification et à la notification dans les États membres des actes judiciaires et extrajudiciaires en matière civile ou commerciale (« signification ou notification des actes ») abroge le règlement (CE) n° 1348/2000 du Conseil adopté le 29 mai 2000. Tous les États membres de l'Union européenne sont concernés.

Le champ d'application du règlement, applicable depuis 2008, couvre la matière civile et commerciale, lorsqu'un acte judiciaire ou extrajudiciaire doit être transmis d'un État membre à un autre pour y être signifié ou notifié, à l'exclusion des matières fiscales, douanières ou administratives. La responsabilité de l'État pour des actes ou des omissions commis dans l'exercice de la puissance publique (*acta jure imperii*) » échappe également à l'application du règlement. Dans toutes les situations relevant de ce texte, « l'adresse du destinataire de l'acte [doit être] connue » (art. 1-2) et chaque État membre doit désigner les officiers ministériels, autorités ou autres personnes, dénommés « entités d'origine », compétents pour transmettre les actes. Lesdites entités devront prendre « toutes les mesures nécessaires pour assurer la signification ou la notification de l'acte dans les meilleurs délais et, en tout état de cause, dans un délai d'un mois à compter de la réception. S'il n'a pas été possible de procéder à la signification ou à la notification dans un délai d'un mois à compter de la réception, l'entité requise [...] en informe immédiatement l'entité d'origine [et] continue à prendre toutes les mesures nécessaires pour assurer la signification ou la notification de l'acte, sauf indication contraire de l'entité d'origine, lorsque la signification ou la notification semble possible dans un délai raisonnable » (art. 7-2)[415].

La Cour de cassation vient de décider que, par application des articles 14 et 16 du règlement (CE) n° 1393/ 2007 du Parlement européen et du Conseil et des articles 683 et 684 du Code de procédure civile, qui ne distinguent pas entre les notifications et les significations, « les huissiers de justice peuvent procéder à la notification des actes judiciaires ou extrajudiciaires aux personnes résidant dans un État membre de l'Union européenne autre que l'État d'origine directement par l'intermédiaire des services postaux, par lettre recommandée avec demande d'avis de réception »[416].

415. Voy. http://www.ec.europa.eu/prelex/apcnet.cfm et, pour un accès direct au règlement : http://eurlex.europa.eu

416. Cass. (2e civ.), 8 janvier 2015, n° 13-26.224, *Bull. civ.*, II, n° 6, *Gaz. Pal.* 10 mars 2015, p. 9, C. Bléry.

4) *Les notifications entre avocats*

266 **Les « actes du Palais ».** La dénomination retenue s'explique dans la mesure où les formalités de procédure sont simplifiées : tout se passe au Palais de justice. C'est alors un huissier audiencier qui procède à la notification. Mais la notification est aussi possible de la main à la main (mais l'acte est alors signé et daté), ou encore, par l'utilisation des casiers dans le Palais.

2. La nullité des actes de procédure (art. 112 à 121 CPC)

267 **Une sanction des irrégularités commises.** Lorsqu'on constate que des irrégularités ont été commises, celles-ci appellent évidemment des sanctions, car quand « il s'agit de justice, il n'y a point de petit détail. Si le juge se permet aujourd'hui de négliger une formalité quelconque de la procédure, demain, il les négligera toutes »[417].

On peut songer, lorsqu'un délai n'a pas été respecté, à la forclusion (qui consiste en une déchéance du droit d'agir, tirée de l'écoulement du délai). Mais la question la plus intéressante concerne la nullité des actes de procédure, étant entendu qu'il est permis à une partie non forclose de renouveler une procédure annulée[418].

268 **Enjeu des nullités de procédure**. « Nullité sans grief n'opère rien ». Cette maxime (on dirait aujourd'hui « pas de nullité sans grief ») trouve son origine dans la jurisprudence du Parlement de Toulouse. Estimant que les Parlements avaient tendance à user jusqu'à l'abus de cette règle, la réaction ne se fit pas attendre et la grande ordonnance de 1667 est venue instituer un système de nullités péremptoires, c'est-à-dire un système de nullités automatiques.

Quelque temps après, en octobre 1669, « Monsieur de Pourceaugnac » de Molière est créé à Chambord[419]. Dans cette œuvre, Molière avait parfaitement saisi les enjeux du débat : « Quand il y aurait information, ajournement, décret et jugement obtenu par surprise, défaut et contumace, j'ai la voie de conflit de juridiction pour temporiser, et venir aux moyens de nullité qui seront dans les procédures » (Acte II, scène X). Si certaines règles ont évolué depuis, l'esprit reste au fond imprégné du thème retenu par Molière : « temporiser, certes, et au besoin avec un goût pour la chicane, mais en étant convaincu que la régularité des formes empêche les jugements obtenus par surprise »[420].

La violation des conditions de fond et de forme des actes de procédure peut entraîner la nullité de l'acte et le plaideur risque ainsi de perdre le procès. Or, perdre un procès pour une question de procédure sans que soit abordé le fond du droit est, tous s'accordent à le dire et il faut le répéter encore ici, difficile à admettre pour un justiciable. C'est pourquoi le Code de procédure civile a

---

417. R. Périé, *L'École du citoyen, histoire et morale*, 4e éd., Paris, Gedalge, 1913.
418. Cass. (1re civ.), 27 juin 2006, n° 04-13.060, *Bull. civ.*, I, n° 327.
419. Accompagné de la musique de Lully ; Lully collabore en effet avec Molière, notamment pour une comédie-ballet, *Le mariage forcé* (1664) ou encore, pour une représentation du *Bourgeois gentilhomme* (1670) à Chambord. Dans sa préface de *L'amour médecin*, Molière va même jusqu'à écrire : « l'incomparable Monsieur de Lully »... mais les deux hommes finissent par se brouiller, vers 1671.
420. E. Putman, « Cinq questions sur les nullités en procédure civile », *Justices*, 1995, n° 2, p. 193.

tenté de réduire les cas de nullité de procédure au travers de conditions et d'un régime juridique restrictif.

a) Les conditions de la nullité

269 **Évolution historique.** Le Code de procédure civile de 1806 avait opté pour un principe clair dans sa formulation : « pas de nullité sans texte ». Mais dans son application, ledit système était critiquable, car le juge ne pouvait pas prononcer la nullité en l'absence de texte la prévoyant et ceci, même lorsque la violation était très grave. Inversement, le juge devait prononcer la nullité prévue par les textes, alors même qu'il eût été possible d'y remédier.

En réaction contre ces conséquences nuisibles, la jurisprudence a introduit une différence entre les formalités substantielles et les formalités non substantielles. Un texte n'était exigé que pour les secondes.

Par la suite, le décret-loi de 1935 est venu restaurer la règle des Parlements d'Ancien Régime exigeant un grief (pas de nullité sans grief), mais la jurisprudence n'a appliqué cette règle qu'aux formalités non substantielles (aux formalités secondaires).

La réforme opérée en 1972 distingue quant à elle les vices de forme et les vices de fond. Les vices de forme affectent l'*instrumentum*, alors que les nullités pour irrégularités de fond atteignent le *negotium*[421]. La distinction ainsi posée est généralement admise, même si elle se trouve contestée par une partie de la doctrine[422]. On pourrait aussi penser que la distinction entre les vices de fond et de forme telle qu'elle résulte du Code n'est pas totalement satisfaisante dans la mesure où sur les quatre principales conditions de l'action en justice, deux sont sanctionnées par les nullités de fond de l'article 117 (la capacité et le pouvoir) alors que les deux autres (le défaut d'intérêt et le défaut de qualité) sont énoncées parmi les fins de non-recevoir. Mais nous avons observé plus avant[423] que la capacité comme le pouvoir ne sont pas des conditions d'existence de l'action, mais des conditions d'exercice de l'action, au contraire de l'intérêt et de la qualité. Dans un arrêt du 10 juillet 1991[424], la Cour de cassation a néanmoins sanctionné un défaut de pouvoir à représenter une personne au titre d'un défaut de qualité et donc, a ici privilégié la sanction de la fin de non-recevoir sur celle de la nullité. La construction telle que proposée par les textes est pourtant ordonnée : lorsqu'un représentant agit en justice, soit il dispose du pouvoir pour le faire et il faut vérifier que son mandant a bien qualité pour agir, soit il n'a pas le pouvoir de représenter autrui et, sauf à vérifier la qualité à agir du prétendu représentant – qui agirait alors en réalité en son nom propre –, il

421. Par ex., TGI Marseille, 25 janvier 1983, *D.*, 1984, 197, note D. Mas.

422. D. Mas, note précitée, qui considère que tout manquement de forme atteint nécessairement le *negotium* de l'acte. En 1977 déjà, le professeur Perrot (*RTD civ.*, 1977, p. 817) appelait à ne pas oublier que certaines énonciations d'un acte de procédure ne sont souvent que « la projection formelle d'une règle de fond sous-jacente » et qu'il ne faut donc pas considérer comme vice de forme tout ce qui est révélé dans un acte de procédure sous peine de risquer de faire des conditions de fond des indications pieuses.

423. Voy. *supra*, n°s 173 et s.

424. Cass. (2e civ.), 10 juillet 1991, n° 90-15.407, *Bull. civ.*, II, n° 221 ; *RTD civ.*, 1992, 181, obs. (approb. sur le choix de la sanction) R. Perrot.

n'est pas question de s'interroger sur la qualité à agir du prétendu mandant. Le défaut de pouvoir et le défaut de qualité ne se confondent pas.

La distinction retenue entre les vices de forme et les vices de fond demeure en droit positif.

1) *Les vices de forme*

270 **En principe, « pas de nullité sans texte » et « pas de nullité sans grief ».** L'article 114 du Code de procédure civile déclare que la nullité pour vice de forme doit être expressément prévue par la loi (*pas de nullité sans texte*). Ainsi, dans un commandement d'avoir à libérer les locaux, l'omission des mentions prescrites à peine de nullité par les articles 194, 2° et 195 du décret n° 92-755 du 31 juillet 1992, constitue une telle irrégularité pour vice de forme[425].

Mais par exception, le texte est inutile, en cas d'inobservation d'une formalité substantielle ou d'ordre public et donc, lorsque c'est une « formalité substantielle ou d'ordre public » qui a été méconnue. C'est l'article 114 qui pose expressément cette dérogation dans la fin de son alinéa premier. En revanche, c'est dans tous les cas de nullité de forme que le prononcé de la sanction impose la démonstration d'un grief causé à celui qui l'invoque : « La nullité ne peut être prononcée qu'à charge pour l'adversaire qui l'invoque de prouver le grief que lui cause l'irrégularité, même lorsqu'il s'agit d'une formalité substantielle ou d'ordre public »[426]. *Pas de nullité sans grief.*

La formalité substantielle

271 **Une approche souple de la notion mais restrictive dans son application.** La jurisprudence estime que la formalité est substantielle lorsqu'elle est indispensable pour qu'un acte puisse jouer son rôle. Par voie de conséquence, une formalité substantielle, c'est ce qui donne à un acte sa nature, ses caractères ; « le caractère substantiel est attaché, dans les actes de la procédure, à ce qui tient à sa raison d'être et lui est indispensable pour remplir son objet »[427]. Cette formule est suffisamment compréhensive pour laisser au juge une appréciable marge de manœuvre.

La notion de nullité « substantielle » a en réalité un rôle assez limité à jouer, essentiellement pour des raisons tirées du Code lui-même dans la mesure où elle ne déroge qu'à la seule règle « pas de nullité sans texte ». À ces raisons de texte s'ajoute l'attitude de la jurisprudence, car la plupart des arrêts déclarent telle ou telle formalité non substantielle[428].

Ont été jugées substantielles : l'absence de signature de l'expert au bas de son rapport[429] ; l'invitation à présenter ses observations que doivent adresser

---

425. Cass. (2e civ.), 13 juillet 2006, n° 04-13.248, *Bull. civ.*, II, n° 212.

426. Le juge du fond doit donc rechercher si le vice a en effet causé un grief à celui qui l'invoque : Cass. (2e civ.), 10 novembre 2010, n° 09-67.483.

427. Cass. (2e civ.), 20 octobre 1967, *Bull. civ.*, II, n° 298. Voy. déjà 3 mars 1955, *JCP*, 1955 II 8654, note G. Madray ; *RTD civ.*, 1955, p. 367, obs. P. Raynaud.

428. Par ex., Cass. (2e civ.), 30 avril 2002, n° 99-17.111, *Bull. civ.*, II, n° 86. - Cass. (1re civ.), 16 juillet 1997, n° 95-13.316, *Bull. civ.*, I, n° 252. - Cass. (2e civ.), 10 octobre 1990, n° 89-15.280, *Bull. civ.*, II, n° 186. - Cass. (1re civ.), 14 janvier 1981, n° 79-13.023, *Bull. civ.*, I, n° 15.

429. CA Paris, 30 juin 1994, *D.*, 1995. 71, concl. D. Fortin.

à l'employeur les agents de l'Urssaf qui proposent un redressement fondé sur une taxation forfaitaire[430] ; l'absence de la mention de l'heure et du lieu de l'audience sur un avertissement donné aux parties de la tenue de l'audience du tribunal d'instance saisi[431] ; ou encore, le défaut d'indication dans une sommation que le saisi doit constituer avocat pour formuler un dire[432]. L'exigence de contradiction n'est jamais loin du caractère substantiel d'une formalité requise.

Le grief

272 **Un préjudice porté à l'exercice des droits de la défense.** L'exigence du grief s'applique actuellement aux formalités substantielles ainsi qu'aux formalités secondaires.

La notion de grief est proche de celle de préjudice mais, contrairement à ce qui résulte d'un arrêt de 1989 non publié au *Bulletin civil*[433], le grief ne se confond pas avec le préjudice. Reste qu'il doit être démontré que le préjudice résulte effectivement du vice de forme allégué, ce qui rapproche les deux notions[434] ; de sorte que par analogie avec les conditions de la responsabilité civile, le juge vérifiera la réalité du dommage subi et son imputabilité au vice de forme procédural. Le lien de causalité est important à formaliser.

Quant à la notion même de grief, elle s'apprécie non dans le résultat du procès auquel cas sa perte aurait constitué le préjudice, mais par rapport à un déroulement normal du procès. Le grief est constitué par tout manquement à la loyauté dans la procédure et, par voie de conséquence, il y a grief chaque fois que l'adversaire n'est pas en mesure d'exercer sa défense en raison de l'irrégularité d'un acte[435]. Tel n'est pas le cas, sauf circonstances particulières, d'une assignation destinée à une personne morale délivrée, non pas à son siège social, mais au domicile de ses associés et gérants. En effet, ces derniers ayant eu immédiatement connaissance de ladite assignation, il semble délicat d'établir un grief relatif à ce mode de délivrance[436].

La nullité d'un acte de procédure imposant pour pouvoir être prononcée la preuve, par celui qui l'invoque, du grief que lui cause l'irrégularité prétendue, le juge est tenu de vérifier et de constater que cette preuve est ou non rapportée.

---

430. Cass. (2e civ.), 27 janvier 2004, n° 02-30.706, *Bull. civ.*, II, n° 29.

431. Cass. (2e civ.), 1er juillet 1987, n° 87-60.031, *Bull. civ.*, II, n° 146.

432. Cass. (2e civ.), 9 juillet 1986, n° 84-12.055, *Bull. civ.*, II, n° 105. Le *dire* est défini par le *Vocabulaire juridique* (G. Cornu, PUF) comme les « observations consignées par les parties sur le cahier des charges d'une vente aux enchères, sur un procès-verbal de règlement d'ordre ou d'enquête ». Il peut aussi, mais ce n'était pas le sens donné au mot dans l'espèce de 1986, désigner le mémoire remis par les parties à un expert dans le but de préciser leurs prétentions.

433. Cass. (2e civ.), 18 janvier 1989, n° 87-12.354, *JCP*, 1989. II. 21286 : « la notion de grief se confond avec celle de préjudice ».

434. Cass. ch. mixte, 22 février 2002, nos 00-19.639 et 00-19.742, *Bull. ch. mixte*, n° 1. Rappr. Cass. (1re civ.), 6 janvier 2004, n° 01-15.668, *Procédures*, 2004, comm. 70, R. Perrot, où la Haute juridiction a reproché aux premiers juges de n'avoir pas recherché « si l'irrégularité de la signification du jugement avait été la cause de la tardiveté de l'appel » et s'être contentés d'affirmer que ladite irrégularité n'avait « pu faire courir le délai d'appel ».

435. G. Wiederkehr, « La notion de grief et les nullités de forme dans la procédure civile », *D.*, 1984, chron., 165.

436. En ce sens : Cass. (3e civ.), 24 octobre 2007, n° 06-19.379, *Bull. civ.*, III, n° 184 (assignation valablement délivrée).

Ce faisant, le juge ne relève pas un moyen d'office (puisque la nullité ne peut opérer sans caractérisation du grief) et il n'est pas tenu d'avertir les parties sur sa décision de rejeter la demande de nullité pour ce motif[437].

2) *Les vices de fond*

273 **Une irrégularité dans les conditions d'exercice de l'action en justice.** L'article 117 parle d'irrégularité « affectant la validité de l'acte »... ce qui ne marque guère de différence avec le vice de forme ! En réalité, ce que signifie cette formule, c'est que la nullité fondée sur un vice de fond affecte par elle-même la validité de l'acte, sans qu'il soit nécessaire de démontrer l'existence d'un grief.

Parmi les vices de fond, l'article 117 du Code de procédure civile en énumère de deux sortes, le défaut de capacité (d'ester en justice – d'un représentant ; ainsi, n'a pas la capacité requise le mineur qui doit en principe être représenté, ou encore, un groupement informel non doté de la personnalité juridique[438]) et le défaut de pouvoir (d'un représentant). Il est à relever que la Cour de cassation a estimé que la déclaration d'appel formée au nom d'une partie qui porte une signature illisible et la mention *PO* (pour ordre) est entachée d'une irrégularité de fond qui rend l'appel irrecevable[439] ; en revanche, elle a décidé que « l'erreur dans la désignation de l'organe représentant légalement une personne morale dans un acte d'appel avec ou sans représentation obligatoire, ne constitue qu'un vice de forme »[440].

E 30 L'énumération donnée par l'article 117 est-elle ou non limitative ?

Initialement, la jurisprudence *paraissait* opter pour le caractère limitatif de l'article 117[441]. *Paraissait*, car dans le même temps, elle ajoutait à la liste de l'article 117 les cas de violation des principes fondamentaux d'organisation judiciaire ou des droits de la défense. Ainsi et par exemple, lorsqu'un acte de procédure a été signifié à une personne autre que le destinataire[442], ou encore, autre illustration, lorsque la signification a été opérée par un huissier de justice incompétent[443].

437. Cass. (2e civ.), 16 octobre 1974, n° 73-11.484, *Bull. civ.*, II, n° 269.

438. Une personne qui n'a pas ou plus la personnalité juridique est dépourvue du droit d'agir, tant en demande qu'en défense : Cass. (3e civ.), 13 juillet 2016, n° 15-20.841, *Procédures,* 2016, 281. Ainsi, la fusion-absorption d'une société entraîne sa disparition (Cass. com., 16 septembre 2014, n° 13-17.779, *Bull. civ.*, IV, n° 117) du moins dès que l'opération a été publiée au Registre du commerce et des sociétés (Cass. com., 24 mai 2011, n° 10-19.222, *Bull. civ.*, IV, n° 81).

439. Cass. soc., 7 novembre 2007, n° 06-42.102, *Procédures,* 2008, comm. 3, R. Perrot et 20 juin 2007, *Procédures,* 2008, comm. 211, R. Perrot.

440. Cass. (3e civ.), 13 novembre 2013, n° 12-24.870, *Bull. civ.*, III, n° 142.

441. Voy. Cass. (2e civ.), 15 mars 1989, *D.*, 1989, somm., 275, obs. crit. P. Julien ; *JCP*, 1989, IV, 193 ; *RTD civ.*, 1990, 141 ; rappr. Cass. (3e civ.), 3 octobre 1991, *JCP*, 1991, IV, 416 (sol. implicite). Voy. aussi Cass. (2e civ.), 15 octobre 1975, *D.*, 1977, 125 ; 30 novembre 1977, *Gaz. Pal.*, 1978. 1. 291 ; 24 février 1983, *Bull. civ.*, II, n° 55. - CA Aix, 5 juillet 1984, *Gaz. Pal.*, 1985, 399 ; *RTD civ.*, 1985, 619. Comp. *RTD civ.*, 1973, 169, obs. P. Raynaud et *RTD civ.*, 1976, 818, obs. J. Normand.

442. TGI Marseille, 25 janvier 1983, *D.*, 1984, 197 (au frère du défendeur). *Adde* Cass. (3e civ.), 26 novembre 1986, *JCP*, 1987, IV, 43 (erreur sur la dénomination du bailleur dans un congé reçu par le locataire).

443. Voy. TI Menton, 12 juin 1990, *D.*, 1990, 339.

La doctrine était partagée sur l'appréciation de la liste de l'article 117 quoique dans un sens dominant en faveur du caractère ouvert de la liste. Les auteurs favorables au caractère exhaustif du texte avancaient toutefois de leur côté que cette jurisprudence qui ajoutait à la liste pouvait être expliquée par référence aux dispositions de l'article 117 : en effet, il ne s'agit, dans les circonstances susmentionnées, que d'une forme d'absence de pouvoir (par rapport à la personne à qui a été remis l'acte) ou d'incapacité (par rapport à l'officier ministériel). Cependant, l'article 119 énonce que l'exception de nullité fondée sur l'inobservation d'une règle de fond doit être accueillie alors même que la nullité ne résulterait d'aucune disposition expresse. Si un texte n'est pas indispensable, il semble que, s'agissant des vices de fond, la liste donnée par l'article 117 ne l'est qu'à titre indicatif.
Texte de l'article 119 du CPC : « Les exceptions de nullité fondées sur l'inobservation des règles de fond relatives aux actes de procédure doivent être accueillies sans que celui qui les invoque ait à justifier d'un grief et alors même que la nullité ne résulterait d'aucune disposition expresse ».
La Cour de cassation, réunie en chambre mixte, a tranché la question, dans le sens du caractère limitatif de la liste, par un arrêt du 7 juillet 2006. Dans le même temps, elle s'est prononcée sur l'application de la théorie de l'inexistence à un acte de procédure irrégulier : à l'arrêt d'appel, qui après avoir relevé qu'une première assignation portait mention d'une date correspondant à un jour férié et où la juridiction ne siégeait pas, avait retenu que cet acte était privé d'une mention substantielle et, en conséquence, était impuissant à saisir les premiers juges et devait être tenu pour inexistant sans qu'il soit besoin d'en prononcer la nullité et ne pouvait avoir d'effet interruptif de la prescription, la Haute juridiction répond que la notion d'inexistence ne saurait être admise aux côtés des nullités de forme et des nullités de fond seules prévues par le Code de procédure civile. Quelle que soit la gravité de l'irrégularité alléguée, seules affectent la validité d'un acte de procédure, indépendamment du grief qu'elles ont pu causer, les irrégularités de fond limitativement énumérées à l'article 117. La Cour de cassation a donc saisi cette occasion pour affirmer que « les irrégularités de fond [sont] limitativement énumérées à l'article 117 »[444] du Code de procédure civile. La solution a été confortée : Cass. (3e civ.), 24 octobre 2007, n° 06-19.379, *Bull. civ.*, III, n° 184, *Procédures*, décembre 2007, n° 272, comm. R. Perrot.

b) Le régime de l'exception de nullité

274 **Règles gouvernant la mise en œuvre de l'exception.** La nullité est invoquée au moyen d'une exception de procédure. Il se dégage trois questions : qui peut invoquer la nullité ? À quel moment ? Et enfin, est-il possible à l'instar de ce que l'on rencontre en droit substantiel dans la distinction des nullités relatives et des nullités absolues, de régulariser l'acte entaché d'un vice ?

1) *Le titulaire du droit d'agir*

275 **Vice de forme : le critère du grief.** Le vice de forme ne peut être invoqué que s'il cause un grief. Aussi le vice de forme est-il constitutif d'une nullité d'ordre privé et par suite, seul le plaideur auquel l'irrégularité a fait grief peut l'invoquer.

276 **Vice de fond : pouvoir des parties, rôle du juge.** S'agissant d'un vice de fond, toutes les parties peuvent invoquer l'irrégularité, de même que le juge qui peut relever d'office la nullité pour défaut de capacité d'ester en justice, mais qui doit soulever d'office les nullités ayant un caractère d'ordre public[445].

444. *Bull. ch. mixte*, n° 6 ; *Procédures*, 2006, comm. 200, R. Perrot ; *JCP*, 2006, II, 10146, obs. E. Putman.

445. Par ex., l'incompétence territoriale de l'huissier de justice instrumentaire ayant signifié une assignation : Cass. (2e civ.), 29 novembre 1995, n° 94-11.902, *Bull. civ.*, II, n° 295.

2) *Le moment auquel doit être soulevée l'exception*

277 **Rappel de la distinction de l'action et de l'exception de nullité.** On rappellera que si l'exception de nullité est perpétuelle[446], l'action engagée par voie principale en annulation est soumise à l'écoulement du temps[447]. Pour connaître la qualification applicable à une espèce, il suffit donc d'observer si celui qui a agi l'a fait ou non par voie d'action principale en annulation de l'acte contesté ou si, au contraire, il répond, en tant que défendeur, à une action dirigée contre lui.

278 **Vice de forme et suivi de l'avancement de la procédure.** En présence d'un vice de forme, l'exception peut être soulevée au fur et à mesure de l'accomplissement des actes.

Néanmoins, la nullité est couverte dès que « celui qui l'invoque a, postérieurement à l'acte critiqué, fait valoir des défenses au fond ou opposé une fin de non-recevoir sans soulever la nullité » (art. 112 CPC). Il en résulte que l'exception de nullité qui serait présentée pour la première fois devant la Cour de cassation serait nécessairement irrecevable[448].

279 **Vice de fond : un régime plus souple.** La nullité d'un vice de fond relatif à un acte de procédure peut être proposée « en tout état de cause »[449]. Mais si un plaideur s'abstient, dans une intention dilatoire, de soulever l'exception plus tôt, le juge peut condamner ce mauvais plaideur à des dommages-intérêts (art. 118 CPC). C'est la soupape de sûreté créée pour contrer les velléités temporisatrices des plaideurs.

Cependant, à la lecture de l'article 771 du Code, le juge de la mise en état est, jusqu'à son dessaisissement, seul compétent à l'exclusion de toute autre formation du tribunal, pour statuer sur les exceptions de procédure, les demandes formées en application de l'article 47 (renvoi à un ressort limitrophe quand le magistrat ou un auxiliaire de justice est partie au litige relevant de « sa » juridiction) et sur les incidents mettant fin à l'instance. Les parties ne sont d'ailleurs plus recevables à soulever ces exceptions et incidents ultérieurement, sous la réserve de bon sens liée à sa survenance ou révélation postérieure au dessaisissement du juge[450]. La procédure spécifique aux juridictions avec mise en état clôt donc la discussion sur la nullité dès la première instance. Dans un avis rendu le 13 novembre 2006, la Cour de cassation affirme que les « incidents mettant fin à l'instance (...) sont ceux mentionnés par les articles 384 et 385 du même Code et n'incluent pas les fins de non-recevoir »[451].

---

446. Cass. (2e civ.), 3 avril 2003, n° 99-15.144, *Bull. civ.*, II, n° 92.

447. Voy. Cass. (2e civ.), 14 septembre 2006, n° 05-11.230, *Bull. civ.*, II, n° 226.

448. Voy. Cass. (2e civ.), 9 décembre 1999, n° 98-12.543, *Bull. civ.*, II, n° 186.

449. C'est pourquoi la Cour de cassation a retenu que l'irrégularité de fond qui affecte le commandement de payer valant saisie-immobilière peut à ce titre être couverte jusqu'au moment où le juge statue : Cass. (2e civ.), 10 janvier 2019, n° 17-28.805.

450. Cass. (2e civ.), 10 novembre 2010, n° 08-18.809, *Bull. civ.*, II, n° 184.

451. Cass., avis, 13 novembre 2006, n° 06-00.012, *Bull. avis*, n° 10 ; *RTD civ.*, 2007, 177, obs. R. Perrot.

E 31 Éliminer les questions de procédure au stade de la mise en état, avant que le juge du principal n'observe le fond de l'affaire

La pertinence tant de la lettre du texte de l'article 771 que de l'avis du 13 novembre 2006 sous l'angle du renvoi opéré à l'article 384, a été mise en doute.
Sur le premier point, les professeurs Guinchard, Chainais et Ferrand[452], d'une part écrivaient que le vice de fond doit pouvoir être invoqué par un parallélisme des formes devant le *conseiller* de la mise en état et donc, la nullité invoquée en appel et, d'autre part, appellent à une modification du texte afin de réserver les exceptions de nullité pour vice de fond en considérant qu'il est difficile de vouloir écarter de la discussion un cas de vice tel que par exemple une incapacité, du seul fait que les parties auraient négligé de l'invoquer devant le juge de la mise en état alors que le principe général reste en matière de vice de fond qu'ils peuvent être invoqués en tout état de cause (art. 118 CPC).
Quant à l'avis de novembre 2006, le professeur Perrot constate que les causes d'extinction de l'instance mentionnées à l'article 384 correspondent à l'action en justice. Or, l'irrecevabilité qui résulte du jeu de l'article 771 peut en ce cas couvrir un élément pourtant essentiel dans une vision globale du procès.
La volonté législative de concentrer les questions de procédure et de les régler dès la première instance a peut-être été réalisée avec un peu trop de rapidité.

3) *La faculté de régularisation*

280 **Une volonté de favoriser la réparation des irrégularités.** Il s'agit avant tout de ne pas retarder l'avancement de la procédure. Aussi, les nullités de procédure, tant de fond que de forme, peuvent être couvertes. Ces nullités de procédure se distinguent en cela de la nullité des actes juridiques où la distinction entre nullité relative et nullité absolue induit le refus de principe de toute régularisation en présence d'un cas de nullité absolue.

Une autre distinction se révèle entre la nullité des actes de procédure et celle des actes juridiques : lorsqu'une personne se prévaut d'un contrat à l'encontre d'une autre, le défendeur peut éventuellement opposer à son adversaire un cas de nullité de ce contrat. Il soulève alors une « exception de nullité ». La nullité est certes soulevée par voie d'exception, mais il ne s'agit pas alors d'une « exception de procédure » ; au contraire, comme cette exception de nullité concerne le fond du droit en litige, elle constitue une défense au fond.

L'article 115 du Code de procédure civile applicable aux vices de forme énonce que « La nullité est couverte par la régularisation ultérieure de l'acte si aucune forclusion [c'est-à-dire, pour peu que le délai pour agir ne soit pas écoulé[453]] n'est intervenue et [conditions cumulatives] si la régularisation ne laisse subsister aucun grief ».

Pour les vices de fond, l'article 121 retient que « Dans les cas où elle est susceptible d'être couverte, la nullité ne sera pas prononcée si sa cause a disparu au moment où le juge statue ». Ici, le texte n'exige pas que la régularisation ne laisse subsister aucun grief. Outre que la démonstration d'un grief n'est pas requise s'agissant des nullités pour vice de fond, une telle exigence eût été superflue en pratique : en effet, si l'incapable ou le représenté couvre la nullité,

452. Dans la 30e édition de leur manuel : *Procédure civile*, coll. Précis, Paris, Dalloz, 2010, n° 971.

453. Le délai habituel du pourvoi en cassation est de deux mois (art. 612 CPC) ; ce temps peut être rapidement écoulé…

le grief disparaît nécessairement par voie de conséquence. Ainsi et par exemple, lorsqu'une requête en injonction de payer n'est pas signée par le représentant de la personne morale demanderesse, cette absence constitue un vice de fond ; mais ce dernier, s'il est allégué par le défendeur, peut être couvert par la comparution, à l'instance ouverte par l'opposition, du représentant de la société[454]. En revanche, est irrecevable toute prétention émise par ou contre une personne dépourvue du droit d'agir au jour de l'assignation : l'immatriculation d'une société en formation intervenue en cours de procédure ne régularise pas la procédure, la prétention ayant été émise par ou contre une partie dépourvue de personnalité juridique[455].

c) Les effets de l'annulation

281 **La nullité a des conséquences sur les personnes qui ont réalisé les actes et sur les actes eux-mêmes.** Le juge, les auxiliaires de justice et les parties privées elles-mêmes peuvent méconnaître les formalités prescrites par la loi. Deux types de sanctions résultent des cas de nullité : d'abord, les sanctions qui frappent les auteurs de l'inobservation des prescriptions légales, mais qui en pratique exercent surtout un rôle d'intimidation ; ensuite, la sanction qui frappe les actes irrégulièrement accomplis par la nullité, qui est beaucoup plus efficace.

1) *Quant à l'auxiliaire de justice qui a réalisé l'acte irrégulier*

282 **Une responsabilité à assumer.** Les frais afférents à l'acte annulé restent à la charge de celui qui l'a accompli.

De plus, l'auteur de l'acte vicié engage sa responsabilité lorsqu'il est établi que le dommage subi par le plaideur est dû à une faute de sa part. Cette preuve est néanmoins délicate à apporter dans certains cas, ceux pour lesquels la question se résume à savoir si le plaideur avait ou non une chance de gagner le procès.

2) *Quant à l'acte annulé*

283 **Application des effets habituels de la nullité d'un acte juridique.** Dès que la nullité est prononcée, l'acte est déclaré nul et non avenu. La nullité va rétroagir et aura pour effet d'annuler tous les actes postérieurs dont l'acte annulé est le support nécessaire. La nullité va par conséquent s'étendre à tous les actes accomplis sur le fondement de l'acte annulé. Si c'est l'acte d'assignation qui est frappé de nullité, tous les effets découlant de cet acte le seront également. Et notamment, la prescription n'aura pas été interrompue, les intérêts moratoires n'auront pas commencé à courir. Souvent, la nullité entraînera alors la perte du droit. Tel sera le cas, pour illustration, de l'acte d'appel qui est frappé de

454. Cass. (2e civ.), 18 décembre 1996, n° 94-21.716, *Bull. civ.*, II, n° 298.

455. Cass. com., 20 juin 2006, n° 03-15.957, *Bull. civ.*, IV, n° 146 ; *BICC*, 1er novembre 2006, n° 2127, et le commentaire. Cette règle avait déjà été dégagée pour l'action engagée au nom d'une personne physique décédée (Cass. (2e civ.), 13 janvier 1993, n° 91-17.175, *Bull. civ.*, II, n° 15) comme d'une société en participation (Cass. (2e civ.), 26 mars 1997, n° 94-15.528, *Bull. civ.*, II, n° 96).

nullité : au jour où sera prononcée la nullité, il y a de fortes chances que le délai pour interjeter appel soit expiré.

C) Les délais de procédure (art. 640 à 647 CPC)

284 **Un complément du formalisme.** Les délais de procédure représentent le temps accordé par la loi pour accomplir un acte ou pour décider d'une option ouverte. Tantôt un délai est imposé pour contraindre les parties à agir dans un temps donné, ce sont les délais d'action ; tantôt les parties doivent attendre un certain délai avant d'agir, ce sont les délais d'attente.

Les délais légaux sont relativement rares. En règle générale, les délais sont fixés par le juge qui les adapte en fonction de chaque espèce. L'article 3 du Code de procédure civile l'affirme clairement : « Le juge veille au bon déroulement de l'instance ; il a le pouvoir d'impartir les délais et d'ordonner les mesures nécessaires ». La souplesse est alors de mise.

Parfois cependant, le délai est de rigueur. Tel est le cas lorsque le législateur n'a pas entendu faire bénéficier les parties de cette possibilité d'ajustement. Un exemple apparaît dans la procédure de divorce pour altération définitive du lien conjugal prévu aux articles 237 (« Le divorce peut être demandé par l'un des époux lorsque le lien conjugal est définitivement altéré ») et 238 (alinéa premier : « L'altération définitive du lien conjugal résulte de la cessation de la communauté de vie entre les époux, lorsqu'ils vivent séparés depuis deux ans lors de l'assignation en divorce ») du Code civil. À compter du 1er janvier 2019, ce délai sera réduit à une année[456]. Le divorce par consentement mutuel comporte une illustration du même type : lorsque le juge refuse d'homologuer la convention réglant les conséquences du divorce, les époux peuvent présenter une nouvelle convention dans un délai maximum de six mois. À défaut, la demande en divorce est caduque (voy. art. 250-1 à 250-3 C. civ.).

1. La computation des délais

285 **Mode de calcul.** Il s'agit d'échéances successives d'années et de mois, voire de jours. Pour fixer un délai, il faut déterminer son point de départ (le *dies a quo*) ainsi que son point d'arrivée (le *dies ad quem*).

286 **Le point de départ.** « Lorsqu'un acte ou une formalité doit être accompli avant l'expiration d'un délai, celui-ci a pour origine la date de l'acte, de l'événement, de la décision ou de la notification qui le fait courir » (art. 640 CPC).

Mais lorsque le délai est calculé en jours, le jour où s'est produit l'acte, l'événement, la décision ou la notification qui lui sert de point de départ ne compte pas (art. 641, al. 1er).

287 **L'échéance du délai.** Si les délais s'énoncent en heures, jours, mois ou années, « Tout délai expire le dernier jour à vingt-quatre heures » (art. 642)[457]. Depuis 1972, le dernier jour est inclus dans le calcul. C'est à cette date (décret n° 72-788 du 28 août 1972) qu'a été abandonné le système des délais francs. Aussi,

---

456. Loi n° *2019-222 du 23 mars 2019 de programmation 2018-2022 et de réforme pour la justice, JO, 24 mars 2019.*

457. *Adde* loi n° 2008-561 du 17 juin 2008 portant réforme de la prescription en matière civile, *JO*, 18 juin, p. 9856.

lorsque le délai est exprimé en mois, il faut compter de mois en mois : le délai d'un mois qui démarre le 28 mars expirera le 28 avril ; et, à défaut d'un quantième identique, le délai expire le dernier jour du mois : par exemple, le délai d'un mois qui débute un 31 janvier s'achèvera le 28 février.

Il faut enfin signaler que « Le délai qui expirerait normalement un samedi, un dimanche ou un jour férié ou chômé, est prorogé jusqu'au premier jour ouvrable suivant » (art. 642, al. 2, CPC)[458].

2. Les modifications éventuelles des délais

a) Les modifications légales

288 **Prise en considération de la distance et des circonstances.** En 1806, une distance de trente kilomètres (que l'on estimait raisonnablement pouvoir être couverte en une journée) équivalait à un jour de délai. Actuellement, le Code de procédure civile admet en de rares hypothèses une augmentation des délais. Ainsi, lorsque l'affaire relève d'une juridiction située « en France métropolitaine, les délais de comparution, d'appel, d'opposition, de tierce opposition[459], de recours en révision et de pourvoi en cassation (cette liste étant limitative) sont augmentés » d'un mois pour les personnes demeurant outre-mer[460] et de deux mois pour celles demeurant à l'étranger (art. 643 CPC). La même règle s'applique dans le sens inverse (juridiction située outre-mer et personne demeurant en métropole ou à l'étranger ; art. 644). Cet allongement des délais ne joue cependant pas lorsque les personnes concernées se trouvent au lieu du siège de la juridiction lorsque l'acte leur est notifié (art. 647 CPC).

L'augmentation d'un délai peut aussi provenir d'un moratoire. Le moratoire est l'œuvre du législateur, reportant la date limite des délais en fonction de circonstances particulières (par exemple, pour tenir compte d'une grève postale[461]).

b) Les modifications judiciaires

289 **Un pouvoir limité de réduction et d'augmentation des délais.** En principe, le juge ne doit pas pouvoir modifier les délais légaux car ceux-ci constituent une garantie pour le plaideur. Néanmoins, le droit étant la science des exceptions, la faculté de modifier les délais est offerte au juge dans certaines circonstances.

458. Cet effet des délais de procédure ne vaut pas pour les délais de prescription (hors Convention de Bâle du 16 mai 1972, mais que la France n'a pas ratifiée) et donc, les délais de prescription relèvent de l'aricle 2229 du Code civil ; un tel délai n'est pas prorogé, quand bien même il expirerait un jour non utile : Cass. (2e civ.), 7 avril 2016, n° 15-12.960, *Bull. civ.*, II, à paraître ; *Procédures*, 2016, 194.

459. Mais seulement dans le cas de l'article 586, alinéa 3, càd quand le jugement a été notifié au tiers, et que cette notification indique clairement le délai de deux mois.

460. Guadeloupe, Guyane, Martinique, La Réunion, Mayotte, Saint-Barthélemy, Saint-Martin, Saint-Pierre-et-Miquelon, Polynésie française, îles Wallis et Futuna, Nouvelle-Calédonie et Terres australes et antarctiques françaises.

461. Loi n° 74-1115 du 27 décembre 1974 *relative aux forclusions encourues durant la période d'interruption du service postal, ainsi qu'à la prorogation et à la suspension de divers délais*, *JO*, 28 décembre, p. 13121.

Selon l'article 646 : « Les dispositions qui précèdent [relatives à l'interdiction de modifier les délais légaux] ne font pas obstacle au pouvoir des juges, en cas d'urgence, d'abréger les délais de comparution ou de permettre de citer à jour fixe ». C'est donc le cas d'urgence qui apporte aux juges le pouvoir d'abréger les délais de comparution ou de permettre de citer à jour fixe.

Quant à l'augmentation judiciaire, elle n'est pas admise s'agissant de délais légaux. Cependant, dans la mesure où le juge fixe souvent lui-même les délais en matière d'actes de procédure, il peut toujours les proroger.

3. La sanction de l'inobservation des délais

290 **L'inobservation des délais conduit à la déchéance ou à la forclusion.** Une telle sanction est encourue de plein droit. Par conséquent, le juge peut la soulever d'office. Il convient cependant et en réalité de distinguer les délais d'action, pour lesquels la sanction est automatique (on dit que les délais sont de rigueur), des délais d'attente, pour lesquels la déchéance ne s'impose pas (par exemple, le délai pour constituer avocat).

En outre, le juge a la faculté de relever le défendeur de la forclusion résultant de l'expiration du délai de recours par une voie ordinaire (appel ou opposition, voy. art. 540 CPC). Pour cela il faut que le jugement ait été rendu par défaut ou qu'il soit réputé contradictoire et que le défendeur n'ait pas eu connaissance du jugement sans faute de sa part (ainsi lorsque le défendeur n'a pas eu connaissance du jugement en temps utile pour exercer son recours, ou s'est trouvé dans l'impossibilité d'agir[462]). La demande est alors recevable jusqu'à l'expiration d'un délai de deux mois suivant le premier acte signifié à personne ou, à défaut, suivant la première mesure d'exécution ayant pour effet de rendre indisponibles en tout ou partie les biens du débiteur.

291 **Quelques notions à clarifier.** Un jugement par défaut : se rencontre, selon l'article 474, alinéa second du Code, lorsque l'une au moins des parties, généralement le défendeur[463], qui « n'a pas été citée à personne », ne comparaît pas alors que l'affaire est jugée en premier et dernier ressort.

Un jugement contradictoire : suppose que les différentes parties aient comparu et fait valoir leurs moyens de défense.

Un jugement réputé contradictoire : c'est un jugement assimilé au jugement contradictoire. Cette assimilation s'opère dans trois cas :

- lorsque le demandeur ou le défendeur a refusé de conclure ;
- lorsque le jugement rendu en l'absence de comparution du défendeur est susceptible d'appel ;
- lorsque le défendeur a été assigné à personne mais n'a pas comparu.

---

462. Voy. CA Versailles, 2 mars 1976, *D.*, 1978, IR 365 : le jugement avait été signifié non pas au siège social, mais au siège d'autres sociétés dépendant du même groupe.

463. Cela ne peut concerner que la partie défenderesse devant le tribunal de grande instance puisque l'assignation vaut ici conclusions et donc, le demandeur a comparu ; en revanche le défaut du demandeur est envisageable devant les juridictions d'exception.

CHAPITRE 2
Les principes directeurs du procès civil

292 **Les fondements de toute procédure civile.** L'action progresse au travers d'une instance, qui elle-même s'ordonne à l'ombre des piliers que forment les principes directeurs du procès civil. Dès l'instant que le lien juridique d'instance, lien de nature légale, ne crée pas une situation juridique figée mais une situation juridique dynamique, celle-ci doit naturellement évoluer dans le respect des principes directeurs qui la commandent. Comme l'écrit Motulsky, « le procès civil s'est organisé, en France, autour de quelques grandes idées »[464]. Et en effet, le Code de procédure civile s'ouvre par un livre premier intitulé : « Dispositions communes à toutes les juridictions ». Le titre Ier, « Dispositions liminaires » débute par un chapitre 1er proclamant : « Les principes directeurs du procès ». Placés en tête du Code, les principes directeurs du procès éclairent l'ensemble du droit judiciaire privé.

Ces principes directeurs du procès se rattachent sans conteste aux principes généraux du droit. Le Conseil d'État l'a d'ailleurs affirmé expressément concernant le principe de la contradiction ou encore le principe de la publicité des débats. Ils sont cependant d'intensité variable.

À la lecture des textes qui figurent dans ce chapitre 1er du Code de procédure civile, le rôle respectif du juge et des parties (section I) ainsi que le principe de la contradiction (section II) apparaissent constituer les plus essentiels des principes directeurs du procès civil[465].

SECTION I
Le rôle du juge et des parties dans l'instance

293 **Réfutation de la distinction entre la procédure accusatoire et la procédure inquisitoire en procédure civile.** Nombreux sont les auteurs qui font état, sous cet angle, de la question propre à la procédure pénale du caractère accusatoire ou inquisitorial de la procédure. La procédure accusatoire réserve un rôle prépondérant aux parties alors que la procédure inquisitoire confère un pouvoir d'enquête, de recherche au juge. Mais cette dernière remarque montre

464. H. Motulsky, « La réforme du Code de procédure civile par le décret du 13 Octobre 1965 et les principes directeurs du procès », in *Ecrits, Etudes et notes de procédure civile*, préf. G. Bolard, Paris, Dalloz, 2e rééd. 2010, p. 130, n° 1.

465. Voy. aussi et par ex., J. Normand, in *Dictionnaire de la justice*, L. Cadiet (dir.), Paris, PUF, 2004, *v°* « Principes directeurs du procès ».

que le débat « accusatoire-inquisitoire » n'a pas grand sens en procédure civile. Les éléments d'enquête et de recherche qui caractérisent la procédure de type inquisitorial sont tout de même assez éloignés du rôle du juge civil.

Certes le juge civil n'est plus aujourd'hui un juge passif, arbitre d'un duel privé entre un demandeur et un défendeur, puisque le Code de procédure civile l'a doté de larges pouvoirs. L'amorce de l'évolution qui a conduit à augmenter les prérogatives du juge civil peut être datée de 1935 avec la création du *juge chargé de suivre la procédure*, et de 1965 avec celle du *juge de la mise en état des causes*. Le juge dont il a à chaque fois été question n'est pas indifférent, car l'objet de ses fonctions montre ce sur quoi l'accent est mis lorsqu'il est question du juge civil : mettre l'affaire en état d'être jugée et ainsi parvenir à la vérité judiciaire ; faire en sorte que le traitement de ladite affaire ne traîne pas à l'excès et donc, accélérer l'avancement de l'instance.

Le juge civil est plus « dirigiste » que par le passé. Mais à bien y regarder et surtout en raison des intérêts débattus en matière civile, le rôle du juge reste discret. Ses pouvoirs, d'ailleurs, lui sont plus fréquemment conférés sous forme d'une faculté d'exercice que sous celle d'une obligation qui s'impose à lui.

§ 1. Le rôle des parties

294 **Le procès civil est la chose des parties.** Confrontation judiciaire d'intérêts privés, le procès civil confère un rôle majeur aux parties privées, qui ont décidé de porter leur différend devant une juridiction. Ceci apparaît tant en ce qui concerne le déroulement de l'instance elle-même que la détermination des contours du litige qui oppose les plaideurs et qu'ils demandent au juge de trancher.

A) Le rôle des parties quant à l'instance

295 **Le procès civil est soumis aux principes d'« initiative » et d'« impulsion ».** Ce sont en effet les parties qui introduisent l'instance, la conduisent et y mettent fin.

1. L'introduction de l'instance

296 **L'initiative appartient aux parties privées.** Le juge civil ne peut se saisir d'office. C'est ce qu'affirme l'article 1er du Code de procédure civile : « Seules les parties introduisent l'instance ».

Mais l'article premier poursuit : « hors les cas où la loi en dispose autrement ». Il y a là le cas traditionnel des procédures collectives, avec la « faillite » d'office qui a cependant été considérablement réduit, puisque les cas anciens ont tous été supprimés[466], à l'exception d'un seul : celui de l'article L. 631-15 :

466. Il s'agissait des cas : de conversion d'office de la procédure de sauvegarde en une procédure de règlement judiciaire (art. L. 621-12 et L. 622-10 C. com.), d'ouverture d'office de la procédure de règlement judiciaire (art. L. 631-3), d'ouverture d'office de la procédure de liquidation judiciaire (art. L. 640-3 et L. 640-5). Quant au cas prévu à l'art. L. 631-5, le Conseil constitutionnel a considéré qu'il était contraire à la Constitution en raison de l'absence de « garanties légales ayant pour objet d'assurer qu'en se saisissant d'office, le

le juge peut ordonner la cessation partielle de l'activité ou prononcer la liquidation judiciaire si le redressement est manifestement impossible ; mais on se situe alors dans la période d'observation et donc, une procédure a déjà été ouverte. L'auto-saisine est donc limitée dans son principe. S'ajoute l'hypothèse de l'ouverture d'office d'une tutelle (art. 391 C. civ.), ou encore, lorsque le juge des enfants prescrit d'office des mesures d'assistance éducative (art. 375 C. civ., qui précise que le juge peut se saisir « à titre exceptionnel »).

Par ailleurs, le ministère public peut lui aussi agir d'office, par voie d'action. Et dans ce cas, ce n'est pas un particulier qui introduit l'instance. Cependant, et cela nuance le propos, lorsque le ministère public agit par voie d'action, il est une partie comme une autre.

2. La conduite de l'instance

297 **L'impulsion est donnée par les parties privées.** La conduite de l'instance appartient aux parties. C'est ici que se révèle le principe d'impulsion.

L'article 2 du Code de procédure civile dispose que « Les parties conduisent l'instance sous les charges qui leur incombent ». Cependant, le rythme du procès n'est pas totalement abandonné à leur volonté et le texte poursuit en indiquant qu'il appartient aux parties « d'accomplir les actes de la procédure dans les formes et délais requis ». Le juge, et le juge de la mise en état tout particulièrement, n'est donc pas absent du débat[467].

3. La fin de l'instance

298 **Il existe diverses causes d'extinction de l'instance qui émanent de la volonté des parties.** Les parties ont la liberté de mettre fin à l'instance « avant qu'elle ne s'éteigne par l'effet du jugement ou en vertu de la loi » (art. 1er CPC). À la lecture du texte, l'instance peut donc s'éteindre par le jugement. C'est *a priori* l'issue normale d'un procès. Mais l'instance peut aussi s'arrêter du fait d'un incident d'instance « prévu par la loi ».

S'ajoute la volonté des parties, ces dernières pouvant mettre un terme prématuré à l'instance ; le juge doit en cette occurrence s'incliner. Les trois causes à envisager tiennent à la péremption d'instance, au désistement et à l'acquiescement. Mais la transaction intervenue et le jeu de la caducité de la citation méritent qu'on leur réserve une place.

299 **La transaction (art. 2044 à 2052 C. civ.).** De nature conventionnelle puisqu'elle est définie comme un contrat qui termine une contestation présente ou à venir, la transaction permet d'éviter les inconvénients liés à un procès plus ou moins long. Un mauvais arrangement, dit-on, vaut mieux qu'un bon procès. C'est donc une voie de sortie, même si, procéduralement, il faudra la concrétiser par un désistement, un acquiescement, voire une péremption d'instance, autant de mécanismes qui seront ici présentés. Le dicton rappelé à l'instant n'est pas forcément sûr, particulièrement lorsque des victimes de dommages,

---

tribunal ne préjuge pas sa position lorsque, à l'issue de la procédure contradictoire, il sera appelé à statuer sur le fond du dossier au vu de l'ensemble des éléments versés au débat par les parties » : n° 2012-286 QPC du 7 décembre 2012, *JO*, 8 décembre, p. 19279.

467. Sur le rôle du juge de la mise en état, voy. *infra*, nos 365 et s.

mal informées et pressées d'obtenir quelque chose finissent par accepter des indemnités insuffisantes. Le mécanisme de la transaction peut en effet donner lieu à des abus, que la jurisprudence ne peut toujours combattre[468].

Au regard de ses conditions de validité, l'article 2044, alinéa 2 énonce qu'il faut un écrit. S'ajoute aussi une volonté saine : a ainsi été admise l'annulation de transactions sur le fondement du dol[469] comme d'erreur sur l'objet de la transaction[470]. L'existence de concessions réciproques, qui conditionne la validité d'une transaction, omise dans le texte d'origine mais requise par la jurisprudence[471], figure depuis la loi du 18 novembre 2016 dans la formule de la loi. En revanche, l'ancien article 2052, alinéa second du Code civil qui déclarait que les transactions ne peuvent être attaquées pour cause de lésion, de même que les articles 2047 et 2053 à 2058 (soit sept articles sur les quinze que comportait le Titre XV du Code civil sur les transactions), ont été supprimés. Cette suppression avait été refusée par le Sénat faute de pouvoir en évaluer les conséquences sur le droit en vigueur. Mais le gouvernement, et l'Assemblée nationale, sont allés dans ce sens au motif que ces articles étaient redondants avec d'autres dispositions du Code civil ou de l'ordonnance n° 2016-131 du 10 février 2016 *portant réforme du droit des contrats, du régime général et de la preuve des obligations*. Les textes ont donc été abrogés en raison de l'existence et du renvoi au droit commun des contrats. Ainsi, la suppression n'est-elle que formelle, et le sens des textes anciens comme leur portée se retrouveront dans les dispositions générales du droit des obligations.

La nouvelle rédaction de l'article 2052 qui annonce que la transaction fait obstacle à toute action en justice portant sur le même objet, associée à l'article 2048 qui énonce que « Les transactions se renferment dans leur objet : la renonciation qui y est faite à tous droits, actions et prétentions, ne s'entend que de ce qui est relatif au différend qui y a donné lieu », permet d'effacer l'ancienne expression de « chose jugée », qui convenait mal à la dimension contractuelle de la transaction. Le moyen de défense tiré de l'existence d'une transaction donne lieu à une fin de non-recevoir. Le texte précise que la transaction fait obtacle à l'introduction comme à la poursuite de l'action en justice entre les mêmes parties, sur le même objet. Il est tout de même dommage que le texte ne dise pas -alors que c'est le cas pour la médiation familiale obligatoire dérogatoire à l'article 373-2-13 du Code civil- que le juge peut relever d'office cette fin de non-recevoir. Car si cette conséquence se déduisait automatiquement de l'expression ancienne dans la mesure où l'article 125 du Code de procédure civile autorise le juge à relever d'office les fins de non-recevoir tirée de l'autorité de la chose jugée, il faudra désormais pour maintenir la solution, considérer que l'expression nouvelle contient sans le dire, l'autorité de la chose jugée... que le législateur a voulu gommer dans l'appellation mais en définitive maintenir dans sa portée... La

468. Même si la Cour de cassation est vigilante à la vérification de la réalité des concessions réciproques (voy. Cass. soc., 28 janvier 2004, n° 01-46.538 ; 7 février 2007, n° 05-41.623, inédits au *Bull. civ.,*). En l'absence de telles concessions, la transaction laisse place à une libéralité !

469. Voy. Cass. (1re civ.), 13 janvier 1969, *D.*, 1969, somm., 66.

470. Cass. (1re civ.), 3 février 1969, *D.*, 1969, somm., 86.

471. Par ex., Cass. soc., 28 novembre 2000, n° 98-43.635, *Bull. civ.*, V, n° 399.

démarche retenue rappelle une réforme récente, où le législateur a cru bon de supprimer en droit des contrats un concept (la cause, notamment) tout en maintenant les effets que celui-ci produisait en droit positif.

300 **La caducité de la citation.** Lorsque l'acte introductif d'instance est caduc, l'instance s'éteint. La caducité consiste par voie de conséquence à faire disparaître pour l'avenir, un acte, en l'occurrence, la citation. La caducité de la citation n'intervient que dans les cas et conditions prévus par la loi (art. 406 CPC). La caducité va sanctionner :

- le défaut de saisine de la juridiction dans le délai prévu par les textes. Il en va ainsi devant le tribunal de grande instance en l'absence de dépôt d'une copie de l'assignation au greffe dans les quatre mois de sa délivrance (art. 757 pour la procédure ordinaire et art. 791 pour la procédure à jour fixe) ou encore, dans la procédure d'appel à jour fixe, le défaut de remise d'une copie de l'assignation au greffe de la cour d'appel avant la date fixée pour l'audience (art. 922. Avec le décret n° 2004-836 du 20 août 2004, la déclaration d'appel, en procédure ordinaire, vaut demande d'inscription au rôle – voy. art. 901, dern. alinéa –, ce qui met fin au système antérieur qui imposait la remise d'une demande d'inscription au rôle dans un délai de deux mois). Depuis le décret n° 2005-1678 du 28 décembre 2005, le défaut de remise au greffe du tribunal d'instance ou de commerce d'une copie de l'assignation – qui est toujours à jour fixe devant ces juridictions – est également sanctionné par la caducité. Avant ce décret de 2005, l'assignation non placée conservait son effet interruptif de la prescription[472], ce qui n'est désormais plus le cas[473] ;
- le défaut de comparution du demandeur en première instance[474]. Ce cas concerne les procédures sans représentation obligatoire, lorsque deux conditions sont remplies, à savoir que le demandeur n'a pas fait connaître à la juridiction, au plus tard, au début de l'audience, le motif légitime de son défaut de comparution et, seconde condition, que le défendeur n'a pas requis un jugement sur le fond. Cette seconde condition ne joue toutefois pas devant le bureau de conciliation du conseil de prud'hommes (voy. art. R. 1454-12 C. trav.) ;
- le défaut d'accomplissement, par l'une des parties – généralement le demandeur –, d'un acte de la procédure, par exemple, lorsque le demandeur, après avoir comparu, s'abstient d'accomplir les actes requis (art. 469, al. 2, CPC).

472. Voy. Cass. (2e civ.), 12 novembre 1987, *RTD civ.*, 1988, 149 ; *Gaz. Pal.*, 1988, 1, 149.

473. Il faut toutefois ajouter que la communication par voie électronique est obligatoire pour tous les actes de la procédure d'appel avec représentation obligatoire (depuis le 1er janvier 2013) et donc, aussi pour la saisine de la cour de renvoi après cassation : Cass. (2e civ.), 1er décembre 2016, n° 15-25.972, *Bull. civ.*, II, à paraître.
Elle s'imposera aussi devant le tribunal de grande instance à compter du 1er septembre 2019 (décr. n° 2017-892 du 6 mai 2017) lorsque la procédure est avec représentation obligatoire, voy. art. 796-1 CPC.

474. La caducité ne s'applique pas en cas de non-comparution du demandeur devant la cour d'appel, voy. Cass. soc., 2 mars 1983, n° 80-40.978, *Bull. civ.*, V, n° 120. Rappr. art. 468 CPC ; le texte ne vise que la citation, qui ne se confond pas avec l'acte d'appel.

Au regard des pouvoirs du juge, c'est la juridiction saisie et elle seule **qui constate** ou prononce, dans le cas des articles R. 1454-13, al. 3, C. trav.[475], à la diligence du demandeur, mais aussi dans le cas des articles 757, 791 et 922 du Code de procédure civile[476], **la caducité de la citation**.

En cas de caducité pour défaut de saisine de la juridiction, c'est le président du tribunal de grande instance devant lequel le demandeur a assigné le défendeur (art. 757, al. 3) ou le président de la chambre à laquelle l'affaire jugée en appel à jour fixe est distribuée (art. 922, al. 3), qui se prononce.

Le juge, lorsqu'il constate la caducité, doit motiver son constat et relever la caducité d'office ; dans les cas où le juge prononce la caducité, il retrouve un pouvoir d'appréciation. La décision sur la caducité peut ultérieurement faire l'objet d'une voie de recours. Il s'agit d'une voie de rétractation fondée sur l'erreur sous l'emprise de laquelle le juge a pris sa décision au regard de la caducité prononcée (art. 407 CPC) ou sur un motif légitime que celui qui saisit le juge n'aurait pas été en mesure d'invoquer en temps utile (art. 468 CPC). L'existence de ces voies spéciales ne ferme toutefois pas la voie d'appel ou du pourvoi en cassation (la caducité mettant fin à l'instance).

Quant à ses effets, la caducité met fin à l'instance et non à l'action, qui subsiste par ailleurs. Il en allait différemment en matière prud'homale (anc. art. R. 1452-6 C. trav.). Le texte ancien posait le principe de l'unicité de l'instance, c'est-à-dire la concentration des demandes lorsqu'une personne agissait devant cette juridiction[477]. Mais il a été abrogé par le décret n° 2016-660 du 20 mai 2016 *relatif à la justice prud'homale et au traitement judiciaire du contentieux du travail* en application de la loi n° 2015-990 du 6 août 2015 *pour la croissance, l'activité et l'égalité des chances économiques*. La procédure prud'homale rejoint donc, sur ce point, le droit commun.

L'extinction de l'instance que produit la caducité opère pour l'avenir seulement. Il convient toutefois de prêter attention à l'arrêt rendu le 3 avril 1987 par l'Assemblée plénière de la Cour de cassation[478] qui, sans s'appuyer sur une quelconque idée de rétroactivité, affirme qu'une « assignation dont la caducité a été constatée n'a pu interrompre le cours de la prescription ». Autrement dit, l'instance primitive peut être reprise dans la mesure où la prescription n'a pas été atteinte, mais pour calculer le cours de ladite prescription, il ne faut pas tenir compte de la citation initiale car elle a été privée de son effet interruptif du fait de la caducité intervenue.

---

475. C'est-à-dire en cas de décision du bureau de conciliation qui ordonne une nouvelle convocation du défendeur défaillant. Le texte permet (al. 2) au demandeur, absent pour motif légitime, de se faire représenter à la tentative de conciliation.

476. Cas de défaut de saisine du tribunal de grande instance ou de la cour d'appel dans le délai requis.

477. Sur cette règle désormais ancienne, voy. V. Orif, *La règle de l'unicité de l'instance*, coll. Droit du travail, Paris, LGDJ, 2012. On note qu'une réitération de la demande était cependant possible, et que la règle de l'unicité de l'instance ne s'appliquait « que lorsque l'instance précédente s'est achevée par un jugement sur le fond » : Cass. soc., 16 novembre 2010, n° 09-70.404, *Bull. civ.*, V, n° 260 ; *D.*, 2011, 227, note V. Orif.

478. *Bull. Ass. plén.*, n° 2. *Adde* Cass. (1re civ.), 17 mai 1988, n° 86-10.817, *Bull. civ.*, I, n° 147 ; *JCP*, 1989, II, 21197.

a) Péremption d'instance (art. 385 à 393 CPC)

301 **« L'instance est périmée lorsqu'aucune des parties n'accomplit de diligences pendant deux ans » (art. 386).** C'est l'inaction des plaideurs qui conduit à l'extinction de l'instance. C'est pourquoi la péremption d'instance n'a pas lieu de s'appliquer lorsque la procédure échappe à la maîtrise des parties. On ne saurait en effet leur reprocher de n'avoir pas accompli des diligences alors même que cela ne leur était pas imposé et par conséquent, dans cette occurrence, le délai de péremption ne court pas[479]. La solution est contraire lorsque les parties ont la charge de faire progresser l'instance, ainsi quand le conseiller de la mise en état n'a pas fixé les dates de clôture et de plaidoiries[480]. Il faut remarquer qu'en procédure orale, « la seule comparution à une audience au cours de laquelle l'examen de l'affaire est renvoyé ne constitue pas, par elle-même, une diligence au sens de l'article 386 du code de procédure civile »[481]. Dans cette espèce, le juge avait renvoyé l'affaire à une audience ultérieure pour permettre à la partie adverse de présenter sa défense ; de sorte que le demandeur n'ayant pas soutenu ses prétentions lors de la première instance, aucun acte de nature à faire avancer la procédure n'a été pris. Il demeure curieux de constater que, finalement, est ici sanctionnée au titre de son inaction, une personne qui s'était déplacée pour plaider... ! Elle aurait sans doute évité cette sanction en demandant expressément de plaider et de le faire acter. Pour que la péremption ne puisse prospérer, il faut montrer une diligence ayant donné une impulsion à l'instance. Tel n'est pas le cas de renvois sollicités par les parties au motif qu'elles sont en train de tenter d'aboutir à un accord transactionnel[482].

La péremption peut soit être demandée à titre principal mais « avant tout autre moyen » (art. 388, al. 1er[483]) « par l'une quelconque des parties » (art. 387, al. 1er), soit « opposée par voie d'exception à la partie qui accomplit un acte après l'expiration du délai de péremption » (al. 2). La péremption, qui jusqu'au décret n° 2017-892 du 6 mai 2017 ne pouvait pas être relevée d'office par le juge, peut – et non doit – désormais être constatée d'office par le juge, après qu'il a « invité les parties à présenter leurs observations »

---

479. Cass. (2e civ.), 6 avril 2006, n° 04-14.298, *Procédures*, 2006, comm. 130, R. Perrot. La jurisprudence en la matière peut être tenue pour arrêtée, voy. : Cass. (2e civ.), 16 décembre 2016, n° 15-26.083, *Bull. civ.*, II, à paraître ; *D.*, 2017. 141, note C. Bléry. – 12 juillet 2007, n° 05-14.655, *Bull. civ.*, II, n° 210 ; *Procédures*, 2007, comm. 240, R. Perrot. – 28 juin 2006, n° 04-17.992, *Bull. civ.*, II, n° 177. – 12 février 2004, n° 01-17.565, *Bull. civ.*, II, n° 61 ; *Procédures*, 2004, comm. 50, R. Perrot. – 16 octobre 2003, n° 00-19.339, *Bull. civ.*, II, n° 310. Comp. cep. *contra*, Cass. (2e civ.), 27 mars 1996, n° 94-12.003, *Bull. civ.*, II, n° 78.

480. Cass. (2e civ.), 16 décembre 2016, n° 15-27.917, *Bull. civ.*, II, à paraître ; *D.*, 2017. 141, note C. Bléry.
En procédure orale, la demande de fixation de l'affaire produit un effet interruptif du délai de péremption : Cass. (2e civ.), 2 juin 2016, n° 15-17.354, *Bull. civ.*, II, à paraître.

481. Cass. (2e civ.), 25 septembre 2014, n° 13-19.583, *D.*, 2015, p. 287, panor. N. Fricero.

482. Cass. (3e civ.), 4 février 2014, n° 12-29.641.

483. La technique du subsidiaire peut être exploitée ici, quand le moyen de péremption doit être invoqué devant une juridiction (par ex. le juge de la mise en état) et l'argumentation au fond devant une autre (la formation collégiale). Il est utile alors que les conclusions au fond mentionnent qu'elles ne sont adressées à la juridiction que pour le cas où la péremption ne serait pas déclarée : Cass. (2e civ.), 12 mai 2016, n° 14-14.379, *Procédures*, 2016, 251, H. Croze.

(art. 388, al. 2). Ce pouvoir d'office que l'article 1009-2 accordait depuis le décret n° 2008-484 du 22 mai 2008 au Premier président de la Cour de cassation, est ainsi généralisé[484].

Cependant, **il n'y a pas péremption si l'instance a été interrompue**, car « L'interruption de l'instance emporte celle du délai de péremption » (art. 392, al. 1er). L'interruption est de plein droit en cas de survenance de la majorité de l'un des plaideurs ou de cessation des fonctions de l'avocat ou de l'avoué, ou encore, par l'effet du jugement qui prononce le règlement judiciaire ou la liquidation des biens dans les causes où il emporte assistance ou dessaisissement du débiteur (art. 369). L'interruption d'instance causée par le décès de l'avocat[485] ne cesse qu'avec la reprise de l'instance, qui provient d'une constitution d'avocat ou du dépôt de conclusions contenant constitution d'avocat notifiées à l'autre partie et remises au greffe de la juridiction. Ce qui signifie que seules des conclusions de reprise d'instance notifiées à l'adversaire et déposées au greffe du tribunal sont de nature à faire courir un nouveau délai de péremption de deux ans[486], à l'exception de la présence d'un nouvel avocat aux côtés de la partie concernée, qui ne vaut pas constitution formelle[487]. La décision de réinscription de l'affaire au rôle « est une mesure d'administration judiciaire »[488]. Devant la Cour de cassation, l'article 1009-2 du Code de procédure civile prévoit spécifiquement que le délai de péremption « est interrompu par un acte manifestant sans équivoque la volonté d'exécuter ».

D'autres cas d'interruption sont en revanche subordonnés à la notification qui en est faite à l'autre partie : il s'agit du décès de la partie dans les cas où l'action est transmissible, de la cessation des fonctions du représentant légal d'un incapable, du recouvrement ou de la perte par une partie de la capacité d'ester en justice[489]. Le juge n'est pas dessaisi, mais il y aura lieu alors à reprise d'instance[490].

---

484. La Cour de cassation proposait d'aligner l'article 526 sur l'article 1009-2 (*Rapport annuel 2015*, Livre 2. I. A., V° « Procédure civile »). Le texte va donc plus loin.

485. La maladie de l'avocat, en revanche, ne peut constituer une cessation de fonction au sens du texte : Cass. (2e civ.), 13 octobre 2016, n° 15-21.307, *Procédures*, 2016, comm. 353, Y. Strickler.

486. *Adde* Cass. (2e civ.), 1er septembre 2016, n° 15-14.551, *Bull. civ.*, II, à paraître ; *Procédures*, 2016, comm. 322, Y. Strickler (dépôt au greffe de la cour d'appel de conclusions au fond, qui n'était pas assorti d'une demande de rétablissement de l'affaire radiée). L'exécution des diligences attendues ne suffit pas par elle-même : Cass. soc., 15 octobre 2013, n° 12-23.854, *Bull. civ.*, V, n° 235. Il vaut donc mieux présenter une demande de réinscription en plus de la justification de l'exécution de la décision radiée.

487. Cass. (3e civ.), 27 mars 2002, n° 00-20.732, *Bull. civ.*, III, n° 77.

488. Cass. (2e civ.), 2 septembre 2016, n° 15-19.662, *Bull. civ.*, II, à paraître.

489. Par ex., Cass. (3e civ.), 9 octobre 2007, n° 06-21.808, *Procédures,* 2007, comm. 281, qui précise que la date de l'interruption est celle de la notification de sa cause, faite à l'autre partie.

490. En matière prud'homale, le décret n° 2017-1008 du 10 mai 2017 *portant diverses dispositions procédurales relatives aux juridictions du travail* crée un article R. 1452-6 dans le Code du travail, qui pose que la reprise de l'instance, « après une suspension, a lieu sur l'avis qui en est donné aux parties par le greffier, par tout moyen. »

Par contre, le délai de péremption « continue à courir en **cas de suspension de l'instance**[491] sauf si celle-ci n'a lieu que pour un temps ou jusqu'à la survenance d'un événement déterminé ». Ainsi, dans ces derniers cas, un nouveau délai va courir dès que ce temps ou la survenance de cet événement sera intervenu (art. 392, al. 2). Ce nouveau délai, alors, court à compter de la réalisation de cet événement et non pas du jour où les intéressés en ont eu ou auraient pu en avoir connaissance[492].

Dans le cas de **radiation de l'affaire par le juge**, qui entraîne, comme le sursis à statuer et la décision du retrait du rôle (art. 377) suspension de l'instance, il n'y a pas interruption de délai. Le juge pouvant prendre une décision de radiation dès qu'aucune des parties n'accomplit les actes de procédure dans les délais impartis, l'instance pourra se poursuivre dès que les diligences qui ont fait défaut et entraîné la radiation ont été accomplies[493]. Autrement dit, le rétablissement suppose l'accomplissement préalable des diligences dont le défaut avait entraîné la radiation, mais seulement si la péremption n'est pas, entre-temps, intervenue (ou si elle n'a pas été soulevée). Pour en éviter l'écoulement, les parties doivent accomplir des diligences qui traduisent leur volonté de poursuivre l'instance et de faire progresser l'affaire[494].

Il est à remarquer que la demande d'aide juridictionnelle interrompt le délai de péremption[495].

302 **Effets de la péremption d'instance : l'instance est non avenue.** Au regard de ses effets, la péremption d'instance, comme son nom l'annonce, n'éteint pas l'action mais l'instance. Par conséquent, la prescription est considérée comme n'ayant jamais été interrompue et les intérêts moratoires comme n'ayant jamais couru. Tout ce qui appartient à l'instance éteinte disparaît ; c'est pourquoi aucun des actes de la procédure périmée ne pourra être invoqué ultérieurement par quiconque (voy. art. 389). Quant aux frais de l'instance périmée, ils « sont supportés par celui qui a introduit cette instance » (art. 393) et ne peuvent en conséquence être partagés entre les parties par le juge[496].

---

491. L'article 377 prévoit que : « En dehors des cas où la loi le prévoit, l'instance est suspendue par la décision qui sursoit à statuer, radie l'affaire ou ordonne son retrait du rôle ».

492. Cass. (2e civ.), 3 septembre 2015, n° 14-11.091, *Bull. civ.*, II, à paraître ; *Procédures*, 2015, comm. 318, Y. Strickler.

493. Par ex. Cass. (2e civ.), 3 mai 2001, n° 99-12.445, *Bull. civ.*, II, n° 83.

494. En procédure écrite, « la demande de réinscription d'une affaire au rôle ne constitue pas, à elle seule, une diligence au sens de l'article 386 du code de procédure civile » (Cass. (2e civ.), 11 mars 2010, n° 09-13.495) ; en procédure orale, si les parties n'ont pas d'autre diligence à accomplir que de demander la fixation de l'audience, cette demande a valeur de diligence interruptive (Cass. (2e civ.), 30 avril 2009, n° 07-16.467, *Procédures*, 2009, comm. 182, R. Perrot), mais s'il apparaît que la demande de réinscription n'est pas de nature à faire progresser l'affaire, elle n'aura pas d'effet interruptif (par ex., demandes successives de réinscription au rôle et de radiation administrative : Cass. (2e civ.), 8 novembre 2001, n° 99-20.159 ; seul paiement des frais de greffe sans demande expresse qu'il vise à la réinscription de l'affaire : Cass. (2e civ.), 2 juin 2016, n° 15-17.354, *Bull. civ.*, II, à paraître).

495. Cass. (2e civ.), 19 novembre 2009, n° 08-16.698 ; *JCP*, 2010, I, 546, n° 16, obs. S. Amrani Mekki.

496. Cass. (2e civ.), 29 janvier 2015, n° 13-25.732.

b) Le désistement (art. 384-385 et 394 à 405 CPC)

303 **Le désistement matérialise une volonté de renoncement.** Par le désistement, une personne manifeste son intention de renoncer à un avantage et par conséquent, de l'abandonner. Les articles 384 et 385 du Code de procédure civile transposent cette idée au droit processuel et invitent à opérer une distinction selon l'objet de cette renonciation, qui peut viser soit l'action (art. 384) soit l'instance (art. 385).

L'existence d'une troisième catégorie de désistement mérite d'être signalée, bien qu'elle ne soit pas mentionnée par le Code de procédure civile : la renonciation peut en effet porter uniquement sur un voire sur plusieurs actes de procédure ; le fait s'analyse alors en un désistement d'instance partiel.

1) *Le désistement peut être d'action*

304 **Le désistement d'action vise à renoncer au droit même que l'action avait pour but de concrétiser.** Le plaideur renonce à exercer l'action et donc, à se prévaloir du droit dont l'action est destinée à assurer la sanction.

Le désistement d'action éteint l'instance accessoirement à l'action. C'est ce qui explique que ce désistement suppose de son auteur la capacité de disposer du droit litigieux. Par ailleurs, comme il est tout à l'avantage de l'autre partie, il n'a pas besoin d'être accepté pour être valable.

2) *Le désistement peut être d'instance*

305 **Le désistement d'instance ne touche que la procédure, le droit et l'action sont préservés.** Le plaideur renonce simplement à l'instance en cours et propose à son adversaire de ne pas aller jusqu'au jugement.

Comme le droit et l'action ne sont pas touchés et que seule la procédure est visée, le désistement d'instance éteint l'instance à titre principal. C'est pourquoi il n'est pas nécessaire pour le demandeur d'avoir la capacité de disposer du droit.

Le désistement d'instance peut être intéressant dans le cas d'une procédure mal engagée, que ce soit sur la compétence ou sur le fond, pour éviter les frais et les lenteurs de la procédure, et qui n'aboutirait pas à une solution positive pour le demandeur. Ce désistement ne lui interdit pas d'introduire, plus tard, une autre instance, dans de meilleures conditions, tant que l'action n'est pas prescrite. Le désistement est ainsi tout à l'avantage du demandeur au désistement et c'est pourquoi, comme l'indique l'article 395, « Le désistement n'est parfait que par l'acceptation du défendeur. Toutefois, l'acceptation n'est pas nécessaire si le défendeur n'a présenté aucune défense au fond ou fin de non-recevoir au moment où le demandeur se désiste ».

« Le désistement emporte [art. 399], sauf convention contraire, soumission de payer les frais de l'instance éteinte ».

c) L'acquiescement (articles 384 et 408 à 410 CPC)

306 **L'acquiescement matérialise une volonté de se soumettre à la prétention adverse ou à la décision du juge.** Acquiescer, c'est adhérer à un acte fait, à une demande formée, à un jugement rendu[497] ; c'est le fait, pour un plaideur, de se

497. Voy. dictionnaire *Le Robert*.

soumettre aux prétentions de son adversaire. Là encore, il y a lieu d'opérer une distinction selon que l'acquiescement vise la demande ou le jugement.

1) *L'acquiescement à la demande*

307 **L'acquiescement à la demande est une réponse de soumission à une demande en justice.** C'est cette forme d'acquiescement et elle seule qui nous intéresse concernant la fin de l'instance. Cet acquiescement peut intervenir à toute hauteur de la procédure et emporte à la fois « reconnaissance du bien-fondé des prétentions de l'adversaire et renonciation à l'action » (art. 408, al. 1er). C'est-à-dire qu'il implique d'avance la soumission au jugement qui devra constater cet acquiescement. C'est ce que l'on nomme un jugement « convenu » ou « d'expédient »[498].

Comme l'acquiescement à la demande emporte renonciation à un droit, il n'est « admis que pour les droits dont la partie a la libre disposition » (art. 408, al. 2). Sont exclues les matières d'ordre public.

Quant aux frais de l'instance éteinte, ils sont mis à la charge de celui qui acquiesce.

2) *L'acquiescement au jugement*

308 **L'acquiescement au jugement exprime la soumission aux chefs du jugement.** L'acquiescement au jugement consiste en la renonciation aux voies de recours (art. 409). Il est même possible d'acquiescer au jugement avant qu'il soit rendu, mais il faut pour cela que l'instance ait déjà été introduite[499].

B) Le rôle des parties quant au litige

309 **Énoncé du « principe dispositif ».** À côté du rôle qu'elles tiennent dans le déroulement de l'instance, les parties vont également délimiter l'étendue de la question litigieuse[500]. Il leur revient ainsi et d'abord, de déterminer l'objet du litige, c'est-à-dire son étendue et son contenu ; elles doivent, ensuite, apporter les éléments de fait du litige.

1. Déterminer l'objet du litige (art. 4 CPC)

310 **« L'objet du litige est déterminé par les prétentions respectives des parties ».** L'objet du litige peut être défini comme l'avantage économique ou moral sollicité par les parties et correspondant à une catégorie juridique définie par la règle de droit applicable. L'objet du litige s'exprime au travers des prétentions des parties, qui apparaissent et sont fixées, comme le précise l'alinéa second de l'article 4, par l'acte introductif d'instance – pour le demandeur – et par les conclusions en défense -pour le défendeur -. Mais cet objet du litige initialement dégagé pourra être ultérieurement modifié, par le jeu des demandes incidentes[501].

---

498. Voy. aussi *infra*, n° 451.
499. Pour l'appel, voy. art. 557 CPC et Cass. (1re civ.), 27 mai 1986, *D.*, 1987, 209.
500. F. Brus, *Le principe dispositif et le procès civil*, th. Pau, 2014.
501. Sur ces demandes, voy. *supra*, n° 215.

E 32 **Prétentions de parties et qualification juridique**

La tradition affirme que le plaideur n'a pas l'obligation de s'exprimer en termes juridiques lorsqu'il présente sa demande. Deux adages latins formalisent cette vision du rôle des parties : *jura novit curia* - la Cour connaît le droit et *Da mihi factum dabo tibi jus - donne-moi le fait, je te donnerai le droit*[502]. Et en effet, l'article 6 du Code de procédure civile - dont on peut rapprocher l'article 565 - paraît répartir ainsi les rôles : les faits aux parties ; le droit au juge. Le cloisonnement que ces adages semblent créer entre le rôle de chacun est excessif et ne correspond pas à la réalité procédurale.

C'est à cette tradition que s'est attaqué pour, tout à la fois « responsabiliser » le plaideur et améliorer le travail du juge, le décret du 28 décembre 1998. Sont ainsi nées deux obligations, celle de qualification et celle de récapitulation des conclusions précédentes[503]. Le décret impose aux plaideurs - et c'est la première obligation qui nous intéresse ici - de qualifier juridiquement leurs prétentions lorsque ces dernières s'expriment devant le tribunal de grande instance ou figurent dans une assignation. L'article 56 du Code de procédure civile affirme que l'assignation contient à peine de nullité l'objet de la demande avec un exposé des moyens en fait et en droit, obligation qui figure de manière plus large dans les dispositions particulières tant au tribunal de grande instance (art. 753) qu'à la cour d'appel (art. 954). À un point tel que la juridiction « ne statue que sur les prétentions énoncées au dispositif et n'examine les moyens au soutien de ces prétentions que s'ils sont invoqués dans la discussion ».

Il s'ensuit que devant la juridiction de droit commun, où la représentation par avocat est obligatoire, ce qui limite la rigueur apparente de la solution nouvelle, mais aussi chaque fois que la juridiction saisie l'est par la voie de l'assignation et ce, quel que soit le juge saisi, la référence aux textes invoqués à l'appui de la demande et qui fondent la prétention du demandeur, devra être présente.

L'objectif des conclusions qualificatives est de garantir une contradiction plus concrète et donc, tout en favorisant le dialogue entre les intervenants à cette relation habituellement tripartite que forme le procès, contribue à faciliter la tâche du juge qui, avant la réforme, pouvait avoir quelques difficultés à dégager des écritures des parties le fondement juridique sur lequel s'appuyait précisément la demande.

311 **Une délimitation du rôle du juge.** Comme ce sont les parties qui fixent le cadre du litige en précisant l'objet et la cause de la demande, le juge est à cet égard sans pouvoir. Dans la mesure où l'ordre public n'est pas concerné, il n'y a aucune raison de ne pas respecter la volonté des parties quant à la détermination de la question litigieuse.

C'est ce que vient logiquement annoncer l'article 5 du Code de procédure civile : « Le juge doit se prononcer sur tout ce qui est demandé et seulement sur ce qui est demandé ». On dit aussi que le juge ne doit statuer ni *infra petita*, ni *ultra petita*, ni *extra petita*. Ces hypothèses de comportements qui conduisent le juge à aller au-delà de la mission qui lui a été confiée peuvent être illustrées :

- le juge qui statue *infra petita* (en deçà de la demande) est celui qui ne statue pas sur l'ensemble des demandes dont il est saisi. Par exemple, il est demandé la suspension des travaux de construction, la publication de la décision et 8 000 euros de dommages-intérêts ; le juge ordonne la suspension des travaux et accorde 4 000 de dommages-intérêts. Il n'a pas statué sur l'ensemble des demandes : il ne s'est pas prononcé sur la question de la publication de la décision ;
- le juge qui statue *ultra petita* (au-delà de la demande) est celui qui accorde plus qu'il n'a été demandé. Dans notre exemple, le juge suspend les

502. Voy. H. Roland et L. Boyer, *Adages du Droit Français*, 4e éd., Paris, Litec, 1999.

503. L.-A. Devillairs, *Les conclusions écrites dans le procès civil : étude de procédure civile*, th. Strasbourg, 2006.

travaux, ordonne la publication et accorde 10 000 euros de dommages-intérêts : seuls 8 000 avaient été sollicités ;

- le juge qui statue *extra petita* (en dehors de la demande) est celui qui attribue ce qui n'était pas demandé. Dans notre exemple, le juge ordonne la destruction de ce qui a déjà été réalisé en contravention aux engagements contractuels.

2. Les parties doivent également apporter les faits du litige

312 **« À l'appui de leurs prétentions, les parties ont la charge d'alléguer les faits propres à les fonder ».** L'article 6 du Code de procédure civile qui comporte cette affirmation montre que l'apport des éléments de fait relève aussi des parties. C'est la logique qui commande la solution : ne sont-elles pas au plus près des éléments factuels qui ont donné naissance à leur différend aujourd'hui porté devant le juge ? À cet égard, leurs allégations peuvent être positives (affirmations) comme négatives (contestations). Mais les faits que les parties choisissent sont loin d'être neutres, car c'est à ces faits juridiquement qualifiés que le juge appliquera la loi et en déduira la solution attendue par l'un ou l'autre des litigants. Les faits constants, ceux qui serviront au juge, sont ceux qui permettent de dégager la cause de la demande (ensemble formé par les faits tels que juridiquement qualifiés). Tout cela suppose un choix raisonné des parties, d'autant mieux que « Le juge ne peut fonder sa décision sur des faits qui ne sont pas dans le débat » (art. 7, al. 1er)[504].

Il en va autrement des faits qui sont dans le débat : en effet, « Parmi les éléments du débat, le juge peut prendre en considération même les faits que les parties n'auraient pas spécialement invoqués au soutien de leurs prétentions » (art. 7, al. 2) et « Le juge peut inviter les parties à fournir les explications de fait qu'il estime nécessaires à la solution du litige » (art. 8).

313 **Alléguer les faits est une chose, en apporter la preuve en est une autre.** Selon l'article 9 du Code, « Il incombe à chaque partie de prouver conformément à la loi les faits nécessaires au succès de sa prétention ». En matière pénale, la pratique dite du *testing* a pu valider la preuve déloyale pour peu qu'elle ait été soumise à la discussion contradictoire[505] ; en matière civile, la chambre sociale de la Cour de cassation en a considéré de même pour le vol de documents utiles à démontrer la cause illégitime du licenciement dont le salarié auteur de l'acte est l'objet, mais en jugeant que « les documents en cause [doivent être] strictement nécessaires à l'exercice des droits de sa défense dans le litige qui l'opposait à son employeur à l'occasion de son licenciement »[506]. En revanche, hors ces circonstances, la Haute juridiction considère que « l'enregistrement d'une communication téléphonique réalisé à l'insu de l'auteur des propos tenus constitue un procédé déloyal rendant irrecevable sa production à titre de

504. Par exemple : Cass. (1re civ.), 8 février 2017, n° 15-26.133, premier moyen, *Bull. civ.*, I, à paraître.

505. Cass. crim., 11 juin 2002, n° 01-85.559, *Bull. crim.*, n° 131 ; *Petites Aff.*, 6 janvier 2003, p. 1 ; L. Collet-Askri, « La Chambre criminelle valide le testing comme mode de preuve, serait-il déloyal... », *D.*, 2003, chron., p. 1309 ; J.-F. Renucci, « La loyauté des preuves et les procédés dit de "testing" », *Rev. sc. crim.*, 2002, p. 879.

506. Cass. soc., 31 mars 2015, n° 13-24.410, *Bull. civ.*, V, n° 68.

preuve »[507]. Il en va évidemment autrement lorsque la personne a envoyé un « SMS », car son auteur sait, au moment où il l'envoie, que le mot sera conservé dans la mémoire du téléphone de celui qui le réceptionne. Le message expédié sera par conséquent une preuve recevable en justice[508].

En principe, les parties ne doivent rapporter la preuve de ces faits qu'autant que ces faits soient contestés. Mais le juge n'est pas tenu de considérer que les faits allégués sont constants simplement parce qu'ils ne sont pas contestés par les autres parties[509].

En matière civile, le juge doit s'abstenir de toute initiative lorsque les parties avaient l'obligation de se ménager une preuve. Mais lorsque la preuve préconstituée était impossible, ce qui est fréquemment le cas dans le domaine des faits juridiques, le juge civil peut venir en aide aux parties. Il doit même le faire lorsque la partie a apporté un premier élément qui demande à être précisé. C'est pourquoi, visant l'article 4 du Code civil (autrement dit le déni de justice), la Cour de cassation interdit au juge de « refuser de statuer en se fondant sur l'insuffisance des preuves qui lui sont fournies par les parties »[510]. L'article 10 du Code de procédure civile prévoit que le juge a le pouvoir d'ordonner d'office toutes les mesures d'instruction, légalement admissibles. Sont compris dans cette annonce tant le transport sur les lieux pour que le juge acquière une connaissance personnelle de la configuration de ceux-ci, que la comparution personnelle des parties, l'enquête, voire une expertise. Et l'article 11 d'aller un cran au-delà en déclarant, d'une part, que les parties sont tenues d'apporter leur concours aux mesures sauf au juge à tirer toute conséquence d'une abstention ou d'un refus et, d'autre part, que si une partie détient un élément de preuve, le juge peut, à la requête de l'autre partie, lui enjoindre de le produire, au besoin à peine d'astreinte.

Le juge peut même « à la requête de l'une des parties, demander ou ordonner, au besoin sous la même peine[511], la production de tous documents détenus par des tiers s'il n'existe pas d'empêchement légitime ». Un empêchement légitime peut être trouvé dans le caractère confidentiel de la lettre sollicitée à des fins probatoires ou dans l'existence d'un secret professionnel[512]. Ceci étant, le *secret des affaires* ne saurait constituer « en lui-même un obstacle à l'application des dispositions de l'article 145 [quand] le juge constate que les mesures qu'il ordonne procèdent d'un motif légitime et sont nécessaires à la protection des droits de la partie qui les a sollici-

---

507. Cass. Ass. plén., 7 janvier 2011, n°s 09-14.316 et 09-14.667, *Bull. Ass. plén.*, n° 1. Pour une filature privée, jugée illicite, voy. Cass. (2e civ.), 17 mars 2016, n° 15-11.412, *Bull. civ.*, II, à paraître ; *Procédures,* 2016, comm. 148, Y. Strickler.

508. Cass. soc., 23 mai 2007, *JCP*, 2007, II, 10140, note L. Weiller ; Cass. (1re civ.), 17 juin 2009, *JCP*, 2009, I, 369, n° 17, obs. S. Amrani Mekki.

509. *Cf.* Cass. (3e civ.), 8 janvier 1997, n° 94-21.625, *Bull. civ.*, III, n° 1. - Cass. (1re civ.), 4 juillet 1995, n° 93-20.174, *Bull. civ.*, I, n° 294. - Cass. (2e civ.), 10 mai 1991, n° 89-10.460, *Bull. civ.*, II, n° 142 ; *RTD civ.*, 1992, 447. Et déjà : Cass. (1re civ.), 3 janvier 1980, n° 78-11.616, *Bull. civ.*, I, n° 7.

510. Cass. (3e civ.), 8 décembre 2009, n° 08-11.911, *Procédures,* 2009, comm. 30, R. Perrot. – Cass. com., 19 novembre 2013, n° 12-21.377.

511. L'astreinte est une peine privée en ce sens que son produit profite non à l'État mais à l'adversaire de celui qui y est condamné. Sur l'astreinte, voy. *infra,* n°s 484 et s.

512. Voy. aussi *infra*, n° 433, *in fine*.

tées »[513]. Ici comme ailleurs, un équilibre est à trouver : sur le terrain du respect de l'intimité de la vie privée, l'employeur qui lit des messages personnels de ses salariés, échangés *via* l'ordinateur professionnel de ceux-ci, porte atteinte à une liberté fondamentale[514] ; pourtant, lorsque celui-ci a des motifs légitimes de suspecter des actes de concurrence déloyale, l'employé ne saurait se retrancher derrière le respect dû à sa vie privée pour faire obstacle aux mesures d'instruction nécessaires. Aussi, lorsque le juge constate « que les mesures qu'il ordonne procèdent d'un motif légitime et sont nécessaires à la protection des droits de la partie qui les a sollicitées », il doit prononcer la mesure qui s'impose[515]. Afin de mieux assurer l'équilibre entre le droit à la preuve et le droit au secret, la loi n° 2018-670 *relative à la protection du secret des affaires* en date du 30 juillet 2018 et son décret n° 2018-1126 du 11 décembre 2018 *relatif à la protection du secret des affaires* organisent les pouvoir des juges quant aux mesures provisoires et conservatoires ordonnées sur requête ou en référé avant tout procès au fond, ou à l'occasion d'une instance au fond. Leurs dispositions figurent aujourd'hui dans le Code de commerce (voy. spéc. art. L. 153-1 et s.) et posent tant des mesures générales de protection que des règles propres à assurer le caractère confidentiel des secrets d'affaires portés devant la justice. Ainsi, quand une partie ou un tiers considère que la communication ou la production d'une pièce est de nature à porter atteinte à un secret des affaires, le juge peut prendre connaissance seul de cette pièce ou solliciter l'avis, pour chacune des parties, d'une personne habilitée à l'assister ou la représenter, afin de décider s'il y a lieu d'appliquer des mesures de protection comme ordonner la communication ou la production sous une forme de résumé ou en restreindre l'accès, pour chacune des parties, au plus à une personne physique et une personne habilitée à l'assister ou la représenter[516].

Dans un litige familial, la production par l'épouse d'une copie du journal intime de son mari a été admise, l'atteinte à la vie privée ne pouvant justifier l'irrecevabilité de cette pièce quand l'époux, qui alléguait la fraude de son épouse, n'a su verser aux débats aucun élément de nature à la justifier[517].

---

513. Cass. (2e civ.), 7 janvier 1999, n° 95-21.934, *Bull. civ.*, II, n° 4 : constatations dans les locaux de la société.

514. Cass. soc., 12 octobre 2004, n° 02-40.392, *Bull. civ.*, V, n° 245 ; voy. déjà 2 octobre 2001, n° 99-42.942, *Bull. civ.*, V, n° 291

515. Cass. soc., 23 mai 2007, n° 05-17.818, *Bull. civ.*, V, n° 84 (accès aux dossiers d'un ordinateur mis à la disposition d'un salarié par l'entreprise) ; *adde* Cass. com., 15 mai 2007, n° 06-10.606, *Bull. civ.*, IV, n° 130 (production de pièces relatives à la santé du dirigeant d'une société) : « toute atteinte à la vie privée n'est pas interdite, et qu'une telle atteinte peut être justifiée par l'exigence de la protection d'autres intérêts, dont celle des droits de la défense, si elle reste proportionnée au regard des intérêts antinomiques en présence ».

516. Pour plus de précisions, voy. Y. Strickler, « Les dispositions du décret n° 2018-1126 du 11 décembre 2018 relatif à la protection du secret des affaires », *Procédures* 2019, Étude 2.

517. CA Paris, Pôle 3, chambre 2, 21 février 2017, RG n° 15/22965, JurisData n° 2017-003085.

§ 2. Le rôle du juge

314 **Le procès n'est pas que la chose des parties.** À l'instar du droit des biens où le Code civil proclame le caractère plus qu'absolu du droit de propriété... pour immédiatement y ajouter le tempérament habituel des lois et règlements, la procédure civile dans son essence est tournée vers les parties privées mais ne néglige pas la dimension publique de l'office du juge. D'ailleurs, sous certains aspects, il nous a déjà été donné de constater en étudiant le rôle des parties dans l'instance, que ce dernier s'accompagnait souvent au moins d'une possibilité d'intervention du juge. Il convient alors d'observer plus complètement la mission qui lui est confiée. Il lui est dévolu dans un premier mouvement, de traiter à l'amiable la difficulté rencontrée, ceci afin d'éviter que la situation ne soit dénouée par le seul « tranchant » du droit. Mais faute de conciliation obtenue, il faut bien résoudre le conflit et, pour le trancher, dire le droit.

A) La conciliation

315 **La main tendue, un paradigme de justice.** La propension actuelle à favoriser la conciliation trouve sa source dans le principe ancien qu'il « vaut mieux s'entendre que plaider »[518]. La décision judiciaire a toujours été considérée comme un « mode extrême de règlement des différends »[519]. La tendance libérale découlant de la pensée révolutionnaire a imposé l'idée que la fraternité est supérieure à la contrainte. Aussi, les nombreuses tentatives qui poursuivent la mise en place du paradigme de justice que symbolise la conciliation jalonnent l'évolution historique de notre droit.

Toutefois, si cette manière de résoudre une querelle apparaît souvent primordiale, tant pour le justiciable que pour le législateur, la doctrine ou le juge, l'examen de la pratique des juridictions a parfois révélé une relative distance entre les espoirs de chacun et la réalité des faits.

Dans les textes actuels, il apparaît à l'article 21 du Code de procédure civile qu'il « entre dans la mission du juge de concilier les parties ». La mission de conciliation donnée au juge peut s'exercer tout au long de l'instance ; parfois, il existe un préliminaire de conciliation. Il existe, en dehors de ce rôle classique du juge, des types plus récents de conciliation.

1. La conciliation en cours d'instance (art. 127 à 131 CPC)

316 **La recherche d'une solution négociée.** « Les parties peuvent se concilier d'elles-mêmes ou à l'initiative du juge, tout au long de l'instance » (art. 127) et même en appel.

Lorsque l'initiative émane du juge, « La conciliation est tentée », dit l'article 128, « au lieu et au moment que le juge estime favorables » (ceci « sauf disposition particulière »). L'accord des parties est consigné « dans un

518. Voy. M. Foulon et Y. Strickler, *Juris-classeur proc. civ.*, fasc. 1000, février 2014, v° « Modes alternatifs de résolution des litiges. Conciliation. Procédure participative. Médiation ».

519. P. Bellet, « Les conciliateurs en France », in Colloque Pau 1981, Paris, Économica, 1983, pp. 37 et s. E. Jeammin-Petit, *La mission de conciliation du juge*, th. Nantes, 2006.

procès-verbal signé par le juge et les parties » (art. 130), à la différence de la transaction qui n'est signée que par les parties. Les extraits du procès-verbal « valent titre exécutoire » (art. 131).

Cette mission confiée au juge est loin d'être subsidiaire, en ce sens que la conciliation aboutie peut non seulement contribuer au rétablissement de la paix sociale en aboutissant à une solution négociée et donc, pour laquelle les difficultés d'exécution risquent d'être moins prégnantes qu'en présence d'une solution imposée, mais également permettre l'économie d'une procédure juridictionnelle (et ceci même lorsque la conciliation est obtenue en cours d'instance).

2. Le préliminaire de conciliation

317 **Un peu d'histoire.** La loi des 16 et 24 août 1790 avait instauré un préliminaire obligatoire de conciliation pour toutes les affaires relevant des tribunaux de district et la nécessité de procéder à une tentative de conciliation renforcée par les Constitutions successives[520]. Le mécanisme a été consacré dans le Code de procédure civile de 1806[521] et baptisé par la pratique « la grande conciliation », avant d'être abandonné en 1949, motif pris du constat du peu d'enthousiasme dont firent preuve les plaideurs à l'égard de cette forme imposée de rapprochement.

À l'inverse, la « petite conciliation » qui se développait sous le regard du juge de paix, n'était pas à l'origine obligatoire ; c'est la pratique de ces juges qui lui a initialement et progressivement donné ce trait[522], que le législateur a d'abord formalisé par la loi du 25 mai 1838 en lui conférant un caractère facultatif, puis a rendu obligatoire avec la loi du 2 mai 1855. Mais lorsqu'en 1958, à l'occasion de la réforme de l'Organisation judiciaire, la réforme a substitué les tribunaux d'instance aux juges de paix, la part de la conciliation dans l'activité de ces juges s'est rapidement amoindrie. À telle enseigne que le décret n° 75-1122 du 5 décembre 1975 est venu supprimer le préliminaire obligatoire de conciliation devant ce juge. Cela n'empêche pas à la mission de conciliation d'être ressentie par un bon nombre de magistrats comme étant essentielle[523].

318 **Principes de fonctionnement.** Devant le tribunal d'instance, le demandeur, plutôt que d'assigner à toutes fins – autrement dit à fin de conciliation et à défaut, de jugement –, peut préférer tenter une ultime démarche amiable avant de s'engager dans une voie plus contentieuse. C'est le préliminaire de conciliation, qui est donc aujourd'hui facultatif (voy. art. 829, spéc. al. 2 CPC). Ce qui fonde la démarche est l'idée que, parfois, le simple fait de conduire son adversaire vers un Palais de Justice est de nature à permettre la restauration d'un dialogue qui jusqu'alors n'avait aucune chance de se tenir. La demande aux fins de tentative préalable de conciliation a pour conséquence que les parties

520. Constitutions de 1791 (art. 6), de 1793 (art. 86 et s.) et de 1795 (art. 215).

521. Dans ses articles 48 à 58.

522. H. Guérard, *Manuel technique de justice de paix, éd. 1955-1956*, Paris, Librairies techniques, 1955.

523. Cette perception positive de la mission pacificatrice du juge a d'ailleurs été assez largement à l'origine de la médiation judiciaire, née de la pratique des tribunaux (surtout des juges des référés) et recueillie par la loi.

doivent ici se présenter en personne (art. 833). Cette demande aux fins de tentative préalable de conciliation interrompt la prescription comme les délais pour agir (art. 830, al. 3).

Devant le conseil de prud'hommes, le préliminaire est obligatoire. Il fait l'objet des articles R. 1454-10 et suivants du Code du travail. Considéré comme étant de l'essence de l'institution d'une juridiction prud'homale[524], ce préliminaire a lieu devant le bureau de conciliation et d'orientation du conseil, composé d'un conseiller prud'homme employeur et d'un conseiller prud'homme salarié. Cette séance n'est pas publique. Cependant, depuis la loi dite *Macron* du 6 août 2015, l'article L. 1454-1-3 du Code du travail prévoit que si, « sauf motif légitime, une partie ne comparaît pas, personnellement ou représentée, le bureau de conciliation et d'orientation peut juger l'affaire, en l'état des pièces et moyens que la partie comparante a contradictoirement communiqués. » Il s'ensuit, dit le texte que le bureau de conciliation et d'orientation « statue en tant que bureau de jugement dans sa composition restreinte » (un conseiller salarié et un conseiller employeur). Par ailleurs, quand le conseil de prud'hommes est saisi d'une demande de qualification de la rupture du contrat de travail à l'initiative du salarié en raison de faits que celui-ci reproche à son employeur, l'affaire est directement portée devant le bureau de jugement, qui se voit imposer un délai pour statuer au fond (un mois suivant sa saisine, art. L. 1451-1 C. trav.).

Le bureau de conciliation dispose toutefois du pouvoir d'allouer une provision lorsque l'obligation n'est pas sérieusement contestable et il peut contraindre l'employeur à remettre tout document utile, par exemple, un bulletin de paie. Cette formation du conseil de prud'hommes se distingue du bureau de jugement qui statue définitivement sur le fond du droit lorsque la conciliation n'a pas abouti. La formation de jugement se compose d'au moins deux conseillers employeurs et deux conseillers salariés.

L'éventualité d'un partage de voix n'est pas à exclure. Dans une telle occurrence, l'affaire est renvoyée devant la même formation qui est parvenue au partage des voix, mais présidée à cette occasion par un juge du tribunal de grande instance (anciennement c'était le juge du tribunal d'instance qui, historiquement, était juge des champs) : c'est le juge départiteur, qui va faire l'impair (art. L. 1454-2 C. trav.). L'affaire doit alors être reprise dans le délai d'un mois, et dans les quinze jours du renvoi si le partage des voix est apparu au sein de la formation de référé (art. R. 1454-29 C. trav.)[525].

On ne peut donc normalement pas échapper au préliminaire car c'est le bureau de conciliation qui renvoie au bureau de jugement. Les parties doivent se présenter en personne sauf à se faire représenter en cas de motif légitime. En pratique, la phase de conciliation, malgré son caractère obligatoire, est assez peu utilisée – d'ailleurs, lorsque les deux parties se sont dotées d'un représentant, cela dénote déjà une cristallisation du conflit.

Devant le tribunal paritaire des baux ruraux, le préliminaire est aussi obligatoire. L'alinéa 2 de l'article 887 précise qu'« en cas de non-conciliation, le procès-verbal doit mentionner les modalités du règlement du litige proposé à

---

524. Voy. J. Villebrun et G.-P. Quétant, *Traité de la juridiction prud'homale*, 3e éd., Paris, LGDJ, 1998, nos 691 et s.

525. Le juge départiteur intervient en moyenne sur 5 à 9 % des dossiers.

la majorité des voix ». En effet, les membres du tribunal doivent proposer aux parties des suggestions en vue d'un règlement amiable du litige et c'est le refus de ce règlement par une partie qui constitue la non-conciliation. Notons que contrairement à l'opinion d'une partie de la doctrine, la jurisprudence déclare que le préliminaire de conciliation n'est pas d'ordre public. Le défendeur ne peut donc invoquer l'absence de tentative de conciliation qu'avant toute défense au fond, sinon l'irrégularité est couverte.

Il faut enfin rappeler la conciliation en matière de divorce, traditionnelle et bien connue…, mais à laquelle, la loi du 23 mars 2019 a décidé de renoncer, considérant que l'idée est de nos jours « assez obsolète »[526]. En revanche, la loi simplifie la procédure en supprimant la requête en divorce (un seul acte de saisine et une seule phase procédurale, avec possibilité d'obtenir des mesures provisoires), même si bien sûr le rôle de conciliation du juge, en tout état de la procédure, est maintenu. Elle favorise aussi le recours à la procédure de divorce accepté (art. 233 C. civ.) par l'instauration d'un procès-verbal d'acceptation dudit divorce par acte contresigné par avocats.

Le décret du 1er octobre 2010 n'a pas modifié la conciliation devant le juge, mais il faut en dire quelques mots en raison d'une jurisprudence de la Chambre sociale de la Cour de cassation. En revanche, ce texte a développé le mécanisme de la conciliation « déléguée » par le juge au conciliateur de justice, renforcée dans son choix puisque les parties, depuis le décret n° 2015-282 du 11 mars 2015, ne peuvent plus s'y opposer par anticipation. D'abord, concernant la conciliation devant le juge, le procès-verbal de conciliation est un titre exécutoire qui ne peut, normalement, plus être remis en question. Et la conciliation devant le conseil de prud'hommes[527] relève normalement du droit commun de la procédure civile. Pourtant, la Chambre sociale de la Cour de cassation refuse d'appliquer ce principe : « la conciliation préliminaire obligatoire de l'instance prud'homale est un acte judiciaire qui implique une participation active du bureau de conciliation à la recherche d'un accord des parties préservant les droits de chacune d'elle ; qu'en conséquence cet acte ne peut être valable que si le bureau a rempli son office en ayant notamment vérifié que les parties étaient informées de leurs droits respectifs »[528]. Ce qui a pour conséquence que « les parties peuvent toujours saisir la juridiction prud'homale d'une action en contestation d'une transaction quand bien même elle aurait été constatée dans un procès-verbal dressé devant le bureau de conciliation »[529]. Concernant, ensuite, la conciliation devant le conciliateur délégué par le juge, prévue devant le tribunal d'instance (art. 831), cette possibilité se retrouve pour le tribunal de commerce (art. 860-2), le juge chargé d'instruire l'affaire de ce tribunal (art. 863 : le juge chargé d'instruire l'affaire « constate la conciliation, même partielle, des parties ») et le tribunal paritaire des baux ruraux (art. 887, al. 2).

---

526. Voy. antérieurement : « une tentative de conciliation est obligatoire avant l'instance judiciaire et qu'au cours de celle-ci, le juge cherche à concilier les époux tant sur le principe du divorce que sur ses conséquences » : Cass. (1re civ.), 16 déc. 2015, n° 14-28.296, *Bull. civ.*, I, à paraître.

527. Art. L. 1454-1, art. R. 1454-1 C. trav.

528. Cass. soc., 28 mars 2000, n° 97-42.419, *Bull. civ.*, V, n° 135 ; *D.*, 2000, p. 537, note J. Savatier ; *JCP*, 2000, I, 267, § 10, obs. L. Cadiet.

529. Cass. soc., 29 septembre 2010, nos 09-42.084, 09-42.085 et 08-43.084.

Les parties peuvent soumettre à l'homologation du juge le constat d'accord, homologation qui relève de la matière gracieuse (art. 131, al. 2). Si la conciliation n'avait jusqu'alors jamais été un préalable obligatoire devant le tribunal de commerce, elle a toujours pu être tentée (l'une des raisons de la mise à l'écart de la conciliation était de dire que les juges consulaires avaient naturellement cette propension).

La possibilité d'inviter les parties à rencontrer un conciliateur de justice est possible à tout moment sous une réserve qui s'exprime en une question : comment une conciliation pourrait-elle prospérer sans une volonté commune des parties ?

L'issue de la conciliation dépend de la voie empruntée : en cas de conciliation devant le conciliateur un constat d'accord est établi ou, en cas d'échec, information en est faite au juge ; en revanche, en cas de conciliation devant le juge, celui-ci constate l'accord des parties et, à défaut d'accord, tranche le litige. Dans le premier cas, les parties peuvent soumettre à l'homologation du juge le constat d'accord. L'homologation relève de la matière gracieuse (art. 131, al. 2, *in fine*). Homologuer signifie donner force exécutoire. Au regard des pouvoirs du juge, il existe deux approches en jurisprudence : soit on considère que le juge vérifie si l'accord préserve les droits de chacune des parties[530] ; soit on se limite à un contrôle minimal, sur la conformité apparente de l'accord à l'ordre public[531].

En dehors de cette conciliation de type classique, le droit actuel connaît des types plus récents de conciliation, qui opèrent hors le juge.

3. La conciliation hors le juge

319 **Une administration de la justice à moindre coût.** La technique de la conciliation a été exploitée sous ses divers aspects et après une expérience d'installation de conciliateurs bénévoles dans quatre départements (Alpes-Maritimes, Gironde, Haute-Marne et Loire-Atlantique) en 1977, l'institution des conciliateurs bénévoles a été étendue à l'ensemble du pays par un décret du 20 mars 1978. La résolution amiable des différends (médiation, conciliation) est aujourd'hui régie par les articles 1528 et suivants du Code de procédure civile. Les conciliateurs bénévoles, spécialement, ont pour mission de faciliter, en dehors de toute procédure judiciaire, le règlement amiable des différends portant sur des droits dont les intéressés ont la libre disposition. Le décret n° 78-381 du 20 mars 1978[532] indique que le conciliateur de justice est nommé par ordonnance du premier président de la cour d'appel, après avis du procureur général, sur proposition du juge d'instance (art. 3). Il doit justifier d'une expérience juridique d'au moins trois années et il prête serment devant la cour. Si l'on attend de lui les connaissances juridiques nécessaires, l'importance de son expérience, un solide bon sens et une capacité d'écoute sont autant de qualités attendues de lui. Le profil du conciliateur révèle qu'il s'agit généralement

530. Ce qui est l'analyse de la Cour de cassation : Cass. soc., 18 juillet 2001, n°s 99-45.534 et 99-45.535, *Bull. civ.*, V, n° 279.

531. Ce qui est la position de la cour d'appel de Versailles, 18 juin 2003, *D.*, 2004. 1332, note A. Merveille et R. Thominette.

532. Décret n° 78-381 du 20 mars 1978, modifié par décret n° 2010-1165 du 1er octobre 2010.

d'un homme (86 %), retraité (82 % ont + de 60 ans et 37 % + de 70 ans) ; 75 % sont ou ont été cadres dans le secteur privé ou la fonction publique, 10 % ont exercé une profession libérale et 2 % étaient magistrats ou greffiers. Désigné pour un ou plusieurs cantons, le conciliateur de justice exerce en mairie ou en Maison de la Justice et du Droit (*MJD*). Les parties peuvent être accompagnées par toute personne de leur choix (la solution est différente pour la conciliation déléguée par le juge) et le secret est absolu (en conciliation déléguée, il est possible, avec l'accord des parties, de lever le secret pour l'instance qui suivra).

À l'issue de la conciliation, en cas d'accord, le constat d'accord peut obtenir la force exécutoire, à la suite d'une requête, déposée par une partie au juge d'instance.

D'autres mécanismes proches ont par la suite été créés et la conciliation s'exerce alors fréquemment devant des commissions spécialisées, par exemple en matière de baux à loyer et de renouvellement des baux commerciaux, en matière d'entreprises en difficulté et encore, de surendettement des particuliers et des familles[533].

E 33 **La procédure participative**

La proposition n° 47 du Rapport Serge Guinchard[534] visait à la création d'une nouvelle alternative à la résolution des litiges, pour favoriser la démarche amiable en la matière. Issue de la loi n° 2010-1609 du 22 décembre 2010, la procédure a une assise contractuelle, puisqu'elle naît dans une convention participative, mais est appuyée par un auxiliaire de justice, la personne étant assistée dans la rédaction de l'acte, par son avocat. Il s'agit donc d'une négociation assistée par avocat (art. 2062 et s. C. civ.). Le juge peut, *in fine*, être saisi du dossier, soit pour homologuer l'accord des parties si elles y sont parvenues, ce qui aura pour conséquence de mettre fin au différend, totalement ou partiellement si l'accord n'est pas entier, soit pour homologuer un accord partiel et statuer sur la partie du litige persistant, voire pour statuer sur l'entier litige. Lorsque la voie contentieuse s'engage, la demande alors faite au juge « est formée, instruite et jugée conformément aux règles de procédure applicables devant ce juge » (art. 1556 CPC tel qu'issu du décret n° 2012-66 du 20 janvier 2012 *relatif à la résolution amiable des différends* ; le décret a toutefois prévu, aux articles 1560 à 1564 du code, des modalités simplifiées de saisine du juge, ceci pour favoriser le recours à ce type de démarche).
À l'origine, la loi limitait l'utilisation de la convention aux hypothèses où le juge n'était pas encore saisi. Depuis la loi « J21 », la conclusion d'une telle convention est possible bien que le juge soit déjà saisi du litige. La convention de procédure participative peut ainsi poursuivre un accord processuel. Il s'ensuit que seule la convention de procédure participative conclue avant la saisine d'un juge rend irrecevable tout recours devant celui-ci.
À la suite de la loi, le décret n° 2017-892 du 6 mai 2017 est venu décliner les applications procédurales de la procédure participative, dans une perspective de mise en état conventionnelle du différend à régler. Les parties peuvent ainsi, par actes contresignés par avocats précisés dans la convention de procédure participative, convenir notamment des modalités de communication de leurs écritures, recourir à un techicien, ou désigner un conciliateur ou un médiateur (voy. art. 1546-3 CPC). Lorsqu'il est informé de la conclusion d'une telle convention, le juge ordonne le retrait du rôle, le temps de cette nouvelle phase, privée (il faudra cependant être vigilant : en première instance, le délai de péremption ne sera pas interrompu, contrairement à ce que l'article 1546-2 prévoit au stade de l'appel).

533. Sur ce dernier point, *adde* le décret n° 2017-896 du 9 mai 2017 *relatif aux procédures de traitement des situations de surendettement des particuliers pris pour l'application de l'article 58 de la loi n° 2016-1547 du 18 novembre 2016 de modernisation de la justice du XXI**e siècle*.

534. *Ambition raisonnée pour une justice apaisée*, Paris, La Documentation française, 2008.

Bibliographie sur le sujet :

- Foulon M. et Strickler Y., *Juris-classeur proc. civ.*, fasc. 1000, février 2014, v° « Modes alternatifs de résolution des litiges. Conciliation. Procédure participative. Médiation ».
- Fricero N., « Qui a peur de la procédure participative ? Pour une justice, autrement… », in *Mél. S. Guinchard*, Paris, Dalloz, 2010, p. 145.
- G'sell-Macrez F., « Vers la justice participative, Pour une négociation "à l'ombre du droit" », *D.*, 2010, chron., 2450. Voy. aussi et rappr., en matière familiale, Mulon E., « État des lieux des modes amiables de règlement des conflits en matière familiale », *Gaz. Pal.*, 4-5 février 2011, p. 8.

Pour des ouvrages récents sur la question :

- Fricero N., Poivey-Leclerc H. et Sauphanor S., *Convention de procédure participative*, coll. Axe droit, Paris, Lamy, 2012 ;
- Fricero N., Butruille-Cardew Ch., Gorchs-Gelzer B. et Payant G, *Le guide des modes amiables de résolution des différends (MARD)*, Guides Dalloz, 2e éd., 2015.

4. La médiation

320 **Une mesure pacificatrice.** Précédemment nommée « médiation judiciaire », le mécanisme se limite au premier mot : dans un esprit de généralisation, la loi n° 2016-1547 du 18 novembre 2016 (dite *J21*), est venue supprimer le mot « judiciaire » dans l'article 22 de la loi n° 95-125 du 8 février 1995 : « *Le juge peut désigner, avec l'accord des parties, un médiateur judiciaire pour procéder à une médiation, en tout état de la procédure, y compris en référé* » et, dans le même temps, a modifié le Code de justice administrative pour y insérer deux chapitres consacrés à la médiation. Dans tous les cas, l'objet d'une médiation est de procéder à une confrontation des prétentions respectives des parties et à un rétablissement espéré du dialogue entre les plaideurs. Aussi, celle-ci débouchera-t-elle, dans l'idéal, sur un accord résolvant le litige ou, au minimum, aura mis en œuvre les conditions permettant aux antagonistes de se rapprocher et de renouer des liens. C'est ce qui avait autorisé la jurisprudence à affirmer que la médiation « est une des modalités d'application de l'article 21 » du Code de procédure civile selon lequel il « entre dans la mission du juge de concilier les parties »[535].

La médiation a parfois été critiquée au prétexte que son développement ne reposerait en réalité que sur une volonté de désengager les juges en désencombrant les tribunaux[536]. S'il est certain que ce mécanisme de résolution amiable des conflits évite de mener un litige jusqu'à son terme « traditionnel », il ne s'agit en aucune manière d'y recourir systématiquement afin d'alléger les rôles des juridictions ! La médiation n'est pas davantage une délégation de la part du juge de ses pouvoirs à un tiers. En réalité, la médiation poursuit un objectif propre et déterminé : rétablir un dialogue entre des personnes qui l'ont rompu. Et si le rétablissement de liens moins tendus entre les parties en litige conduit à une solution non juridictionnelle, il ne faut pas blâmer cette réussite mais au contraire l'approuver sans réserve. Mais en affirmant cela, on perçoit bien que le domaine de ce type de mesure se détermine en fonction de la nature du litige et des intérêts en présence : ainsi et par exemple, lorsque la question porte sur une mesure conservatoire ou probatoire (telle une mesure d'expertise urgente pour éviter le dépérissement d'une preuve), il peut difficilement être envisagé une mesure de médiation ou de conciliation… Il en va de même lorsque

535. Cass. (2e civ.), 16 juin 1993, n° 91-15.332, *Bull. civ.*, II, n° 211.

536. Par ex., M.-C. Seffert, note sous TGI Paris, réf., 1er avril 1977, *JCP*, 1977, II, 18665.

les parties, en raison d'un différend cristallisé et d'une forte animosité, n'ont aucune volonté de tenter un rapprochement. En revanche, les domaines dans lesquels se constate une disproportion manifeste entre les enjeux du conflit et la charge de la procédure, comme les conflits qui conduisent les parties à une situation bloquée alors que les personnes en conflit auront encore des contacts (relations de voisinage, de copropriété, relations de travail et spécialement la question des demandes d'expulsion des grévistes occupant les locaux), peuvent inciter à une telle mesure qui servira de révélateur aux parties, permettre une confrontation des points de vue respectifs et éclairer les litigants sur le caractère déraisonnable de leur comportement.

E 34 **D'une création prétorienne à la consécration législative**

La médiation est issue d'une création jurisprudentielle hardie, mais pas inattendue. Certaines décisions ne se fondaient sur aucun texte, là où d'autres se sont appuyées sur les textes relatifs aux mesures d'instruction, dans une visée extensive : l'objectif que poursuit la commission d'un constatant est d'éclairer le juge (art. 232 CPC) mais aussi les parties, sur une question purement technique sans jamais porter une « appréciation d'ordre juridique » (art. 238, al. 3) et sans pouvoir recevoir du juge « mission de concilier les parties » (art. 240). À chacun son domaine. La mission de conciliation risquerait de détourner le technicien de la mesure d'instruction qui justifie sa présence. Mais l'efficacité de cette prohibition de principe était altérée par l'existence de l'article 281 dans le Code, qui permet à l'expert de constater que sa mission est devenue sans objet dans l'hypothèse où les parties viennent à se concilier. Il était donc possible de confier, sans le dire explicitement, une mission de « bons offices » à l'expert et ce au mépris des dispositions claires de l'article 240[537]. La fin ne justifie cependant pas les moyens et il a fallu donner à la médiation à l'initiative du juge un fondement plus certain.

Se situant dans la perspective de la conciliation, la médiation a été fréquemment adossée à l'article 21 du Code de procédure civile. Il fallait néanmoins s'en détacher, puisque la conciliation est aux termes du texte dans la mission du juge et que la médiation fait intervenir – comme le mot l'indique – un intermédiaire, un tiers, dans la relation normalement triangulaire du procès[538].

C'est la loi n° 95-125 du 8 février 1995 (mod. loi n° 2002-1138 du 9 septembre 2002) qui avait consacré, en six brefs articles (art. 21 à 26 de la loi), la pratique de la médiation judiciaire. Le caractère souple de la législation retenue est une équivalence à ce qui était attendu de cette procédure qui ne peut prospérer que dans une relation de confiance retrouvée entre les personnes que l'on conduit à se réunir autour d'une table et de réengager une discussion brisée par le contentieux. La matière relève de nos jours du Chapitre du Code de procédure civile intitulé « La médiation » et plus précisément, de ses articles 131-1 et suivants.

321 **Dérogation possible au caractère convenu de la médiation judiciaire : la médiation familiale.** La médiation familiale, quant à elle, se présente différemment en ce que, décidée par le juge, elle peut s'imposer aux parties. Prévue par le Code civil en un paragraphe consacré aux mesures provisoires, la médiation familiale se décline en deux niveaux que présente l'article 255. Le juge peut d'une part « Proposer aux époux une mesure de médiation et, après avoir recueilli leur accord, désigner un médiateur familial pour y procéder » (1°) ; il n'y a là rien de différent par rapport à la médiation qui a été présentée jusqu'à présent : elle est le fruit d'une volonté partagée. Le juge peut aussi et

537. R. Perrot, obs. in *RTD civ.*, 1980, 162.

538. Sur toutes les hésitations en la matière, spécialement en matière de référé, où est née la médiation judiciaire, voy. notre thèse, *Le juge des référés, juge du provisoire*, Strasbourg, 1993, pp. 394-417.

d'autre part, « Enjoindre aux époux de rencontrer un médiateur familial qui les informera sur l'objet et le déroulement de la médiation » (2°) ; et là, il n'y a pas de choix laissé aux conjoints, qui devront suivre la procédure indiquée par le juge. Il en est de même en matière d'exercice de l'autorité parentale (art. 373-2-10). Et l'article 15 de la loi n° 2011-1862 du 13 décembre 2011 avait prévu, à « titre expérimental et jusqu'au 31 décembre de la troisième année suivant celle de la promulgation de la présente loi » (le 31 décembre 2014 ; ce dispositif a été reconduit par la loi du 18 novembre 2016... pour une nouvelle période... d'essai !), que la saisine du juge par le ou les parents pour les décisions fixant les modalités de l'exercice de l'autorité parentale ou la contribution à l'entretien et à l'éducation de l'enfant, ainsi que les dispositions contenues dans la convention homologuée, doit être précédée d'une tentative de médiation familiale, « à peine d'irrecevabilité que le juge peut soulever d'office »[539&540]. La mesure n'est cependant pas envisageable lorsque « *des violences ont été commises par l'un des parents sur l'autre parent ou sur l'enfant* ». Il faut aussi signaler qu'avec la loi du 23 mars 2019, à la demande de la personne directement intéressée ou du juge aux affaires familiales, le procureur de la République peut requérir le concours de la force publique pour faire exécuter : une décision du juge aux affaires familiales, une convention de divorce par consentement mutuel prenant la forme d'un acte sous signature privée contresigné par avocats déposé au rang des minutes d'un notaire ou une convention homologuée fixant les modalités d'exercice de l'autorité parentale (art. 373-2 C. civ.).

E 35 Directive 2008/52/CE du Parlement européen et du Conseil

Le Conseil européen de Tampere (15 et 16 octobre 1999) a invité les États membres à mettre en place des procédures extrajudiciaires alternatives. La directive du Parlement européen et du Conseil *sur certains aspects de la médiation en matière civile et commerciale* a été adoptée par le Parlement – sur proposition soumise à codécision – le 23 avril 2008, en deuxième lecture. La directive porte la date du 21 mai 2008 et a pour objectif de faciliter la résolution des litiges en ne recourant pas uniquement à la voie proprement judiciaire. L'économie et la rapidité générées par la mesure, sans compter la facilité de l'exécution plus aisément marquée, sont mises en évidence dans la proposition de directive qui souhaite contribuer à accentuer le recours aux mesures de médiation. Cette dernière est définie comme : « toute procédure, quelle que soit la façon dont elle est appelée ou citée, dans laquelle deux ou plusieurs parties à un litige sont assistées d'un tiers pour parvenir à un accord sur la résolution du litige, que cette procédure soit engagée à l'initiative des parties, suggérée ou ordonnée par un tribunal ou prescrite par le droit national d'un État membre », mais « ne couvre pas les tentatives faites par le juge pour résoudre un litige au cours de la procédure judiciaire relative audit litige ». L'approche du processus de médiation est conforme à ce qu'en a dégagé la pratique, avec tout spécialement le principe de confidentialité sans lequel une mesure de cet ordre serait vouée à l'échec. S'ajoute la volonté d'éviter qu'elle puisse être détournée de ses fins légitimes et, dans ce but,

---

539. Sauf certaines hypothèses que le texte liste, par exemple, lorsque l'absence de recours à la médiation est justifiée par un motif légitime ou lorsque, compte tenu des délais, il existe un risque d'atteinte au droit à un délai raisonnable de jugement. Voy. au sujet du nouveau décret dans le domaine familial, les réserves de M. Douchy-Oudot, in *Procédures*, 2015, n° 167.

540. La procédure d'homologation est précisée par le décret n° 2016-1906 du 28 décembre 2016 *relatif à la procédure d'homologation judiciaire des conventions parentales prévue à l'article 373-2-7 du Code civil*. Il est à remarquer que les parties sont dispensées de comparaître devant le juge, sauf si celui-ci l'estime nécessaire (CPC, art. 1143, al. 3, décr. n° 2016-1906, 28 décembre 2016).

la mesure, le recours à la médiation est une cause de suspension de la prescription. En cas d'accord obtenu entre les parties, l'accord doit être « exécutoire au même titre qu'un jugement en droit national ».

La directive a été transposée en droit français par l'ordonnance n° 2011-1540 du 16 novembre 2011 et ratifiée par l'article 5 de la loi du 18 novembre 2016.

Parmi les points essentiels :

- la médiation est définie comme « tout processus structuré, quelle qu'en soit la dénomination, par lequel deux ou plusieurs parties tentent de parvenir à un accord en vue de la résolution amiable de leurs différends, avec l'aide d'un tiers, le médiateur, choisi par elles ou désigné, avec leur accord, par le juge saisi du litige ».
- lorsque l'accord n'est pas homologué, il a valeur de contrat ; mais l'accord peut aussi être soumis à l'homologation du juge, ce qui lui donne la force exécutoire. Il faut rappeler que le 26 mai 2011[541], la Deuxième chambre civile de la Cour de cassation a affirmé que lors de l'homologation, le contrôle du président « ne peut porter que sur la nature de la convention qui lui est soumise et sur sa conformité à l'ordre public et aux bonnes mœurs » et que « l'ordonnance donnant force exécutoire à une transaction rendue suite au dépôt d'une requête par l'une des parties à un accord, ayant reçu mandat à cet effet des autres parties, qui n'est pas une ordonnance sur requête au sens de l'article 812, alinéa 1er, du code de procédure civile, ne peut faire l'objet d'aucun recours »[542]. Rendue en présence d'une transaction, la solution vaudra pour toute homologation d'accords amiables. Depuis, les règles relatives à l'homologation d'une transaction ont été modifiées[543] (art. 1567 CPC renvoyant aux articles 1565 et 1566) : le juge compétent n'est plus le président mais le juge compétent pour connaître du contentieux dans la matière considérée et ne peut modifier les termes de l'accord (art. 1565) ; en outre, si le juge fait droit à la requête en homologation, tout intéressé pourra en référer à ce juge et, dans le cas inverse de refus d'homologation, un appel sera ouvert contre cette décision (art. 1566). Cet appel est formé par déclaration au greffe de la cour et relève de la procédure gracieuse (même texte).
- les qualités attendues du médiateur sont précisées : à l'impartialité s'ajoutent la compétence et, à une époque où le temps est devenu une exigence première, celle de diligence.
- le juge peut désigner un médiateur pour procéder aux tentatives préalables de conciliation prescrites par la loi, sauf en matière de divorce et de séparation de corps. En matière familiale, le recours à un médiateur devient obligatoire, du moins à titre expérimental : la loi n° 2011-1862 du 13 décembre 2011 (*JO*, 14 décembre, p. 21105) prévoit que, jusqu'au 31 décembre de la troisième année qui suit celle de la promulgation de la loi, une expérience de médiation sera mise en œuvre devant des tribunaux de grande instance désignés par arrêté. La loi prévoit cependant des dérogations à l'obligation de médiation obligatoire préalable (demande des deux parents, motif légitime comme une situation d'urgence, voire le risque de dépassement du délai raisonnable de jugement).

B) Le juge dit le droit

322 **L'affirmation du droit par le juge est une caractéristique traditionnelle de l'acte juridictionnel.** Il appartient au juge de dire ce qui est conforme au droit. C'est la *jurisdictio*. L'expression trouve son origine dans la distinction des deux prérogatives reconnues au préteur romain, apparu au ive siècle. Celle de dire le droit

541. N° 06-19.527, *Bull. civ.*, II, n° 120 ; *D.*, 2011, pp. 1494 et 2150, chron. J.-M. Sommer et L. Leroy-Gissinger, *RTD civ.*, 2011, p. 559, obs. P.-Y. Gautier et p. 593, obs. R. Perrot.

542. Voy. Cass. (2e civ.), 1er septembre 2016, n° 15-22.915, *D.*, 2016. 1758 ; *RTD civ.* 2016. 883, obs. P.-Y. Gautier (en outre, les demandeurs à la rétractation n'avaient en l'espèce ni qualité ni intérêt à la solliciter). Cette décision marque un revirement par rapport à un précédent arrêt de la même chambre du 24 mai 2007, n° 06-11.259, *Bull. civ.*, II, n° 133.

543. Sauf à Wallis-et-Futuna où l'article 1441-4 reste en vigueur (art. 45 du décret du 20 janvier 2012).

(*iuridictio*, dont est issue l'appellation *in iure* pour désigner la phase de la procédure qui se tenait devant lui) et celle de commander au citoyen (l'*imperium*[544]).

Pour dire le droit, le juge doit d'abord qualifier les faits. Cette opération effectuée, le juge appliquera la règle de droit aux faits qualifiés. Tout ceci résulte de l'article 12 du Code de procédure civile.

1. La qualification juridique des faits

323 **Consécration de la maîtrise du juge sur le droit.** L'article 12, alinéa 2 du Code de procédure civile, pose le principe : le juge « doit donner ou restituer leur exacte qualification aux faits et actes litigieux sans s'arrêter à la dénomination que les parties en auraient proposée ». Ces dispositions précisent la mission du juge en affirmant que c'est à lui qu'appartient de corriger les éventuelles erreurs de qualification que les parties auront pu commettre dans leur présentation du différend[545].

Ce devoir du juge connaît toutefois une limite. Car il ne peut pas « changer la dénomination ou le fondement juridique lorsque les parties, en vertu d'un accord exprès et pour les droits dont elles ont la libre disposition, l'ont lié par les qualifications et points de droit auxquels elles entendent limiter le débat » (art. 12, al. 3). Encore faut-il préciser qu'une simple concordance des conclusions échangées par les parties au procès ne peut constituer l'accord exprès qui pourrait lier le juge[546].

2. L'application de la règle de droit

324 **Une règle d'évidence.** L'alinéa premier de l'article 12 pose cette règle qui pourrait paraître d'une grande banalité mais qui est au cœur de son office : « Le juge tranche le litige conformément aux règles de droit qui lui sont applicables ».

Il peut d'ailleurs relever d'office les moyens de droit, et la doctrine affirme qu'il en a même l'obligation en présence de moyens de pur droit[547]. Ceci étant, si le juge connaît le droit, il n'est pas le conseil juridique des plaideurs. Ce sont ces derniers qui ont à examiner les divers moyens utiles à asseoir leurs prétentions. De l'adage *jura novit curia* à l'arrêt d'Assemblée plénière du 7 juillet 2006[548], il ressort que le juge n'a pas l'obligation de relever d'office un moyen de droit qui n'a pas été expressément invoqué par les parties, en dehors des cas où la loi lui en ferait l'obligation[549].

---

544. J.-Ph. Lévy et A. Castaldo, *Histoire du droit civil*, coll. Précis, Paris, Dalloz, 2002, n° 12.
545. La Cour de cassation estime que le juge qui procède à une requalification et non à un relevé d'un moyen d'office, n'a pas à préalablement inviter les parties à présenter leurs observations : Cass. (1re civ.), 16 avril 2015, n° 14-13.694, *Bull. civ.*, I, à paraître.
546. Voy. Cass. (2e civ.), 14 décembre 2006, n° 05-10.086, *Bull. civ.*, II, n° 217.
547. Ce sont les moyens qui n'imposent pas de prendre en considération des faits nouveaux et permettent au juge de se prononcer au vu de la situation telle que présentée par les parties.
548. Pour une analyse de cette décision, voy. *infra*, n° 467 et encadré E58.
549. Cass. Ass. plén., 21 décembre 2007, n° 06-11.343, *Bull. Ass. plén.*, n° 10 ; *D.*, 2008, 228, act. jurisp., note L. Dargent, *JCP*, 2008, II, 10006, note L. Weiller. *Adde* Cass. soc., 2 décembre 2009, n° 08-43.104, *Bull. civ.*, V, n° 269. Pour des exemples de règles particulières, voy. art. 982 (délai de remise du mémoire en réponse – procédure devant la Cour de cassation), art. 1038 (exception de nationalité).

« Si, parmi les principes directeurs du procès, l'article 12 du nouveau Code de procédure civile oblige le juge à donner ou restituer leur exacte qualification aux faits et actes litigieux invoqués par les parties au soutien de leurs prétentions, il ne lui fait pas obligation, sauf règles particulières, de changer la dénomination ou le fondement juridique de leurs demandes ; qu'ayant constaté, par motifs propres et adoptés, qu'elle était saisie d'une demande fondée sur l'existence d'un vice caché dont la preuve n'était pas rapportée, la cour d'appel, qui n'était pas tenue de rechercher si cette action pouvait être fondée sur un manquement du vendeur à son obligation de délivrance d'un véhicule conforme aux stipulations contractuelles, a légalement justifié sa décision de ce chef ». (Motif essentiel de la décision du 21 décembre 2007).

En revanche, si les parties n'ont pas invoqué de règles de droit, l'absence de toute précision de cette nature imposera aux juges non seulement de donner leur exacte qualification aux faits invoqués par les parties au soutien de leurs prétentions mais encore de les examiner, sous tous leurs aspects juridiques, conformément aux règles de droit qui leur sont applicables[550]. Les plaideurs conservent par conséquent la faculté de ne pas fonder les prétentions en droit. Certes, depuis le décret n° 98-1231 du 28 décembre 1998, l'article 56 du CPC impose aux parties d'indiquer « l'objet de la demande avec un exposé des moyens en fait et en droit » lorsque la procédure est introduite par une assignation ; mais l'article 12 demeure, et il indique que l'absence de cette indication est sanctionnée par une nullité ce qui suppose que l'adversaire la soulève. Le demandeur court donc un risque à ne pas proposer de moyens de droit ; mais s'il le fait et que son adversaire ne soulève pas la nullité, le juge devra examiner les faits sous tous leurs aspects juridiques.

Il faut remarquer que même le Code de la consommation laisse au juge une simple faculté de soulever d'office les règles issues de cette législation (voy. art. R. 632-1 C. consom.). Il en va cependant autrement du relevé d'office de la clause abusive qui, elle, est imposée[551].

325 **Les deux atténuations à la règle.** La première des deux atténuations annoncées a déjà été rencontrée dans l'étude du rôle des parties quant au litige[552] : le juge doit respecter la question litigieuse telle que l'ont présentée les parties, l'article 4 du Code déclarant que l'objet du litige est déterminé par les prétentions respectives des parties. De sorte que l'article 5 affirme que le juge doit se prononcer sur tout ce qui est demandé et seulement sur ce qui est demandé. Partant, le juge ne pourra pas modifier la règle de droit si, ce faisant, il modifie l'objet du litige.

La seconde atténuation à la règle de principe de l'article 12, alinéa premier, est contenue dans le dernier alinéa (le quatrième) de ce même texte : le litige né, les parties peuvent aussi, dans les matières dont elles ont la libre disposition – par exemple en droit des contrats – et en vertu d'un accord exprès, conférer au juge mission de statuer comme amiable compositeur. Dans ce cas, les parties

550. Cass. (3e civ.), 21 juin 2018, n° 17-21.070 ; voy. déjà Cass. (3e civ.), 27 juin 2006, n° 05-15.394, et 13 décembre 2011, n° 10-18.037.

551. Art. L. 141-4, al. 2, C. consom. ; *adde* CJCE, 26 octobre 2006, *Mostaza clara*, aff. C-168/05 et CJUE (gde ch.), 9 novembre 2010, aff. C-137/08 où la Cour estime que le juge doit ordonner toute mesure utile à prouver le caractère abusif de la clause contestée. Voy. S. Amrani Mekki, « Le code de la consommation à l'épreuve des recours individuels et collectifs », in *Les 20 ans du code de la consommation. Nouveau enjeux* (dir. C. Aubert de Vincelles et N. Sauphanor-Brouillaud), coll. LEJEP, Paris, Lextenso, 2013, p. 145.

552. Voy. *supra*, n° 310.

demandent au juge de faire abstraction de la règle de droit pour ne statuer qu'en équité.

L'équité ne chasse cependant pas la possibilité de reprendre le débat devant la cour d'appel et le texte n'envisage une exception au principe du double degré dans cette occurrence que lorsque les parties y ont spécialement renoncé.

SECTION II
Le principe de la contradiction

326 **Un principe d'échange.** Le principe de la contradiction[553] est une composante du procès équitable qui fonde les procédures tant administrative[554], civile, que pénale sous la dénomination de « droits de la défense ». Pour certains, le principe de la contradiction est un aspect parmi d'autres des droits de la défense, le moyen technique permettant de les assurer. Pour d'autres et surtout le Code de procédure civile, il est un principe autonome.

La Cour européenne des droits de l'homme considère que la contradiction fait partie de l'ensemble que forme « le procès équitable » visé par l'article 6 § 1er de la Convention de sauvegarde, avec entre autres garanties l'exigence tenant à un juge impartial, à la motivation des décisions, à la publicité de la justice, à l'existence de voies de recours, mais aussi à l'exigence de loyauté, mise en évidence dans plusieurs décisions récentes de la Haute juridiction. La deuxième chambre civile de la Cour de cassation – celle de la procédure – s'est parfois fondée sur le principe de loyauté des débats[555] qui vient appuyer le respect dû à l'adversaire. De nos jours, elle ne semble plus consacrer ce principe qu'en matière probatoire[556]. Si la Chambre commerciale de la Cour de cassation vise ainsi la loyauté : « Vu le principe de loyauté dans l'administration de la preuve »[557], les autres chambres associent habituellement l'obligation de loyauté avec l'article 9 du Code de procédure civile et l'article 6§ 1er de la Convention de sauvegarde[558].

553. Pour des recherches approfondies sur le principe de la contradiction, voy. L. Ascensi, *Du principe de contradiction*, th. Paris I, 2005 ; L. Miniato, *Le principe du contradictoire en droit processuel*, préf. B. Beignier, Paris, LGDJ, 2008. C'est A.-M. Frison-Roche, *Généralités sur le principe du contradictoire*, qui avait ouvert la voie en 1988.

554. N. Fricero, *Droit et pratique de la procédure civile*, *op. cit.*, nos 212.31 et s.

555. Pour des exemples de décisions approuvant les juges d'appel d'avoir « caractérisé un comportement contraire à la loyauté des débats » : Cass. (2e civ.), 23 octobre 2003, n° 01-00.242, *Bull. civ.*, II, n° 326 ; 4 mars 2004, *Bull. civ.*, II, n° 91 ; 2 décembre 2004, n° 02-15.270, *Bull. civ.*, II, n° 514. Le rapport Delmas Goyon invite à en faire un principe directeur et de le placer à l'article 15 du Code de procédure civile, en créant un alinéa second à ce texte (décembre 2013, proposition n° 28).

556. Cass. Ass. plén., 7 janvier 2011, nos 09-14.316 et 09-14.667, *Bull. Ass. plén.* n° 1 ; *D.*, 2011, 562, note F. Fourment. *Adde* Cass. com., 24 mai 2011, n° 10-18.267, *Bull. civ.*, IV, n° 82 ; *JCP G* 2011, 988, note B. de Lamy.

557. Cass. com., 6 décembre 2016, n° 15-18.088. Pour un dossier complet sur la loyauté dans les diverses procédures, voy. *Procédures*, 2015, Dossier, 8 à 27 (actes du Colloque TGI Paris, 15 octobre 2015).

558. Cass. (1re civ.), 25 janvier 2017, n° 15-25.210 (la personne qui assiste l'huissier instrumentaire lors de l'établissement d'un procès-verbal de constat doit être indépendante de la partie requérante - ici, « avocat stagiaire au cabinet de l'avocat » du demandeur). Voy. aussi Cass. soc., 23 mai 2012, n° 10-23.521, *Bull. civ.*, V, n° 156.

Un autre concept est également présent, celui de *devoir de cohérence* qui est attendue des parties[559]. Proche de l'Estoppel[560], le devoir de cohérence ou principe de non-contradiction (il est impossible, sous un même rapport, d'affirmer et nier en même temps), se trouve exprimé chez Aristote (*Métaphysiques*).

Pour la Cour de Strasbourg, le concept de la contradiction signifie que tout plaideur est obligé de soumettre ses moyens et ses preuves au tribunal de manière à ce que son adversaire en ait connaissance en temps utile et qu'il puisse en discuter. Ce principe, par essence, accompagne tout procès dans un état de droit. C'est pourquoi il n'est pas étonnant de constater que la contradiction ne se limite pas à la procédure civile mais est commune à toutes les procédures. Son caractère premier trouve une illustration dans le reproche adressé par la Cour de cassation aux juges d'appel qui, dans une espèce, s'étaient contentés de la justification apportée par le demandeur de l'existence d'un intérêt légitime à établir les éléments de preuve demandés, sans avoir recherché si la mesure sollicitée exigeait une dérogation au principe de la contradiction[561].

Il ressort des textes du Code de procédure civile que ce principe concerne tant les parties que le juge.

§ 1. La contradiction et les parties

327 **La contradiction au début de l'instance.** « Nulle partie ne peut être jugée sans avoir été entendue ou appelée » (art. 14). Le défendeur doit donc être informé de l'existence d'un procès contre lui. C'est ce qui oblige le demandeur à citer son adversaire à comparaître devant le juge. C'est ainsi que l'information délivrée, le défendeur dispose d'un délai pour comparaître et, faute de le faire, il s'expose à être jugé par défaut, c'est-à-dire sur les seuls éléments fournis par le demandeur (l'assignation doit lui rappeler cette conséquence de son attitude négative).

328 **La contradiction en cours d'instance.** Le texte suivant, l'article 15, vise à assurer la possibilité pour chacun des plaideurs de discuter l'ensemble des documents fournis par l'adversaire. Ce texte prescrit en effet que « Les parties doivent se faire connaître mutuellement en temps utile les moyens de fait sur lesquels elles fondent leurs prétentions, les éléments de preuve qu'elles produisent et les moyens de droit qu'elles invoquent, afin que chacune soit à même d'organiser sa défense ».

L'article 15 doit être mis en parallèle avec l'article 132 qui prévoit que « La partie qui fait état d'une pièce s'oblige à la communiquer à toute autre partie à l'instance » (al. 1er) et que « La communication des pièces doit être spontanée » (al. 2) et viser tous les avocats constitués (voy. art. 753). Afin de pouvoir constater la bonne exécution de cette exigence, les pièces sont accompagnées d'un bordereau qui en justifie la communication et l'accusé de réception de ce

559. Par ex., Cass. (2e civ.), 20 octobre 2005, n° 03-13.932, *Bull. civ.*, II, n° 257.

560. Ce concept de droit anglo-saxon vise un « comportement procédural [d'une parties] constitutif d'un changement de position, en droit, de nature à induire [son adversaire] en erreur sur ses intentions » : Cass. (1re civ.), 3 février 2010, n° 08-21.288, *Bull. civ.*, I, n° 25.

561. Cass. (2e civ.), 24 février 2005, n° 03-10.442.

bordereau, retourné à l'expéditeur. La justification de la notification des pièces est portée à la connaissance du greffe (art. 753, dern. al.).

À défaut de spontanéité, on peut commencer par sommer l'adversaire de communiquer toute pièce dont il entend se servir à l'appui de sa demande et, si cela ne suffit pas, demander (sans forme) « au juge d'enjoindre cette communication » (art. 133) et le juge peut le faire, au besoin, sous astreinte (art. 134).

Surtout, « Le juge peut écarter du débat les pièces qui n'ont pas été communiquées en temps utile » (art. 135)[562]. Voilà certainement la plus efficace des sanctions envisageables. Cette référence au « temps utile », déjà apparue dans l'article 14, montre qu'il s'agit de permettre à l'adversaire de préparer sa réplique. C'est pourquoi la jurisprudence écarte les conclusions et pièces déposées tardivement. À cette fin, le juge de la mise en état dispose d'une arme efficace : l'ordonnance de clôture. Pour parvenir à ce résultat, la partie victime de la communication tardive doit démontrer qu'elle n'a pas été en mesure d'exercer sa défense, ce que la cour apprécie souverainement[563].

§ 2. La contradiction et le juge

329 **Le juge vérifie le respect de la contradiction par les parties, mais le principe s'impose également à lui.** L'article 16 du Code affirme la soumission du juge à ce principe premier en affirmant que c'est « en toutes circonstances » qu'il doit non seulement « faire observer » mais encore « observer lui-même le principe de la contradiction ». Puis le texte décline les règles d'application de l'affirmation posée en expliquant que le juge ne peut retenir, dans sa décision, les moyens, les explications et les documents invoqués ou produits par les parties que si celles-ci ont été à même d'en débattre contradictoirement.

Et lorsque le juge prend des initiatives en requalifiant ou en soulevant d'office un moyen de droit, cette initiative doit faire l'objet d'une discussion ; il doit, au préalable inviter les parties à présenter leurs observations. Concrètement, le juge demandera leurs observations aux plaideurs lors de l'audience, ou alors, il révoquera l'ordonnance de clôture si elle a été rendue ou encore, pour éviter la réouverture des débats, aura recours aux notes en délibéré (voy. art. 445, *in fine* CPC).

E 36 **Évolution du texte de l'article 16 du Code de procédure civile**

Dans sa rédaction issue du décret n° 71-740 du 9 septembre 1971, le texte imposait au juge d'observer lui-même le principe de la contradiction, sauf pour les règles d'ordre public ; le décret n° 72-684 du 20 juillet 1972 a effacé la réserve de l'ordre public ; mais dans le Code de procédure civile, l'obligation pour le juge de respecter le principe disparaît ; c'est à la suite d'un recours porté devant le Conseil d'État (décision du 12 octobre 1979) que le principe est consacré comme étant un principe fondamental auquel il est impossible de déroger par voie de décret.

Le décret n° 81-500 du 12 mai 1981 donne au texte sa rédaction actuelle.

---

562. Voy. aussi *infra*, n° 385.

563. Cass. Ass. plén., 5 décembre 2014, n° 13-19.674, *Bull. Ass. plén.*, n° 3 ; *D.* 2014, 2530.

330 **Limites au principe de la contradiction.** Il faut, pour conclure, signaler que la nécessité du respect de la contradiction n'est pas absolue. En effet, le principe ne joue pas « Lorsque la loi permet ou la nécessité commande qu'une mesure soit ordonnée à l'insu d'une partie (...) » (art. 17).

De même, le juge n'aura pas à respecter le principe de la contradiction en matière gracieuse, puisqu'il n'y a pas contentieux. Si cette décision devait préjudicier aux droits d'un tiers, celui-ci disposerait d'une voie de recours propre : la tierce opposition.

PARTIE II

Le déroulement de la procédure

331 **Division.** L'instance se caractérise par une suite d'actes de procédure allant de la demande initiale jusqu'au jugement (chapitre I). Le jugement constitue ainsi l'issue normale de l'instance, mais il peut connaître des prolongements par l'exercice des voies de recours. L'expression *issue de l'instance* peut donc correspondre à ces deux hypothèses (chapitre II).

CHAPITRE 1
De la demande initiale au jugement

332 **Le choix de l'objet principal d'étude.** La juridiction de droit commun servira de référent premier à l'analyse. C'est en effet à l'aune du droit commun que doit s'apprécier le principe de fonctionnement des juridictions. Il est cependant certain que le regard se portera aussi sur les juridictions d'exception, afin d'apprécier les causes et conséquences des différences constatées.

Encore faut-il s'entendre sur la juridiction concernée par le qualificatif de *juridiction de droit commun*. S'agit-il du tribunal d'instance ou du tribunal de grande instance ? La question est en effet habituellement débattue de savoir si le tribunal d'instance constitue une juridiction de droit commun au même titre que le tribunal de grande instance ou, au contraire, une juridiction d'exception[564]. Dans le premier sens, on relève que depuis 1958 ce sont les magistrats du tribunal de grande instance qui assurent le service du tribunal d'instance et que le tribunal d'instance a une compétence très large pour les « petits » litiges civils (étant entendu qu'il n'y a pas de *petit litige* pour celui qui le vit), c'est-à-dire ceux dont l'intérêt ne dépasse pas la valeur de 10 000 euros. Il est possible d'entendre le « petit litige » de manière plus stricte encore, en se référant à la nouvelle procédure simplifiée de recouvrement des petites créances qui a été mise en place et qui fixe le seuil à 4 000 euros maximum : le décret n° 2016-285 du 9 mars 2016 est venu mettre en œuvre la procédure, instaurée d'abord à l'article 1244-4 du Code civil par la loi n° 2015-990 du 6 août 2015, puis à la suite de l'abrogation de cet article (Ord. n° 2016-131 du 10 février 2016) aux articles R. 125-1 du Code des Procédures Civiles d'Exécution où se trouve désormais présentée cette procédure simplifiée[565]. Elle peut être mise en œuvre par un huissier de justice à la demande du créancier pour le paiement d'une créance ayant une cause contractuelle ou résultant d'une obligation de caractère statutaire jusqu'au montant prévu. Cette procédure est enclenchée par l'envoi par l'huissier d'une lettre recommandée avec demande d'avis de réception invitant le débiteur à participer à cette procédure. L'absence de réponse dans le délai d'un mois vaut refus implicite. En revanche, en cas de réponse positive,

564. H. Solus, « Le tribunal d'instance, juridiction de droit commun », *D.*, 1964, chron., 133.

565. Voy. Ch. Laporte, « Lettre de l'huissier au débiteur dans la procédure simplifiée de recouvrement des petites créances », *Procédures*, 2016, Formule, 8. *Adde* P. Sannino, « Une nouvelle procédure simplifiée de recouvrement des petites créances », *JCP G* 2016, 385. – L. Sousa, « Procédure simplifiée de recouvrement des petites créances », *Procédures*, 2016, Étude 6).

l'huissier de justice lui propose un accord sur le montant et les modalités du paiement. Si le créancier et le débiteur sont entendus sur le montant et les modalités du paiement, l'huissier peut délivrer, « sans autre formalité, un titre exécutoire » qui aura permis d'éviter le recours au juge.

Si le recours au juge est incontournable, indépendamment de sa cause, il est clair qu'entre le tribunal de grande instance et le tribunal d'instance, existe une complémentarité des compétences. Cependant, même si la compétence du tribunal d'instance est étendue, elle est spécialement définie par la loi. Or, l'existence d'une compétence spécialement délimitée est le critère de détermination des juridictions d'exception. Il est par ailleurs un argument de pure logique qui balaie tous les autres : par définition, il ne peut y avoir qu'un tribunal de droit commun ! Et il s'agit du tribunal de grande instance.

Devant les tribunaux de l'ordre judiciaire, la procédure peut être portée devant le tribunal entier (section I) ou devant son président (section II)[566].

SECTION I
La procédure portée devant le tribunal

333 **Agir par soi-même, se faire assister ou représenter.** Les parties n'ont, sauf disposition contraire, pas le choix lorsque leur affaire relève du tribunal de grande instance. En effet, elles doivent alors être représentées par avocat (art. 751). En revanche, elles peuvent agir elles-mêmes devant les juridictions d'exception, sauf à préférer, dans ce cas, se faire assister et représenter par avocat, ou encore, par diverses autres personnes[567] : devant le tribunal d'instance, par le conjoint, le concubin ou le partenaire lié par un pacte civil de solidarité, les parents ou alliés en ligne directe sans limite et jusqu'au troisième degré en ligne collatérale, ou par une personne attachée à leur service personnel ou à leur entreprise (art. 828) ; devant le tribunal paritaire des baux ruraux, par un avocat, un huissier de justice, un membre de leur famille, leur concubin ou partenaire, ou un membre ou un salarié d'une organisation professionnelle agricole (art. 884) ; devant le tribunal des affaires de sécurité sociale, soit par leur conjoint, soit par l'un de leurs ascendants ou descendants en ligne directe, ou encore, par diverses personnes de même origine professionnelle (voy. art. R. 142-20 C. sécu. soc.) ; et devant le tribunal de commerce, les parties peuvent se faire assister ou représenter par toute personne de leur choix (art. 853). Dans ces choix possibles, il est parfois exigé par le texte (c'est le cas pour le tribunal d'instance

566. Quel tribunal et quel président ? Ceci touche aux questions de compétence, voy. *supra*, n°s 94 et s.

567. Sur les règles d'assistance et de représentation en matière prud'homale, voy. art. R. 1453-1 et R. 1453-2 C. trav. Depuis la loi dite *Macron* de 2015, les parties ont le choix de comparaître en personne ou d'être représentées, ce qui aligne leur situation sur le droit commun de la procédure orale. Il faut remarquer l'institution du « défenseur syndical », dont la loi organise le statut, et qui peut exercer les fonctions d'assistance ou de représentation devant les conseils de prud'hommes et les cours d'appel en matière prud'homale (art. L. 1453-4 C. trav.).
Adde Décret n° 2017-1020 du 10 mai 2017 *relatif à la prise en charge financière des défenseurs syndicaux intervenant en matière prud'homale.*

et le tribunal de commerce) que le représentant, s'il n'est avocat, justifie d'un pouvoir spécial. Pour que cette exigence d'un pouvoir spécial ne fasse l'objet d'aucune contestation, il suffit, concrètement, de noter ces deux mots (*pouvoir spécial*), visiblement, en tête de l'acte.

La procédure qui doit être suivie sera détaillée selon trois axes chronologiques : l'introduction de l'instance, l'instruction de l'affaire, et les débats oraux.

§ 1. L'introduction de l'instance

334 **Informer l'adversaire et saisir le juge.** Le demandeur doit d'abord faire savoir à son adversaire ce qu'il attend de lui. Avertir l'adversaire, voilà l'objet de la demande introductive d'instance. Le Code de procédure civile parle de « demande initiale ». La demande initiale ouvre l'instance. Mais jusqu'à ce stade, tout s'est fait en dehors du juge. Il convient alors de le saisir, par l'enrôlement.

A) La demande initiale

335 **Diversité des modes d'introduction de l'instance.** Selon l'article 54 du Code, « la demande initiale est formée par assignation, par remise d'une requête conjointe au greffe de la juridiction ou par requête ou déclaration au greffe de la juridiction », ceci « Sous réserve des cas où l'instance est introduite par la présentation volontaire des parties devant le juge ».

Quel que soit le mode d'introduction de la demande choisi, ils produisent tous les mêmes effets juridiques. Parmi ces effets, insistons surtout sur l'interruption de la prescription et sur le fait que la demande opère mise en demeure : les intérêts moratoires vont courir du jour de la demande. Ces effets jouent même si la demande est portée devant un tribunal incompétent[568].

Devant le tribunal de grande instance, les modes d'introduction de l'instance prévus par l'article 750 du Code de procédure civile applicable à cette juridiction sont principalement l'assignation et la requête conjointe. Le texte ajoute néanmoins les cas dans lesquels le tribunal peut être saisi par simple requête ou par déclaration. En revanche, la présentation volontaire des parties devant le juge, qui est envisagée par les dispositions plus générales de l'article 54, n'est pas un mode prévu pour le tribunal de grande instance[569].

Concernant les juridictions d'exception, c'est le tribunal d'instance qui sert de référent, dans la mesure où les règles exposées pour cette juridiction valent également pour le tribunal de commerce (à l'exception de la procédure de déclaration au greffe, voy. art. 854 et s.) comme pour le tribunal paritaire de baux ruraux (voy. art. 882 et suivants, qui réservent quelques particularités) : selon l'article 829, la demande en justice s'opère par assignation « à fin

568. Voy. *supra*, encadré E23.

569. Pour les actes afférents aux instances introduites à compter du 1er septembre 2019 devant les tribunaux de grande instance, en matière contentieuse, le décret n° 2017-892 du 6 mai 2017 insère un article 796-1 dans le Code de procédure civile, pour indiquer qu'ils seront remis à la juridiction par voie électronique et ce, à peine d'irrecevabilité relevée d'office. Il n'en sera autrement qu'en cas d'impossiblité de transmission en raison d'une cause étrangère à celui qui l'accomplit, ce qui permettra l'usage d'un support papier, remis au greffe ou adressé à celui-ci par lettre recommandée avec demande d'avis de réception.

de conciliation et, à défaut, de jugement »[570], requête conjointe, présentation volontaire des parties devant le juge ou, dans le cas de l'article 843 (c'est-à-dire lorsque le montant du litige est, au maximum, de 4 000 euros), par déclaration faite, remise ou adressée au greffe.

Il faut rappeler que depuis le décret n° 2015-282 du 11 mars 2015, qui impose au demandeur de préciser dans l'acte qui saisit la juridiction de première instance, « les diligences entreprises en vue de parvenir à une résolution amiable du litige, sauf à justifier d'un motif légitime tenant à l'urgence ou à la matière considérée, en particulier lorsqu'elle intéresse l'ordre public » (art. 56 et 58 CPC)[571]. À défaut des précisions requises quant aux démarches amiables entreprises, « le juge peut proposer aux parties une mesure de conciliation ou de médiation » (art. 127 CPC).

1. L'assignation

336 **Un acte d'huissier de justice.** « L'assignation est l'acte d'huissier de justice par lequel le demandeur cite son adversaire à comparaître devant le juge » (art. 55 CPC). Aussi cet acte doit-il répondre aux conditions de validité requises pour tout autre acte d'huissier[572]. Mais cet acte doit aussi comporter des mentions particulières, qui varient selon que l'on est en présence d'une assignation ordinaire ou d'une assignation à jour fixe.

a) L'assignation ordinaire (art. 56 CPC)

337 **Mentions requises.** Outre les mentions prescrites pour les actes d'huissier de justice, et la mention des diligences entreprises en vue de parvenir à une résolution amiable du litige[573], l'article 56 impose à l'assignation de contenir, **sous peine de nullité** : l'indication de la juridiction devant laquelle la demande est portée, l'objet de la demande avec un exposé des moyens en fait et en droit, l'indication que le tribunal pourra statuer même si le défendeur est défaillant (c'est-à-dire ne comparaît pas, sachant que le délai de comparution est de quinze jours) et le cas échéant, les mentions relatives à la désignation des immeubles exigée pour la publication au fichier immobilier.

L'assignation comprend aussi et en annexe, sur un bordereau séparé, l'indication des pièces sur lesquelles la demande est fondée. Cette dernière exigence n'est cependant **pas prescrite à peine de nullité**.

Le dernier alinéa de l'article 56 ajoute que l'assignation « vaut conclusions ». Il va sans dire qu'il ne s'agit là que de conclusions de départ qui pourront être complétées voire modifiées par la suite[574].

---

570. L'objectif de conciliation est martelé par le texte qui autorise le juge à contraindre les parties à rencontrer un conciliateur qu'il désigne. Sur le préliminaire facultatif de conciliation, voy. art. 830 à 835 CPC.

571. Voy. *supra*, n°s 2 et 214.

572. Ces conditions ont été analysées plus avant (*supra*, n°s 257 et s.) ; sur les formes requises, voy. art. 648 CPC.

573. Voy. *supra*, n° 335 *in fine*.

574. En appel, les conclusions ne sont pas recevables si certaines mentions (des articles 960 et 961) ne sont pas fournies. C'est là une cause d'irrecevabilité de ces conclusions : Cass. com., 6 septembre 2016, n° 14-25.891, *Bull. civ.*, II, à paraître ; *Procédures*, 2016, 323.

b) L'assignation à jour fixe (art. 788 à 792 CPC)

338 **Un cas d'urgence devant le tribunal de grande instance.** Prévue par les articles 788 à 792 du Code, l'assignation à jour fixe correspond à un cas d'urgence. Le demandeur présente une requête au président ou à son délégué pour obtenir l'autorisation d'assigner à jour fixe devant le tribunal. Matériellement, la requête est incorporée à l'assignation, dont elle est placée en tête.

La requête doit exposer les motifs de l'urgence, contenir les conclusions du demandeur et viser les pièces justificatives. Il s'agit ici de conclusions complètes pour que le défendeur puisse préparer sa défense. Si le président accorde l'autorisation, une copie de la requête et des pièces lui est remise pour qu'il les vise, après quoi elles sont versées au dossier du tribunal, ce qui permettra au défendeur d'en prendre connaissance au greffe. Il a été jugé que le non-respect du délai fixé par le juge dans l'ordonnance par laquelle il autorise l'assignation à jour fixe ne peut être sanctionné par la caducité de l'ordonnance même quand ledit juge a expressément annoncé cette sanction[575]. Le demandeur assigne alors le défendeur en joignant une copie de la requête – qui contient comme on l'a indiqué ses conclusions – en précisant les jours et heures auxquels l'affaire sera appelée et la chambre à laquelle elle est distribuée. L'assignation informe le défendeur qu'il peut prendre connaissance au greffe de la copie des pièces visées dans la requête et lui fait sommation de communiquer, avant la date de l'audience, celles dont il entend faire état. Le défendeur est tenu de constituer avocat avant la date de l'audience. Le tribunal est saisi par la remise d'une copie de l'assignation au greffe, avant la date fixée pour l'audience et ceci à peine de caducité. L'affaire est dispensée du tour de rôle.

À l'audience, si le défendeur a constitué avocat, l'affaire est plaidée immédiatement après que le président se sera assuré que le défendeur a bénéficié d'un temps suffisant pour préparer sa défense. Si l'affaire se révèle trop complexe pour être jugée tout de suite, par exemple si le défendeur présente une demande reconventionnelle, le président renverra le dossier au juge de la mise en état. Si le défendeur n'a pas constitué avocat, soit l'affaire est jugée si elle est en état, soit le président ordonne la réassignation du défendeur.

339 **Un mode habituel de saisine des tribunaux d'instance et de commerce.** Devant le tribunal d'instance et le tribunal de commerce, l'assignation est toujours à jour fixe. En effet, les articles 838 et 856 ajoutent à l'article 56 des mentions spécifiques prévues à peine de nullité, parmi lesquelles la mention du lieu, jour et heure de l'audience à laquelle l'affaire sera appelée : « L'assignation doit être délivrée [c'est-à-dire signifiée] quinze jours au moins avant la date de l'audience ».

Et le tribunal est saisi par l'une ou l'autre des parties, par la remise au greffe, d'une copie de l'assignation (art. 839 et 857). Ce dépôt doit intervenir « au plus tard huit jours avant la date de l'audience ». À défaut, le tribunal n'est pas saisi. À l'origine, la sanction de la caducité de la demande n'était pas prévue par les textes propres aux juridictions dont il est ici question et, par conséquent, l'assignation non placée dans le délai de huit jours conservait son effet interruptif[576].

---

575. Cass. (2e civ.), 10 novembre 2016, n° 15-11.407, *BICC*, 1er avril 2017, n° 381.

576. Voy. Cass. (2e civ.), 12 novembre 1987, n° 86-11.728, *Bull. civ.*, II, n° 224 ; *D.*, 1988, somm., 124 ; *RTD civ.*, 1988, 179.

Désormais et depuis le décret n° 2005-1678 du 28 décembre 2005, la caducité de l'assignation est constatée d'office par ordonnance du juge ou, à défaut, à la requête d'une partie tant pour le tribunal d'instance (art. 839) que pour le tribunal de commerce (art. 857).

Il est à noter que tous les délais ainsi prévus peuvent être réduits en cas d'urgence (art. 840 et 858).

2. La requête conjointe

340 **Un substitut amiable à l'assignation.** Ce mode d'introduction de l'instance date du décret du 9 septembre 1971. Visée par l'article 750 du Code en ce qui concerne le tribunal de grande instance (et ne présentant aucune particularité devant le tribunal d'instance – art. 841 – et le tribunal de commerce – art. 859), la requête conjointe est définie de manière générale par l'article 57 comme « l'acte commun par lequel les parties soumettent au juge leurs prétentions respectives, les points sur lesquels elles sont en désaccord ainsi que leurs moyens respectifs ». La requête conjointe apparaît donc comme une modalité moins agressive de la demande. Aussi et dans cette perspective, le législateur en a-t-il progressivement augmenté le domaine d'utilisation : en 1971, la requête conjointe n'était envisageable que dans les domaines où les parties avaient la libre disposition de leurs droits ; puis le législateur est venu l'autoriser en matière de divorce ; elle est aujourd'hui une voie possible quelle que soit la matière concernée. D'ailleurs et dans une même perspective, lorsque l'article 57-1 du Code ouvre aux parties la faculté de conférer au juge mission de statuer comme amiable compositeur ou le lier par les qualifications et points de droit auxquels elles entendent limiter le débat, c'est la voie de la requête conjointe qui est empruntée. En outre, les parties peuvent – dès la requête conjointe – demander à ce que leur affaire soit traitée à juge unique ou renoncer par anticipation à demander un renvoi à la collégialité (voy. art. 794).

Quant à sa forme, l'article 57 prévoit un certain nombre de mentions obligatoires (un parallèle peut ici être établi avec l'assignation ordinaire, sauf la mention des démarches amiables engagées ; la requête conjointe suppose par essence une démarche de conserve de la part des plaideurs).

En pratique, la requête conjointe est cependant très peu employée. On peut penser que du jour où un plaideur se décide à saisir le juge, le litige est déjà suffisamment cristallisé, au point de ne plus ouvrir dans l'intention des litigants l'option d'une action de conserve.

Il faut encore signaler que la requête conjointe telle que présentée ne doit pas être confondue avec les hypothèses de *requêtes collectives*, que l'on rencontre par exemple à l'article 89 du Code civil à propos de la requête aux fins de déclaration judiciaire de décès lorsque plusieurs personnes ont disparu au cours du même événement, ou encore à l'article 465 du même Code mentionnant la possibilité ouverte au tuteur de s'adjoindre, sans l'autorisation du conseil de famille, à la requête collective à fin de partage d'une indivision, présentée par tous les intéressés. Elle se distingue aussi de la *requête unique* qui introduit la demande en divorce par consentement mutuel (art. 1089 et s. CPC ; *adde* art. 1123 pour les dispositions particulières au divorce accepté).

3. La requête

341 **Un type de procédure à usage varié.** La voie de requête évoque la juridiction du président du tribunal au même titre que la voie de référé, à la différence près que la première est une procédure unilatérale alors que la seconde est contradictoire. Elle sera donc étudiée sous cet angle le moment venu[577]. Ceci étant, la voie de requête est aussi empruntée pour saisir, non le président de la juridiction, mais le tribunal lui-même. Ceci se manifeste dans deux domaines, celui que la pratique a nommé les « requêtes en chambre du conseil »[578] et celui, dont l'importance pratique n'est plus à démontrer, des procédures d'injonction, tant de faire[579] que de payer.

342 **La voie d'entrée dans les procédures d'injonction.** Là où la procédure d'injonction de payer vise au recouvrement d'une créance, la procédure d'injonction de faire poursuit l'exécution en nature d'une obligation. Dans les deux cas, la procédure mise en place ne s'apparente en rien à une procédure ordinaire : non seulement le créancier conserve la possibilité de procéder selon les voies habituelles lorsque le juge estime la demande en injonction de faire ou en injonction de payer mal fondée et rejette la requête, mais encore, dans le cas de l'ordonnance portant injonction de payer lorsque la requête est admise pour partie (pour l'injonction de faire, c'est évidemment un système du « tout ou rien » qui s'impose naturellement), le créancier ne peut que s'y résoudre et accepter cette portion de la demande, ou renoncer à signifier l'ordonnance portant injonction de payer et procéder selon les voies de droit commun (art. 1409). En outre, l'objectif poursuivi par les procédures d'injonction n'est en rien comparable à celui qui anime les ordonnances sur requête présidentielles. Ces dernières se caractérisent par le choix d'une voie unilatérale (l'adversaire n'est pas prévenu de la saisine du juge avant d'être confronté à sa décision), qui a pour visée d'assurer l'efficacité de mesures qui, normalement, auraient dû être ordonnées dans le respect du principe de la contradiction. En procédure sur requête *pure*, ce sont donc les circonstances et la volonté de jouer d'un effet de surprise qui justifient une dérogation au principe premier de l'échange contradictoire ; ce n'est pas la raison d'être des procédures d'injonction, qui n'ont pour leur part été créées que dans un but d'accélération et de simplification de la procédure. Ces procédures relèvent davantage de la procédure rapide (qui affecte les formes de la procédure) que d'une procédure sommaire (qui affecte l'objet du procès, par suite l'office du juge). Ici, le législateur tente en effet un pari : celui que l'obligation ou la créance étant incontestable, une audience ne sera pas nécessaire. Est alors espéré que le débiteur, conscient du caractère certain de l'obligation ou de la créance invoquée à son encontre, mettra l'injonction à exécution et, par voie de conséquence, que la contradiction ne naîtra pas.

Un signe complémentaire de la différence de nature des procédures envisagées, alors même que le moyen d'y entrer est dans les deux cas une requête, ressort de l'obligation faite au juge de motiver sa décision dans le cas de

577. Voy. *infra*, n°s 399 et s.

578. Par exemple la requête aux fins de déclaration de présomption d'absence, portée devant le juge des tutelles et la requête en déclaration d'absence, portée devant le tribunal de grande instance, voy. art. 122 C. civ.

579. Sur la possibilité ouverte de saisine du juge des référés en la matière, voy. *infra*, n° 432.

l'ordonnance sur requête (art. 495, al. 1er), ce qui ne résulte pas de la lecture de l'article 1409 du Code concernant l'ordonnance portant injonction de payer[580]. La procédure accélérée mise en place dans les procédures d'injonction permet ainsi d'éviter l'obligation de motivation posée en matière d'ordonnances sur requête.

Cass. (2e civ.), 16 mai 1990, n° 88-20.377, *Bull. civ.*, II, n° 103 : « attendu que l'article 1409 du nouveau Code de procédure civile, aux termes duquel si, au vu des documents présentés, la demande lui paraît fondée en tout ou partie, le juge rend une ordonnance portant injonction de payer pour la somme qu'il retient, n'impose pas à ce magistrat l'obligation de motiver sa décision ».

a) La procédure d'injonction de faire (art. 1425-1 et s. CPC)

343 **Compétence juridictionnelle.** Selon l'article 1425-1 du Code, « L'exécution en nature d'une obligation née d'un contrat conclu entre des personnes n'ayant pas toutes la qualité de commerçant peut être demandée au tribunal d'instance lorsque la valeur de la prestation dont l'exécution est réclamée n'excède pas le taux de compétence de cette juridiction » (soit 10 000 euros).

344 **Origine et domaine de la procédure.** L'institut national de la consommation a été à l'initiative de la proposition dès 1980, reprise par la Commission de refonte du droit de la consommation réunie de 1982 à 1985, d'une procédure d'injonction de faire, dans une perspective de protection des consommateurs[581]. Il s'agissait ainsi de rétablir l'équilibre entre les professionnels, qui bénéficiaient de la procédure d'injonction de payer[582] et les consommateurs, réputés partie faible dans les procès.

L'injonction de faire poursuit l'**exécution en nature** d'une **obligation contractuelle** née entre **un commerçant et un non-commerçant ou deux non commerçants**. La lecture du texte de l'article 1425-1, qui vise « des personnes n'ayant pas toutes la qualité de commerçant », conduit en effet à exclure de la procédure créée les parties qui, toutes, possèdent ladite qualité. Pratiquement, le domaine de l'injonction de faire correspond à la livraison, à la réparation ou au remplacement d'un bien. Le domaine ainsi assigné à la procédure peut être source de difficulté pour le justiciable qui aura à caractériser ses prétentions au regard du cadre légal fixé. Le nombre élevé de requêtes rejetées car mal fondées laisse percevoir ce problème.

345 **L'engagement de la procédure.** Lancée par voie de requête par le bénéficiaire de l'obligation ou par un représentant choisi dans la liste de l'article 828 (étant simplement rappelé ici que si le représentant choisi n'est pas un avocat, il doit justifier d'un pouvoir spécial), la demande est déposée ou adressée au greffe du

580. Pour l'ordonnance portant injonction de faire et une rédaction comparable, voy. art. 1425-4 CPC.

581. Voy. S. Choppin Haudry de Janvry, « L'injonction de faire. Bilan d'une réforme », *Gaz. Pal.*, 1991, 1, doctr., 73 ; V. Christianos, « Injonction de faire et protection judiciaire du consommateur », *D.*, 1990, chron., 91 ; P. Estoup, « Le décret du 4 mars 1988. Étape décisive dans le droit de la consommation », *Gaz. Pal.*, 1988, 1, doctr., 280.

582. Cette procédure existait depuis un décret-loi du 25 août 1937 et a été intégrée dans le nouveau Code de procédure civile en 1981.

tribunal d'instance du lieu soit du défendeur, soit de l'exécution de l'obligation (art. 1425-2).

L'enregistrement de la demande par le greffe interrompt les délais de prescription et d'action (art. 1425-3, dern. al.), ce qui n'est pas le cas de la requête en injonction de payer.

La requête contient la détermination des parties au litige. Comme c'est le demandeur qui rédige l'acte, les mentions requises sont plus nombreuses pour ce qui le concerne que pour le défendeur : le demandeur, lorsqu'il est une personne physique, doit indiquer ses nom, prénoms, profession, domicile, nationalité, date et lieu de naissance ; s'il est une personne morale, doivent être précisés : la forme sociale retenue, la dénomination, le siège social et l'indication du représentant légal. Quant aux mentions qui concernent le défendeur, le requérant devra seulement indiquer les nom et domicile de la personne contre laquelle la demande est formée ou, s'il s'agit d'une personne morale, sa dénomination et son siège social (le plus souvent, le demandeur ignorera le reste). Figure aussi dans la requête l'objet de la demande et « l'indication précise », dit l'article 1425-3, de la nature et du fondement de l'obligation dont l'exécution est poursuivie. S'ajoutent, obligatoirement, les documents justificatifs, par exemple, une facture et, éventuellement, la mention des dommages et intérêts qui seront « réclamés en cas d'inexécution de l'injonction de faire »[583].

E 37 **Impossibilité d'ordonner l'exécution en nature ?**

Selon un arrêt de la cour d'appel de Paris[584], si les articles 1425-1 et suivants du Code de procédure civile « ont institué une procédure d'injonction de faire, l'article 1425-8 de ce Code précise qu'en cas d'inexécution partielle ou totale de l'injonction, le tribunal statue sur la demande.

Il en résulte que le tribunal se prononce alors suivant les règles de droit commun. À l'époque de la décision, l'ancien article 1142 du Code civil, indiquait qu'en cas d'inexécution d'une obligation de faire ou de ne pas faire, la sanction était uniquement pécuniaire, de sorte que le juge a estimé ne pouvoir « qu'accorder des dommages-intérêts au créancier et non condamner le débiteur à exécuter en nature l'aménagement d'un accès au jardin de l'immeuble qu'il a vendu, la nature et le coût des travaux n'étant pas connus ». La réforme du droit des obligations a effacé le contenu de l'ancien article 1142 pour rejoindre l'interprétation qui est celle de la jurisprudence. Le nouveau texte réserve toutefois les cas de l'exécution « impossible » ou d'un coût « manifestement déraisonnable »[585].

Deux remarques peuvent être formulées à propos de l'arrêt de la cour de Paris :

D'abord, au regard des termes employés par la décision : la compétence d'attribution du juge est liée par la limite monétaire fixée par les règles d'organisation judiciaire ; or, la demande était indéterminée dans son montant. Ensuite, au regard du refus de toute exécution forcée sur le fondement de l'ancien article 1142 : une telle analyse conduisait à une exagération de la liberté individuelle au détriment de l'efficacité contractuelle. C'est d'ailleurs la raison pour laquelle la jurisprudence avait tempéré le principe apparemment posé par le texte, en n'excluant l'exécution en nature que si l'obligation se heurte à une impossibilité matérielle, morale ou juridique. L'exemple classique résulte de l'*arrêt Whistler* rendu par la Cour de cassation

583. La procédure d'injonction de faire ne comprenait pas, jusqu'au décret n° 2004-836 du 20 août 2004 qui l'a instaurée, de sanction spécifique en cas d'inexécution de l'injonction.

584. CA Paris (1re ch. urg.), 10 avril 1990, *D.*, 1990, IR 121.

585. Art. 1221 C. civ. : « Le créancier d'une obligation peut, après mise en demeure, en poursuivre l'exécution en nature sauf si cette exécution est impossible ou s'il existe une disproportion manifeste entre son coût pour le débiteur et son intérêt pour le créancier. »

le 14 mars 1900, DP 1900. 1. 497, note Planiol : artiste refusant de livrer un portrait peint – uniquement allocation de dommages-intérêts[586].
Par suite, la décision de la cour de Paris de 1990 doit être perçue comme un arrêt d'espèce. Il est en effet parfaitement envisageable de faire jouer la faculté de remplacement (anc. art. 1244 ; nouv. art. 1222 C. civ.) et d'assortir cette faculté d'une condamnation à des dommages-intérêts pour résistance abusive à l'injonction de faire. Le tribunal de grande instance de Troyes, le 12 janvier 1995[587], en donne une illustration. Et comme l'écrivait le professeur Foyer à l'Encyclopédie Dalloz, la décision de la cour de Paris est d'autant plus contestable qu'elle signifie que le juge d'instance, juge du principal, aurait moins de pouvoir que le juge des référés lorsqu'il ordonne une injonction.
Reste cependant un doute quant à la solution qui consiste à utiliser la faculté de remplacement. Car l'artisan qui va intervenir se fera payer (ou tentera d'obtenir son dû)... auprès du débiteur récalcitrant... ce qui risque de déboucher sur une difficulté d'exécution, puisque l'on va reporter le contentieux existant d'une personne à une autre. Le problème n'est que reporté. Aussi peut-on se demander si l'allocation de dommages et intérêts et par voie de conséquence, l'introduction d'une demande au fond, ne constitue pas, en définitive, la moins pire des solutions ?
Ne vaudrait-il pas mieux alors pour le juge ordonner une astreinte ? L'article L. 331-1 CPCE indique que « Tout juge peut, même d'office, ordonner une astreinte pour assurer l'exécution de sa décision ». Le demandeur lui-même pourrait bien évidemment aussi la solliciter.

---

346 **La décision du juge.** Si le juge n'est pas convaincu, il rejette la requête et ceci sans recours possible pour le requérant. Si ce dernier n'entend pas lâcher prise, il n'a plus que la faculté d'user des voies habituelles (celles de droit commun).

Si au contraire le juge est convaincu, il rend une ordonnance portant injonction de faire. Cette ordonnance fixe l'objet de l'obligation et les modalités d'exécution. La décision ainsi rendue, qui n'est pas susceptible de recours, indique la date et le lieu de l'audience à laquelle l'affaire sera examinée.

347 **La suite de la procédure.** La suite de la procédure consiste dans la notification de l'ordonnance aux parties par le greffe, ceci par lettre recommandée avec demande d'avis de réception.

Plusieurs hypothèses peuvent ensuite se présenter :

- Premier cas : l'injonction est mise à exécution par le débiteur. Si le demandeur en informe le greffe, l'affaire est retirée du rôle.
- Deuxième cas : à défaut d'une telle information, si le demandeur ne se présente pas à l'audience sans invoquer un motif légitime, la procédure est déclarée caduque par le tribunal. Mais le demandeur a la possibilité de voir la caducité rapportée s'il fait connaître au greffe, dans un délai de quinze jours, le motif légitime qu'il n'a pas pu présenter en temps utile. Une nouvelle convocation pour une audience ultérieure est alors délivrée.
- Troisième cas : l'obligation visée par l'injonction n'a pas été exécutée (totalement ou partiellement) et le demandeur se présente à l'audience.

Une quatrième hypothèse n'est pas expressément envisagée par les textes spécifiques à l'injonction de faire : *quid* du défendeur ? S'il n'est pas là alors qu'il est constaté qu'il n'a pas récupéré la lettre recommandée avec demande d'avis de réception ? Il faudra dans cette occurrence imposer au demandeur d'assigner sur le fondement de l'article 670-1 du Code de procédure civile. Le requérant devra donc procéder selon les voies du droit commun et solliciter

586. *Adde* et rappr. Cass. (1re civ.), 16 janvier 2007, *D.*, 2007, 1119, note O. Gout.
587. *Contrats, conc. consom.*, août-septembre 1995, n° 152.

une valeur de remplacement. Si, alors, le défendeur est toujours absent, le juge rendra un jugement par défaut ou réputé contradictoire.

Lorsque les parties sont présentes, le tribunal tente d'abord la conciliation et, à défaut, de l'obtenir, statue sur la demande.

E 38 **Une procédure inutile ?**

La procédure est critiquée tant par la doctrine, qui la considère trop compliquée, que par la pratique au travers du rapport Coulon (*Réflexions et propositions sur la procédure civile*, Paris, La Documentation française, 1997), qui en proposait la suppression pure et simple, d'abord, au prétexte que seules 6 000 requêtes en injonction de faire sont délivrées chaque année sur 1,6 million d'affaires à traiter par les tribunaux d'instance, ensuite, en raison d'une proportion élevée de requêtes rejetées démontrant que les demandes des requérants sont souvent mal fondées. Il faut cependant signaler ici l'existence – peut-être – d'une difficulté qui doit conduire à moduler l'appréciation portée à l'encontre de cette procédure : il faut d'abord mettre en évidence la question de l'information des justiciables, qui n'est sans doute pas suffisante ; et ensuite, il a pu apparaître que tous les greffes ne jouaient pas nécessairement le jeu, certains tentant de dissuader les consommateurs d'employer cette procédure en les invitant à user d'une voie de droit plus habituelle[588]. Il est difficile alors de se fonder sur le nombre restreint d'utilisateurs pour demander l'abrogation du dispositif. Une autre explication peut tenir à l'efficacité parfois douteuse de la procédure. Celle-ci repose sur un minimum de réactivité du débiteur : s'il ne se présente pas à l'audience alors qu'il est constaté qu'il n'a pas récupéré la lettre recommandée de convocation, il faudra l'assigner... Un débiteur de mauvaise foi qui ne récupère pas la lettre recommandée et qui, dans la suite logique de son comportement, ne se présentera pas à l'audience, impose par son attitude le passage par une voie que la procédure d'injonction de faire était pourtant censée permettre d'éviter. S'ajoute l'éventuelle incompétence du tribunal pour connaître du litige lorsque le défendeur résiste : en effet, l'article 1425-8 comporte une indication utile à la réflexion. C'est « dans les limites de sa compétence d'attribution » que le tribunal connaît de la demande initiale et de toutes les demandes incidentes et défenses au fond. Et en cas d'incompétence, il doit renvoyer l'affaire devant la juridiction compétente. Autrement dit, dans les cas où le litige est hors de la compétence normale du tribunal d'instance, le choix initial de la procédure d'injonction de faire peut déboucher sur une perte de temps pour le demandeur... comme pour le juge !

---

b) La procédure d'injonction de payer (art. 1405 et s. CPC)

348 **Une procédure qui nous vient d'outre-Rhin.** L'injonction de payer a été empruntée à la procédure allemande, dite de *Mahnverfahren*, *via* le droit local alsacien-mosellan. Dans cette procédure, le bénéficiaire d'une créance civile ou commerciale de nature contractuelle peut, lorsque celle-ci est déterminée (mais indépendamment de son montant qui peut être important) et pourvu que son débiteur ne soit pas domicilié à l'étranger, obtenir du juge saisi par voie de requête, une injonction de payer (*Zahlungsbefehl*). Cette dernière est signifiée par le greffier au débiteur. En l'absence de protestation (*Widerspruch*) de la part du débiteur dans la semaine de la signification, le créancier a six mois pour faire inscrire par le greffier un ordre d'exécution (*Vollstreckungsbefehl*) sur le *Zahlungsbefehl*. La décision est alors exécutoire dès signification[589].

---

588. Voy. Y. Strickler, « Quelles réformes pour la justice ? : Le procès civil », *Ann. Université des sciences sociales de Toulouse*, 1998, 33.

589. Voy. P. Weil, « La nouvelle injonction de payer », *Gaz. Pal.*, 1981, 2, doctr., 484 ; A. Chéron, note sous Trib. civ. Seine, réf., 24 septembre 1921 et Trib. Baillage Strasbourg, 18 janvier 1923, *D.*, 1924, 2, 137.

349 **Une procédure efficace.** L'injonction de payer connaît un succès certain tant devant le tribunal d'instance que devant le président du tribunal de commerce. La compétence, en la matière, se partageait en effet entre ces « deux juridictions » (voy. art. 1406, al. 1er), du moins jusqu'au décret n° 2012-1515 du 28 décembre 2012 qui a étendu la procédure au président du tribunal de grande instance. La compétence d'attribution dépend ainsi de la limite de compétence de ces diverses juridictions. Du point de vue territorial, le tribunal compétent est celui du lieu du ou des débiteurs poursuivis (al. 2). Les choses évoluent encore : la loi n° 2019-222 du 23 mars 2019 *de programmation 2018-2022 et de réforme pour la justice* opère une centralisation de l'ensemble des procédures d'injonction de payer sur le territoire national, qui devront être portées devant une juridiction spécialisée désignée par décret[590]. Cependant, en cas d'opposition, le greffe de cette juridiction spécialisée sera chargé de transmettre les dossiers au tribunal de grande instance territorialement compétent[591].

L'injonction de payer présente tous les avantages : rapidité, souplesse, faible coût, et faible taux d'opposition (6 % seulement, ce qui signifie que la procédure règle dans la plupart des cas l'impayé).

350 **Une procédure encadrée.** Toutes les règles de compétence prévues, qu'elles soient d'attribution comme territoriale, sont d'ordre public. Le juge doit relever d'office son incompétence (voy. art. 847-5 pour les modalités). En outre, les parties ne peuvent y déroger, toute clause contraire étant réputée non écrite (art. 1406, al. 3)[592].

E 39 Influence du taux de compétence du tribunal d'instance

Avant le décret du 28 décembre 1998 qui a porté le taux de compétence du tribunal d'instance à 50 000 francs (le montant a été réévalué depuis ; il est de 10 000 euros aujourd'hui), il se remarquait que la procédure était peu utilisée pour les créances supérieures au taux de compétence en dernier ressort, peut-être parce que le juge d'instance n'apparaissait pas comme le juge naturel des créances supérieures à ce montant. La réticence était encore davantage présente lorsqu'était atteinte la barre du taux de compétence du tribunal d'instance. Mais une autre tentative d'explication n'est pas à négliger : l'injonction étant dépourvue de force exécutoire, en cas d'opposition, il faudra de toute manière engager une instance au fond. Plus le montant est élevé, plus un risque de contestation et donc, d'opposition, est concevable.

Pour développer le recours à la procédure d'injonction de payer, il était possible de songer à limiter la compétence du tribunal d'instance en la matière et à se calquer sur le taux de répartition des litiges entre tribunal de grande instance et tribunal d'instance. Il se serait alors agi de créer cette même procédure d'injonction de payer devant le tribunal de grande instance, comme le suggérait le rapport Coulon, déjà cité. Ce qui n'était cependant pas sans soulever la question de l'adaptation de la procédure lors de sa transposition au tribunal de grande instance. Trois options semblaient se dégager :

- transposer la règle de l'article 1407 qui fixe la compétence du tribunal d'instance et du président du tribunal de commerce en indiquant que la requête est remise ou adressée au greffe par le créancier ou tout mandataire ;
- ou alors, prévoir la présentation de la requête par un huissier de justice, profession souvent à l'origine des procédures simplifiées ;
- ou enfin, imposer l'intervention de l'avocat selon les règles de la procédure contentieuse devant le tribunal de grande instance.

590. Au jour de la publication du présent ouvrage, aucun décret désignant la juridiction spécialisée n'est intervenu.

591. Art. L. 211-18 nouveau du Code de l'organisation judiciaire.

592. Pour une vision du contentieux généré, voy. Ph. Casson, « Deux ans… de procédure d'injonction de payer », *Procédures*, 2016, étude, 2.

C'est la première voie qu'a retenu le décret du 28 décembre 2012 (voy. art. 1406, 1407 CPC) à la suite de la direction imprimée en la matière par le législateur (loi n° 2011-1862, art. 4, III : « La requête en injonction de payer peut être présentée par le requérant ou par tout mandataire de ce dernier »).

Avec la loi du 23 mars 2019, sont créés deux articles dans le Code de l'organisation judiciaire (leur application est soumise à décret, qui doit intervenir au plus tard le 1er janvier 2021). D'abord l'article L. 211-17 qui centralise les injonctions de payer devant un tribunal de grande instance qui sera spécialement désigné par décret, à l'exception de celles relevant de la compétence d'attribution du tribunal de commerce lorsqu'elle est exercée par la juridiction mentionnée à l'article L. 721-1 du Code de commerce ; il connaîtra aussi des demandes formées en application du règlement (CE) n° 1896/2006 du Parlement européen et du Conseil du 12 décembre 2006 instituant une procédure européenne d'injonction de payer. Ensuite, l'article L. 211-18 qui met en place voie dématérialisée pour les demandes qui ne sont pas formées par des personnes physiques n'agissant pas à titre professionnel et non représentées par un mandataire (qui, elles pourront continuer à utiliser le support papier).

---

351 **Le domaine de la procédure.** L'article 1405 du Code de procédure civile fixe le domaine de la procédure d'injonction de payer. Il procède à une double énumération. S'ajoute, depuis 2004, une disposition du Code de procédure pénale.

D'abord, le texte vise les obligations contractuelles et celles de caractère statutaire (ce qui vise les dettes dues à certains organismes, ordres professionnels, caisses de retraite, ainsi que les dettes résultant du statut de la copropriété), lorsqu'elles sont d'un montant déterminé. Ainsi, s'il est possible, par exemple, d'utiliser la procédure d'injonction de payer pour une clause pénale, il en va autrement de la demande de dommages-intérêts délictuels.

Ensuite, le texte vise l'engagement qui « résulte de l'acceptation ou du tirage d'une lettre de change, de la souscription d'un billet à ordre, de l'endossement ou de l'aval de l'un ou l'autre de ces titres ou de l'acceptation de la cession de créance conformément à la loi n° 81-1 du 2 janvier 1981 facilitant le crédit aux entreprises »[593]. Cette énumération est limitative. La procédure d'injonction de payer n'est donc pas ouverte en matière de chèques.

Enfin, la loi n° 2004-204 du 9 mars 2004 *portant adaptation de la justice aux évolutions de la criminalité*, dite loi Perben II, est venue modifier l'article 41-2 du Code de procédure pénale pour permettre à la victime d'une infraction pénale bénéficiant d'une ordonnance de validation d'une mesure de composition pénale, lorsque l'auteur des faits s'est engagé à lui verser des dommages et intérêts, d'en demander le recouvrement suivant la procédure d'injonction de payer, conformément aux règles prévues par le Code de procédure civile. Le dernier alinéa du texte déclare cependant que « Les dispositions du présent article [sont inapplicables notamment] aux mineurs de dix-huit ans ».

352 **Les conditions de forme.** L'article 1407 pose les conditions habituelles en matière de requête, à savoir : l'identification des parties, l'indication précise de la somme réclamée avec décompte des éléments de la créance, la mention du fondement de la créance, et les documents justificatifs.

En outre, le créancier peut demander dans la requête, qu'en cas d'opposition du débiteur, l'affaire soit immédiatement renvoyée devant la juridiction qu'il estime compétente (art. 1408).

593. Le texte du CPC n'a pas été actualisé sur ce point : la loi n° 81-1 du 2 janvier 1981 a été codifiée aux articles L. 313-23 et suivants du Code monétaire et financier.

La loi du 23 mars 2019 *de programmation et de réforme de la justice*, dite loi « Belloubet »[594] apporte des modifications aux conditions de forme, allant dans le sens d'une croissante numérisation. Le principe devient que la requête doit être présentée par le biais d'une procédure dématérialisée, et ce n'est que par exception que les demandes pourront être déposées au greffe sur support papier. Ces exceptions visent les personnes physiques n'agissant pas à titre professionnel et non représentées par un mandataire, ainsi que les demandes d'injonction de payer européenne. La réforme poursuit donc le mouvement vers les procédures dématérialisées, qui existent déjà au profit des professionnels du droit[595] mais nécessite la mise en place d'un système facilement accessible aux particuliers. Cette tendance au tout numérique a d'ailleurs été mise en perspective par le rapport 2018 du Défenseur des droits, qui constate que de nombreux Français demeurent en difficulté face aux démarches administratives en ligne[596].

353 **La décision du juge.** Comme pour l'injonction de faire, le juge peut estimer la demande mal fondée et rejeter la requête. Le créancier doit alors procéder selon les voies habituelles. Le juge peut au contraire accueillir la requête et y faire droit, soit totalement, soit partiellement. Lorsque la requête est admise pour partie, le créancier ne peut que s'y résoudre, ou renoncer à signifier l'ordonnance portant injonction de payer et procéder selon les voies de droit commun (art. 1409).

En cas de réponse positive du juge, l'ordonnance et la requête sont conservées à titre de minute au greffe ainsi que, provisoirement, les documents qui ont été produits à l'appui de la requête – ils seront restitués ultérieurement, soit sur la demande du requérant dès l'opposition formée contre l'ordonnance, soit au moment où l'ordonnance se voit revêtue de la formule exécutoire[597] –. Dans le cas contraire, la requête et les documents sont restitués au requérant (art. 1410).

Quelle que soit la décision du juge, elle est sans recours pour le créancier.

354 **La suite de la procédure.** Pour que l'ordonnance portant injonction de payer produise ses effets, une copie certifiée conforme de la requête et de l'ordonnance doit être signifiée par le créancier dans un délai de six mois à compter de sa date à chacun des débiteurs. En cas de non-respect du délai de six mois, l'ordonnance rendue est non avenue (art. 1411).

L'acte de signification doit, outre les mentions exigées pour tous les actes d'huissiers de justice, comporter sommation d'avoir (art. 1413) :

- soit à payer au créancier le montant dû (la demande en principal ajoutée des intérêts et frais de greffe) ;
- soit à former opposition (pouvoir reconnu au débiteur par l'art. 1412).

594. Loi n° 2019-222 du 23 mars 2019 *de programmation 2018-2022 et de réforme pour la justice*, art. 27, dont l'application est soumise à la publication d'un décret et au plus tard le 1er janvier 2021.

595. Un logiciel dit IP WEB permet une communication sécurisée entre les huissiers de justice et le greffe des Tribunaux de grande instance, un autre logiciel dit SECURIGREFFE est utilisé par les tribunaux de commerce, ces deux systèmes ayant été établis respectivement par des arrêtés datés des 11 juillet 2017 et 9 février 2016.

596. Voy. le Rapport annuel 2018 du Défenseur des droits, pp. 20 et s.

597. Voy. *infra*, n° 355.

L'huissier doit à cet égard indiquer dans l'acte :

1° le délai pour faire opposition : un mois à compter de la signification de l'ordonnance lorsque la signification est faite à personne ; dans les autres cas, un mois à compter du premier acte signifié à personne ; et à défaut, un mois suivant la première mesure d'exécution ayant pour effet de rendre indisponible en tout ou partie les biens du débiteur (art. 1416[598]) ;

2° le tribunal compétent, à savoir, le tribunal d'instance qui a rendu l'ordonnance ou le tribunal de commerce dont le président a rendu l'ordonnance (art. 1415, al. 1er) ;

3° les formes de l'opposition, à savoir, une déclaration au greffe contre récépissé ou par lettre recommandée (art. 1415, al. 2) ;

4° l'acte de signification indique également au débiteur qu'il peut prendre connaissance au greffe des documents produits par le créancier et qu'à défaut d'opposition dans le délai indiqué, tout recours sera fermé et toutes voies de contrainte ouvertes à son encontre.

Toutes ces indications prévues à l'article 1413 le sont à peine de nullité et elles doivent en outre, en cas de signification à personne, être communiquées verbalement au débiteur par l'huissier. Le respect de cette exigence est mentionné dans l'acte de signification (art. 1414).

S'ajoute, depuis le décret n° 2015-282 du 11 mars 2015, la précision quant aux diligences entreprises en vue de parvenir à une résolution amiable du litige, sous réserve de justifier un motif légitime tenant à l'urgence ou à la matière considérée. Ceci étant, la particularité de la procédure d'injonction de payer, suggère que la sanction d'une absence de diligence préalable devrait, ici, être celle du rejet de la requête : la simplification et le rythme de cette procédure fondée sur le pari d'une créance incontestable et indiscutée, mais aussi de l'inertie du débiteur, laissent percevoir qu'en l'absence de démarche préalable, ne serait-ce qu'une lettre demandant le paiement dû, la requête en injonction de payer devrait être rejetée. Mais le jeu du nouvel article 58 sera de toute façon concrètement impossible ici : comment le juge pourrait-il proposer aux parties une mesure amiable en l'absence du débiteur ? Soit le juge retient la requête – intégralement ou pour partie –, soit il la rejette…

E 40 Ordonnance rendue et article L. 511-2 CPCE (anc. art. 68 de la loi de 1991)

La question a été posée de savoir si l'ordonnance portant injonction de payer est ou non une décision de justice au sens de l'article 68 de la loi n° 91-650 du 9 juillet 1991 portant réforme des procédures civiles d'exécution (voy. auj. art. L. 511-2 CPCE). L'enjeu de la question est de savoir si une saisie conservatoire peut ou non être engagée sur le fondement de l'ordonnance portant injonction de payer sans attendre qu'elle devienne un titre exécutoire. Pour pratiquer une telle mesure, la personne démunie de tout titre exécutoire doit normalement obtenir l'autorisation du juge de l'exécution. Y a-t-il ici un moyen d'éluder cette démarche préalable ?

L'ordonnance portant injonction de payer n'a pas de nature conservatoire et n'est pas revêtue de l'autorité de la chose jugée[599]. C'est ainsi que l'ordonnance disparaît si elle n'a pas été

598. Voy. Cass. (2e civ.), 18 février 2016, n° 14-26.395, *Procédures*, 2016, comm. 118, Y. Strickler.

599. Voy. déjà J. Viatte, « Les voies de recours en matière d'injonction de payer », *Gaz. Pal.*, 1978, 2, doctr., 378.

signifiée dans un délai de six mois (art. 1411) ; curieuse « décision » en vérité que celle dont l'autorité juridictionnelle serait attachée à l'acte de signification d'une partie privée... Il suffit en outre que le débiteur forme opposition, qui n'a pas à être motivée, et que cette réaction soit suivie d'une absence des parties à l'audience pour que l'ordonnance soit, là encore, « non avenue » (voy. art. 1419 CPC). En l'absence d'autorité particulière reconnue à l'ordonnance, il faut bien constater que sa seule raison d'exister est liée à ce qu'elle pourra, éventuellement, se transformer en titre exécutoire ; *éventuellement*, car ceci suppose à la fois que le défendeur laisse s'écouler les délais pour former opposition (ou après avoir formé opposition, se désiste de celle-ci) et que le demandeur accomplisse la démarche conduisant à l'apposition de la formule exécutoire. Ce n'est en effet qu'au terme de ces démarches (art. 1422, al. 2) que l'ordonnance « produit tous les effets d'un jugement contradictoire » – voici donc l'instant où apparaît la décision juridictionnelle ! Jusqu'à cette date, le créancier n'est que dans le vestibule du tribunal. Il s'ensuit que cette ordonnance, mode particulier de liaison du contentieux, ne saurait être assimilée à une décision de justice au sens de la loi[600]. Dans un arrêt en date du 13 septembre 2007, la Cour de cassation a considéré que l'ordonnance qui porte injonction de payer n'est une décision de justice au sens de la loi, qu'en l'absence d'opposition dans le mois de sa signification[601].

Le droit anglo-saxon évite la question ici envisagée, par la règle de procédure suivante : dans la procédure dite de *summary judgement*, le demandeur communique sa prétention au défendeur. Si ce dernier soulève une question pertinente, le procès (*trial*) est inévitable ; mais si ce défendeur conserve le silence, ou invoque de vains arguments, une décision portant injonction de payer est immédiatement rendue à son encontre, décision automatiquement accompagnée de la formule exécutoire. Sachant qu'en droit français le débiteur n'a plus aucun rôle à jouer dès que le délai d'opposition est expiré, ne conviendrait-il pas alors d'envisager de transposer dans notre droit et au bénéfice de la procédure d'injonction de payer, cet élément supplémentaire d'efficacité ?

355 **Réactions possibles du débiteur.** Le débiteur peut réagir de trois façons différentes :

Première réaction : il paie. Le contentieux s'épuise et s'éteint.

Seconde réaction : le débiteur décide de former opposition à l'ordonnance portant injonction de payer, soit en se rendant et en en faisant déclaration de l'opposition au greffe, qui délivrera en retour un récépissé, soit en adressant une lettre recommandée en ce sens au tribunal. C'est alors le tribunal qui connaît de l'opposition formée, ceci dans la limite de sa compétence d'attribution (tribunal d'instance ; tribunal de commerce dont le président a rendu l'ordonnance d'injonction). Le créancier peut d'ailleurs anticiper sur l'éventualité d'une opposition formée par son adversaire et solliciter, dès et dans sa requête, qu'en cas d'opposition du débiteur l'affaire soit immédiatement renvoyée devant la juridiction qu'il estime compétente (art. 1408).

L'opposition formée va entraîner la convocation de toutes les parties (même celles qui n'ont pas formé opposition) par le greffe, par voie de lettre recommandée avec demande d'avis de réception. Le contenu formel de cette lettre, prescrit à peine de nullité par le texte, consiste en la mention des : date de la convocation, juridiction saisie, date d'audience, sanction du défaut de

600. CA Paris (14e ch. A), 15 décembre 2004, *D.*, 2005, jur., p. 342, R. Perrot, « Injonction de payer et mesure conservatoire ou un accouplement inattendu », *Procédures*, 2005, p. 7.

601. Cass. (2e civ.), 13 septembre 2007, n° 06-14.730, *Bull. civ.*, II, n° 218 ; *BICC*, 15 janvier 2008, arrêt n° 45 ; *Procédures*, 2007, comm. 250, R. Perrot ; *RTD civ.*, 2007, 813, obs. R. Perrot.

comparution, et conditions de l'assistance et de la représentation devant le tribunal (art. 1418). Par la suite :

- si aucune partie ne se présente, le tribunal constate l'extinction de l'instance et l'ordonnance portant injonction de payer est non avenue ;
- dans le cas contraire, et donc si les parties sont présentes, le tribunal statue et sa décision se substitue à l'ordonnance ;
- si le demandeur à l'opposition (celui qui a été condamné par l'ordonnance portant injonction de payer) ne comparaît pas, le juge doit prendre la précaution d' « analyser, même de façon sommaire, les éléments de preuve de l'obligation produits » par la partie adverse[602].

L'appel est ouvert lorsque le montant de la demande est supérieur au taux du ressort. Dans l'hypothèse où l'opposant (à l'ordonnance portant injonction) a fait défaut, l'opposition (au sens de la voie de recours) est ouverte contre le jugement de condamnation rendu par défaut[603].

Devant le tribunal de grande instance, le créancier comme le débiteur vont devoir constituer avocat (voy. art. 1418-1419).

Un autre recours apparaît, mais qui est propre à l'injonction de payer européenne[604]. Il s'agit d'une procédure de réexamen, prévue aux articles 1424-8 à 1424-13 du Code de procédure civile pour la France. Un tel réexamen peut être demandé lorsque la preuve de la réception de la notification de l'ordonnance portant injonction n'est pas apportée, mais aussi en présence d'un cas de force majeure ou de circonstances extraordinaires, et uniquement lorsqu'il n'est pas possible de reprocher une faute au débiteur, ou encore, quand il « *est manifeste que l'injonction de payer a été délivrée à tort au vu des exigences fixées par le (...) règlement, ou en raison d'autres circonstances exceptionnelles* ».

Troisième réaction possible : le débiteur peut laisser s'écouler le délai d'un mois ou, après avoir formé opposition, s'en désister. Tout dépend alors de l'attitude du créancier : il peut demander au greffier, par déclaration ou lettre simple, l'apposition de la formule exécutoire sur l'ordonnance (art. 1422-1423), qui produit dès cet instant tous les effets d'un jugement contradictoire. Cette fois-ci, l'efficacité de la procédure est renforcée. L'effet mécanique donné aux règles de procédure permet d'accélérer le temps du procès. À un point tel que, s'agissant de défendeurs généralement profanes, on peut parfois se demander si, nonobstant les indications contenues dans l'ordonnance, ceux-ci ne risquent pas de se laisser surprendre par l'écoulement des délais[605]. En revanche, si le créancier ne formule pas sa demande d'apposition de la formule exécutoire dans le délai d'un mois suivant l'expiration du délai d'opposition ouvert au débiteur, l'ordonnance rendue est non avenue (art. 1423, al. 2).

La demande de délivrance de la formule exécutoire doit être formulée dans un délai d'un mois, qui commence à courir de la date de l'expiration du délai d'opposition ouvert au débiteur – ou du désistement opéré par celui-ci –, sans quoi l'ordonnance rendue est non avenue.

---

602. Cass. (2e civ.), 16 mars 2017, n° 16-15.485.
603. Cass. (2e civ.), 22 juin 2016, nos 15-19.585 & 15-19.759, *Procédures*, 2016, 282.
604. Sur cette procédure d'injonction, voy. *infra*, E.41.
605. G. Wiederkehr, « De la célérité des procédures en droit judiciaire privé français », in *Mél. B. Petrykovska*, 1997, spéc. pp. 431-432.

On peut enfin relever qu'au regard des frais de la procédure, l'article 1425 prévoit que, devant le tribunal de commerce, les frais de l'ordonnance, comme de l'opposition, si elle est ultérieurement formée, sont avancés par le créancier et consignés dans les quinze jours sous peine de caducité de sa demande. Hors ce cas, si, en matière d'injonction de payer, l'opposition est reçue sans frais par le greffier, les dépens de l'instance sont une réalité à laquelle les plaideurs peuvent être confrontés[606]. Dans ce cas, les dépens à prendre en considération sont tous ceux exposés au cours des deux phases de la procédure, ceux de la procédure d'injonction de payer comme ceux engendrés le cas échéant par la procédure contradictoire générée par l'opposition[607]. Ce n'est qu'en cas « de mention particulière figurant au dispositif du jugement » qu'il peut en être autrement.

E 41 **Avertissement au requérant**

Le requérant doit se montrer vigilant et ne pas manquer d'accomplir l'un des actes prescrits et ce, dans le délai prévu par la législation. Quatre moments sont à ne pas manquer, faute de voir l'ordonnance non avenue dans les trois premiers cas exposés ci-après et caduque dans la quatrième hypothèse :

- signifier une copie certifiée conforme de la requête et de l'ordonnance à chacun des débiteurs, dans les six mois de sa date (art. 1411) ;
- se présenter à l'audience sur opposition (art. 1419) ;
- demander l'apposition de la formule exécutoire au greffe dans le délai d'un mois suivant l'expiration du délai d'opposition ou le désistement du débiteur ;
- songer à l'avance des frais devant le tribunal de commerce, et à la consignation sur demande du greffier, en cas d'opposition (art. 1425).

356 **Recours contre l'ordonnance en dehors de l'opposition.** L'ordonnance rendue n'est pas susceptible d'appel et ce, même si elle a accordé des délais de paiement. Si le débiteur mécontent dispose d'une voie de recours, qui est l'opposition, le demandeur, s'il n'est satisfait, n'a qu'à abandonner la procédure d'injonction et s'engager dans une voie de droit commun.

En revanche, une fois assimilée à un jugement contradictoire en dernier ressort, la décision peut faire l'objet d'un pourvoi en cassation[608]. Ceci étant, pour éviter qu'il ne s'agisse d'une voie de rattrapage d'une opposition malencontreusement oubliée par le débiteur, la Haute juridiction limite cette ouverture aux cas dans lesquels ce sont les conditions d'apposition de la formule exécutoire qui ont été méconnues[609]. La recevabilité de la tierce opposition a elle aussi été admise[610].

606. Cass. (2e civ.), 12 mars 1986, n° 84-17.830, *Bull. civ.*, II, n° 37.

607. D. Mas, *Rép. Dalloz dr. com.*, V° « Injonction de payer », novembre 2015, n° 227. – Cass. (2e civ.), 14 avril 2016, n° 14-24.346, *Procédures*, 2016, comm. 225. – Cass. (2e civ.), 12 mars 1986, n° 84-17.830, *Bull. civ.*, II, n° 37.

608. Cass. (2e civ.), 6 avril 1987, *RTD civ.*, 1987, 609, obs. R. Perrot ; 11 octobre 1995, *Procédures*, 1995, n° 326, pour une apposition de la formule exécutoire alors qu'opposition avait été formée.

609. Cass. (2e civ.), 29 novembre 1995 (cinq arrêts dont deux publiés au *Bull. civ.*, II, n° 292), *Procédures*, 1996, n° 38. Voy. antérieurement : 23 janvier 1991, *RTD civ.*, 1991, 411, obs. R. Perrot (formulation plus vague, avec une approche limitée à la contestation de la régularité formelle de l'injonction de payer) ; 5 avril 1993, *RTD civ.*, 1993, 657, obs. R. Perrot.

610. Cass. (1re civ.), 10 décembre 1991, *RTD civ.*, 1992, 649, obs. R. Perrot.

L'injonction de payer européenne

Le règlement (CE) n° 1896/2006 du Parlement européen et du Conseil du 12 décembre 2006 a institué *une procédure européenne d'injonction de payer*[611].

Le Conseil européen qui s'était réuni à Tampere les 15 et 16 octobre 1999 avait invité le Conseil et la Commission à élaborer des dispositions législatives nouvelles, afin notamment d'améliorer tant la coopération judiciaire que l'accès au droit. Dans cette perspective, a été expressément visée la procédure d'injonction de payer et lancée une consultation sur la mise en place d'une procédure européenne uniforme ou harmonisée de recouvrement des créances incontestées. Est prioritairement recherchée l'efficacité de la procédure. Le Règlement prévoit que les États membres « devraient tenir dûment compte de la nécessité de garantir l'accès à la justice » lorsqu'ils décident des juridictions compétentes pour délivrer l'injonction européenne.

La procédure instituée par le règlement est conçue comme un instrument complémentaire et facultatif pour le demandeur, au regard de son droit national, utilisable dans les litiges transfrontaliers. Elle est assez largement conçue pour fonctionner par l'utilisation de formulaires types. En cas d'injonction ordonnée, le débiteur peut former opposition, qui est envoyée à la juridiction qui a statué dans un délai de trente jours à dater de la signification ou de la notification de l'injonction au défendeur. Dès que le délai est atteint, la juridiction déclare l'injonction de payer européenne exécutoire et l'envoie au demandeur, qui n'aura pas à passer par une quelconque procédure d'*exequatur*.

Il est toutefois prévu qu'en cas de signification ou de notification non assortie de la preuve de sa réception par le débiteur (exemple de l'injonction simplement déposée dans sa boîte aux lettres), ce dernier pourra, s'il n'y a pas de faute de sa part et s'il n'a pas pu organiser sa défense, demander le réexamen de l'injonction malgré l'expiration du délai. Il en ira de même pour le défendeur qui a été empêché de contester la créance pour cause de force majeure ou en raison de circonstances extraordinaires, toujours sous la condition qu'il n'y ait pas eu de faute de sa part. Dans ces deux cas, le débiteur doit agir, dit le texte, « promptement ». Enfin, le défendeur a également le droit de demander le réexamen de l'injonction de payer européenne lorsqu'il est manifeste que l'injonction de payer a été délivrée à tort, au vu des exigences fixées par le règlement, ou en raison d'autres circonstances exceptionnelles, ce qui fait que l'efficacité et l'automaticité de la procédure laissent tout de même percevoir quelques échappatoires.

En France, la procédure d'injonction de payer européenne est réglementée par les articles 1424-1 à 1424-15 du Code de procédure civile (décret n° 2008-1346 du 17 décembre 2008).

La loi n° 2011-1862 du 13 décembre 2011 relative à la répartition des contentieux et à l'allègement de certaines procédures juridictionnelles (*JO*, 14 décembre 2011, p. 21105), donne compétence au tribunal d'instance pour connaître des demandes de procédure européenne d'injonction de payer (art. L. 221-7 COJ) et, dans les limites de la compétence d'attribution du tribunal de commerce, au président du tribunal de commerce (art. L. 722-3-1 C. com.).

La loi comprend un Chapitre III, dont l'intitulé comporte l'annonce de l'« Extension au tribunal de grande instance de la procédure d'injonction de payer, mais l'article 4 de la loi ne parle que du tribunal d'instance et du président du tribunal de commerce. Tout au plus, le point III de cet article énonce que « La requête en injonction de payer peut être présentée par le requérant ou par tout mandataire de ce dernier ».

La simplicité renforcée des procédures d'injonction peut être mise en parallèle avec la procédure de déclaration au greffe.

4. La déclaration au greffe

357 **De l'influence du droit local sur le droit général.** Cette modalité de saisine du tribunal était de règle en droit local Alsacien-Mosellan. Elle a été étendue

611. *JOCE*, L 399/4, 12 décembre 2006 ; F. Ferrand, « L'injonction de payer européenne est arrivée ! », *Dr. et proc.*, mars-avril 2007, pp. 66-70.

en « vieille France » ou « France de l'intérieur » selon les expressions locales, par le décret n° 88-209 du 4 mars 1988 relatif aux petits litiges devant les tribunaux d'instance. L'idée qui la fonde est que certains types de contentieux doivent échapper au formalisme de la procédure ordinaire.

Désormais, l'article 829 CPC permet ce mécanisme, mais seulement dans l'hypothèse de l'article 843, c'est-à-dire lorsque le montant de la demande n'excède pas la valeur de 4 000 euros. En droit local, la règle ancienne a toutefois été maintenue par l'article 36 de l'Annexe au Code de procédure civile : la compétence du tribunal d'instance n'est pas limitée par le montant de la demande.

358 **De la simplicité de la procédure et de ses limites.** Dans la déclaration au greffe, c'est ce dernier qui va procéder lui-même à la convocation des parties devant le tribunal. Cette forme d'introduction de l'instance est plus propice aux juridictions d'exception et, spécialement, le tribunal d'instance.

Cela étant, d'une part, la déclaration verbale au greffe ne peut avoir lieu par téléphone[612] et, d'autre part, la déclaration écrite par envoi d'une lettre recommandée, lorsque celle-ci est autorisée, ne peut avoir lieu par télécopie[613].

Le rapport établi par Jean-Marie Coulon dressait un constat d'« échec de la déclaration au greffe [au motif qu'elle] ne représente que 2,5 % des saisines en forme simplifiée ». Mais le président Coulon ajoutait à son propos qu'il ne fallait « pas méconnaître les résistances psychologiques, voire la vive hostilité, auxquelles pourrait se heurter la suppression de la déclaration au greffe », spécialement du côté des associations de défense des consommateurs. Cette question est en réalité au cœur même de la réforme du droit : complexité du droit, coût de la procédure, information du justiciable.

Il faut rappeler que la loi du 18 novembre 2016 sanctionne d'irrecevabilité, la saisine portée devant le juge d'instance saisi par voie de déclaration au greffe en l'absence de tentative de rapprochement, menée par un conciliateur de justice[614].

5. La présentation volontaire des parties devant le juge

359 **Un mode personnel d'introduction de l'instance.** Devant le tribunal d'instance, la demande en justice est normalement formée par assignation à fin de conciliation et, à défaut, de jugement, mais elle peut également être formée par requête conjointe ou par la présentation volontaire des parties devant le juge (art. 829). L'assignation, la requête conjointe et la présentation volontaire des parties sont en revanche limitativement envisagées pour le tribunal de commerce (art. 854). L'article 879, enfin, renvoie aux dispositions du Code du travail et, l'article R. 1451-1 de ce code indique que « Sous réserve des dispositions du présent code, la procédure devant les juridictions prud'homales est

612. Cass. soc., 8 juillet 1992, n° 89-40.559, *Bull. civ.*, V, n° 457 ; *RTD civ.*, 1993, 198, obs. R. Perrot.

613. CA Paris (18e ch. C), 24 juin 1992, *JCP*, 1992, IV, n° 2590 ; *RTD civ.*, 1993, 198, obs. R. Perrot. Voy. dans le même sens pour un recours contre le jugement d'un tribunal d'instance statuant en matière d'élections professionnelles : Cass. (2e civ.), 8 juin 1995, n° 94-60.582, *Bull. civ.*, II, n° 175. - 17 novembre 2016, n° 15-60.353, *Bull. civ.*, II, à paraître ; *Procédures*, 2017, comm. 2, Y. Strickler.

614. Voy. *supra*, n° 2.

régie par les dispositions du livre premier du code de procédure civile » ! Pour ce qui nous intéresse, le conseil de prud'hommes est saisi soit par une « requête » (expression remplaçant depuis le décret n° 2016-660 du 20 mai 2016 le mot « demande »[615]), soit par la présentation volontaire des parties devant le bureau de conciliation et d'orientation (C. trav., art. R. 1452-1).

La voie de présentation volontaire des parties est en revanche exclue pour le tribunal de grande instance (art. 750). Elle est possible devant le tribunal paritaire des baux ruraux depuis le décret n° 2010-1165 du 1er octobre 2010 (avant la demande devait être formée par lettre recommandée avec demande d'avis de réception ou par acte d'huissier de justice adressé au greffe du tribunal, désormais s'ajoute la déclaration « faite, remise ou adressée au greffe », *cf.* art. 885).

B) La saisine du tribunal : l'enrôlement

360 **Une formalité spécifique à certains modes d'introduction de l'instance.** L'instance étant ouverte, il faut encore, parfois, saisir le juge. Il faut en effet insister sur ce point de distinction des modes introductifs d'instance, car si la saisine se confond avec la demande lorsque l'instance est introduite par présentation volontaire des parties, par déclaration, voire par requête simple, une démarche supplémentaire est nécessaire dans le cas de **l'assignation** (art. 757) comme de **la requête conjointe** (art. 795), qui supposent le « placement de l'affaire » (grâce au placet – d'où le nom) suivi de *l'enrôlement* de celle-ci au *rôle* du tribunal. C'est à l'issue de ces opérations que sont fixés les jour et heure auxquels l'affaire sera appelée.

1. L'enrôlement de l'affaire

361 **Le placement de l'affaire.** Cette opération se réalise par la remise de la copie de la demande au greffe. Le dépôt de ladite copie doit avoir lieu dans un certain délai, sous peine de caducité de celle-ci. Pour le tribunal de grande instance, ce délai est de quatre mois à compter de la date de l'assignation (art. 757[616]) ; devant le tribunal d'instance (art. 839), comme devant le tribunal de commerce (art. 857), la remise de la copie de l'assignation au greffe doit avoir lieu au plus tard huit jours avant la date de l'audience.

Lorsque la caducité est encourue, elle est constatée d'office par ordonnance du président ou du juge saisi de l'affaire. Il est cependant possible, si le placement n'a pas été opéré, de présenter une requête au président afin qu'il constate la caducité.

Le délai prévu pour le placement peut être différent de ceux précédemment énoncés, mais il faut alors qu'un texte l'envisage. Tel est le cas, par exemple, de l'article 1113 du Code de procédure civile en matière de divorce.

---

615. Voy. M. Foulon et Y. Strickler, « Qu'est-ce qu'une requête (ou la polysémie du mot « requête ») ? », *Gaz. Pal.* 7-8 décembre 2012, Étude, p. 10.

616. Si une convention de procédure participative est conclue avant l'expiration de ce délai, ce dernier sera suspendu. Cette cause de suspension vaut « jusqu'à l'extinction de la procédure conventionnelle » (art. 757, al. 2, CPC).

Dans le cas de l'assignation à jour fixe, aucun délai de placement n'est prévu ; il suffit – mais il faut, car la sanction encourue reste la caducité[617] – de placer l'affaire avant le jour fixé. De même, aucun délai n'est prévu en présence d'une requête conjointe, car l'objectif poursuivi est alors de conserver son caractère amiable au procès.

La sanction de la caducité prévue par les divers textes énoncés n'est pas mineure, car elle peut emporter avec elle les mesures conservatoires ou provisoires qui ont pu être ordonnées antérieurement dans la perspective de la procédure au fond ; pire, la caducité de l'assignation peut atteindre l'effet interruptif de la prescription qu'avait produit la demande en justice.

362 **L'inscription au rôle.** L'affaire est ensuite inscrite dans le répertoire général. C'est ce que l'on appelait anciennement, mais le nom est resté dans la pratique, le rôle. Celui-ci peut désormais être tenu sur support électronique[618].

Dès la remise au greffe de la copie de l'assignation ou de la requête conjointe, le greffier la présente au président du tribunal qui « fixe les jour et heure auxquels l'affaire sera appelée » et « désigne la chambre [ou le juge unique] à laquelle elle est distribuée » (art. 758, al. 1er). « Avis en est donné par le greffier aux avocats constitués » (al. 2).

363 **La constitution d'avocat.** Le défendeur est tenu de constituer avocat dans le délai de comparution, c'est-à-dire pour le tribunal de grande instance, de quinze jours à compter de l'assignation (art. 755 CPC).

Si le délai n'est pas respecté, la seule sanction est qu'un jugement peut être pris contre lui, puisque la constitution est possible jusqu'au jugement. La constitution est dénoncée par notification entre avocats et remise de la copie de l'acte de constitution au greffe (art. 756).

Arrive alors l'audience d'appel des causes, étape suivante de la procédure.

E 43 **Pratique des barreaux et déontologie de l'avocat**

L'article 756 du Code de procédure civile prévoit que « Dès qu'il est constitué, l'avocat du défendeur en informe celui du demandeur ; [et] copie de l'acte de constitution est remise au greffe ». Or, la pratique de certains barreaux veut que ce soit l'avocat du demandeur qui, une fois averti, dépose lui-même l'acte de constitution de son confrère au greffe. *Quid* s'il ne le fait pas et laisse prendre (ou, dans une démarche plus active, demande) un jugement réputé contradictoire ?

- Certaines décisions ont retenu que l'avocat du demandeur ayant été averti de la constitution de l'avocat du défendeur a, par son silence sur ce point, trompé le tribunal et l'a empêché de veiller au respect de la contradiction. Le jugement ainsi rendu est nul[619] ;
- d'autres décisions, au contraire, ont estimé que le texte met le dépôt à la charge de l'avocat du défendeur et que le tribunal n'est pas lié par une pratique du barreau. Le demandeur est par suite en droit de demander un jugement réputé contradictoire[620].

C'est cette dernière solution que retient la Cour de cassation qui, pour unique justification, se

617. Voy. art. 791 CPC pour le tribunal de grande instance, et art. 922 CPC pour la cour d'appel.

618. Art. 729-1 CPC ; *adde* art. 821 à 826 pour les dispositions du Code relatives au greffe.

619. CA Aix-en-Provence (1re ch. A), 10 décembre 1992, *Gaz. Pal.*, 1993, 2, 463, note Ph. Latil ; *RTD civ.*, 1994, 158, obs. R. Perrot ; 5 mai 1987, *JCP*, 1988, II, 21004, obs. A. Leborgne.

620. CA Douai (8e ch.), 17 février 1994, *D.*, 1995, somm. 109, obs. N. Fricero. – CA Aix-en-Provence (3e ch.), 10 septembre 1986 et (15e ch.), 16 octobre 1986, *JCP*, 1988, II, 21010, obs. A. Blaisse ; *Gaz. Pal.*, 1987, 1, 211, note Ph. Latil ; (6e ch.), 8 janvier 1985, *Gaz. Pal.*, 1985, 2, 698, note Ph. Latil ; *RTD civ.*, 1986, 413, obs. R. Perrot.

contente de mentionner la diligence qu'il incombait à l'avocat du défendeur d'accomplir[621]. La Haute juridiction permet donc au conseil du demandeur, taisant une information qu'il détient et qu'il est censé prolonger vers le greffe de la juridiction en conformité avec une pratique établie au Barreau dont il dépend, de demander un jugement réputé contradictoire ! Ceci paraît pour le moins curieux au regard tant du principe de la contradiction sans compter le manquement à la plus élémentaire déontologie que révèle une telle attitude.

---

2. L'appel des causes

364 **Audience du président de la chambre saisie.** Au jour fixé, se tient l'audience d'appel des causes (voy. art. 759 CPC : « l'affaire est obligatoirement appelée devant le président de la chambre à laquelle elle a été distribuée »). Le président de la chambre à laquelle elle a été distribuée confère alors de l'état de la cause avec les avocats présents. Il s'agit d'opérer un tri des affaires selon leur état et leur complexité. Quatre éventualités peuvent se rencontrer :

- premièrement, lorsqu'aucune partie ne se présente, le juge peut prendre une ordonnance de radiation qui, en tant que mesure d'administration judiciaire, n'est pas susceptible de recours ;
- deuxièmement (art. 760), l'affaire paraît prête à être jugée sur le fond et dans ce cas, le président renvoie à l'audience dont il fixe la date. Cette date peut d'ailleurs être le jour même. C'est ce que l'on nomme la *retenue immédiate de l'affaire* ou le *circuit court* ou encore, le *renvoi à l'audience*. La procédure progresse alors de manière accélérée, dans la mesure où il n'y a rien à ajouter pour pouvoir statuer. Cette procédure s'applique également aux affaires dans lesquelles le défendeur ne comparaît pas lorsque l'affaire considérée est en état d'être jugée sur le fond (sauf au juge à préférer ordonner la réassignation du défendeur) ;
- troisièmement (art. 761), l'affaire est sur le point d'être en état d'être jugée. Dans ce cas, le président peut « décider que les avocats se présenteront à nouveau devant lui, à une date qu'il fixe, pour conférer une dernière fois de l'affaire s'il estime qu'un ultime échange de conclusions ou qu'une ultime communication de pièces suffit à la mettre en état ou que les conclusions des parties doivent être mises en conformité avec les dispositions de l'article 753 [ce qui vise les conclusions qualificatives et récapitulatives] ». Le président fixe le délai nécessaire à ces transmissions et, à la date fixée, le président pourra renvoyer l'affaire à l'audience (art. 761, al. 3) ou accorder un report supplémentaire si nécessaire (on préconise tout de même que tout ceci soit réalisé dans un délai de quatre mois). C'est là le « circuit moyen » ;
- la quatrième éventualité est celle de l'instruction devant le juge de la mise en état des causes. C'est le « circuit long », qui fait l'objet du prochain développement.

---

621. Cass. (2e civ.), 26 octobre 2006, n° 05-10.356, *Bull. civ.*, II, n° 297.

§ 2. L'instruction de l'affaire

365 **L'instruction de l'affaire est confiée au juge de la mise en état.** Le juge de la mise en état est un magistrat de la chambre à laquelle l'affaire a été distribuée (art. 763, al. 1er)[622]. La mission du juge de la mise en état est « de veiller au déroulement loyal de la procédure, spécialement à la ponctualité de l'échange des conclusions et de la communication des pièces ». Ce juge est saisi par des conclusions qui lui sont spécialement adressées et qui sont donc distinctes des conclusions au sens de l'article 753 du Code (art. 772-1 CPC[623]). Le juge de la mise en état dispose de très nombreux pouvoirs qu'il convient de présenter avant d'en étudier les caractères.

A) Les pouvoirs du juge de la mise en état

366 **Des pouvoirs qui se déclinent en cinq sortes.** Il s'agit du pouvoir de concilier les parties, du pouvoir de régulation de la cause, du pouvoir quant aux mesures d'instruction, des pouvoirs de juridiction sur les incidents de procédure et, enfin, des pouvoirs qui lui sont dévolus quant à la clôture de l'instruction.

1. Le pouvoir de concilier les parties

367 **Une mission apparemment secondaire.** L'article 768 du Code de procédure civile permet au juge de la mise en état non d'organiser ou de poursuivre, mais de *constater* la conciliation, même partielle, des parties. Il peut, dans la suite de l'opération, homologuer, à la demande des parties, l'accord qu'elles lui soumettent.

Le dernier alinéa de l'article 764, qui prévoit le renvoi de l'affaire à une date ultérieure en vue de faciliter le règlement du litige, peut certes sembler viser en premier lieu à dégager un temps suffisant à la réalisation d'opérations d'investigations complémentaires ou d'échanges sur les points d'achoppement entre les parties, mais on peut aussi y voir un moyen de favoriser la discussion dans une perspective de rapprochement des plaideurs.

2. Le pouvoir de régulation de la cause

368 **Le choix d'un calendrier.** C'est au fur et à mesure de l'avancement de la procédure que le juge de la mise en état fixe les délais nécessaires à l'instruction de l'affaire (art. 764, al. 1er CPC). La détermination de la durée de ces délais sera fonction de la nature de l'affaire en cause, de sa plus ou moins grande complexité, ainsi que du degré d'urgence qui la caractérise. Afin de s'assurer de

622. Sur l'introduction d'une formalisation de la procédure prud'homale par la loi n° 2015-990 du 6 août 2015 *pour la croissance, l'activité et l'égalité des chances économiques*, voy. art. L. 1454-1-2 C. trav. : la mise en état des affaires est assurée par le bureau de conciliation et d'orientation et, si le dossier n'est pas prêt devant le bureau de jugement, par ce dernier. Un ou deux conseillers rapporteurs pourront alors être désignés à cette fin et auront le pouvoir de prescrire « toutes mesures nécessaires à cet effet ».

623. Créée par le décret n° 2017-891 du 6 mai 2017, cette règle est d'origine jurisprudentielle : Cass. (2e civ.), 12 mai 2016, n° 14-28.086.

la collaboration des avocats, le juge de la mise en état provoque préalablement leur avis sur les délais qu'il envisage.

Il arrive aussi que la fixation des délais se fasse dès le début de la procédure. C'est une sorte de « contrat de procédure », qui correspond à une mise en état simplifiée d'après un calendrier établi d'entrée, le jour de la conférence avec les avocats (voy. art. 764, al. 3 à 5). Le juge de la mise en état peut donc fixer un calendrier, qui comporte le nombre prévisible et la date des échanges de conclusions, la date de la clôture, celle des débats et celle du prononcé de la décision.

Relevons encore que le juge de la mise en état « peut inviter les parties à mettre en cause tous les intéressés dont la présence lui paraît nécessaire à la solution du litige » (art. 768-1) et procède aux jonctions et disjonctions d'instance.

369 **Le respect des dates convenues.** En cas de mise en place d'un calendrier de la mise en état, le Code considère qu'il convient de respecter au plus près ce qui a été fixé, puisqu'en présence d'une telle prévision, les délais ne pourront être prorogés qu'en cas de « cause grave et dûment justifiée » (art. 764, al. 5, CPC). La rédaction du texte, issue du décret n° 2005-1678 du 28 décembre 2005 est cependant plus stricte dans son énoncé que dans son application pratique (surtout lorsqu'est mise en avant l'exigence de la contradiction). Ceci étant, le juge de la mise en état dispose d'un pouvoir de sanction en cas de non-respect des délais convenus, au travers de son pouvoir d'injonction et de retrait du rôle. Le juge de la mise en état peut aussi, d'office ou à la demande d'une partie, clôturer l'instruction et renvoyer devant le tribunal : c'est l'ordonnance de clôture[624]. Enfin, si la carence provient des deux parties, le juge peut prononcer par ordonnance non motivée et insusceptible de recours la radiation de l'affaire (art. 781).

370 **Des sanctions qui sont facultatives pour le juge de la mise en état.** Toutes ces sanctions envisageables ne sont pas applicables de manière automatique. Un juge qui réprimerait ainsi tout dépassement de délai nuirait au climat de collaboration souhaité. C'est pourquoi, avant de se diriger vers une sanction d'un dépassement de délai, le juge de la mise en état va pouvoir enjoindre aux parties de déposer leurs conclusions, les entendre d'office, exiger la communication, la production et l'obtention des pièces au besoin sous astreinte. C'est évidemment au vu des dernières écritures qu'il appartiendra au tribunal de statuer et non au visa de conclusions antérieures[625].

Par ailleurs, même après que la radiation a été prononcée, une réinscription de l'affaire au rôle reste toujours possible, à condition toutefois que les parties aient accompli les diligences, c'est-à-dire les actes dont l'absence a entraîné la radiation, et sous réserve que la péremption de l'instance ne soit pas acquise (art. 383). Le dépôt au greffe de conclusions comportant cette demande de réinscription de l'affaire au rôle interrompt la péremption[626].

371 **Un rôle tendu vers la mise en œuvre du principe de loyauté processuelle.** Au travers de ce pouvoir de régulation des causes apparaît celui expressément

624. Sur cette ordonnance, voy. *infra*, n° 384.

625. Cass. (1re civ.), 4 juillet 2006, n° 05-15.808, *Bull. civ.*, I, n° 352.

626. Cass. (2e civ.), 16 mars 2017, n° 16-10.059.

visé par l'article 763, alinéa second du Code de procédure civile, de veiller au déroulement loyal de la procédure : un déroulement loyal de la procédure suppose en effet une information triangulaire entre les deux parties et le juge. C'est pourquoi le juge exerce tous pouvoirs nécessaires à la communication, l'obtention et la production des pièces (art. 770), invite les parties à conclure (art. 763), peut entendre les avocats et – mais toujours contradictoirement – les parties (art. 767).

3. Le pouvoir quant aux mesures d'instruction

372 **Les mesures d'instruction ont pour objet de prouver la véracité d'un fait.** C'est à chaque plaideur qu'il revient d'apporter la preuve des faits et des actes sur lesquels il fonde sa prétention (art. 9 CPC) ; mais dans le même temps, il est prévu que le juge peut prescrire d'office toutes les mesures d'instruction prévues par la loi (art. 10). Apparaissent alors deux principes qu'il appartient au juge de conjuguer, sachant qu'il revient au seul juge de la mise en état – de la période qui va de sa désignation à son dessaisissement – d'ordonner, le cas échéant d'office, toute mesure d'instruction (art. 771, 5°).

C'est l'article 146 qui lui offre la clé de lecture quant aux mesures à ordonner ou non : d'une part, une mesure d'instruction ne peut être engagée sur un fait que si la partie qui l'allègue ne dispose pas d'éléments suffisants pour le prouver et d'autre part, en aucun cas une mesure d'instruction ne peut être ordonnée en vue de suppléer la carence de la partie dans l'administration de la preuve. Il faut donc que la partie apporte au moins un élément de preuve ou de vraisemblance du fait[627]. La solution posée ici est générale : elle vaut pour tous les juges et toutes les juridictions, sauf en ce qui concerne la vérification d'écritures réclamée à titre principal et l'inscription de faux qui sont réservées à la compétence du tribunal de grande instance.

La mesure ordonnée se concrétise par une ordonnance du juge ou un jugement s'il est question d'un tribunal et, parfois, par une simple mention au dossier ou au registre d'audience.

373 **Les voies de recours contre la décision du juge.** Quelle que soit la décision (que la mesure d'instruction soit ordonnée ou refusée, qu'elle soit modifiée ou que le juge refuse toute modification), l'opposition n'est pas possible (art. 150, al. 1er) et l'appel comme le pourvoi ne sont ouverts qu'en même temps que la décision sur le fond. Il en va autrement pour l'expertise, qui bénéficie d'un régime spécial : en effet, la décision ordonnant l'expertise peut être frappée d'appel indépendamment du jugement sur le fond sur autorisation du Premier président de la cour d'appel, s'il est justifié d'un motif grave et légitime (art. 272). Il faut tenir compte aussi des jugements mixtes, ces jugements qui tranchent dans leur dispositif une partie du principal et ordonnent une mesure d'instruction ou une mesure provisoire. De tels jugements peuvent en effet être immédiatement frappés d'appel.

627. De sorte que le juge ne peut pas refuser de statuer, en se fondant sur l'insuffisance des preuves qui lui sont fournies par les parties : Cass. (2e civ.), 28 juin 2006, n° 04-17.224, *Bull. civ.*, II, n° 174.

Art. 544 : « Les jugements qui tranchent dans leur dispositif une partie du principal et ordonnent une mesure d'instruction ou une mesure provisoire peuvent être immédiatement frappés d'appel, comme les jugements qui tranchent tout le principal ».

Parmi les mesures d'instruction pouvant être ordonnées par le juge de la mise en état, se dégagent spécialement la comparution personnelle, les déclarations des tiers et les mesures exécutées par un technicien.

a) La comparution personnelle des parties

374 **Le juge fait venir les parties devant lui pour les interroger sur les faits de la cause.** De la même manière que les confrontations en matière pénale, la confrontation des parties entre elles ou leur présentation devant le juge et le décor solennel qui l'entoure peut contribuer à faire jaillir la vérité. Le juge va pouvoir tirer des déclarations des parties, de leur absence ou de leur refus de répondre, toute conséquence de droit. Dans les déclarations faites, le juge peut trouver un aveu, un commencement de preuve par écrit[628] ou encore, une présomption. Le système de la preuve morale – qui est celui « de l'intime conviction du juge » – est alors privilégié par rapport au système des preuves légales quant aux conséquences de la comparution.

Le principe qui gouverne la comparution des parties est que celles-ci soient interrogées en présence l'une de l'autre, à moins que les circonstances n'exigent qu'elles le soient séparément. Dans ce dernier cas, elles doivent cependant être confrontées si l'une des parties le demande (art. 189 CPC).

b) Les déclarations des tiers

1) *Les déclarations des tiers peuvent être écrites*

375 **Les déclarations des tiers écrites : les attestations de témoins.** Les attestations peuvent être produites spontanément par un plaideur ou être rédigées à la demande du juge. Et le juge communique aux parties celles qui lui sont directement adressées (art. 200), de sorte que ces attestations peuvent être contradictoirement débattues. À cet égard, le juge est libre d'écarter des débats une attestation litigieuse et il peut toujours procéder à l'audition personnelle de l'auteur d'une attestation (art. 203 ; passage en ce cas – rare toutefois en matière civile – par la voie de l'enquête).

E 44 **Modèle d'acte : l'attestation de témoin**

Recommandations :
Pour être valable, l'attestation doit remplir les conditions suivantes :
- être écrite, datée et signée par le témoin lui-même ;
- être accompagnée d'une photocopie recto verso de tout document officiel justifiant de l'identité du témoin et comportant sa signature (carte d'identité, permis de conduire, passeport, etc.) ;
- reproduire, de la main du témoin, la formule suivante : « La présente est établie en vue de sa production en justice et je sais qu'une fausse attestation de ma part m'expose à des sanctions pénales ».

628. Voy. aussi bien l'article 198 du Code de procédure civile que l'article 1362 du Code civil (anc. art. 1347).

Application :
Établie en vue de sa production en justice conformément aux articles 200 à 203 du Code de procédure civile.
Je, soussigné, Nom (et, éventuellement *Nom de jeune fille) Prénoms, né(e) le* (date de naissance) à (lieu de naissance, ville et pays), *exerçant la profession de* (profession), *Domicilié(e) au* (adresse ; exemple : 12 Avenue de la Liberté à 75 000 Paris),
Lien pouvant exister entre le témoin et l'une des parties : il faut préciser ici la partie concernée et la nature du lien : parenté, alliance, subordination, collaboration ou intérêt commun.
Ai l'honneur de relater les faits ci-après : c'est à partir de là que le témoin décrit ce qu'il a personnellement vu, entendu, constaté. Il ne peut donc se faire l'écho de rumeurs ou de propos de seconde main.
Après avoir exposé les éléments en sa connaissance, le témoin terminera son attestation par la formule attendue par l'article 202 :
La présente est établie en vue de sa production en justice et je sais qu'une fausse attestation de ma part m'expose à des sanctions pénales.
Établie à (lieu), le (date). Signature.
Une question qui se pose souvent du point de vue déontologique est le degré d'implication possible de l'avocat dans ce qui, en droit de l'arbitrage, est communément nommé « la préparation du témoin ». Sur cette question, voy. A. Kirry, « L'avocat et son témoin », *Procédures* 2016, étude, n° 11.

2) *Les déclarations des tiers peuvent être orales*

376 **Les déclarations des tiers orales sont recueillies par la voie de l'enquête.** C'est là le mode le plus ancien de réception de déclaration de tiers en justice. Elle consiste dans l'audition du tiers par un juge, voire par un tribunal hors phase de mise en état.

L'enquête peut être ordonnée soit à la demande des parties, soit d'office. Lorsqu'une partie demande une enquête, elle doit indiquer le nom des témoins et préciser les faits sur lesquels elle entend rapporter la preuve. Le juge n'est cependant tenu ni par la liste des témoins ni par la liste des faits. Il peut même, à l'audience ou en son cabinet, ainsi qu'en tout lieu à l'occasion de l'exécution d'une mesure d'instruction, entendre sur-le-champ les personnes dont l'audition lui paraît utile à la manifestation de la vérité.

Pour assurer le respect de la contradiction, les parties sont convoquées à l'enquête.

377 **Qui peut être entendu ?** Toute personne légalement requise a l'obligation de se présenter, de prêter serment et de dire ce qu'elle sait. Cependant, peuvent être dispensées de témoigner, les personnes qui justifient d'un intérêt légitime (art. 206), par exemple les parents ou alliés en ligne directe de l'une des parties ou son conjoint, même divorcé.

S'agissant de l'audition des mineurs, dans toute procédure le concernant, le mineur capable de discernement peut, sans préjudice des dispositions prévoyant son intervention ou son consentement, être entendu par le juge[629]. L'article 262, alinéa troisième de l'ancien Code de procédure civile précisait que les personnes âgées de moins de 15 ans pourront être entendues, mais sans prestation de serment. Ce texte a été abrogé par la loi n° 74-631 du 5 juillet 1974 abaissant la majorité à 18 ans, de sorte qu'il n'y a plus de texte sur la question. Les articles 338-1 à 338-9 de l'actuel Code sur l'audition de l'enfant en justice ne comportent, sur la question, aucune indication utile. C'est donc le juge

629. Voy. art. 388-1 C. civ. *Adde* Cour EDH, 3e sect., 11 octobre 2016, req. n° 23298/12, *Iglesias Casarrubios et Cantalapiedra Iglesias c. Espagne*, *Procédures*, 2016, comm. 364, N. Fricero.

qui appréciera dans chaque cas d'espèce s'il faut ou non faire prêter serment à l'enfant, sauf – mais cela vise tous les descendants indépendamment de leur âge – « sur les griefs invoqués par les époux à l'appui d'une demande en divorce ou en séparation de corps » (art. 205 CPC).

c) Les mesures d'instruction exécutées par un technicien

378 **Du choix de l'expertise à la diversité des mesures confiées à un technicien.** Dans l'ancien Code de procédure civile, on ne connaissait que l'expertise, ce qui présentait le défaut de déclencher cette procédure souvent lourde et onéreuse dans tous les cas où l'on voulait une appréciation sur des mesures purement techniques. La réforme de la procédure civile a eu pour but de mieux adapter la procédure à chaque situation et de permettre au juge de demander au technicien une simple constatation, une consultation, tout en conservant la possibilité de recourir à une expertise. La matière est désormais régie par les articles 232 à 284-1 du Code et laisse par principe au juge la liberté de choix quant à la mesure à ordonner. Il faut remarquer que depuis le décret n° 2017-892 du 6 mai 2017, lorsque la demande de mesure d'instruction est portée devant le juge des référés, le défendeur a la possibilité d'indiquer, « avant l'audience, acquiescer à la demande [de sorte qu'il est alors] dispensé de comparaître » (il aurait été plus précis que le texte indique « dispensé de se présenter à l'audience »). L'article 486-1 du Code de procédure civile qui contient désormais la règle ajoute que le juge peut toujours ordonner que le défendeur se présente devant lui. L'alinéa second du texte précise que « la décision rendue dans ces conditions est contradictoire », ce qui résulte de la règle plus générale applicable à toute procédure orale (voy. art. 446-1 CPC).

Dans une présentation graduée, le Code permet au juge de désigner un technicien pour qu'il procède soit à une *constatation*, soit, lorsque la mesure est technique mais ne suppose pas d'investigations complexes, une *consultation*. L'expertise, troisième degré, n'a lieu d'être ordonnée que dans le cas où des constatations ou une consultation ne pourraient suffire à éclairer le juge (art. 263).

1) *Le choix de l'expertise*

379 **Rôle du juge et des parties.** L'expertise est privilégiée lorsque le litige nécessite un approfondissement de questions techniques qui échappent à la connaissance du juge et réclament les lumières d'un spécialiste. Elle peut être sollicitée par les parties ou ordonnée d'office par le juge. Mais le juge, même quand l'expertise est demandée par les parties, reste toujours libre de l'ordonner ou non.

Le juge peut désigner la personne de son choix, en se référant, en principe, à la liste des experts établie pour chaque cour d'appel. En pratique, le juge provoque souvent l'avis des parties. Rien n'interdit cependant au juge de désigner un expert *ad hoc*, c'est-à-dire *pour l'occasion*, en présence d'un litige imposant l'éclairage d'un expert qui n'est pas présent sur ladite liste[630].

---

630. Sur la neutralité attendue de l'expert, voy. *infra*, encadré E52. Pour les principaux textes applicables aux experts, voy. la loi n° 71-498 du 29 juin 1971 *relative aux experts judiciaires* et le décret n° 2004-1463 du 23 décembre 2004 *relatif aux experts judiciaires*.

2) *La mission de l'expert*

380 **Le respect des indications du juge.** Le juge fixe la mission de l'expert, qui ne peut donner son avis que sur les points pour l'examen desquels il a été désigné. L'expert peut néanmoins répondre à d'autres questions, sur accord écrit des parties. Et, si l'expert considère que certains points apparaissent intéressants pour la solution du litige, il peut le signaler au juge qui étendra éventuellement sa mission à ces aspects.

381 **La mission de l'expert est purement technique.** Un expert ne doit pas donner d'avis portant sur le fond du droit et le juge ne peut pas lui donner mission de concilier les parties, la conciliation relevant uniquement des pouvoirs du juge. Toutefois, si au cours de l'expertise les parties se mettent d'accord par une transaction, l'expert constate que sa mission est devenue sans objet et en fait rapport au juge qui donnera force exécutoire à cet accord. Cette nuance est à l'origine de la médiation judiciaire[631].

Lors de l'exécution de sa mission, l'expert judiciaire est tenu de respecter la contradiction[632]. En pratique, il est désormais courant que l'expert communique un pré-rapport aux parties pour qu'elles puissent lui transmettre leurs observations en retour, avant l'établissement du rapport. Mais lorsque la contradiction n'est pas respectée, les parties peuvent solliciter la nullité du rapport de l'expert judiciaire, à condition de prouver un grief. La Cour de cassation considère en effet que, soumise au régime des nullités de procédure en application de l'article 175 du Code de procédure civile, la demande de nullité de l'expertise ne constitue pas une exception de procédure, de sorte que ce n'est pas le juge de la mise en état mais le tribunal qui, en grande instance, en connaît[633]. La Cour de cassation admet toutefois qu'il n'y a pas grief si, à l'audience de la formation de jugement, la personne victime du défaut de contradiction « aurait pu critiquer » les conclusions de l'expert devant cette formation. Ainsi que l'écrit le professeur Roger Perrot, voilà une bien « curieuse manière d'apprécier l'absence de grief »[634].

Le cas échéant, l'expert peut faire appel, mais dans une spécialité distincte de la sienne, à un technicien dénommé dans la pratique un « sapiteur » (art. 278 et 278-1 CPC) qui, choisi par l'expert, agit sous son contrôle et sa responsabilité[635] et est payé par lui. Ce technicien ne demande donc pas de consignation ; c'est, en pratique, l'expert qui en demande une pour payer son sapiteur.

---

631. Voy. *supra*, n° 320.

632. Cass. ch. mixte, 28 septembre 2012, n° 11-18.710, *Bull. ch. mixte*, n° 2 ; *JCP G*, 2012, 1200, note S. Amrani Mekki. *Adde* Cour EDH, 19 mars 1997, arrêt *Mantovanelli c. France*, série A, *Rec.*, 1997, II, n° 32.

633. Cass. (2e civ.), 31 janvier 2013, n° 10-16.910, *Bull civ.*, II, n° 20. Sur la sanction de la nullité, voy. déjà Cass. ch. mixte, 28 septembre 2012, précité.

634. Cass. (2e civ.), 28 novembre 2012, n° 11-10.805, *Bull. civ.*, II, n° 192 ; *RTD civ.*, 2013, 172, obs. R. Perrot. *Adde* Cass. (2e civ.), 6 février 2014, n° 13-11.793, qui apporte un léger bémol à la solution, puisque cet arrêt indique que le rapport ne pourra être la preuve déterminante et exclusive : « si le juge a la possibilité, comme en l'espèce, de se référer à une expertise versée aux débats et soumise à la discussion contradictoire des parties dès lors que les conclusions du rapport d'expertise sont corroborées par d'autres éléments dont il précise la nature et la valeur ».

635. L'expert doit en particulier respecter le principe de la contradiction et ce, également, lorsqu'il fait appel à un sapiteur c'est-à-dire lorsqu'il consulte lui-même un technicien : Cass. (2e civ.), 15 avril 2010, n° 09-10.239, *Bull. civ.*, II, n° 83 (annulation du rapport d'expertise à l'égard de toutes les parties).

Après avoir exécuté les opérations nécessaires à sa mission, l'expert rédige un rapport dont il envoie une copie à chaque partie et qu'il dépose également au greffe du tribunal. L'instance est alors reprise à la diligence du juge. Le rapport d'expertise qui est déposé, en droit, ne lie pas le juge. Cependant, dans la pratique, ce dernier en tient évidemment compte et s'il veut aller contre les dires de l'expert, en se basant par exemple sur un autre rapport d'expertise, il doit motiver sa décision. Le juge peut aussi demander à l'expert des éclaircissements et l'entendre en présence des parties.

E 45 **Référé *in futurum* et date de reprise des délais**

Le juge saisi sur le fondement de l'article 145 du Code a terminé son office dès l'instant qu'il s'est prononcé sur la mesure d'instruction sollicitée. Ainsi, lorsque le juge ordonne une expertise, c'est avec l'ordonnance de désignation de l'expert que l'instance s'éteint (par ex. Cass. (3e civ.), 8 juillet 2009, n° 08-18.379, *Bull. civ.*, III, n° 169). Ce devrait être – et c'est la solution qui prévalait avant la loi n° 2008-561 du 17 juin 2008 portant réforme de la prescription en matière civile (*JO*, 18 juin 2008, p. 9856) – à ce moment précis que reprend le cours de la prescription (que l'assignation en référé a interrompu, voy. art. 2241 C. civ.). Or, une telle solution n'était pas sans inconvénient dans la mesure où il peut se dérouler un certain temps entre le jour de la décision rendue et le jour du dépôt par l'expert de son rapport. Et dans l'hypothèse d'un bref délai, il se peut que le jour où l'expert livre son rapport, le demandeur n'ait plus le temps d'agir utilement. Pourtant, il avait été jugé que le fait que le juge du contrôle de l'expertise soit le juge qui l'a ordonnée ne change rien à l'affaire : Cass. (2e civ.), 6 mars 1991, n° 89-16.995, *Bull. civ.*, II, n° 77 ; *RTD civ.*, 1991, 595, obs. R. Perrot.

La reprise des délais dès la décision de désignation de l'expert pouvait donc conduire à provoquer des assignations conservatoires. C'est pourquoi, à défaut dans notre droit positif d'un acte simple valant interruption de la prescription, la loi n° 2008-561 du 17 juin 2008 est venue créer un nouvel article 2239 dans le Code civil selon lequel « La prescription est également suspendue lorsque le juge fait droit à une demande de mesure d'instruction présentée avant tout procès ». De manière plus générale, ce texte poursuit une simplification mais aussi une réduction des délais de prescription tant dans leur formulation que dans leurs effets concrets.

382 **Rémunération de l'expert et démarrage de sa mission.** Les anciens textes prévoyaient que l'expert, après avoir fait connaître au juge son acceptation, devait commencer immédiatement les opérations d'expertise. L'expert devait ainsi commencer à « travailler » sans savoir si la provision pour l'expertise serait versée et il est arrivé effectivement que l'expert ne soit pas rémunéré, à la suite de circonstances diverses. L'habitude avait alors été prise par les experts de ne commencer leur activité que lorsque la provision avait été versée. Ce procédé, bien qu'admis en pratique, n'était pas légal. De plus, la provision était souvent sous-estimée par rapport au travail à effectuer, ce qui entraînait parfois des difficultés pour obtenir le complément.

Pour pallier cet état de fait, les textes ont été modifiés et l'article 267 dispose désormais que l'expert doit commencer les opérations d'expertise dès qu'il est averti que les parties ont consigné la provision mise à leur charge, ou le montant de la première échéance dont la consignation a pu être assortie, à moins que le juge lui enjoigne d'entreprendre immédiatement ses opérations.

De plus, l'article 269 nouveau précise que le juge doit fixer le montant de la provision aussi proche que possible de la rémunération définitive prévisible. Ceci constitue une deuxième garantie pour l'expert. Mais cette disposition est aussi intéressante pour la partie qui demande une expertise car, ainsi, elle peut se faire une idée plus exacte de ce que l'expertise va coûter en définitive, alors qu'auparavant la provision fixée quelquefois d'une manière assez basse pouvait inciter la partie à demander une expertise dont la charge se révélait en définitive trop lourde.

L'article 271 prévoit quant à lui qu'à défaut de consignation dans le délai et selon les modalités prévues, la désignation de l'expert est caduque, à moins que le juge, à la demande d'une partie se prévalant d'un intérêt légitime, ne décide une prorogation de délai ou un relevé de la caducité. Malgré le défaut de consignation, l'instance est poursuivie. Il peut cependant être tiré toute conséquence de l'abstention ou du refus de consigner.

E 46 Technique d'accélération de l'engagement des travaux du technicien

On sait ainsi qu'en matière d'expertise, le juge désigne la ou les parties qui devront consigner une provision à valoir sur la rémunération de l'expert (art. 269) et que le défaut de consignation peut entraîner la caducité de la désignation de l'expert (art. 271).

Pour éviter des manœuvres dilatoires, l'habitude s'est instaurée de mettre la consignation à la charge de la partie qui a demandé la mesure d'instruction (elle n'a pas en effet intérêt à tergiverser). S'ajoute une justification plus globale qui touche à l'approche même du système judiciaire : au jour de la demande en justice, personne ne peut dire qui a, avec certitude, raison. Partant, c'est à celui qui déclenche les hostilités de prendre en charge, au moins provisoirement, le coût généré par la procédure dont il a été à l'origine.

Certaines juridictions, pour ne pas retarder le commencement des opérations, ont déterminé un montant de provision selon le type de mesure sollicitée (expertise-consultation), qui se dessine de manière répétitive en pratique dans une fourchette de références, et l'avocat du demandeur, informé du montant habituellement retenu, se présente à l'audience muni d'un chèque de son client à hauteur de la somme correspondante. L'expert peut être immédiatement joint par téléphone par le greffe, et la date des premières investigations, fixée. Elle peut, avec cette technique, coïncider avec le jour même de la décision de désignation du technicien.

4. Les pouvoirs de juridiction sur les incidents de procédure

383 **La concentration des pouvoirs de mise en état entre les mains du juge.** Avant 1935, tout incident était soumis au tribunal, ce qui entraînait complications et retards. Depuis 1935, le juge chargé de suivre la procédure, puis, le juge de la mise en état, intervient tout au long de l'instruction. Le juge de la mise en état peut désormais (art. 771, al. 2, 1° à 4°) :

- statuer sur les exceptions de procédure, les demandes formées en application de l'article 47 et sur les incidents mettant fin à l'instance. Le texte précise que les parties ne sont plus recevables à soulever ces exceptions et incidents ultérieurement à moins qu'ils ne surviennent ou soient révélés postérieurement au dessaisissement du juge[636] ;
- allouer une provision *ad litem* (pour le procès) ou accorder une provision au créancier lorsque l'obligation n'est pas sérieusement contestable[637] ;
- ordonner toute mesure provisoire, même conservatoire, sauf en ce qui concerne les saisies conservatoires, les hypothèques et les nantissements

636. Sur ce point, voy. *supra*, n° 279.

637. Mais le juge peut subordonner l'exécution de sa décision à la constitution d'une garantie. Sur les limites à cette éventualité, voy. *infra*, n° 431, *in fine*.

provisoires, réservés au juge de l'exécution. Il peut aussi modifier ou compléter les mesures qui auraient déjà été ordonnées, mais cela suppose qu'un fait nouveau, voire un fait ancien révélé depuis, ait été porté à sa connaissance.

5. La clôture de l'instruction

384 **La clôture de l'instruction résulte d'un acte formel, l'ordonnance de clôture.** Par l'ordonnance de clôture, le juge renvoie l'affaire devant le tribunal pour qu'elle y soit plaidée à la date fixée par le président ou par lui-même s'il a reçu délégation à cet effet. Mais il est à remarquer que le juge de la mise en état reste saisi jusqu'à l'ouverture des débats ou jusqu'à la date fixée pour le dépôt des dossiers des avocats (art. 779 CPC).

L'ordonnance de clôture, qui peut être rendue d'office par le juge comme à la demande d'une partie, a pour but de mettre fin à la pratique des conclusions tardives. Elle doit intervenir à une date aussi proche que possible de l'audience de plaidoirie, de dix à quinze jours idéalement, le juge de la mise en état devant calculer cette date en fonction de la date de l'audience.

En principe, l'ordonnance rendue n'est pas motivée. Toutefois, lorsque la clôture est demandée par l'autre partie en raison de la carence de l'avocat adverse dans l'accomplissement des actes de la procédure dans le délai qui avait été imparti, le juge qui refuse de la prononcer doit motiver sa décision. Cela étant, même en ce cas, la décision est rendue sans recours possible (art. 780 CPC).

385 **La question des conclusions et pièces déposées au dernier instant.** L'ordonnance de clôture marque l'instant à compter duquel aucune conclusion ni pièce ne pourront plus être déposées (art. 783 CPC). Se pose alors la question des conclusions et pièces déposées juste avant l'ordonnance. La jurisprudence estime que le juge peut rejeter les conclusions tardives lorsqu'elles ne permettent pas d'observer la contradiction. L'irrecevabilité des conclusions et pièces nouvelles peut évidemment être prononcée d'office. Pour la Cour de cassation[638], la vérification du caractère tardif ou non des pièces résulte des constatations souveraines des juges du fait. L'accent est mis sur le respect des délais fixés par le juge et non sur une obligation qu'aurait le juge de caractériser les circonstances particulières qui auraient empêché le respect du principe de la contradiction. Les juges du fond n'ont donc pas à examiner le contenu des pièces et des conclusions de dernières heures ; « le seul fait qu'elle ait été produite dans un temps « non utile » suffit à l'écarter des débats »[639].

Il existe cependant des tempéraments au principe de terminaison posé, que donne l'article 783 : ainsi, sont « cependant recevables, les demandes en intervention volontaire, les conclusions relatives aux loyers, arrérages[640], intérêts et

638. Cass. ch. mixte, 3 février 2006, n° 04-30.592, *Bull. ch. mixte*, n° 2 ; *D.*, 2006, Jur., 1268, obs. A. Bolze ; *Gaz. Pal.*, 17-18 février 2006, p. 5, avis M.-A. Lafortune ; *RTD civ.*, 2006, 376, obs. R. Perrot.

639. L.-A. Devillairs, *Les conclusions écrites dans le procès civil : étude de procédure civile*, th. Strasbourg, 2006, n° 1161.

640. Le mot désigne une redevance périodique dont l'échéance est arrivée.

autres accessoires échus et aux débours[641] faits jusqu'à l'ouverture des débats, si leur décompte ne peut faire l'objet d'aucune contestation sérieuse ».

De même, sont recevables « les demandes de révocation de l'ordonnance de clôture » et « les conclusions qui tendent à la reprise de l'instance en l'état où celle-ci se trouvait au moment de son interruption ». Ainsi, l'ordonnance de clôture peut être révoquée d'office par le juge, mais aussi à la demande d'une partie, voire par le tribunal après l'ouverture des débats (art. 784, al. 3). La révocation de l'ordonnance de clôture est néanmoins soumise à une condition stricte : elle n'est envisageable que s'il se révèle une cause grave depuis qu'elle a été rendue. L'article 784 précise que la constitution d'avocat postérieurement à la clôture n'est pas, en soi, une cause de révocation. Un exemple de cause grave qui a été admise peut résulter de la découverte d'un testament postérieurement à la clôture et qui modifie les données de l'espèce soumise au tribunal.

L'ordonnance de clôture n'est susceptible d'aucun recours (art. 780).

E 47 **L'audience de plaidoirie devant le juge de la mise en état**

L'anecdote de cet avocat, qui plaidait longuement et qui cherchait à s'en justifier avec discrétion au juge qui l'écoutait, est connue : il glissa, dans son plaidoyer, que ses explications étaient certes longues et soutenues... mais qu'il parlait *les parties dans le dos*... une expression plus plaisante est celles de *corps présents*. La défense orale est de celle qui accompagne l'image du métier des gens de robe et explique l'attachement des parties privées à la prise de parole de leur avocat. L'imaginaire collectif des joutes orales auxquelles se livrent les ténors du barreau et le rituel des cours d'assises confortent cette vision de l'art de la défense.

L'article 786 du Code de procédure civile permet néanmoins de limiter la mobilisation de plusieurs magistrats pour cette étape de la procédure, en autorisant le juge de la mise en état ou le magistrat chargé du rapport à tenir seul l'audience pour entendre les plaidoiries. La condition requise est que les avocats ne s'y opposent pas. Le temps consacré à la plaidoirie ne monopolise pas alors la juridiction entière et le juge présent rend compte de manière orale de ce qui a été dit au tribunal lors de la phase de délibéré.

B) Les caractères des pouvoirs du juge de la mise en état

1. Le caractère exclusif des attributions du juge de la mise en état

386 **Une question de « pouvoir » ou de « compétence » ?** L'article 771 du Code de procédure civile affirme que dès sa désignation, « le juge de la mise en état est, jusqu'à son dessaisissement, seul compétent, à l'exclusion de toute autre formation du tribunal ». Depuis le 1er septembre 2017, le greffe doit aviser les avocats constitués de la désignation du juge de la mise en état (art. 762 mod. décr. n° 2017-891 du 6 mai 2017). Dans le texte de l'article 771, le mot « compétent » peut sembler impropre, car le juge de la mise en état est une émanation du tribunal de grande instance. Il semblerait plus exact de parler d'attributions ou de pouvoirs du juge de la mise en état. Mais si l'article 771 vient conférer une liste de prérogatives au juge de la mise en état, il lui donne aussi une compétence spéciale, qui conduit à mettre à l'écart tout autre juge et en particulier

---

641. Il s'agit des avances faites par les avocats.

toute possibilité d'intervention du juge des référés. Cette dimension de compétence est renforcée par le décret de 2017 qui crée un nouvel article 772-1 dans le code. Celui-ci dispose : « Le juge de la mise en état est saisi par des conclusions qui lui sont spécialement adressées distinctes des conclusions au sens de l'article 753 »[642].

L'exclusivité des pouvoirs du juge de la mise en état s'applique à toutes les mesures énumérées plus haut et qui sont visées à l'article 771[643]. Cette exclusivité joue dès sa désignation et tant qu'il reste saisi, c'est-à-dire « jusqu'à l'ouverture des débats » et non, comme on aurait pu faussement le penser, jusqu'à l'ordonnance de clôture (art. 779, al. 3, CPC).

Les attributions du juge de la mise en état ne sont pas exclusives en ce qui concerne ses autres pouvoirs – comme la conciliation, ou la jonction ou disjonction d'instance –. Par ailleurs, l'article 774 prévoit que l'ordonnance du juge de la mise en état est rendue « les avocats entendus ou appelés », c'est-à-dire contradictoirement. Il faut en déduire que ce juge ne peut pas statuer sur requête dont le propre est de ne pas être contradictoire ; c'est le président du tribunal qui est alors compétent[644].

Ceci étant, lorsqu'un plaideur entend porter une demande devant le juge (ou le conseiller) de la mise en l'état, aucune règle expresse ne vient en déterminer la forme. De sorte que la pratique a pris l'habitude de lui adresser des conclusions établies à son adresse, bien que l'on aurait penser que rien n'interdisait d'adresser ses conclusions au tribunal (ou à la cour). Or, après l'avoir admis, la Cour de cassation a opté pour une règle contraire : les conclusions doivent lui être **spécialement adressées**, à peine d'irrecevabilité[645]. Le juge de la mise en état est de plus en plus une juridiction autonome au sein du tribunal de grande instance.

2. Le régime des décisions du juge de la mise en état

387 **Mesures d'administration judiciaire et attributions juridictionnelles.** Les décisions du juge de la mise en état sont tantôt des mesures d'administration judiciaire et, tantôt, relèvent de l'exercice de ses pouvoirs juridictionnels. Les premières poursuivent le bon avancement de la procédure et conduisent le juge à « veiller au déroulement loyal de la procédure, spécialement à la ponctualité de l'échange des conclusions et de la communication des pièces »

642. Après avoir estimé « qu'aucun formalisme particulier n'est prescrit pour saisir d'un incident le conseiller de la mise en état » (Cass. (2e civ.), 9 avril 2015, nos 14-18.730 & 13-28.707), la Cour de cassation a estimé que « le juge de la mise en état n'est saisi des demandes relevant de sa compétence que par les conclusions qui lui sont spécialement adressées » : Cass. (2e civ.), 12 mai 2016, n° 14-28.086, *D.* 2016. 1290, C. Bléry ; *Gaz. Pal.* du 30 août 2016, p. 56, obs. S. Amrani-Mekki. Sur l'ensemble de la question, voy. D. Mas, « La saisine du magistrat de la mise en état. Réflexions impertinentes d'un artisan du droit sur une remise en ordre », *JCP G* 2016, doctr. 1154.

643. Voy. *supra*, n° 383.

644. Sur l'irrecevabilité des exceptions et incidents non soulevés devant le juge de la mise en état par les parties, voy. *supra*, n° 279.

645. Cass. (2e civ.), 12 mai 2016, nos 14-28.086 & 14-25.054, *Bull. civ.*, II, à paraître ; *D.*, 2016. 1290, note C. Bléry . Voy. D. Mas, « La saisine du magistrat de la mise en état. Réflexions impertinentes d'un artisan du droit sur une remise en ordre », *JCP*, 2016, doctr. 1154.

(art. 763). La demande est alors formée par oral ou par écrit, mais toujours en respectant le principe de la contradiction ; la réponse du juge intervient par simple mention au dossier. Le juge peut ainsi et par exemple fixer les délais nécessaires à l'instruction de l'affaire et les prolonger, entendre les avocats et leur faire toutes communications utiles, ou encore, si besoin est, leur adresser des injonctions ou ordonner le retrait du rôle dans les cas et conditions des articles 382 et 383.

Au regard des attributions juridictionnelles du juge de la mise en état, elles se manifestent au travers des ordonnances que ce magistrat rend. La demande est alors formulée par voie de conclusions et le juge se prononce par ordonnance motivée, « sous réserve des règles particulières aux mesures d'instruction » (art. 773). Tel est le cas lorsque le juge : constate l'extinction de l'instance, exerce ses pouvoirs en matière de communication, d'obtention et de production des pièces, statue sur les exceptions de procédure et sur les incidents mettant fin à l'instance[646], alloue une provision – que ce soit pour le procès ou sur obligation non sérieusement contestable –, ordonne une mesure provisoire – même conservatoire – ou une mesure d'instruction, ou statue sur les dépens et les demandes formés en application de l'article 700.

Ces ordonnances n'ont cependant qu'une autorité provisoire de chose jugée. Cette règle va de soi : ce juge a pour mission de mettre l'affaire en état d'être jugée, non de la trancher définitivement. Il en va autrement[647] s'agissant des ordonnances du juge de la mise en état qui statue « sur les exceptions de procédure et sur les incidents mettant fin à l'instance » (art. 775 CPC). Ces décisions, qui tranchent la question ont, au principal, l'autorité de la chose jugée. C'est pourquoi une ordonnance du juge de la mise en état qui retient par exemple l'incompétence de la juridiction en raison de l'objet du litige, a autorité de la chose jugée et s'impose à toutes les parties à l'instance[648].

388 **Les recours envisageables contre les décisions du juge de la mise en état.** Il faut d'abord écarter de cette présentation les actes d'administration judiciaire, car conformément à la règle générale applicable aux mesures d'administration judiciaire (art. 537), lesdits actes ne sont pas susceptibles de recours, sauf recours pour excès de pouvoir en cas de violation des droits de la défense.

Les autres décisions du juge de la mise en état ne sont pas susceptibles d'opposition (art. 776, al. 1er) et elles « ne peuvent être frappées d'appel ou de pourvoi en cassation qu'avec le jugement sur le fond » (art. 776, al. 2). Il s'agit ici d'éviter un recours qui retarderait le jugement sur le fond. La mission du juge de la mise en état est d'accélérer le jugement des affaires, non de le différer.

---

646. En instance d'appel, les attributions du conseiller de la mise en état ne concernent que les exceptions de procédure et les incidents relatifs à ladite instance. Aussi, le conseiller de la mise en état n'est-il pas compétent pour statuer sur une exception de procédure relative à la première instance : Cass. (1re civ.), 8 juillet 2009, n° 08-17.401, *Bull. civ.*, I, n° 166. De même, sauf dispositions spécifiques, le juge comme le conseiller de la mise en état n'est pas compétent pour statuer sur une fin de non-recevoir : Cass. (2e civ.), 13 octobre 2016, n° 15-24.932 ; *Gaz. Pal.* 2016, n° 42, p. 78, L. Raschel ; *Procédures*, 2016, comm. 354, H. Croze.

647. Comme l'a jugé par ex. Cass. (3e civ.), 8 juillet 2009, n° 08-14.611, *Bull. civ.*, III, n° 176.

648. Cass. (2e civ.), 23 juin 2016, n° 15-13.483, *Procédures*, 2016, comm. 279, Y. Strickler.

Toutefois, ces autres décisions sont susceptibles d'appel immédiat dans les hypothèses prévues à l'article 776, alinéa 3, c'est-à-dire :

- premièrement, dans les cas et conditions prévus en matière de sursis à statuer (car le sursis peut être long) ou d'expertise (mais uniquement avec l'autorisation du Premier président) ;
  Et, dans les quinze jours de leur signification :
- deuxièmement, lorsque l'ordonnance a pour effet de mettre fin à l'instance (par exemple, le juge de la mise en état prononce la nullité de l'assignation) ou encore, lorsque l'ordonnance constate l'extinction de l'instance (par exemple, le juge constate la caducité de l'assignation parce qu'elle n'a pas été déposée au greffe dans les 4 mois prévus) ;
- troisièmement, lorsqu'elle statue sur une exception de procédure ;
- quatrièmement, lorsque l'ordonnance a trait aux mesures provisoires en matière de divorce ou de séparation de corps (celle statuant par exemple sur le droit de visite) ;
- cinquièmement, lorsque l'ordonnance alloue une provision, à condition que le montant de la demande soit supérieur au taux de compétence en dernier ressort.

On trouve une autre exception au principe de l'appel différé à l'article 141 du Code de procédure civile : le tiers à qui le juge a ordonné de produire une pièce et qui a vu sa demande de rétractation ou de modification de cette décision refusée, peut interjeter immédiatement appel contre cette décision, dans les quinze jours de son prononcé.

E 48 **Réforme de la procédure orale**

Le décret n° 2010-1165 du 1er octobre 2010 *relatif à la conciliation et à la procédure orale en matière civile, commerciale et sociale* a entériné la plupart des propositions qui résultaient de la Commission présidée par le Recteur Serge Guinchard[649]. Lorsque la procédure est orale, le débat n'est lié que par des déclarations faites à l'audience. Cela ne veut cependant pas dire que l'écrit ne sert à rien : il conserve un rôle dans la mesure où l'oralité va valoriser le rôle du greffier, par les notes d'audience, sans compter que celui-ci tient et signe le procès-verbal d'audience (authentification) ; le juge, pour sa part, prend des notes en audience. De sorte qu'en procédure orale, le principe est que la parole prime l'écrit. C'est pourquoi la partie doit être présente à l'audience ou représentée.

Cela étant, quand il ne s'agit pas d'alléguer une prétention, l'oralité ne s'impose plus. Un écrit peut alors produire plein effet. Ceci est vrai au regard de la prescription[650] comme pour le désistement : une lettre de désistement adressée au greffe fait immédiatement produire l'effet extinctif de l'instance, sous réserve d'être antérieure au dépôt d'une demande incidente. Sur ce dernier point, en effet, « lorsque dans une procédure orale une demande incidente a été formulée par un écrit déposé au greffe antérieurement au désistement d'appel, l'égalité des armes et l'exigence d'un procès équitable imposent qu'il soit statué sur la demande incidente soutenue à l'audience » (Cass. ch. mixte, 13 mars 2009, n° 07-17.670, *Bull. ch. mixte*, n° 1 ; *RTD civ.*, 2009, 369, obs. R. Perrot). La solution, retenue dans une procédure en recouvrement d'honoraires, est générale. Désormais, la date de réception des conclusions au greffe est déterminante, étant rappelé qu'en procédure

649. *L'ambition raisonnée d'une justice apaisée*, Paris, La Documentation française, 2008.

650. Cass. soc., 9 mars 2005, n° 02-46.319, *RTD civ.*, 2005, p. 452, obs. R. Perrot : des écritures peuvent interrompre la prescription lorsque l'audience prévue doit se tenir après l'expiration de cette prescription.

orale, il faudra, pour leur validité, qu'elles aient encore été présentées à l'audience[651].

Le décret de 2010 réaffirme le principe de l'oralité (art. 446-1 CPC) qui ne concerne cependant que les prétentions et moyens – et non les autres actes comme, par exemple, un désistement d'instance ou un aveu qui, eux, peuvent résulter d'un écrit –. Mais le juge a désormais le pouvoir de proposer aux parties qui ne sont pas assistées ou représentées par avocat d'organiser un calendrier de la procédure et une mise en état écrite de l'affaire. Il est même possible, avec l'accord des parties, de prévoir l'application du mécanisme des dernières écritures (art. 446-2), ce qui correspond à une extension du système des conclusions récapitulatives. Si, par la suite, les parties ne respectent pas le calendrier convenu, le juge dispose d'un pouvoir de sanction : il pourra rappeler l'affaire à l'audience en vue de la juger ou de la radier ; il pourra aussi écarter des débats les prétentions, moyens et pièces communiqués sans motif légitime après la date fixée pour les échanges et – les deux conditions sont cumulatives – dont la tardiveté porte atteinte aux droits de la défense (art. 446-2).

Le décret n° 2017-892 du 6 mai 2017 va plus loin lorsque toutes les parties comparantes ont un avocat et formulent leurs prétentions et moyens par écrit : les « conclusions » (normalement, en procédure orale, il est question d'écritures..., que les rédacteurs du texte oublient les fondamentaux de la procédure orale est significatif de l'évolution en cours ; ces dispositions reproduisent exactement celles de l'article 753 nouveau applicable au tribunal de grande instance...) « doivent formuler expressément les prétentions ainsi que les moyens en fait et en droit sur lesquels chacune de ces prétentions est fondée avec indication pour chaque prétention des pièces invoquées et de leur numérotation ». Doit aussi être annexé un bordereau des pièces. Du point de vue de leur présentation, les ainsi nommées conclusions comprennent de manière distincte « un exposé des faits et de la procédure, une discussion des prétentions et des moyens ainsi qu'un dispositif récapitulant les prétentions », et les moyens nouvellement présentés (ceux « qui n'auraient pas été formulés dans les écritures précédentes ») doivent l'être « de manière formellement distincte ». Tout cela est sévèrement sanctionné, puisque le juge « ne statue que sur les prétentions énoncées [et reprises au dispositif de leurs dernières conclusions déposées, sauf à être réputées les avoir abandonnés, et le juge] n'examine les moyens au soutien [des prétentions énoncées au dispositif] que s'ils sont invoqués dans la discussion ». Il découle en effet du texte que les « conclusions comprennent (...) une discussion des prétentions et des moyens ainsi qu'un dispositif récapitulant les prétentions ». Ainsi, la discussion est celle qui résulte des écrits, et les conclusions doivent veiller à articuler, dans leur présentation, les moyens conduisant à ce que les parties demandent dans le dispositif de leurs conclusions, discutés pour chaque prétention (voy. aussi *supra*, n° 214 *in fine*).

Le Code permet encore d'autoriser les parties à formuler leurs prétentions et leurs moyens par écrit sans se présenter à l'audience, mais seulement « lorsqu'une disposition particulière le prévoit ». Il faut cependant immédiatement ajouter que ces dispositions particulières existent largement : pour le tribunal d'instance, le tribunal de commerce, le juge de l'exécution, les juridictions de sécurité sociale et la cour d'appel. Les échanges se font alors par lettre recommandée avec demande d'avis de réception, ou par notification entre avocats. Le jugement qui sera rendu selon cette procédure écrite est qualifié, de disposition expresse, de « contradictoire » (art. 446-1 CPC). Le décret de 2017 ajoute un nouveau cas, quand une demande porte sur une mesure d'instruction en référé, le défendeur peut indiquer « avant l'audience, acquiescer à la demande » auquel cas il « est dispensé de comparaître ». Le juge a néanmoins toujours la faculté d'ordonner que les parties se présentent devant lui.

La date des prétentions et des moyens d'une partie régulièrement présentés par écrit est celle de leur communication entre parties.

Dans son intitulé comme dans ses développements, le décret de 2010 présente un lien marqué entre oralité et conciliation. En effet, dans une procédure orale, où les parties sont normalement présentes, l'échange peut conduire à un dialogue et donc, vers un rapprochement. Mais dans le même temps, la présence habituelle des auxiliaires de justice dans les procédures orales a conduit à y apporter leurs techniques de travail et, ce faisant, une place et une valeur renforcée de l'écrit dans ces procédures. 80 à 90 % des conciliations sont toutefois extrajudiciaires[652].

---

651. Par ex., Cass. (2e civ.), 18 février 2016, n° 14-29.242.

652. Sur le plan national : environ 10 000 saisines par le juge mais 110 000 saisines directes. Pour les chiffres de la cour d'appel de Lyon, en 2009 : 1 485 saisines par le juge mais 6 334 saisines directes, soit environ 81 % pour ces dernières.

Le rapport Delmas Goyon de décembre 2013, suggérait d'établir une porosité entre les procédures orale et écrite, en autorisant le passage de l'une à l'autre en cours de procédure, mais toujours soit à l'initiative des parties, soit avec leur accord (proposition n° 25).
En procédure prud'homale, la réforme de 2016 n'a pas changé le principe selon lequel l'oralité domine (*cf.* art. R. 1453-3 C. trav.). Ceci étant, comme par le passé, les parties peuvent se référer à leurs écritures. Mais, et c'est là une nouveauté imprimée par l'article R. 1453-5, si « toutes les parties comparantes formulent leurs prétentions par écrit et sont assistées ou représentées par un avocat, elles sont tenues, dans leurs conclusions, de formuler expressément les prétentions ainsi que les moyens en fait et en droit sur lesquels chacune de ces prétentions est fondée avec indication pour chaque prétention des pièces invoquées. Un bordereau énumérant les pièces justifiant ces prétentions est annexé aux conclusions. Les prétentions sont récapitulées sous forme de dispositif. Le bureau de jugement ou la formation de référé ne statue que sur les prétentions énoncées au dispositif. Les parties doivent reprendre dans leurs dernières conclusions les prétentions et moyens présentés ou invoqués dans leurs conclusions antérieures. À défaut, elles sont réputées les avoir abandonnés et il n'est statué que sur les dernières conclusions communiquées. »
En présence de professionnels du droit, la procédure crée à leur charge une obligation forte de structuration des écritures, équivalente à celle qu'ils connaissent en procédure de droit commun. L'article R. 1453-5 instaure ainsi, quand les parties comparantes ont toutes opté pour une formalisation écrite de leurs prétentions et une assistance ou représentation par avocat, à l'obligation de présenter et qualifier les prétentions en fait et en droit, avec l'indication des pièces invoquées ajoutée d'un bordereau énumérant les pièces annexées aux « conclusions ». On perçoit au passage que la régression de l'oralité est aussi dans les termes : il était de tradition de parler d'*écritures* et non de *conclusions* en procédure orale... l'uniformisation passe aussi par les mots ! Ces conclusions devront aussi être récapitulatives en leurs dispositif, le juge ne statuant que sur les prétentions énoncées au dispositif. Et en cas de plusieurs jeux de conclusions, les parties doivent reprendre dans leurs dernières conclusions les prétentions et moyens présentés ou invoqués dans leurs conclusions antérieures, sans quoi elles seront réputées les avoir abandonnés. Afin d'améliorer la mise en état des dossiers, le décret n° 2017-1008 du 10 mai 2017 *portant diverses dispositions procédurales relatives aux juridictions du travail*, fait apparaître l'ordonnance de clôture en droit du travail quand le bureau de conciliation et d'orientation, qui a la charge d'assurer la mise en état de l'affaire jusqu'à la date qu'il fixe pour l'audience de jugement, constate qu'il ne peut directement renvoyer l'affaire à l'audience de jugement en cas d'impossibilité de parvenir à une conciliation, il va fixer la date prévisible de clôture de la phase d'instruction. Et, désormais, après « l'ordonnance de clôture, aucune conclusion ne peut être déposée ni aucune pièce produite aux débats, à peine d'irrecevabilité prononcée d'office », sauf demandes en intervention volontaire, demandes en reprise d'instance, conclusions relatives aux rémunérations échues postérieurement à l'ordonnance de clôture et non sérieusement contestables, et bien sûr demandes de révocation de l'ordonnance de clôture (art. R. 1454-19-3 nouvellement créé). Cette révocation peut intervenir d'office ou à la demande des parties, mais uniquement « s'il se révèle une cause grave depuis qu'elle a été rendue » et, s'il s'agit de tenir compte de l'arrivée d'une demande en intervention volontaire formée après la clôture de l'instruction, « l'ordonnance de clôture n'est révoquée que si le bureau de jugement ne peut immédiatement statuer sur le tout » (art. R. 1454-19-4 C. trav.).
En outre, en appel, la loi du 6 août 2015 a créé une procédure écrite devant la cour avec représentation obligatoire (ce, pour les procédures engagées depuis le 1er août 2016). En effet, à défaut d'être représentées par un défenseur syndical les parties sont tenues de constituer avocat (art. R. 1461-1 C. trav.) et l'appel « est formé, instruit et jugé suivant la procédure avec représentation obligatoire » (art. R. 1461-2).

§ 3. Les débats oraux

389 **La phase d'instruction close, l'affaire est renvoyée devant le tribunal.** La nouvelle phase qui s'ouvre alors est celle des débats oraux. Avant d'aborder le déroulement proprement dit de l'instance, quelques mots s'imposent pour rappeler les grands principes qui gouvernent l'audience que sont l'oralité des débats et le caractère public de ceux-ci.

Mais avant cela, il faut encore observer les récentes évolutions de notre droit, qui se dirige vers la possibilité d'une procédure sans audience. En effet, la loi du 23 mars 2019 *de programmation 2018-2022 et de réforme pour la justice*, dite « loi Belloubet », prévoit que devant le tribunal de grande instance (au 1er janvier 2020, le tribunal judiciaire), « la procédure peut, à l'initiative des parties lorsqu'elles en sont expressément d'accord, se dérouler sans audience. En ce cas, elle est exclusivement écrite. Toutefois, le tribunal peut décider de tenir une audience s'il estime qu'il n'est pas possible de rendre une décision au regard des preuves écrites ou si l'une des parties en fait la demande »[653]. Cette disposition, dont l'entrée en vigueur est subordonnée à l'adoption d'un décret d'application pour déterminer la valeur en litige en deçà de laquelle inférieure ce processus vaut[654], permettra à terme de faire intégralement l'économie de débats oraux, à condition toutefois de l'accord préalable de l'ensemble des parties et sous réserve que le juge s'estime suffisamment informé. Cette disposition va dans le sens de la tendance contemporaine de réduire le temps des plaidoiries lors des audiences civiles[655] mais en franchissant un palier de plus. Il faut signaler que dans une fiche du ministère, il est expliqué que ce point de réforme vise à « adapter l'offre de justice aux justiciables » et donne un exemple : « un étudiant qui déménage de Dunkerque pour s'installer à Strasbourg devra revenir pour une audience à Dunkerque s'il est obligé d'agir en justice contre son propriétaire qui ne lui a pas restitué son dépôt de garantie »... cette explication est de l'enfumage ! Car l'article L. 212-5-1 créé dans le Code de l'organisation judiciaire pour poser la nouvelle règle indique clairement que « devant le tribunal de grande instance, la procédure peut, à l'initiative des parties lorsqu'elles en sont expressément d'accord, se dérouler sans audience [et dans] ce cas, elle est exclusivement écrite. » Qui peut sérieusement penser que dans l'exemple donné, le propriétaire va donner son accord ? Que l'auteur de cette modification soit honnête dans sa présentation : ceux qui bénéficient directement de la mesure, ce sont les avocats, qui pourront privilégier une procédure exclusivement écrite, et c'est indirectement que le justiciable en profitera en termes de réductions de coûts notamment.

Pour les procédures d'opposition à injonction de payer, l'article L. 212-5-2 du Code de l'organisation judiciaire prévoit que le tribunal pourra rejeter une demande d'audience si « compte tenu des circonstances de l'espèce, une audience n'est pas nécessaire pour garantir le déroulement équitable de la procédure », ce refus ne pouvant pas être contesté indépendamment de la décision sur le fond.

Les termes choisis par le législateur s'inspirent directement de l'article 5, § 1er*bis*, du Règlement (CE) n° 861/2007 du 11 juillet 2007 instituant une procédure européenne de règlement des petits litiges. Reste cependant à pouvoir

653. V. art. 26 L. n° 2019-222 du 23 mars 2019 *de programmation 2018-2022 et de réforme pour la justice*, insérant dans le Code de l'organisation judiciaire les articles L. 212-5-1 et L. 212-5-2.

654. Art. L. 212-5-2 COJ précité ; les dispositions portent également dus les oppositions formées contre les injonctions de payer dans les mêmes limites de valeur en litige.

655. Tendance par ailleurs discutée, v. E. Brochier et M. Brochier, « Le droit de plaider, nouveau principe directeur du procès », *JCP* 2015. 391.

mettre en pratique, sur le plan de la technique, les procédures dématérialisées impliquant des particuliers[656].

A) Les grands principes de l'audience

1. L'oralité des débats

390 **Un principe dont l'application marque un recul.** Si le Code de procédure civile accorde une place importante à l'oralité des débats, c'est que le procédé permet de donner une dimension plus humaine au procès et favorise un débat véritablement contradictoire. Mais il faut bien reconnaître que la part orale dans la procédure n'occupe plus aujourd'hui le rôle qui fut le sien jadis[657] et ainsi que l'on vient de le voir, encore moins à l'aune de la plus récente des réformes de la procédure.

En effet et en premier lieu, la plaidoirie peut avoir lieu devant le juge de la mise en état ou le magistrat chargé du rapport[658]. Le magistrat tient donc seul l'audience de plaidoiries. Mais seule l'audience de plaidoirie est alors concernée, car la décision qui sera rendue sera le fait de la formation ordinaire de la juridiction saisie et non du juge unique indiqué : ce juge « rend compte [de l'audience de plaidoiries] au Tribunal dans son délibéré »[659].

En second lieu, les avocats peuvent renoncer à plaider… ce qui est peu à recommander lorsque le client est dans la salle ! Dans un même souci de gain de temps, le président peut faire cesser les plaidoiries ou les observations présentées par les parties pour leur défense et ce, dès que la juridiction s'estime éclairée (art. 440, al. 3) ; ce cas de figure est plus fréquent en pratique.

La juridiction peut aussi retirer la parole à ceux qui ne se sont pas fait représenter par avocat ou qui ont été invités à présenter oralement leurs observations, « si la passion ou l'inexpérience les empêche de discuter de la cause avec la décence convenable ou la clarté nécessaire » (art. 441) ; mais il s'agit là avant tout d'assurer la sérénité de la justice plus que l'oralité de la procédure.

L'oralité visant par principe à développer ce qui figure dans les écrits, on constate, pour finir, qu'elle tient aujourd'hui une part réduite par rapport aux conclusions.

391 **Utilisation des techniques modernes (visioconférence).** L'article L. 111-12 du Code de l'organisation judiciaire permet, dans les audiences devant les juridictions judiciaires et par décision du président de la formation de jugement, d'office ou à la demande d'une partie – mais avec le consentement de l'ensemble des parties – d'organiser ces audiences dans plusieurs salles reliées entre elles par un moyen de télécommunication audiovisuelle garantissant la

---

656. Qui n'ont pas accès au Réseau Virtuel Privé des Avocats, dit RPVA ; Voy. pour, une illustration, C. Bléry et J.-P. Teboul, « De la communication par voie électronique au code de cyber procédure civile », *JCP*, 2017. 665 et C. Bléry et J.-P. Teboul, « Une nouvelle ère pour la communication par voie électronique », in *40 ans après… Une nouvelle ère pour la procédure civile ?*, Thèmes et commentaires, Dalloz, 2016, pp. 31 et s., n° 25.

657. *La plaidoirie, pour quoi faire ?*, coll. Paris 10 mars 2017, *Procédures* mai 2017, p. 12.

658. Art. 786 CPC. *Adde* art. 910 pour la cour d'appel, qui renvoie aux articles 763 à 787.

659. Sur la question de savoir si cette condition est toujours respectée, voy. A. Perdriau, « Les audiences tenues par un seul juge sonnent-elles le glas des délibérés collégiaux ? », *Gaz. Pal.*, 6-7 décembre 1996, libres propos, p. 12.

confidentialité de la transmission. L'une ou plusieurs de ces salles d'audience peuvent se trouver en dehors du ressort de la juridiction saisie.

2. La publicité des débats

392 **Un principe essentiel.** Déjà rencontré[660], le principe de publicité des débats peut désormais être précisé. La justice est et doit être rendue sous le regard des citoyens. Cette affirmation remonte à la Constitution du 5 fructidor an III (22 août 1795) et résulte de son article 208 : « Les séances des tribunaux sont publiques, les juges délibèrent en secret ; les jugements sont prononcés à haute voix ; ils sont motivés, et on y énonce les termes de la loi appliquée ». Le principe énoncé tend à protéger le citoyen contre une justice secrète dont le second terme effacerait le premier, et contribue à renforcer la confiance des justiciables dans leur justice.

L'audience est donc ouverte au public. Ce principe, réaffirmé par le Conseil d'État le 4 octobre 1974 dans l'arrêt *Dame David*[661], figure aujourd'hui à l'article 22 du Code de procédure civile, duquel on peut rapprocher l'article 433 du même Code et l'article 6, § 1er, de la Convention européenne des Droits de l'Homme.

Depuis la loi n° 85-699 du 11 juillet 1985 *tendant à la constitution d'archives audiovisuelles de la justice*, il est même possible d'enregistrer les débats lorsqu'ils présentent un intérêt historique. Il faut préciser que si ce texte est fondamentalement une loi d'opportunité liée au jugement du procès de Klaus Barbie, le garde des Sceaux Badinter y voyait également un espoir de contribution aux recherches futures sur la Justice[662].

393 **Mais tout principe comporte des exceptions....** Le principe de publicité n'est pas absolu. La Convention européenne des droits de l'Homme, après l'avoir rappelé, permet elle-même, en son article 6, § 1er, d'y déroger : l'accès de la salle d'audience peut en effet être interdit à la presse et au public pendant la totalité ou une partie du procès dans l'intérêt de la moralité, de l'ordre public ou de la sécurité nationale dans une société démocratique, non seulement lorsque les intérêts des mineurs ou la protection de la vie privée des parties au procès l'exigent, mais encore dans la mesure jugée strictement nécessaire par le tribunal, lorsque dans des circonstances spéciales la publicité serait de nature à porter atteinte aux intérêts de la justice. En écho, le Code de procédure civile indique que les débats sont publics, « sauf les cas où la loi exige ou permet qu'ils aient lieu en chambre du conseil ». Certaines affaires, en effet, appellent la discrétion et dans ce cas, la demande est examinée en Chambre du Conseil. Avant 1972, on parlait de *huis clos*, ce qui est toujours le cas en matière pénale[663].

---

660. Voy. *supra*, nos 292 et 326.

661. *D.*, 1975, 369 ; *JCP*, 1975, II, 17967 ; *Gaz. Pal.*, 1975, 1, 117 ; *RTD civ.*, 1975, 174 et 354.

662. R. Badinter, préf. à *La Justice en ses temples. Regards sur l'architecture judiciaire en France*, Paris, éd. Errance, 1992 : « J'espérais que la mise en œuvre régulière de la loi du 11 juillet 1985 autorisant l'enregistrement audiovisuel des débats et leur dépôt aux archives [permettrait de pallier] le dessèchement de la mémoire judiciaire. Rien ne restituera mieux aux historiens de la Justice la réalité de ses pratiques que de tels enregistrements ». *Adde* E. Derieux, *Droit de la communication*, Paris, LGDJ, 1991, spéc. pp. 433 et s.

Parfois, cette dérogation au principe de la publicité des débats est obligatoire. C'est le cas en matière gracieuse[664], ou encore en matière d'état et de capacité des personnes chaque fois qu'un texte le prévoit.

D'autres fois, cette dérogation est facultative. Elle relève alors du pouvoir du président de la juridiction saisie, comme le montre l'article 435 du Code de procédure civile. Dans sa rédaction issue du décret de 1972[665], le texte fut annulé par le Conseil d'État dans son arrêt précité *Dame David* le 4 octobre 1974 au motif qu'il appartient au seul Parlement de fixer les limites du principe général de la publicité de la justice. Le législateur en a tiré les conséquences par la loi n° 75-596 du 9 juillet 1975 et l'article 435, qui en reprend le texte, a reçu l'approbation du Conseil d'État le 12 octobre 1979[666].

Art. 435 CPC : « Le juge peut décider que les débats auront lieu ou se poursuivront en chambre du conseil s'il doit résulter de leur publicité une atteinte à l'intimité de la vie privée, ou si toutes les parties le demandent, ou s'il survient des désordres de nature à troubler la sérénité de la justice ».

394 **Comment éviter la sanction de l'irrégularité commise ?** En cas de non-respect des dispositions relatives à la publicité des débats ou à leurs dérogations, la sanction en principe encourue est la nullité du jugement rendu. Mais la nullité du jugement est une sanction grave et pour l'éviter, le Code de procédure civile prévoit que si l'irrégularité est découverte au cours de l'instance, il suffit que celle-ci se poursuive sous sa forme régulière pour qu'aucune nullité fondée sur son déroulement antérieur ne puisse être ultérieurement prononcée. L'irrégularité est couverte : « S'il apparaît ou s'il est prétendu, soit que les débats doivent avoir lieu en chambre du conseil alors qu'ils se déroulent en audience publique, soit l'inverse, le président se prononce sur-le-champ et il est passé outre à l'incident. [Et l'alinéa second de poursuivre :] Si l'audience est poursuivie sous sa forme régulière, aucune nullité fondée sur son déroulement antérieur ne pourra être ultérieurement prononcée, même d'office ».

En outre, la nullité, pour être efficace, doit être invoquée avant la clôture des débats (art. 446). À défaut, la clôture des débats marque l'effacement de toute sanction en la matière.

Allié à ce qui précède, on s'aperçoit que tous ces aménagements ont pour objet et pour effet concret de limiter considérablement le jeu de la nullité fondée sur le non-respect des règles de publicité.

B) L'instance proprement dite

395 **Les débats sont ouverts au jour fixé par le président.** Dès l'ouverture des débats, tout changement dans la composition du tribunal impose leur reprise (art. 432, al. 2). Il doit y avoir continuité des juges pour que l'affaire soit valablement tranchée. Cependant, en cas d'irrégularité dans la composition du tribunal, les plaideurs doivent l'invoquer avant le début des débats.

663. L'*huis* désigne la porte, d'où l'appellation d'*huissier*, anciennement, l'officier qui ouvrait la porte du cabinet du roi.

664. Voy. art. 434 CPC et rappr. art. 28.

665. Décret n° 72-684 du 20 juillet 1972, art. 83, al. 2.

666. *D.*, 1979, 606 ; *JCP*, 1980, II, 19288 ; *Gaz. Pal.*, 1980, 1, 6 et doctr., p. 21 ; *RTD civ.*, 1980, 145.

Les débats sont dirigés par le président de la juridiction. Ils commencent par le rapport du juge (qui est en principe le juge de la mise en état ou le juge rapporteur). Ce rapport est toutefois facultatif (art. 440, al. 1er). Nécessaire lorsque l'affaire est complexe, seulement utile dans les autres cas, le rapport expose l'objet de la demande et les moyens des parties. Il vise à préciser les questions de fait et de droit soulevées par le litige. Ce rapport est écrit, mais il est lu le jour des débats. Il doit, enfin, être objectif (le rapporteur ne doit pas donner son avis). Les principes du contradictoire et de l'égalité des armes imposent que le rapport du conseiller rapporteur soit communiqué, avant l'audience, au requérant ou à son conseil dès l'instant que l'avocat général s'est vu communiquer l'intégralité du dossier[667].

Les débats se poursuivent par les plaidoiries. Le demandeur d'abord, puis le défendeur, exposent tour à tour leurs prétentions (art. 440, al. 2). Ces plaidoiries ont en principe lieu devant la collégialité[668] et le président peut les faire cesser si la juridiction s'estime suffisamment éclairée (art. 440, al. 3). Les parties ne sont pas forcément écartées de cette phase, puisque le président et les juges peuvent les inviter « à fournir les explications de droit ou de fait qu'ils estiment nécessaires » (art. 442).

Quant au ministère public, son intervention est généralement facultative. Elle n'est obligatoire qu'en cas de communication légale (art. 425) ou de communication judiciaire (voy. art. 426 et s.). Lorsqu'il est partie jointe, le ministère public prend la parole en dernier (après les plaidoiries). Cette règle est d'ordre public[669], mais la Cour de cassation n'y voit qu'une règle de forme qui suppose, en cas de violation et pour entraîner la nullité, la démonstration d'un grief[670].

396 **Le moment de la clôture des débats.** Lorsque la juridiction s'estime éclairée, le président fait cesser les plaidoiries ou les observations présentées par les parties pour leur défense (art. 440) et c'est à cet instant qu'intervient la clôture des débats. Dès cet instant, les avocats ne sont plus autorisés à répliquer ou à déposer. Il y a là une irrecevabilité d'ordre public. En outre, certaines irrégularités ne pourront plus être invoquées. Il s'agit de celles concernant la publicité des débats, ou encore, le changement de composition du tribunal.

L'affaire est mise en délibéré.

La clôture des débats soulève deux difficultés. La première touche les notes en délibéré ; la seconde concerne la réouverture des débats.

En 1975, le nouveau Code de procédure civile a voulu mettre fin à la pratique des notes en délibéré, admises antérieurement, en raison des abus qu'elles recelaient, à savoir le risque de contrevenir au principe de la contradiction. C'est pourquoi, depuis cette date, l'article 445 les interdit, sauf exception.

Le texte relève deux exceptions : 1° Lorsque les parties répondent « aux arguments développés par le ministère public » ; 2° « à la demande du président dans les cas prévus aux articles 442 et 444 », c'est-à-dire en réalité dans deux

667. Cour EDH, 14 novembre 2006, *Louis c. France*, req. n° 44301/02. Voy. déjà : 31 mars 1998, *Reinhardt et Slimane-Kaïd c. France*, *Rec.*, 1998, II, p. 666.

668. Mais elles peuvent être faites devant le seul juge de la mise en état, voy. *supra*, n° 390.

669. Cass. (3e civ.), 18 mars 1974, n° 73-10.202, *Bull. civ.*, III, n° 129. – Cass. (2e civ.), 14 novembre 1975, n° 74-12.561, *RTD civ.*, 1977, 187. – Cass. (2e civ.) 3 avril 1979, n° 77-10.829, *Bull. civ.*, II, n° 115. – Cass. (1re civ.), 22 janvier 2014, n° 13-10.993.

670. Voy. Cass. (1re civ.), 22 juin 1976, n° 74-12.972, *RTD civ.*, 1977, 188.

autres situations : d'une part pour fournir des explications complémentaires et, d'autre part, en cas de changement de la composition du tribunal en cours de délibéré. En réalité, dans ce dernier cas, l'article 444 impose la réouverture des débats. Le renvoi opéré par le texte (art. 445) est donc maladroit.

S'agissant de la réouverture des débats, seconde difficulté annoncée, elle est obligatoire dans deux cas : lorsque les parties n'ont pas été à même de s'exprimer sur les moyens que le tribunal entend soulever d'office ; et de même, la réouverture des débats est obligatoire en cas de changement de la composition du tribunal en cours de délibéré, ainsi que cela a été vu à propos de l'article 445. Dans tous les autres cas, la réouverture des débats est possible et donc, facultative.

Hors texte exprès, lorsque la juridiction entend soulever un moyen d'office, la contradiction imposerait que les parties puissent réagir sur l'intention des juges, par la communication d'une note et, le cas échéant, en rouvrant les débats.

397 **Le délibéré lui-même.** Généralement, lorsque l'affaire est mise en délibéré, c'est à quinzaine ou au mois suivant. Le délibéré est l'œuvre « des juges devant lesquels l'affaire a été débattue » (art. 447)... tout au moins en principe, puisque l'article 786 permet au juge de la mise en état ou au magistrat chargé du rapport de tenir seul l'audience de plaidoiries[671]. Et ce juge en rend compte au tribunal dans son délibéré[672].

Les juges qui délibèrent « doivent être en nombre au moins égal à celui que prescrivent les règles relatives à l'organisation judiciaire » (art. 447). En règle générale c'est au nombre de trois juges que siègent les juridictions et, par principe, selon la règle de l'imparité. Des exceptions connues peuvent néanmoins être signalées, qu'il s'agisse de la juridiction paritaire que forme le conseil de prud'hommes ou encore, de la Cour de cassation, qui n'est pas soumise à la règle de l'imparité comme cela se déduit de la lecture de l'article L. 431-5 du Code de l'organisation judiciaire imposant le renvoi devant une chambre mixte « en cas de partage égal des voix ».

« Les délibérations des juges sont secrètes » (art. 448), afin d'éviter la vindicte du perdant et « La décision est rendue à la majorité des voix » (art. 449) ; il n'est pas précisé, toujours dans le même esprit, s'il y a eu ou non unanimité.

Avant d'arriver au jugement au fond, qui reste l'issue normale de l'instance, il arrive que soit mobilisée une autre voie que celle qui conduit devant le tribunal, et qui consiste à en saisir son président.

SECTION II
La procédure portée devant le président du tribunal

398 **Division.** Le président de juridiction assume des fonctions administratives, qui visent à assurer la bonne marche du tribunal qu'il a en charge par la désignation des juges uniques (art. 817 CPC), le remplacement d'un juge par un

---

671. Le nom du juge qui a rédigé le rapport n'aura cependant pas à être mentionné dans sa décision : Cass. (3e civ.), 13 février 2008, n° 07-11.462, *Bull. civ.*, III, n° 27.

672. Voy. art. 869 pour le tribunal de commerce.

autre lorsque le magistrat saisi suppose en sa personne une cause de récusation ou estime devoir s'abstenir (art. 339) et la répartition des affaires par chambre. L'article R. 212-58 du Code de l'organisation judiciaire affirme encore que le président[673] du tribunal de grande instance procède lui-même ou par délégation à un magistrat du siège à l'inspection des tribunaux d'instance de son ressort, s'assure de la bonne administration des services judiciaires et de l'expédition normale des affaires.

Mais ce président exerce aussi des fonctions extrajudiciaires. Il s'agit essentiellement de la formation et de la révision des listes annuelles et de session du jury criminel (art. 266 et 289 C. proc. pén.) et de la connaissance de certaines difficultés de communication et d'obtention des expéditions et copies d'actes publics dont, entre autres, les registres de l'état civil (voy. art. 1435 et s. CPC).

À côté de ses fonctions administratives et extrajudiciaires, le président exerce également des fonctions judiciaires. D'une part, il préside une chambre et participe aux débats de celle-ci et, d'autre part, il constitue à lui tout seul une juridiction. Tantôt, il s'agit d'une juridiction provisoire, tantôt, il s'agit d'une juridiction définitive.

§ 1. La juridiction provisoire du président

399 **Statuant au provisoire, le président n'est pas saisi du principal.** Il est question de juridiction provisoire lorsque le président du tribunal ne tranche pas le fond du droit. Cette juridiction provisoire se manifeste par les ordonnances sur requête et les ordonnances de référé. Les premières manifestent l'emprunt d'une voie processuelle unilatérale ; les secondes marquent la présence du principe essentiel de la contradiction.

A) La voie unilatérale : les ordonnances sur requête (art. 493 à 498 CPC)

400 **Une voie apparemment aisée à emprunter.** Entre les deux voies tracées avant tout procès, l'une contradictoire et l'autre unilatérale, la tentation peut être grande pour le plaideur d'utiliser la seconde, car elle est réputée plus facile à obtenir. En effet, son adversaire n'est pas là pour le contredire et le juge se livre ici à un contrôle répétitif, routinier, qui a laissé dans certaines juridictions le souvenir « d'ordonnances rendues sur coin de bureau » et donc, d'une justice sommaire.

Selon l'article 493, « L'ordonnance sur requête est une décision provisoire rendue non contradictoirement dans les cas où le requérant est fondé à ne pas appeler de partie adverse »[674].

673. Il en va de même (c'est le principe dit de *la dyarchie judiciaire*) du procureur de la République pour ce qui le concerne. En ce cas, l'éventuelle délégation ira à un magistrat du parquet.

674. Voy. M. Foulon et Y. Strickler, « Qu'est-ce qu'une requête (ou la polysémie du mot "requête") ? », *Gaz. Pal.*, 7-8 décembre 2012, étude, p. 10 ; « Comment présenter une requête ? », *Gaz. Pal.*, 8-9 mars 2013, étude, p. 7 ; « Conséquences d'une requête mal rédigée et pouvoirs du juge saisi », *Gaz. Pal.*, 24-25 mai 2013, étude, p. 7.

1. Cas d'ouverture et nature de la voie sur requête

401 **Quel juge ?** Peuvent statuer par voie de requête : le président du tribunal de grande instance (art. 812 et 813) et, dans la limite de la compétence du tribunal : le juge d'instance (art. 851 et 852), le président du tribunal de commerce (art. 874 à 876), le président du tribunal paritaire de baux ruraux (art. 897 et 898) et le premier président de la cour d'appel (art. 958 et 959). Il ne faut cependant pas omettre le cas visé par l'article 145 du Code qui, s'agissant des mesures d'instruction avant tout procès prévoit la possibilité d'introduire cette demande par voie de requête « ou » de référé.

402 **Quelles hypothèses ?** Les deux premiers alinéas de l'article 812 du Code de procédure civile (art. 851 CPC pour le juge d'instance ; art. 874 et 875 pour le tribunal de commerce ; art. 897 pour le tribunal paritaire des baux ruraux ; art. 958 pour le Premier président) annoncent une division des ordonnances sur requête[675]. Certains cas sont prévus par la loi (al. 1er) auquel cas la non-contradiction est automatiquement présente. Il s'agit des ordonnances dites « nommées » ou « spéciales ». Dans d'autres cas, ceux des ordonnances « innommées » ou « générales », la voie unilatérale ne va pas de soi et le requérant doit justifier qu'il est dans un cas qui l'autorise « à ne pas appeler la partie adverse » (art. 493), ce qui suppose tant l'urgence de la mesure à engager que des « circonstances [qui] exigent » que la mesure ne soit pas prise contradictoirement (art. 812, al. 2)[676]. Il doit donc démontrer que la clandestinité de la procédure est une condition nécessaire à l'efficacité de la mesure sollicitée. L'exemple caractéristique est celui, traditionnel, du constat d'adultère où l'effet de surprise est une condition de réussite de la mesure. Celui du risque de disparition d'éléments de preuve en est un autre.

La condition tenant à l'urgence connaît un développement particulier lorsqu'il est question de la voie sur requête dans le cadre de l'article 145 : car si l'article 812 du Code qui commande les ordonnances sur requête l'impose comme condition d'ouverture de cette voie unilatérale, des auteurs sont divisés sur l'application de cette condition dès qu'il s'agit de l'instruction *in futurum*. Certains estiment en effet que l'on « voit mal comment l'article 812 qui pose expressément cette condition pourrait n'être pas pris en son entier. C'est l'un des éléments du prix à payer pour échapper, provisoirement au moins, au principe de la contradiction »[677]. D'autres sont d'un avis contraire[678] dans la mesure où, en regardant vers les textes spéciaux et selon l'adage *specialia generalibus derogant*[679], l'article 145 déroge au texte général de l'article 812 applicable au tribunal de grande instance et, en tournant le regard dans le sens inverse, c'est-

675. Voy. aussi S. Pierre-Maurice, *Ordonnance sur requête et matière gracieuse*, préf. Y. Strickler, coll. Thèses, Paris, Dalloz, 2003.

676. Sur le caractère cumulatif de l'exigence, rappr. Cass. (2e civ.), 11 mai 2006, n° 04-17.399, *Bull. civ.*, II, n° 128.

677. J. Normand, obs. in *RTD civ.*, 1986, p. 404 et s. ; M. Foulon et Y. Strickler, « Le constat sur requête avant tout procès », *Dr. et proc.*, 2006, p. 71, spéc. n° 13. Et, « quatre ans après », *Dr. et proc.*, décembre 2010, spéc. n° 20.

678. S. Pierre-Maurice, *Ordonnance sur requête et matière gracieuse*, *op. cit.*, n° 212 ; I. Després, *Les mesures d'instruction* in futurum, *op. cit.*, n° 262 et s. ; M. Foulon et Y. Strickler, « Le constat sur requête avant tout procès », *op. cit.*, spéc. n° 13.

679. C'est-à-dire : « La règle spéciale déroge à la règle générale ».

à-dire vers les dispositions générales qui figurent dans le Livre du Code relatif aux dispositions communes à toutes les juridictions, on voit que l'article 493 vise les « cas où le requérant est fondé à ne pas appeler de partie adverse » sans mentionner d'aucune façon l'urgence. L'urgence peut alors être appréciée non comme une condition d'application du texte, mais comme un signe révélateur du caractère nécessaire de la mesure sollicitée.

En mai 2008, la Cour de cassation a imposé la condition d'urgence[680] pour, dès janvier 2009, retenir la position inverse. L'opposition doctrinale trouve ainsi un écho à la deuxième chambre civile. La règle actuelle est donc celle-ci : « l'urgence n'est pas une condition requise pour que soient ordonnées sur requête des mesures d'instruction sur le fondement de l'article 145 CPC »[681].

E 49 **Les ordonnances sur requêtes en matière de propriété littéraire et artistique**

Appartenant à la catégorie des ordonnances sur requête nommées, les ordonnances sur requêtes en matière de propriété littéraire et artistique visent à la recherche de preuves avant tout procès. La Cour de cassation est cependant venue préciser que la voie de requête ici ouverte ne constitue « pas une expertise au sens des articles 232 et suivants du Code de procédure civile »[682].

L'article L. 716-7 du Code de la propriété intellectuelle permet notamment au propriétaire d'une marque enregistrée de faire procéder par tout huissier assisté d'experts de son choix, en vertu d'une ordonnance sur requête du président du tribunal de grande instance, à la description détaillée de produits offerts à la vente en violation de ses droits. La même procédure est ouverte au propriétaire de brevet (art. L. 615-5 et R. 615-1) d'invention et au propriétaire de certificat d'obtention végétale (art. L. 623-27 et R. 623-51). Les trois autres hypothèses apparaissent en matière de propriété littéraire et artistique et bénéficient : aux auteurs de dessins et modèles (art. L. 521-1), aux titulaires de droits sur un logiciel ou des bases de données (art. L. 332-4) et aux auteurs d'une œuvre protégée (art. L. 332-1).

Les conditions prévues par ces textes sont peu contraignantes pour le demandeur, à un point tel que la démonstration de la titularité du droit lui ouvre normalement droit à la mesure sollicitée. L'article L. 716-7 accorde ainsi au propriétaire d'une marque enregistrée la mesure de « description détaillée avec ou sans prélèvement d'échantillons, soit [de] saisie réelle des produits ou des services qu'il prétend marqués, offerts à la vente, livrés ou fournis à son préjudice en violation de ses droits »... il suffit, selon le texte, que le propriétaire prétende qu'il y a méconnaissance de son droit pour que la mesure d'investigation lui soit accordée.

Dans tous ces cas prévus par le Code de la propriété intellectuelle, le requérant doit assigner au fond dans les quinze jours, sous peine de nullité de la saisie (le délai est même de trente jours dans le cas de l'article L. 332-1). Cette condition n'existe pas dans les ordonnances sur requête de droit commun.

---

403 **Une procédure en principe de nature gracieuse.** La procédure sur requête est généralement non contentieuse. C'est d'ailleurs ce caractère non contentieux qui est traditionnellement mis en avant en la matière. Tel est le cas, par exemple, lorsque le demandeur sollicite la rectification d'un acte de l'état civil.

Mais à bien y réfléchir, l'ordonnance sur requête peut aussi revêtir une connotation au moins précontentieuse. Ainsi, lorsque la demande vise à obtenir

680. Cass. (2e civ.), 7 mai 2008, n° 07-14.858, *Bull. civ.*, II, n° 104.

681. Cass. (2e civ.), 15 janvier 2009, n° 08-10.771, *Bull. civ.*, II, n° 15.

682. Cass. com., 8 mars 2005, n° 03-15.871, *Bull. civ.*, IV, n° 53 ; *Dr. et proc.*, 2005, p. 298, obs. Ch. Hugon.

un constat d'huissier, qu'il s'agisse de constater un adultère car une telle demande suppose des motifs sérieux pour être accordée, ou encore, lorsque le requérant sollicite l'autorisation de pratiquer certaines saisies. Ces deux exemples illustrent les mots de l'article 493 : « les cas où le requérant est fondé à ne pas appeler de partie adverse ». En effet, dans les deux cas, l'adversaire ne doit pas être averti de la mesure à venir : pour constater l'adultère, il vaut mieux ne pas prévenir le conjoint ; pour que la saisie soit efficace, il vaut mieux ne pas laisser au débiteur le temps d'organiser son insolvabilité ! L'ordonnance sur requête permet ainsi de faire jouer l'effet de surprise, alors qu'en général, les règles de procédure sont guidées par la volonté d'éviter de surprendre l'adversaire[683].

404 **La préservation des droits de la personne visée par la mesure.** La formulation de l'article 145 du Code de procédure civile, mentionnant que les mesures peuvent être sollicitées « par requête ou en référé », peut servir d'illustration à la question de la détermination de la voie prioritaire en la matière et, en réalité, du degré de liberté de choix offert au demandeur qui constate *a priori* l'ouverture de deux voies procédurales distinctes[684]. C'est un arrêt du 13 mai 1987 rendu sur le fondement de l'article 812 mais dont la solution est susceptible de généralisation, qui a levé tout doute : le principe de la contradiction impose la voie du référé, car celle-ci est contradictoire. Il n'en va autrement que dans l'hypothèse où les prévisions de la loi qui ont présidé à l'acceptation de la procédure sur requête permettent, compte tenu des circonstances de fait, une procédure unilatérale[685].

En outre, l'adversaire du requérant n'est pas démuni ; car « S'il est fait droit à la requête, tout intéressé peut en référer au juge qui a rendu l'ordonnance » (art. 496, al. 2). On retourne alors devant le même juge, mais cette fois-ci, le demandeur initial n'est pas seul. Il sera confronté à son adversaire. C'est là une manière de réintroduire le débat contradictoire – et non pas l'exercice d'une voie de recours[686]-. La voie utilisée est celle du référé ; c'est une hypothèse particulière de référé que la pratique nomme « référé à fins de rétractation de l'ordonnance sur requête »[687]. La mesure de précaution ainsi instaurée, et qui donne son équilibre à la procédure unilatérale, est en réalité double : il s'agit tant d'un encadrement précis des règles de procédure que d'un contrôle effectif exercé par le juge et ce contrôle se manifeste aussi bien dans le premier temps, unilatéral, de la procédure, que dans le second, qui permettra le cas échéant au juge qui s'est prononcé de revenir sur sa première appréciation grâce à la voie de la rétractation. Cette dernière, qui permet d'éclairer le différend à la lumière de la contradiction, peut en effet toujours être obtenue et ce, même après l'engagement d'une procédure au fond.

---

683. Sur le régime et les effets de l'ordonnance sur requête, voy. aussi A. Varnek, *Le juge des requêtes, juge du provisoire*, th. Strasbourg, 2013.

684. Pour la thèse de la liberté totale du plaideur, voy. M. Jeantin, « Les mesures d'instruction *in futurum* », *D.*, 1980, chron., 205.

685. Cass. (2e civ.), 13 mai 1987, *RTD civ.*, 1988, 181, obs. R. Perrot.

686. Voy. Cass. (1re civ.), 13 juillet 2005, nos 05-10.519 et 05-10.521, *Bull. civ.*, I, n° 334.

687. La Cour de cassation estime que le juge qui est saisi d'une demande aux fins de rétractation, par une assignation mal intitulée « en la forme des référés », n'a toutefois pu statuer qu'en vertu des pouvoirs de l'article 496, et rattrape l'erreur du rédacteur de la demande : Cass. (2e civ.), 19 février 2005, n° 13-28.223, *Bull. civ.*, II, n° 42 ; *Procédures*, 2015, comm. 110, Y. Strickler.

2. Les règles processuelles de la voie unilatérale

405 **La présentation de la requête.** La requête est normalement présentée par un avocat inscrit au barreau de la juridiction devant laquelle elle est portée, en tout cas au tribunal de grande instance (voy. art. 813 CPC). C'est une condition de recevabilité de la requête. Elle peut en revanche être présentée par tout mandataire lorsqu'elle est portée devant le tribunal d'instance (art. 852) ou le tribunal de commerce. L'article 853 permet ici de manière générale à la partie de se défendre elle-même, de faire appel à un avocat, même d'un autre barreau, ou à toute personne de son choix, mais alors munie d'un pouvoir spécial.

Si la requête est engagée avant tout procès au fond, elle relève de l'article 145 du Code. À l'inverse, si le procès au fond a pris naissance, le requérant doit préciser dans sa requête quelle est la juridiction saisie (art. 494, al. 2). Cette précision est nécessaire au tribunal de grande instance, puisque les requêtes doivent être présentées au président de la chambre à laquelle l'affaire a été distribuée ou au juge déjà saisi (art. 812, al. 3). Le moment de naissance de ce procès au fond n'est pas toujours le même, dans la mesure où l'instant de référence est, parfois, celui de l'assignation[688] et, d'autres fois, celui de la remise de l'assignation au greffe de la juridiction[689]. Lorsque le législateur ne donne pas explicitement le moment de référence, son silence, tantôt, ne prête pas à discussion, tantôt suppose une clarification par la jurisprudence. Il n'y a pas de controverse possible au regard du délai de péremption de l'instance qui, selon l'article 386, court « lorsque aucune des parties n'accomplit de diligence pendant deux ans » ; dans ce cas, le point de départ de ce délai correspond à la remise de l'assignation au greffe puisqu'à défaut de remise au greffe dans les quatre mois, l'assignation est frappée de caducité comme l'indique l'article 757, al. 2 du Code. Dans d'autres cas, la solution a imposé une prise de position de la Cour de cassation. Celle-ci a ainsi estimé que les « actions en paiement [de l'article L. 311-37 du Code de la consommation, qui] doivent être formées dans les deux ans de l'événement qui leur a donné naissance à peine de forclusion », le sont « par la seule assignation (...) indépendamment de la mise au rôle »[690].

Une difficulté concerne l'article 2241 du Code civil. Ce texte dit que la demande en justice interrompt la prescription[691]. Mais à défaut d'instance, qui est marquée par l'enrôlement, la citation ne peut produire d'effet juridique. Aussi certains, comme le Recteur Guinchard, ont proposé de retenir que « le juge est saisi au jour où l'assignation est lancée, mais sous condition suspensive que l'enrôlement ait eu lieu »[692], alors que le 13 février 2002 la troisième chambre

---

688. Dans les litiges de la copropriété, la loi de 1965 impose normalement que l'action soit « introduite » dans un délai de deux mois.

689. Art. 17 de la loi n° 89-462 du 9 juillet 1989 et art. L. 145-10 C. com., en matière de baux ; *idem* : la réglementation de la litispendance, voy. art. 100 CPC. Ces divers textes font en effet état de la juridiction *saisie*.

690. Cass. (1re civ.), 20 octobre 1998, n° 96-12.907, *Bull. civ.*, I, n° 307.

691. La loi n° 2008-561 du 17 juin 2008 portant réforme de la prescription en matière civile (*JO*, 18 juin 2008, p. 9856) a remplacé l'expression de l'ancien art. 2244 (« la citation en justice ») par celle de « la demande en justice ».

692. S. Guinchard *et alii*, *Droit processuel*, 2e éd., coll. Précis, Paris, Dalloz, 2003, n° 793, spéc. p. 1119. Le passage n'a pas été repris à compter de la 4e éd., 2007, mais la partie dans laquelle il se trouve est annoncée comme devant constituer, à terme, un ouvrage autonome.

civile a préféré la date de l'enrôlement[693]. Des deux branches de l'option, il semble nécessaire d'aller vers celle qui se réfère à l'assignation. Seule cette dernière a date certaine, connue de tous. Quant à la date à laquelle il convient de se placer lorsqu'une voie de recours a été exercée, pour apprécier l'existence de la procédure au fond, il faut opérer une distinction : s'il s'agit d'apprécier le mérite de la demande, c'est la date à laquelle le juge statue qui servira de référence ; s'il s'agit de vérifier si, à la date de la demande, la condition d'antériorité à un procès au fond était respectée, cette question de pure procédure devra être appréciée au jour où le juge des requêtes ou des référés avait été saisi[694].

En revanche, comme il n'existe pas de juge des requêtes devant la juridiction des prud'hommes, c'est dans cette occurrence le président de la juridiction de droit commun qu'il conviendra de saisir[695]. Quant aux autres juridictions du premier degré, on constate spécialement pour le tribunal d'instance et le tribunal de commerce une absence de prévision équivalente à celle donnée par l'article 812. Enfin, la requête peut aussi être portée, en cours d'instance d'appel, devant le Premier président de la cour (art. 958). La référence à l'instance en cours montre que la mesure sollicitée alors doit avoir trait à la prétention portée devant la cour d'appel[696].

À la question de la compétence d'attribution s'ajoute habituellement celle de la compétence territoriale, qui est ici et par principe commandée par le lieu où la mesure attendue doit être exécutée.

E 50 **La voie unilatérale, une voie dérogatoire du droit commun**

Dans une décision récente, un ancien salarié d'une entreprise, qui exerçait des fonctions comparables à celles occupées antérieurement mais désormais auprès d'un concurrent, avait été assigné par son précédent employeur. Celui-ci lui reprochait des faits de concurrence déloyale et avait sollicité du juge des requêtes la désignation d'un huissier de justice ayant pour mission de se rendre au domicile du salarié et de se faire remettre un certain nombre de documents et d'en prendre photocopie.
L'arrêt d'appel rejette la demande en rétractation de l'ordonnance ayant accueilli cette demande, mais la Cour de cassation reproche aux juges d'appel de s'être contentés de la justification apportée par le demandeur de l'existence d'un intérêt légitime à établir les éléments de preuve demandés sans avoir recherché si la mesure sollicitée exigeait une dérogation au principe de la contradiction : « Attendu que les mesures d'instruction destinées à conserver ou à établir, avant tout procès, la preuve de faits dont pourrait dépendre la solution d'un litige, ne peuvent être ordonnées sur requête que lorsque les circonstances exigent qu'elles ne le soient pas contradictoirement »[697].
Le fait de justifier d'un intérêt légitime à établir la preuve des faits allégués, n'est pas suffisant pour que le demandeur puisse utilement engager la voie non contradictoire.

406 **Une contradiction pas totalement évacuée.** Lors de la procédure sur requête, la contradiction est mise en sommeil. Mais ce principe fondamental de la

693. Cass. (3e civ.), 13 février 2002, n° 00-11.101, *Procédures,* 2002, comm. 87, R. Perrot.

694. Voy. M. Foulon et Y. Strickler, note crit. sous Cass. (2e civ.), 15 janvier 2004, *D.*, 2004, 2172. Revirement : Cass. (2e civ.), 28 juin 2006, *Droit et Procédure* nov.-déc. 2006, p. 344 obs. E. Putman : « l'absence d'instance au fond, qui constitue une condition de recevabilité de la demande, devait s'apprécier à la date de la saisine du juge ».

695. Cass. soc., 12 avril 1995, n° 93-10.982, *Bull. civ.*, V, n° 134.

696. Cass. (2e civ.), 6 mai 1999, n° 95-21.430, *Bull. civ.*, II, n° 84 ; *Procédures,* 1999, 177.

697. Cass. (2e civ.), 24 février 2005, n° 03-10.442.

procédure ne dort que d'un œil : l'article 494 du Code de procédure civile impose au requérant d'indiquer dans sa requête « l'indication précise des pièces invoquées »[698], ce qui permet tant au juge d'apprécier le bien-fondé de la mesure sollicitée, qu'à celui contre qui est prise l'ordonnance de pouvoir *a posteriori* organiser sa défense. Comme c'est le principe de la contradiction qui est ici en cause, la méconnaissance de cette obligation par le requérant est sanctionnée par les règles gouvernant la nullité pour vice de fond – qui n'imposent pas la démonstration d'un grief –[699].

Faut-il communiquer, parmi les pièces invoquées, les éventuelles requêtes précédentes ? La procédure est non contradictoire et l'absence de l'adversaire est de nature à renforcer l'exigence du devoir de loyauté existant envers l'adversaire et le juge. « L'idée de loyauté fonde » en effet « les règles du procès »[700] et la deuxième chambre civile s'est parfois appuyée sur elle pour ériger une règle de bon sens en règle de droit. Il paraît incontournable pour le requérant, lorsqu'il présente une deuxième requête, de mentionner l'existence de la précédente qui avait été rejetée par le juge. Une cour d'appel a pourtant cru pouvoir juger du contraire...[701] alors qu'en 1834 déjà, un arrêt avait admis cette solution de bon sens qu'il y a fraude à surprendre la religion de son juge[702]. La Cour de cassation sanctionne cependant aujourd'hui la méconnaissance de l'article 494 par une irrecevabilité[703].

3. La décision

407 **La décision rendue.** La décision prononcée comporte les mentions exigées par l'article 58 du Code de procédure civile (identification des parties, objet de la demande et date) ainsi que le nom et la signature du juge qui l'a rendue[704] – mais non nécessairement la signature du greffier[705]. Surtout, l'ordonnance rendue sur requête est motivée (art. 495, al. 1er CPC).

Lorsqu'elle tend à une finalité probatoire, le juge qui la rend va pouvoir « commettre toute personne de son choix » (art. 232 CPC), qui peut être un huissier de justice[706]. Ce dernier peut lui-même être assisté d'un expert.

Le juge qui prescrit des constatations désigne la ou les parties qui doivent verser directement et par provision au constatant une avance sur sa

---

698. *Adde* et rappr. Cass. (2e civ.), 10 février 2005, n° 03-12.610.

699. Cass. (2e civ.), 6 mai 1999, n° 95-21.430, *Bull. civ.*, II, n° 84 ; *Procédures*, 1999, n° 177 : violation de l'article 494, alinéa 1er du Code de procédure civile.

700. Ch. Jarrosson, *RGDP*, 1999, 766.

701. CA Toulouse (1re ch., 2e sect.), 14 février 2002, *D.*, 2003, jur., p. 160, note crit. Y. Strickler.

702. Cass. req., 11 décembre 1834, S., 35, 1, pp. 375-376.

703. Cass. (2e civ.), 11 février 2010, n° 08-21.469, *Bull. civ.*, II, n° 34 : « l'indication précise des pièces invoquées exigée par l'article 494, destinée à assurer le principe de la contradiction, constitue une condition de recevabilité de la requête ».

704. Cass. (2e civ.), 5 avril 1993, n° 91-19.151, *Bull. civ.*, II, n° 149 (requête).

705. Cass. (1re civ.), 17 juillet 1996, nos 95-01.002 & 95-01.004, *Bull. civ.*, I, n° 328. - Cass. (2e civ.), 17 mars 2005, n° 02-14.514, *Bull. civ.*, II, n° 72.

706. Art. 1er, al. 2, ord. n° 45-2592 du 2 novembre 1945 relative au statut des huissiers. Il doit même s'agir d'un huissier de justice dans le cas des saisies de contrefaçons (art. L. 521-1 CPI) ou matière de logiciels et de bases de données (art. L. 332-4).

rémunération, dont il fixe le montant. Le juge fixe aussi le délai dans lequel le constat sera déposé ou la date d'audience à laquelle il sera présenté oralement (art. 251 CPC).

E 51 Densité de motivation d'une ordonnance sur requête

La motivation des ordonnances sur requête est souvent fort réduite dans la pratique quotidienne des juridictions. En effet, bon nombre de juges se contentent de viser simplement la requête qui les a saisis, et la deuxième chambre civile de la Cour de cassation considère même que : « le fait d'avoir signé au pied de la requête l'ordonnance critiquée sans viser celle-ci » vaut « adoption par le juge des motifs de cette requête » (Cass. (2e civ.), 6 mai 1999, *Bull. civ.*, II, n° 81).

Ce n'est pourtant pas parce que l'on entend évacuer rapidement un contentieux qu'il faut se permettre d'alléger à ce point ce qui est du devoir du juge ! Une solution de compromis consiste à proposer aux plaideurs d'utiliser un modèle de requête[707].

Il convient d'ajouter que, dans le cas d'une « validation » de la requête par le juge, la question de la signification de la requête et de l'ordonnance se limite à un seul et même document...

408 **La décision signifiée.** « Copie de la requête et de l'ordonnance est laissée à la personne à laquelle elle est opposée ». L'article 495, alinéa 3 affirme ainsi que l'ordonnance et la requête doivent être signifiées de conserve[708]. La procédure étant unilatérale, c'est avec la signification que la personne assujettie par la mesure constate ce qu'a été la demande et comment le juge l'a reçue. L'un ne va donc pas sans l'autre et si la seule ordonnance était signifiée, la partie contre laquelle l'ordonnance a été rendue ne disposerait pas de tous les éléments utiles à sa défense. Ceci manifesterait une violation du principe de la contradiction et entraînerait par conséquent la nullité pour vice de fond[709].

Si, au moment où elle est formée, la requête doit comporter la liste des pièces invoquées, la signification opérée ne comprend pas quant à elle les pièces visées. Aussi, si le destinataire de cette signification se soumet à l'ordonnance, la procédure s'arrêtera là ; dans le cas contraire, c'est par sa demande en rétractation que la pleine contradiction sera rétablie.

E 52 Neutralité du choix de l'expert

Selon un arrêt de la chambre commerciale en date du 8 mars 2005 (n° 03-15.871, *Bull. civ.*, IV, n° 53 ; *Dr. et proc.*, 2005, p. 299, obs. Ch. Hugon), « le conseil en propriété industrielle, fût-il le conseil habituel de la partie saisissante, exerce une profession indépendante, dont le statut est compatible avec sa désignation en qualité d'expert du saisissant dans le cadre d'une saisie contrefaçon de marque ». Si l'indépendance dont il est question dans cette décision est une évidence, l'impartialité de l'intéressé l'est moins, puisqu'il est en relations d'affaires suivies avec le demandeur ! L'extension progressive de l'influence de l'adage de droit anglo-saxon selon lequel *justice must not only be done, it must be seen to be done* doit porter jusqu'à toute règle

707. Voy. M. Foulon et Y. Strickler, « Le constat sur requête avant tout procès », *Dr. et proc.*, 2006, modèles 1 et 2.

708. Ceci étant, quand l'huissier ne peut exécuter sa mission en raison du refus opposé par la personne à laquelle l'ordonnance était opposée, il ne peut lui en être fait reproche et la procédure n'encourt pas de critique : Cass. (2e civ.), 30 novembre 2016, n° 15-15.035, *Bull. civ.*, II, à paraître ; *BICC*, 15 avril 2017, n° 457 et la note.

709. Cass. (2e civ.), 18 novembre 2004, n° 02-20.713, *Bull. civ.*, II, n° 499 (même solution en cas d'appel).

de procédure de nature à jeter une suspicion légitime aux yeux de l'observateur. Ce n'est pas parce que le Code de la propriété intellectuelle laisse le choix de l'expert à la liberté de l'huissier (art. L. 332-4, art. L. 615-5, art. L. 716-7 CPI) que l'on doit admettre qu'une personne aussi proche de la partie saisissante puisse avoir l'onction du droit et entrer physiquement et intellectuellement dans un domaine qui ne devrait pas lui être ouvert. Il appartient au juge de tirer les leçons de l'exigence d'une procédure équitable et de désigner lui-même l'expert, quitte à en avoir préalablement discuté avec le requérant.
Dans un autre domaine, c'est la voie que la cour d'appel de Colmar a retenue : un expert privé avait émis, à la demande et pour le compte du bailleur, une note technique estimant la valeur locative de l'immeuble. La cour a jugé que le premier juge ne pouvait, sans méconnaître les dispositions de la Convention européenne des droits de l'homme concernant le droit au procès équitable, désigner en tant qu'expert judiciaire cette même personne (CA Colmar (1re ch. civ., sect. B), 13 mars 2008, *JurisData*, n° 360715).
La première chambre civile de la Cour de cassation tient un même langage quand elle approuve les juges du fond qui rejettent la demande de réinscription sur la liste des experts judiciaires de la cour d'appel de Paris, formulée par une personne qui déployait une activité professionnelle d'expert privé à titre quasi exclusif pour le compte d'assureurs, et ce d'autant mieux qu'un lien de subordination a été constaté pour la moitié de son activité. La Haute juridiction considère que ces faits sont « incompatibles avec l'indépendance nécessaire à l'exercice de missions judiciaires d'expertise »[710].

---

4. Portée de l'ordonnance sur requête

a) Autorité de chose jugée et exécution de l'ordonnance

409 **L'autorité de chose jugée.** L'ordonnance sur requête relève, selon une affirmation péremptoire de la jurisprudence, de la matière gracieuse et partant, se trouve dépourvue de toute autorité de la chose jugée[711]. C'est ainsi que pour s'opposer à une demande de constat présentée en référé, le défendeur soutenait que des mesures d'investigation avaient déjà été précédemment ordonnées sur requête à propos des mêmes faits. Mais s'appuyant sur l'absence d'autorité de chose jugée de l'ordonnance sur requête, la Cour de cassation déclare que la cour d'appel n'avait pas à statuer sur cette fin de non-recevoir[712].

La discussion est cependant ouverte, car si le juge ne prend pas de décision contentieuse au sens où il tranche un différend, il statue tout de même après avoir exercé un contrôle. Un tel acte du juge constitue une vérification juridictionnelle et en tant que telle devrait se voir reconnaître une autorité, au moins provisoire, de chose jugée[713].

410 **Le caractère exécutoire sur minute.** Malgré la faiblesse que présente l'ordonnance sur requête au regard de son autorité juridictionnelle, elle n'en est pas moins dotée d'une efficacité redoutable. C'est là un attrait important que présente cette décision et il n'est pas le moindre : l'ordonnance sur requête est en effet « exécutoire au seul vu de la minute » (art. 495, al. 2).

---

710. Cass. (2e civ.), 14 mai 2009, n° 09-11.466, *Bull. civ.*, II, n° 122.
711. Voy. S. Pierre-Maurice, *Ordonnance sur requête et matière gracieuse*, *op. cit.*, n° 147 et spéc. nos 231 et s. Par ex., Cass. (1re civ.), 4 octobre 1989, n° 88-10.885.
712. Cass. (2e civ.), 10 décembre (date qui apparaît sur : www.legifrance.gouv.fr) 1998, n° 95-22.146 ; *RTD civ.*, 1999, 464 (avec la date du 19 décembre), obs. approb. R. Perrot.
713. Voy. D. Tomasin, *Essai sur l'autorité de la chose jugée en matière civile*, préf. P. Hébraud, Paris, LGDJ, 1975, nos 138-141.

Ce que l'on appelle la *minute*, c'est l'œuvre du juge, rédigée par le greffier sous la dictée du magistrat ou d'après les notes que celui-ci lui remet. À l'époque où le papier était cher, le greffier établissait le document en minuscule, d'où le mot de *minute* (on retrouve la même racine dans d'autres mots, comme celui de *ministre* ; le ministre est un personnage d'importance moindre que le chef de l'État ou le roi). La minute contient les mentions nécessaires à la constatation de la régularité de la décision – par exemple, le nom du juge –, les motifs et le dispositif, ainsi que la signature du juge et du greffier. Quant à l'expédition aux parties, contrairement à la minute, elle était payante… le greffier écrivait alors de la manière la plus ample possible. D'où le nom de *grosse* pour cette expédition aux parties !

Il faut rappeler qu'en principe, un jugement ne peut être exécuté contre une personne qu'après lui avoir été notifié (voy. art. 503, al. 1er CPC). Mais en cas d'exécution au seul vu de la minute, la présentation de celle-ci vaut notification (art. 503, al. 2) et par suite, l'exécution peut être immédiatement poursuivie. C'est donc l'original de la décision que remet le greffier, afin de permettre l'exécution au vu de cet acte ; après exécution, l'huissier à qui l'original a été confié, le rapporte pour que le greffier puisse l'archiver (le *minuter*). Avec l'apparition des ordinateurs et de la photocopieuse, il peut en réalité être immédiatement délivré une copie revêtue de la formule exécutoire (qu'appose le directeur de greffe) et la décision peut, de son côté, être minutée dans le même moment. De sorte que de nos jours, l'exécution sur minute relève, en pratique, de l'exception : on ne peut plus guère l'envisager que lorsque la décision est rendue à un moment où il n'y aurait plus, au tribunal, ni imprimante, ni photocopieuse en état de fonctionner !

b) Retour devant le juge et recours contre l'ordonnance sur requête

411 **La réaction possible à la décision du juge.** Deux situations sont à envisager selon que le président a ou non fait droit à la requête qui lui a été présentée. Mais une troisième situation peut conduire à un retour devant le juge, lorsqu'il s'agit de résoudre une difficulté née de l'exécution de la mesure ordonnée par requête ; c'est là la question du juge du contrôle.

1) *Le président fait droit à la requête*

412 **Le référé à fins de rétractation.** Dans cette occurrence, « tout intéressé peut en référer au juge qui a rendu l'ordonnance » (art. 496, al. 2). C'est le retour marqué de la contradiction. Bien que le texte parle d'en « référer » au juge, ce dernier n'est pas un « juge des référés » soumis aux conditions de pouvoir des articles 808 et 809[714]. Les pouvoirs dont il est ici muni sont ceux du juge saisi sur requête qu'il a été. L'urgence[715] comme l'absence de contestation sérieuse[716], habituellement requises en référé, ne sont donc pas des conditions d'intervention du juge de la rétractation.

---

714. M. Foulon et Y. Strickler, « Le référé-rétractation », *D.*, 2010, chron., 456.

715. Cass. (2e civ.), 3 janvier 1979, n° 77-15.132, *Bull. civ.*, II, n° 6.

716. Cass. (2e civ.), 28 octobre 1982, n° 81-10.620, *Bull. civ.*, II, n° 137. - Cass. com., 1er décembre 1987, n° 86-10.229, *Bull. civ.*, IV, n° 258 ; *JCP*, 1988, II, 21091, note L. Cadiet.

À cet égard, il faut relever que seul le juge qui a autorisé la mesure est compétent pour rétracter sa décision et ce, même si le juge du fond était saisi de l'affaire (art. 497 CPC). Ce retour devant un même juge ne crée pas de doute quant à son impartialité, dans la mesure où il est de l'essence même de cette procédure de revenir devant le juge qui a précédemment connu de l'affaire. La voie de rétractation permet le rétablissement de la contradiction[717]. Il n'y a aucune limite de date à cette demande, contrairement à ce qui se rencontre dans le domaine de la propriété littéraire et artistique. En effet, hors les cas, d'une part, de l'article 716-7 du CPI (marques de fabrique) qui ne prévoit pas de procédure de rétractation et, d'autre part, de l'article L. 332-2 (droit d'auteur) qui prévoit un délai de trente jours pour assigner mais sans qu'aucune sanction n'y soit attachée, et pour lesquels c'est donc le droit commun qui trouvera à s'appliquer, le juge du fond doit être saisi dans les quinze jours de la saisie sous peine de nullité de celle-ci[718].

La voie unilatérale qui a été retenue dans la première phase de la procédure conduit, par la rétractation, celui qui aurait dû être défendeur à prendre l'initiative. Mais cette inversion dans la position procédurale des parties ne doit pas tromper : le demandeur, c'est le requérant ; et le demandeur à la rétractation, c'est le défendeur. Il s'ensuit que c'est le requérant initial qui doit supporter la charge de la preuve[719], même si ce sont les arguments du défendeur qui vont logiquement amener le juge à réviser sa première analyse de la situation, celle qu'il a menée en l'absence initiale de contradiction.

En outre, « le juge de la rétractation doit se placer au jour où il statue »[720] ; en effet, il est possible que les circonstances aient évolué depuis la date de l'ordonnance sur requête et en ce cas, le juge saisi (qu'il s'agisse du juge de la rétractation comme du juge d'appel) doit vérifier si les mesures qui ont été ordonnées doivent ou non perdurer.

Lorsque le juge rétracte l'ordonnance, les mesures qui auront pu être réalisées sur le fondement de celle-ci son rétroactivement effacées, ce qui n'est que la conséquence de la perte du fondement juridique de la mesure ordonnée[721]. La rétractation ne laisse rien subsister de l'ordonnance anéantie.

2) *Le président rejette la requête*

413 **La voie d'appel.** Dans ce cas, un délai de quinze jours[722] s'ouvre au profit du requérant pour interjeter appel (sauf quand l'ordonnance émane du Premier

---

717. Cass. (2e civ.), 5 février 1997, n° 95-13.504, *Bull. civ.*, II, n° 33 ; *D.*, 1999. 24, note S. Denoix de Saint Marc (pour l'opposition) et n° 95-10.622, *Bull. civ.*, II, n° 34 (pour le recours en révision).

718. Brevet d'invention (art. L. 615-17 CPI), « obtention végétale » (art. L. 623-27 et L. 623-51 et s.), dessins et modèles (art. L. 521-1 CPI), logiciels et banques de données (art. L. 332-4, al. 3 CPI).

719. Cass. (2e civ.), 21 octobre 1987, n° 86-14.978, *Bull. civ.*, II, n° 209 ; *RTD civ.*, 1988, 404.

720. Cass. (3e civ.), 2 octobre 2001, n° 99-12.382, *Procédures*, 2001, comm. 228, R. Perrot ; *RTD civ.*, 2002, 146, obs. R Perrot. *Adde* Cass. (2e civ.), 12 janvier 1994, n° 92-14.605, *Bull. civ.*, II, n° 25 ; *RTD civ.*, 1994, 426, obs. R. Perrot.

721. Cass. (2e civ.), 5 janvier 2017, n° 15-25.035, *Procédures*, 2017, comm. 60. Voy. déjà 4 juin 2015, n° 14-17.699, *Procédures*, 2015, comm. 256.

722. Ce délai court du jour du prononcé de l'ordonnance ou de la date à laquelle le requérant en a eu connaissance : Cass. (2e civ.), 22 février 2007, n° 05-21.314, *Bull. civ.*, II, n° 46.

président de la cour d'appel) et en cette occurrence, l'appel « est formé, instruit et jugé comme en matière gracieuse »[723]. L'appel résulte d'une déclaration faite ou adressée « par pli recommandé au greffe de la juridiction qui a rendu la décision, par un avocat ou un avoué, ou un autre officier public ou ministériel dans les cas où ce dernier y est habilité par les dispositions en vigueur » (art. 950 CPC).

Par dérogation aux dispositions de l'article 675, alinéa 2, du Code de procédure civile régissant les jugements gracieux, l'ordonnance n'a pas à être notifiée par le greffier[724].

E 53 **L'appel par voie de télécopie est, en principe, exclu**

En procédure contentieuse avec représentation obligatoire, les actes de procédure sont remis à la juridiction par voie électronique et ce, à peine d'irrecevabilité relevée d'office. Ce n'est que lorsqu'un acte ne peut être transmis par voie électronique « pour une cause étrangère à celui qui l'accomplit, [qu'il va pouvoir être] établi sur support papier et remis au greffe » (art. 930-1, al. 2). Avec la récente modification de la procédure en matière sociale, le décret n° 2017-1008 du 10 mai 2017 *portant diverses dispositions procédurales relatives aux juridictions du travail* vient d'ajouter une dérogation à la règle de principe, dans le cas où les actes de procédure sont effectués par le défenseur syndical : ils peuvent être établis sur support papier et remis au greffe ou lui être adressés par lettre recommandée avec demande d'avis de réception (art. 930-2, al. 2 nouveau). Quant à l'article 950 applicable à la matière gracieuse, qui vise un pli recommandé, la déclaration d'appel ne peut emprunter la voie de la télécopie[725]. Dans la procédure en matière contentieuse sans représentation obligatoire, la solution est la même, l'article 932 indiquant que la déclaration d'appel est faite ou adressée « par pli recommandé, au greffe de la cour »[726].

Une cour d'appel a cependant atténué la rigueur de la règle en n'admettant le principe que dans le cas où la télécopie arriverait au greffe et serait enregistrée par le greffier le jour même ; mais cette juridiction n'a pas appliqué le système qu'elle préconise à l'espèce qui lui était soumise, car la télécopie était arrivée le dernier jour du délai entre l'heure de fermeture du greffe et minuit et qu'elle n'avait été prise en compte par le greffier que le lendemain sur l'exemplaire remis par l'avoué. La date de l'accusé de réception sur l'appareil ne pouvait remplacer la constatation personnelle opérée par le greffier[727].

La solution de refus de prise en compte de la télécopie ne s'applique pas lorsque le texte prévoit un appel sans forme. Par exemple, l'article L. 552-9 du Code de l'entrée et du séjour des étrangers et du droit d'asile prévoit un appel des ordonnances du juge des libertés et de la détention rendues en matière de rétention d'un étranger dans des locaux ne relevant pas de l'administration pénitentiaire, devant le Premier président de la cour d'appel ou son délégué, qui est saisi sans forme et doit statuer dans les quarante-huit heures de sa saisine. La déclaration d'appel motivée du ministère public transmise au greffe de la cour d'appel par télécopie horodatée saisit valablement le Premier président (Cass. (1re civ.), 4 juillet 2006, n° 05-10.879, *Bull. civ.*, I, n° 349).

723. Art. 496, al. 1er CPC ; ce qui entraîne l'application des articles 797 à 800.

724. Cass. (2e civ.), 16 juillet 1992, n° 90-21.922, *Bull. civ.*, II, n° 212 ; *D.*, 1993, somm., 186, comm. P. Julien. - 16 mai 1990, n° 89-10.243, *Bull. civ.*, II, n° 105 ; *JCP*, 1991, II, 21645, obs. E. du Rusquec ; *RTD civ.*, 1991, 172 et 1993, 194, obs. R. Perrot.

725. Cass. com., 17 décembre 2003, nos 01-10.692, 01-10.698, 01-10.712 & 01-10.719, *Bull. civ.*, IV, n° 210 ; *RTD com.*, 2004. 374. - Cass. (2e civ.), 6 mai 2010, n° 09-66.523, *Bull. civ.*, II, n° 86 ; *D.*, 2010, 1291.

726. Cass. (2e civ.), 28 février 2006, n° 04-15.406, *Bull. civ.*, II, n° 51. – 6 mai 2010, n° 09-66.523, *Bull. civ.*, II, n° 86.

727. CA Douai (2e Ch.), 26 janvier 2000, *D.*, 2000, Inf. rap., p. 87 ; *RTD civ.*, 2000, 405, obs. R. Perrot.

Rappr., dans l'esprit, le recours formé contre la décision du premier juge statuant sur la contestation portant sur les conditions des funérailles d'un défunt : ce recours est soumis à un délai de 24 heures à compter de la décision du tribunal d'instance ; mais comme l'appel est interjeté sans forme (art. 1061-1 CPC), l'appelant qui se présenterait avec un huissier devant la cour pour constater que les portes sont fermées (hypothèse d'un délai qui courrait un samedi) il importe peu que la saisine du juge n'ait pu intervenir formellement que le lundi suivant : l'appel est recevable[728].

Voy. cep. Ch. Lhermitte, « Conclusion par télécopie, réseau privé virtuel avocat, courrier électronique », *Gaz. Pal.*, 10 janvier 2015, p. 17.

414 **L'appel « court-circuité ».** Le juge peut alors, sur cette déclaration d'appel, modifier ou rétracter sa décision (art. 952) et il informe la partie, dans le délai d'un mois, de sa décision soit d'examiner à nouveau l'affaire, soit de la transmettre à la cour pour que celle-ci statue sur l'appel interjeté. Dans ce dernier cas, la transmission de l'entier dossier de l'affaire à la cour est assortie d'une communication obligatoire au ministère public (art. 798). On rappellera que l'appel interjeté contre l'ordonnance rejetant la rétractation ne peut avoir pour effet de suspendre l'exécution immédiate de l'ordonnance sur requête : cette dernière bénéficie de l'exécution provisoire de droit[729].

Le pourvoi en cassation pourra le cas échéant suivre. Il convient de relever que la légitimité du choix de la voie non contradictoire peut être contestée pour la première fois à cette hauteur ; il s'agit en effet d'un moyen de pur droit.

3) *Le juge du contrôle*

415 **La naissance de la difficulté.** Une fois la mesure d'instruction ordonnée, elle est exécutée et c'est à ce moment précis qu'apparaît une complication. L'initiative de saisir le juge peut alors revenir aux parties comme au technicien lui-même dans la mesure où il se doit d'« accomplir sa mission avec conscience, objectivité et impartialité » (art. 237), voire du juge lui-même, qui peut s'en saisir d'office (art. 167).

La difficulté annoncée peut être de deux ordres. Il peut d'abord s'agir d'un conflit d'interprétation lié à la manière dont a été rédigée la mission du technicien. Comme il « appartient à tout juge d'interpréter sa décision » (art. 461 CPC), il conviendra de revenir devant celui qui a rendu l'ordonnance.

Il peut ensuite s'agir d'une difficulté liée à la façon dont le technicien agit. Si celui qui subit la mesure estime que le technicien va trop loin au regard des cadres qui lui ont été fixés, il peut (qu'il soit la partie visée ou qu'il soit un tiers, car si l'article 160 impose aux parties et aux tiers d'apporter leur concours aux mesures d'instruction, cela ne signifie pas qu'ils doivent tout admettre) saisir le juge du contrôle pour lui demander de rétablir les limites qu'il juge dépassées. Ce juge du contrôle est normalement le juge qui a statué sur requête (art. 155), mais le Code permet au président de la juridiction et « dans l'intérêt d'une bonne administration de la justice [de] désigner un juge spécialement chargé de contrôler l'exécution des mesures d'instruction confiées à un technicien en application de l'article 232 ».

728. Cass. (1re civ.), 1er juin 2005, n° 05-15.476, *Bull. civ.*, I, n° 240 ; *Procédures*, 2006, comm. 2, R. Perrot qui relève qu'ici, l'intention vaut l'acte.

729. Cass. (2e civ.), 7 novembre 2002, n° 00-22.189, *Bull. civ.*, II, n° 247 ; *Procédures*, 2003, n° 4. Sous réserve de l'application de l'article 524, dernier alinéa.

416 **La durée possible du contrôle.** Selon l'article 253 : « Le constat est remis au greffe de la juridiction ». Ce moment marque la fin de la mission dévolue au juge du contrôle chaque fois que le juge du fond est saisi de l'affaire, puisque c'est devant ce dernier que se poursuit alors l'instance (art. 172).

En revanche, lorsque la mesure a été obtenue sur le fondement de l'article 145 du Code et que le juge du fond n'a pas encore été saisi, les dispositions de l'article 175 conduisent à décider « que l'exception tirée de la nullité du rapport d'expertise devait être soulevée dans l'instance au fond dans la perspective de laquelle la mesure d'instruction avait été ordonnée et que dès lors, une action en nullité du rapport d'expertise exercée à titre principal n'était pas recevable »[730]. Seules des mesures conservatoires pourront alors être éventuellement ordonnées par le juge du contrôle[731].

B) La voie contradictoire : les ordonnances de référé (art. 484 à 492 CPC)

1. Généralités

417 **Une procédure en constant devenir.** Le référé est aujourd'hui parmi les visages les plus familiers de la justice. En 2005, sur 2 665 664 décisions rendues en matière civile et commerciale, 270 178 l'ont été suivant la procédure des référés. L'origine du référé est ancienne et se dessine dans la jurisprudence du Châtelet de Paris[732]. Certains sont remontés plus loin dans le temps et la comparent à la « clameur de haro » de la Coutume de Normandie (*clamor* – lat. « cri » et *harace* – anc. fr. « poursuite », de *hare*, interjection d'origine franque) : il s'agissait d'un appel à l'aide poussé par la victime d'un flagrant délit, rendant pour tout auditeur l'intervention obligatoire.

Formalisé par l'Édit du 22 janvier 1685 (sous Louis XIV), le référé a été recueilli par le Code de procédure civile de 1806 et s'est développé sous l'influence du président De Belleyme, président du tribunal civil de la Seine de 1829 à 1856. Dès cet instant, l'influence du référé a été en croissance permanente, tant dans les textes que dans la pratique, dont le Premier président Pierre Drai est une figure importante dans ce mouvement favorable au développement de cette institution.

418 **Le président du tribunal de grande instance, juge de droit commun en matière de référé.** Il suffit, pour s'en convaincre, de se reporter à l'article 810 du Code de procédure civile qui prévoit que les pouvoirs du président du tribunal de grande instance en matière de référé s'étendent à toutes les matières où il n'existe pas de procédure particulière de référé. Mais l'expansion du référé a été telle que, de nos jours, il existe une procédure de référé devant toutes les juridictions de l'ordre judiciaire[733] : certes devant le tribunal de grande instance, mais aussi et dans la limite de leur compétence, devant le tribunal d'ins-

730. Cass. (2e civ.), 2 décembre 2004, n° 02-20.205, *Bull. civ.*, II, n° 513.

731. Voy. M. Foulon et Y. Strickler, « Le constat sur requête avant tout procès », *op. cit.*, n° 50.

732. C'est au XIVe et au XVe siècle que le référé s'y développe.

733. Et même de l'ordre administratif : voy. O. Le Bot, *Le guide des référés administratifs et des autres procédures d'urgence devant le juge administratif*, Paris, Dalloz, 2013/2014.

tance (art. 848 à 850), le tribunal de commerce (art. 872 et 873), le tribunal paritaire des baux ruraux (art. 893 à 896), le conseil de prud'hommes (mais il reste, même en référé, une juridiction paritaire, composée alors d'un conseiller prud'homme employeur et d'un conseiller prud'homme salarié[734]) et enfin, depuis le décret n° 86-658 du 18 mars 1986, le président du tribunal des affaires de sécurité sociale (art. R. 142-21-1 C. sécu. soc.).

L'article 484 du Code de procédure civile présente l'ordonnance de référé comme « une décision provisoire rendue à la demande d'une partie, l'autre présente ou appelée, dans les cas où la loi confère à un juge qui n'est pas saisi du principal le pouvoir d'ordonner immédiatement les mesures nécessaires ».

Le succès du référé peut s'expliquer par deux mots : rapidité et efficacité. La recherche de mesures rapides et efficaces engendre, particulièrement chez les avocats, « comme premier réflexe, chaque fois que la loi le permet, l'introduction d'un référé »[735].

419 **Le risque de la rapidité et son encadrement.** L'accélération que produit le référé dans la procédure comporte des dangers. Il est évident que sous prétexte d'éviter l'injustice certaine que constitue une justice lente, il ne faut pas tomber dans l'injustice encore plus grande d'une justice sommaire[736].

Il a donc fallu créer des garde-fous. C'est pourquoi et d'abord, l'audience de référé est **confiée au président ou à un juge expérimenté**. Une enquête menée en 1991 auprès d'une trentaine de juridictions réparties sur le territoire national[737] a montré que l'ancienneté dans la profession du magistrat auquel était confiée la juridiction des référés était de 10 à 35 années, exception faite d'un président de tribunal de commerce (5 ans) et d'un juge d'instance (7 ans et demi). Un parallèle avec la juridiction administrative montre que le législateur a, en ce domaine, réservé aux présidents des tribunaux administratifs et des cours administratives d'appel ainsi qu'aux magistrats qu'ils désignent à cet effet, l'exercice des fonctions de juge des référés à la condition expresse d'avoir une ancienneté minimale (de deux ans) et d'avoir atteint au moins le grade de premier conseiller (art. L. 511-2 C. just. adm.).

Ensuite, l'article 487 du Code de procédure civile permet au juge des référés « de renvoyer l'affaire en état de référé devant la formation collégiale ». Ainsi, au lieu de statuer seul, le juge des référés s'entoure d'autres juges. S'il renvoie devant la collégialité, c'est toutefois « en état de référé ». On ne passe pas du provisoire au fond du seul fait de la réintroduction de la pluralité de juges ! Ceci étant, le juge des référés ne va habituellement renvoyer devant la formation collégiale, qu'en présence d'une situation exceptionnelle. Et l'on rappellera que l'article 487 ne peut s'appliquer devant le juge d'instance puisqu'il est, de toute manière, un juge unique. En outre, ce texte est

734. Facultative à l'origine (le décret du 12 septembre 1974 laissait entière liberté à chaque conseil de l'organiser ou non), cette formation est désormais et depuis la loi n° 79-44 du 18 janvier 1979, obligatoire au sein de chaque conseil. La formation de référé, commune aux diverses sections du conseil des prud'hommes, dispose des mêmes pouvoirs que ceux prévus au profit du président du tribunal de grande instance statuant en référé.

735. J.-Cl. Woog *et alii*, *Pratique professionnelle de l'avocat*, 4e éd., Paris, Litec, 2001, n° 4.9.4.2.3.

736. En ce sens, voy. T. com. Bruxelles, réf., 14 mars 1990, *D.*, 1992, somm. 73, qui utilise expressément la métaphore de la justice du Far West où l'on pendait avant et vérifiait la culpabilité de l'intéressé après son exécution…

737. Y. Strickler, *Le juge des référés, juge du provisoire*, th. Strasbourg 1993, spéc. annexe 1.

rarement utilisé en pratique. Certains magistrats, confrontés à une difficulté sérieuse, privilégient en effet le système de la passerelle et renvoient l'affaire à une date ultérieure mais pour être jugée sur le fond (art. 788, pour le TGI ; art. 873-1 pour le tribunal de commerce et art. 896 pour le tribunal paritaire de baux ruraux). Si l'article 487 a été utilisé, c'est en présence : d'une affaire ayant eu un grand retentissement local ; d'une affaire mettant en cause un bâtonnier ou un officier public dans le ressort du tribunal ; à la suite d'un incident avec un avocat du référé ; lors d'une action en voie de fait contre le ministre de l'Intérieur ; concernant une demande d'interdiction de corrida en Gironde ; enfin, l'article 487 a été utilisé dans un cas où le juge des référés, ayant déjà eu à connaître du dossier au travers de nombreuses ordonnances sur requête, s'est senti trop imprégné de l'affaire et souhaitait être éclairé par ses assesseurs, portant un regard neuf sur le litige.

Une autre garantie face à la rapidité de la procédure apparaît avec le caractère contradictoire du référé : comme le dit l'article 484, l'autre partie est « présente ou appelée ».

Mais le principal garde-fou, c'est le caractère provisoire attaché à l'ordonnance de référé, qui en est l'essence même.

420 **Une décision provisoire.** Il ne faut pas confondre les ordonnances de référé, qui sont provisoires, et les cas où le président statue « en la forme » ou « comme en matière de référé ». Car dans ces derniers cas, le juge se prononce au principal[738]. Comme son nom l'indique, le « référé en la forme » n'emprunte que la forme, la procédure du référé[739]. Les référés en la forme constituent un ensemble assez hétéroclite dans lequel on trouve, entre autres exemples tirés du Code de procédure civile, l'après-divorce de l'article 1084 (juge aux affaires familiales), le droit de l'arbitrage (art. 1457), ou encore, la demande aux fins d'obtenir le retour de l'enfant en application de la convention du 25 octobre 1980 sur les aspects civils de l'enlèvement international d'enfants (art. 1210-6).

La « véritable » ordonnance de référé est quant à elle juridiquement provisoire, ce qui veut dire que le juge du fond (le juge du principal) éventuellement saisi par la suite, ne sera en rien lié par l'appréciation portée sur l'affaire par le juge des référés. Au regard de l'étymologie du mot, « provisoire » trouve son origine dans l'expression *providere*, par précaution, en attendant autre chose. En pratique toutefois, l'ordonnance de référé peut produire des effets définitifs. Tel est le cas lorsque les plaideurs acceptent la décision rendue au provisoire et que l'ordonnance rendue devient alors, dans la réalité sociologique, la loi des parties. Le mot « provisoire » est donc à sens multiple ; il ne signifie pas forcément « temporaire ».

Aussi, théoriquement provisoire, l'ordonnance de référé peut devenir, en pratique, définitive. Pour certains, c'est là une contradiction. En réalité la contradiction n'est qu'apparente. Car le caractère provisoire attaché à la décision introduit dans la matière des référés une fragilité virtuelle, une fragilité potentielle, qui réalise l'équilibre du système, tout en expliquant et justifiant tant les **pouvoirs** du juge des référés, que la **portée** de la décision de référé.

---

738. Voy. aussi *infra*, n° 440.

739. Pour une analyse de cette forme particulière, qui a récemment été étendue aux requêtes : M. Foulon et Y. Strickler, *Les référés en la forme*, Paris, Dalloz, 2013.

2. Les pouvoirs du juge des référés[740]

421 **Un juge qui n'est pas saisi du principal.** Il convient, avant de passer en revue les textes qui définissent les pouvoirs du président statuant en référé, d'insister sur le fait que le juge des référés ne tranche pas le fond du droit. L'appréciation définitive est réservée au juge du principal (étant précisé que, dans la mesure où la nullité d'un jugement ne peut être demandée que par les voies de recours prévues par la loi, et le juge du principal n'étant pas le juge de recours du juge des référés, le premier ne saurait apprécier en fait et en droit la décision rendue par le second[741]) ; le juge des référés, lui, va voir ce qui est constant et ce qui ne l'est pas ; il va droit à l'objectif. Aussi le juge des référés ne peut-il affirmer l'existence ou l'inexistence d'un droit.

C'est ainsi qu'il n'appartient pas au juge des référés de prononcer la résiliation d'un bail (ce qui correspondrait à la sanction du droit lui-même)[742]. En revanche, il peut constater la résiliation d'un bail intervenue en application d'une clause résolutoire. De même, il n'appartient pas au juge des référés de prononcer la nullité d'un acte (par exemple, l'annulation d'un préavis de grève[743]). Il ne peut qu'en suspendre provisoirement les effets. Annuler un acte, c'est procéder à une affirmation des droits, c'est trancher le fond du droit. Tel n'est pas le pouvoir du juge des référés. La mesure de suspension, elle, concrétise le caractère essentiellement provisoire de l'ordonnance de référé. Enfin, la condamnation à des dommages et intérêts est la conséquence nécessaire et logique d'une constatation juridictionnelle. Elle revêt un caractère définitif en laissant entendre que le fond du droit est tranché. Accorder des dommages-intérêts, c'est réparer. Telle n'est pas la mission du juge du provisoire. Le juge des référés ne peut donc accorder des dommages-intérêts. Il faut cependant et là aussi nuancer cette affirmation : car comme le juge des référés peut accorder une provision sur obligation non sérieusement contestable, rien ne l'empêche d'octroyer une provision sur dommages-intérêts[744]. À la nuance dégagée s'ajoute une dérogation au principe affirmé de l'interdiction d'allouer des dommages-intérêts en référé et ce, en présence d'une procédure abusive conduite devant le juge du provisoire. Cette exception a pour intérêt d'éviter de devoir saisir spécialement le juge du fond dans cette seule perspective[745].

740. M. Foulon et Y. Strickler, « Les pouvoirs du juge des référés », *Gaz. Pal.*, 25-26 mai 2012, p. 17.

741. Cass. (3e civ.), 21 février 2019, n° 18-13.543 (FS-P+B+I). Le provisoire et le principal se déploient sur deux terrains parallèles mais qui ne permettent pas, sauf dispositions spécifique (par ex. la passerelle), le passage de l'un à l'autre. Si la décision au fond est dans ses conséquences divergente par rapport à la décision de référé, l'ordonnance du président devient alors inopérante.

742. Voy. récemment : Cass. (3e civ.), 20 décembre 2018, n° 17-16783.

743. Pour une même solution s'agissant de la nullité d'un contrat : Cass. soc., 14 mars 2006, n° 04-48.322, *Bull. civ.*, V, n° 100 (il s'agissait d'une transaction).

744. Pour un exemple très net : Cass. soc., 7 mai 1987, n° 84-41.005, *Bull. civ.*, V, n° 274 (licenciement irrégulier - syndicat : préjudice à l'intérêt collectif de la profession - franc symbolique).

745. Voy. Cass. (1re civ.), 16 décembre 1986, n° 85-13.716, *Bull. civ.*, I, n° 308 et surtout : Cass. com., 2 mai 1989, n° 87-11.149, *Bull. civ.*, IV, n° 143.

a) L'article 808 du Code de procédure civile

422 **Article 808 et urgence.** Ce texte prévoit que c'est « Dans tous les cas d'urgence » que « le président du tribunal de grande instance peut ordonner en référé toutes les mesures qui ne se heurtent à aucune contestation sérieuse ou que justifie l'existence d'un différend ».

Traditionnellement, c'est l'urgence qui s'est imposée comme la raison d'être et la mesure du référé. Dans la droite ligne de cette tradition, l'article 808 se réfère à « tous les cas d'urgence ». *Tous les cas d'urgence*... c'est beau... c'est vaste... c'est surtout vague ! Cette condition des pouvoirs du juge des référés (mais qui n'est formellement exigée que dans les cas de référé de l'article 808) est impossible à définir. Pourtant, l'urgence est une notion que l'on perçoit assez aisément. On en appréhende en effet la définition, selon l'expression du professeur Perrot, « moins par [son] contenu positif que par les limites à ne pas dépasser ».

La difficulté vient de ce que l'appréciation de l'urgence est laissée au pouvoir souverain du juge des référés. Ce dernier peut même se contenter de la simple mention « vu l'urgence » ! La Cour de cassation estime en effet qu'avec cette simple mention, la condition est remplie. Cependant, il faut bien reconnaître qu'une solution différente n'est pas concevable. En effet, comment vouloir atteindre une définition abstraite de l'urgence alors qu'elle est inséparable de la constatation des faits ?

423 **Article 808 et contestation sérieuse ou existence d'un différend.** Le texte présente par ailleurs une curiosité grammaticale : « ou que ». Ces deux mots séparent l'article 808 en deux branches. Il apparaît alors que dans la première branche du texte, l'existence d'une contestation sérieuse est un obstacle aux pouvoirs du juge des référés. En revanche, dans la seconde branche du texte, l'existence du différend, autrement dit, l'existence d'une contestation sérieuse, va au contraire lui permettre d'intervenir. On pourrait craindre que le législateur ait effacé d'une main ce qu'il écrivait de l'autre, mais il n'en est rien : au regard de la première branche de l'article 808, on dit aussi que le juge des référés est le « juge de l'évident et de l'incontestable » (la formule est du Premier président Pierre Drai).

Peut alors être avancée une proposition d'approche de la contestation sérieuse : si la solution du problème qui lui est soumis conduit le juge des référés à une appréciation juridique motivée qui fait la part entre la thèse de l'un des plaideurs et celle de l'autre, il excède ses pouvoirs dans la mesure où il est obligé de discuter juridiquement pour écarter l'une de ces thèses qui est forcément sérieuse. Lorsque le président, pour repousser une contestation, est obligé de bâtir un raisonnement juridique que ne dénierait pas un juge du fond, il va au-delà de ses pouvoirs. Pour illustration imaginons que le demandeur en référé réclame la livraison d'une chose, mais que l'obligation de livrer est sérieusement contestable car, par exemple, le contrat est flou et suppose une interprétation ; la présence de ce doute impose au juge des référés de s'abstenir de statuer[746]. Inversement si le contrat et l'obligation qui en résulte sont clairs, il n'y a pas de contestation sérieuse qui puisse tenir et écarter les pouvoirs du juge des référés.

746. Cass. (1re civ.), 4 juillet 2006, n° 05-11.591 ; *JCP*, 2006, IV, 2673.

La situation est tout à fait différente dans le cadre de la seconde branche du texte de l'article 808 : il existe un différend et par hypothèse un différend sérieux. Le problème n'est donc plus celui de la contestation sérieuse ; il est reporté sur le terme de « différend ». Puisque ce différend est sérieux, il peut être opportun de prendre des mesures conservatoires dans l'attente d'une décision au fond. Le juge des référés peut donc, en vertu de ce texte, ordonner les mesures qui permettront d'attendre sans dommage que le tribunal, au fond, départage les plaideurs. Une illustration de l'intérêt de ce texte, qui a parfois été présenté comme un *référé de la dernière chance*, peut être extraite de l'arrêt rendu le 23 mars 1982 par la chambre sociale de la Cour de cassation[747] : un comité d'entreprise avait organisé une consultation juridique dans les locaux de l'entreprise. Il existait alors une contestation sérieuse sur le point de savoir si cette pratique était valable au regard du Code du travail : s'agissait-il ou non d'une œuvre sociale au sens de la législation ? Par conséquent, il n'était pas possible d'ordonner une mesure sur le fondement de la première branche de l'article 808. La seule possibilité, pour ordonner une mesure provisoire d'interdiction, était de s'appuyer sur le différend visé à l'article 808, seconde branche, ce qui fut fait.

b) Les référés visés par l'article 809, alinéa 1er

424 **Dommage imminent et trouble manifestement illicite.** « Le président peut toujours, même en présence d'une contestation sérieuse, prescrire en référé les mesures conservatoires ou de remise en état qui s'imposent, soit pour prévenir un dommage imminent, soit pour faire cesser un trouble manifestement illicite ».

Il y a là deux volets, l'un préventif, l'autre curatif. Mais tous deux répondent à la vocation de paix sociale du juge des référés en lui permettant de sauvegarder, pour l'avenir, tout intérêt menacé ou troublé. La notion de dommage imminent et celle de trouble manifestement illicite sont ainsi complémentaires. La pratique l'a bien compris, puisqu'elle les invoque fréquemment de façon conjointe. Souvent d'ailleurs, un même fait concerne les deux notions, par exemple, la divulgation par voie de presse d'un procédé de montage d'un décodeur pirate qui causerait à la société d'exploitation (en clair, Canal plus) un préjudice commercial manifestement illicite ; un autre exemple peut résulter de la livraison d'un appartement non conforme aux normes de sécurité incendie[748] ; une dernière illustration, mais les exemples pourraient être multipliés à loisir, apparaît dans le domaine des mouvements sociaux : une grève avait été déclenchée par des salariés d'une usine d'incinération des résidus urbains et avait entraîné un fonctionnement au ralenti de l'établissement, ce qui engendrait des risques de pollution préjudiciables à la sécurité et à la salubrité publiques. La Cour de cassation approuve les juges d'appel d'avoir ordonné l'expulsion des locaux en retenant l'existence d'un trouble manifestement illicite[749].

Mais si les deux notions sont complémentaires, elles ne se confondent pas.

747. Cass. soc., 23 mars 1982, n° 80-17.098, *Bull. civ.*, V, n° 208. Pour un autre exemple concernant la suspension de travaux de construction d'un immeuble, voy. Cass. (3e civ.), 14 décembre 1976, n° 75-15.459, *Bull. civ.*, III, n° 464.

748. TGI Paris, réf., 2 octobre 1975, *Gaz. Pal.*, 1976, 1, somm. 179, deux espèces.

749. Cass. soc., 26 février 1992, n° 90-15.459, *Bull. civ.*, V, n° 125.

1) *Le trouble manifestement illicite*

425 **Les trois composantes de la notion.** Le trouble manifestement illicite se compose d'abord d'un trouble, c'est-à-dire un acte perturbateur commis par le défendeur et un dommage corrélatif subi par le demandeur. Ce trouble, ensuite, doit être illicite. L'illicite, c'est tout ce qui est défendu par la loi – au sens large –, la morale ou les usages[750]. Enfin, le trouble doit être *manifestement* illicite. Par cette expression, on rejoint la notion d'évidence, d'absence de contestation sérieuse.

Ceci étant précisé, le texte déclare depuis le décret n° 87-434 du 17 juin 1987 que le président intervient pour mettre fin au trouble manifestement illicite, *même en présence d'une contestation sérieuse*. Comment expliquer cette phrase ? *A priori*, si le trouble est manifestement illicite, il ne peut pas y avoir de contestation sérieuse ! Pour comprendre l'ajout de 1987, il faut distinguer deux situations :

426 **Première situation, l'auteur du trouble agit sans en avoir le droit.** Un bailleur, sans pouvoir donner de raison, mure l'accès à un parking qu'il loue. Il n'y a pas de contestation possible, son acte est manifestement illicite. Dans cette première situation, le trouble manifestement illicite ne fait qu'illustrer l'absence de contestation sérieuse.

427 **Seconde situation, la contestation est extérieure au trouble.** Le bailleur empêche l'accès au parking qu'il loue, mais parce que son locataire ne paie pas son loyer. Ici, l'auteur du trouble a peut-être mille fois raison sur le fond du droit, mais en attendant, il s'est fait justice à lui-même. Il a agi contre le droit. L'acte de justice privée doit être sanctionné nonobstant l'existence d'une contestation sur les droits en présence.

E 54 **Rénovation d'immeubles**

L'article L. 111-6-2-3 du Code de la construction et de l'habitation, inséré par la loi n° 2006-872 du 13 juillet 2006, prévoit en son alinéa premier que : « Lorsque tout ou partie d'un immeuble est occupé par des locataires ou des occupants de bonne foi et que des travaux effectués présentent un caractère abusif et vexatoire, le juge saisi en référé peut prescrire l'interdiction ou l'interruption des travaux. Il peut ordonner leur interdiction ou leur interruption, sous astreinte le cas échéant ».

Jusque-là, rien que de relativement classique dans l'approche des pouvoirs du juge des référés, avec la disposition finale qui n'est en réalité que le rappel du pouvoir général de condamner sous astreinte reconnu à ce juge comme aux autres.

Mais le texte poursuit par un alinéa second qui associe au fait d'exécution de travaux en contrariété à la décision rendue par le juge des référés la sanction pénale de l'emprisonnement correctionnel (deux ans) et d'une amende de 4 500 euros, sans préjudice de la remise en état des lieux aux frais du condamné. La pénalisation des comportements franchit désormais les portes du référé !

---

2) *Le dommage imminent*

428 **L'incontournable exigence d'une « illégitimité » à la source de l'acte contesté.** L'expression retenue par le Code semble se limiter au constat d'un préjudice qui menace le demandeur au référé et renvoie à l'idée d'une urgence latente. En réalité, le risque de préjudice ne peut suffire à lui seul à justifier une

750. Voy. Cass. com., 22 juillet 1986, n° 84-17.521.

quelconque mesure. L'exercice d'un droit est évidemment susceptible d'engendrer un dommage à autrui. Si sous prétexte d'un dommage imminent on empêchait une personne d'agir alors qu'elle en a le droit, on retirerait toute sécurité aux relations sociales[751]. Le dommage qui résulte de l'exercice d'un droit est légitime. Par conséquent, dans une telle occurrence, le juge des référés ne doit pas ordonner de mesures conservatoires.

La publicité comparative en constitue une illustration marquante. L'auteur de la publicité, du seul fait de la comparaison, occasionne un dommage à son concurrent. Mais on ne peut pas lui imputer à faute le seul fait de procéder à une comparaison de produits identiques, vendus dans les mêmes conditions, dès lors que l'exactitude des indications données n'est pas sérieusement contestée[752]. Le dommage est légitime et aucune mesure ne saurait être ordonnée en référé pour en prévenir la réalisation.

E 55 Le contrôle de l'appréciation réalisée sur les deux notions par les premiers juges

La Cour de cassation et le trouble manifestement illicite

Un rythme de dix années semble avoir été adopté par la Haute juridiction réunie en Assemblée plénière, s'agissant du degré de contrôle exercé par la Cour de cassation sur les pouvoirs reconnus au juge des référés en matière de cessation d'un trouble manifestement illicite.

Le 4 juillet 1986, l'Assemblée plénière de la Cour de cassation avait affirmé que l'appréciation des premiers juges était souveraine (*D.*, 1986, 477). Postérieurement à cette décision, certains arrêts avaient repris cette idée (par exemple, Cass. soc., 21 juillet 1986, *Bull. civ.*, V, n° 420), d'autres en revanche manifestaient clairement une volonté de contrôle de la part des juges de la Haute juridiction (par exemple, Cass. soc., 9 juillet 1986, *Bull. civ.*, n° 368). En doctrine, certains pensent qu'il s'agit là d'une question de fait, devant à ce titre être laissée à l'appréciation souveraine des premiers juges. La position contraire mérite cependant d'être soutenue : d'abord, on a vu que le comportement en cause doit être illicite. C'est l'illicéité qui doit être manifeste (or le mot « manifestement » est un adverbe qui, comme tous les adverbes, ajoute une détermination à l'adjectif auquel il est lié) ; ensuite, apprécier l'illicéité d'un acte impose l'idée d'une norme. Or toute norme est susceptible de contrôle. De plus, la Cour de cassation contrôle l'appréciation portée par le juge du fait sur l'existence d'une contestation sérieuse qui bien souvent n'est qu'une autre version du trouble manifestement illicite... ; enfin, la Cour de cassation a pour mission d'assurer l'unité d'interprétation de la règle de droit. Si dire ce qui est licite ou illicite relève du pouvoir souverain des juges du fait, autant supprimer la Cour de cassation ! Prenons l'exemple de la méconnaissance d'un réseau de distribution sélective. Si les juges des référés sont souverains dans leur appréciation de la situation, des décisions différentes sont susceptibles d'être rendues à Nancy et à Perpignan (certes, le Conseil constitutionnel nous a appris qu'*égalité* n'est pas *uniformité*, mais l'existence d'une norme pour laquelle il convient de déterminer où fixer le curseur est ici établie).

De sorte que l'Assemblée plénière a à nouveau été amenée à se prononcer, le 28 juin 1996[753]. Cette décision opère un revirement de jurisprudence par rapport à la décision rendue dix ans plus tôt. Mais ce qui est mis en place, selon le Haut conseiller Perdriau, c'est un « contrôle léger », un contrôle de la motivation et non un contrôle de légalité.

751. Lire H. Batiffol, *La philosophie du droit*, 11e éd., coll. Que sais-je, Paris, PUF, 2000.

752. Voy. Cass. com., 22 juillet 1986, n° 84-12.829, *Bull. civ.*, IV, n° 181. – CA Bordeaux (1re ch.), 19 mars 1992, *Gaz. Pal.*, 1992, 1, 257. Sur la licéité du procédé, voy. art. L. 128-1, L. 128-9 et L. 121-2 C. consom.

753. N° 94-15.935, *Bull. civ.*, n° 6 ; *BICC*, 15 septembre 1996, p. 7, concl. J.-F. Weber, note Séné ; *D.*, 1996, 467, concl. J.-F. Weber, note J.-M. Coulon ; *Gaz. Pal.*, 1996, 2, 398, note A. Perdriau ; *JCP*, 1996, II, 22712, note G. Mémeteau.

C'est cette même approche qu'adopte l'Assemblée plénière dans son arrêt du 23 juin 2006, par lequel elle s'est prononcée sur les conditions d'exercice du droit de grève d'un pilote d'avion. Elle relève les constats que les juges d'appel avaient pu formuler et affirme que c'est ainsi que ces juges ont : « pu en déduire que les sanctions prises contre [l'intéressé] étaient constitutives d'un trouble manifestement illicite »[754]. L'expression « a pu déduire » manifeste dans le langage de la Cour de cassation l'exercice d'un contrôle[755].

Plus récemment (Cass. (3e civ.), 21 décembre 2017, n° 16-25469), la Haute juridiction a confirmé l'existence d'un plein contrôle, dans un dossier où les juges d'appel avaient estimé que le droit de propriété pouvait céder face à des squatters (!) au nom du principe de proportionnalité. Pourtant, la Cour de Strasbourg, dans l'*Affaire Winterstein et a. c/ France (req. n° 27013/07)*, avait clairement posé les éléments du débat (§ 148, δ) : « La perte d'un logement est une atteinte des plus graves au droit au respect du domicile. Toute personne qui risque d'en être victime doit en principe pouvoir faire examiner la proportionnalité de cette mesure par un tribunal indépendant à la lumière des principes pertinents qui découlent de l'article 8 de la Convention, quand bien même son droit d'occuper les lieux aurait été éteint par l'application du droit interne. » Mais, pour « apprécier la proportionnalité d'une mesure d'expulsion, il y a lieu de tenir compte en particulier des considérations suivantes : si le domicile a été établi légalement, cela amoindrit la légitimité de toute mesure d'expulsion et à l'inverse, s'il a été établi illégalement, la personne concernée est dans une position moins forte » (point ε), mais aussi (point ζ) que la vulnérabilité de ceux qui « constituent une minorité, implique d'accorder une attention spéciale à leurs besoins et à leur mode de vie propre » (décision rendue concernant les Roms). Si la Cour de cassation a pu affirmer que, lorsque des droits « ont la même valeur normative (...), il appartient au juge saisi de rechercher un équilibre entre ces droits et, le cas échéant, de privilégier la solution la plus protectrice de l'intérêt le plus légitime » (*en l'occurrence, vie privée et liberté d'expression, Cass. (1re civ.), 30 sept. 2015, n° 14-16273, Bull. civ.*), et qu'il peut alors sembler que ce sont les droits eux-mêmes qui sont, directement, en balance, en revanche, dans d'autres décisions, la Cour a bien mis en évidence que le **contrôle de proportionnalité** en matière de trouble manifestement illicite s'exerce, non pas tant sur l'équilibrage des droits, que sur le choix de la mesure à ordonner (*v. N. Cayrol, RTD civ. 2016. 449 ; B. Sturlèse, JCP G 2016. 187*). Ainsi, les juges ont à rechercher « si les mesures ordonnées sont proportionnées au regard du droit » fondamental invoqué (*Cass. (3e civ.), 17 déc. 2015, n° 14-22095, Bull. civ.*). L'occupation « sans droit ni titre du bien d'autrui constitue [bien] un trouble manifestement illicite » (*par ex. Cass. (3e civ.), 19 mai 2015, n° 14-11302 ; 20 janv. 2010, n° 08-16088, Bull. civ. III, n° 19 ; 5 janv. 2010, n° 08-21089. Et, approuvant les juges d'appel : 27 janv. 2015, n° 13-24402 ; 2 juill. 2013, n° 12-18107 ; 2 févr. 2012, n° 11-14729*).

La Cour de cassation et le dommage imminent

La jurisprudence opte en la matière pour une absence de tout contrôle par la Cour de cassation[756]. Cependant, si l'on veut bien s'y arrêter un instant, l'imminence du risque ne saurait être tenue pour suffisante. C'est l'existence d'un différend, par hypothèse sérieux, qui permet d'ordonner les mesures qui s'imposent. En effet s'il est manifeste que le défendeur au référé ne fait qu'exercer un droit qui lui appartient, aucune mesure conservatoire ne saurait être ordonnée en référé (c'est l'exemple du dommage qui résulterait pour le salarié des effets d'une clause de non-concurrence, « dommage qui a été prévu dans les dispositions contractuelles librement débattues par les parties »[757]) : si sous prétexte de dommage imminent menaçant autrui on empêchait une personne d'agir alors qu'elle en a le droit, on retirerait toute sécurité aux relations sociales. Ainsi, bien que le caractère illicite de l'acte contesté n'apparaisse pas expressément dans la notion de dommage imminent, il y est sous-jacent. Il s'ensuit que le dommage

754. N° 04-40.289, *Bull. Ass. plén.*, n° 7.

755. Voy. A. Perdriau, « Le contrôle de la Cour de cassation en matière de référé », *JCP G*, 1988, I, 3365, n° 19-20.

756. Voy. A. Perdriau, « Le contrôle de la Cour de cassation en matière de référé », *JCP G*, 1988, I, 3365, nos 15 et 16.

757. Y. Serra, obs. sous trois esp., *D.*, 1992, somm., 57.

imminent suppose une « illégitimité » à sa source[758]. C'est sur ce point que peut s'exercer un contrôle de la Cour de cassation[759]. Il paraît alors opportun d'instaurer ici un contrôle de la motivation. Si le domaine de prédilection du juge des référés est l'apparence, il ne se limite pas au pur fait.

Indépendamment de la question du contrôle de la Cour de cassation sur les concepts de trouble manifestement illicite (contrôle) et de dommage imminent (absence de contrôle), il est de jurisprudence constante que le juge des référés choisit souverainement la mesure conservatoire ou de remise en état qu'il estime propre à faire cesser le trouble manifestement illicite constaté[760].

---

c) Les référés spéciaux

428-1 Il sera question des référés spéciaux identifiés en tant que tels. Les interventions du juge des référés au titre de la protection de l'intimité de la vie privée (art. 9 C. civ.) ou sur le fondement de ses pouvoirs généraux appliqués à des domaines particuliers, comme le droit de la presse, ne seront qu'évoquées ici. Il faut cependant conserver à l'esprit, sur ce dernier point, qu'il est admis que les règles spéciales de procédure qui résultent de la loi du 29 juillet 1881 valent devant la juridiction civile. La Cour de cassation l'avait déjà décidé à propos du délai de 10 jours après la signification de l'assignation, dont dispose la partie assignée en diffamation qui veut être admise à prouver la vérité des faits diffamatoires[761] ; cela a été redit, concernant les dispositions de l'article 53 qui imposent, à peine de nullité, de préciser et qualifier le fait incriminé, ainsi que d'indiquer le texte d'incrimination applicable[762].

1) *Le référé provision (art. 809, al. 2)*

429 **Une condition : une obligation non sérieusement contestable.** Le texte affirme que « Dans les cas où l'obligation n'est pas sérieusement contestable, [le juge des référés[763]] peut accorder une provision au créancier (...) ».

Pour pouvoir allouer une provision au créancier, le président doit constater que l'obligation n'est pas sérieusement contestable, ce qui ramène à la condition d'absence de contestation sérieuse. Mais l'urgence n'est pas ici requise.

---

758. Pour une analyse complète, voy. notre thèse, *op. cit.*, pp. 217 à 241.

759. Voy. Cass. com., 15 mai 1985, quatre esp., *D.*, 1986, 159, note Ch. Goyet, spéc. 3e esp. Rappr. Cass. (2e civ.), 16 juin 1993, n° 91-20.356, *Bull. civ.*, II, n° 216 ; *D.*, 1993, 590, note J.-M. Coulon.

760. Pour une illustration, voy. Cass. (2e civ.), 15 novembre 2007, n° 07-12.304, *Bull. civ.*, II, n° 255.

761. Cass. (2e civ.), 5 février 1992, n° 90-16.022, *Bull. civ.*, II, n° 44. *Adde*, sur l'absence d'application de l'article 700 en matière de diffamation : Cass. crim. 2 juin 1980, n° 79-90.178, *Bull. crim.*, n° 169, sachant que l'article 800-2 CPP pose des conditions plus strictes, dont la nécessité de réquisitions du procureur de la République (Cass. crim., 25 mars 2014, n° 12-86.490).

762. Cass. Ass. plén., 15 février 2013, n° 11-14.637, *Bull. Ass. plén.*, n° 1 ; voy. décision et communiqué de la Cour : http://www.courdecassation.fr/jurisprudence_2/assemblee_pleniere_22/arret_n_25437.html
Adde Cons. const., 17 mai 2013, déc. n° 2013-311 QPC. – Cass. (1re civ.), 10 juillet 2013, n° 12-20.544. – 3 juillet 2013, n° 11-28.907.

763. Étant entendu que le juge des référés n'est pas seul compétent en ce domaine puisque ce type de provision peut être accordé par le juge de la mise en état (art. 771). Rappel : lorsque le juge de la mise en état est saisi, il exclut la compétence du juge des référés.

Une obligation non sérieusement contestable, voilà la seule condition exigée. Il en va toutefois autrement en présence d'une convention d'arbitrage, où la compétence exceptionnelle reconnue au juge des référés est soumise à la condition de l'urgence[764].

Ce n'est pas parce que le défendeur conteste l'obligation qu'elle devient, de ce seul fait, sérieusement contestable : le juge doit apprécier la valeur de la contestation soulevée. En présence d'une contestation sérieuse, le juge des référés n'accordera rien au créancier. Si la contestation est sérieuse pour une partie seulement de l'obligation, le juge des référés n'accordera une provision que pour la partie non contestable.

La provision peut aussi être accordée *ad litem*, autrement dit, pour le procès. Il s'agit, par le mécanisme du référé provision de « donner aux victimes de désordres incontestables les moyens effectifs de participer pleinement au discours technique dans le cadre par définition contradictoire de l'expertise », en leur donnant la possibilité financière de le faire. La technique garantit l'équilibre des moyens des plaideurs devant le juge[765]. Cette possibilité a d'abord été prévue de disposition expresse en matière de divorce (art. 255, 6° C. civ.) puis est apparue devant le juge de la mise en état (art. 771, 2° CPC). La Cour de cassation considère que les pouvoirs du président d'allouer une provision *ad litem* sont généraux et qu' « aucune disposition ne limite ou n'exclut le pouvoir du juge des référés d'allouer une provision pour le procès, sur le fondement de l'article 809, alinéa 2, du code de procédure civile, dès lors que l'obligation n'est pas sérieusement contestable »[766]. Dans ces cas, « la charge définitive de cette somme est supportée par la partie qui succombe à l'issue de l'instance »[767].

430 **La provision à 100 %.** Mais si le montant de la dette alléguée n'est pas sérieusement contestable, rien ne s'oppose à ce que le juge des référés accorde une provision qui corresponde à l'intégralité de la demande. C'est ce que l'on appelle la « provision à 100 % ».

Des voix s'élèvent régulièrement pour critiquer les montants parfois élevés des provisions allouées. Pourtant, le caractère dissuasif d'une provision d'un montant équivalent à la somme en litige peut faire que le débiteur de mauvaise foi n'insistera pas davantage et ne continuera pas le procès devant le juge du fond.

En outre, l'ordonnance de référé est toujours provisoire (et il faut insister sur ce point : même lorsqu'elle alloue une provision à 100 %). Par conséquent,

764. Cass. (2e civ.), 13 juin 2002, n° 00-20.077, *Bull. civ.*, II, n° 130 ; 18 octobre 2001, n° 00-13.721. – Cass. com., 29 juin 1999, n° 98-17.215, *Bull. civ.*, IV, n° 147. – Cass. (1re civ.), 21 octobre 1997, n° 95-18.561, *Bull. civ.*, I, n° 286.

765. TGI Paris, réf., 11 janvier 1984, *Gaz. Pal.*, 1984, 1, 266, note Ph. Bertin ; *RTD civ.*, 1984, 553, obs. J. Normand.

766. Cass. (2e civ.), 2 juillet 2009, 2 arrêts, nos 08-17.881 & 08-17.882 ; 18 juin 2009, 2 arrêts, n° 08-14.864, *Bull. civ.*, II, nos 166, & 08-14.865.

767. J.-M. Sommer et Cl. Nicolétis, « Chron. de jurisp. de la Cour de cassation », *D.*, 2009, p. 2069. Pour une extension possible du mécanisme, voy. Y. Strickler, « Pour une nouvelle approche de la provision ad litem. Les soubresauts du volet civil de l'affaire du Médiator », *D.*, 2013. chron., 2588. L'extension souhaitée est – pour l'instant – rejetée : Cass. (2e civ.), 29 janvier 2015, n° 13-24.691, *Bull. civ.*, II, n° 19 ; *Gaz. Pal.* du 10 mars 2015, p. 9, note L. Rachel ; *Procédures,* 2015, comm. 109, Y. Strickler. - Cass. 2e civ., 4 juin 2015, n° 14-13.405, *ibid.* comm. 254, Y. Strickler.

elle ne lie pas le tribunal qui pourra par la suite déclarer que la somme n'était pas due. En l'absence d'indications statistiques disponibles, on rappellera que dans les années 1980, une enquête menée par Pierre Drai, alors président du tribunal de grande instance de Paris, auprès des juges du fond de cette juridiction a montré qu'aucune remise en cause d'une provision accordée en référé n'était intervenue au fond. On peut en déduire que s'il en a été ainsi, c'est que le juge des référés était resté dans les limites qui fondent ses pouvoirs, marqués par l'évidence de la situation qui lui avait été soumise.

431 **Référé provision et impartialité du juge.** Cette question, liée à l'expansion du référé et spécialement du référé provision, est récurrente[768]. Il s'agit de savoir si le juge saisi au fond qui avait antérieurement connu de l'affaire *ès qualités* de juge des référés est ou non impartial lorsqu'il est saisi et amené à se prononcer au principal. La question est donc ici celle de l'impartialité *objective*, qui conduit à apprécier les diverses fonctions qu'un même magistrat a pu assumer successivement et qui l'amènent à apprécier sous un autre aspect ou avec un autre regard une affaire dont il est actuellement saisi et non celle de l'impartialité dite *subjective* où il est vérifié le for intérieur du magistrat[769].

Pour la Haute juridiction, le juge qui alloue une provision en référé ne peut plus « ensuite statuer sur le fond du litige afférant à cette obligation »[770]. Il en va autrement lorsque ce juge a pris « préalablement une mesure conservatoire », comme une mesure justifiée par l'existence d'un dommage imminent, ou encore lorsqu'il a ordonné une mesure d'instruction. En ce cas, il n'y a pas d'« atteinte à l'exigence d'impartialité ». On remarque alors que les types de référé sont dissociés. Et l'on peut admettre, s'agissant de la question de l'impartialité, que le provisoire ne constitue pas une règle de procédure suffisante pour exclure l'émergence d'un doute raisonnable dans l'esprit du plaideur qui se retrouve, au principal, devant le juge qui s'était déjà prononcé sur le litige, mais en référé. Une solution différente aurait néanmoins pu consister à mettre en avant la démarche du juge statuant au provisoire, essentiellement différente de celle du juge du principal en ce que l'évidence est celle qui se découvre pour ainsi dire au premier regard et, ainsi, lier l'impartialité à la manière dont le juge se serait prononcé dans son ordonnance. Ceci étant, à partir du moment où la cour de Strasbourg admet que même les apparences peuvent compter (et qu'elles s'apprécient dans le regard du justiciable), le caractère provisoire des ordonnances de référé pouvait être tenu pour insuffisant à garantir le respect de cette exigence en présence d'une affirmation d'évidence. En effet, le plaideur

---

768. Une autre interrogation qui touche à l'impartialité du juge est, ces dernières années, relatif au pouvoir d'office du juge de se saisir d'un dossier, désormais évité. Sur la question, voy. Cons. const., 7 mars 2014, déc. n° 2013-368 QPC, *Procédures*, 2014, comm. 115, B. ROLLAND ; 7 décembre 2012, déc. n° 2012-286 QPC, *Gaz. Pal.*, 9 mars 2013, p. 29, note J. THÉRON ; 7 mars 2014, QPC, déc. n° 2013-372 QPC et n° 2013-368 QPC. *Adde* M.-A. FRISON-ROCHE, « Principe d'impartialité et droit d'auto-saisine de celui qui juge », *D.*, 2013, 28 ; B. ROLLAND, « L'inconstitutionnalité de la saisine d'office », *Procédures*, 2013, étude 3.

769. Par ex., le juge qui statue en des termes injurieux à l'encontre d'une partie : Cass. (2e civ.), 14 septembre 2006, n° 04-20.524, *Bull. civ.*, II, n° 222.

770. Cass. Ass. plén., 6 novembre 1998, nos 95-11.006 & 94-17.709, *Bull. Ass. plén.*, nos 4 & 5 ; *D.*, 1999, 1, concl. J.-F. BURGELIN ; *JCP*, 1998, II, 10198, rapport P. SARGOS ; *RTD civ.*, 1999, 177, obs. J. NORMAND.

qui voit siéger au principal un juge qui, en référé, a affirmé que l'obligation n'était pas sérieusement contestable et qu'il était évident qu'il avait tort, peut nourrir des doutes légitimes quant à la capacité de ce magistrat de se dégager de son premier sentiment matérialisé par l'ordonnance rendue. Encore faut-il, pour que l'impartialité du juge s'étant précédemment prononcé en référé puisse être utilement contestée par un plaideur, que ce magistrat se soit prononcé sur « le fond » de la question qui lui a été posée au provisoire. Tel n'est pas le cas lorsque le juge des référés s'est contenté de constater que les demandes impliquaient des appréciations qui étaient hors de ses pouvoirs et qu'il a, en conséquence, décidé n'y avoir lieu à référé[771].

Le référé provision n'est-il désormais plus qu'un masque du provisoire dissimulant mal une décision définitive ? On sait que la décision de référé provision devient souvent la loi des parties, car acceptée par elles ; mais rendue par provision, la décision de référé s'entend d'une porte ouverte à la révision des droits. S'il est rare qu'une provision accordée en référé soit ultérieurement contestée ou remise en cause, il n'y a pas lieu de s'inquiéter sur l'écart visible entre le fait (une décision définitive) et le droit (une décision provisoire), mais au contraire se féliciter de ce que le président en statuant est resté dans les limites fixées à ses pouvoirs. Certes, en cas de remise en cause de la décision par le juge du fond, la remise en état peut se heurter à une difficulté d'exécution. C'est pourquoi une précaution prise antérieurement, entre autres la constitution d'une garantie[772], est à envisager. On connaît cependant le manque de succès de ce mécanisme. Et ce constat n'est pas étonnant. Le juge des référés qui affirme que la créance n'est pas sérieusement contestable aura du mal, dans le même instant, à assortir sa décision d'une réserve tenant à l'éventualité d'une restitution. Certes, compte tenu du caractère provisoire de l'ordonnance de référé, une telle mesure n'aurait rien d'insolite, mais la psychologie humaine a ses limites !

2) *Le référé injonction*

432 **Un texte tourné vers le consommateur.** Le référé injonction est issu du décret n° 85-1330 du 17 décembre 1985 qui a complété la phrase de l'article 809, alinéa 2 : « Dans les cas où l'obligation n'est pas sérieusement contestable, [le juge des référés] peut accorder une provision au créancier **ou ordonner l'exécution de l'obligation même s'il s'agit d'une obligation de faire** ».

Le texte vise ainsi l'exécution de l'obligation même. Son origine se trouve dans le souhait de la Commission sur le traitement des litiges de consommation, qui préférait à l'octroi d'une provision, l'exécution de l'obligation qui serait refusée au consommateur. Mais lorsque la voie du référé injonction est empruntée, le juge des référés doit se montrer encore plus prudent, car avec l'exécution d'une obligation en nature, c'est un système de « tout ou rien » qui est instauré ; il n'y a pas de place pour une demi-mesure.

Le but recherché par la réforme de 1985 n'a cependant pas été atteint. Essentiellement car la procédure de référé est, malgré tout, trop coûteuse pour les « petits litiges » qui sont en premier chef concernés par la question. C'est ce qui

771. Cass. (1re civ.), 15 novembre 2005, n° 02-21.366, *Bull. civ.*, I, n° 413.

772. Comme cela est autorisé par l'article 489 alinéa 1er CPC. *Adde* et rappr. art. R. 541-1, *in fine* C. just. adm.

explique qu'un décret n° 88-209 du 4 mars 1988 soit, quelque temps après, venu créer la procédure de l'injonction de faire (art. 1425-1 CPC). Toutefois, comme cette dernière procédure, particulière, se développe dans un domaine limité, le référé peut éventuellement avoir encore quelque utilité en la matière. L'injonction de faire suppose en effet et d'une part, un contrat conclu entre deux personnes dont toutes n'ont pas la qualité de commerçant et, d'autre part, que le contrat se situe dans le taux de compétence du tribunal d'instance[773].

3) *Le référé in futurum de l'article 145 du Code de procédure civile*

433 **Un référé autonome**[774]. « S'il existe un motif légitime de conserver ou d'établir avant tout procès la preuve de faits dont pourrait dépendre la solution d'un litige, les mesures d'instruction légalement admissibles peuvent être ordonnées à la demande de tout intéressé, sur requête ou en référé »[775].

L'urgence[776] comme l'absence de contestation sérieuse ne sont pas exigées par le texte, aussi ne constituent-elles pas une condition d'application de celui-ci. La date importante en la matière est celle du 7 mai 1982, avec l'arrêt de chambre mixte de la Cour de cassation qui dégage l'autonomie de l'article 145 par rapport aux conditions posées par l'article 808. De façon similaire, les articles 150 et 170 qui posent le principe de l'exercice différé des voies de recours en matière d'instruction, ne sont pas applicables lorsque la mesure d'instruction est ordonnée sur le fondement de l'article 145 du Code[777].

La seule et unique condition requise est donc celle mentionnée à l'article 145, à savoir l'existence d'un motif légitime. Ainsi, il faut d'une part, un lien entre la mesure demandée et l'éventuel futur procès et, d'autre part, un intérêt probatoire à la mesure prescrite. Cet intérêt probatoire peut résulter d'un risque de dépérissement des preuves (objectif de conservation des preuves) ou, comme l'a rappelé la cour d'appel de Paris[778], de la volonté d'établir une preuve.

Une fois le motif légitime démontré, le juge peut ordonner toute mesure d'instruction et ce dans toutes les matières dont la connaissance appartient, quant au fond, aux tribunaux civils...[779] Cependant, seules sont autorisées

773. Sur la procédure d'injonction de faire, voy. *supra*, n°s 343 et s.

774. Sur le caractère préventif de ce texte, voy. *supra*, n° 179.

775. Dans l'application du texte, la priorité doit revenir au respect du principe de la contradiction : ces mesures « ne peuvent être ordonnées sur requête que lorsque les circonstances exigent qu'elles ne le soient pas contradictoirement ». Il s'ensuit qu'il appartient à la cour d'appel, « même d'office, de vérifier si le juge avait été régulièrement saisi », autrement dit, si son ordonnance caractérisait « les circonstances justifiant une dérogation au principe de la contradiction » : Cass. (2e civ.), 11 février 2010, n° 09-11.342, *Bull. civ.*, II, n° 32.

776. Sur l'absence de cette condition d'urgence lorsque le juge est saisi sur requête, voy. *supra*, n° 402.

777. Cass. ch. mixte, 7 mai 1982, trois arrêts, n°s 79-11.814, 79-12.006 & 79-11.974, *Bull. ch. mixte*, n° 2 ; *D.*, 1982, 541, concl. J. Cabannes. - Cass. (2e civ.), 24 mars 1993, n° 91-15.743, *Bull. civ.*, II, n° 127.

778. CA Paris, 20 janvier 1995, *RJ com.*, 1996, n° 1471, note Y. Strickler.

779. Pour l'admission de la demande d'examen comparé des sangs sur le fondement de l'article 145 émanant d'un père naturel, en vue d'évaluer les chances de succès d'une action en contestation de reconnaissance parallèlement à un litige portant sur la fixation du droit

les mesures légalement admissibles[780]. Est ainsi exclue toute violation du secret, qu'il s'agisse d'un secret dont le défendeur est bénéficiaire (c'est le secret des affaires) comme d'un secret dont il est le détenteur (c'est le secret professionnel)[781]. Il a été récemment jugé que des factures, pièces comptables devant être émises par tout prestataire de services, jointes à un courrier adressé à un avocat, sont elles aussi « couvertes par le secret professionnel de ce dernier sans qu'il y ait lieu d'opérer une distinction entre la correspondance elle-même et les pièces qui s'y trouvaient jointes »[782].

En présence d'une demande de mesure d'instruction portée devant le juge des référés, il est accordé au défendeur, dans un souci d'allégement des contraintes matérielles de présentation devant le juge, d'indiquer, « avant l'audience, acquiescer à la demande. » Il sera alors, selon l'article 486-1 du Code de procédure civile, sauf décision contraire du juge, « dispensé de comparaître » (dit le texte… plus précisément, il est *dispensé de se présenter à l'audience*). « La décision rendue dans ces conditions est contradictoire » (al. 2).

4) *Le cas de l'article 510 du Code de procédure civile*

434 **Le délai de grâce en cas d'urgence.** Normalement, un délai de grâce ne peut être accordé que par la décision dont il est destiné à différer l'exécution (art. 510, al. 1er). Mais en cas d'urgence, la même faculté appartient au juge des référés (al. 2). Dans tous les cas, l'octroi du délai doit être motivé.

Les cas dans lesquels pouvoir est conféré au juge des référés étant présentés, il faut maintenant aborder le développement consacré à la décision de référé elle-même.

3. La décision rendue par le juge des référés

435 **Autorité de chose jugée et exécution de l'ordonnance de référé.** Au regard de ses effets, la décision rendue par le juge des référés, qu'il s'agisse d'une ordonnance de première instance ou d'un arrêt de référé rendu en appel par la cour, soulève la question de la détermination de l'autorité reconnue à cette décision provisoire. La procédure de référé étant par ailleurs destinée à assurer la rapidité dans la prise de décision, il faut aussi mettre en évidence les aspects essentiels de l'exécution de la décision rendue.

a) L'autorité de chose jugée de la décision de référé

436 **Absence d'autorité de la chose jugée au principal.** L'autorité de la chose jugée, c'est l'impossibilité de remettre en cause le point sur lequel il a été statué. L'article 488, alinéa 1er énonce que « L'ordonnance de référé n'a pas, au

---

de visite et d'hébergement du père : CA Agen (1re ch.), 22 juin 2000, *BICC*, 1er novembre 2006, n° 2166.

780. Ceci selon la loi française, le juge n'ayant pas à caractériser le motif légitime au regard de la loi susceptible d'être appliquée lors de l'instance au fond : Cass. (2e civ.), 3 novembre 2016, n° 15-20.495, *Bull. civ.*, II, à paraître ; *Procédures*, 2017, comm. 3, Y. Strickler.

781. I. Després, *Les mesures d'instruction* in futurum, préf. G. Wiederkehr, coll. Thèses, Paris, Dalloz, 2004, nos 277 et s.

782. Cass. com., 6 décembre 2016, n° 15-14.554 *Bull. civ.*, IV, à paraître (recherche de preuve de fraudes au titre des impôts sur les bénéfices ou taxes sur le chiffre d'affaires).

principal, l'autorité de la chose jugée ». Ceci vaut en première instance comme en appel. L'ordonnance de référé est une décision provisoire. Elle n'est donc pas une décision définitive. Ce n'est là ni un pléonasme ni une lapalissade : le mot « définitif » a en effet deux sens :

- un sens juridictionnel : est définitive la décision qui met fin à une contestation de sorte que le juge est désormais dessaisi de tout pouvoir juridictionnel à l'égard de celle-ci. Dans ce sens juridictionnel, la décision de référé peut être définitive ;
- un sens judiciaire : est définitive la décision qui dispose de l'autorité de chose jugée à l'égard du principal. Ce n'est jamais le cas de l'ordonnance de référé. Le juge du fond ultérieurement saisi est totalement libre de sa décision. Dans ce sens judiciaire, la décision de référé n'est jamais définitive.

437 **Reconnaissance d'une autorité au provisoire.** L'article 488 se poursuit par un alinéa second qui ajoute que l'ordonnance « ne peut être modifiée ou rapportée en référé qu'en cas de circonstances nouvelles ». Il en résulte que l'absence d'autorité de chose jugée n'existe que par rapport au principal. En référé, le président ne peut pas revenir sur la décision qu'il a rendue. Autrement dit, au provisoire, la décision de référé possède tout de même une certaine autorité de la chose jugée.

Le texte réserve toutefois le cas de *circonstances nouvelles*. Le fait nouveau qui permet au juge des référés de revenir sur une précédente ordonnance est celui qui était ignoré de lui lors de sa première décision. Il peut ainsi s'agir d'un fait postérieur (par exemple, un élément nouveau qui résulte d'un rapport d'expertise). Il peut aussi s'agir d'un fait antérieur à la décision de référé mais révélé seulement après[783]. Le fait antérieur connu de celui qui sollicite la rétractation ne constitue pas une circonstance nouvelle[784].

E 56 **Rapport Magendie, célérité et qualité de la justice et décision de référé**

Le rapport remis au garde des Sceaux par le président Magendie le 15 juin 2004 avait proposé de faire de la décision de référé qui est rendue en l'absence de toute contestation sérieuse (ce qui signifie que la proposition n'est pas limitée au seul référé provision) une décision définitive après l'écoulement d'un délai de deux années : « Certains auteurs se sont demandés plus récemment s'il était justifiable qu'une mesure ordonnée en vertu de règles propres à la juridiction du provisoire reçoive finalement une autorité définitive. On a fait valoir également la crainte de saisines systématiques de la juridiction du fond, provoquées à titre purement conservatoire à seule fin d'éviter le "piège de la chose jugée". Ces objections ne sont cependant pas dirimantes ».

S'il suffit en effet, sur le second point évoqué, de prévoir un délai suffisamment significatif pour que la saisine conservatoire des juges du fond ne devienne pas un réflexe conditionné de plaideurs nerveux, le premier point de critique mérite plus ample réflexion.

Manifestation supplémentaire des réticences répétées marquées à l'encontre du référé provision, visé au premier chef par cette proposition, est ici reprise la suggestion du Premier président Pierre Drai (qui l'avait en réalité envisagée pour contrer une jurisprudence risquant d'entraver le référé-provision à l'époque du

---

783. Voy. en parallèle, pour le juge de la mise en état, l'article 784 à propos de la révocation de l'ordonnance de clôture. Sur la révocation de l'ordonnance de clôture, voy. *supra*, n° 385.

784. Cass. (3e civ.), 16 décembre 2003, *Procédures*, 2004, comm. 23, R. Perrot.

mécanisme de la saisie-arrêt... comme nous le préciserons dans un instant), signalée par d'autres auteurs[785], de rendre « définitive la décision de référé qui n'aurait pas fait l'objet d'une instance principale au bout d'un certain temps ». Mais ceci posé, les questions qu'une telle modification entraînerait restent en suspens : spécialement, peut-on admettre qu'une mesure ordonnée en vertu de règles spécifiques à la juridiction du provisoire reçoive finalement et en droit une autorité définitive ? De plus, on sait que le juge des référés peut revenir sur sa précédente décision en cas de survenance d'un fait nouveau, notion plus large que celle d'objet ou de cause de la demande ; permettra-t-on alors au juge des référés de revenir sur l'autorité de la chose jugée de sa décision devenue définitive en cas d'apparition de circonstances nouvelles après l'expiration du délai prescrit ? Il ne faut pas s'y tromper : le changement proposé toucherait à l'essence même de l'institution des référés. En outre, il faut aussi se souvenir des circonstances qui avaient conduit le Premier président Drai à émettre la suggestion mainte fois reprise depuis, mais de manière totalement détournée à ses ambitions premières : il s'agissait de s'opposer à une jurisprudence qui ruinait l'efficacité du référé provision, en imposant une décision ayant autorité au principal pour valider une saisie-arrêt du temps où existait cette voie d'exécution (Cass. (2e civ.), 21 juillet 1986, *Bull. civ.*, II, n° 134 ; *D.*, 1987, 68, note J. Prévault ; *RTD civ.*, 1987, 155, obs. R. Perrot) ; le référé provision aurait ainsi, à court délai, été privé de toute efficacité réelle.

D'ailleurs et en parallèle, la réforme menée en 2000 pour les juridictions administratives, a privilégié une autre voie, préservant davantage l'identité de la procédure provisoire que ne le fait la proposition étudiée : dans le contentieux administratif, lorsque le législateur a décidé de supprimer la condition de saisine parallèle du juge du fond qui s'imposait en matière de provision, il a compensé ce supplément d'autonomie offert au juge du provisoire en offrant à la personne condamnée de saisir le juge du fond dans un délai de deux mois afin que celui-ci fixe définitivement le montant de la dette (art. R. 541-4 CJA). Par ce délai, le législateur n'affecte pas la nature propre de la décision. Il joue sur le temps et donc, le délai ouvert pour saisir le juge du principal. À l'issue du délai choisi, la décision n'est pas en elle-même affectée par l'écoulement du temps ; c'est le droit d'agir de l'intéressé et lui seul qui s'éteint. L'essentiel est préservé.

Si le droit judiciaire devait un jour franchir le pas, tout en se souvenant que le référé provision ne serait pas le seul cas de référé concerné (tout référé fondé sur le respect d'un droit incontestable serait touché à moins de se limiter au cas du référé provision, ce qui serait une autre atteinte à la cohérence d'ensemble de l'institution des référés), il serait souhaitable que l'auteur du texte s'inspire de la réforme menée en contentieux administratif. Mais la période de deux mois qui y figure est trop brève pour pouvoir être transposée telle qu'elle en contentieux civil. La durée de deux années proposée par le rapport Magendie pour conjurer le risque d'une saisine quasi systématique du juge du principal à titre conservatoire pourrait alors être retenue.

b) L'exécution de l'ordonnance de référé

438 **De l'efficacité de la décision de référé.** L'exécution de l'ordonnance de référé est un point essentiel. La force du référé réside certes dans sa rapidité mais aussi et surtout dans son effet concret[786]. En principe, un jugement n'est exécutoire qu'à partir du moment où il passe en force de chose jugée, c'est-à-dire, selon l'article 500, lorsqu'il n'y a plus de voies de recours suspensives d'exécution. Il en est autrement lorsque le créancier bénéficie de l'exécution provisoire.

785. Par ex., Ph. Grandjean, « L'évolution du référé commercial », *RJ com.*, 1993, 177, spéc. p. 188.

786. Cass. (2e civ.), 11 octobre 2007, n° 06-19.085, *Procédures*, 2007, comm. 279, R. Perrot : pour ne pas tenir compte de la faute consistant en la méconnaissance d'une décision de référé rendue par un juge administratif, des juges d'appel s'étaient retranchés derrière l'absence, au principal, d'autorité de chose jugée de la décision en cause. Pourtant, dans l'attente de la décision au fond, la décision de référé était exécutoire et devait être respectée. Par sa décision de cassation, la Haute juridiction rétablit l'exacte analyse de droit.

Or, selon l'article 514 du Code de procédure civile, les ordonnances de référé sont « exécutoires de droit à titre provisoire ». Aussi l'exécution de la décision peut-elle être poursuivie dès la notification de cette dernière.

Mieux encore, « en cas de nécessité, le juge peut ordonner que l'exécution aura lieu au vu de la seule minute » (art. 489, al. 3) : dans ce cas, la présentation de l'ordonnance de référé vaut notification.

439 **Le tempérament résultant de la matière immobilière.** Si l'article L. 311-4 du Code des procédures civiles d'exécution prévoit que la poursuite de la vente forcée d'un immeuble peut avoir lieu en vertu d'un jugement provisoire, ce texte limite cependant le caractère immédiatement exécutoire de l'ordonnance de référé en ajoutant que la vente forcée et donc, l'adjudication, ne pourra se faire qu'après un jugement définitif (au sens judiciaire du terme) passé en force de chose jugée. L'article L. 111-10 du Code des procédures civiles d'exécution rappelle cette disposition.

Cette protection accordée au propriétaire du bien s'explique moins par des considérations tirées de la valeur intrinsèque des immeubles que par l'expropriation que réalise dans 90 % des cas la saisie immobilière.

§ 2. La juridiction définitive du président

440 **Statuant à titre définitif, le président est saisi du principal.** Les pouvoirs dévolus au président du tribunal de grande instance ne se limitent pas à une juridiction provisoire. Ce magistrat exerce aussi, sous d'autres aspects et à lui seul, une juridiction définitive. Tel est le cas chaque fois que ce magistrat reçoit compétence pour trancher définitivement une affaire, c'est-à-dire lorsqu'il va trancher le fond du droit. Dans cette perspective, toutes les hypothèses dans lesquelles le président statue « en la forme des référés » ou « comme en matière de référé » manifestent un tel pouvoir. Le palier qui a été franchi l'a été au nom de la rapidité, en utilisant les avantages de la procédure de référé et en retirant de cette procédure ce qui fragilise la décision rendue, à savoir le caractère provisoire de l'ordonnance[787]. Le « référé en la forme » est donc une procédure qui amène le juge à statuer comme une juridiction du fond, mais – ainsi que son nom l'indique – en empruntant la forme du référé. La décision se voit en conséquence revêtue de l'autorité de chose jugée au principal. Cet « hybride » de référé[788] apparaît dans de très nombreux textes. Il a pu en être dénombré pas moins de 185 cas différents, créant confusions et incompréhensions[789] !

Le décret n° 2011-1043 du 1er septembre 2011 insère un article 492-1 au Code de procédure civile pour organiser le régime de ces décisions. Le texte prévoit que l'ordonnance rendue « est exécutoire à titre provisoire », mais il réserve la décision contraire du juge. Ceci n'est pas cohérent car créera un nouveau contentieux[790].

787. Voy. aussi *supra*, n° 420.
788. M. Foulon et Y. Strickler, « De l'hybridation en procédure civile », *D.*, 2009, p. 2693.
789. Voy. M. Foulon et Y. Strickler, *Les référés en la forme*, Paris, Dalloz, 2013.
790. Voy. M. Foulon et Y. Strickler, « Le décret n° 2011-1043 et la procédure en la forme des référés », *D.*, 2011, p. 2668.

Les dispositions qui régissent la forme des référés doivent être prochainement harmonisées et clarifiées. La loi du 23 mars 2019 prévoit que le Gouvernement est autorisé à procéder à cette réforme par voie d'ordonnance, dans un délai de quatre mois à compter de la promulgation de la loi.

Pour permettre au président de trancher le principal, en dehors de la procédure en la forme des référés, le juge président se voit attribuer un pouvoir de juridiction définitive en matière commerciale et dans le contentieux de l'exécution.

A) La matière commerciale

441 **La fixation du montant du bail commercial révisé ou renouvelé.** En cours de bail, la révision peut être demandée par chacune des parties tous les trois ans. Le principe est celui de la révision par consentement mutuel des parties. À défaut d'accord, le montant du loyer sera fixé par le président du tribunal de grande instance.

La révision du montant du loyer peut aussi intervenir au moment du renouvellement du bail. La révision s'opérera alors et normalement du commun accord des parties au contrat. Mais à défaut d'entente sur le montant du loyer, la fixation se fera judiciairement. La compétence est une fois encore celle du président du tribunal de grande instance[791].

Pour les autres questions concernant le bail commercial, c'est le tribunal de grande instance lui-même qui est le tribunal compétent[792].

442 **Réalisation du gage et purge des créances inscrites sur le fonds de commerce.** Parmi les dispositions communes à la vente et au nantissement du fonds de commerce, la section du Code de commerce relative à la réalisation du gage et à la purge des créances inscrites attribue compétence au président du tribunal de grande instance de l'arrondissement où s'exploite le fonds pour statuer tant sur les éventuels moyens de nullité de la procédure de vente antérieure à l'adjudication qui sont soulevés, que sur les dépens (art. L. 143-7). L'ordonnance rendue par le président, exécutoire sur minute, n'est pas susceptible d'opposition, mais la voie d'appel, qui est ouverte, est suspensive d'exécution.

B) Le contentieux de l'exécution

443 **La juridiction du président comme juge de l'exécution.** Constatant les effets pervers de l'éparpillement des compétences dans le contentieux de l'exécution et reprenant l'idée déjà présente dans la loi n° 72-626 du 5 juillet 1972, le

791. Sur les critères de référence qui guideront le juge, voy. Y. Strickler, *Les biens*, coll. Thémis, Paris, PUF, 2006, n° 172.

792. Sous réserve du cas particulier de l'article L. 143-22, lorsque la confiscation d'un fonds de commerce est prononcée par une juridiction répressive et que le propriétaire dudit fonds est en même temps propriétaire des locaux dans lesquels le fonds est exploité : il doit alors être établi un bail dont les conditions sont fixées, à défaut d'accord amiable, par le président du tribunal de grande instance.

législateur, par la loi n° 91-650 du 9 juillet 1991, a décidé de les regrouper entre les mains d'un juge unique, le juge de l'exécution (JEX)[793].

Sa compétence résulte aujourd'hui des articles R. 121-1 et suivants du Code des procédures civiles d'exécution.

Le juge de l'exécution est le président du tribunal de grande instance, qui peut toutefois, pour des considérations d'organisation locale – et notamment territoriale –, confier par délégation cette fonction à un ou plusieurs juges de son tribunal (art. L. 213-5 COJ).

444 **Un possible renvoi à la collégialité.** Le juge de l'exécution peut renvoyer à la collégialité. Mais bien qu'il s'agisse de la formation collégiale du tribunal de grande instance, il est important de comprendre que ce n'est pas le tribunal de grande instance en tant que tel qui statue alors, mais bien le juge de l'exécution en formation collégiale. Ce qui signifie qu'il existe deux formations possibles du juge de l'exécution, juge unique – ce qui est habituellement le cas – ou formation collégiale.

445 **Domaines d'intervention.** Dans ses domaines d'intervention, le juge de l'exécution bénéficie d'une compétence exclusive. Ce qui impose à tout autre juge de relever d'office son incompétence pour le cas où celui-ci serait saisi d'une demande relevant du juge de l'exécution[794].

Le juge de l'exécution connaît des difficultés d'exécution relatives aux titres exécutoires et des contestations qui s'élèvent à l'occasion de l'exécution forcée, même si elles portent sur le fond du droit. Il en va autrement lorsque, d'une part, elles échappent à la compétence des juridictions de l'ordre judiciaire et, d'autre part, elles relèvent de l'exécution d'une sentence pénale qu'il n'appartient évidemment pas à ce juge de connaître.

Le juge de l'exécution autorise aussi les mesures conservatoires et connaît des contestations relatives à leur mise en œuvre.

S'ajoutent la procédure de saisie immobilière, les contestations qui s'élèvent à l'occasion de celle-ci et les demandes nées de cette procédure ou s'y rapportant directement, même si elles portent sur le fond du droit ainsi que de la procédure de distribution qui en découle ; les demandes en réparation fondées sur l'exécution ou l'inexécution dommageable des mesures d'exécution forcée ou les mesures conservatoires ; les mesures de traitement des situations de surendettement des particuliers et la procédure de rétablissement personnel (art. L. 213-6 COJ). Ce juge exerce aussi les compétences qui lui sont dévolues, ajoute le texte dans sa version résultant de l'Ordonnance n° 2011-1895 du 19 décembre 2011, par le Code des procédures civiles d'exécution.

446 **Les dérogations à la compétence du président du tribunal de grande instance.** Une première série de dérogations à la compétence du juge de l'exécution peut apparaître lorsqu'un autre juge s'est vu reconnaître une compétence exclusive dans un domaine. Le cas du contentieux de la saisie des rémunérations est ainsi resté, en considération de son fonctionnement satisfaisant, de la compétence du tribunal d'instance, ce dernier exerçant alors les pouvoirs

793. Voy. R. Perrot et Ph. Théry, *Procédures civiles d'exécution*, 3ᵉ éd., Paris, Dalloz, 2013, n° 309 et s.

794. L'ancien article L. 311-12-1 l'affirmait expressément en son alinéa troisième. Le nouvel article L. 213-6 (ord. n° 2006-461 du 21 avril 2006) pose la compétence exclusive du juge de l'exécution en son alinéa premier.

du juge de l'exécution (art. R. 3252-11 C. trav.). Le contentieux du recouvrement des pensions alimentaires par voie de paiement direct[795], qui relevait, par exception à la règle générale, du seul tribunal d'instance[796], est désormais porté devant le juge de l'exécution (décret n° 2009-1693 du 29 décembre 2009).

Une seconde série d'exceptions à la compétence du président du tribunal de grande instance envisage des cas de compétence concurrente. Le président du tribunal de commerce est ainsi compétent pour accorder l'autorisation de pratiquer une mesure conservatoire sur les biens du débiteur (saisie conservatoire ou sûreté judiciaire) mais uniquement lorsque la mesure est demandée avant tout procès et tend à la conservation d'une créance relevant de la compétence de la juridiction commerciale. L'autorisation peut cependant aussi être demandée au juge de l'exécution. Le texte de l'article L. 511-3 du Code des procédures civiles d'exécution commence d'ailleurs par cette solution, qui est donc un rappel du principe général en la matière.

Un même jeu d'options se révèle dans d'autres domaines, et spécialement concernant l'astreinte : c'est normalement le juge qui statue sur le fond de l'affaire qui décide de cette mesure – et il peut le faire d'office – destinée à assurer l'exécution de sa décision. À défaut, le juge de l'exécution peut assortir d'une astreinte la décision rendue par un autre juge, mais à condition que les circonstances en fassent apparaître la nécessité (art. L. 131-1 CPCE). Une fois ordonnée, l'astreinte est liquidée, par principe, par le juge de l'exécution et, par exception, par le juge qui l'a ordonnée lorsque celui-ci reste saisi de l'affaire ou s'en est expressément réservé le pouvoir (art. L. 131-3).

De façon comparable, le délai de grâce ne peut être accordé que par la décision dont il est destiné à différer l'exécution, sauf, en cas d'urgence, à saisir le juge des référés et, après signification d'un commandement ou d'un acte de saisie, selon le cas, le juge de l'exécution, compétent alors pour accorder un délai de grâce (art. 510 CPC).

---

795. Décret n° 73-216 du 1er mars 1973, pris pour l'application de la loi n° 73-5 du 2 janvier 1973 relative au paiement direct de la pension alimentaire, art. 5.

796. Art. 5 du décret n° 73-216 du 1er mars 1973, précité. - Cass., avis, 8 mars 1996, n° 09-50.015, *Bull. avis*, n° 1.

CHAPITRE 2
L'issue de l'instance

447 **Deux approches du mot « jugement ».** Si le jugement est l'issue normale de l'instance, il peut tout de même y avoir des prolongements à la décision rendue, liés à l'existence de voies de recours. Il faut toutefois préciser ici que malgré la présentation choisie et donc, le renvoi de l'étude des voies de recours en un second temps, tout ce qui sera dit dans la première section relative au jugement vaut aussi bien pour l'arrêt rendu en appel ou à la suite d'un pourvoi en cassation. Certes, dans son sens strict, le mot « jugement » désigne la décision du juge de première instance par opposition à l'arrêt d'une juridiction supérieure ou encore la décision rendue par la formation collégiale par opposition à l'ordonnance d'un juge unique (sauf en ce qui concerne le juge d'instance). Mais qu'il soit entendu que, dans ce premier développement, nous prendrons le mot « jugement » dans son sens large, c'est-à-dire toute décision du juge par laquelle il met fin à l'instance ou règle un incident au cours de celle-ci (section I). Puis nous examinerons les voies de recours (section II).

SECTION I
Le jugement

448 **La logique du déroulement de la procédure.** Nous verrons successivement les différentes catégories de jugements, puis, de l'élaboration à la notification du jugement en passant par son prononcé, et enfin, les effets du jugement.

§ 1. Les différentes catégories de jugements

A) Les jugements contentieux et les jugements gracieux

449 **Le juge tranche une contestation ; le juge contrôle une demande qui lui est soumise.** Par un jugement contentieux, le juge dit le droit et ordonne en conséquence les mesures nécessaires pour en assurer le respect. Il s'ensuit qu'il tranche une contestation entre les adversaires.

Dans le jugement gracieux, le magistrat intervient plutôt qu'il ne juge, car il n'y a pas litige et donc (forcément) pas d'adversaire. Il est simplement saisi d'une demande dont la loi exige, en raison de la nature de l'affaire ou de la qualité du requérant, qu'elle soit soumise à son contrôle.

Les deux types de jugement étaient très différenciés à l'origine et l'on en conserve de nombreuses traces : les affaires gracieuses forment un cas de communication légale au ministère public (art. 798 CPC) ; le juge peut relever d'office son incompétence territoriale en matière gracieuse alors qu'il ne le peut en matière contentieuse que dans les litiges relatifs à l'état des personnes, dans les cas où la loi attribue compétence exclusive à une autre juridiction ou si le défendeur ne comparaît pas (art. 93) ; le juge peut, en matière gracieuse, ordonner la mise en cause des personnes dont les droits ou les charges risquent d'être affectés par la décision à prendre, alors qu'en matière contentieuse il ne peut qu'inviter les parties à mettre en cause tous les intéressés dont la présence lui paraît nécessaire à la solution du litige (art. 332) ; la matière contentieuse se débat en audience publique et donne lieu à un prononcé public de la décision, alors que la matière gracieuse relève de la Chambre du Conseil et le prononcé de la décision intervient hors la présence du public (art. 434 et 451) ; la notification du jugement contentieux se réalise par voie de signification là où celle du jugement gracieux s'opère par lettre recommandée avec demande d'avis de réception, à la diligence du greffier de la juridiction (art. 675).

Enfin, classiquement, le jugement contentieux est revêtu de l'autorité de la chose jugée au contraire du jugement gracieux. La matière gracieuse comprenait d'ailleurs au départ tout ce qui n'était pas contentieux, dont les mesures d'administration judiciaires, et l'on comprend donc que l'on ait pu, à une époque ancienne dénier toute autorité de chose jugée à cette vaste catégorie. Certains ont proposé, à l'instar de l'analyse de certaines décisions administratives, de distinguer la chose jugée de la chose décidée[797]. Mais quand on sait que dans la matière gracieuse, un juge est amené à exercer un contrôle, on a du mal à percevoir en quoi la décision qu'il prend, en qualité de juge chargé d'exercer un tel pouvoir, ne serait pas une chose jugée ! C'est pourquoi l'on constate que les deux sortes de jugement tendent, ces dernières années, à voir leur régime se rapprocher de manière sensible. On constate ainsi que les voies de recours qui étaient traditionnellement fermées en matière gracieuse sont néanmoins admises par le Code de procédure civile[798]. La procédure d'appel reste cependant spécifique, afin de tenir compte de l'absence d'adversaire (voy. art. 950 et s.) et le délai de recours reste différencié pour les voies ordinaires : il est d'un mois en matière contentieuse et de quinze jours en matière gracieuse (art. 538).

B) Les jugements « définitifs », les jugements avant dire droit et les jugements mixtes

450 **Une classification selon que le juge a ou non terminé son office.** Concernant le jugement dit « définitif », le Code n'utilise en réalité par ce mot et parle de « jugement sur le fond ». Ce jugement tranche tout ou partie du principal ou tranche définitivement un incident. Il s'agit, en réalité, du jugement qui a autorité de chose jugée.

797. R.-G. SCHWARTZENBERG, *L'autorité de chose décidée*, préf. G. Vedel, Paris, LGDJ, 1969.

798. Voy. art. 17 pour une affirmation générale et, plus spécialement, les articles 543, 546 et 547 pour l'appel, 583, 586 et 587 pour la tierce opposition, et 610 pour le pourvoi en cassation.

Le jugement avant dire droit, quant à lui, intervient en cours d'instance et consiste dans des mesures préalables, qu'il s'agisse de mesures d'instruction ou de mesures provisoires (voy. art. 482). La décision ne met pas fin à l'instance (art. 483), de sorte que le juge reste saisi. Il s'ensuit que le jugement avant dire droit n'a pas, au principal, l'autorité de la chose jugée (art. 482).

Entre ces deux sortes de jugement se situe le jugement mixte[799] qui tranche définitivement un point de droit tout en ordonnant une mesure provisoire ou d'instruction. C'est l'exemple du magistrat qui, dans une même décision, prononce tout à la fois une condamnation et ordonne une expertise pour, au retour du rapport, fixer le montant des dommages-intérêts. La difficulté que crée ce type de jugement, c'est que le Code de procédure civile n'attache l'autorité de la chose jugée qu'au dispositif d'une décision. Or, dans un jugement mixte, fréquemment, c'est le dispositif qui contient les mesures avant dire droit et les motifs qui contiennent les dispositions sur le fond. La jurisprudence des juges du fond avait tendance à admettre que les motifs décisoires soient couverts par l'autorité de la chose jugée lorsque ces motifs sont le soutien nécessaire du dispositif. La Cour de cassation a quant à elle censuré les décisions qui retiennent les motifs décisoires. Elle affirme régulièrement que l'autorité de la chose jugée n'a lieu qu'à l'égard de ce qui fait l'objet d'un jugement et a été tranché dans son dispositif[800]. Par conséquent, les motifs d'un jugement, fussent-ils le soutien nécessaire de la décision, n'ont pas l'autorité de la chose jugée[801].

C) Les jugements ordinaires, les jugements de donné acte et les jugements d'expédient

451 **Du jugement ordinaire à l'influence de la volonté des plaideurs sur l'acte du juge.** Le jugement ordinaire est celui qui met fin au litige suivant la procédure décrite plus haut[802] ; c'est le jugement contentieux.

Mais il arrive que les plaideurs soient entendus dès le départ sur la solution à donner au litige. La saisine du juge peut alors intervenir afin qu'il entérine l'accord des parties. On parle de jugement de donné acte mais aussi de contrat judiciaire. Dans un tel cas, l'autorité du jugement est fondée sur le contrat et donc, sur la volonté des parties, et non sur la chose jugée[803]. C'est la raison pour laquelle, à l'instar d'un contrat, le jugement de donné acte ne peut être attaqué que par la nullité et non par une voie de recours. Il peut même arriver que les parties simulent un litige, afin d'obtenir un jugement dit d'expédient ou « jugement convenu », qui est un jugement contentieux et donc recouvert de l'autorité de la chose jugée.

Une telle démarche permet d'obtenir un acte authentique sans intervention d'un notaire : « Attendu que la compétence des notaires ne s'oppose pas à ce

799. G. Durry, « Les jugements dits "mixtes" », *RTD civ.*, 1960, 5.

800. Cass. Ass. plén., 13 mars 2009, n° 08-16.033, *Bull. Ass. plén.*, n° 3. - Cass. (1re civ.), 13 décembre 2005, n° 04-16.502, *Bull. civ.*, II, n° 490. Voy. déjà : Cass. (2e civ.), 10 juillet 2003, n° 01-14.736, *Bull. civ.*, II, n° 237. Voy. aussi *infra*, n° 466.

801. Cass. (2e civ.), 12 février 2004, n° 02-11.331, *Bull. civ.*, II, n° 55. *Adde infra*, n° 466.

802. Voy. *supra*, nos 332 et s.

803. Par ex. Cass. (3e civ.), 16 juin 2016, n° 15-16.469, *Bull. civ.*, II, à paraître ; *Procédures*, 2016, comm. 250, Y. Strickler.

que le juge saisi sur requête donne force exécutoire à une transaction opérant transfert de droits immobiliers, conférant ainsi judiciairement à celle-ci un caractère authentique, permettant son enregistrement et sa publication sous réserve du respect des dispositions régissant la publicité foncière »[804].

En réalité, le concept de jugement d'expédient devrait être supprimé, car si le juge constate un accord, il peut en donner acte aux parties ou l'homologuer, c'est-à-dire donner force exécutoire à l'accord. En outre, si des plaideurs apparents saisissent le juge en lui demandant de simuler un jugement, le juge ne doit pas suivre, passivement, une telle démarche : soit il y a litige, et le juge tranche ; soit il y a accord des parties et le juge ne juge pas[805] !

D) Les jugements déclaratifs et les jugements constitutifs

452 **La différence entre la reconnaissance d'un droit ou d'une situation et son affirmation.** Le jugement déclaratif se contente de déclarer un état, comme le jugement qui reconnaît la paternité d'untel, alors que le jugement constitutif crée une situation nouvelle. C'est l'exemple du jugement qui prononce le divorce ou encore, qui prononce la résolution d'un contrat.

La différence, c'est que le jugement déclaratif rétroagit au jour de la naissance du droit, là où le jugement constitutif ne prend effet qu'au jour du jugement.

§ 2. De l'élaboration à la notification du jugement

453 **Trois étapes de matérialisation de l'acte du juge.** Trois moments se révèlent ici : celui de la réflexion et de la rédaction de la décision, suivi de son prononcé, avant que l'acte du juge soit diffusé par sa notification.

A) L'élaboration et le prononcé du jugement

1. Élaboration du jugement

454 **Le stade du délibéré : le juge pèse les arguments des plaideurs.** Les juges devant réfléchir avant de se prononcer, il y a toujours un délibéré, ceci même lorsque la décision est rendue sur le siège, c'est-à-dire sans attendre. Les membres du tribunal peuvent en effet, sans quitter la salle, se concerter à voix basse et rendre le jugement séance tenante. Ils peuvent aussi se retirer dans la Chambre du Conseil. Cette expression désigne la pièce dans laquelle le tribunal va s'isoler pour échanger sur le cas qu'il a à juger, délibérer, puis revenir dans la salle d'audience et rendre le jugement. Dans les deux hypothèses décrites, le jugement est rendu « sur-le-champ ».

---

804. Cass. (1re civ.), 16 mai 2006, n° 04-13.467, *Bull. civ.*, I, n° 243. Inversement, une transaction sous seing privé déposée au rang des minutes d'un notaire, reçoit de ce fait la force exécutoire (cette dernière peut donc être obtenue autrement que par l'acte du juge) : il est ainsi possible qu'« une transaction [soit] reçue par un notaire et que celui-ci lui confère force exécutoire : Cass. (2e civ.), 21 octobre 2010, n° 09-12378, *Bull. civ.*, II, n° 173.

805. Y. STRICKLER, « La localisation de l'autorité de la chose jugée », in L. CADIET et D. LORIFERNE, *L'autorité de la chose jugée* (dir.), Paris, IRJS éd., 2012, p. 37.

Mais le plus souvent, pour se donner davantage de temps, le tribunal décide que le jugement sera rendu à huitaine ou à quinzaine et il peut même se réserver un délai plus long. Dans ce cas, le tribunal doit indiquer la date à laquelle le jugement sera prononcé. Cette formalité est importante dans la mesure où certains délais commencent à courir du jour du prononcé de la décision. À défaut d'indication de cette date, le délai ne courrait que de la notification ou de la connaissance effective du jugement par le plaideur. Le juge va dans cette occurrence aviser les parties, à l'issue des débats, que le jugement sera prononcé par sa mise à disposition au greffe de la juridiction, à la date qu'il indique. En pratique, les avocats constitués sont avertis par un bulletin du greffe précisant la date du prononcé.

455 **Le stade de la rédaction : le juge pèse ses mots.** Le jugement est rédigé en deux parties, les motifs – sous la forme, habituellement, d'*attendus* – et le dispositif, qui est ainsi annoncé : *par ces motifs*. La rédaction matérielle est effectuée par le greffier, sous la dictée du président, spécialement dans le cas d'une décision rendue sur le siège, ou d'après les notes remises au greffier par le président. Le développement de l'informatique et l'apprivoisement de l'outil comme du clavier par les magistrats font que la rédaction s'opère également désormais sans l'intermédiaire du greffier.

L'obligation de motiver les jugements remonte à la loi des 16 et 24 août 1790, mais il existe des cas pour lesquels la dispense de motivation s'impose, soit car la motivation est inutile, par exemple, pour un jugement de sursis, soit par souci de discrétion. Ainsi et par exemple, en matière d'adoption, l'article 353 du Code civil pose en son dernier alinéa que le jugement prononçant l'adoption n'est pas motivé, ou, de même, en matière de divorce puisque l'article 245-1 du même code permet aux parties de demander au juge de se limiter, dans les motifs de sa décision, à constater qu'il existe des faits constituant une cause de divorce, sans pour autant énoncer les torts et griefs des parties.

Le jugement porte en tête[806] :

> « République française. Au nom du peuple français »,

et se termine par la formule exécutoire qui déclare :

> « En conséquence, la République française mande et ordonne à tous huissiers de justice, sur ce requis, de mettre ledit arrêt [ou jugement, etc.] à exécution, aux procureurs généraux et aux procureurs de la République près les tribunaux de première instance d'y tenir la main, à tous commandants et officiers de la force publique de prêter main-forte lorsqu'ils en seront légalement requis.
>
> En foi de quoi, le présent arrêt [ou jugement, etc.] a été signé par... ».

Il faut en effet la signature du président et du greffier ou, en cas d'empêchement du président, celle d'un des juges qui a participé au délibéré.

2. Prononcé du jugement

456 **L'audience de lecture.** La règle générale, c'est que les jugements contentieux sont prononcés en audience publique et les décisions gracieuses en Chambre

806. Décret n° 47-1047 du 12 juin 1947, art. 1er.

du Conseil. Mais il y a exceptions, par exemple en ce qui concerne l'état des personnes, matière dans laquelle certaines décisions contentieuses sont prononcées en Chambre du Conseil.

Le jugement est prononcé par l'un des juges qui l'a rendu – et un seul suffit –. Le prononcé peut se limiter au dispositif du jugement, ceci pour gagner du temps. C'est l'audience de lecture.

En pratique toutefois, l'audience de lecture est assez largement tombée en désuétude et est remplacée par une mise à disposition de la décision au service du greffe, qui communique le jugement aux parties *via* la case de leur avocat ou par lettre simple.

457 **Le prolongement de la publicité des débats et du prononcé du jugement : la publicité des jugements.** À l'égard des parties, la publicité est faite par la « levée » du jugement, c'est-à-dire que chaque partie peut en demander une expédition, une copie certifiée conforme, au greffe. La première expédition qui est fournie à la partie gagnante est revêtue de la formule exécutoire, c'est la copie exécutoire qu'on appelle encore parfois la « grosse », chaque partie ayant d'ailleurs la faculté de se faire délivrer une copie exécutoire si des mesures d'exécution sont prescrites tant contre le demandeur que contre le défendeur. Une deuxième copie exécutoire peut aussi être délivrée à la même partie à condition qu'elle justifie d'un motif légitime.

Le principe de publicité de la justice autorise par ailleurs les tiers à se faire délivrer copie des jugements prononcés publiquement, et ceci sans avoir à s'en justifier[807]. Cependant et d'une part, les jugements de divorce ne sont pas publics, seul pouvant être publié le dispositif du jugement[808]. Il existe une dérogation pour les revues scientifiques, à condition de garder l'anonymat des parties, cette règle jouant en général pour toutes les questions touchant à l'état des personnes. La règle de l'anonymisation est d'ailleurs renforcée dans la loi n° 2019-222 du 23 mars 2019 (voy. art. 33 de la loi). D'autre part, l'article 452 permet au juge, et ce de manière générale, d'en limiter la lecture au dispositif.

En matière gracieuse, un tiers peut être autorisé par le juge à consulter le dossier de l'affaire et à s'en faire délivrer copie, mais dans la mesure où il justifie d'un intérêt légitime.

En 2019, la loi *de programmation 2018-2022 et de réforme de la justice*, dite loi « Belloubet », prévoit des dispositions particulières en vue de régir la question, dont l'importance va grandissant, de la justice dite prédictive (dite seulement, car il ne faut pas confondre « intelligence artificielle » et structure « algorithmique »). L'idée est néanmoins ainsi vendue et laisse entendre que des procédés techniques visant à prédire la décision qu'est susceptible de rendre tel magistrat plutôt qu'un autre est possible, en analysant de manière systématique les jugements qu'il a rendu par le passé[809]. Pour éviter une telle dérive, le nouvel L. 111-13 du Code de l'organisation judiciaire prévoit des sanctions pénales

807. Art. 11-3 de la loi n° 72-626 du 5 juillet 1972 instituant un juge de l'exécution et relative à la réforme de la procédure civile. Texte curieusement non intégré dans le CPCE.

808. Voy. art. 1082 et 1082-1 CPC. La loi du 23 mars 2019 prévoit que « [l]es tiers peuvent se faire délivrer copie des jugements, sous réserve des demandes abusives, en particulier par leur nombre ou par leur caractère répétitif ou systématique ».

809. Voy. A. Garapon, « Les enjeux de la justice pièce prédictive », *JCP*, 2017. 31 ; L. Cadiet, *Rapport sur l'open data des décisions de justice*, novembre 2017.

pour celui qui ferait des données d'identité des magistrats et des membres du greffe une « réutilisation ayant pour objet ou pour effet d'évaluer, d'analyser, de comparer ou de prédire leurs pratiques professionnelles réelles ou supposées ». La justice à l'ère de l'*open data* ne se conçoit qu'avec des garde-fous !

E 57 **Publicité du jugement et communication aux tiers**

La communication de la décision à un tiers englobe-t-elle ou non les pièces ? L'illustration concrète est la suivante : une affaire est portée devant le tribunal de grande instance ; le demandeur fait valoir, contre son adversaire, d'un préjudice dont il démontre la réalité par la communication d'un rapport d'expertise indépendant qui décortique toute son activité (clientèle, revenu par site, marges, etc...), autrement dit, autant d'éléments qu'il ne souhaite pas forcément voir faire le tour de la place !
Il convient de rappeler que le droit à la communication d'une décision de justice est offert aux tiers lorsque les débats sont eux-mêmes publics et non dans les autres cas. Mais surtout, de dire que ce qui est communicable est la décision (et encore, dans les décisions de divorce, les copies ne contiennent que le dispositif, *cf.* art. 1082-1 CPC). En revanche, les pièces de la procédure, elles, ne sont pas communicables aux tiers. D'ailleurs, ces pièces doivent être restituées aux parties.
On ne saurait par conséquent trop conseiller à celles-ci de prendre les devants chaque fois qu'elles estiment que la confidentialité des pièces fournies au juge est importante à leurs yeux.
Par ailleurs, la récente réforme de la justice par la loi du 23 mars 2019 permet désormais de communiquer les décisions aux tiers sous forme électronique[810]. Ceci sous la double réserve d'anonymisation préalable des décisions et du caractère abusif des demandes, en particulier, précise le texte, « par leur nombre ou par leur caractère répétitif ou systématique ».

3. Sanction des irrégularités

458 **Toute irrégularité n'entraîne pas nécessairement la nullité du jugement.** Selon l'article 458, n'entraînent la nullité que les irrégularités relatives aux juges pouvant participer au délibéré et leur nombre, celles relatives aux noms des juges qui ont délibéré, l'exposé des prétentions des parties et de leurs moyens, la motivation du jugement, la signature du président et du greffier[811], et celles relatives au prononcé du jugement en audience publique ou en Chambre du Conseil. La jurisprudence ajoute à cette liste l'omission d'une formalité substantielle et d'ordre public. Par exemple, l'omission de la communication au ministère public lorsqu'elle était requise, ou encore, de son audition.

Il faut tenir compte aussi de ce que la nullité peut être couverte. Par exemple, en cas d'inobservation des formes prescrites quant au prononcé en audience publique ou en Chambre du Conseil, l'irrégularité doit être invoquée au moment du prononcé du jugement par simples observations dont il est fait mention au procès-verbal d'audience. À défaut, l'irrégularité est couverte. Cette solution peut se révéler peu justifiée dans certains cas ; ainsi si le jugement doit être légalement prononcé en audience publique et qu'il l'est, en réalité, en

810. L. n° 2019-222 du 23 mars 2019, art. IV, modifiant l'article L. 111-13 COJ.
811. L'absence de signature emporte la nullité (voy. Cass. com., 29 septembre 2009, n° 08-14.146, *Bull. civ.*, IV, n° 116. L'arrêt vise cependant aussi l'absence de mention du nom du greffier). L'absence de mention du nom du greffier ne produit pas cette conséquence : Cass. ch. mixte, 11 décembre 2009, n° 08-13.643, *Bull. ch. mixte*, n° 3.

Chambre du Conseil, l'avocat qui attendra le prononcé à l'audience publique ne pourra, matériellement, relever aucune irrégularité[812].

Ajoutons enfin que sur beaucoup de points, la Cour de cassation a posé une présomption de régularité de sorte que c'est au plaideur à démontrer qu'il y a eu irrégularité, ce qui n'est pas toujours facile ou même possible[813]. Dans le même esprit, l'article 459 dispose que « L'omission ou l'inexactitude d'une mention destinée à établir la régularité du jugement ne peut entraîner la nullité de celui-ci s'il est établi par les pièces de la procédure, par le registre d'audience ou par tout autre moyen que les prescriptions légales ont été, en fait, observées ».

B) La notification du jugement

459 **Un acte ne peut, en principe, être exécuté s'il n'a pas été préalablement notifié.** Nous avons déjà parlé de la notification[814], qui est l'opération par laquelle le jugement est porté à la connaissance de la partie adverse[815]. Cette opération est d'une importance capitale pour le gagnant du procès, en vue d'assurer l'effectivité de la décision obtenue.

Sauf exception, c'est cette notification qui fait courir le délai des voies de recours (pour son destinataire comme à l'encontre de celui qui notifie). À cet égard, l'acte de notification du jugement devra indiquer de manière très apparente le délai de recours ainsi que les modalités selon lesquelles celui-ci doit être exercé (art. 680 CPC). Il a été jugé que « constitue une modalité du recours le lieu où celui-ci doit être exercé »[816].

Pour éviter qu'à défaut de notification le délai ne coure jamais – à la limite, le jugement pourrait être indéfiniment remis en cause –, l'article 528-1 prévoit qu'après deux années à compter du prononcé du jugement, « Si le jugement n'a pas été notifié (...), la partie qui a comparu n'est plus recevable à exercer un recours à titre principal (...). Cette disposition n'est applicable qu'aux jugements qui tranchent tout le principal et à ceux qui, statuant sur une exception de procédure, une fin de non-recevoir ou tout autre incident, mettent fin à l'instance ».

Deux remarques peuvent être formulées : d'abord, la règle ne joue que pour les décisions qui donnent une issue globale à l'instance (ne sont pas visés les jugements mixtes). Ensuite, l'autre partie n'est pas obligée d'attendre l'expiration du délai : elle peut elle-même notifier le jugement pour faire courir le délai des voies de recours et faire cesser l'incertitude.

Enfin, l'article 681 prend soin de préciser que la notification, même sans réserve, n'emporte pas acquiescement au jugement.

---

812. Voy. par ex., les articles 1149 (actions relatives à la filiation et aux subsides), 1161 (demande en déclaration d'abandon), 1177 (révocation de l'adoption simple).

813. Voy. cep. Cass. soc., 14 janvier 2015, n° 13-16995, *Gaz. Pal.*, 10 mars 2015, p. 9, obs. L. Mayer : violation de l'article 16 car « les parties avaient soutenu oralement à l'audience les moyens développés dans leurs conclusions et que celles-ci ne comportent aucun [élément relatif au moyen soulevé par les premiers juges, ce dont il résulte qu'il n'ont pas] préalablement invité les parties à présenter leurs observations ».

814. Voy. *supra*, n°s 261 et s.

815. En principe, elle s'opère par voie de signification, voy. art. 675 CPC.

816. Cass. (2e civ.), 10 septembre 2009, n° 07-13.015, *Bull. civ.*, II, n° 210.

Le principe selon lequel l'exécution impose une notification préalable est toutefois inversé dans les hypothèses d'exécution sur minute puisqu'en ce cas, la notification et l'exécution se fondent en un même instant.

§ 3. Les effets des jugements

460 **Le jugement comporte trois effets procéduraux.** Les parties attendent du jugement qu'il tranche et fixe la situation qui est leur conflit. C'est là l'*efficacité substantielle* ou l'*effet substantiel* du jugement[817]. Mais le jugement produit d'autres conséquences. Il s'agit du dessaisissement du juge, de l'autorité de la chose jugée et de la force exécutoire. Des auteurs préfèrent, pour évoquer la chose jugée et la force exécutoire, parler d' « attributs » plutôt que d'effets du jugement[818].

A) Le dessaisissement du juge

461 ***Lata sententia, judex desinit esse judex.*** *La sentence rendue, le juge cesse d'être juge*. Par sa décision, le juge épuise son pouvoir de juridiction. Dès qu'il a prononcé son jugement et tranché la contestation, il a terminé son œuvre et entièrement rempli sa mission. Il ne lui appartient pas de retenir la moindre parcelle de ce qu'il a donné. Le juge doit donc statuer de manière ferme et définitive. Il ne peut pas se réserver la faculté de modifier ou de rétracter sa décision.

Ce principe ne vaut cependant que pour les jugements contentieux ayant un caractère définitif ; ne sont concernés ni les jugements avant dire droit, ni – mais la solution est discutée – les jugements gracieux.

462 **Les éventuels correctifs qui ne touchent pas au fond de l'affaire jugée.** Il peut toutefois arriver qu'un jugement comporte diverses sortes d'erreurs purement matérielles. C'est pour ces hypothèses, qui n'engagent pas le fond du droit et la décision juridictionnelle dans sa substance, que le Code de procédure civile admet une requête en rectification. Celle-ci est possible dans trois cas distincts.

Le premier apparaît lorsque la requête vise à l'interprétation d'un jugement (art. 461) ; le second cas est celui de l'erreur ou de l'omission purement matérielle (art. 462)[819] ; le troisième vise l'hypothèse dans laquelle le juge a statué *infra* ou *ultra petita* (art. 463 et 464). Mais dans cette dernière occurrence et contrairement aux deux premiers cas, deux conditions doivent être remplies pour autoriser la rectification : d'une part, « La demande doit être présentée » dans le délai d'un an à compter du moment où la décision est passée en force de chose jugée et, d'autre part, le juge ne peut se saisir d'office de ce point. Ceci étant, dans l'hypothèse d'une omission à statuer, si la personne intéressée a laissé passer le délai d'un an, rien ne l'empêchera d'engager une nouvelle

817. J. Foyer, *De l'autorité de la chose jugée en matière civile. Essai d'une définition*, th. Paris, 1954, p. 140 et s. ; J. Héron et Th. Le Bars, *Droit judiciaire privé, op. cit.*, n° 337 et s.

818. C. Bléry, *L'efficacité substantielle des jugements civils*, préf. P. Mayer, coll. Bibl. dr. privé, Paris, LGDJ, 2000, n° 77.

819. Ainsi, quand le jugement intervertit les noms du demandeur et du défendeur : Cass. (2e civ.) 10 novembre 2010, n° 09-12.243.

demande portant sur le point oublié par le juge : en effet, comme le juge n'a pas statué sur ce chef de demande, une nouvelle demande sur ce point ne se heurte pas à l'autorité de la chose jugée[820].

Il va de soi que la juridiction qui entend réparer une erreur ou omission matérielle ne saurait, sous prétexte de rectification, revenir sur sa décision et modifier les droits et obligations reconnus aux parties par cette décision[821]. La jurisprudence s'en est fait l'écho : par jugement prononçant un divorce, un tribunal de grande instance avait décidé que l'épouse conserverait la jouissance du domicile conjugal. À la suite d'une demande en interprétation sur requête du mari, un autre jugement – prétendument en interprétation – a été rendu ; or, ce second jugement décida que la jouissance des biens immobiliers accordée à la femme aurait lieu jusqu'à la liquidation de la communauté. Le jugement de divorce n'ayant fixé aucune limite dans le temps de la jouissance du domicile conjugal attribuée à l'épouse, la cour d'appel a décidé à bon droit qu'en affectant un terme à cette mesure, le jugement rectificatif avait modifié la décision soumise à interprétation[822]. Comme l'écrivait Demolombe dans son *Cours de Code Napoléon* à propos de l'interprétation de la loi, « interpréter, c'est découvrir, c'est *élucider* le sens exact et véritable [de ce que l'on observe]. Ce n'est pas changer, modifier, innover ; c'est déclarer, c'est reconnaître (...). Il faut qu'elle n'ait pas la prétention d'avoir *inventé* ; autrement elle ne serait plus de l'*interprétation* »[823].

B) L'autorité de la chose jugée

463 **Ce qui a été jugé est désormais incontestable.** L'autorité de la chose jugée reconnue aux jugements rendus signifie que la décision du juge ne peut plus être remise en question, sous réserve toutefois de l'exercice des voies de recours ouvertes à son encontre. La décision vaut et produit ses effets à l'égard des parties au procès ; elle est opposable aux tiers, comme l'est un contrat et dans une limite comparable.

La justification traditionnelle de l'autorité de la chose jugée résultait de l'ancien article 1350 du Code civil qui, à propos des présomptions attachées à certains actes par la loi citait, dans l'énumération qu'il réalise, l'autorité de chose jugée. Désormais, l'article 1355 (anc. art. 1351) livre les conditions d'efficacité de la chose jugée en affirmant que « L'autorité de la chose jugée n'a lieu qu'à l'égard de ce qui a fait l'objet du jugement. Il faut que la chose demandée soit la même ; que la demande soit fondée sur la même cause ; que la demande

---

820. Voy. Cass. (2e civ.), 25 juin 1997, n° 95-14.173, *Bull. civ.*, II, n° 207. Voy. déjà 23 mars 1994, n° 92-15.802, *Bull. civ.*, II, n° 105 ; *RTD civ.*, 1994, 683, obs. R. Perrot.

821. Voy. Cass. Ass. plén., 12 juillet 2013, n° 11-17.520, *Bull. Ass. plén.*, n° 4 : « en l'absence d'erreur matérielle, la requête en rectification doit être rejetée ».

822. Cass. (2e civ.), 18 décembre 1996, n° 95-11.597, *Bull. civ.*, II, n° 300.

823. *Code Napoléon*, t. I, Paris, 1860, n° 115. Voy. aussi et rappr. : Cass. Ass. plén., 1er avril 1994, n° 91-20.250, *Bull. Ass. plén.*, n° 3 : « viole l'article 462 [...] la cour d'appel qui substitue, dans le dispositif d'un arrêt, les termes "liquidation... des biens de Monsieur X..." aux termes "liquidation... des biens des époux X..." – retranchant ainsi du dispositif la discussion préalable des biens de Madame X... – alors qu'il ne résultait manifestement ni des énonciations de son arrêt, ni du dossier de la procédure, que la cour d'appel avait entendu limiter cette discussion préalable aux seuls biens du mari ».

soit entre les mêmes parties, et formée par elles et contre elles en la même qualité ». De sorte qu'à l'ancienne présomption de vérité qui serait attachée à l'acte du juge, le texte, détaché malgré sa place dans des dispositions sur la preuve et enserré d'articles relatifs à la présomption, semble progressivement s'en détacher pour constituer une règle de fond. Car en réalité, la justification est avant tout d'ordre pratique : il s'agit de mettre un terme au litige et d'éviter qu'on puisse tenter, sans cesse, de revenir sur ce qui a été jugé. La chose jugée peut alors apparaître comme un *attribut du jugement*[824].

1. Les conditions de l'autorité de la chose jugée

464 **Il faudrait un jugement contentieux.** La solution résulte d'une lecture stricte de l'article 480 du Code de procédure civile, qui dans son dispositif tranche définitivement une contestation, qu'il s'agisse d'une partie du principal ou d'une exception de procédure, une fin de non-recevoir ou tout autre incident. Il est donc important dans une telle lecture du Code de distinguer les décisions gracieuses des décisions contentieuses. Seules les dernières citées peuvent avoir l'autorité de la chose jugée.

Tous ne sont pas de cet avis et certains considèrent que l'autorité de chose jugée est « consubstantielle à la notion même de jugement »[825]. Le fait de l'impossibilité de remettre en cause ce qui a été décidé en matière gracieuse autrement que par les voies de recours ouvertes en est un autre signe.

Quant au jugement d'expédient, il serait couvert[826] ; le jugement de donné acte, lui, ne l'est pas puisque c'est un contrat judiciaire.

465 **Il faut un jugement « définitif ».** Le mot « définitif » est trop vague. Il convient d'en limiter l'usage et utiliser, plutôt, les expressions que propose clairement le Code ! *L'autorité de la chose jugée* existe en effet dès que le jugement est rendu. Elle apparaît avec le dessaisissement du juge. C'est le premier stade.

Le jugement passe en *force de chose jugée* lorsqu'il n'est plus susceptible de voies de recours suspensives d'exécution (art. 500 CPC). C'est le second stade.

Le jugement, troisième stade, devient *irrévocable* lorsqu'il n'est plus susceptible d'un pourvoi en cassation. Il est parfois écrit que le jugement devient irrévocable lorsque les voies extraordinaires de recours sont fermées, mais le délai de la tierce opposition est de trente années lorsque cette voie de recours est exercée à titre principal et elle peut être formée sans limitation de temps contre un jugement produit au cours d'une autre instance par celui auquel on l'oppose (art. 586[827]).

Ainsi, plutôt que de laisser à chaque usage du mot « définitif » laisser passer un ange, il faudrait prendre l'habitude de parle de décision ayant autorité de chose jugée, de décision passée en force de chose jugée, et pourquoi pas,

824. J. Foyer, *De l'autorité de la chose jugée en matière civile. Essai d'une définition*, th. Paris, 1954 ; D. Tomasin, *Essai sur l'autorité de chose jugée en matière civile*, LDGJ, Bibl. dr. pr., 1975. Voy. C. Bléry, *L'efficacité substantielle des jugements civils*, Préf. P. Mayer, LGDJ, 2000, n° 5.

825. L. Cadiet et E. Jeuland, *Droit judiciaire privé*, 8e éd., Paris, Litec, 2013, n° 734.

826. Au prétexte qu'il serait un jugement contentieux ; voy. cep. *supra*, n° 451.

827. Voy. cep. le délai de deux mois en cas de notification de la décision au tiers, supra, n° 288.

utiliser uniquement le mot définitif au stade ultime de ce cheminement de procédure civile[828].

466 **L'autorité de chose jugée ne s'attache qu'au dispositif.** L'autorité de la chose jugée n'existe pas pour les motifs. Il est généralement distingué quatre sortes de motifs pour lesquels la question de l'autorité de la chose jugée se pose[829]. Les *motifs décisifs* sont les motifs qui sont le soutien nécessaire du dispositif. Autrement dit, c'est le siège de la motivation qui a entraîné la solution retenue. L'autorité de la chose jugée leur est par principe refusée, sous la réserve induite par l'article 95 qui donne cette autorité à la décision qui, pour trancher la compétence, doit se prononcer sur un point de fond[830].

Les *motifs décisoires*, quant à eux, sont ceux qui contiennent une décision et qui, par conséquent, auraient dû se retrouver placés dans le dispositif du jugement. Bref, le juge ne l'a pas noté à l'endroit souhaité. Pour éviter toute controverse sur la qualité véritable des motifs qui seraient prétendus décisoires et conformément aux textes du Code de procédure civile qui imposent au jugement d'énoncer « la décision sous forme de dispositif » (art. 455), la jurisprudence leur dénie toute autorité de la chose jugée. Cette interprétation est conforme à l'article 480 qui précise que « le jugement qui tranche *dans son dispositif* tout ou partie du principal, ou celui qui statue sur une exception de procédure, une fin de non-recevoir ou tout autre incident *a, dès son prononcé, l'autorité de la chose jugée relativement à la contestation qu'il tranche* ». On peut aujourd'hui, avec le doyen Normand, considérer « comme acquis, et devant toutes les chambres, l'abandon complet de la prise en considération des motifs décisoires »[831].

S'ajoute la *décision implicite* qui, comme son nom l'indique, suppose que pour avoir pu trancher ce qui figure dans le dispositif, le juge a nécessairement pris parti sur une question qui en est le préalable. Si l'on peut comprendre ici la tentation d'étendre la portée de la chose jugée, elle doit être réfrénée ou en tout cas encadrée strictement, car elle repose sur la découverte d'une intention du juge au même titre que les motifs décisifs. Par rapport à ces derniers, elle a cependant un côté plus objectif, en ce qu'elle repose sur une analyse des conditions préalables et nécessaires du dispositif : par exemple, lorsqu'une décision condamne une personne à modifier sa dénomination sociale, cette condamnation emporte nécessairement l'interdiction d'utiliser la dénomination précédente[832].

Enfin, pendant de la décision implicite, la *décision virtuelle* est celle qui suit nécessairement la décision expressément rendue. L'exemple en est fourni par la jurisprudence[833] : un jugement avait rejeté une demande de sursis à statuer et condamné un établissement de crédit à payer, avec exécution provisoire,

828. En procédure pénale, l'exercice des voies de recours a normalement un effet suspensif d'exécution, y compris pour le pourvoi en cassation.

829. G. Wiederkehr, in *Rép. Dalloz proc. civ*, septembre 2004, *v°* « Chose jugée », n° 169 et s.

830. Cass. (1re civ.), 21 juillet 2001, n° 99-18.231, *Bull. civ.*, I, n° 216.

831. J. Normand, « L'étendue de la chose jugée au regard des motifs et du dispositif », *BICC*, hors-série n° 3, p. 15.

832. Cass. (2e civ.), 30 mai 2002, n° 00-15.312, *Bull. civ.*, II, n° 111.

833. Cass. (2e civ.), 22 mai 1995, n° 93-19.016, *Bull. civ.*, II, n° 150 ; *RTD civ.*, 1995, 961, obs. R. Perrot.

la somme réclamée par le créancier. En appel, la décision est infirmée en ce qu'elle « avait rejeté la demande de sursis à statuer ». Le débiteur réclame alors la restitution des sommes qu'il avait versées au titre de l'exécution provisoire, mais la cour d'appel rejette cette demande. La Cour de cassation casse l'arrêt et décide qu'« en infirmant le jugement en ce qu'il avait rejeté la demande de sursis à statuer [la cour] l'avait implicitement infirmé en ce qu'il avait statué au fond, les condamnations avec exécution provisoire prononcées étant la suite nécessaire du refus de surseoir à statuer ».

Le mot *nécessairement* rencontré à plusieurs reprises dans notre présentation ne doit pas tromper : le débat est plus délicat dans son approche concrète que ne le laisse entendre ce terme et impose la plus grande prudence aussi bien dans le domaine des décisions implicites que virtuelles[834].

2. La portée de l'autorité de la chose jugée

467 **Toute nouvelle demande identique est irrecevable.** Il convient de rappeler que le juge peut relever d'office la fin de non-recevoir tirée de la chose jugée[835]. La fin de non-recevoir que constitue l'autorité de la chose jugée et donc, la présence d'une précédente décision de justice, ne peut être opposée qu'à la triple condition de l'identité de parties, d'objet et de cause. L'article 1355 (anc. art. 1351) du Code civil limite en effet le jeu de la fin de non-recevoir ici étudiée au cas de deux affaires identiques à un triple point de vue : l'autorité de la chose jugée n'a lieu qu'à l'égard de ce qui a fait l'objet du jugement et il faut donc que la chose demandée soit la même ; s'ajoute la nécessité que la demande soit fondée sur la même cause ; enfin, la demande doit lier les mêmes parties[836].

L'identité de parties et celle d'objet sont, parmi ces trois conditions, celles qui soulèvent le moins de difficultés. Les « parties » s'entendent de celles qui ont participé à l'instance qui a donné lieu au jugement, en quelque qualité que ce soit : demandeur, défendeur, partie représentée, partie intervenante. Mais c'est toujours *es qualité*, autrement dit, quand une personne a agi précédemment à titre personnel, elle pourra agir pour les mêmes faits et pour une même cause, si elle compte le faire, cette fois, en tant que représentant d'une société confrontée à la même situation de fait[837].

L'objet, pour sa part, est ce qui est réclamé par les parties. Aussi n'y aura-t-il pas identité d'objet entre la demande de résolution d'un contrat et celle qui tend à la recherche d'une responsabilité précontractuelle[838], ou encore, entre la demande en réduction de loyers pour modification de la surface louée et celle qui vise à la réparation d'un préjudice de jouissance pour défaut de délivrance d'une partie de la surface louée[839]. Par ailleurs, on remarquera que le chef d'un arrêt qui déclare une demande irrecevable comme nouvelle en appel ne béné-

834. Voy. aussi G. Wiederkehr, *op. cit.*, spéc. n° 222 ; R. Perrot, obs. préc. in *RTD civ.*, 1995, 961.
835. Art. 125 CPC. Voy. Cass. (2e civ.), 15 septembre 2005, n° 01-16.762, *Bull. civ.*, II, n° 218.
836. Voy. Cass. Ass. plén., 10 avril 2009, n° 08-10.154, *Bull. Ass. plén.*, n° 4.
837. Voy. Cass. (1re civ.), 7 janvier 1976, n° 73-12.716, *Bull. civ.*, II, n° 7.
838. Cass. (2e civ.), 14 septembre 2006, n° 05-14.346, *Bull. civ.*, II, n° 221.
839. Cass. (3e civ.), 16 septembre 2009, n° 08-10.487, *Bull. civ.*, III, n° 193.

ficie pas de l'autorité de la chose jugée et, par conséquent, cette irrecevabilité ne fait pas obstacle à ce que la même demande puisse être présentée dans une nouvelle instance[840].

Quant à la cause, elle a été approchée de plusieurs manières par la doctrine[841] : certains y ont vu un ensemble complexe de faits qui laisse au juge le soin d'y appliquer le droit[842], d'autres, un ensemble de faits juridiquement qualifiés[843] ; d'autres encore, l'approchent comme le fondement juridique de la demande[844]. Dans une acception juridique de la cause, une première demande en nullité d'un contrat fondée sur un vice du consentement, si elle devait être rejetée, permet au demandeur de saisir à nouveau le juge sur un fondement différent ; une seconde demande en nullité peut alors être lancée, par exemple, pour défaut de prix réel et sérieux[845]. C'est pourtant vers une acception plus matérielle de la cause que s'est dirigée la Cour de cassation dans un arrêt dit Cesareo, rendu par l'Assemblée plénière le 7 juillet 2006[846].

La question posée à la Cour était de savoir si un justiciable pouvait, après une première décision dans un litige le concernant, à nouveau saisir le juge aux mêmes fins, hors l'hypothèse de l'exercice des voies de recours. Revenant sur son arrêt du 3 juin 1994, également rendu dans une formation d'Assemblée plénière, la Haute juridiction a jugé qu'il incombe au demandeur de présenter dès l'instance relative à la première demande, l'ensemble des moyens qu'il estime de nature à fonder celle-ci. À défaut, le seul changement de fondement juridique ne suffit pas à caractériser la nouveauté de la cause, et par suite à écarter l'autorité de la chose jugée sur la demande originaire. « Mais attendu qu'il incombe au demandeur de présenter dès l'instance relative à la première demande l'ensemble des moyens qu'il estime de nature à fonder celle-ci ; Qu'ayant constaté que, comme la demande originaire, la demande dont elle était saisie, formée entre les mêmes parties, tendait à obtenir paiement d'une somme d'argent à titre de rémunération d'un travail prétendument effectué sans contrepartie financière, la cour d'appel en a exactement déduit que Gilbert X... ne pouvait être admis à contester l'identité de cause des deux demandes en invoquant un fondement juridique qu'il s'était abstenu de soulever en temps

840. Cass. (1re civ.), 9 juillet 2009, n° 08-16.141, *Bull. civ.*, I, n° 191.

841. Voy. l'exposé de H. Motulsky, « La cause de la demande dans la délimitation de l'office du juge », in *Ecrits*, *op. cit.*, spéc. p. 103.

842. Tels E.-D. Glasson, A. Tissier et H. Motulsky : voy. H. Motulsky, « La cause de la demande dans la délimitation de l'office du juge », *op. cit.*, pp. 103-104 et note 10.

843. Tels P. Hébraud (*RTD civ.*, 1971, 193), G. Cornu et J. Foyer (*op. cit.*, spéc. p. 404), mais aussi J. Miguet, *Immutabilité et évolution du litige*, *op. cit.*, spéc. nos 49 et s. ; *adde* et rappr. R. Martin, « Le fait et le droit ou les parties et le juge », *JCP*, 1974, I, 2625 ; du même auteur, « A la recherche de la cause », *D.*, 1988, chron., 312.

844. Tels R. Savatier (*DP*, 1928. 1. 153) et P. Esmein (*JCP*, 1961, II, 11980).

845. Cass. Ass. plén., 3 juin 1994, n° 92-12.157, *JCP G*, 1994, II, 22309 ; *Gaz. Pal.*, 1994, 2, 735 ; *RTD civ.*, 1995, 177 (rejet du pourvoi c. CA Douai, 20 janvier 1992, *D.*, 1992. 524).

846. Cass. Ass. plén., 7 juillet 2006, n° 04-10.672, *Bull. Ass. plén.*, n° 8 ; *D.*, 2006, 2135, note L. Weiller ; *JCP G*, 2007, II, 10070, note G. Wiederkehr ; *Procédures,* 2006, comm. 201, R. Perrot ; H. Croze, *Da mihi factum jusque*, *ibid.*, Repère, 9 ; *RTD civ.*, 2006, 825, obs. R. Perrot. Voy. depuis : Cass. com., 20 février 2007, *Procédures,* 2007, comm. 128, R. Perrot ; Cass. (2e civ.), 10 novembre 2010, n° 09-14.728, *Bull. civ.*, II, n° 180.

utile, de sorte que la demande se heurtait à la chose précédemment jugée relativement à la même contestation ».

Le raisonnement opère en deux temps, qu'il convient néanmoins d'inverser par rapport à la présentation formelle qu'en donne l'arrêt : lorsque la seconde demande est fondée sur un même fait mais repose sur une qualification juridique différente, cette demande nouvelle se heurte à la chose précédemment jugée car relative à une seule et même contestation. Il s'ensuit qu'il « incombe au demandeur de présenter dès l'instance relative à la première demande l'ensemble des moyens qu'il estime de nature à fonder celle-ci ». Par sa décision, la Cour de cassation impose donc au demandeur un effort de concentration des moyens et ce, dès la première instance. Les parties devront procéder à une vérification systématique des moyens à leur disposition pour éviter le piège de l'irrecevabilité fondée sur la chose jugée. Les seules causes qui peuvent être invoquées après une première décision de justice semblent désormais être celles qui se sont révélées postérieurement au jugement ou à l'arrêt rendu. C'est, en procédure civile, une lecture tout à fait nouvelle de l'article 1351 (devenu 1355) du Code civil à laquelle invite – ou plus justement *commande* – la Cour de cassation. Elle a, depuis, été réaffirmée[847].

Les plaideurs auront par conséquent à présenter leurs moyens en les ordonnant. Il est entendu que le juge devra respecter le choix chronologique retenu, sans pouvoir tirer prétexte d'éléments débattus à titre subsidiaire pour mettre en échec une demande principale[848].

La doctrine s'est parfois montrée critique[849] à l'égard de la concentration des moyens fondée sur l'autorité de la chose jugée instaurée par l'Assemblée plénière de la Cour de cassation le 7 juillet 2006[850]. Le principe de concentration des moyens dégagé par la Cour de cassation a cependant été jugé conforme

---

847. Cass. (2e civ.), deux arrêts, 25 octobre 2007, n° 06-19.524 & 18 octobre 2007, n° 06-13.068, *Procédures,* 2007, comm. 274, R. Perrot. - Cass. (3e civ.), 13 février 2008, n° 06-22.093, *Bull. civ.*, III, n° 28 ; *D.*, 2008, 621, obs. G. Forest ; *JCP G*, 2008. II. 10052, note L. Weiller ; 20 janvier 2010, n° 08-70.206, *Bull. civ.*, III, n° 17. Voy. *contra,* quand la caisse primaire d'assurance maladie n'avait pas demandé au juge pénal, avant la clôture des débats, qu'il soit le cas échéant statué, en cas de relaxe des poursuites exercées pour blessures involontaires, sur l'action civile en application des règles du droit civil : Cass. (2e civ.), 15 novembre 2018, n° 17-18.656, *Bull. civ.*

848. Voy. Cass. Ass. plén., 29 mai 2009, n° 07-20.913, *Bull. Ass. plén.*, n° 6 : « ne peuvent constituer un aveu des conclusions par lesquelles, après avoir invoqué la prescription, une partie conteste, à titre subsidiaire, l'existence ou le montant d'une créance ».

849. Pour une critique vive, voy. spéc. G. Bolard, « L'autorité de chose jugée et les principes directeurs du procès », in *Mél. Sawczuk* (http://www.pan-ol.lublin.pl/wydawnictwa/TPraw3/Bolard.pdf) ; C. Bléry, « Des effets dévastateurs du principe de concentration des moyens », *Procédures,* 2010, focus n° 1. Voy. cep. *contra* : P. Mayer, « Réflexion sur l'autorité négative de chose jugée », in *Mél. J. Héron*, Paris, LGDJ, 2009, p. 331.

850. N° 04-10.672, *Bull. Ass. plén.*, n° 8. Voy. N. Fricero, « Le fabuleux destin de l'autorité de la chose jugée », in *Mél. Burgelin,* Paris, Dalloz, 2008, n° 12 ; Y. Strickler, « La concentration des moyens et la nouvelle procédure d'appel », *Dr. et proc.,* 2011, p. 166 : avec une approbation, mais le souhait « que l'évolution engendrée soit d'origine législative plutôt que jurisprudentielle. Et qu'elle emprunte (...) une voie différente de la chose jugée ». *Adde* et rappr. S. Guinchard, « L'autorité de la chose qui n'a pas été jugée à l'épreuve des nouveaux principes directeurs du procès civil et de la simple faculté pour le juge de "changer le fondement des demandes" », in *Mél. G. Wiederkehr,* Paris, Dalloz, 2009, p. 379.

à la Convention EDH par la Cour de Strasbourg, compte tenu des impératifs « de bonne administration de la justice, de sécurité juridique et de loyauté procédurale »[851].

Il faut toutefois prêter garde à un point : c'est bien l'ensemble des *moyens* de nature à fonder la demande que l'Assemblée plénière invite à présenter au juge[852]... mais ce sont « toutes les *demandes* fondées sur la même cause » que certaines chambres (la première chambre civile, la chambre commerciale[853]) imposent de présenter dès la première instance engagée[854&855]. Or, lorsqu'une personne réclame « un avantage autre que le simple rejet de la demande principale », ce qui est la définition de la demande reconventionnelle (art. 64 CPC), on perçoit bien que le plaideur formule une autre demande. L'objet du litige étant différent, la règle nouvelle de la concentration des moyens ne devrait pas être opposée, alors, au justiciable[856]. La concentration des *demandes* porterait atteinte tant à l'article 1355 (anc. art. 1351) du Code civil qu'au principe dispositif posé par le Code de procédure civile. Elle est donc bien celle des *moyens*.

La concentration des moyens vaut aussi devant le conseiller de la mise en état, dès que l'ordonnance qu'il rend est revêtue de l'« autorité de la chose jugée au principal »[857].

E 58 **L'identité de cause et la procédure pénale**

L'identité de cause en matière pénale concerne la cause de l'action publique et donc, du fait délictueux. Un même fait délictueux ne peut être invoqué plusieurs fois à l'appui de poursuites distinctes et successives. En revanche, une même personne peut être poursuivie pour des faits différents liés entre eux par un lien de connexité, par exemple une escroquerie commise à l'aide d'un faux autorise la poursuite de l'auteur pour escroquerie et pour fabrication et usage de faux.

La difficulté apparaît lorsqu'il s'agit de préciser ce qu'il faut entendre par fait délictueux. Faut-il comprendre cette expression sous son angle juridique (la qualification à retenir) ou sous son angle matériel (le fait brut, indépendamment de sa qualification pénale) ? Voilà un fait ou un ensemble de faits soumis au juge pour qu'il les confronte à la loi pénale ; c'est un même fait matériel, mais il est susceptible de plusieurs qualifications. Est-il possible, après une première poursuite ayant abouti à un acquittement ou à une condamnation insuffisante aux yeux du parquet, d'engager de nouvelles poursuites, mais sur la base d'une autre et donc nouvelle qualification ? Si l'on répond positivement à cette

---

851. Cour EDH, 26 mai 2011, *Legrand c. France*, req. n° 23228/08.

852. Voy. depuis et par ex. : Cass. (2e civ.), 26 mai 2011, n° 10-16.735. - Cass. com., 20 février 2007, n° 05-18.322. - Cass. (3e civ.), 13 février 2008, n° 06-22.093, précité.

853. Cass. com., 25 octobre 2011, n° 10-21.383, *Bull. civ.*, IV, n° 169.

854. En matière d'arbitrage : Cass. (1re civ.), 28 mai 2008, n° 07-13.266, *Bull. civ.*, I, n° 153 ; *D.*, 2008, 1629, obs. X. Delpech et 3111, obs. Th. Clay ; *JCP G*, 2008, II, 10170, note G. Bolard ; *RTD civ.*, 2008, 551, obs. R. Perrot ; *RTD com.*, 2010, 535, obs. E. Loquin ; 12 avril 2012, somm. in *Rev. arb.*, 2012, 476.

855. En matière de cautionnement : Cass. (1re civ.), 1er juillet 2010, n° 09-10.364, *Bull. civ.*, I, n° 150 ; *D.*, 2010, 1780, obs. V. Avena-Robardet ; *Dr. et proc.*, 2010, 271, obs. C. Lefort. - Cass. com., 25 octobre 2011, n° 10-21.383, précité.

856. Pour une illustration de différence d'objet (et non de cause) de la demande : une première demande en garantie contre son assureur ; et, plus tard, une assignation est formée contre l'assureur pour manquement de celui-ci à ses obligations contractuelles d'information : Cass. (2e civ.), 10 novembre 2010, n° 09-14.948.

857. Cass. (2e civ.), 13 novembre 2014, n° 13-15.642, *Bull. civ.*, II, n° 229 : ordonnance ayant déclaré l'appel recevable, non déférée à la cour, puis nouvelle demande fondée sur le défaut de qualité à agir – irrecevabilité.

question, le fait délictueux est envisagé sous une acception juridique. La doctrine a toujours été réticente à admettre une telle acception du fait délictueux. La jurisprudence, après s'y être montrée favorable dans un premier temps, s'est rangée à l'avis de la doctrine, par un arrêt de la Cour de cassation du 20 mars 1956, dit *Chevalot*[858]. Le revirement de jurisprudence opéré en 1956, au principe *non bis in idem*, est doublement positif, car d'abord, il assure la protection de l'individu : en effet, un même fait peut être l'objet de nombreuses qualifications et, par ailleurs, le ministère public peut à son gré retenir ou abandonner telle ou telle circonstance (ce qui lui permettrait de remettre en cause une décision juridictionnelle) ; ensuite, la solution ancienne contraire méconnaissait le principe selon lequel les juridictions de jugement ne sont pas liées par la qualification qu'on leur a proposée. En effet, les juridictions de jugement ont l'obligation d'envisager toutes les qualifications possibles. L'article 368 du Code de procédure pénale énonce clairement la règle : « Aucune personne acquittée légalement ne peut plus être reprise ou accusée à raison des mêmes faits, même sous une qualification différente ». L'article 368 est applicable aux cours d'assises. La question est alors de savoir si le principe qui y figure s'étend ou non aux autres juridictions. Comme il n'y a aucun motif légitime de faire ici une distinction, c'est la solution qui se dégage de la jurisprudence. Elle a pour elle le bon sens. Par « même fait », on entend donc le fait matériel brut, indépendamment de sa qualification juridique, de sa couleur pénale. La cause de l'action publique, c'est le fait matériel lui-même. Acception matérielle.

Si le fait considéré est exactement le même, aucune nouvelle poursuite ne sera autorisée à raison de ce fait. En revanche, il ne s'agira pas du même fait lorsqu'il y a, après coup, découverte d'une circonstance nouvelle qui le colore différemment, voy. Cass. crim., *Thibaud*, 25 mars 1954[859] : c'est la nuit ; un homme s'approche lentement du lit où se trouve allongée sa femme. Il tient à bout de bras, pour s'éclairer, une lampe à pétrole. Malheureusement, cette lampe explose, l'homme est assommé, le feu prend, sa femme meurt carbonisée. Ces faits caractérisent un homicide involontaire. En vérité, cet homme avait répandu du pétrole sur le lit alors que sa femme dormait et il y avait mis le feu. Il est en effet apparu par la suite que le mari voulait se débarrasser de sa femme. La volonté homicide est un élément nouveau qui éclaire la réalité du fait délictueux. Le fait matériel n'est plus le même. Poursuivi pour assassinat, le mari a été condamné et la chambre criminelle a considéré qu'il n'y avait pas là identité de cause. Il est à remarquer que le juge pénal a l'obligation d'envisager toutes les qualifications juridiques et que le juge civil, au vu de l'article 12 du Code de procédure civile, semble soumis à une même contrainte : « Le juge tranche le litige conformément aux règles de droit qui lui sont applicables » (al. 1er). Et « Il doit donner ou restituer leur exacte qualification aux faits et actes litigieux sans s'arrêter à la dénomination que les parties en auraient proposée » (al. 2). Le rapprochement des deux procédures permet d'approuver la position retenue en 2006 par l'Assemblée plénière, même si elle conduit, au vu de la jurisprudence désormais ancienne, à une lecture très restrictive de la notion de cause telle que figurant à l'article 1355 (anc. art. 1351) du Code civil. Mais il est une différence importante : selon l'Assemblée plénière de la Cour de cassation, le juge civil est obligé de « donner ou restituer leur exacte qualification aux faits et actes litigieux invoqués par les parties au soutien de leurs prétentions » mais, il n'a « pas obligation, sauf règles particulières, de changer la dénomination ou le fondement juridique de leurs demandes » : Cass. Ass. plén., 21 décembre 2007, n° 06-11.343, *Bull. Ass. plén.*, n° 10[860].

C) La force exécutoire

468 **Un pouvoir de contrainte.** Les condamnations prononcées en justice peuvent être amenées à exécution par tout moyen de contrainte direct ou indirect organisé par la loi et ceci en vertu de l'*imperium* du juge. L'*imperium* confère au juge un pouvoir de commandement qu'il détient par délégation du pouvoir exécutif.

858. *D.*, 1957, 33, note L. Hugueney.

859. *S.*, 1955, 1, 89, note J. Brouchot ; *JCP*, 1954, II, 8272, obs. Verdier.

860. Voy. *supra*, n° 324.

Pour que la force exécutoire joue, il ne suffit pas qu'un jugement soit prononcé. Il faut encore que ce jugement soit passé en force de chose jugée[861] (sauf exception, parmi lesquelles les ordonnances de référé[862]) et le jugement a dû être notifié (sauf exception, comme les ordonnances sur requête, exécutoires au seul vu de la minute[863]).

E 59 **L'exigence de la notification de la décision**

Selon un arrêt rendu par la Cour de cassation en chambre mixte le 16 décembre 2005[864] : « La force de chose jugée, attachée à un arrêt de cour d'appel dès son prononcé, ne peut avoir pour effet de priver une partie d'un droit tant que cette décision ne lui a pas été notifiée ». Le preneur d'un bail rural qui exerce son droit de préemption après le prononcé de l'arrêt qui résilie le bail (et qui supprime donc le droit de préemption) mais avant la notification de cet arrêt, bénéficie de la vente du bien. Le droit de préemption est, dans cette occurrence, exercé efficacement.

Le premier avocat général avait suggéré une autre solution : la force de chose jugée produirait ses effets substantiels à l'égard des parties dès le prononcé de la décision non susceptible d'une voie de recours non suspensive d'exécution ; en revanche, pour les actes matériels d'exécution et d'exécution forcée, la signification préalable de la décision aux parties serait requise.

469 **L'exécution provisoire.** L'existence d'une voie ordinaire de recours ouverte à l'encontre d'une décision comme son exercice par le perdant en première instance produisent normalement un effet suspensif d'exécution.

Or, en dépit de cet effet suspensif, un jugement peut néanmoins être exécutoire à titre provisoire. Dans ce cas, le gagnant en première instance peut exécuter le jugement immédiatement dès sa signification. Mais cette exécution est mise en œuvre aux risques de la partie gagnante qui, « si le titre est ultérieurement modifié, devra restituer le débiteur dans ses droits en nature ou par équivalent »[865]. En revanche, il est toujours indiqué de signifier rapidement le jugement assorti de l'exécution provisoire car, lorsqu'il est question d'une condamnation pécuniaire, le taux de l'intérêt légal[866] est majoré de cinq points en matière civile, à l'expiration d'un délai de deux mois à compter du jour où la décision de justice est devenue exécutoire, fût-ce par provision (art. L. 313-3 C. mon. et financier, qui prévoit cependant que le juge de l'exécution peut, sur

861. Dans l'hypothèse de la décision susceptible d'appel et pour laquelle l'appel n'a pas été interjeté, est produit, pour établir l'absence d'appel, un *certificat de non-appel* établi par le greffe de la cour.
862. Voy. *supra*, n° 438.
863. Sur ce caractère, voy. *supra*, n° 410.
864. Voy. n° 03-12.206, *Bull. ch. mixte*, n° 8.
865. Art. L. 111-10 CPCE.
866. Le taux d'intérêt légal était fixé à 0,04 % pour l'année 2014 (décret n° 2014-98 du 4 février 2014, *JO*, 6 février, p. 2153), ce qui était déjà le taux pour 2013, le plus bas depuis la Constitution de la Ve République. Pour rappel, il était de 0,71 % en 2012, de 0,38 % en 2011, de 0,65 % en 2010, de 3,79 % en 2009, de 3,99 % en 2008 et de 2,95 % en 2007. Ces taux étaient des taux annuels. Ils sont désormais actualisés une fois par semestre, afin de mieux correspondre aux fluctuations de l'activité économique.
Les taux de l'intérêt légal pour le 1er semestre 2017 sont de 4,16 % pour les créances des personnes physiques n'agissant pas pour des besoins professionnels ; 0,90 % dans tous les autres cas : https://www.service-public.fr/particuliers/vosdroits/F783

demande du débiteur voire du créancier, exonérer le débiteur de cette majoration ou en réduire le montant).

Si par la suite le jugement de la première instance est confirmé par la cour d'appel, l'exécution provisoire devient définitive ; dans le cas contraire, autrement dit si le jugement est infirmé ou rétracté, il y a lieu à restitution. Il se peut toutefois qu'entre-temps cette dernière soit devenue impossible ; dans ce cas, l'autre partie pourra obtenir réparation, mais il y a là, tout de même, un risque si l'adversaire est devenu insolvable depuis.

Voyons successivement les cas d'exécution provisoire, les modalités de l'exécution provisoire, et la procédure de contrôle mise en place devant le Premier président de la cour d'appel ou le conseiller de la mise en état. On ajoutera un développement sur l'un des moyens clés destiné à assurer l'effectivité des décisions de justice et une exécution rapide : l'astreinte.

1. Les cas d'exécution provisoire

470 **Trois situations sont envisageables.** Il est possible de distinguer deux cas d'exécution provisoire (l'exécution provisoire de droit – l'exécution provisoire facultative) auxquels il faut ajouter une troisième situation, négative, lorsque l'exécution provisoire est interdite par la loi.

Un décret du 1er septembre 2011[867], qui est venu « préciser les règles applicables à la procédure en la forme des référés », a créé un article 492-1 dans le Code de procédure civile. Il prévoit, notamment que, « À moins qu'il en soit disposé autrement, [la décision] est exécutoire à titre provisoire, à moins que le juge en décide autrement ». Cette présentation qui aurait pu être *plus enlevée* dans la forme, apporte sans grand intérêt, une nouvelle et quatrième catégorie d'exécution provisoire. En réalité, elle ajoute surtout aux interrogations et donc, générera du contentieux. Ce n'est pas ce que l'on attend d'une réforme. Le juge ne devra normalement pas motiver son refus d'accorder l'exécution provisoire[868], mais il ne pourra modifier la règle en cas d'exécution provisoire de droit ou lorsque celle-ci est interdite. En effet, alors que les référés *véritables* bénéficient de l'exécution provisoire de droit, la règle est variable pour les référés en la forme : certains en bénéficient expressément[869], d'autres ne le peuvent[870].

a) L'exécution provisoire de plein droit

471 **Le juge n'a pas besoin de préciser dans sa décision qu'elle bénéficie de l'exécution provisoire.** En effet, dans ces cas, très divers, prévus aussi bien par le Code de procédure civile que par des textes particuliers, l'exécution provisoire existe de plein droit. Bien que l'on remarque en pratique que beaucoup de juges rappellent dans leur décision qu'elle est exécutoire, le juge n'a pas en ce cas besoin de le préciser expressément.

Sont exécutoires de plein droit : « les ordonnances de référé, les décisions qui prescrivent des mesures provisoires pour le cours de l'instance, celles qui

867. Décret n° 2011-1043 relatif aux mesures conservatoires prises après l'ouverture d'une succession et à la procédure en la forme des référés.

868. Cass. (3e civ.), 8 avril 1999, n° 97-14.152, *Bull. civ.*, III, n° 90.

869. Par ex., art. L. 1334-2 CSP, ou encore, art. L. 225-32 C. com.

870. Voy. art. 26 du décret n° 55-22 du 4 janvier 1955 *portant réforme de la publicité foncière.*

ordonnent des mesures conservatoires ainsi que les ordonnances du juge de la mise en état qui accordent une provision au créancier » (art. 514, al. 2, CPC) ; s'ajoutent, entre autres, certaines décisions du conseil de prud'hommes, et particulièrement les décisions du bureau de conciliation (art. R. 1454-16 C. trav.) ou encore, la décision rendue par le président du tribunal de grande instance à la demande d'une partie ou de leurs ayants droit en réaction au refus ou silence d'un officier public ou ministériel ou autres dépositaires d'actes qui sont tenus d'en délivrer, à charge de leurs droits, expédition ou copie (art. 1437 CPC). D'autres décisions, comme les ordonnances sur requête, sont non seulement exécutoires de droit, mais encore selon l'article 495, exécutoires au vu de la seule minute[871].

L'article R. 661-1 du Code de commerce régit désormais l'exécution provisoire dans le domaine des procédures collectives. Le principe qu'il reprend à la suite de la législation antérieure est que les jugements et ordonnances rendus en matière de mandat *ad hoc*, de conciliation, de sauvegarde, de redressement et de liquidation judiciaires sont en principe exécutoires de plein droit à titre provisoire. Mais le texte poursuit en excluant l'exécution de droit en d'autres endroits. Par exemple, ne sont pas exécutoires de plein droit à titre provisoire les jugements et ordonnances rendus dans le cas de la vente d'un bien grevé d'un privilège spécial, d'un nantissement ou d'une hypothèque et visant à assurer le paiement provisionnel des créanciers privilégiés.

b) L'exécution provisoire interdite par la loi

472 **À l'opposé, l'exécution provisoire peut être interdite.** C'était le cas jusqu'au décret n° 2005-1678 du 28 décembre 2005 en matière de dépens. Mais depuis le 1er mars 2006, l'exécution provisoire peut être ordonnée en la matière, ce qui unifie l'exécution de la décision concernée.

En revanche, l'exécution provisoire reste prohibée en matière de publicité foncière quant à la décision qui statue sur le refus du dépôt ou le rejet de la formalité provenant du conservateur des hypothèques (décret n° 55-22 du 4 janvier 1955).

On rencontre d'autres cas d'exclusion de toute exécution provisoire en matière de voies d'exécution ou d'inscription de faux. L'exécution provisoire est enfin et également interdite en matière de prestation compensatoire (art. 1079 CPC).

c) L'exécution provisoire facultative

473 **Entre l'exécution provisoire de droit et l'exécution provisoire interdite, l'exécution provisoire judiciaire facultative.** En dehors des cas d'exécution provisoire de plein droit ou d'exécution provisoire interdite, l'exécution provisoire est toujours facultative pour le juge. Ce qui signifie qu'il peut la prononcer pour tout ou partie de la condamnation (art. 515, al. 2). Le juge peut ainsi accorder l'exécution provisoire soit sur la demande d'une partie, soit d'office, et ceci chaque fois qu'il l'estime nécessaire et compatible avec la nature de l'affaire.

474 **La nécessité.** En ce qui concerne le caractère nécessaire, il est facilement reconnu lorsqu'il y a urgence ou péril en la demeure, par exemple en cas de dettes alimentaires ou assimilées, ou en raison de l'état de santé et de la détresse

871. Sur ce caractère, voy. *supra*, n° 410.

du demandeur. L'urgence est également assez facilement admise en matière de paiement de chèques ou effets de commerce, de même, dans le cas de risque d'insolvabilité du débiteur.

En dehors de l'urgence ou du péril, l'exécution provisoire est aussi utilisée comme moyen de dissuasion des recours dilatoires.

475 **La compatibilité avec la nature de l'affaire.** Le problème de la compatibilité peut d'abord se poser en fonction de la personne débitrice. C'est ainsi que l'exécution provisoire n'est en général pas admise contre les personnes morales de droit public.

Le problème de la compatibilité peut ensuite se poser en fonction de la nature du litige ou du jugement. Le principal cas que l'on rencontre est celui de l'état des personnes où les jugements sont insusceptibles d'exécution provisoire. Celle-ci risquerait en effet de causer un préjudice irréparable. Il est fait exception à cette règle en ce qui concerne les mesures accessoires qui ne mettent pas en jeu la question d'état : pour illustration, la déclaration judiciaire de paternité naturelle n'est pas susceptible d'exécution provisoire en ce qui concerne la question de filiation elle-même ; mais le juge peut assortir la condamnation au versement d'une pension de l'exécution provisoire et il en est de même quant au droit de visite.

2. Les modalités de l'exécution provisoire

a) La subordination de l'exécution provisoire à une garantie

476 **La constitution d'une garantie réelle ou personnelle.** L'exécution provisoire peut d'abord être subordonnée à une garantie. L'article 517 prévoit en effet la possibilité de la « constitution d'une garantie, réelle ou personnelle ». Il s'agit d'éviter que l'exécution provisoire n'entraîne des conséquences trop graves pour le perdant en cas de remise en cause du jugement rendu par la cour d'appel.

Le juge apprécie la nécessité ou non d'une telle garantie. Il est habituellement considéré qu'il ne peut pas le faire dans le cas d'exécution provisoire de plein droit, car la nécessité de la constitution d'une garantie irait à l'encontre de la volonté d'exécution immédiate imprimée par le législateur par le choix de l'exécution de droit. Mais il en va autrement en cas de texte contraire. Un exemple de tel texte peut être trouvé dans l'article 489 du Code de procédure civile, qui vise les ordonnances de référé.

Lorsqu'elle est ordonnée, la garantie doit être « suffisante pour répondre de toutes restitutions ou réparations ». C'est l'application du principe que l'exécution provisoire se fait toujours aux risques et périls de l'exécutant.

b) Des modalités particulières : la consignation et le séquestre

477 **Une remise des fonds différée ou ralentie dans ses versements.** L'exécution provisoire peut aussi être soumise à des modalités particulières. Le perdant en première instance va consigner l'objet de la condamnation (espèces ou valeurs) au lieu de le transmettre au gagnant. Il lui faut l'autorisation du juge pour ce faire. La matière fait l'objet de l'article 521 du Code qui permet de consigner les sommes autres que les aliments, les rentes indemnitaires et les provisions.

L'alinéa 2 du texte prévoit une modalité particulière de cette mesure : « En cas de condamnation au versement d'un capital en réparation d'un dommage corporel, le juge peut aussi ordonner que ce capital sera confié à un séquestre à charge d'en verser périodiquement à la victime la part que le juge détermine ».

c) La mise en œuvre de l'exécution provisoire

478 **L'exécution est poursuivie aux risques du créancier ; elle est donc facultative pour lui.** La poursuite de l'exécution provisoire est une faculté et non une obligation pour le gagnant. De sorte que le bénéficiaire de l'exécution pourrait s'abstenir totalement d'exécuter la décision ou se contenter de mesures conservatoires, de façon à ne pas mettre en jeu sa responsabilité. Ceci est vrai même si l'exécution a été accordée d'office par le juge.

Cependant, l'exécution provisoire étant une véritable exécution, la décision assortie de l'exécution provisoire doit avoir été signifiée pour être exécutée.

Lorsque sur voie ordinaire de recours le gagnant en première instance obtient à nouveau gain de cause, l'exécution devient définitive.

Dans le cas contraire, les choses doivent être remises en l'état où elles étaient avant l'exécution et l'exécutant doit réparation pour le préjudice subi par le débiteur de l'exécution. L'obligation de restituer apparaît dès la notification, valant mise en demeure, de la décision ouvrant droit à restitution[872] et de ce point de vue, il n'est pas utile d'ajouter à la notification un commandement de payer ; la notification de l'arrêt est, comme l'indique l'Assemblée plénière de la Cour de cassation, suffisante[873].

Quand la restitution est effectuée par équivalent monétaire, les intérêts qui ont couru pendant l'instance d'appel restent acquis au créancier provisoire. Jusqu'en 1987, la Cour de cassation estimait que le perdant en appel devait restituer lesdits intérêts dans la mesure où il n'aurait jamais dû les détenir. La solution contraire est désormais clairement posée :

> « Vu l'article 1153 du Code civil :
>
> Attendu que, pour condamner Mme Six au paiement des intérêts au taux légal sur la somme de 143 907,25 francs, représentant le montant des condamnations mises à la charge de la société Alno France et dont la restitution était ordonnée, à compter de la date du versement, l'arrêt a énoncé que la somme en question ayant été versée en vertu de l'exécution provisoire, la demande formée de ce chef par l'ancien employeur devait être accueillie favorablement ;
>
> Attendu qu'en statuant ainsi, alors, d'une part que, jusqu'à l'arrêt infirmant la décision déférée, Mme Six détenant en vertu d'un titre exécutoire le montant des condamnations prononcées à son profit, ne pouvait être retenue une mauvaise foi de sa part, et, d'autre part, que postérieurement à l'arrêt, Mme Six ne pouvait être tenue, son titre ayant disparu, qu'à la restitution selon les principes énoncés à l'article 1153, alinéa 3, du Code civil, la cour d'appel, qui n'a pas constaté que le créancier l'eût sommée de restituer avant l'audience des débats, a violé le texte susvisé »[874].

---

872. Cass. Ass. plén., 3 mars 1995, n° 91-19.497, *Bull. Ass. plén.*, n° 1 ; *D.*, 1995, 249, concl. Jéol ; *RTD civ.*, 1995, 687, obs. R. Perrot.

873. Cass. Ass. plén., 3 mars 1995, précité. *Adde* Cass. (2e civ.), 9 décembre 1999, *Procédures*, 2000, comm. 57, R. Perrot.

874. Cass. soc., 16 juillet 1987, n° 84-45.608, *Bull. civ.*, V, n° 484. Voy. depuis et par ex. : Cass. (1re civ.), 17 mars 1992, n° 90-13.957, *Bull. civ.*, I, n° 87. - Cass. (2e civ.), 8 décembre 1993, n° 92-13.681, *Bull. civ.*, II, n° 361. - Cass. (3e civ.), 31 janvier 2007, n° 05-15.790, *Bull. civ.*, III, n° 15.

Avec la réforme du droit des obligations, l'article 1352-6 nouveau du Code civil dispose désormais que « [l]a restitution d'une somme d'argent inclut les intérêts au taux légal et les taxes acquittées entre les mains de celui qui l'a reçue » et l'article 1352-7 précise que « [c]elui qui a reçu de mauvaise foi doit les intérêts, les fruits qu'il a perçus ou la valeur de la jouissance à compter du paiement. Celui qui a reçu de bonne foi ne les doit qu'à compter du jour de la demande ». Le créancier qui a agi sur la base d'un jugement provisoirement exécutoire est de bonne foi. Il conviendrait selon l'article 1352-7 de restituer les intérêts au jour de la demande. Dans le nouveau texte, l'expression « le jour de la demande » correspond à la date où l'appelant bénéficiaire de la réformation fait signifier un commandement de payer à l'autre partie. La jurisprudence de 1987 n'est donc pas remise en cause. L'« accipiens » intimé est de bonne foi puisqu'il est couvert par l'exécution provisoire.

E 60 L'exécution volontaire d'une décision exécutoire de plein droit

C'est au visa de l'article 31 de la loi du 9 juillet 1991 (auj. art. L. 111-10 CPCE) que l'Assemblée plénière a affirmé, le 24 février 2006[875], que l'exécution d'une décision de justice exécutoire à titre provisoire n'a lieu qu'aux risques de celui qui la poursuit, à charge pour lui, si le titre est ultérieurement modifié, d'en réparer les conséquences dommageables.

Les époux X..., cessionnaires d'un fonds de commerce, avaient obtenu une ordonnance de référé à l'encontre de M. Y... ; ce dernier exécute volontairement la décision de référé. Celle-ci est ultérieurement infirmée. M. Y... estime avoir subi un préjudice du fait de l'exécution de l'ordonnance et décide d'assigner les époux X... en réparation. Un jugement condamne les demandeurs au référé à payer des dommages-intérêts à M. Y... La cour d'Aix-en-Provence infirme ce jugement mais la deuxième chambre civile casse l'arrêt d'appel[876]. Sur renvoi, la cour de Lyon, à l'instar de la cour d'Aix-en-Provence, rejette la demande de M. Y... au motif que les époux X... n'ont effectué aucun acte d'exécution forcée de l'ordonnance de référé. Au contraire, la décision a été spontanément exécutée par M. Y... Ainsi, pour les juges d'appel, l'exécution volontaire de la décision de référé ne permet pas au perdant provisoire d'obtenir réparation du préjudice qu'il a subi du fait de cette exécution, puisqu'elle n'a pas été contrainte pas une démarche en ce sens de la part du créancier.

L'Assemblée plénière casse l'arrêt d'appel et renvoie aux juges du fait. L'indemnisation sera prononcée. La Cour de cassation relève que l'ordonnance de référé a été signifiée à la requête des époux X... à M. Y... (le moyen du pourvoi révèle que cette ordonnance était « assortie d'une astreinte financière élevée », mais comme la décision elle-même ne fait pas état de cette astreinte, la solution retenue par la Cour de cassation prend une portée plus générale), et que M. Y... était tenu de l'exécuter.

Le choix de la Cour de cassation, dans un premier mouvement, pourrait étonner : le gagnant en référé s'était contenté de signifier l'ordonnance ; il n'avait entamé aucun acte d'exécution forcée. L'exécution volontaire de la décision ne doit-elle pas alors gommer la règle de l'article 31 de la loi de 1991 (art. L. 111-10 nouveau) ? La réponse de la Haute juridiction est négative. La raison est avec elle : elle est dans une logique globale de la procédure. Ainsi au regard du demandeur en référé, il a choisi d'emprunter une voie processuelle bénéficiant de l'exécution provisoire de droit et donc, dans une perspective d'exécution immédiate.

875. N° 05-12.679, *Bull. Ass. plén.*, n° 2 ; *JCP*, 2006, II, 10063, obs. H. Croze ; *RTD civ.*, 2006, p. 376, obs. R. Perrot.

876. Cass. (2e civ.), 10 juillet 2003, n° 01-14.778, *Bull. civ.*, II, n° 244. L'arrêt vise l'article 1382 (auj. art. 1240 C. civ.) et affirme la réalité d'une responsabilité sans faute dans la configuration jugée. Pour une même affirmation de l'absence de nécessité d'avoir à relever une faute dans l'exécution ; voy. Cass. (2e civ.), 22 janvier 2004, n° 02-20.215, *Bull. civ.*, II, n° 244. - Cass. (1re civ.), 6 juin 1990, n° 87-19.661, *Bull. civ.*, I, n° 140 et Cass. (3e civ.), 1er juillet 1998, *Procédures*, 1998, comm. 240, R. Perrot ; et sur la prise en considération des intérêts de l'emprunt contracté par le débiteur pour exécuter : Cass. (2e civ.), 14 avril 2005, n° 03-14.195, *Bull. civ.*, II, n° 91.

Si finalement ce créancier voit le bénéfice de la procédure provisoire se retourner contre lui, ce n'est pas au défendeur d'en subir les conséquences. Et précisément, le perdant en référé sait qu'il est soumis à l'exécution de droit.

Lorsque l'ordonnance lui est signifiée, il sait qu'il est juridiquement tenu d'exécuter. On ne va tout de même pas reprocher à une personne qui a respecté la loi de l'avoir fait !

---

3. La procédure de contrôle devant le Premier président de la cour d'appel ou le conseiller de la mise en état

a) Octroi de l'exécution provisoire

479 **L'exécution provisoire accordée au cours de l'instance d'appel, ou en instance sur opposition.** Le Premier président ou le conseiller de la mise en état peut accorder l'exécution en appel soit dans le cas où il n'a pas été statué sur cette exécution en première instance, soit dans le cas où celle-ci a été refusée (art. 525 et 525-1).

Le magistrat saisi doit vérifier la réunion des conditions tenant à la nécessité et la compatibilité avec la nature de l'affaire, ainsi que l'absence d'interdiction légale.

Cependant, dans le cas où l'exécution provisoire a été refusée en première instance, son octroi en appel nécessite l'urgence (art. 525) ; alors que si l'exécution provisoire n'avait pas été demandée en première instance ou s'il y a eu omission de statuer, l'urgence n'est pas requise (art. 525-1).

Depuis le décret n° 2014-1338 du 6 novembre 2014, créant un article 525-2 dans le Code de procédure civile, la décision rendue par le Premier président n'est plus susceptible de pourvoi en cassation. Il est probable que, s'inscrivant dans une procédure d'appel en cours, l'arrêt de la cour d'appel intervenait en pratique avant que ne soit rendu celui sur le pourvoi formé contre l'ordonnance du Premier président ; quel intérêt alors au pourvoi en attente contre l'ordonnance présidentielle ? Ceci explique la réforme. Ce nouveau texte s'applique aussi en cas d'arrêt de l'exécution provisoire.

b) Arrêt de l'exécution provisoire

480 **L'exécution provisoire arrêtée : une compétence du Premier président statuant en référé.** L'article 524 prévoit que **lorsque l'exécution provisoire a été ordonnée en première instance**, elle ne peut être arrêtée en cas d'appel que si elle est interdite par la loi ou si elle risque d'entraîner des conséquences manifestement excessives. Le juge qui connaît de la question est le seul Premier président. Lorsque l'exécution provisoire n'est pas interdite par la loi mais est de nature à causer des conséquences manifestement excessives, le Premier président peut aussi, plutôt que d'ordonner l'arrêt, prendre les mesures prévues aux articles 517 à 522, c'est-à-dire prescrire une garantie ou accorder la consignation. Le critère des conséquences manifestement excessives conduit essentiellement à vérifier si l'exécution provisoire est effectivement réparable dans l'avenir et donc, à apprécier la possibilité ou non de revenir sur elle en effaçant rétroactivement ses effets.

La décision arrêtant l'exécution provisoire ne vaut cependant que pour l'avenir et ne peut conduire à remettre en cause une exécution déjà intervenue.

Ainsi lorsque le perdant en première instance a exécuté une partie de sa dette avant que le Premier président ne statue, la décision d'arrêt de l'exécution provisoire que rend ce juge ne peut remettre en cause les effets des actes d'exécution accomplis ou les paiements effectués antérieurement. Les effets produits de l'exécution provisoire restent acquis au gagnant en première instance aussi longtemps que la cour elle-même ne décide du contraire[877].

En outre, le pouvoir reconnu au Premier président en vertu de l'article 524 ne se confond en rien avec celui qui correspond à l'octroi d'un délai de grâce. Un Premier président ne saurait donc sans commettre un excès de pouvoir se fonder sur ce mécanisme pour arrêter l'exécution ordonnée par le premier juge[878].

Dans le cas où l'exécution provisoire est de plein droit, le principe est que l'exécution ne peut pas être arrêtée, le Premier président ne pouvant alors que prendre les mesures prévues au deuxième alinéa de l'article 521 et à l'article 522. Le décret n° 2004-836 du 20 août 2004 est venu apporter une exception au principe de non-ingérence du Premier président en présence d'une exécution provisoire de droit en ajoutant un sixième alinéa à l'article 524. Le texte permet désormais au Premier président de la cour d'appel d'arrêter l'exécution provisoire de droit « en cas de violation manifeste du principe du contradictoire ou de l'article 12 et lorsque l'exécution risque d'entraîner des conséquences manifestement excessives »[879].

À cet égard, « l'erreur commise par un juge dans l'application ou l'interprétation d'une règle de droit ne constitue pas une violation manifeste de l'article 12 » du Code de procédure civile[880]. L'erreur de droit commise par le premier juge n'est donc pas suffisante pour permettre l'arrêt de l'exécution provisoire attachée automatiquement à la décision rendue. Comme l'écrit le professeur Croze, ce qui est visé par le texte, c'est « une faute de comportement du juge, une méconnaissance de son office ou de ses pouvoirs ».

c) Modalités de l'exécution

481 **L'exécution provisoire aménagée.** La compétence est celle du Premier président lorsque l'exécution provisoire a été accordée en première instance ; le conseiller de la mise en état n'est quant à lui compétent que si l'exécution provisoire n'a pas été accordée en première instance et qu'elle l'est en appel par ce même conseiller.

Dans le cas d'exécution provisoire facultative, il est possible, au lieu d'arrêter l'exécution purement et simplement, de la subordonner à la constitution d'une garantie. Inversement, le Premier président pourrait supprimer la garantie prescrite en première instance. Le Premier président peut aussi accorder la

877. Cass. (2e civ.), 24 septembre 1997, n° 94-19.485, *Bull. civ.*, II, n° 238 ; *Procédures*, 1997, comm. 258, R. Perrot.

878. Qui est prévu à l'article 510. Voy. Cass. (2e civ.), 14 septembre 2006, n° 05-21.300, *Bull. civ.*, II, n° 223.

879. Pour le juge de l'exécution, dont les décisions sont exécutoires de plein droit (voy. art. R. 121-21 CPCE), un sursis à exécution de la mesure qu'il ordonne est possible, voy. art. R. 121-22 CPCE.

880. Cass. soc., 18 décembre 2007, n° 06-44.548, *Bull. civ.*, V, n° 213 ; *JCP G*, 2008, II, 10030, note H. Croze.

consignation mais seulement si l'exécution risque d'entraîner des conséquences manifestement excessives.

Lorsque l'exécution provisoire est de plein droit, les pouvoirs du président sont davantage réduits : il ne peut prendre, selon le dernier alinéa de l'article 524, que les mesures prévues au deuxième alinéa de l'article 521 et à l'article 522. L'article 522 prévoyant la possibilité de substitution d'une garantie à une autre, il n'offre guère de pouvoir en la matière au Premier président ; quant au renvoi qu'opère l'article 524 aux « mesures prévues au deuxième alinéa de l'article 521 », il est plus intéressant car ce second alinéa pose que « En cas de condamnation au versement d'un capital en réparation d'un dommage corporel, le juge peut aussi ordonner que ce capital sera confié à un séquestre à charge d'en verser périodiquement à la victime la part que le juge détermine ». Ce que vise alors le renvoi n'est pas le type de condamnation, mais les « mesures prévues » par le texte, soit la désignation d'un séquestre qui versera périodiquement les sommes déterminées dans leur montant par le juge. Il n'y a pas en ce cas d'*arrêt* à proprement parler de l'exécution provisoire, mais un *aménagement* qui, dans les faits, n'est pas loin de produire un effet comparable puisque les sommes seront versées au compte-gouttes.

d) « Exécutez d'abord les décisions exécutoires »

482 **L'obligation d'exécuter sous peine de radiation, qui existait pour la Cour de cassation, a été étendue à la procédure d'appel.** Dans tous les cas, l'intimé peut demander au Premier président ou, dès qu'il est saisi, au conseiller de la mise en état, la radiation du rôle de l'affaire. Le juge doit entendre les observations des parties et ne peut prononcer la radiation demandée que lorsque l'appelant ne justifie pas avoir exécuté la décision frappée d'appel ou avoir procédé à la consignation autorisée par le juge dans les conditions prévues à l'article 521, alinéa premier (art. 526).

Le décret n° 2017-891 du 6 mai 2017 ajoute six alinéas (entrés en vigueur le 1er septembre 2017) après cet alinéa premier du texte, pour imposer à l'intimé de formuler sa demande à peine d'irrecevabilité relevée d'office, dans les délais prévus (un mois dans l'appel à bref délai et trois mois en procédure ordinaire). Est aussi précisé que la décision de radiation est notifiée aux parties et à leurs représentants par le greffe par lettre simple, et que la demande de radiation a un effet suspensif sur les délais qui courent contre l'intimé mais non sur ceux de l'appelant ; la sanction peut être lourde puisque le délai de péremption continue de courir sauf à ce qu'il soit « interrompu par un acte manifestant sans équivoque la volonté d'exécuter ».

Il est cependant réservé deux hypothèses : celle où l'exécution serait de nature à entraîner des conséquences manifestement excessives, et celle où l'appelant est dans l'impossibilité d'exécuter la décision. Dans le premier cas, le critère dominant est celui de « la précarité de l'intéressé, créée ou substantiellement aggravée »[881], ce qui est une autre façon de dire que l'exécution provisoire laissera des traces même si elle est remise en cause ultérieurement, mais surtout, aura des conséquences immédiates graves sur la situation de l'intéressé. Dans le

881. Ph. Hoonakker, « Dernières réformes de l'exécution provisoire : raison et déraison », *D.*, 2006, chron., 754.

second cas, l'exécution immédiate se heurte à un motif d'ordre juridique – par exemple l'ouverture d'une procédure collective postérieurement à la condamnation – ou à un motif de pur fait – une insolvabilité déjà présente du débiteur-.

La décision de radiation rendue par le conseiller de la mise en état sur le fondement de l'article 526 CPC constitue une mesure d'administration judiciaire. Elle est donc sans recours[882].

Ce mécanisme a été validé par la Cour EDH, dans un arrêt *Chatellier c. France* du 31 mars 2011[883]. Mais les États, ici, ne disposent que d'une marge réduite d'appréciation, ceci pour préserver la voie d'appel. C'est pourquoi la radiation ne doit pas être prononcée si l'appelant démontre qu'il n'est pas en mesure d'exécuter la décision contestée. La Cour de Strasbourg attend des juges qu'ils vérifient, notamment, si « le rapport entre les ressources mensuelles du foyer du requérant et le montant de la condamnation » est proportionné ou non « au regard des buts visés » et dans une perspective de respect du droit à « l'accès effectif du requérant » à un tribunal[884].

483 **La radiation ne fait que suspendre, du moins en principe, l'instance.** L'instance n'étant que suspendue, une demande en arrêt de l'exécution provisoire peut être proposée postérieurement à la demande de radiation et même, à la radiation[885]. La réinscription de l'affaire au rôle de la cour s'opère par autorisation du Premier président ou du conseiller chargé de la mise en état, sur justification de l'exécution de la décision attaquée.

Mais le Premier président ou le conseiller chargé de la mise en état peut constater que la péremption est intervenue. En effet, la radiation n'empêche pas le délai de péremption de deux années de courir et comme la « péremption en cause d'appel ou d'opposition confère au jugement la force de la chose jugée, même s'il n'a pas été notifié » selon l'article 390, l'extinction de l'instance emportera ici disparition définitive du droit d'appel[886].

Dans le silence de l'article 526, on peut penser que la jurisprudence appliquera ici les solutions dégagées pour le retrait du rôle de l'article 1009-2 applicable devant la Cour de cassation, à savoir que le délai de péremption courra du jour de la notification de la décision de radiation.

4. L'astreinte

484 **Un mécanisme destiné à assurer le respect des décisions de justice.** Réaction jurisprudentielle au déclin de la formule exécutoire, l'astreinte tend, indirectement, à obtenir l'exécution en nature d'une obligation juridique. Elle a pour principe d'inciter le débiteur à exécuter la condamnation principale dans un délai défini et pour moyen, la sanction financière, puisque ce débiteur, dans le cas où il refuserait d'exécuter, sera condamné au paiement d'une somme

882. Cass. (2e civ.), 18 juin 2009, n° 08-15.424, *Bull. civ.*, II, n° 167.

883. Req. n° 34658/07. Voy. depuis : *Pompey c. France*, 10 octobre 2013, req. n° 37640/11.

884. Cour EDH, 10 octobre 2013, arrêt *Pompey c. France*, précité, § 41. Ici, ce rapport, hors intérêts, était de 1 à 240 et par suite, l'atteinte jugée disproportionnée.

885. Cass. (2e civ.), 9 juillet 2009, deux arrêts, nos 08-13.451 & 08-15.176, *Bull. civ.*, II, n° 192 : la radiation ne fait pas obstacle à l'application de l'article 524 CPC.

886. Ce que le professeur Hoonakker, dans son article précité, juge disproportionné aux objectifs poursuivis et inconciliable avec le caractère ordinaire de la voie d'appel.

d'argent proportionnelle au retard apporté à l'exécution. L'astreinte est donc un moyen de pression dont l'efficacité se mesure à la crainte qu'elle est de nature à inspirer au débiteur récalcitrant.

À l'origine, seul le versement de dommages-intérêts compensatoires avait été prévu par le législateur. C'est pourquoi la jurisprudence, pour ne pas contrevenir ouvertement aux principes traditionnels, avait initialement rattaché cette *phase d'intimidation* à la théorie des dommages et intérêts[887]. La solution avait pu constituer un frein au développement de l'astreinte et avait spécialement suscité de nombreuses interrogations quant à l'utilisation du procédé par le juge des référés. Aujourd'hui, l'astreinte est nettement séparée des dommages-intérêts, même s'il arrive à la Cour de cassation de devoir le rappeler[888]. Depuis 1972, le législateur affirme l'indépendance de l'astreinte à l'égard de ceux-ci[889].

a) L'astreinte est d'abord prononcée

485 **Le pouvoir de prononcer une astreinte.** Lorsque le juge envisage d'assortir sa décision d'une astreinte, il est classique de dissocier deux moments : celui du prononcé de l'astreinte et celui de sa liquidation. Dans le premier stade qui est celui du prononcé, l'article L. 131-1 du Code des procédures civiles d'exécution indique que : « Tout juge peut, même d'office, ordonner une astreinte pour assurer l'exécution de sa décision ». Et si un juge n'a pas assorti sa décision d'une astreinte, il est possible, à condition que les circonstances de l'espèce en fassent apparaître la nécessité, de solliciter cette mesure du juge de l'exécution. Il faut signaler que ce pouvoir appartient à ce seul juge et non plus, comme par le passé, au juge des référés.

486 **Astreinte provisoire et astreinte définitive.** L'astreinte peut être provisoire – on la nommait, à l'origine, *comminatoire* – et est alors susceptible d'être révisée à tout moment par le juge et notamment lors de sa liquidation.

L'astreinte peut aussi être définitive, auquel cas le juge s'interdit par avance de modifier ultérieurement le montant de la condamnation. Plus sévère que l'astreinte provisoire, l'astreinte définitive apparaît donc et en réalité plus « comminatoire » qu'elle, puisque son montant est fixé *ne varietur* par le juge lors du prononcé de la mesure. Cette seconde forme d'astreinte présente les inconvénients de ses avantages et spécialement exclut la possibilité de révision pourtant opportune au moment de la liquidation, ne serait-ce que pour tenir compte de la bonne volonté qu'a pu manifester le débiteur dans l'exécution.

487 **Une priorité est accordée à l'astreinte provisoire.** Antérieurement à la loi de 1972, l'astreinte provisoire était privilégiée par la jurisprudence. La loi de 1972 appuie cette vision de l'astreinte et considère qu'elle doit être considérée comme provisoire à moins que le juge ait précisé son caractère définitif. Il restait que le juge avait, sous l'empire de cette loi, le choix de la forme de l'astreinte dont il assortissait sa décision. La rigueur de l'astreinte définitive appelait certainement

---

887. A. Esmein, « L'origine et la logique de la jurisprudence en matière d'astreintes », *RTD civ.*, 1903, 5, spéc. p. 12.

888. *Cf.* Cass. (2e civ.), 7 avril 2016, n° 15-14.825, *Procédures*, 2016, comm. 195, L. Raschel. - 17 avril 2008, n° 07-10.065, *Bull. civ.*, II, n° 88.

889. La formule « L'astreinte est indépendante des dommages-intérêts » présente dès la loi n° 72-626 du 5 juillet 1972 a été reprise telle qu'elle par l'article 34 de la loi n° 91-650 du 9 juillet 1991 (art. L. 131-2 CPCE).

à une vigilance accrue de la part du juge lorsqu'il portait son choix sur celle-ci, à un tel point d'ailleurs, que certains souhaitaient sa suppression[890].

Le législateur de 1991 a préféré maintenir le procédé de l'astreinte définitive, tout en tenant compte des critiques dont ce dernier faisait l'objet : désormais, l'astreinte définitive ne conserve ce caractère qu'à la double condition, d'une part, de faire suite à une astreinte provisoire (ce qui aura permis d'éprouver le débiteur tout en ménageant la présomption de bonne foi) et, d'autre part, d'être limitée dans le temps (ce qui impose un retour à intervalles réguliers devant le juge). Si l'une de ces deux conditions n'est pas respectée, l'astreinte sera liquidée comme une astreinte provisoire.

Quant à sa date de prise d'effet, l'astreinte ne peut porter sur une date antérieure au jour où la décision portant obligation a été notifiée, hormis le cas où l'astreinte assortit une décision qui est déjà exécutoire. Il s'ensuit qu'une astreinte ne peut jamais produire effet à compter de la décision qui la prononce, quand bien même cette décision disposait que l'astreinte courrait à compter de sa date[891].

b) L'astreinte est ensuite liquidée

488 **L'astreinte, provisoire comme définitive, est liquidée par le juge de l'exécution.** Seconde phase du mécanisme de l'astreinte, la liquidation intervient normalement lorsque la procédure relative au rapport juridique « sanctionné par l'astreinte ne pourra plus donner lieu à de nouveaux développements ». Il se peut toutefois que le demandeur sollicite du juge la liquidation de l'astreinte avant même toute inexécution définitive de l'obligation en cause, ce que l'on nomme la « liquidation partielle et provisoire » et qui correspond donc à une liquidation à un stade intermédiaire, une sanction du retard déjà acquis[892].

Mécanisme destiné à renforcer l'efficacité des décisions de justice, c'est au stade de l'exécution que l'astreinte trouve sa place naturelle. Aussi compétence exclusive est-elle donnée au juge de l'exécution pour liquider l'astreinte ; ce juge est par principe le juge liquidateur de toute astreinte ordonnée indépendamment de la juridiction qui a pu prononcer cette mesure, puisque l'article R. 131-2 CPCE affirme que « l'incompétence est relevée d'office par le juge saisi d'une demande en liquidation d'astreinte ». Un appel peut être formé contre la décision rendue par le juge, sauf lorsqu'elle émane, dit l'alinéa second du texte, d'une cour d'appel. On constate incidemment que la cour d'appel ne dispose plus de la possibilité de liquider l'astreinte ordonnée par les premiers juges ; le juge de l'exécution concentre cette fonction.

Deux dérogations sont néanmoins prévues par les textes. En effet, aussi longtemps qu'il reste saisi de l'affaire, c'est le magistrat qui a ordonné l'astreinte qui peut la liquider et, seconde exception à la compétence du juge de l'exécution, le magistrat qui prononce une astreinte peut expressément se réserver le pouvoir de liquider l'astreinte qu'il a prononcée.

---

890. Voy. R. Perrot, « L'astreinte. Ses aspects nouveaux », *Gaz. Pal.*, 1991, 2, doctr., 801, n° 8 ; rappr. F. Chabas, « La réforme de l'astreinte », *D.*, 1992. chron., 299.

891. Cass. (2ᵉ civ.), 14 septembre 2006, n° 05-15.370, *Bull. civ.*, II, n° 219.

892. Voy. F. Chabas, « La réforme de l'astreinte (loi du 5 juillet 1972) », *D.*, 1972, chron., 271.

E61 La pratique des astreintes devant le juge des référés

L'article 491 du Code de procédure civile, en écho à la loi de 1991, accorde au juge des référés le pouvoir de prononcer des condamnations à des astreintes. Le choix d'une astreinte définitive, lorsqu'il est possible, n'est pas dans l'esprit du référé ; en cette matière, l'astreinte provisoire sera toujours préférable. D'ailleurs, lorsque le juge des référés ordonne une astreinte définitive, il se retrouvera lié au moment de la liquidation par le montant fixé lors de son prononcé. Or l'ordonnance de référé est par essence provisoire et peut être modifiée ou rapportée en référé en cas de circonstances nouvelles (art. 488, al. 2, CPC). Dans cette occurrence, toute modification sur le principal du référé doit permettre de reprendre également la mesure accessoire qu'est l'astreinte, fût-elle définitive ; à l'inverse, en l'absence de circonstance nouvelle, le juge des référés ne pourra jamais modifier le taux de l'astreinte définitive le moment de la liquidation venu.

Quant à la liquidation, l'article 491 indiquait que le juge des référés l'opère à titre provisoire. Mais ce juge ne peut liquider l'astreinte assortissant sa décision que s'il s'est réservé ce pouvoir ou s'il est resté saisi de l'affaire[893]. Le décret n° 2017-892 remplace le premier alinéa de l'article 491 par ce rappel de la règle plus générale de l'article L. 131-3 du Code des procédures civiles d'exécution. Ce faisant l'article 491 affirme mieux que ne l'indiquait l'ancien texte que le juge des référés qui assortit sa décision d'une astreinte peut s'en réserver la liquidation, mais - et ceci est plus négatif - l'article ne mentionne plus expressément que la liquidation de l'astreinte est réalisée à titre provisoire. Certes cela va de soi, s'agissant d'une décision rendue à titre provisoire comme le sont les décisions de référé, mais ce qui va sans dire va toujours mieux en le disant.

Cette liquidation par le juge des référés pose la question de l'intervention ultérieure du juge du principal et de l'influence du caractère provisoire de la décision de référé sur l'astreinte lorsque le juge des référés l'a voulue « définitive ». Deux grandes hypothèses se dégagent.

Lorsque le juge du principal revient sur la solution donnée au litige en référé, l'astreinte qui est une mesure accessoire à la décision de référé doit logiquement connaître le même sort qu'elle. Si le juge du principal intervient après le prononcé de l'astreinte (provisoire comme définitive) mais avant sa liquidation, cette mesure s'éteint avec la décision dont elle venait en renfort. Il demeure qu'en pratique, les délais entre les décisions de référé et de fond rendront cette première éventualité rare voire inexistante. Il se peut aussi que le juge du principal se prononce après que le juge des référés ou le juge de l'exécution a liquidé l'astreinte. Si la liquidation était le fait du juge des référés, elle est intervenue à titre provisoire et suit le sort de la décision de référé (art. 491[894]) ; en cas d'interposition du juge de l'exécution, le fait qu'il s'agisse alors d'un juge du principal ne change rien à l'affaire : puisque le tribunal, au fond, est revenu sur la décision de référé, toutes les mesures accessoires à celle-ci doivent, de même, être reconsidérées. Lorsque, à l'inverse, le juge du principal est en accord avec la décision rendue en référé, il semblerait légitime que, par une sorte de parallélisme des formes, la mesure accessoire à la décision cette fois maintenue soit préservée. L'accessoire devrait être maintenu au même titre que le « principal ». Pourtant tel n'est pas le droit positif quand le juge des référés a prononcé et liquidé ou non l'astreinte. La solution s'explique par le caractère provisoire attaché aux décisions de référé[895]. La Cour de cassation entend ainsi privilégier une vision globale du caractère provisoire des décisions de référé. On peut toutefois émettre le vœu que le juge du principal demeure circonspect lorsque, maintenant les dispositions principales de l'ordonnance de référé, il envisage d'en modifier le seul accessoire. Concevable à la lumière des arrêts de la Cour de cassation, un tel retournement appelle une pratique prudente, si ce n'est respectueuse par principe de l'ordre du juge des référés. Après tout, si le juge du principal *peut* modifier la seule astreinte, personne ne lui impose de le faire... L'éventuelle interposition du juge de l'exécution introduit un élément

893. Cass. (2e civ.), 15 février 2001, n° 99-13.102, *Bull. civ.*, II, n° 27.

894. Cass. (2e civ.), 18 octobre 1978, *JCP*, 1980, II, 19299, obs. L. Boyer.

895. Cass. (2e civ.), 27 novembre 1985, n° 84-14.862, *Bull. civ.*, II, n° 180 ; *D.*, 1986, 169, note J. Prévault. - 6 février 1991, n° 89-16.908, *Bull. civ.*, II, n° 43. Voy. déjà, pour une même justification s'agissant du juge de la mise en état : Cass. (2e civ.), 27 mai 1983, n° 81-15.659, *Bull civ.*, II, n° 117 ; *RTD civ.*, 1983, 790, obs. R. Perrot.

nouveau dans le débat, lorsque ce juge a prononcé et/ou liquidé l'astreinte accompagnant une décision de référé non remise en cause. En effet, le juge de l'exécution est alors juge du principal et le contentieux relatif à l'astreinte est centré sur l'exécution de l'ordonnance, totalement distinct de la contestation éventuellement soulevée à l'encontre de la décision à laquelle elle s'est ajoutée. Si l'ordonnance venait à disparaître, l'astreinte suivrait certes le même sort, comme nous l'avons observé dans un premier temps ; mais dans le cas contraire, la décision du juge de l'exécution sur l'astreinte n'est quant à elle affectée d'aucun caractère provisoire et possède l'autorité de la chose jugée. Opposable au tribunal, la décision du juge de l'exécution doit logiquement être respectée par lui. La Cour de cassation vient cependant de décider du contraire, en affirmant que lorsque le juge de l'exécution est « saisi d'une demande tendant à assortir l'ordonnance de référé d'astreinte (...) sa décision, qui ne tranchait aucune contestation, n'avait pas l'autorité de la chose jugée »[896] ; l'arrêt n'est toutefois pas totalement probant sur le point qui nous retient dans la mesure où la demande portée devant le juge du principal reprenait tant la demande principale que la condamnation sous astreinte et que, dans cette perspective, il était évident que le juge du fond ne pouvait se retrancher derrière l'autorité de la décision du juge de l'exécution pour déclarer l'ensemble de la demande irrecevable. Mais la Cour de cassation a répondu par une formulation générale qui, appliquée à la seule décision sur l'astreinte, ne satisfait pas. Car, outre le fait que pour le contentieux de l'exécution le juge statue ici au principal, quand une partie sollicite une astreinte que l'autre rejette, le juge de l'exécution tranche bien un différend entre les parties et donc, une contestation qui déterminera l'application ou non de la menace que constitue l'astreinte de faire peser sur le débiteur une peine, certes privée, mais une peine de toute évidence.

---

489 **Une mesure de contrainte à caractère personnel.** Le caractère personnel de la peine que représente l'astreinte explique que le juge ne peut pas condamner une personne à garantir une autre du montant de la condamnation qui pourrait être prononcée à l'encontre de celle-ci au titre de la liquidation d'une astreinte[897].

490 **Une peine privée.** L'astreinte est une sanction qui frappe le débiteur récalcitrant, mais elle est une peine privée en ce que son montant liquidé est entièrement versé au créancier. C'est sans doute un élément de faiblesse du mécanisme, car le juge, sachant que le montant de la condamnation bénéficiera au seul créancier, alors même que la raison profonde de l'astreinte est d'assurer l'effectivité de la décision rendue, aura tendance à en minorer le chiffre.

Il faut remarquer qu'en contentieux du droit au logement et de contentieux de l'urbanisme, le Code de justice administrative met en place un système qui est de nature à assurer une meilleure efficacité au mécanisme de l'astreinte. En effet, quand « le président du tribunal administratif ou le magistrat désigné à cet effet constate, d'office ou sur la saisine du requérant, que l'injonction prononcée n'a pas été exécutée, il procède à la liquidation de l'astreinte en faveur du fonds prévu » par la loi et qui est le *Fonds national d'accompagnement vers et dans le logement* (art. R. 778-8 C. just. adm.)[898].

896. Cass. (2e civ.), 17 novembre 2005, n° 03-20.157, *Bull. civ.*, II, n° 296.
897. Cass. (2e civ.), 14 septembre 2006, n° 05-17.118, *Bull. civ.*, II, n° 218.
898. Voy. aussi R. Perrot, « Les métamorphoses de l'exécution en matière civile », in *Variations juridiques et politiques. Clés pour la compréhension du monde contemporain*, Paris, L'Harmattan, 2013, p. 15, spéc. p. 22. *Adde* et rappr. *supra*, n° 14.

SECTION II
Les voies de recours

491 **Diversité des voies de recours et approche des voies de recours générales.** Les voies de recours sont variées. Il en existe de très particulières, même si depuis le décret n° 2009-1628 du 23 décembre 2009 *relatif à l'appel contre les décisions du juge des tutelles et les délibérations du conseil de famille et modifiant diverses dispositions concernant la protection juridique des mineurs et des majeurs*, les recours qui devaient être portés devant le tribunal de grande instance contre le jugement qui a ouvert la tutelle (anc. art. 493 C. civ.), contre les décisions du juge des tutelles (anc. art. 1215 CPC) et contre les délibérations du conseil de famille (anc. art. 1222 CPC), relèvent désormais de la cour d'appel (voy. art. 1239 CPC). Cependant, le recours porté contre l'arrêté d'admission en qualité de pupille de l'État (art. L. 224-8 C. action soc. et des familles) est, aujourd'hui encore, exercé devant le tribunal de grande instance. Parfois, la juridiction désignée pour connaître d'un recours est encore davantage ciblée : tel est le cas pour le recours contre les décisions de la caisse de garantie de représentation des fonds et de la responsabilité professionnelle des administrateurs et mandataires judiciaires, qui est porté devant le tribunal de grande instance de Paris (art. L. 814-3 C. com.).

Il sera question ici des voies de recours générales que forment les voies ordinaires de recours (opposition et appel) et les voies extraordinaires de recours (pourvoi en cassation, recours en révision et tierce opposition). Parmi les différences essentielles entre ces voies de recours et donc, leur caractère ordinaire ou non, les secondes ne sont recevables que dans les cas spécifiés dans la loi (art. 580 CPC) et après exercice des voies ordinaires de recours ; en outre, au regard de leurs effets, les voies ordinaires de recours sont suspensives d'exécution, sauf exécution provisoire, au contraire des voies extraordinaires de recours, sauf exception (par exemple pour le pourvoi en cassation en matière de divorce, art. 1086). Enfin, l'opposition, le recours en révision et la tierce opposition sont des voies de rétractation dans la mesure où c'est la juridiction qui s'est déjà prononcée qui est à nouveau saisie. L'appel est une voie de réformation, c'est-à-dire que l'on passe à une juridiction hiérarchiquement supérieure à celle qui s'est prononcée. Le pourvoi en cassation n'est quant à lui ni une voie de rétractation, ni une voie de réformation, car la Cour de cassation ne réexamine, du moins pas normalement, le fait. Il en va différemment dans le cas de substitution de motifs ou de cassation sans renvoi, cas dans lesquels le recours en cassation s'apparenterait à une voie de réformation. Il en va aussi différemment depuis que la loi du 18 novembre 2018 est venue remplacer le deuxième alinéa de l'article L. 411-3 du Code de l'organisation judiciaire par deux alinéas dont le premier dit, qu'en matière civile (le second alinéa concerne la matière pénale), la Cour de cassation peut « statuer au fond lorsque l'intérêt d'une bonne administration de la justice le justifie. »

Quant à la question de l'admission d'un recours en dehors des prévisions de la loi, la Cour de cassation considère que l'appel-nullité est ouvert malgré l'existence d'une règle spéciale interdisant tout recours, mais uniquement dans les cas d'excès de pouvoir. Il est à noter que l'excès de pouvoir n'est réalisé ni par la violation des règles de composition des juridictions, ni par celle du principe de la contradiction[899]. En revanche, la notion d'excès de pouvoir est entendue de manière compréhensive par la jurisprudence, qui y voit le fait pour le juge de « méconnaître l'étendue de son pouvoir de juger »[900]. Tel est le cas lorsque le juge des référés ordonne la résiliation d'un contrat, ce qui ne relève pas des pouvoirs du juge du provisoire[901].

Quant au « déféré d'appel », la doctrine y voit un recours bien que le Code de procédure civile ne fasse que l'évoquer à propos des ordonnances du conseiller de la mise en état qui, normalement, indique le texte de l'article 916, « ne sont susceptibles d'aucun recours indépendamment de l'arrêt sur le fond [sauf à] être déférées par simple requête à la cour dans les quinze jours de leur date lorsqu'elles ont pour effet de mettre fin à l'instance, lorsqu'elles constatent son extinction, lorsqu'elles ont trait à des mesures provisoires en matière de divorce ou de séparation de corps, lorsqu'elles statuent sur une exception de procédure, un incident mettant fin à l'instance, la fin de non-recevoir tirée de l'irrecevabilité de l'appel ou la caducité de celui-ci ou lorsqu'elles prononcent l'irrecevabilité des conclusions en application des articles 909 et 910 ».

§ 1. Les voies ordinaires de recours

A) L'opposition

492 **Des préoccupations contradictoires.** La procédure par défaut et l'opposition correspondent à deux préoccupations contradictoires : d'un côté, il faut éviter qu'il ne résulte du défaut de l'une des parties l'impossibilité pour l'autre d'obtenir justice ; de l'autre, il convient de prendre garde à ce que la partie condamnée n'ait ignoré toute la procédure et même la décision rendue à son encontre.

La voie de l'opposition vise à instaurer un équilibre entre ces visées qui se heurtent et permet au défaillant de saisir la juridiction qui a rendu la décision par défaut pour qu'elle statue de nouveau, mais cette fois-ci contradictoirement.

L'opposition est une voie ordinaire de recours de droit commun, pourtant, elle est assez rare du fait des conditions qui l'enserrent.

1. Les conditions de l'opposition

493 **Une voie de recours dont le domaine est restreint.** L'opposition n'est ouverte qu'au défaillant. Elle n'est possible que contre les jugements par défaut qui, d'une part, ne sont pas susceptibles d'appel (de sorte que dans beaucoup de cas l'appel a pris la place de l'opposition) et, d'autre part, dont le défendeur n'avait pas été cité à personne (art. 473 CPC). Si l'une de ces deux dernières conditions n'est pas remplie, le jugement est réputé contradictoire.

---

899. Cass. ch. mixte, 28 janvier 2005, n° 02-19.153, *Bull. ch. mixte*, n° 1. - Cass. (2ᵉ civ.), 17 novembre 2005, n° 03-20.815, *Bull. civ.*, II, n° 293 ; *Procédures*, 2006, comm. 12, J. Junillon.

900. Cass. (1ʳᵉ civ.), 20 février 2007, n° 06-13.134, *Bull. civ.*, I, n° 61 ; *RTD civ.*, 2007, p. 386, obs. R. Perrot.

901. Par ex., Cass. soc., 18 novembre 2009, n° 08-19.419, *Bull. civ.*, V, n° 258. *Adde* et rappr. *supra*, n° 421.

Par ailleurs, beaucoup de textes spéciaux précisent que telle décision n'est pas susceptible d'opposition, entre autres exemples, les décisions des juridictions de sécurité sociale, la décision du tribunal d'instance sur les contestations relatives à l'électorat, à l'éligibilité et aux opérations électorales organisées en vue de la désignation des juges des tribunaux de commerce (art. R. 723-28 C. com.), la décision qui ordonne ou modifie une mesure d'instruction (art. 150 CPC), ou encore, la sentence arbitrale (art. 1503 CPC).

Lorsqu'elle est ouverte, le délai de la voie de recours qu'est l'opposition est d'un mois à compter de la notification de la décision.

2. Les effets de l'opposition

494 **L'opposition a un effet suspensif et un effet dévolutif.** Le premier effet annoncé ne suppose pas de complément d'explication ; pour ce qui est du second, l'effet dévolutif signifie que le litige est ramené devant le juge qui avait statué par défaut. Il n'est toutefois pas nécessaire à cet égard que le tribunal soit composé des mêmes juges. On suit la procédure de la juridiction saisie et c'est l'instance primitive qui est reprise, contradictoirement.

Si l'opposition est jugée irrecevable ou mal fondée, c'est le premier jugement qui prend tous ses effets. Si à l'inverse le premier jugement est rétracté, c'est naturellement le deuxième jugement qui est exécuté.

L'article 578 du Code de procédure civile énonce le principe suivant lequel opposition sur opposition ne vaut : « Celui qui se laisserait juger une seconde fois par défaut n'est plus admis à former une nouvelle opposition ».

B) L'appel

495 **Le fonctionnement de la Cour met en évidence deux juridictions.** Tout plaideur qui n'a pas obtenu satisfaction en première instance a le droit de demander à une juridiction placée hiérarchiquement au-dessus de celle qui a statué, un nouvel examen en fait et en droit du dossier[902]. Depuis 1958, l'appel est porté devant une cour d'appel composée de magistrats professionnels, quelle que soit la juridiction de premier degré qui a statué[903]. C'est là une garantie de bonne justice, d'une part, parce que les juges du second degré sont censés être plus expérimentés que ceux de première instance ; d'autre part, parce que le second examen de l'affaire s'effectue dans une atmosphère moins passionnelle et permet, par conséquent, de mieux dégager les problèmes.

À cette juridiction de la cour s'ajoute celle reconnue à son Premier président.

902. N. FRICERO, « Transformations de l'appel, bilan et perspectives », *Procédures*, 2015, dossier 2.

903. Il se rencontre cependant encore quelques exceptions apportées à ce schéma de principe. Ainsi, l'article L. 277 du Code des procédures fiscales prévoit, dans la procédure de contestation d'impôts, la faculté pour le comptable public de prendre des mesures conservatoires ; or, quand celui-ci fait procéder à une saisie conservatoire, le contribuable peut demander au juge du référé de limiter ou abandonner cette mesure si elle comporte des conséquences difficilement réparables. Et le texte précise que la juridiction d'appel est, « selon le cas, le tribunal administratif ou le tribunal de grande instance ».

Il convient de prêter garde à ce que, depuis le 1er septembre 2017, date d'entrée en vigueur du décret n° 2017-891 du 6 mai 2017 *relatif aux exceptions d'incompétence et à l'appel en matière civile*, la procédure d'appel n'est plus tout à fait la même : ce n'est pas seulement à un changement de procédure auquel a procédé le décret de 2017, mais à une évolution de la voie de recours elle-même. En effet, le décret modifie la portée de l'appel et pose des règles de procédure, notamment de structuration des actes et de délais, strictement sanctionnées.

Cependant et fondamentalement, l'appel n'est pas devenu une voie de pure réformation : les questions de fait et de droit continuent à pouvoir être remontées à la cour d'appel, de sorte que se dessine « une voie d'achèvement du litige maîtrisée, tout en imposant aux parties de nouvelles contraintes procédurales régulatrices »[904]. L'appel continue ainsi à remettre la chose jugée en question devant la cour, mais celle-ci ne pourra statuer, en fait et en droit, que dans les conditions et limites nouvellement fixées par le code.

1. La juridiction de la cour

496 **Le principe du double degré de juridiction est loin de revêtir un caractère absolu.** La voie d'appel, affirmée, ne doit cependant pas conduire à ralentir le cours de la justice. Aussi l'appel ne concerne-t-il que les décisions par lesquelles le juge a tranché le principal ou tout au moins une partie du principal et ce n'est que par exception que certaines décisions rendues au cours d'une instance peuvent faire l'objet d'un appel. Ces derniers cas sont énumérés de façon limitative par le législateur :

Art. 544 CPC : « Les jugements qui tranchent dans leur dispositif une partie du principal et ordonnent une mesure d'instruction ou une mesure provisoire peuvent être immédiatement frappés d'appel comme les jugements qui tranchent tout le principal.

Il en est de même lorsque le jugement qui statue sur une exception de procédure, une fin de non-recevoir ou tout autre incident met fin à l'instance ».

Art. 545 CPC : « Les autres jugements ne peuvent être frappés d'appel indépendamment des jugements sur le fond, que dans les cas spécifiés par la loi ».

Malgré l'affirmation du principe du double degré de juridiction, il existe des atténuations à ce principe, qui consistent tantôt dans la suppression du second degré de juridiction et tantôt dans la suppression du premier degré de juridiction. C'est ainsi que sous le premier aspect annoncé, les litiges considérés comme étant de faible importance sont jugés en premier et dernier ressort. L'appel est donc exclu selon un certain taux, qui est appelé « le taux du ressort »[905] et qui vise à éviter, d'une part, que l'appel devienne un moyen de chicane (il faut faire confiance aux premiers juges) et, d'autre part, que l'appel en raison des frais qu'il occasionne n'en vienne à absorber la valeur du litige. En deçà du taux du ressort, la voie d'appel reste fermée ; en revanche, le pourvoi en cassation est ouvert.

Sous le second aspect qui est celui de la suppression du premier degré de juridiction, il apparaît que de nos jours l'appel n'est plus conçu seulement comme une voie d'annulation ou de réformation. Il se manifeste aussi comme

904. N. Fricero, « L'appel nouveau est arrivé », *Dalloz actualité*, 12 mai 2017.

905. Le taux du ressort est de 4 000 euros pour toutes les juridictions.

une voie d'achèvement. Or, le principe même d'un double degré de juridiction impose que les juges du second degré ne puissent connaître d'éléments qui ont échappé à l'appréciation des premiers juges : si les premiers juges n'ont pas connu tel point du litige, la cour d'appel ne doit pas davantage pouvoir le connaître.

Le Code de procédure civile autorise pourtant cette pratique dans certaines hypothèses, que l'on peut répartir en cinq cas distincts :

- ainsi, c'est pour justifier en appel les prétentions qu'elles avaient soumises au premier juge que les parties sont autorisées à « invoquer des moyens nouveaux, produire de nouvelles pièces ou proposer de nouvelles preuves » (art. 563 CPC). Ce qui est interdit, c'est de soumettre à la Cour de nouvelles prétentions (art. 564). Mais cette interdiction tombe à son tour (la règle résulte du même texte) si c'est « pour opposer compensation, faire écarter les prétentions adverses[906] ou faire juger les questions nées de l'intervention d'un tiers, ou de la survenance ou de la révélation d'un fait ». La prohibition des prétentions nouvelles en appel n'est cependant pas d'ordre public. Aussi lorsque l'adversaire ne s'y oppose pas, une telle demande peut utilement prospérer ; en outre, sont admises les prétentions qui « tendent aux mêmes fins que celles soumises au premier juge, même si leur fondement juridique est différent. » (art. 565) ;
- par ailleurs, les parties peuvent ajouter les demandes qui sont « l'accessoire, la conséquence ou le complément nécessaire » des demandes et défenses soumises au premier juge (art. 566 CPC). Le décret de 2017 supprime ici la possibilité antérieurement admise de présenter des prétentions « virtuellement comprises dans les demandes et défenses soumises aux premiers juges », et ajoute la mention de la *nécessité* du caractère complémentaire de cette demande ;
- l'article 567 du Code permet, quant à lui, de former des demandes reconventionnelles[907] en appel, pour peu qu'elles « se rattachent aux prétentions originaires par un lien suffisant » (art. 70) ;
- s'ajoute l'hypothèse de l'intervention des tiers en appel. En effet, l'intervention des tiers est possible, non seulement lorsqu'ils y ont un intérêt (ce qui risque de soulever des questions nouvelles), mais encore, il est possible d'appeler les tiers devant la Cour à fins de condamnation. Sont aussi recevables les prétentions liées à la survenance ou révélation d'un fait (voy. art. 910-4) ;
- il faut enfin signaler que la cour d'appel dispose du pouvoir d'évocation, qui a toutefois été restreint en 2017. Le pouvoir d'évocation permet à la cour d'appel d'attraire à elle l'ensemble du litige alors qu'elle n'est saisie que sur certains points : « elle peut [ainsi] évoquer les points non jugés si elle estime de bonne justice de donner à l'affaire une solution définitive » (art. 568). Deux exemples sont fournis par l'article 568 du Code :
    - premier exemple : lorsque la cour d'appel est saisie d'un jugement qui a ordonné une mesure d'instruction, elle peut se prononcer uniquement

---

906. Voy. Cass. (2e civ.), 22 septembre 2016, n° 15-23.886, *Procédures*, 2016, comm. 319, H. Croze.

907. Sur ces demandes, voy. *supra*, nos 218 et s.

sur l'opportunité de cette mesure, mais elle peut aussi, en vertu de son pouvoir d'évocation, statuer sur le fond du litige ;
- deuxième exemple dans lequel la cour d'appel peut user de son pouvoir d'évocation : lorsqu'elle est saisie d'un jugement « qui statuant sur une exception de procédure, a mis fin à l'instance ».

Le rapport Delmas Goyon de décembre 2013 tend à vouloir « recentrer l'appel sur la critique de la décision de première instance » et, pour ce faire, avait suggéré la mise en place d'un système d'autorisation pour les évolutions du litige en appel et pour l'invocation de nouveaux fondements juridiques en appel (propositions n°s 31 et s.).

Le décret n° 2017-891 du 6 mai 2017 a supprimé le pouvoir d'évocation de la cour quand elle confirme la décision qui lui est soumise (art. 568 nouv.) ; en revanche, si la cour infirme ou annule le jugement, elle pourra, si elle considère qu'il en va de l'intérêt d'une bonne administration de la justice, attraire à elle l'ensemble du litige.

Quant à la technique de l'appel général, est-elle condamnée ? Un moyen de contournement existe : il suffit d'interjeter appel sur chacun des chefs du jugement…

a) Les conditions de l'appel

497 **Ces conditions sont d'abord relatives au jugement.** L'appel n'est possible, comme on vient de le voir, que si la valeur du litige excède un certain montant. Certains jugements sont cependant insusceptibles d'appel quel que soit le taux du litige, par exemple en matière d'enregistrement.

Il existe aussi des règles restrictives quant aux jugements avant dire droit qui ne sont en principe susceptibles d'appel qu'en même temps que le jugement sur le fond.

498 **Les conditions sont ensuite relatives aux personnes.** Sont exigés la capacité, le pouvoir et le fait d'avoir été partie à l'instance. Échappe à cette dernière règle la matière gracieuse : le tiers peut faire appel si – et seulement si – la décision lui a été notifiée.

S'ajoute l'intérêt à l'appel, ce qui se traduit par l'exigence de la succombance, même partielle, en première instance. En outre, il ne faut pas avoir acquiescé au jugement ou renoncé à l'appel dans les cas où c'est possible.

499 **Les conditions sont aussi relatives au délai d'appel.** Il est en principe d'un mois, mais il n'est que de quinze jours en matière de référé ou d'ordonnance sur requête ou autre régime dérogatoire. Il est aussi de quinze jours en matière gracieuse (art. 538 CPC).

Le non-respect du délai entraîne la déchéance du droit d'appeler et la première décision devient irrévocable. Il existe cependant des cas d'interruption de ce délai de forclusion, et une possibilité de relevé de forclusion : en cas de changement, au cours du délai du recours, dans la capacité d'une partie à laquelle le jugement avait été notifié, mais aussi depuis le 1er septembre 2017 en cas de jugement qui prononce la sauvegarde, le redressement judiciaire ou la liquidation judiciaire en emportant assistance ou dessaisissement du débiteur (art. 531 nouv., décr. n° 2017-891 du 6 mai 2017), le délai est interrompu. Quant à la possibilité de relevé de forclusion, elle apparaît avec le cas d'appel contre un jugement rendu par défaut ou réputé contradictoire, dans l'hypothèse où le défendeur, sans qu'il y ait eu faute de sa part, n'a pas eu connaissance du jugement en temps utile pour exercer son recours, ou s'est trouvé dans l'impossibilité d'agir (art. 540 CPC).

500 **Il est enfin des conditions de procédure.** Il faut commencer par signaler le formalisme des écritures, requis devant la cour (art. 954 CPC)[908] et qui a été alourdi pour les plaideurs : les conclusions doivent être qualificatives et, comme devant le tribunal de grande instance, les prétentions doivent être récapitulées dans le dispositif des dernières conclusions, sachant que les prétentions et moyens précédemment présentés sont réputés abandonnés s'ils n'y figurent pas[909]. La Cour de cassation a précisé qu'il faut entendre par ces conclusions « les conclusions qui déterminent l'objet du litige ou qui soulèvent un incident, de quelque nature que ce soit, susceptible de mettre fin à l'instance »[910]. Il faut par conséquent y inclure tous les points sur lesquels on souhaite une réponse de la cour ! En réalité, la position procédurale adoptée guidera cette démarche, car le texte indique que celui qui conclut à l'infirmation du jugement doit en effet « expressément énoncer les moyens [invoqués et ceci] sans pouvoir procéder par voie de référence à ses conclusions de première instance », mais que la partie qui demande simplement la confirmation du jugement peut ne pas énoncer de nouveaux moyens, auquel cas elle « est réputée s'approprier les motifs du jugement ». Dans une volonté de plus grande structuration des conclusions d'appel, outre l'obligation de concentration des moyens requise dans le premier jeu de conclusions (art. 910-4 : « À peine d'irrecevabilité, relevée d'office, les parties doivent présenter, dès les conclusions mentionnées aux articles 905-2 et 908 à 910, l'ensemble de leurs prétentions sur le fond »), l'article 954 impose que les conclusions, d'abord, contiennent « en en-tête, les indications prévues par l'article 961 »[911]. Elles doivent, ensuite, formuler les prétentions et les moyens tant de fait que de droit à l'appui de celles-ci, avec l'indication, pour chaque prétention des pièces invoquées à leur appui et le numéro (disposition nouvelle) qui leur aura été attribué par l'avocat. Ces conclusions devront aussi comprendre, matériellement, de manière distincte : 1° un *exposé des faits et de la procédure*, 2° l'énoncé des *chefs de jugement critiqués*, 3° une *discussion des prétentions et des moyens*, 4° et un *dispositif* récapitulant les prétentions (la juridiction ne va statuer que sur les prétentions énoncées au dispositif). Lorsque des moyens qui n'ont pas été formulés dans les premières conclusions d'appel apparaissent, ils doivent être présentés de manière formellement distincte dans le nouveau jeu de conclusions. Celles-ci demeurent d'ailleurs récapitulatives. Il

908. Lire Ph. Kaigl, « La pratique de la procédure d'appel », in *Annales de la Faculté de droit de Nice. Année 2015*, L'Harmattan, 2016, p. 113.

909. Par ex., Cass. (1re civ.), 17 mars 2016, n° 15-13.765 et Cass. (2e civ.), 7 avril 2016, n° 15-13.832, *Procédures*, 2016, comm. 191, H. Croze.

910. Cass. (2e civ.), 15 novembre 2018, n° 17-27.844, *Bull. civ.*

911. Art. 961 : « Les conclusions des parties sont signées par leur avocat et notifiées dans la forme des notifications entre avocats. Elles ne sont pas recevables tant que les indications mentionnées à l'alinéa 2 de l'article précédent n'ont pas été fournies. Cette fin de non-recevoir peut être régularisée jusqu'au jour du prononcé de la clôture ou, en l'absence de mise en état, jusqu'à l'ouverture des débats.

La communication des pièces produites est valablement attestée par la signature de l'avocat destinataire apposée sur le bordereau établi par l'avocat qui procède à la communication. »

faudra donc veiller à reprendre dans les dernières conclusions les prétentions et moyens présentés ou invoqués antérieurement.

Le texte indique, comme pour le tribunal de grande instance, que la cour « n'examine les moyens au soutien [des prétentions exposées au dispositif] que s'ils sont invoqués dans la discussion ».

Enfin, dans l'hypothèse où une partie ne concluerait pas ou n'énoncerait pas de nouveaux moyens tout en demandant la confirmation du jugement, cette partie serait alors réputée s'approprier les motifs du premier jugement frappé d'appel.

Il est à relever que, lorsque les conclusions sont adressées au conseiller de la mise en état, elles doivent lui être spécialement adressées (art. 914, al. 1er).

En **matière contentieuse**, la procédure se décline en deux voies, celle avec représentation obligatoire et celle sans représentation obligatoire. La première d'entre elles a fait l'objet d'une réforme et matérialise une *nouvelle procédure d'appel*[912]. Cette procédure résulte des décrets n° 2009-1524 du 9 décembre 2009 et n° 2012-634 du 3 mai 2012, qui ont modifié les textes du Code de procédure civile relatifs à la procédure d'appel avec représentation obligatoire. Le nouvel article 748-7 du Code de procédure civile, intégré au Titre XXI relatif à la communication par voie électronique (art. 748-1 et s. CPC), prévoit une prorogation de délai sous l'influence d'une cause étrangère. Avec le décret de mai 2017, la communication électronique reste de règle pour la remise des actes de procédure à la juridiction, et s'impose sous peine d'irrecevabilité relevée d'office ; mais si un acte ne peut être transmis par cette voie en raison d'une cause étrangère à celui qui l'accomplit, il est possible de l'établir sur support papier remis au greffe ou en l'adressant au greffe « par lettre recommandée avec demande d'avis de réception » (art. 930-1). La loi seule sert ici de guide, et si des protocoles signés entre les juridictions et les représentants des barreaux envisagent des mentions ou des actes particuliers, ceux-ci ne sauraient s'imposer aux plaideurs à peine de sanction[913].

Dans la procédure avec représentation obligatoire, ce qui correspond au principe et par conséquent à la procédure ordinaire (voy. art. 901 et s.), l'appel est normalement formé par déclaration unilatérale mais peut également l'être par requête conjointe. Cet acte d'appel, une fois remis au greffe, vaut demande d'inscription au rôle[914] et le greffier adresse aussitôt à chacun des intimés, par lettre simple, un exemplaire de la déclaration avec l'indication, notamment, de l'obligation de constituer avocat. En cas de retour au greffe de ladite lettre ou lorsque l'intimé n'a pas constitué avocat dans un délai d'un mois, le greffier en avise l'avocat de l'appelant. Ce dernier doit alors, à peine de caducité de l'appel qui sera relevée d'office par le juge, procéder par voie de signification et ce, dans un délai d'un mois. Cette signification doit informer l'intimé qu'il a quinze

912. Pour une étude complète, voy. Cl. Brenner et N. Fricero (dir.), *La nouvelle procédure d'appel*, 2e éd., coll. Axe droit, Paris, Lamy, 2012.

913. Cass. (2e civ.), 19 oct. 2017, n° 16-24.234, D. 2017. 2353, note C. Bléry ; N. Fricero, « Procédure civile », *D.*, 2018. 692.

914. Dans le système antérieur au décret n° 2004-836 du 20 août 2004, il fallait, en outre, déposer une demande d'inscription au rôle dans un délai de deux mois, sous peine de caducité, ce qui compliquait inutilement la procédure.

jours à compter de celle-ci pour constituer avocat et l'inviter à conclure[915]. Le texte prévoit cependant que si, dans le délai, l'intimé a été premier à réagir et donc, à constituer avocat avant la signification de la déclaration d'appel, il sera procédé par voie de notification à l'avocat de l'intimé.

Par la suite, l'appelant dispose de trois mois (et non plus de deux) à compter de la déclaration d'appel pour conclure (art. 908) et l'intimé, là aussi à peine d'irrecevabilité relevée d'office, de trois mois à compter de la notification des conclusions de l'appelant[916] pour conclure et former, le cas échéant, appel incident (art. 909). Ce même délai vaudra aussi pour l'intimé à un appel incident ou à un appel provoqué (art. 910)[917]. Le délai est par conséquent complètement unifié et s'applique aussi à l'intervenant volontaire comme forcé.

À défaut de respecter le délai, ses conclusions sont irrecevables et ses pièces écartées des débats. L'intimé ne pourra pas davantage « soulever un moyen de défense ou un incident d'instance »[918]. Si l'intimé n'a pas constitué avocat, c'est la notification des conclusions à l'intimé qui constitue le point de départ du délai[919]. Il faut prêter garde à ces délais, car à supposer que l'appel principal a été formé alors que la décision frappé de recours n'a pas été notifiée ou que sa signification est nulle, l'intimé qui aura laissé passer le délai pour conclure ne pourra pas tenter de se rattraper en interjetant à son tour un appel principal[920].

L'intervenant forcé à l'instance d'appel a pour sa part un délai de trois mois pour conclure, à compter de la date à laquelle la demande d'intervention formée à son encontre lui a été notifiée. La Cour de cassation a pu dire que le délai de trois mois prescrit à l'article 908 du Code de procédure civile à peine de caducité de la déclaration, est conforme aux exigences de l'article 6 § 1er de la Convention de sauvegarde[921].

---

915. Voy. Cass. (2e civ.), 23 juin 2016, n° 15-14. 253, *Bull. civ.*, II, à paraître ; *Procédures*, 2016, comm. 280, H. CROZE.

916. La Cour de cassation, dans un avis du 25 juin 2012 (n° 12/01114), estime que les pièces qui sont invoquées au soutien des prétentions doivent être communiquées simultanément à la notification des conclusions (art. 906 CPC) et, à défaut, elles doivent être écartées (voy. Cass., avis, 25 juin 2012, n° 12-00.005). Cette sanction, qui ne respecte pas la lettre même du texte (voy. M. FOULON et Y. STRICKLER, note sous CA Paris, 21 mars 2012, *Gaz. Pal.*, 25 et 26 mai 2012, p. 45), présente les avantages d'enserrer les contraintes de l'intimé dans un calendrier unique et d'éviter des rallongements de procédure inutiles et dilatoires. Les juges statuant au fond (et non le juge de la mise en état, voy. Cass., avis, 21 janvier 2013, n° 12-00.017) ont en la matière un pouvoir souverain d'appréciation et se fondent, pour cela, sur le respect de la contradiction : Cass. (2e civ.), 30 janvier 2014, n° 12-24.145, *Bull. civ.*, II, n° 26. Il apparaît que le critère est celui de la communication des pièces « en temps utile » : Cass. (2e civ.), 30 janvier 2014, n° 12-24.145, *Bull. civ.*, II, n° 26.

917. L'article 909 vise désormais l'appel incident comme l'appel provoqué ; la Cour de cassation avait, antérieurement, soumis l'appel provoqué contre un tiers à ce même délai et ce, à peine d'irrecevabilité : Cass. (2e civ.), 9 janvier 2014, n° 12-27.043, *Bull. civ.*, II, n° 1 ; *D.*, 2014. 795, obs. N. FRICERO.

918. Cass. (2e civ.), 28 janvier 2016, n° 14-18.712, *Bull. civ.*, II, à paraître.

919. Cass., avis, 6 octobre 2014, n° 14-70.008, *JCP G*, 2014, n° 1070, p. 1896, note S. THOURET.

920. Voy. H. CROZE et Ch. LAPORTE, avec une proposition de formule d'argumentaire : *Procédure* avril 2017, n° 3, p. 40.

921. Cass. (2e civ.), 26 juin 2014, n° 13-22.013, *Bull. civ.*, II, n° 153. - 18 février 2016, n° 15-12.200, *Procédures*, 2016, comm. 190, H. CROZE.

En cas de médiation, les délais pour conclure et former appel incident sont interrompus et ce, jusqu'à l'expiration de la mission du médiateur.

Quant au conseiller de la mise en état, il peut, d'office, par ordonnance et en raison de la nature de l'affaire, impartir des délais plus courts que ceux indiqués plus avant[922]. Ce magistrat examine l'affaire dans les quinze jours suivant l'expiration des délais pour conclure et communiquer les pièces. Il fixe alors la date de la clôture et celle des plaidoiries, sauf si l'affaire nécessite de nouveaux échanges de conclusions.

L'appréciation de l'irrecevabilité des prétentions relève, aux termes de l'article 914, de la compétence exclusive du conseiller de la mise en état. Ce juge est seul compétent, de sa désignation jusqu'à la clôture de l'instruction (ceci est nouveau puisque dans le régime antérieur il était compétent jusqu'à son dessaisissement, autrement dit au moment de l'ouverture des débats), pour prononcer la caducité comme l'irrecevabilité de l'appel, des conclusions (art. 909-910) et actes de procédure (art. 930-1). Le texte de l'article 914 ajoute que les parties « ne sont plus recevables à invoquer devant la cour d'appel la caducité ou l'irrecevabilité après la clôture de l'instruction, à moins que leur cause ne survienne ou ne soit révélée postérieurement ». En réalité, la cour peut relever d'office la fin de non-recevoir tirée de l'irrecevabilité de l'appel ou la caducité chaque fois que le conseiller de la mise en état n'a pas statué sur ce point ; dans le cas contraire, l'ordonnance que ce magistrat a rendue est revêtue de l'autorité de la chose jugée et le seul moyen d'aller à son encontre est alors de former un déféré.

Il est aussi seul compétent pour suspendre l'exécution des jugements improprement qualifiés en dernier ressort ou contre lesquels l'appel n'a pas d'effet suspensif et pour exercer les pouvoirs qui lui sont conférés en matière d'exécution provisoire.

Les ordonnances du conseiller de la mise en état ne sont susceptibles d'aucun recours indépendamment de l'arrêt sur le fond. Mais elles peuvent être déférées par simple requête à la cour dans les quinze jours de leur date lorsqu'elles ont pour effet de mettre fin à l'instance, lorsqu'elles constatent son extinction, lorsqu'elles ont trait à des mesures provisoires en matière de divorce ou de séparation de corps, lorsqu'elles statuent sur : une exception de procédure, un incident mettant fin à l'instance, sur la fin de non-recevoir tirée de l'irrecevabilité de l'appel ou la caducité de celui-ci, ou sur l'irrecevabilité des conclusions et des actes de procédure en application des articles 909, 910, et 930-1 (art. 916). Le même texte ouvre la voie du déféré contre les décisions « du président de la chambre saisie ou du magistrat désigné par le premier président, statuant sur la caducité ou l'irrecevabilité en application des articles 905-1 et 905-2 ».

Par ailleurs, il faut rappeler qu'il est imposé dans les procédures avec représentation obligatoire de former appel par voie électronique et d'utiliser ce

922. Les délais sont à l'inverse augmentés d'un mois lorsque la demande est portée devant une juridiction qui a son siège en France métropolitaine pour les parties qui demeurent dans une collectivité d'outre-mer ou en Nouvelle-Calédonie, ou lorsque la demande est portée devant une juridiction qui a son siège dans une collectivité d'outre-mer autre que la Polynésie française pour les parties qui n'y demeurent pas ; l'augmentation est de deux mois si l'appelant demeure à l'étranger.

mode d'échange durant la procédure[923]. Il n'est fait exception à cette obligation qu'en présence d'une cause étrangère qui rend la communication électronique impossible, sachant qu'au regard des premières décisions rendues à ce sujet, les juges du fond retiennent rarement la présence d'une telle cause[924].

L'objectif poursuivi est d'accélérer la mise en état des causes, mais aussi de limiter le nombre d'audiences imposant la présence effective et physique des parties.

Il existe en appel une procédure à jour fixe, semblable à celle de première instance, avec une notion de péril, plus forte que la notion d'urgence, qui peut justifier ce circuit court. Quand l'urgence est présente, mais moindre, ou lorsque l'affaire est en état d'être jugée (*adde* art. 905), le président de la Chambre saisie peut accélérer la procédure et fixer à bref délai le jour auquel l'audience aura lieu[925]. Cette faculté se transforme en une obligation « lorsque l'appel est relatif à une ordonnance de référé [car alors] la procédure est soumise de plein droit aux dispositions de l'article 905 du Code de procédure civile, même en l'absence d'ordonnance de fixation à bref délai »[926]. Dans la procédure d'appel à bref délai qu'organise l'article 905 du Code de procédure civile, la liste des décisions relevant de cette voie comprend la mention des décisions rendues « en la forme des référés »[927]. Le texte organise les modalités de cette procédure : dès que l'appelant a reçu du greffe l'avis de fixation de l'affaire par le président de la chambre, il a d'une part, dix jours pour signifier à l'intimé sa déclaration d'appel et, d'autre part, un mois pour remettre ses conclusions au greffe et ce, à peine de caducité de sa déclaration d'appel, relevée d'office. L'intimé a quant à lui quinze jours pour constituer avocat et un mois pour conclure et, le cas échéant, former appel incident ou provoqué (avec une même sanction de l'irrecevabilité soulevée d'office de ses conclusions déposées au-delà du second de ces délais). Si l'intimé a constitué avocat avant que la signification a été réalisée, il est procédé par voie de notification à son avocat. La sanction de l'irrecevabilité des conclusions se retrouve, avec un même délai d'un mois, tant pour l'intimé à un appel incident ou provoqué, qu'à l'intervenant, tant volontaire que forcé (art. 905-2).

Conséquence de la caducité et de l'irrecevabilité prononcée

Au regard des conclusions, l'irrecevabilité qui les frappe se répercute, logiquement, sur les pièces déposées à leur soutien (art. 906). Mais dans toutes ces hypothèses, tant pour l'appel ordinaire qu'à bref délai, les sanctions peuvent être écartées par le président de chambre ou le conseiller de la mise en état lorsque le retard résulte d'un cas de force majeure (art. 910-3).

923. L'introduction de la communication par voie électronique est prévue à peine d'irrecevabilité relevée d'office dans ce cas, même dans l'hypothèse de saisine de la cour de renvoi après cassation : Cass. (2e civ.), 1er déc. 2016, n° 15-25.972, *Bull. civ.*, II, à paraître.

924. En cas de dysfonctionnement, il faut déposer l'acte, sur support papier, au plus tard le premier jour ouvrable suivant le terme du délai, ce qui doit inciter à ne pas attendre ce terme pour faire l'acte ! Voy. H. Croze, sous Cass. (2e civ.), 5 janvier 2017, *Procédures*, 2017, comm. 56.

925. Dans ce cas, les dispositions des articles 902 et s. du Code de procédure civile ne sont pas applicables : Cass. (2e civ.), 2 juin 2016, n° 15-18.596, *Bull. civ.*, II, à paraître.

926. Cass. (2e civ.), 12 avril 2018, n° 17-10.105, *Bull. civ.*

927. Ce qui allait de soi, *cf.* M. Foulon et Y. Strickler, *Les référés en la forme*, Dalloz, 2013, n° 14.421.

Au regard du droit d'agir, l'appelant qui subit la sanction n'est plus recevable à former un appel principal contre le même jugement et à l'égard de la même partie, et l'intimé, de même, s'il n'a pas formé d'appel incident ou provoqué, ou si son appel incident ou provoqué a été déclaré irrecevable, est privé de toute possibilité de former appel principal contre le jugement attaqué dans les délais requis par l'appelant (art. 911-1).

La **procédure sans représentation obligatoire** est suivie pour l'appel des décisions de certaines juridictions d'exception, comme les tribunaux des affaires de sécurité sociale et les tribunaux paritaires de baux ruraux.

L'appel est interjeté par déclaration, par pli recommandé, au greffe de la cour. Les parties sont convoquées par le directeur de greffe par lettre recommandée avec demande d'avis de réception au moins quinze jours avant l'audience.

Les parties peuvent se défendre elles-mêmes ou se faire assister ou représenter selon les règles prescrites pour le premier degré (art. 931 CPC).

En **matière gracieuse**, l'appel ne peut évidemment emprunter que la voie de la déclaration unilatérale. Cette déclaration est formée au service du greffe du tribunal qui a rendu la décision dont appel est interjeté, soit de manière verbale, soit par lettre recommandée envoyée par un avocat ou tout autre officier public ou ministériel dans le cas où ce dernier y est habilité par les dispositions en vigueur (art. 950).

b) Les effets de l'appel

501 **L'appel a deux effets : un effet suspensif et un effet dévolutif.**

1) *L'effet suspensif*

502 **Un frein à l'exécution de la décision de première instance.** Il n'est pas possible d'exécuter le jugement aussi longtemps que le délai d'appel est ouvert ou, si l'appel est formé, si la décision ne bénéficie pas de l'exécution provisoire.

2) *L'effet dévolutif*

Une voie de réformation

503 **L'appel remet la chose jugée en question devant la juridiction d'appel pour qu'il soit à nouveau statué en fait et en droit.** C'est là l'expression du double degré de juridiction : c'est le litige qui a été soumis aux premiers juges qui est dévolu aux seconds juges. Cet effet dévolutif a aussi pour conséquence d'achever le dessaisissement du juge du premier degré qui ne peut plus interpréter ou rectifier sa décision. Le juge d'appel étant impérativement saisi du litige sur des points déjà tranchés par le tribunal et que les parties critiquent, la cour devra statuer sur ces points sans pouvoir renvoyer au tribunal. En ce qui concerne les points non tranchés par le jugement, ils échappent à l'effet dévolutif, la cour ne pouvant en connaître que par l'évocation, qui est facultative pour la cour.

À l'issue de la procédure d'appel, lorsque la cour d'appel confirme le jugement, elle peut se contenter de statuer « par adoption de ses motifs » (art. 955). Elle peut aussi statuer selon des motifs propres, auquel cas « elle est réputée avoir adopté les motifs du jugement qui ne sont pas contraires aux siens ».

Dans sa formulation classique, l'effet dévolutif était limité selon le double adage *tantum devolutum quantum judicatum*, c'est-à-dire « il n'est dévolu qu'autant qu'il a été jugé », et *tantum devolutum quantum appellatum*, c'est-à-dire « il n'est dévolu qu'autant qu'il a été appelé ». Cette double limitation s'explique par le caractère de voie de réformation de l'appel ; la cour ne pouvait reconsidérer que ce qui avait été jugé et que ce qui était critiqué par les parties. Cette dernière idée est reprise et aujourd'hui renforcée par l'article 562 du Code qui déclare que : « L'appel ne défère à la cour que la connaissance des chefs du jugement qu'il critique expressément et de ceux qui en dépendent » (le décret du 6 mai 2017 est venu restreindre l'accès à l'appel en supprimant de ce texte la référence antérieure aux critiques implicites). Ainsi, par application de ce principe, les juges d'appel ne peuvent aggraver le sort de l'appelant sur son unique appel, en l'absence d'appel incident de l'intimé. Prenons l'exemple d'un locataire commerçant qui a obtenu, en première instance, une indemnité d'éviction. Il interjette appel. Son adversaire (le bailleur) n'interjette pas appel incident (il demande uniquement la confirmation du jugement). Dans ce cas, la cour d'appel ne peut pas, sous peine de violer l'article 562, diminuer le montant de l'indemnité accordée en première instance[928].

L'alinéa 2 de l'article 562 atténue cependant la rigueur du principe posé en affirmant que la dévolution s'opère pour le tout dans deux hypothèses (celle qui était liée à un appel général a été supprimée par le décret de 2017) :

- lorsqu'il tend à l'annulation du jugement ;
- lorsque l'objet du litige est indivisible[929].

Hors ces deux cas, l'article 901, 4°, attend du plaideur « l'indication des chefs du jugement expressément critiqués auxquels l'appel est limité ». Ainsi, la déclaration d'appel qui vise un « appel général » ne répond pas à cette exigence[930] et sera frappée de nullité pour vice de forme (art. 114 CPC) qui en tant que tel, suppose de la part de celui qui l'invoque la démonstration d'un grief, qui résidera ici dans une atteinte apportée à la défense qui n'aura pas pu s'organiser selon ce que la loi entendait pourtant lui permettre. Il faut remarquer que la nullité pour vice de forme suppose un texte, sauf formalité substantielle ; or, la nullité n'est pas prévue pour pour la déclaration d'appel dans la procédure sans représentation obligatoire (voy. art. 933 CPC)[931].

Une voie d'achèvement du litige

504 **Le litige n'est pas définitivement figé après la décision de première instance.** Le rôle de pure voie de réformation expliquait l'ancienne interdiction des demandes nouvelles en appel, interdiction provenant directement du *tantum judicatum*. Mais cette vue étroite de la fonction de l'appel a évolué peu à peu et l'on considère aujourd'hui qu'à côté de ce rôle de réformation, l'appel est aussi une voie d'achèvement du litige. Des éléments nouveaux ont pu ou

928. Voy. Cass. (2e civ.), 11 janvier 1995, n° 93-10.212, *Bull. civ.*, II, n° 4 ; *JCP*, 1996, II, 22606, note E. du Rusquec.

929. Sur les conséquences de l'indivisibilité en appel, voy. art. 553 CPC. *Adde* Cass. (3e civ.), 15 décembre 20116, n° 15-24.608 & Cass. com., 29 novembre 2016, n° 15-17.499 ; *Procédures*, 2017, comm. 27 & 28, H. Croze.

930. Cass. (2e civ.), 20 décembre 2017, avis : n° 17-70.034, n° 17-70.036 & n° 17-70.035.

931. Hypothèse « bien improbable » : N. Fricero, « Procédure civile », *D.*, 2018. 692.

peuvent en effet apparaître et modifier la physionomie du litige tel qu'il s'est présenté devant le premier juge. Plutôt que de statuer seulement sur les questions dont a été saisie la juridiction de premier degré, ce qui obligerait les parties à entamer un autre procès pour faire régler les questions nouvelles, il est aujourd'hui admis qu'il est préférable de régler le contentieux global par la décision d'appel. L'instance d'appel peut certes s'en trouver compliquée et sa solution retardée, mais le fait d'éviter la multiplication de litiges différents représente un gain de temps par rapport à la situation litigieuse. D'où des extensions de l'effet dévolutif.

Trois démonstrations renforceront l'affirmation à cet égard :

505 **L'appel incident.** Est incident tout appel qui intervient après que l'appel principal a été interjeté et en réponse à celui-ci. Quand l'une des parties interjette appel, ce premier appel est qualifié d'appel principal. L'intimé, de son côté, peut avoir des griefs à faire valoir contre la décision et il peut former appel à son tour sur les points qui lui sont défavorables : c'est l'appel incident. Aussi tout appel qui intervient après que l'appel principal a été interjeté répond à cette définition et forme un appel incident. Le Code de procédure civile admet même, contrairement au droit positif antérieur, l'appel incident d'intimé à intimé (art. 548), ce qui conduit à un élargissement de l'appel incident qui peut désormais permettre de régler les différends nés entre les intimés qui se sont déjà opposés en première instance.

L'appel incident a la particularité de pouvoir être interjeté en tout état de cause : il n'a pas à respecter le délai d'appel. En outre, les formes sont elles aussi simplifiées ; elles sont celles des demandes incidentes (art. 551).

Dans le cadre général de l'appel incident, il faut réserver un mot à l'appel provoqué : cette expression désigne l'appel que peut interjeter une partie en première instance qui, en appel, ne se trouve ni appelant principal, ni intimé. Cette situation se rencontre en matière de garantie. Imaginons la présence de trois personnes en première instance, un demandeur, un défendeur et le garant du défendeur. Le demandeur est débouté et fait appel principal contre le défendeur. Le défendeur réplique par un appel incident. Mais le garant n'est pas intimé… il ne peut pas, normalement, relever appel incident alors pourtant qu'il a intérêt à participer à l'instance d'appel. En effet, si le juge d'appel condamne le défendeur, le garant devra couvrir ce dernier. C'est pourquoi l'article 549 ouvre l'appel incident, sur l'appel principal ou incident qui le provoque, à toute personne, même non intimée, ayant été partie en première instance. Le terme d'appel incident englobe l'appel provoqué.

506 **Les demandes nouvelles en appel**[932]**.** Les seules nouvelles prétentions admises en appel sont la compensation, la défense au fond, le jugement des questions nées de l'intervention d'un tiers, ou de la survenance ou de la révélation d'un fait (art. 564).

L'article 565 ajoute que : « Les prétentions ne sont pas nouvelles dès lors qu'elles tendent aux mêmes fins que celles soumises au premier juge même si leur fondement juridique est différent ».

507 **L'évocation.** C'est la faculté, pour le juge d'appel saisi d'un jugement qui a ordonné une mesure d'instruction ou d'un jugement qui, statuant sur une

932. Voy. aussi et rappr. *supra*, n° 496.

exception de procédure, a mis fin à l'instance, de se saisir de l'entier litige et de trancher le tout, sans renvoyer au premier juge.

Par exemple, la décision de sursis à statuer peut être frappée d'appel sur autorisation du Premier président, s'il est justifié d'un motif grave et légitime. Si, sur appel, la cour déclare qu'il n'y a pas lieu de surseoir à statuer, elle peut se saisir de l'affaire et statuer sur le fond. De même, « Une cour d'appel peut faire usage de son droit d'évocation, dès lors que la mesure ordonnée par le premier juge, destinée à fournir à ce dernier les éléments de fait nécessaires à la solution du litige, constituait une mesure d'instruction au sens de l'article 568 » du Code de procédure civile[933].

S'agissant d'une simple faculté, l'évocation n'est qu'une possibilité ouverte au juge d'appel et non une obligation. Il peut préférer renvoyer devant le premier juge. Au regard de ses conditions, le pouvoir d'évocation est gouverné par une règle empirique : c'est lorsque la cour estime de bonne justice de donner à l'affaire une solution définitive après avoir ordonné elle-même, le cas échéant, une mesure d'instruction, qu'elle peut évoquer. La condition de bonne justice, vague, laisse une entière liberté à la cour. Quant à la mention de la possibilité d'ordonner une mesure d'instruction, elle vient du fait que dans certains cas le fond n'aura pratiquement pas été abordé de sorte qu'il faudra mettre l'affaire en état d'être jugée devant la cour.

2. La juridiction du Premier président

508 **Au titre de la juridiction provisoire, le Premier président peut statuer en référé et sur requête.** Le référé se divise en un référé pur et simple (art. 956, qui n'est qu'une autre version du référé de l'article 808, transposé à la phase d'appel[934]) et en un référé en matière d'exécution provisoire[935] (art. 957, qui permet au Premier président d'ordonner ou d'arrêter l'exécution provisoire d'un jugement rendu en première instance, mais aussi l'article R. 121-22 CPCE, à propos du sursis à l'exécution des décisions du juge de l'exécution[936]).

Les ordonnances sur requête sont prévues à l'article 958 et correspondent à toutes les mesures urgentes qui, au vu des circonstances, exigent l'emprunt d'une voie non contradictoire.

Dans les deux cas, référé ou requête, la juridiction provisoire du Premier président se greffe sur un appel en cours.

§ 2. Les voies extraordinaires de recours

Rapprochement et particularités. Parmi les voies extraordinaires de recours, il est possible de rapprocher la tierce opposition du recours en révision (A), puisqu'il s'agit par principe dans les deux cas de faire rétracter une précédente décision. Le pourvoi en cassation (B) est une voie de recours particulière qui vise à faire vérifier la conformité du jugement en dernier ressort

---

933. Cass. (2e civ.), 28 juin 2006, n° 05-19.156, *Bull. civ.*, II, n° 171.

934. Sur ce référé, voy. *supra*, n° 422.

935. Voy. aussi *supra*, nos 479 et s.

936. Sur tous ces aspects de la question, voy l'étude de l'exécution provisoire, *supra*, n° 469 et s.

attaqué par le pourvoi à la règle de droit. Aussi ce recours n'a-t-il normalement pas d'effet dévolutif. Le pourvoi en cassation n'est en principe ni une voie de rétractation ni davantage une voie de réformation. Avec la loi du 18 novembre 2016, est créé un chapitre sur le « Réexamen en matière civile », lorsqu'il résulte d'un arrêt de la Cour européenne des droits de l'Homme qu'une décision de justice civile a méconnu la Convention de sauvegarde ou ses protocoles additionnels (C).

A) Tierce opposition et recours en révision

1. La tierce opposition

509 **Un recours entre les mains des tiers.** Première voie de recours extraordinaire présentée dans l'ordre des textes dans le Code, la tierce opposition (art. 582 et s. CPC) est une voie de recours offerte aux tiers auxquels la décision fait grief. L'affirmation pourrait étonner dans la mesure où l'article 1355 (anc. art. 1351) du Code civil limite les effets de la chose jugée « entre les mêmes parties » ; les tiers semblent ainsi suffisamment protégés de toute décision rendue hors leur présence. Mais la décision de justice, qui ne produit ses effets qu'entre les parties, est opposable aux tiers à l'instar des conventions qui, si elles n'ont d'effet qu'entre les parties contractantes, sont néanmoins opposables aux tiers (voy. art. 1199 C. civ., anc. art. 1165). Il s'ensuit qu'un jugement est susceptible de causer un préjudice à un tiers qui doit, en conséquence, se voir accorder un moyen de préserver ses intérêts légitimes. Si l'instance entre les parties est encore en cours, les tiers peuvent agir par le biais de l'intervention volontaire en première instance comme en cause d'appel ; si l'instance a pris fin et qu'une décision a été rendue, le tiers n'est pas désarmé pour autant. Il dispose de la voie de la tierce opposition.

La tierce opposition forme normalement une voie de rétractation, puisqu'il s'agit de revenir devant la juridiction dont émane le jugement attaqué (art. 588, al. 2) et qui pourra, à cette occasion, être composée des mêmes magistrats ayant précédemment statué (art. 587). Cependant, lorsque la tierce opposition est incidente à une contestation dont est saisie une juridiction, la tierce opposition sera jugée par la juridiction saisie du litige en cours lorsque cette juridiction est de degré supérieur à celle qui a rendu le jugement attaqué ou lorsque la juridiction saisie, quoique d'égal degré, ne se heurte à aucune règle de compétence d'ordre public pour se prononcer sur le recours engagé (art. 588, al. 1er). La tierce opposition est alors une voie de réformation. Dans tous les cas, la décision rendue sur tierce opposition pourra faire l'objet des voies de recours qui étaient ouvertes à l'encontre de la décision primitive (art. 592).

L'article 582 du Code de procédure civile qui la présente, annonce que la tierce opposition tend à faire rétracter ou réformer un jugement, mais au seul profit du tiers qui l'attaque. En un raccourci, on déclare habituellement que l'opposition tend à faire déclarer la décision rendue inopposable aux tiers qui forment ce recours. La conception de l'opposition va cependant au-delà de la simple opposabilité, puisqu'elle va conduire à remettre en question relativement au tiers qui agit tous les points jugés et qui ne le satisfont pas pour qu'il soit à nouveau statué tant en fait qu'en droit. Le principe est donc que la rétractation ou la modification doit être limitée à ce qui est utile pour préserver les intérêts du tiers désormais mis sur la scène judiciaire. L'article 591 affirme cette conséquence en limitant les effets de la décision qui fait droit à la tierce opposition aux chefs du jugement préjudiciables au tiers opposant et en laissant intacts les autres effets du jugement primitif, entre les parties[937]. Mais une telle limitation ne sera pas toujours possible. Ainsi en cas d'indivisibilité à l'égard de plusieurs parties au jugement attaqué, la chose jugée sur la tierce opposition a effet à l'égard de toutes les parties appelées à l'instance[938]. Pour assurer cet effet, le Code soumet la recevabilité de la tierce opposition à la condition expresse de la convocation de toutes ces parties à l'instance. En effet, selon l'article 584 : « En cas d'indivisibilité à l'égard de plusieurs parties au jugement attaqué, la tierce opposition n'est recevable que si toutes ces parties sont appelées à l'instance ».

510 **Les conditions tenant aux personnes pouvant agir.** Seuls peuvent agir en tierce opposition les tiers, c'est-à-dire les personnes qui n'ont été ni parties ni représentées au jugement critiqué[939]. Mais les créanciers et ayants cause des parties peuvent tout de même agir sur ce fondement lorsque le jugement a été rendu en fraude de leurs droits ou lorsqu'ils peuvent invoquer des moyens qui leur sont propres.

511 **Les conditions tenant au jugement.** Tout jugement est susceptible de tierce opposition si la loi n'en dispose autrement (art. 585). Mais en matière gracieuse, lorsque la décision a été notifiée aux tiers, la tierce opposition ne leur est ouverte que si le jugement est en dernier ressort.

512 **Les délais d'exercice de la tierce opposition.** Cette voie de recours peut être exercée, à titre principal, durant trente années à compter du jugement et elle est portée devant la juridiction qui a rendu la décision critiquée. Le délai n'est que de deux mois pour le tiers à qui le jugement a été notifié (ceci vaut en matière contentieuse comme en matière gracieuse), sous réserve que ce délai de deux mois ait été clairement indiqué lors de la notification opérée.

En revanche, la tierce opposition n'est enfermée dans aucun délai lorsque le jugement est produit dans une instance par une partie qui l'oppose à une autre. Cette dernière peut alors exercer le recours à l'encontre de ladite décision.

513 **L'absence d'effet suspensif du recours peut être corrigée par décision du juge qui en est saisi.** Qu'il soit saisi d'une tierce opposition à titre principal ou incident, le juge qui connaît de la tierce opposition peut suspendre l'exécution du jugement attaqué (art. 590).

2. Le recours en révision

514 **Un recours entre les mains des parties.** Le recours en révision est, là aussi, une voie de rétractation. Mais cette fois-ci, il est offert aux seules parties à l'instance initiale. L'article 594 n'ouvre la révision qu'aux personnes qui ont été parties ou représentées au jugement et toutes les parties au jugement attaqué

937. Cass. (2e civ.), 21 juin 1995, n° 93-14.381, *Bull. civ.*, II, n° 200.

938. Cass. (2e civ.), 30 avril 2003, n° 00-22.712, *Bull. civ.*, II, n° 127 (visa des art. 591 et 584 CPC).

939. S. Hazoug, *De la représentation du tiers dans la tierce-opposition*, th. Strasbourg, 2014. Voy. aussi Cass. (3e civ.) 23 juin 2016, n° 14-25.645, *Bull. civ.*, III, à paraître.

doivent être appelées à l'instance en révision par l'auteur du recours sous peine d'irrecevabilité (art. 597).

Cependant, un tiers peut intervenir à une instance en révision[940].

À l'époque de la requête civile, la procédure de révision était lente et compliquée. De nos jours, le recours en révision obéit aux règles de droit commun applicables devant la juridiction qui a rendu la décision attaquée.

515 **Les cas d'ouverture de la révision.** L'article 595 du Code de procédure civile énumère limitativement les cas d'ouverture de cette voie de recours, qui est fondée sur l'idée d'une faute émanant de l'adversaire, par exemple, l'auteur du recours a été jugé sur des pièces déclarées fausses depuis le jugement. Cette voie de recours qui fait suite à l'ancienne *requête civile*[941], a pour fonction de corriger ce qui a été jugé sous l'emprise d'une fraude, lorsque celui qui se pourvoit en révision « n'a pu, sans faute de sa part, faire valoir la cause qu'il invoque avant que la décision ne soit passée en force de chose jugée » (art. 595, dern. al.).

La découverte d'une cause de révision postérieurement au jugement permet l'exercice du recours en révision et autorise le juge à revenir sur sa première appréciation. Le texte prévoit quatre hypothèses où les éléments de fait tels que présentés au juge imposent de pouvoir revenir devant lui :

- lorsque la décision a été surprise par la fraude de la partie au profit de laquelle elle a été rendue ;
- lorsque, depuis le jugement, il a été recouvré des pièces décisives qui avaient été retenues par le fait d'une autre partie ;
- lorsque les pièces qui ont motivé la décision sont reconnues ou judiciairement déclarées fausses depuis la date du jugement ;
- lorsque les attestations, témoignages ou serments produits et sur lesquels le juge s'est appuyé pour se prononcer, ont été judiciairement déclarés faux depuis le jugement.

516 **Les conditions tenant au jugement.** Le Code ne limitant pas le champ d'application de la révision à une catégorie particulière de jugement, il faut considérer que cette voie de recours est, du point de vue des décisions qu'il est possible d'attaquer par cette voie, ouverte de manière générale. Il suffit pour cela que le jugement en cause soit passé en force de chose jugée et qu'il soit question de statuer à nouveau « en fait et en droit » comme le dit l'article 593. Les conditions que pose le texte sont exclusives du recours en révision contre les arrêts de la Cour de cassation, cette dernière ne statuant qu'en droit.

La révision a été récemment déclarée possible par une cour d'appel contre les jugements en matière gracieuse, tel le jugement d'adoption[942]. En revanche, la révision est fermée s'agissant des jugements avant dire droit[943] et des ordon-

940. Cass. (3e civ.), 10 novembre 2016, n° 14-25.318, *BICC* du 1er avr. 2017, n° 380 ; *JCP G* 2016. II. 1348, note F. Defferrard : les acquéreurs d'un immeuble constatent des désordres et engagent une procédure contre les responsables, mais la décision sur l'indemnisation intervient à une date à laquelles ils avaient revendu leur bien… ce dont ils n'avisent ni les parties, ni le nouvel acquéreur, ni les juges. La Cour de cassation a admis l'intervention forcée des seconds acquéreurs.

941. Sur cette procédure plus ancienne : L. Boyer, « Réflexions sur la requête civile », *RTD civ.*, 1956, 55.

942. CA Versailles (1re ch., 1re sect.), 22 novembre 2001, *BICC*, 15 juillet 2002, n° 778.

943. Cass. (2e civ.), 3 février 1982, *Gaz. Pal.*, 1982. 2. 620, note J. Viatte.

nances de référé[944] ainsi qu'en matière de divorce contre les mesures provisoires prescrites par le juge aux affaires familiales[945]. Ces solutions sont sans dommage, puisque ces décisions sont rapportables ou modifiables en cas de circonstances nouvelles (art. 488 CPC pour les ordonnances de référé et art. 1118 CPC en matière familiale).

517 **Le délai d'exercice de la révision.** Le recours en révision doit être exercé dans un délai de deux mois à compter de la connaissance de la cause de révision invoquée.

B) Le pourvoi en cassation

518 **« Il y a, pour toute la République, une Cour de cassation » (art. L. 411-1 COJ).** La Cour de cassation trouve son origine dans le Conseil des parties, Section du Conseil du roi, qui examinait les recours formés contre les décisions des Parlements. La loi du 1er décembre 1790 crée le tribunal de cassation qui, en 1804, devient la Cour de cassation. Elle est alors composée de trois chambres : une chambre civile, une chambre criminelle et une chambre des requêtes.

L'encombrement progressif et régulier de la Cour a conduit à diverses réformes consistant dans la modification de l'organisation de la Cour en passant par l'augmentation du nombre des chambres ou encore la multiplication des

519 **Parmi les étapes essentielles.** Le décret-loi du 17 juin 1938 crée la chambre sociale ; la loi du 23 juillet 1947 supprime la chambre des requêtes qui jouait un rôle de filtre préliminaire devant la chambre civile. Désormais, les affaires sont directement portées devant la chambre compétente. L'unité de la jurisprudence de la Cour régulatrice est assurée par la création d'une Assemblée plénière civile ainsi que par l'institution d'un fichier central de documentation qui facilite la connaissance de la jurisprudence de la Cour. La loi du 12 juillet 1952 crée une nouvelle chambre (la deuxième chambre civile) ; la loi du 4 août 1956 augmente le nombre de conseillers et prévoit l'amende pour pourvoi abusif ; la loi n° 67-523 du 3 juillet 1967 crée, d'une part, un nouveau corps de magistrats du siège, les conseillers référendaires (qui ont reçu voix délibérative par la loi n° 78-735 du 12 juillet 1978) et, d'autre part, la troisième chambre civile. La loi n° 79-9 du 3 janvier 1979 crée au sein de chaque chambre une formation restreinte composée de trois magistrats au moins, afin de rejeter rapidement les pourvois irrecevables ou manifestement infondés et permet de saisir directement l'Assemblée plénière civile (indépendamment de la résistance d'une juridiction de renvoi) lorsque le pourvoi pose une question de principe. En 1981, la loi du 6 août autorise la formation restreinte non seulement à rejeter le pourvoi, mais aussi à casser la décision qui lui est soumise. C'est ce même texte qui fait passer de sept à cinq le nombre de conseillers par chambre.

---

944. Cass. (2e civ.), 27 avril 1988, n° 86-15.623, *Bull. civ.*, II, n° 102.

945. Cass. (2e civ.), 3 octobre 2002, n° 01-00.800, *Bull. civ.*, II, n° 202. Seules sont concernées les mesures provisoires ; la décision fixant une prestation compensatoire peut être attaquée par la révision (et non par la faculté de révision du montant de la prestation en raison d'un changement important dans les ressources ou besoins de l'un ou l'autre des époux de l'article 276-3 C. civ.) en cas de fraude de l'un des époux sur le montant de ses revenus : Cass. (1re civ.), 28 février 2006, n° 04-12.621, *Bull. civ.*, I, n° 118.

Depuis 1989, l'article 1009-1 du Code de procédure civile tend indirectement – car il ne s'agit que de radiation – au même objectif. Il peut être résumé en ces quelques mots : exécutez d'abord les décisions exécutoires des juges du fond.

520 **Exécutez d'abord les décisions des juges du fond.** Art. 1009-1 CPC : « Hors les matières où le pourvoi empêche l'exécution de la décision attaquée, le Premier président ou son délégué décide, à la demande du défendeur et après avoir recueilli l'avis du procureur général et les observations des parties, la radiation d'une affaire lorsque le demandeur ne justifie pas avoir exécuté la décision frappée de pourvoi, à moins qu'il ne lui apparaisse que l'exécution serait de nature à entraîner des conséquences manifestement excessives ou que le demandeur est dans l'impossibilité d'exécuter la décision.

La demande du défendeur doit, à peine d'irrecevabilité prononcée d'office, être présentée avant l'expiration des délais prescrits aux articles 982 et 991.

La décision de radiation n'emporte pas suspension des délais impartis au demandeur au pourvoi par les articles 978 et 989 ».

Afin d'éviter les manœuvres dilatoires, l'article 1009-1 du Code de procédure civile autorise le Premier président à radier une affaire du rôle aussi longtemps que la décision attaquée n'est pas exécutée.

La Cour européenne des droits de l'Homme « estime légitimes les buts poursuivis par cette obligation d'exécution d'une décision, à savoir notamment assurer la protection du créancier, éviter les pourvois dilatoires, renforcer l'autorité des juges du fond, désengorger le rôle de la Cour de cassation »[946], d'autant que le Premier président de la Cour de cassation ne se prononce qu'à l'issue d'une procédure contradictoire et seulement si le retrait du pourvoi ne lui apparaît pas de nature à entraîner des conséquences manifestement excessives. Elle est cependant venue atténuer la rigueur de la règle au nom du droit à un procès équitable et entend vérifier si, selon les cas concrets, les mesures de retrait s'analysent ou non en une entrave disproportionnée au droit d'accès des requérants à la Haute juridiction[947]. Dans l'affaire *ONG c. France* du 14 novembre 2006, la Cour de Strasbourg a conclu, à l'unanimité, à la violation de l'article 6 § 1er de la Convention en retenant que le jeu de l'article 1009-1 du Code avait porté en l'espèce atteinte au droit du requérant à un accès à la Cour de cassation et donc, à son droit à un recours effectif[948]. Elle a tenu compte de l'importance financière du montant de la condamnation mise à la charge du requérant, mis en parallèle avec le revenu mensuel, modeste, de l'intéressé dont tous les biens immobiliers étaient à l'époque indisponibles car grevés d'hypothèques ou saisis. La radiation du rôle a constitué, aux yeux de la cour, une mesure d'autant plus « disproportionnée au regard des buts visés » (§ 43), que la situation du débiteur, qui réglait de façon échelonnée sa condamnation au titre de l'article 700 du Code de procédure civile, « excluait sans conteste l'exécution intégrale et immédiate (...) de l'arrêt d'appel attaqué » (§ 39).

946. Cour EDH, 14 novembre 2000, *Annoni di Gussola et autres c. France*, req. n°s 31819/96 et 33293/96, spéc. §§ 50 et s.

947. *Ibid.* Dans l'espèce, la mesure a été jugée disproportionnée aux objectifs poursuivis (§ 55 et s.). Dans un autre arrêt, ont été pris en considération le caractère modeste des revenus du requérant mais aussi son âge, « particulièrement avancé » : Cour EDH, 18 janvier 2005, *Carabasse c. France*, req. n° 59765/00, § 59.

948. Req. n° 348/03.

E 62 La procédure de « non-admission du pourvoi », aujourd'hui désignée sous le terme de « rejet non spécialement motivé »

Création de la Cour de cassation, la procédure initialement dite de non-admission du pourvoi est fondée sur l'idée que l'issue du pourvoi ou du moyen en cause, ne peut laisser de doute compte tenu de la jurisprudence antérieure de la Cour, marquée par de nombreux arrêts dans un même sens. Le pourvoi – ou le moyen – est donc assuré de ne pas aboutir et par conséquent, de conduire à un arrêt de rejet. Applicable depuis janvier 2002 (loi organique n° 2001-539 du 25 juin 2001, anc. art. L. 131-6, al. 2, COJ – voy. auj. art. 1014 CPC – et calqué sur ce qui se pratiquait déjà devant le Conseil d'État), la procédure de non-admission des pourvois, formalisée par l'article 1014 du CPC, a été modifiée par le décret n° 2014-1338 du 6 novembre 2014 qui désormais ne parle plus de non admission des pourvois irrecevables ou non fondés sur un moyen sérieux de cassation, mais de décision de la formation restreinte de la chambre de la Cour de cassation à laquelle l'affaire a été distribuée, qui estime « qu'il n'y a pas lieu de statuer par une décision spécialement motivée [au motif que] le pourvoi est irrecevable ou (...) qu'il n'est manifestement pas de nature à entraîner la cassation ». Ce mécanisme fonctionne aussi pour les moyens proposés à l'appui du pourvoi, puisque toute formation peut décider « de ne pas répondre de façon spécialement motivée à un ou plusieurs moyens irrecevables ou qui ne sont manifestement pas de nature à entraîner la cassation ».

Cette procédure emporte deux effets principaux. Le premier est de permettre d'évacuer les affaires ou de manière plus ciblée les moyens d'un pourvoi qui ne présentent pas de difficulté sérieuse, et a cette vertu de donner aux juges de la Cour le temps de se consacrer aux affaires et questions les plus délicates ; le second est de créer une forme de moralisation de la technique des avocats aux Conseils qui, de la sorte, perçoivent nécessairement quand ils sont dans l'erreur de manière répétitive et persistent néanmoins à user de moyens assurément voués à l'échec. En outre, cela doit permettre de mieux assurer le fonctionnement des amendes civiles...

Présentée ainsi, la procédure décrite est toutefois une technique qui conduit à supprimer l'exigence de motivation dans l'arrêt. Et de ce point de vue elle serait critiquable, du moins si les parties étaient « évacuées » dans leurs prétentions sans qu'il leur soit expliqué pourquoi (il faut toujours se souvenir que vingt arrêts ne valent pas une bonne raison !). Mais le système imaginé trouve son équilibre en étant complété par le mécanisme suivant : un travail écrit important est effectué en amont, au travers de la rédaction d'un « mini-rapport » qui énonce la jurisprudence antérieure de la Cour, et qui est établi par un juge de la Haute juridiction. Ce rapport est à la disposition des avocats qui peuvent en contester les éléments par l'envoi d'une lettre adressée à la fois au président de la chambre, au doyen de la chambre et au rapporteur. Cette lettre reprend le rapport et la réponse proposée par l'avocat y est argumentée. Si l'un des trois magistrats destinataire du courrier considère que la raison avancée est fondée, l'affaire est renvoyée en formation restreinte, voire en section. L'équilibre obtenu paraît alors satisfaisant, d'autant que cela ne prive pas de la possibilité de solliciter – certains avocats le font en entrée de leurs conclusions – un revirement de jurisprudence lorsque celle-ci semble pourtant solidement installée. Confrontée à des affaires ou moyens répétitifs, la Cour de cassation a fait œuvre prétorienne pour dégager le rôle de points qui ne feraient que l'encombrer. La technique mise en place suppose cependant une maîtrise sans faille des éléments de l'affaire, c'est-à-dire du droit qui lui est applicable et une ligne de « précédents » clairs. Le tout montre que le « rejet non spécialement motivé » n'est pas un fait du prince, mais fait l'objet d'une analyse approfondie de la part du rapporteur qui le propose.

Deux points d'ombre à cette technique toutefois : d'abord, il faut relever qu'elle n'est pas appliquée lorsque le demandeur au pourvoi bénéficie de l'aide juridictionnelle. En effet, dans ce cas, l'aide a été accordée au vu de la considération du caractère sérieux du pourvoi[949] et l'on comprendrait mal que la Cour puisse déclarer : « Attendu qu'il n'y a pas lieu de statuer sur ce moyen qui n'est manifestement pas de nature à entraîner la cassation »... C'est peut-être même ici le point noir de la procédure décrite, car si une personne a le malheur de ne pas bénéficier de l'aide juridictionnelle, la Cour pourra retrancher son pourvoi ou son moyen en une « courte phrase », alors que la personne qui en bénéficie aura au contraire droit à un arrêt plus complet. Pour celui qui dispose *a priori* des moyens financiers de son recours, l'enfer peut apparaître pavé de bonnes intentions ! Mais, comme cela a été indiqué, les sauvegardes sont présentes et paraissent de nature à équilibrer objectifs et garanties essentielles de la défense.

949. Voy. art. 7, al. 3, loi n° 91-647 du 10 juillet 1991 *relative à l'aide juridique*.

Ensuite, il faut constater qu'en terme de motivation des décisions de justice et de clarté de la jurisprudence, spécialement au regard du public qui prend connaissance du rejet non spécialement motivé, la façon très elliptique de mettre le pourvoi à l'écart n'est guère satisfaisante. Une note ou un renvoi à une décision préalable significative pourrait être ajouté au motif affirmant *qu'il n'y a pas lieu de statuer sur le moyen qui ne serait pas de nature à permettre l'admission du pourvoi* et ainsi donner un début d'explication de la décision, ce qui serait d'autant plus facile à réaliser qu'il y a eu un important travail préalable réalisé par le rapporteur. Il n'y a pas que les personnes directement intéressées au dossier traité selon la procédure de rejet non spécialement motivé qui peuvent trouver intérêt à la connaissance du droit et à son analyse par la Cour de cassation.

---

1. Fonctionnement de la Cour de cassation

521 **En formation ordinaire.** La collégialité est de règle, même si elle est en réduction constante. Les six chambres doivent chacune se réunir avec un minimum de cinq magistrats ayant voix délibérative, mais les affaires soumises à une chambre civile sont d'abord examinées par une formation de trois magistrats appartenant à la chambre à laquelle elles ont été distribuées qui statuent si la solution du pourvoi leur paraît s'imposer (art. L. 431-1 COJ). Dans le cas contraire, l'examen du pourvoi est renvoyé à l'audience de la chambre. Le Premier président ou le président de la chambre concernée, ou leurs délégués, peuvent également, d'office ou à la demande du procureur général ou de l'une des parties, renvoyer directement l'affaire à l'audience de la chambre par décision non motivée.

La Cour de cassation comporte aussi des formations extraordinaires, que sont la réunion en une chambre mixte et l'Assemblée plénière.

522 **La réunion d'une chambre mixte.** Anciennement dénommée *Assemblée plénière civile*, la constitution d'une chambre mixte a pour but d'éviter les contrariétés de jurisprudence au sein de la Cour de cassation. Composée de magistrats appartenant à trois chambres au moins de la cour (art. L. 421-4 COJ), elle comporte, en principe et par application du texte, treize membres.

Le renvoi d'une affaire devant une chambre mixte est tantôt facultatif, tantôt obligatoire (art. L. 431-5). Il est **facultatif** dans deux cas : « lorsqu'une affaire pose une question relevant normalement des attributions de plusieurs chambres ou si la question a reçu ou est susceptible de recevoir devant les chambres [tant civiles que criminelle] des solutions divergentes ».

Ce renvoi est en revanche **obligatoire** quand il y a, devant une chambre, partage égal de voix – en effet la règle de l'imparité n'existe pas devant la Cour de cassation (voy. art. L. 431-5) – ou lorsque le procureur général requiert le renvoi « avant l'ouverture des débats » (art. L. 431-7).

523 **L'Assemblée plénière.** L'Assemblée plénière a pris, en 1967, la succession des *chambres réunies*. Composée en principe de dix-neuf membres (art. L. 421-5), l'Assemblée plénière a pour mission de régler les conflits extérieurs à la Cour de cassation. Ces conflits opposent en effet les juges du fond à la Cour régulatrice.

Là aussi, le renvoi est tantôt facultatif, tantôt obligatoire (art. L. 431-6 et L. 431-7).

La saisine de l'Assemblée plénière est **facultative** « lorsque l'affaire pose une question de principe, notamment s'il existe des solutions divergentes soit entre les juges du fond, soit entre les juges du fond et la Cour de cassation ».

Il y a là deux hypothèses : soit que l'affaire portée devant la Cour de cassation comporte une question de principe et qu'elle entend y répondre solennellement, soit qu'il existe déjà une divergence d'appréciation entre les juges du fond et la Cour de cassation lorsque l'affaire arrive devant la Cour et que celle-ci entend y mettre un terme.

En revanche, le renvoi devant l'Assemblée plénière est **de droit** dans deux cas : lorsque, après cassation d'une première décision, l'arrêt rendu par la juridiction de renvoi est attaqué par les mêmes moyens, ou (la règle vaut pour la saisine d'une chambre mixte comme pour celle de l'Assemblée plénière) lorsque le procureur général le requiert avant l'ouverture des débats.

524 **Règles communes à l'activité des diverses formations de la Cour.** Chacune des chambres ou formations de la Cour peut, soit rejeter le pourvoi, soit casser la décision (arrêt ou jugement ou ordonnance) frappée de pourvoi.

En cas de cassation, l'**affaire** est **renvoyée** devant une autre juridiction de même nature que celle dont émane l'arrêt ou le jugement cassé ou devant la même juridiction composée d'autres magistrats (art. L. 431-4 COJ et art. 626 CPC). Lorsque la décision frappée de pourvoi est cassée *dans toutes ses dispositions*, la cause et les parties sont remises dans l'état où elles se trouvaient avant que cette décision désormais inexistante ait été rendue. Ainsi, rien ne subsiste de la décision cassée et la juridiction de renvoi est tenue d'examiner tous les moyens soulevés devant elle[950].

La juridiction de renvoi est saisie par déclaration au greffe de cette juridiction (art. 1032 CPC) et ceci, à peine d'irrecevabilité relevée d'office, dans un délai de deux mois depuis le 1er septembre 2017 (décr. n° 2017-891) à compter de la notification de l'arrêt de cassation faite à la partie.

L'article L. 411-3 du Code de l'organisation judiciaire (voy. aussi art. 627 CPC) réserve toutefois l'hypothèse contraire de la **cassation** qui intervient alors **sans renvoi**.

D'abord, « La Cour de cassation peut statuer sans renvoi lorsque la cassation n'implique pas qu'il soit à nouveau statué sur le fond ». Tel sera le cas lorsque, par exemple, la Cour casse un arrêt d'appel qui a déclaré l'appel recevable alors qu'il ne l'était pas ; la même solution – absence de renvoi – s'impose dans le cas d'un pourvoi dans l'intérêt de la loi, puisqu'il ne modifie en rien les droits des parties.

Ensuite, seconde situation, la Cour de cassation peut, « en cassant sans renvoi, mettre fin au litige lorsque les faits, tels qu'ils ont été souverainement constatés et appréciés par les juges du fond, lui permettent d'appliquer la règle de droit appropriée ». Par exemple, les juges du fond ont appliqué un texte erroné et la Cour de cassation procède à une substitution de motifs.

Lorsque le renvoi est ordonné par l'Assemblée plénière, la juridiction de renvoi doit s'incliner devant la solution dégagée par cette assemblée et « se conformer à la décision de cette assemblée sur les points de droit jugés par celle-ci » (art. L. 431-4, al. 2, COJ).

Depuis la loi n° 2016-1547 du 18 novembre 2016 *de modernisation de la justice du XXIe siècle*, en matière civile, la Cour de cassation peut « statuer au fond lorsque l'intérêt d'une bonne administration de la justice le justifie ». Le

950. Cass. (2e civ.), 13 juillet 2006, n° 04-12.984, *Bull. civ.*, II, n° 207.

décret n° 2017-396 du 24 mars 2017 *portant diverses dispositions relatives à la Cour de cassation* et modifie l'article 2015 du Code afin d'y intégrer cettenouveauté et préciser les règles qui président la cassation sans renvoi. Que la Cour envisage de « relever d'office un ou plusieurs moyens, de rejeter un moyen par substitution d'un motif de pur droit relevé d'office à un motif erroné ou de prononcer une cassation sans renvoi », les parties en sont avisées et surtout, elles sont invitées à présenter leurs observations dans un délai qui leur est indiqué.

Il en est de même lorsqu'il est envisagé de statuer au fond après cassation. En ce cas, le président de la formation ou le conseiller rapporteur précise les chefs du dispositif de la décision attaquée susceptibles d'être atteints par la cassation et les points sur lesquels il pourrait être statué au fond. Le cas échéant, il peut demander aux parties de communiquer, dans le respect du principe de la contradiction et selon les modalités qu'il définit, toute pièce utile à la décision sur le fond envisagée. »

525 La loi de 2016 a par ailleurs créé un article L. 431-3-1 dans le Code de l'organisation judiciaire, qui permet à la Cour de cassation d'inviter « toute personne dont la compétence ou les connaissances sont de nature à l'éclairer utilement sur la solution à donner à un litige ». Cet *amicus curia* viendra ainsi « produire des observations d'ordre général sur les points » que la Cour aura sollicités. Ce texte est complété par l'article 1015-2 du Code de procédure civile qui indique que les observations de l'intéressé seront faites « par écrit, qui sont alors communiquées aux parties », ou exprimées lors « d'une audience à laquelle les parties sont convoquées » ; dans les deux cas, les parties pourront à leur tour formuler des observations écrites en retour.

526 **Le souci d'unification de la jurisprudence.** Au travers de toutes les règles étudiées, on constate que l'accent est mis, non seulement sur l'obligation de forcer les juges du fond à appliquer la loi et donc dans la perspective de la préservation de la légalité (rôle cher au législateur révolutionnaire), mais encore sur le souci d'unifier la jurisprudence de manière plus rapide afin d'apporter une plus grande sécurité dans l'application de la loi.

Ce souci d'unification de la jurisprudence a été renforcé par la création du mécanisme de saisine pour avis de la Cour de cassation[951]. L'article L. 441-1 dispose : « Avant de statuer sur une question de droit nouvelle, présentant une difficulté sérieuse et se posant dans de nombreux litiges, les juridictions de l'ordre judiciaire peuvent, par une décision non susceptible de recours, solliciter l'avis de la Cour de cassation ». La Cour de cassation doit statuer dans le délai de trois mois à compter de sa saisine (art. 1031-3 CPC). Depuis la loi n° 2016-1547 du 18 novembre 2016, c'est la chambre compétente de la Cour de cassation se prononce sur la demande d'avis (COJ, art. L. 441-2). Le décret n° 2017-396 du 24 mars 2017 est venu préciser la formation mixte pour avis, réunie quand la question relève des attributions de plusieurs chambre

951. Loi n° 91-491 du 15 mai 1991 instituant la saisine pour avis de la Cour de cassation. Curieusement, le décret n° 2008-522 du 2 juin 2008 portant refonte de la partie réglementaire du code de l'organisation judiciaire n'a créé qu'un article R. 441-1 relatif à la composition de la formation appelée à se prononcer, alors que l'art. L. 151-1 anc. COJ comportait aussi dans la seconde phrase de son deuxième alinéa la possibilité d'ordonner les mesures d'urgence ou conservatoires nécessaires ; l'article L. 441-1, nouveau, COJ n'en conserve aucune trace.

(magistrats appartenant à deux chambres au moins de la Cour et au minimum sept membres –dans l'hypothèse basse de deux chambres visées de la Cour–), et la formation plénière pour avis, quand se pose une question de principe (13 membres, qui doivent tous être présent pour pouvoir valablement siéger).

Il est nécessaire que la demande d'avis soit formulée par une juridiction au sens de l'article (art. L. 441-1 COJ). Tel n'est pas le cas du bâtonnier statuant en matière de contestation d'honoraires[952].

Lorsque le juge envisage de solliciter l'avis de la Cour de cassation, il en avise les parties et le ministère public, à peine d'irrecevabilité[953]. Il recueille leurs observations écrites éventuelles dans le délai qu'il fixe et, une fois rendu par la Cour, l'avis ne lie pas la juridiction qui a formulé la demande. Il est communiqué aux parties[954].

Sur le fond du mécanisme : une question de droit peut être nouvelle, soit parce qu'elle concerne l'application d'un texte nouveau[955], soit parce qu'elle n'a jamais été tranchée par la Cour[956]. Quant au caractère sérieux présenté par la question, lorsque celle-ci n'a suscité aucune interrogation ou discussion ni lors de la création de la norme de la part des parlementaires, ni dans sa réception par la doctrine et la pratique, sa pertinence peut être douteuse. Il en va de même lorsque la demande d'avis est formulée de manière très générale et n'énonce aucune question de droit précise : il n'y a pas alors lieu à avis[957].

Échappe cependant à la procédure de demande d'avis et relève de l'examen préalable des juges du fond, la demande qui porte sur la compatibilité de dispositions de droit interne avec la Convention européenne de sauvegarde des droits de l'Homme et des libertés fondamentales (et aussi la Convention internationale des droits de l'enfant). Car alors, en effet, l'argument est de fond : ainsi, « l'examen d'une [demande visant le droit aux prestations familiales, subordonné, pour les enfants étrangers, à certaines conditions] suppose l'analyse des conditions de fait et de droit régissant l'allocation des prestations sollicitées, en fonction des circonstances particulières relatives au séjour tant des enfants que de l'allocataire sur le territoire national »[958].

Enfin, s'agissant du nombre de litiges concernés par la question posée au titre de la saisine pour avis, elle peut être liée à une pluralité de sollicitations de la part des juges du fait, mais peut aussi émaner d'un seul magistrat lorsque l'auteur du recours soulève une question qui serait de portée générale.

Au total, la saisine pour avis matérialise le lien existant entre l'accès au droit et l'accès au juge. Car plus les personnes sont informées et plus la demande de

---

952. Voy. Cass., avis, 16 novembre 1998, n° 09-80.010, *Bull. avis*, n° 12. Rappr. Cass., avis, 9 juillet 1993, n° 09-30.010, *Bull. avis*, n° 9 (BAJ). Sur le régime des honoraires de l'avocat, voy. A. Steff, « étude », in *Rapport annuel Cour de cassation*, 1999, XIII.

953. Voy. Cass., avis, 14 janvier 2013, n° 12-00.014, *Bull. avis*, n° 1. Et déjà : Cass., avis, 8 octobre 2007, n° 07-00.012, *Bull. avis*, n° 8.

954. Sur le détail des règles de forme, lire les articles 1031-1 et s. CPC ; pour la procédure pénale, voy. art. 706-65 et s. C. proc. pén.

955. Encore faut-il que la loi nouvelle ait apporté une modification par rapport au régime antérieur.

956. Par conséquent, si la Cour a déjà statué sur la question qui est portée devant elle, il n'y a pas lieu à avis : Cass., avis, 26 septembre 2006, n° 06-00.010, *Bull. avis*, n° 2.

957. Cass., avis, 29 octobre 2007, n° 07-00.014, *Bull. avis*, n° 12.

958. Cass., avis, 8 octobre 2007, n° 07-00.011, *Bull. avis*, n° 7.

justice augmente. Mais dans le même temps, la certitude du droit et la prévisibilité de la sanction qui doit y être attachée peut éviter du contentieux. De ce point de vue, ce n'est pas tant l'accès au juge qui est essentiel, que l'accès au droit[959]. La nécessaire certitude de la règle a donc donné naissance à la saisine pour avis de la Cour de cassation, qui a pour objectif marqué de dégager plus rapidement en jurisprudence une solution unifiée lorsqu'un litige pose un problème de droit nouveau, sérieux et fréquent. Cet objectif est louable ; mais le droit français ne vit pas sous la règle du précédent obligatoire. L'autorité des décisions de la Haute juridiction n'est que de fait. Par suite, n'aurait-il pas mieux valu sortir de l'ombre de laquelle il surgit rarement en matière civile, le pourvoi dans l'intérêt de la loi[960] ?

E 63 Réforme de la rédaction des arrêts de la Cour de cassation

La Cour de cassation a organisé, le 5 avril 2019, une conférence pour présenter ce que seront les nouvelles règles de rédaction de ses arrêts, dans un souci de plus grande clarté pour les citoyens. Elles prendront effet le 1er octobre 2019. À compter de cette date :

- tous les arrêts seront divisés en trois parties : « 1. Faits et procédure » ; « 2. Examen du ou des moyens » ; « 3. Dispositif »,
- les paragraphes des arrêts seront numérotés,
- le style sera direct, et la motivation ne sera plus exprimée par « attendu que »

En outre, feront l'objet d'une motivation plus développée (« enrichie »), les arrêts les plus importants (sur son site Internet, la Cour annonce dans cette catégorie, sans que la liste ne soit limitative, les revirements de jurisprudence, les solutions de droit nouvelle, les arrêts visant à une unification de la jurisprudence, ceux qui assurent la garantie de droits fondamentaux.

2. Fonctionnement du pourvoi en cassation[961]

527 **Une voie d'annulation.** Aux termes de l'article 604 du Code de procédure civile, le pourvoi en cassation tend à faire censurer par la Cour de cassation la non-conformité du jugement qu'il attaque aux règles de droit. Il en résulte que cette juridiction « ne connaît pas du fond des affaires, sauf disposition législative contraire » (art. L. 411-2, al. 2, COJ). Le recours porté devant elle ne forme donc pas un troisième degré de juridiction. Il s'agit d'une voie d'annulation ouverte contre les arrêts et jugements rendus en dernier ressort par les juridictions de l'ordre judiciaire en violation de la règle de droit. Les décisions concernées sont toutes celles qui, rendues en dernier ressort, tranchent tout le principal, ou tranchent une partie du principal tout en ordonnant une mesure d'instruction ou une mesure provisoire – ce qui correspond à un jugement mixte –, ou encore, statuent sur une exception de procédure, une fin de non-recevoir ou tout autre incident, qui mettent fin à l'instance (art. 606-607). Les autres décisions ne peuvent être frappées de pourvoi indépendamment des jugements sur le fond que lorsque la loi le prévoit ou en cas d'excès de pouvoir[962]. De sorte

959. M.-A. Frison-Roche, « Principes et intendance dans l'accès au droit et l'accès à la justice », *JCP*, 1997, I, 4051.

960. Art. 17 de la loi n° 67-523 du 3 juillet 1967 relative à la Cour de cassation.

961. Voy. *Droit et pratique de la cassation en matière civile*, 2e éd., Paris, Litec, 2003.

962. Pour un rappel de cette dérogation à la règle : Cass. (1re civ.), 28 novembre 2007, n° 06-19.157, *Bull. civ.*, I, n° 371.

que l'arrêt qui, se bornant à confirmer une ordonnance du juge de la mise en état ayant accordé des provisions, ne met de ce fait pas fin à l'instance engagée devant le tribunal, n'est pas susceptible de pourvoi immédiat[963].

Les cas d'ouverture du pourvoi en cassation tels qu'annoncés par le Code lorsqu'il parle de non-conformité du jugement qu'il attaque aux règles de droit touchent tous soit à la violation de la loi (par fausse application ou par interprétation déviante, qu'il s'agisse d'une norme de fond, de procédure ou de compétence ; s'ajoutent l'excès de pouvoir du juge et la dénaturation qui est méconnaissance par le juge de la loi des parties), soit à un vice de la motivation (parmi lesquels l'absence totale de motivation avec le défaut de motifs ou encore, une motivation insuffisante à permettre l'exercice de son contrôle par la Cour de cassation avec le défaut de base légale), duquel on peut rapprocher la contrariété de décisions (art. 617-618 CPC). En effet, lorsqu'est constatée la contrariété entre les dispositifs de deux décisions, le pourvoi dirigé contre elles « est recevable lorsque, même non rendues en dernier ressort et alors qu'aucune d'elles n'est susceptible d'un recours ordinaire, elles sont inconciliables dans leur exécution et aboutissent à un déni de justice »[964].

Le délai d'exercice du pourvoi en cassation est en principe de deux mois, sauf dispositions contraires, par exemple en matière d'élections professionnelles où le délai est de dix jours (art. 999 CPC), et il court de la notification de la décision, sauf pour les décisions rendues par défaut pour lesquelles le moment de référence est le jour où l'opposition n'est plus recevable[965]. Le recours est exercé au nom des parties par un avocat aux Conseils, de sorte que la procédure sans représentation obligatoire devient exceptionnelle devant la Cour de cassation. Elle se rencontre encore et par exemple, en matière électorale (art. 996).

La décision de la Cour de cassation est sans recours en droit interne. Cette règle est clairement exprimée pour la voie de recours qu'est l'opposition (art. 622 CPC) et implicite pour les autres voies de recours[966]. L'arrêt peut toutefois faire l'objet d'un *rabat*. Le mécanisme du rabat d'arrêt, créé par la pratique[967], répond à une erreur de procédure d'ordre matériel commise par la juridiction qui a statué (il ne peut s'agir d'une erreur de droit[968]) et vise à rapporter la décision rendue (par exemple, un défaut d'examen d'un grief).

---

963. Cass. Ass. plén., 5 décembre 1997, n° 95-17.858, *Bull. Ass. plén.*, n° 11 ; *JCP*, 1998, II, 10006, concl. J.-F. Weber. *Adde*, pour une ordonnance ayant rejeté une demande de récusation et de remplacement d'expert : Cass. (2e civ.), 17 avril 2008, n° 07-11.132, *Bull. civ.*, II, n° 84.

964. Jugé que « la première décision de la chambre de l'instruction, rendue, à défaut de disposition particulière dérogatoire, par la juridiction compétente pour connaître de l'appel d'une décision du juge des libertés et de la détention, est conforme à la doctrine de la Cour de cassation, [et qu']il convient d'annuler la seconde, rendue par la chambre civile » : Cass. ch. mixte, 11 décembre 2009, n°s 08-86.304 & 09-13.944, *Bull. ch. mixte*, n°s 1 & 2.

965. Art. 613, concrètement et normalement : un mois après la notification intervenue de la décision concernée.

966. Pour le pourvoi en cassation : Cass. (2e civ.), 24 juin 1998, n°s 96-14.161 & 96-14.203, *Bull. civ.*, II, n° 207.

967. Voy. Cass. Ass. plén., 30 juin 1995, n° 94-20.302, *Bull. Ass. plén.*, n° 4.

968. Cass. (1re civ.), 8 février 2000, n° 92-17201. Sur le tout, voy. Ch. Atias, « Le rabat d'arrêt. De la rectification d'erreur matérielle de procédure au repentir du juge », *D.*, 2007, chron., 1156.

Il est à relever que, « en cas de renvoi après cassation, l'instance se poursuit devant la juridiction de renvoi et lorsqu'après avoir comparu devant les juridictions dont la décision a été cassée, l'une des parties ne comparaît pas, elle est réputée s'en tenir aux moyens et prétentions qu'elle avait soumis à la juridiction dont la décision a été cassée et le juge statue par jugement contradictoire »[969]. La juridiction de renvoi est saisie par déclaration au greffe de cette juridiction et ceci « à moins que la juridiction de renvoi n'ait été saisie sans notification préalable, (...) à peine d'irrecevabilité relevée d'office, [dans] un délai de deux mois à compter de la notification de l'arrêt de cassation faite à la partie. Ce délai court même à l'encontre de celui qui notifie » (art. 1034 CPC). L'article 1037-1, qui vise le cas de « renvoi devant la cour d'appel, lorsque l'affaire relevait de la procédure ordinaire », prévoit que l'affaire est alors fixée à bref délai dans les conditions de l'article 905 et que la déclaration de saisine doit être signifiée par son auteur aux autres parties dans les dix jours de la notification par le greffe de l'avis de fixation, à peine de caducité de la déclaration, relevée d'office par le président de la chambre ou le magistrat désigné par le premier président.

E 64 **Sur le caractère immédiat ou différé du pourvoi en cassation**

L'article 607 CPC affirme que les arrêts en dernier ressort qui statuent sur une exception de procédure ne peuvent faire l'objet d'un pourvoi en cassation immédiat que s'ils « mettent fin à l'instance ». Or, dans une espèce, des créancières, domiciliées en France, ont saisi « leur » tribunal, contre une société belge. Devant le tribunal français, du siège du domicile des créancières, la société belge forme un déclinatoire de compétence. Elle demande que soit reconnue la compétence des juridictions belges. Le déclinatoire est rejeté par la cour d'appel et la procédure se poursuit en cassation. Le pourvoi en cassation alors formé était-il ou non immédiatement recevable ? En effet, en l'espèce, l'instance était en cours et, même, se poursuivait... Malgré ce constat, la Cour de cassation retient que le pourvoi est immédiatement recevable compte tenu du caractère international du litige. Elle estime que, « en matière internationale, la contestation élevée sur la compétence du juge français saisi ne concerne pas une répartition de compétence entre les tribunaux nationaux mais tend à lui retirer le pouvoir de trancher le litige au profit d'une juridiction d'un État étranger ; que dès lors, le pourvoi en cassation contre le jugement ayant statué sur cette exception de procédure a pour fin de prévenir un excès de pouvoir ; qu'il est immédiatement recevable, même s'il n'est pas mis fin à l'instance » (Cass. (1re civ.), 7 mai 2010, deux arrêts, n° 09-14.324, *Bull. civ.*, I, nos 107 et 09-11.178, inédit au *Bull. civ.*, *RTD civ.*, 2010, p. 617, obs. R. Perrot). Ainsi, la question de compétence ne doit pas dissimuler la réalité de la véritable question posée, qui réside dans le pouvoir de juger des tribunaux français. D'où l'idée exprimée par la Haute juridiction que le pourvoi immédiat s'impose pour, éventuellement, « prévenir un excès de pouvoir » du juge français.

---

528 **Une voie de rectification.** La loi n° 67-523 du 3 juillet 1967 *relative à la Cour de cassation* confie en son article 17 au procureur général près la Cour de cassation la mission, lorsqu'il apprend que les parties n'ont pas contesté une décision rendue en matière civile et qui est contraire aux lois, aux règlements ou aux formes de procéder, de saisir la Cour de cassation après l'expiration du délai de recours ouvert aux parties ou après qu'elles ont exécuté la décision en cause. C'est le pourvoi exercé dans l'intérêt de la loi. Comme seule est en perspective le respect de la loi et que les parties n'avaient pas agi dans le temps

969. Cass. (2e civ.), 19 février 2015, n° 13-25.728, *Bull. civ.*, II, n° 36.

qui leur était donné pour le faire, ces dernières ne pourront, si une cassation intervient, s'en prévaloir pour éluder les dispositions de la décision cassée.

L'article 18 de la même loi ouvre un autre pourvoi particulier, qui répond au cas d'excès de pouvoir du juge. Le garde des Sceaux, ministre de la Justice peut en cette occurrence, en matière civile, prescrire au procureur général de déférer à la chambre compétente de la Cour de cassation les actes par lesquels les juges excèdent leurs pouvoirs. Ici, les parties sont mises en cause par le procureur général, mais le ministère d'avocat n'est pas obligatoire, et si la Cour de cassation annule les actes contestés, l'annulation vaut à l'égard de tous.

E 65 **Atténuation à la règle « pourvoi sur pourvoi ne vaut »**

Le 23 novembre 2007[970], la Cour de cassation réunie en Assemblée plénière a apporté une réponse désormais classique sur le fond du débat porté devant elle : « l'expertise biologique est de droit en matière de filiation, sauf s'il existe un motif légitime de ne pas y procéder »[971]. Ce n'est cependant pas la réponse donnée ici qui est la plus intéressante, mais bien la question de procédure que la Cour a examinée d'office après avis donné au demandeur au pourvoi, conformément à l'article 1015. Le 3 août 2005, a été formé un pourvoi en cassation contre l'arrêt du 9 avril 2004, sans que cette décision ait été signifiée. Le demandeur n'a accompli cette démarche que le 12 décembre 2005. Le mémoire ampliatif a été signifié et déposé ultérieurement, le 22 décembre 2005. Ce n'est que le 3 janvier 2006 que le demandeur forme, toujours à l'encontre de l'arrêt du 9 avril 2004, un second pourvoi et dépose mémoire ampliatif le même jour. Il faut ajouter que chacun des pourvois développe un moyen unique et qu'ils sont rédigés en termes absolument identiques. Visant l'article 611-1, qui prévoit que la signification de la décision attaquée est une condition de recevabilité du pourvoi en cassation, la Haute juridiction déclare irrecevable le premier pourvoi. On remarque qu'elle a statué sur le second, ce qui marque un (nouvel) allégement de la règle selon laquelle « pourvoi sur pourvoi ne vaut », règle qui trouve son appui dans l'article 621 du Code de procédure civile[972], même si le principe demeure[973].

C) Réexamen après arrêt de la Cour de Strasbourg

529 **Préserver les droits de l'Homme.** En matière pénale, la règle est connue et résulte de l'article 622-1 du Code de procédure pénale qui dispose que le « réexamen d'une décision pénale définitive peut être demandé au bénéfice de toute personne reconnue coupable d'une infraction lorsqu'il résulte d'un arrêt rendu par la Cour européenne des droits de l'homme que la condamnation a été prononcée en violation de la convention européenne de sauvegarde des droits de l'homme et des libertés fondamentales ou de ses protocoles

970. Pourvois n°s 05-17.975 & 06-10.039, *JCP*, 2007, II, 10204, note P. Chauvin ; *Procédures*, 2008, comm. 35, R. Perrot.

971. *Adde* et rappr. Cass. (1re civ.), 5 octobre 2016, n° 15-25.507, *Procédures*, 2016, comm. 366, M. Douchy-Oudot. Une mesure d'identification génétique ne peut cependant pas être ordonnée en référé, mais seulement à l'occasion d'une instance au fond relative à la filiation : Cass. (1re civ.), 8 juin 2016, n° 15-16.696, *Procédures*, 2016, comm. 267, M. Douchy-Oudot. Voy. aussi Cass. (2e civ.), 12 juin 2018, n° 17-16.793 (FS-P+B+R+I).

972. La solution reste cependant celle de l'irrecevabilité, lorsque le premier pourvoi était recevable et qu'un second recours est formé : Cass. (3e civ.), 8 juin 2011, n°s 09-14-565 & 09-15-55 (second pourvoi irrecevable).

973. Par ex., Cass. com., 17 décembre 2013, n°s 12-26.333 & 13-13.460.

additionnels, dès lors que, par sa nature et sa gravité, la violation constatée entraîne, pour le condamné, des conséquences dommageables auxquelles la satisfaction équitable accordée en application de l'article 41 de la convention précitée ne pourrait mettre un terme. Le réexamen peut être demandé dans un délai d'un an à compter de la décision de la Cour européenne des droits de l'homme. Le réexamen d'un pourvoi en cassation peut être demandé dans les mêmes conditions. »

L'équivalent n'existait pas en matière civile, du moins, jusqu'à la loi du 18 novembre 2016, qui crée un chapitre sur le « Réexamen en matière civile ». Le dispositif est organisé par les articles L. 452-1 et suivants du Code de l'organisation judiciaire et les articles 1031-8 à 1031-23[974], qui prévoit que lorsqu'il résulte d'un arrêt de la Cour européenne des droits de l'Homme qu'une « décision civile définitive »[975] a été prononcée en violation de la Convention de sauvegarde ou de ses protocoles additionnels, la décision rendue peut être révisée, chaque fois que « par sa nature et sa gravité, la violation constatée entraîne, pour cette personne, des conséquences dommageables auxquelles la satisfaction équitable accordée (...) ne pourrait mettre un terme ».

E 66 Réformer la nature même de la Cour de cassation ?

Filtrage. – Le 15 mars 2018, le premier président de la Cour de cassation a transmis à Madame la Garde des Sceaux un projet de « filtrage » des pourvois en cassation (https://www.courdecassation.fr/institution_1/reforme_cour_7109/mise_oeuvre_propositions_reforme_8181/reforme_traitement_pourvois_8640/filtrage_pourvois_38844.html). Ce projet, tel que présenté, recèle de nombreux dangers et méconnaît non seulement l'histoire de la Haute juridiction, mais sa raison d'être. En effet, il serait question de concentrer la Cour sur la « création normative » et pour ce faire lui permettre de sélectionner des pourvois en fonction de « l'intérêt » juridique de l'affaire ou du caractère « fondamental » du droit discuté. Elle choisirait ainsi les cas qu'elle estimerait dignes de son regard... Or, les chiffres parlent d'eux-mêmes (bien que l'on puisse toujours leur faire dire ce que l'on veut !) : environ 1 % des procès donnent lieu à un pourvoi en cassation ; mais sur ce volume, 30 % des pourvois emportent cassation, et donc, l'affirmation que les juges du fond ont méconnu la loi. La sélection des recours en cassation aurait pour effet de laisser passer ce volume considérable et, par effet d'entraînement, de laisser des milliers de justiciables soumis à l'arbitraire juridictionnel. Le prestige d'une Cour ne saurait passer par une restriction des droits. Quant à l'idée de conforter la Cour de cassation « dans son rôle normatif au moment où l'environnement national (QPC) et international (CEDH, CJUE) s'est profondément transformé », il suffit de rappeler que la mission première et originelle de cette juridiction n'a pas été la création de la norme mais d'assurer l'unité d'interprétation de la norme édictée par le législateur et, pour ce faire, de statuer « sur les pourvois en cassation formés contre les arrêts et jugements rendus en dernier ressort par les juridictions de l'ordre judiciaire » ainsi que l'indique l'article L. 411-2 du Code de l'organisation judiciaire. *Adde* pour une sévère mais légitime critique du projet, l'article de notre collègue et ami Thierry Le Bars : « Menaces sur la cassation à la française : des propositions de réforme consternantes », *Gaz. Pal.*, 10 avril 2018, p. 12.

974. *Adde* art. 39 du décret n° 91-1266 du 19 décembre 1991.

975. Sur la critique de cette contestable expression, voy. M. Foulon et Y. Strickler, « L'équivoque en droit : le jugement définitif », *Droit et procédure* 2014, p. 178 ; et « Du jugement définitif. À propos de la décision n° 2014-398 QPC du 2 juin 2014 du Conseil constitutionnel », *Gaz. Pal.* 21-23 décembre 2014, p. 11.

INDEX

Les numéros indiqués sont ceux des paragraphes

TABLE DES ENCADRÉS

TABLE DES MATIÈRES

PARTIE 1

Les piliers de la procédure

PARTIE 2

Le déroulement de la procédure